~~€ 22-~~

10-

CODE
UND ANDERE GESETZE DES
CYBERSPACE

LAWRENCE LESSIG

CODE

UND ANDERE GESETZE DES CYBERSPACE

AUS DEM AMERIKANISCHEN
VON MICHAEL BISCHOFF

BERLIN VERLAG

Die Originalausgabe erschien 1999 unter dem Titel
Code and Other Laws of Cyberspace
bei Basic Books, New York

Umschlaggestaltung:
Nina Rothfos und Patrick Gabler, Hamburg
Gesetzt aus der Garamond 3
durch psb, Berlin
Druck & Bindung: GGP Media, Pößneck
Printed in Germany 2001
ISBN 3-8270-0404-7

FÜR CHARLIE NESSEN,
DESSEN IDEEN STETS VERRÜCKT ERSCHEINEN –
ABER ALLENFALLS EIN JAHR LANG

INHALT

EINLEITUNG

Auf einer alljährlich ausgerichteten Konferenz zum Thema »Computers, Freedom, and Privacy« erzählten im Frühjahr 1996 zwei Science-Fiction-Autoren von der Zukunft des Cyberspace. Vernor Vinge sprach von einer »allumfassenden Durchsetzung staatlicher Gesetze« durch die Einrichtung »fein verteilter Systeme«, durch Computerchips, die über das Netz mit allen Bereichen des sozialen Lebens verknüpft und jeweils zu einem Teil dem Staat für seine Zwecke vorbehalten seien. Diese Architektur befinde sich längst im Bau – in Form des Internets nämlich –, und die Technologen beschrieben bereits deren mögliche Erweiterungen. Angesichts einer zunehmenden Durchdringung des gesamten sozialen Lebens durch dieses Kontrollnetz sei es nur eine Frage der Zeit, bis auch der Staat seinen Anteil daran einfordere. Mit jeder neuen Generation des Computercodes werde auch die Kontrollfähigkeit des Staates wachsen. Die Welt der Zukunft werde eine vollkommen regulierte Welt sein, und möglich werde diese durchgreifende staatliche Regulierung durch das Internet und seine Erweiterungen.

Nach Vinge sprach Tom Maddox. Er entwickelte eine ganz ähnliche Vision, nur dass die Kontrollmacht des Staates bei ihm auf einer anderen Grundlage beruht. Die wahre Quelle staatlicher Macht, meinte Maddox, werde nicht in den Computerchips liegen, sondern in einer Allianz mit der Wirtschaft. Die Wirtschaft fühle sich wie der Staat wohler in einer regulierten Welt. Das Eigentum finde dort größere Sicherheit, Daten ließen sich leichter gewinnen, und Störungen seien mit geringeren Risiken behaftet. Die Zukunft werde einen Pakt zwischen diesen beiden Mächten der gesellschaftlichen Ordnung erleben.

Staat und Wirtschaft, Code und Kommerz.

Als die beiden Autoren ihre Vorträge hielten, war die darin beschriebene Zukunft noch nicht Wirklichkeit. Der Cyberspace dehnte sich zwar ständig aus, aber man konnte sich kaum vorstellen, dass er am Ende den Zwecken des Staates dienen würde. Die Wirtschaft zeigte ohne Zweifel Interesse, doch die Kreditkartengesellschaften rieten ihren Kunden immer noch, sich aus dem Netz fern zu halten. Das Netz explodierte, aber dass damit auch die soziale Kontrolle explodierte, war kaum zu erkennen.

Ich habe den beiden Vorträgen nicht selbst beigewohnt. Erst drei Jahre später habe ich sie mir an meinem Computer angehört. Sie wurden damals aufgezeichnet und können heute auf einem Server des MIT[1] jederzeit abgerufen werden. Es dauert nur eine Sekunde, sich einzuloggen und die zwei Vorträge über ein vollkommenes Kontrollnetz abspielen zu lassen. Schon das Anhören dieser beiden vor einigen Jahren gehaltenen Vorträge bestätigte in gewisser Weise die darin vorgebrachten Thesen, rief ich sie doch von einer zuverlässigen, indexierten Plattform ab, die zweifellos festhielt, dass ich mich über meinen Highspeed-Internetzugang einloggte. An den Reaktionen des Publikums kann man erkennen, dass die Autoren einerseits über eine fiktive Zukunft sprachen – schließlich handelte es sich um Science-Fiction-Autoren –, dass ihre Vision andererseits aber auch erschreckte.

Drei Jahre danach ist all das keine bloße Fiktion mehr. Heute lässt sich leicht nachvollziehen, wie das Netz zu einem Raum vollkommener Regulierung werden kann und warum die Wirtschaft dabei eine Rolle zu spielen vermag. Der Streit um MP3 – ein Kompressionsverfahren für Audiodateien, das eine einfache Distribution über das Netz ermöglicht – ist ein ausgezeichnetes Beispiel dafür. 1998 kam MP3 groß in Mode; man kopierte CDs und verschickte sie per E-Mail; man stellte Tausende von Songs auf Websites, so dass jedermann sie abrufen konnte. »Free music« verlängerte die Liste der im Internet kostenlos erhältlichen Dinge.

Doch schon ein Jahr später hatte die Situation sich verändert. Die Plattenindustrie forciert inzwischen die Entwicklung eines Standards, der die Möglichkeit bietet, die Distribution von Audiodateien besser zu kontrollieren; der amerikanische Kongress hat ein Gesetz verabschiedet, wonach es verboten ist, Software zu entwickeln, die diese

Kontrolle umgeht; und eine Firma, die einen Walkman zum Abspielen von MP3-Dateien produziert, hat bereits angekündigt, sie werde diesen Kontrollstandard in ihre Geräte integrieren. Die Kontrolle wird von der Wirtschaft *codiert* und zugleich vom Staat zum *Gesetz* erhoben.

Vinge und Maddox gehörten zur ersten Generation der Theoretiker des Cyberspace. Sie konnten über perfekte Kontrolle sprechen, weil sie in einer Welt lebten, die sich nicht kontrollieren ließ. Sie fanden Anklang bei ihren Zuhörern, weil das Publikum die von ihnen beschriebene Zukunft nicht wünschte. Sich diese unmögliche Welt vorzustellen, war gleichsam ein Sport.

Heute ist das Unmögliche Wirklichkeit geworden. Die von Vinge und Maddox dargestellte Kontrolle, die viele Zuhörer an Orwell erinnerte, erscheint heute in weiten Teilen ganz vernünftig. Es ist durchaus möglich, sich das von Vinge beschriebene Kontrollsystem vorzustellen, und vielen gefällt sogar, was sie sehen. Ganz unvermeidlich wird ein wachsender Teil des Internets von der Wirtschaft gestaltet werden, und auch darin sehen viele nichts Gefährliches. Tatsächlich leben wir (wieder) in einer Zeit, in der die These, die Wirtschaft könne alles am besten regeln, zu den Gemeinplätzen gehört. Es heißt, man solle die Selbstregulierung des Netzes der Wirtschaft überlassen. Der Netcommerce ist der neue Held unserer Zeit.

Dieses Buch knüpft an die Darstellung von Vinge und Maddox an. Ich teile ihre Sicht der Zukunft des Netzes. Über weite Strecken handelt dieses Buch von der expandierenden Regulierungsarchitektur, zu der sich das Internet entwickeln wird. Aber ich teile nicht die selbstgefällige Zustimmung, die im Hintergrund der Aufzeichnung zu hören ist. 1996 war klar, wer der »Feind« ist; heute können wir da nicht mehr so sicher sein.

Die Zukunft wird weder der Version von Vinge noch der von Maddox gleichen, sondern einer Mischung aus beiden. Hätten wir es nur mit der von Vinge beschriebenen Dystopie zu tun, wüssten wir eine naheliegende und überzeugende Antwort; Orwell gab uns die Mittel und Stalin die Entschlossenheit, dem totalitären Staat zu widerstehen. Ein von Washington kontrolliertes, in alle Lebensbereiche eindringendes und jedermann ausforschendes Netz ist nicht unsere Zukunft. *1984* ist unsere Vergangenheit.

Und wenn uns allein die von Maddox beschriebene Zukunft bevorstünde, würden viele unserer Bürger dies nicht für Science-Fiction, sondern für Utopie halten. Eine vom freien Markt beherrschte Welt, in der das Böse, das wir Staat nennen, besiegt wäre, erschiene ihnen als eine Welt vollkommener Freiheit.

Aber keine der beiden Geschichten beschreibt für sich allein, was das Internet sein wird. Nicht Vinge allein, nicht Maddox allein, sondern beide zusammen: ein Kontrollsystem, das mit staatlicher Unterstützung in weiten Teilen von der Wirtschaft betrieben werden wird.

Unsere Generation steht vor der Herausforderung, diese beiden Kräfte miteinander zu versöhnen. Wie können wir die Freiheit bewahren, wenn die Kontrolle gleichermaßen vom Staat und vom privaten Sektor ausgeübt wird? Wie können wir unsere Privatsphäre schützen, wenn wir aus dem Äther ständig ausgeforscht werden? Wie können wir Informations- und Meinungsfreiheit sichern, wenn die Entwicklung dahin geht, jede Idee zu geistigem Eigentum zu erklären? Wie können wir Selbstbestimmung gewährleisten, wenn andere über die Kontrollarchitekturen bestimmen? Mit einem Wort: Wie können wir eine freie Welt schaffen, wenn die Bedrohungen von der Art sind, wie Vinge und Maddox sie gemeinsam beschrieben haben?

Die Antwort liegt nicht in der reflexhaft staatsfeindlichen Rhetorik unserer Vergangenheit. Die Wirklichkeit ist härter als die Fiktion: Der Staat ist unerlässlich für den Schutz der Freiheit, auch wenn er durchaus in der Lage ist, sie zu vernichten. Aber ebenso wenig liegt die Antwort in einer Rückkehr zu Roosevelts New Deal. Staatlicher Dirigismus ist gescheitert. Und die Freiheit erwächst ganz sicher nicht aus einer wuchernden Bürokratie.

Eine zweite Generation übernimmt die Ideale der ersten und überarbeitet sie vor einem neuen Hintergrund. Sie kennt die alten Debatten und hat die Sackgassen bemerkt, in die uns die Argumentationen der letzten dreißig Jahre geführt haben. Das Ziel einer zweiten Generation ist es, Fragen zu stellen, die solche Sackgassen vermeiden und uns weiterbringen.

Beide Generationen haben Großes geleistet. Esther Dyson und John Perry Barlow bieten immer noch Anregungen und sind selbst keineswegs stehen geblieben (Dyson leitet übergangsweise eine Organisation, von der manche glauben, sie werde sich zu einer Internetregierung entwickeln; Barlow ist gelegentlich in Harvard). In der zweiten Generation erlangt die überzeugende Arbeit von Andrew Shapiro, David Shenk und Steven Johnson immer größere Bekanntheit.

Ich richte mich an die zweite Generation. Wie es meinem Beruf entspricht (ich bin Jurist), ist mein Beitrag umständlicher, dunkler, technischer und stumpfer als das Beste aus beiden Generationen. Aber wie es meinem Beruf entspricht, möchte ich ihn dennoch vortragen. Was ich zu sagen habe, dürfte in den hitzigen Debatten, die gerade geführt werden, niemandem sonderlich gefallen. Und während ich diesen Satz eingebe, bevor ich das Manuskript per E-Mail an den Verlag schicke, höre ich schon die Reaktionen: »Kennen Sie nicht den Unterschied zwischen der Macht der Sheriffs und der Macht Walt Disneys?« – »Glauben Sie wirklich, wir brauchen eine staatliche Behörde zur Regulierung des Softwarecodes?« Und von der anderen Seite: »Wie können Sie nur einer Architektur des Cyberspace das Wort reden (Open-Source-Software), die dem Staat die Möglichkeit nimmt, segensreich zu wirken?«

Aber ich bin auch Lehrer. Wenn mein Buch zornige Reaktionen auslöst, regt es vielleicht auch zu besonnenem Nachdenken an. Es sind schwere Zeiten für eine richtige Lösung, aber leichte Antworten auf die Debatten von gestern werden uns nicht zu einer richtigen Lösung führen.

CODE

ERSTER TEIL
REGULIERBARKEIT

1. DER CODE IST GESETZ

Vor einem Jahrzehnt, im Frühjahr 1989, starb der Kommunismus in Europa – er fiel in sich zusammen wie ein Zelt, dessen Mittelpfosten man weggenommen hat. Kein Krieg und keine Revolution brachten den Kommunismus zu Fall. Er starb an Erschöpfung. An seiner Stelle entstand in Mittel- und Osteuropa ein neues politisches System – der Anfang einer neuen politischen Gesellschaft.

Für Verfassungsrechtler (wie mich) begann damit eine aufregende Zeit. Ich hatte 1989 mein Studium an der Law School beendet und begann 1991 meine Lehrtätigkeit an der University of Chicago. Dort hatte man ein Zentrum für die Erforschung der neuen Demokratien in Mittel- und Osteuropa geschaffen, dem auch ich angehörte. In den folgenden fünf Jahren verbrachte ich so viel Zeit in Flugzeugen und musste mich morgens so oft mit schlechtem Kaffee begnügen, dass ich lieber gar nicht daran zurückdenke.

In Mittel- und Osteuropa wimmelte es von Amerikanern, die den ehemaligen Kommunisten erklärten, wie sie regieren sollten. Die Ratschläge waren endlos und dumm. Einige dieser Besucher verkauften den dort entstehenden konstitutionellen Republiken buchstäblich neue Verfassungen; es gab zahllose unausgegorene Ideen, wie die neuen Staaten regiert werden sollten. Diese Amerikaner kamen aus einem Land, in dem das Verfassungsrecht funktioniert, aber offenbar niemand weiß, warum.

Das Zentrum hatte nicht die Aufgabe, Ratschläge zu erteilen. Dazu wussten wir selbst zu wenig. Wir wollten Daten über die Veränderungen sammeln und beobachten, wie sie vorankamen. Wir wollten den Wandel nicht lenken, sondern verstehen.

Was wir sahen, war überraschend, wenn auch verständlich. Die Zeit unmittelbar nach dem Zusammenbruch des Kommunismus war von starker Abneigung gegen die Regierung geprägt, von Zorn auf den Staat und jede staatliche Regulierung. Lasst uns in Ruhe, schienen die Menschen zu sagen. Der Markt und nichtstaatliche Organisationen – eine neue Gesellschaft – sollten an die Stelle des Staates treten. Nach Generationen kommunistischer Herrschaft war diese Reaktion vollkommen verständlich. Welchen Kompromiss hätte man mit dem Instrument der eigenen Unterdrückung schließen sollen?

Eine bestimmte amerikanische Rhetorik unterstützte diese Reaktion ganz beträchtlich, nämlich die Rede von den Vorzügen eines Wirtschaftsliberalismus. Man solle nur den Markt regieren lassen und den Staat aus dem Spiel halten, dann stellten Freiheit und Wohlstand sich ganz von selbst ein. Die Dinge würden sich selbst regulieren. Es gebe gar keine Notwendigkeit und keinen Platz für eine ausgedehnte staatliche Regulierung.

Aber die Dinge regulierten sich nicht selbst. Die Märkte florierten nicht. Der Staat verkrüppelte, und ein verkrüppelter Staat ist kein Freiheitselixier. Die Macht verschwand keineswegs; sie verlagerte sich nur vom Staat auf die Mafia, die oft genug vom Staat selbst geschaffen wurde. Die traditionellen staatlichen Aufgaben – Polizei, Gerichte, Schulen, Gesundheitswesen – verschwanden ebenfalls nicht wie von Zauberhand. Und keine privaten Interessen nahmen sich dieser Bedürfnisse an. Die Bedürfnisse blieben vielmehr unerfüllt. Die innere Sicherheit schwand dahin. An die Stelle des Kommunismus der letzten drei Generationen trat langsam eine moderne Anarchie: an den Häusern Leuchtreklame für Nike; Rentner, die durch betrügerischen Effektenhandel um ihre Ersparnisse gebracht wurden; Bankiers, die am helllichten Tag auf Moskauer Straßen ermordet wurden. Ein Steuerungssystem war durch ein anderes ersetzt worden, aber keines von beiden entsprach den Vorstellungen, die westliche Liberale sich von Freiheit machen.

Etwa zur selben Zeit, als die postkommunistische Euphorie dahinschwand, nämlich Mitte der neunziger Jahre, entstand im Westen eine andere »neue Gesellschaft«, die bei vielen eine ähnliche Begeisterung auslöste wie die für das postkommunistische Europa versprochene neue Gesellschaft: der Cyberspace. Zunächst an den Universitäten und

Forschungsinstituten, dann auch in der weiteren Gesellschaft, avancierte der Cyberspace zum neuen großen Ziel freiheitlicher Utopie. Dort sollte ein staatsfreier Raum entstehen. Und wenn die ideale freiheitliche Gesellschaft schon nicht in Moskau oder Tiflis zu finden sein würde, so doch wenigstens im Cyberspace.

Den Katalysator für diesen Wandel bildete etwas, das eher ungeplant entstanden war. Der Cyberspace, ursprünglich ein Forschungsprojekt des amerikanischen Verteidigungsministeriums, entstand durch die Verschiebung einer bestimmten Steuerungsarchitektur. Das gebührenpflichtige, einem einzigen Zweck dienende Telefonsystem wurde ersetzt durch ein kostenfreies Mehrzwecknetz zum Austausch von Datenpaketen. An die Stelle des alten, auf einseitige Kommunikation ausgerichteten Publikationssystems (Fernsehen, Radio, Zeitschriften, Bücher) trat eine Welt, in der jeder etwas veröffentlichen konnte. Die Menschen vermochten nun miteinander zu kommunizieren und sich in einer Weise zusammenzuschließen, wie es noch nie zuvor möglich gewesen war. Der Cyberspace versprach eine Gesellschaft, die im realen Raum unmöglich wäre – Freiheit ohne Anarchie, Steuerung ohne Staat, Konsens ohne Macht. Oder wie es in einem Manifest heißt, das unsere Generation dereinst definieren wird: »Wir lehnen ab: Könige, Präsidenten und Wahlen. Wir glauben an: breiten Konsens und funktionsfähige Codes.«[1]

Wie im postkommunistischen Europa, so verband man auch beim Nachdenken über den Cyberspace Freiheit zunächst mit dem Verschwinden des Staates. Nur war der Zusammenhang hier noch stärker als in den ehemaligen kommunistischen Staaten. Man behauptete, der Staat könne den Cyberspace gar nicht kontrollieren, der Cyberspace sei seinem Wesen nach und unausweichlich frei. Regierungen könnten drohen, aber das Verhalten lasse sich nicht steuern; man könne Gesetze erlassen, aber die würden nicht greifen. Ganz gleich, welche Regierung man einsetze, sie werde nicht regieren können. Der Cyberspace werde eine Gesellschaft völlig neuer Art bilden. Er werde nicht ohne jede Bestimmung und Ausrichtung sein, aber die Ausrichtung werde von unten erfolgen und nicht durch irgendeine staatliche Lenkung. Die Gesellschaft des Cyberspace werde sich vollständig selbst ordnen, ohne jede staatsförmige Organisation und ohne politische Streitereien.

In den frühen neunziger Jahren lehrte ich während der Sommer in Mitteleuropa; dort erlebte ich die oben angesprochene Veränderung in den Einstellungen der Menschen gegenüber dem Kommunismus. Deshalb kam es mir ein wenig wie ein Déjà-vu vor, als ich im Frühjahr 1995 mit Vorlesungen über das Recht im Cyberspace begann und bei meinen Studenten dieselben postkommunistischen Vorstellungen über Freiheit und Staat fand. Selbst in Yale – nicht gerade bekannt für libertäre Leidenschaften – schienen die Studenten trunken von dem, was James Boyle später einmal die »libertäre Offenbarung«[2] genannt hat: Keine Regierung könne ohne die Vorzüge des Internets überleben, aber keine Regierung sei in der Lage, das Geschehen dort zu steuern. Die Regierungen der realen Welt wirkten im Cyberspace ebenso jämmerlich wie die letzten kommunistischen Regime. Dort verwirkliche sich das von Marx versprochene Absterben des Staates; Billionen von Gigabytes, die durch den Äther des Cyberspace strömen, machten ihm den Garaus. Der Cyberspace könne nur frei sein. Denn Freiheit sei sein Wesen.

Aber warum das so sein sollte, wurde nie ganz klar. Ich habe nie recht verstanden, wieso es den Regierungen unmöglich sein soll, den Cyberspace zu kontrollieren. Schon das Wort spricht nicht von Freiheit, sondern von Kontrolle. Seine Etymologie reicht über William Gibsons Roman *Neuromancer* (1984) in die Welt der »Kybernetik« zurück, die sich mit der Steuerung von Vorgängen aller Art befasst.[3] Die Kybernetik glaubt an die Möglichkeit vollkommener Regulierung. Sie sucht nach den besten Möglichkeiten der Steuerung. Da scheint es gleich doppelt sonderbar, dass dieses Loblied auf die Unmöglichkeit der Steuerung aus dem Ideal der Steuerung geboren sein soll.

Wie gesagt, ich bin Verfassungsrechtler. Ich lehre Verfassungsrecht und schreibe darüber. Ich glaube, diese ersten Gedanken über Staat und Cyberspace sind ebenso falsch wie die ersten Gedanken über den Staat nach dem Untergang des Kommunismus. Freiheit im Cyberspace wird nicht aus der Abwesenheit des Staates resultieren. Wie überall wird Freiheit vielmehr auch dort auf einem Staat ganz bestimmter Art basieren.[4] Eine Welt, in der Freiheit herrschen kann, schaffen wir nicht, indem wir jede bewusste Steuerung aus der Gesellschaft entfernen; eine Welt, in der Freiheit herrschen kann, schaffen wir vielmehr, indem wir eine bestimmte Art von selbstbewusster Steuerung ermöglichen. Wir schaffen Freiheit, indem wir, wie unsere Vorväter es getan haben, der Gesellschaft eine bestimmte *Verfassung* geben.

Aber mit »Verfassung« meine ich keinen Gesetzestext. Anders als meine Landsleute in Osteuropa, versuche ich keinen Text zu verkaufen, den unsere Verfassungsväter 1787 niedergeschrieben haben. Mir schwebt hier eher vor, was die Briten meinen, wenn sie von ihrer *constitution* sprechen. Ich meine eine *Architektur* – keinen Gesetzestext, sondern eine Lebensform –, die gesellschaftliche und staatliche Macht strukturiert und begrenzt, um bestimmte *Grundwerte* zu schützen: Prinzipien und Ideale, die weit über die Kompromisse der Tagespolitik hinausreichen.

Verfassungen dieser Art werden nicht niedergeschrieben, sie entstehen mit der Zeit. Es müssen Grundlagen gelegt werden, sie erscheinen nicht einfach wie von Zauberhand. Die Väter unserer Verfassung lernten aus der Anarchie, die auf die Revolution folgte (unsere erste Verfassung, die »Articles of Confederation«, war ein erbärmlicher Fehlschlag, weil sie auf Nichtstun basierte). Und ebenso müssen wir heute erkennen, dass der Cyberspace, der da entsteht und dessen Grundlagen gerade gelegt werden, nicht das Werk einer unsichtbaren Hand ist. Es gibt keinen Grund für die Annahme, Freiheit werde sich im Cyberspace ganz von selbst einstellen. Das Gegenteil ist der Fall, wie ich noch zeigen werde. Wie die Erfahrung unserer Verfassungsväter und die der Russen zeigt, haben wir allen Grund zu der Annahme, dass der Cyberspace das Versprechen der Freiheit nicht von selbst einlösen wird. Sich selbst überlassen, wird der Cyberspace vielmehr zu einem perfekten Instrument der Kontrolle werden.[5]

Ein Instrument der Kontrolle – nicht notwendig durch den Staat und nicht notwendig zu bösartigen, faschistischen Zwecken. Aber ich werde in diesem Buch zeigen, dass die unsichtbare Hand des Cyberspace eine Architektur schafft, die genau das Gegenteil der bei der Geburt des Cyberspace angelegten Architektur darstellt. Die unsichtbare

Hand schafft auf dem Weg über wirtschaftliche Interessen eine Architektur, die Kontrolle perfektioniert und eine hoch effiziente Regulierung ermöglicht. Eine dezentrale Architektur regulierender Kontrolle, wie Vernor Vinge sie 1996 warnend beschrieben, eine Achse zwischen Wirtschaft und Staat, wie Tom Maddox sie zur selben Zeit dargestellt hat.[6]

Mein Buch handelt von diesem Wandel und von der Möglichkeit, ihn zu verhindern. Wenn wir sehen, auf welchem Weg der Cyberspace sich befindet – eine Entwicklung, die ich im ersten Teil beschreibe –, werden wir erkennen, dass ein großer Teil der bei der Gründung des Cyberspace noch vorhandenen »Freiheit« in Zukunft verschwinden wird. Werte, die wir heute für fundamental halten, werden nicht notwendig erhalten bleiben. Freiheiten, die einmal fundamental waren, werden langsam dahinschwinden.

Wenn der ursprüngliche Cyberspace und die darin angelegten Werte überleben sollen, müssen wir verstehen, wie dieser Wandel abläuft und wie wir darauf reagieren können. Damit befasst sich der zweite Teil. Für alle, die über Freiheit und Regulierung nachdenken, ist der Cyberspace etwas Neues. Wir müssen erst noch verstehen lernen, wie Regulierung dort funktioniert und das Leben beeinflusst. Und dazu müssen wir über den herkömmlichen Horizont des Juristen – Gesetze, Regelungen und Normen – hinausschauen. Wir müssen uns mit einem neuen Regulator auseinandersetzen.

Diese regulierende Instanz verbirgt sich hinter dem ein wenig dunklen Ausdruck »Code«. Im realen Raum wissen wir, wie Gesetze eine Regulierung bewirken – durch Verfassungen, Gesetzbücher und andere Regelsammlungen. Im Cyberspace müssen wir erst noch herausfinden, welche regulierende Wirkung der Code entfaltet – wie die Software und die Hardware, die den Cyberspace zu dem machen, was er ist, den Cyberspace in seiner aktuellen Gestalt *regulieren*. Und wie William Mitchell einmal gesagt hat, ist dieser Code das »Gesetz« des Cyberspace.[7] *Der Code ist das Gesetz.*

Dieser Code stellt die größte Bedrohung für liberale oder libertäre Ideale dar, aber zugleich auch das größte Versprechen. Wir können die Architektur oder den Code des Cyberspace so gestalten, dass unsere

Grundwerte einen größtmöglichen Schutz genießen; und wir können sie so gestalten, dass diese Werte verschwinden. Hier gibt es keinen Mittelweg. Wir haben keine Wahlmöglichkeit, bei der wir gar nichts tun müssten. Der Code wird nicht vorgefunden – er wird immer gemacht, und er wird von uns gemacht. Mark Stefik hat das so ausgedrückt: »Verschiedene Versionen [des Cyberspace] unterstützen verschiedene Träume. Wir müssen wählen, ob klug oder nicht.«[8]

Ich setze mich hier nicht für eine Kontrolle von oben ein; ich fordere nicht, irgendwelche Regulierungsbehörden sollten Microsoft übernehmen. Verfassungen setzen Rahmenbedingungen; sie schaffen eine Umwelt. Richter Holmes hat einmal gesagt, durch eine Verfassung komme etwas in die Welt, »dessen Entwicklung sich nicht voraussehen lässt«.[9] Verfassungen sind keine konkreten, in kurzer Zeit zu realisierenden Pläne. Vielmehr definieren sie Werte, die in einem Raum verwirklicht werden sollen. Es geht auch nicht um die Beschreibung einer »Regierung«, ja nicht einmal um die Wahl zwischen einer Kontrolle von oben und einer von unten (als wäre dies ein für alle Mal zu entscheiden). Wenn wir von einer Verfassung für den Cyberspace sprechen, dann fragen wir lediglich: Welche Werte sollen hier geschützt werden? Welche Werte wollen wir in diesen Raum einbauen, damit bestimmte Lebensweisen möglich werden?

Die »Werte«, um die es hier geht, sind von zweierlei Art; sie sind substanzieller und struktureller Natur. In der amerikanischen Tradition haben wir uns zunächst für Werte struktureller Art interessiert. Die Väter der Verfassung von 1787 (die noch ohne die Bill of Rights verabschiedet wurde) konzentrierten sich auf die Strukturen des Staates. Sie wollten sicherstellen, dass eine bestimmte Regierung (die Bundesregierung) nicht allzu mächtig wurde. Daher bauten sie Ausgleichs- und Kontrollmechanismen ein, die dem Bund und seinem Einfluss auf die Bundesstaaten Grenzen setzten.

Gegner dieser Verfassung verlangten noch mehr Ausgleichs- und Kontrollmechanismen; sie waren der Meinung, man müsse der Zentralgewalt nicht nur strukturelle, sondern auch substanzielle Grenzen setzen. So entstand die Bill of Rights. Die 1791 verabschiedete Bill of Rights versprach, dass der Bund bestimmte Schutzrechte nicht aufheben werde – Meinungsfreiheit, Schutz der Privatsphäre, das Recht auf ein ordentliches Verfahren. Und sie garantierte, dass die Verpflichtung auf diese substanziellen Werte unabhängig von der jeweiligen Regierung gelte. Diese Werte sollten in unsere Verfassungskonstruktion eingebaut oder eingebettet werden; wir können sie verändern, aber nur, wenn wir die Verfassungskonstruktion ändern.

In unserer Verfassungstradition ergänzen diese beiden Schutzmechanismen einander. Für sich allein bliebe jeder von ihnen wirkungslos. Gäbe es keine Kontrollmechanismen, könnten die substanziellen Schutzrechte der Bill of Rights leicht abgeschafft werden, und ohne substanzielle Schutzbestimmungen könnte auch ein durch Ausgleichs- und Kontrollmechanismen gesicherter Staat die Werte übergehen, die unsere Verfassungsväter für unverzichtbar hielten.

Vor denselben Fragen stehen wir nun beim Aufbau des Cyberspace, aber wir gehen sie aus der entgegengesetzten Richtung an. Wir kämpfen schon jetzt um die Inhalte: Wird der Cyberspace die Privatsphäre achten und freien Zugang gewähren? Wird er Meinungsfreiheit garantieren? Wird er den freien Handel erleichtern? Dies alles sind inhaltliche Wertentscheidungen, und sie werden einen großen Teil dieses Buches in Anspruch nehmen.

Aber die Struktur ist gleichfalls wichtig. Welche Mechanismen können wir in den Cyberspace einbauen, die eine Kontrolle willkürlicher Regulierungsmacht erlauben? Welche Ausgleichs- und Kontrollmechanismen sind möglich? Wie lässt sich eine Gewaltenteilung realisieren? Wie können wir verhindern, dass eine regulierende Instanz, eine Regierung, allzu mächtig wird?

Theoretiker des Cyberspace haben von Anfang an über solche Fragen nachgedacht.[10] Aber als Kultur beginnen wir gerade erst, uns mit diesen Dingen zu beschäftigen. Wir erkennen gerade erst, warum die Architektur des Cyberspace wichtig ist – vor allem, warum die Frage des *Eigentums* an dieser Architektur wichtig ist. Wenn der Code des Cyberspace Eigentum darstellt (in einem Sinne, den ich noch erläutern werde), dann kann er kontrolliert werden; wenn er kein Eigentum darstellt, ist eine Kontrolle sehr viel schwieriger. Das Fehlen von Eigentumsrechten ist von entscheidender Bedeutung: Wenn niemand Eigentümer des Cyberspace ist, wenn niemand über die Nutzung von Ideen bestimmen kann, mit einem Wort: wenn der Cyberspace Gemeineigentum ist, dann wird es möglich sein, bestimmte Formen staatlicher Kontrolle in Grenzen zu halten.

Ein Aspekt der Eigentumsfrage steht gegenwärtig im Mittelpunkt der Debatte über Software mit offenem oder unzugänglichem Quellcode. In einer Weise, die von den Gründervätern Amerikas instinktiv verstanden worden wäre, ist »freie Software« oder »Open-Source-Software« – oder ein »offener Code«, wie ich hier (ein wenig feige) sagen möchte, um nicht in einem später noch zu erläuternden Streit Partei ergreifen zu müssen – selbst ein Instrument zur Kontrolle willkürlicher Macht. Als struktureller Garant verfassungsmäßig zugesicherter Freiheit wirkt er in ähnlicher Weise wie die Gewaltenteilung in der amerikanischen Verfassungstradition. Er steht neben substanziellen Schutzrechten wie Meinungs- oder Pressefreiheit, hat aber fundamentalere Bedeutung. Wie ich am Ende dieses Buches noch ausführen werde, hatten unsere Gründungsväter Recht, als sie intuitiv erkannten, dass die Struktur die Grundlage für den Inhalt bildet. Wenn wir eine bestimmte Struktur sicherstellen (wenn wir im Cyberspace einen Raum für einen offenen Code schaffen), werden die Inhalte (zu einem großen Teil) für sich selbst sorgen.

Im dritten Teil hole ich diese Fragen auf den Boden zurück. Ich betrachte vier umstrittene Fragenkomplexe: geistiges Eigentum, Privatsphäre, Meinungsfreiheit und Souveränität, und zeige, welche Werte dort heute bedroht sind. Die Wechselwirkung zwischen Gesetz und Code hilft, diese Werte zu konstituieren. Ich möchte aufzeigen, wie wir den Gefahren mit den im zweiten Teil untersuchten Instrumenten begegnen können.

Das ist der hoffnungsvolle Teil des Buches. Der abschließende Teil ist es nicht. Am Schluss frage ich, ob wir – Amerikaner – für die Herausforderungen gewappnet sind, vor die uns die nötigen Wahlentscheidungen stellen. Werden wir dank unserer Verfassungstradition und unseres Glaubens an die repräsentative Demokratie in der Lage sein, gemeinsam auf die noch zu beschreibenden Veränderungen zu reagieren?

Ich habe die starke Befürchtung, dass wir nicht dazu fähig sind. Wir leben in einer Zeit, in der fundamentale Wertentscheidungen zu treffen sind, aber wir trauen keiner staatlichen Institution diese Entscheidungen zu. Gerichte können es nicht, weil unsere Rechtskultur nicht will, dass Gerichte in umstrittenen Wertfragen entscheiden; das Parlament soll es nicht, weil unsere politische Kultur das gewöhnliche Handeln der Legislative und der Exekutive mit größtem Misstrauen bedenkt.

Veränderung ist möglich. Ich habe keinen Zweifel, dass wir noch Revolutionen erleben werden. Die Bewegung für einen offenen Code ist solch eine Revolution. Aber ich fürchte, dem Staat wird es nur allzu leicht fallen, diesen Revolutionen den Garaus zu machen; es steht zu viel auf dem Spiel für ihn. Den ethischen Kern dieser Bewegung hat unser Staat bereits kriminalisiert, indem er den Sinn des Ausdrucks »Hacker« so sehr pervertierte, dass er mit der ursprünglichen Bedeutung nichts mehr gemein hat. Und ich bin überzeugt, das ist erst der Anfang.

Es könnte auch anders sein. Und anderswo ist es auch anders. Aber ich sehe nicht, dass die Dinge heute bei uns anders sein könnten. Natürlich mag meine Einschätzung der Lage auf mangelnder Fantasie beruhen. Ich wäre froh, wenn das zuträfe. Ich wäre dankbar, wenn ich erleben könnte, dass wir – wie die Bürger der ehemaligen kommunistischen Staaten – lernten, unsere destruktiven Vorstellungen hinsichtlich der Möglichkeiten staatlichen Handelns zu überwinden.

Im folgenden Kapitel beginne ich mit vier Geschichten über den Cyberspace, die vier Themen dieses Buches veranschaulichen sollen. Diese Themen zeigen, was hier anders ist. Und auch wenn die Staatsverdrossenheit dieselbe sein dürfte, ist doch zumindest die Situation eine andere.

2. VIER RÄTSEL AUS DEM CYBERSPACE

Die meisten Menschen glauben, wenn man das Recht verstehen wolle, müsse man einen Satz von Regeln verstehen. Das ist falsch, wie Stanley Fish uns gelehrt hat.[1] Das Recht lässt sich am besten durch Geschichten verstehen – Geschichten, die verdeutlichen, was später in einem Katalog von Regeln zusammengefasst wird.

Das gilt auch für die Geschichten, die ich nun erzählen möchte. Jede (der vier Geschichten) behandelt ein Thema, das in diesem Buch immer wiederkehren wird. Jede soll Orientierung bieten und zugleich desorientieren – das heißt zeigen, inwiefern der Cyberspace dem realen Raum gleicht und inwiefern er sich von ihm unterscheidet. Am Ende des Kapitels werde ich die Themen ausformulieren und im Überblick darstellen. Für den Augenblick sollten Sie sich einfach auf die Geschichten konzentrieren.

GRENZEN

Es war ein ganz gewöhnlicher Streit, diese Auseinandersetzung zwischen Martha Jones und ihrem Nachbarn.[2] Es war ein Streit, wie er unter Nachbarn vorkommt, seit es Nachbarn gibt. Und dieser Streit begann nicht einmal im Zorn. Er begann mit einem Missverständnis. In unserer Welt sind Missverständnisse dieser Art alles andere als eine Seltenheit. Das kam Martha in den Sinn, als sie darüber nachdachte, ob sie wegziehen sollte. Man konnte auch anderswo leben. Wenn sie wegzog, gab sie alles auf, was sie sich aufgebaut hatte; aber die Streitereien gingen ihr an die Nieren. Vielleicht war es besser, wegzuziehen.

Der Streit ging um Grenzen – um die Frage, wo ihr Grundstück endete. Das scheint eine einfache Frage zu sein, und man möchte meinen, die zuständigen Stellen hätten die damit zusammenhängenden Angelegenheiten längst hinreichend geklärt. Dennoch lag sie nun mit ihrem Nachbarn Dank im Streit wegen der Grundstücksgrenzen. Oder vielmehr wegen einer Unschärfe an dieser Grenze, wegen etwas, das von Marthas Grundstück auf das Grundstück des Nachbarn hinüber wirkte. Darum ging der Streit, und er hing mit Dingen zusammen, die Martha tat.

Martha pflanzte Blumen an. Doch nicht irgendwelche Blumen, sondern solche mit ganz besonderen Eigenschaften. Es waren wunderschöne Blumen, die herrlich dufteten. Aber trotz ihrer Schönheit waren sie giftig. Denn genau darum war es Martha gegangen: Blumen von außergewöhnlicher Schönheit anzupflanzen, die töteten, wenn man sie nur berührte. Zweifellos sonderbar, und niemand hätte behauptet, Martha sei nicht sonderbar. Sie war ungewöhnlich, wie die ganze Gegend. Aber ein Streit wie dieser ist leider nicht ungewöhnlich.

Dass es zum Streit kommen würde, war absehbar. Marthas Nachbar Dank hatte einen Hund. Danks Hund starb. Und natürlich starb der Hund, weil er eine Blüte von Marthas Blumen gefressen hatte. Eine wunderschöne Blüte – und nun ein toter Hund. Dank hatte seine eigene Meinung über diese Blumen und über seine Nachbarin, und er brachte diese Meinung zum Ausdruck – vielleicht ein wenig zu zornig oder vielleicht auch in durchaus verständlichem Zorn.

»Es gibt keinen Grund, giftige Blumen anzupflanzen«, rief Dank über den Zaun. »Es gibt keinen Grund, sich über einen toten Hund aufzuregen«, rief Martha zurück. »Hunde lassen sich ersetzen. Und überhaupt, warum legt man sich einen Hund zu, der leidet, wenn er stirbt? Besorgen Sie sich einen Hund, der nicht leidet, dann können meine Blumen ihm auch kein Leid zufügen.«

Zu diesem Zeitpunkt wurde ich in den Streit hineingezogen. Ich kam gerade vorbei, wie man so vorbeikommt (man könnte von Teleportation sprechen, aber wir wollen die Dinge nicht unnötig durch Jargonausdrücke komplizieren; sagen wir also einfach, ich kam vorbei). Ich sah, wie die beiden Nachbarn immer zorniger miteinander stritten. Ich hatte von den Blumen und ihren giftigen Blüten schon gehört. Das Problem schien mir einfach zu lösen, aber ich glaube, es ist nur einfach, wenn man weiß, wie solche Probleme entstehen.

Dank und Martha waren deshalb so zornig, weil sie das Gefühl hatten, festzusitzen. Beide hatten sich ihr Leben dort eingerichtet, hatten viel Arbeit investiert und durchaus auch verstanden, dass es Grenzen gibt. Das ist nichts Außergewöhnliches: Wir alle richten unser Leben an Orten ein, an denen es Grenzen gibt. Und wir alle erleben gelegentlich Enttäuschungen. Was war bei Dank und Martha anders?

Ein Unterschied lag in dem Raum oder Kontext, in dem ihr Streit sich vollzog. Es war kein »realer«, sondern ein virtueller Raum. Es war ein »Avatar-Raum«, und Avatar-Räume sind ganz anders als der Raum, den wir real nennen.[3]

Der reale Raum ist der Ort, an dem Sie sich gerade befinden: Ihr Büro, Ihr Zimmer oder auch ein Swimmingpool. Er wird von Gesetzen bestimmt, die der Mensch geschaffen, und von solchen, die er nicht geschaffen hat. »Beschränkte Haftung« bei Unternehmen ist eine menschliche Erfindung; sie bedeutet, dass die Gesellschafter nur mit ihren Einlagen haften. Beschränktes Leben ist kein vom Menschen geschaffenes Gesetz. Wir alle werden sterben. Im realen Raum ist unser Leben allen möglichen Gesetzen unterworfen, auch wenn wir einige der Gesetze im Prinzip ändern können.

Aber im realen Raum gibt es noch andere Gesetze. Sie haben dieses Buch gekauft, will ich einmal hoffen; oder sie haben es sich von jemandem geliehen, der es gekauft hat. Falls Sie es gestohlen haben, sind Sie ein Dieb, und zwar unabhängig davon, ob sie erwischt werden oder nicht. Soziale Normen definieren unsere Sprache; unsere Sprache würde Sie als Dieb definieren, und zwar nicht einfach, weil Sie etwas weggenommen haben. Es gibt zahlreiche Möglichkeiten, etwas wegzunehmen, ohne dass man deshalb ein Dieb wäre. Wenn Sie und ein paar Freunde an einem Haufen Geldscheine vorbeikämen, die vom Wind davongeweht werden, und Sie nehmen ein paar Scheine an sich, sind Sie deshalb noch kein Dieb; vielleicht eher schon ein Dummkopf, wenn Sie es nicht täten. Falls Sie dagegen dieses Buch in einer Buchhandlung gestohlen haben (so viele Exemplare auch auf dem Regal zurückgeblieben sein mögen), sind Sie ein Dieb. Das haben die sozialen Normen so bestimmt, und unser ganzes Leben ist sozialen Normen unterworfen.

Einige dieser Gesetze können wir gemeinschaftlich ändern, nicht jedoch als Einzelne. Ich kann mich entscheiden, meinen Einberufungsbescheid zu verbrennen, aber ich kann nicht darüber bestimmen, ob ich dann als Held oder als Verräter gelte. Ich kann eine Einladung zum Essen ablehnen, aber ich kann nicht darüber bestimmen, ob man mich dann für unhöflich hält. Im realen Leben habe ich vielfältige Wahlmöglichkeiten, doch welche Konsequenzen die sozialen Normen dann jeweils vorsehen, steht nicht zu meiner Disposition. Gesetze dieser Art sind uns so vertraut, dass wir sie kaum noch wahrnehmen.

Der Avatar-Raum ist anders. Zunächst einmal ist er ein virtueller Raum – wie ein Trickfilm auf einem Bildschirm. Aber anders als bei einem Trickfilm können wir die Figuren auf dem Bildschirm in Echtzeit steuern. Zumindest können Sie Ihre eigene Figur steuern – eine von vielen Figuren in diesem Raum, die von vielen anderen gesteuert werden. Sie bauen selbst die Welt, in der Sie dort leben. Als Kind lernten Sie die Physik kennen, die in der Welt eines Roadrunner und eines (aufbrausenden, aber nachsichtigen) Wile E. Coyote herrschte; Ihre Kinder werden die Welt eines Roadrunner und eines (aufbrausenden, aber vielleicht nicht ganz so nachsichtigen) Wile E. Coyote selbst schaffen. Sie werden den Raum definieren und dann die Geschichte durchleben. Sie werden die Gesetze dieses Raumes nach ihrem Gutdünken bestimmen.

Das heißt keineswegs, der Avatar-Raum wäre irreal. In diesem Raum findet reales Leben statt: das Leben von Menschen, die interagieren. Der Raum ist der Ort, an dem sie interagieren – ähnlich wie im realen Raum, aber mit einigen wichtigen Unterschieden. Im Avatar-Raum erfolgt die Interaktion in einem virtuellen Medium. Oder wie man seit den neunziger Jahren sagt: Sie erfolgt im *Cyberspace*. Die Menschen »springen« in diese virtuellen Räume hinein. Und dort tun sie etwas.

Sie tun ganz unterschiedliche Dinge. Manche kommen einfach nur zusammen und plaudern; sie erscheinen (in einer Gestalt, die sie selbst bestimmen, mit Eigenschaften, die sie auswählen, und mit Biografien, die sie selbst schreiben) in einem virtuellen Raum und lassen einander Nachrichten zukommen. Oder sie laufen umher (auch hier ist der Begriff durchaus zweideutig) und reden mit anderen Leuten. Mein Freund Rick tut dies als Katze – oder genauer als Kater, wie er betont. Als Kater stolziert er durch diesen Raum und redet mit jedem, der Interesse daran hat. Er versucht herauszufinden, wer Katzen mag. Die Übrigen bestraft er, wie er sagt.

Andere tun im Avatar-Raum weit mehr. Manche lassen sich dort regelrecht nieder. Je nach der Ausgestaltung der betreffenden Welt und den dort herrschenden Gesetzen, erhalten Bürger Grundstücke und Land zu ihrer Verfügung, solange sie etwas damit anfangen. Sie verbringen außergewöhnlich viel Zeit mit all den Aktivitäten, die erforderlich sind, um sich auf diesem Grund und Boden häuslich einzurichten. (Eine unverständliche Zeitverschwendung? Während Sie und ich bis zu 70 Stunden in der Woche für Firmen arbeiten, die nicht uns gehören, und an einer Zukunft bauen, von der wir nicht wissen, ob wir sie jemals genießen werden, entwerfen und schaffen diese Leute Dinge und ein ganzes Leben, die nur virtuell existieren. Skandalös.) Sie entwerfen und bauen Häuser, lassen ihre Familie oder Freunde dort einziehen, halten Haustiere und gehen ihren Hobbys nach. Sie pflanzen zum Beispiel Bäume oder seltsame Blumen – wie die von Martha.

Der Avatar-Raum ist aus dem so genannten MUD- oder MOO-Raum hervorgegangen.[4] MUDs und MOOs sind gleichfalls virtuelle, aber ausschließlich textbasierte Welten. Auf einem MUD- oder MOO-Bildschirm gibt es weder statische noch bewegte Bilder, sondern nur Texte, aus denen hervorgeht, was jemand sagt oder tut. In diesen Räumen können Sie Objekte erzeugen und sie etwas tun lassen, aber das alles bleibt im Medium des Textes. (Die Handlungen sind in der Regel sehr einfach, aber auch einfache Dinge können Spaß machen. In einem MUD, das Teil meiner Lehrveranstaltung zu den Gesetzen des Cyberspace war, schuf ein Teilnehmer eine Figur namens JPosner. Wenn man JPosner anstieß, antwortete er: »Anstoßen ist wirkungslos.« Eine andere Figur hieß FEasterbrook. Wenn er sich in einem Raum befand und dort fiel in irgendeinem Zusammenhang das Wort

»fair«, wiederholte er den Satz und ersetzte »fair« durch »wirkungsvoll«. Aus »Das ist nicht fair« wurde: »Sie wollen sagen, das ist nicht wirkungsvoll«.)

Wer gern schreibt oder liest, kann leicht verstehen, warum solche textbasierten Welten interessant sind und inwiefern sie eine Realität darstellen; aber für Menschen, die nicht gerne mit Texten umgehen, gilt das nicht. Im Avatar-Raum gibt es keine Beschränkungen dieser Art. Er ist gewissermaßen die Filmfassung eines Cyberspace-Romans. Sie schaffen dort Dinge, die auch dann erhalten bleiben, wenn Sie den Raum verlassen. Sie können ein Haus bauen, und Menschen, die vorbeikommen, können es sehen. Sie können diese Menschen hereinbitten, und wenn sie in Ihrem Haus sind, sehen sie Dinge, die ihnen etwas über Ihre Person sagen. Oder sie sehen, wie Sie Ihre Welt konstruiert haben. Wenn der betreffende Avatar-Raum es zulässt, können sie zum Beispiel sehen, in welcher Weise Sie die Gesetze des realen Raums abgeändert haben. In der realen Welt rutschen Menschen auf nassen Fußböden aus; in dem Raum, den Sie gestaltet haben, ist dieses Gesetz möglicherweise nicht mehr in Kraft.

Damit sind wir wieder bei Martha und Dank. Ihr Wortwechsel – in dem Martha ihrem Nachbarn vorwarf, einen Hund zu haben, der leidet, wenn er stirbt –, dieser Wortwechsel zeigt, was an diesem Raum sonderbar ist. Marthas Bemerkung (»Warum legt man sich einen Hund zu, der leidet, wenn er stirbt? Besorgen Sie sich einen Hund, der nicht leidet, dann können meine Blumen ihm auch kein Leid zufügen.«) mag Ihnen seltsam erschienen sein. Vielleicht haben Sie gedacht: »Verrückt, dass jemand denkt, der Fehler läge nicht bei Blumen mit giftigen Blüten, sondern bei einem Hund, der leidet, wenn er stirbt.« Aber in diesem Raum konnte Dank durchaus wählen, wie sein Hund stirbt. Vielleicht hatte er keine Wahl, ob »Gift« einen Hund »tötet«, aber er konnte entscheiden, ob sein Hund beim Sterben leidet. Er hatte auch die Wahl, ob es eine Kopie seines Hundes gab, so dass er nach dem Tod »wieder ins Leben zurückkehren« konnte. In Avatar-Räumen sind solche Möglichkeiten nicht gottgegeben. Oder wenn sie gottgegeben sind, dann sind wir dieser Gott. Die Möglichkeiten in Avatar-Räumen werden durch den Code bestimmt – durch die Software oder die Architektur, die den Raum zu dem machen, was er ist. »Wenn x, dann y« ist eine logische Aussage; sie kennzeichnet eine Beziehung, die sich im Code manifestiert. In der realen Welt achten wir nicht sonderlich auf den Code. Im Avatar-Raum dagegen sehr wohl.

Als Martha sagte, was sie über den Hund sagte, reagierte Dank in meinen Augen ganz vernünftig. »Warum müssen Ihre Blüten denn auch außerhalb Ihres Grundstücks giftig sein? Warum sorgen Sie nicht dafür, dass sie nur auf Ihrem Grundstück giftig sind und dass sie harmlos werden, wenn sie Ihr Grundstück verlassen, zum Beispiel wenn der Wind sie zu mir herüberweht?«

Das war eine gute Idee, aber letztlich keine Lösung. Denn Martha bestritt ihren Lebensunterhalt mit dem Verkauf der giftigen Blumen. Auch andere schätzten diese Verbindung von Schönheit und Tod. Darum war es keine Lösung, wenn sie dafür sorgte, dass die Blumen ihre Giftigkeit verloren, sobald sie Marthas Grundstück verließen, es sei denn, Martha hätte sich darauf verlegt, allerlei sonderbare Leute auf ihrem Grundstück zu versammeln.

Aber die Idee legte eine andere Lösung nahe. »Okay«, sagte Dank, »warum sorgen Sie nicht dafür, dass die Blumen nur dann giftig sind, wenn sie sich im Besitz von jemandem befinden, der sie gekauft hat? Wenn sie dagegen gestohlen oder vom Wind weggeweht worden sind, verlieren sie ihr Gift. Beim rechtmäßigen Besitzer der Pflanze behalten sie es dagegen. Ist das keine Lösung für das Problem, vor dem wir beide stehen?«

Die Idee war genial. Sie half Dank, und sie half Martha. Denn der vorhandene Code ließ Diebstahl zu. (Die Menschen wünschen sich auch im virtuellen Raum Realität; der Himmel kann warten.) Wenn nun Martha den Code leicht abänderte, so dass Diebstahl der Pflanze ihren Wert nahm, dann konnte sie ihren Gewinn ebenso retten wie Danks Hund. Diese Lösung brachte beiden Nachbarn Vorteile – in der Wirtschaftstheorie spricht man hier von einer »Pareto-überlegenen« Lösung.[5] Und sie war möglich. Es bedurfte lediglich einer Abänderung des Codes.

Denken wir einen Augenblick darüber nach, was diese Lösung bedeutet. Zum »Diebstahl« gehört (mindestens) ein Besitzwechsel. Doch im Avatar-Raum ist »Besitz« eine Relation, die von der zugehörigen Software definiert wird. Derselbe Code muss auch die Eigenschaften von Besitz definieren. Er muss zum Beispiel unterscheiden zwischen »den Kuchen haben« und »den Kuchen essen«. In beiden Fällen »besitzen« Sie den Kuchen, aber im zweiten Fall verändert sich Ihr Besitz unvermeidlich mit der Zeit. Mit jedem »Biss« besitzen Sie weniger.

Warum sollte diese Lösung nicht auch bei Dank und Martha funktionieren? Wir könnten die Giftigkeit in die Definition von Besitz aufnehmen und festlegen, dass Besitz ohne Eigentum Besitz ohne Gift bedeutet. Statt den Streit zwischen Martha und Dank zu beenden, indem wir einen von beiden dazu bewegen, sein Verhalten zu ändern, könnten wir die Naturgesetze verändern und damit das Problem vollständig aus der Welt schaffen.

Wir sind erst ein Stück in diesem relativ kleinen Buch vorangekommen, und was ich gleich sagen werde, könnte es (zumindest für Sie) vielleicht noch kleiner machen. Denn dieses Buch handelt tatsächlich von der Frage, die meine kleine Geschichte aufwirft, und davon, wie einfach doch diese scheinbar einfache Antwort ist. Dieses Buch befasst sich nicht mit Avatar-Räumen; die Geschichte von Martha und Dank ist die einzige, in der solche Räume vorkommen. Aber das Buch befasst sich mit dem Cyberspace. Ich behaupte, der Cyberspace wirft genau dieselben Fragen auf, mit denen Martha und Dank sich auseinander setzen mussten, und auch dieselben Fragen, die sich hinsichtlich der vorgeschlagenen Lösung stellen. Was heißt es, in einer Welt zu leben, in der Probleme durch Programmierung aus der Welt geschafft werden können? Und unter welchen Umständen sollten wir in solch einer Welt Probleme gleichsam wegprogrammieren?

Nicht der Avatar-Raum macht diese Fragen interessant für das Recht; genau dieselben Probleme treten auch außerhalb von Avatar-Räumen auf und außerhalb von MUDs oder MOOs. Die Probleme dieser Räume sind Probleme des Cyberspace schlechthin, und da unser Leben eine immer stärkere Vernetzung erfährt, werden diese Probleme in Zukunft immer drängender werden.

Ich kenne mich in diesem Gewerbe genügend aus, um zu wissen, dass ich Sie allein durch ein Argument kaum werde überzeugen können. (Seit fünf Jahren rede ich über dieses Thema; zumindest weiß ich, was nicht funktioniert.) Falls Sie es einsehen, gut für Sie. Falls nicht, muss ich es Ihnen zeigen. Bei Lesern der zweiten Art muss ich es auf eher indirektem Wege versuchen. Der Beweis wird sich aus einer Reihe von Geschichten ergeben, die eine Einführung bieten und zugleich desorientieren sollen. Das ist, wie gesagt, das Ziel dieses Kapitels. Aus der Verwirrung wird am Ende etwas Nützliches entstehen.

Ich möchte Ihnen von ein paar anderen Orten erzählen und von den merkwürdigen Dingen, die man dort finden kann.

REGIERENDE

Ein Staat – nennen wir ihn »Boral« – mag keine Glücksspiele, obwohl einige Bürger sie sehr wohl mögen. Aber der Staat ist der Boss; die Menschen haben gewählt; das Gesetz ist, wie es ist. Glücksspiele sind in Boral verboten.

Dann kommt das Internet. Angesichts wachsender Anschlusszahlen gelangen einige Bürger zu der Auffassung, Glücksspiel im Internet werde der nächste »Hit« sein. Jemand stellt Server auf und bietet einen Zugang zu Online-Glücksspielen an. Dem Staat gefällt das nicht; in seinen Augen veranstalten diese Geschäftsleute illegale Glücksspiele. Schaltet eure Server ab, verlangt die Generalstaatsanwältin, sonst sperren wir euch ein.

Klug, wenn auch nicht unbedingt aufrichtig, schalten die Glücksspielunternehmer ihre Server in Boral ab. Aber sie geben ihr Geschäft nicht auf. Sie mieten Platz auf den Servern einer so genannten »Daten-Oase«. Dieser Webserver arbeitet munter vor sich hin und bietet weiterhin Glücksspiele im Netz an.

Auch den Menschen in Boral. Denn das ist der entscheidende Punkt: Auf Grund der Architektur des Internets (zumindest in der Vergangenheit) kommt es nicht darauf an, wo der Server tatsächlich steht. Der Zugang hängt nicht von der Geographie ab. Und je nach

Art des Glücksspiels ist es auch nicht erforderlich, dass der Nutzer irgendetwas über den Besitzer oder Betreiber des Servers weiß. Der Zugang des Nutzers kann über anonymisierende Seiten geleitet werden, so dass am Ende praktisch nicht mehr festzustellen ist, was woher kommt.

Die Generalstaatsanwältin von Boral steht vor einem schwierigen Problem. Sie hat die Glücksspielunternehmer aus ihrem Land vertrieben, aber das Glücksspiel im Internet nicht verringert. Früher hatte sie eine Gruppe von Leuten, die sie bestrafen konnte, aber nun hat sie dafür gesorgt, dass diese Leute straffrei ausgehen. Die Welt hat sich für die Generalstaatsanwältin verändert. Als die Spieler online gingen, betraten sie eine Welt, die, so lautet das Argument, nicht mehr regulierbar ist.

Regulierbar. Dieser Ausdruck ist nicht absolut, sondern relativ zu verstehen: An manchen Orten und zu manchen Zeiten lässt sich Verhalten leichter regulieren als an anderen Orten oder zu anderen Zeiten. Meine These für Boral lautet: Das Glücksspiel ist dort nach der Einführung des Internets weniger regulierbar als davor.

JAKES GEMEINSCHAFTEN

Wären Sie Jake auf einer Party in Ann Arbor begegnet (sofern Jake denn Partys in Ann Arbor besucht hätte), dürften Sie sich heute nicht mehr an ihn erinnern.[6] Falls Sie ihn nicht vergessen hätten, würden Sie ihn für einen dieser stillen, linkischen Studenten von der University of Michigan halten, die Angst vor der Welt oder zumindest vor den Menschen haben.

Sie wären niemals auf den Gedanken gekommen, dass Jake Schriftsteller ist – Autor von Kurzgeschichten, die zumindest in seinen Kreisen sehr bekannt sind. Jake kam in seinen Geschichten selbst vor, aber die Person, die er in seinen Geschichten war, unterschied sich sehr von seinem »realen« Leben. Das heißt, falls die Unterscheidung zwischen »realem« und »nichtrealem« Leben für Sie noch Bedeutung hat, nachdem Sie seine Geschichten gelesen haben.

Jake schrieb Geschichten über Gewalt – auch über Sex, aber hauptsächlich über Gewalt. Sie waren voller Hass, vor allem gegen Frauen.

Im realen Raum hatte Jake diese Neigung sehr erfolgreich versteckt. Er war einer der vielen Millionen jungen Männer, die vollkommen unauffällig, harmlos und normal wirken. Im Cyberspace erlangte er dagegen wegen seiner Gewalttätigkeit immer größere Berühmtheit. Er veröffentlichte seine Geschichten im USENET, und zwar in einer Newsgroup namens alt.sex.stories.

Das USENET ist Teil der meisten Räume des Internets. Es ist selbst kein Netz, sofern man nicht die Kleinanzeigen in den Tageszeitungen gleichfalls für ein Netz hält. Das USENET ist ein Protokoll – ein Satz von Regeln, die als *Net News Transfer Protocol* (NNTP) bezeichnet werden und dem öffentlichen Austausch von Nachrichten dienen. Die Nachrichten sind nach Themen gegliedert und verteilen sich auf Newsgroups. Die meisten Themen sind eher technischen Charakters. Viele drehen sich um Hobbys. Manche auch um Sex. Manche Nachrichten in solchen Sex-Newsgroups haben Anhänge, die sich in Bilder konvertieren lassen. Andere wie die von Jake enthalten Geschichten.

Es gibt Tausende von Newsgroups, und jede enthält Hunderte von Nachrichten. Wer Zugang zu einem USENET-Server hat, kann die Nachrichten einsehen (sofern der Administrator seines Servers ihm dies erlaubt), und er kann selbst Nachrichten versenden oder auf bereits gesendete Nachrichten antworten. Stellen Sie sich ein öffentlich zugängliches schwarzes Brett vor, auf dem Menschen Fragen und Kommentare aushängen. Nun stellen Sie sich 15 000 solcher schwarzen Bretter vor, die jeweils mehrere hundert Zettel (Nachrichten) tragen. Das wäre das USENET, für einen einzigen Ort betrachtet. Und nun stellen Sie sich vor, diese 15 000 schwarzen Bretter mit jeweils mehreren hundert Nachrichten befinden sich auf Millionen von Computern auf der ganzen Welt. Wenn Sie eine Nachricht an eine Newsgroup senden, erscheint sie überall auf den schwarzen Brettern dieser Gruppe. Das ist das USENET, für die ganze Welt betrachtet.

Jake schickte seine Geschichten, wie gesagt, an eine Newsgroup namens alt.sex.stories. »Alt« steht für die Hauptkategorie, der die

Gruppe angehört. Ursprünglich gab es sieben Hauptkategorien.[7] Die Schaffung der »Alt«-Kategorie war eine Reaktion auf diese sieben Hauptkategorien; dort nämlich werden neue Newsgroups durch eine formale Abstimmung unter den Teilnehmern zugelassen, während Newsgroups der Kategorie »Alt« allein von der Entscheidung der Server-Administratoren abhängen, sie in die Liste der von ihnen geführten Newsgroups aufzunehmen. Gewöhnlich nehmen sie eine Gruppe auf, wenn sie beliebt ist.

Die Newsgroup alt.sex.stories ist recht beliebt. Wenn Geschichten nach den Maßstäben einer Interessentengruppe »gut« sind, werden die Autoren bekannt und man verfolgt ihre weitere Produktion. Im USENET findet sich sehr viel Müll, aber wenn bekannt ist, dass ein Autor gute Geschichten schreibt, werden sie aus dem Müll herausgesiebt.

Jakes Geschichten waren in diesem Sinne »gut«. Seine Geschichten über das Entführen, Foltern, Vergewaltigen und Töten von Frauen waren so plastisch und abstoßend, wie solche Geschichten nur sein können – deshalb war Jake unter Gleichgesinnten so beliebt. Er lieferte ihnen die Droge, die sie benötigten, und sorgte für stetigen Nachschub. Sie brauchten derlei Geschichten über unschuldige Frauen, die vergewaltigt werden. Und Jake lieferte sie ihnen.

Eines Abends las ein sechzehnjähriges Mädchen in Moskau eine von Jakes Geschichten. Sie zeigte sie ihrem Vater, und der zeigte sie Richard DuVal, der früher einmal an der Michigan State University studiert hatte. DuVal war schockiert von der Geschichte und zornig über die Tatsache, dass der Absender das Adressenkürzel »umich.edu« trug. Er rief seine ehemalige Alma Mater an und beschwerte sich. Und dort nahm man die Beschwerde ernst.[8]

Die Universität wandte sich an die Polizei; die Polizei wandte sich an Jake und führte ihn in Handschellen ab. Ein Haufen Ärzte untersuchten ihn. Einige gelangten zu dem Schluss, er stelle eine Bedrohung dar. Die Behörden waren derselben Auffassung, vor allem, nachdem man auf seinem Computer E-Mails zwischen ihm und einem kanadischen Fan entdeckt hatte, der die Absicht äußerte, eine der im Cyberspace veröffentlichten Geschichten in die Tat umzusetzen. Jedenfalls hieß es so in den E-Mails. Niemand konnte mit Sicherheit sagen, was die beiden Männer wirklich vorhatten. Jake sagte, es sei alles reine Fantasie gewesen, und tatsächlich gab es keinerlei Anzeichen dafür, dass die Worte jemals mehr als Fantasien beschrieben hätten.

Jake wurde nach Bundesrecht wegen der Weiterleitung einer Drohung angeklagt. Er behauptete dagegen, seine Geschichten seien nur Worte, und berief sich auf die im ersten Zusatzartikel der amerikanischen Verfassung garantierte Meinungsfreiheit. Sechs Wochen später gelangte ein Gericht zu derselben Ansicht und die Anklage wurde fallen gelassen.[9]

Ich will mich hier nicht mit der Frage befassen, ob Jake Bakers Worte den Schutz der Verfassung verdienen.[10] Ich möchte mich mehr mit Jake Baker selbst beschäftigen, mit einem Menschen, der sich in der realen Gesellschaft jedenfalls scheinbar der *Norm* der Gewaltlosigkeit anpasste, im Cyberspace aber dem Drang zur Gewalt in seinen Geschichten freien Lauf ließ. Manche nannten Jake mutig. Aber im realen Raum war er nicht »mutig«. Er brachte seinen Hass nicht in der Schule, im Gespräch mit Freunden oder in der Schulzeitung zum Ausdruck. Er flüchtete in den Cyberspace, und nur dort ließ er seine Abweichung deutlich werden. Das konnte er auf Grund bestimmter Eigenheiten seiner eigenen Person und auf Grund bestimmter Eigenheiten des Cyberspace.

Tatsächlich war Jake Autor und Verleger in einem. Er schrieb Geschichten, und sobald er eine Geschichte fertig hatte, veröffentlichte er sie – ohne zeitliche Verzögerung über etwa dreißig Millionen Computer in aller Welt. Sein potenzielles Publikum war mehr als doppelt so groß wie das Publikum der fünfzehn erfolgreichsten amerikanischen Bestseller zusammengenommen; er konnte mit seinem Schreiben zwar kein Geld verdienen, aber die Nachfrage war groß. Jake hatte einen Weg gefunden, seine Perversion in die Adern einer Öffentlichkeit fließen zu lassen, für die solcher Stoff ansonsten nur schwer zugänglich ist. (Nicht einmal *Hustler* hätte diese Geschichten gedruckt.)

Natürlich hätte Jake auch andere Publikationsmöglichkeiten nutzen können. Er hätte seine Geschichten *Hustler* oder anderen Verlagen anbieten können. Aber kein Medium in der realen Welt hätte ihm ein so großes Publikum geboten. Seine potenzielle Leserschaft ging in die

Millionen; sie erstreckte sich über Länder und Kontinente, Kulturen und Geschmacksrichtungen.

Diese Reichweite verdankte er dem Netz. Dort kann jedermann an jedem Ort für jedermann an jedem Ort publizieren. Das Netz gibt jedem die Möglichkeit, ohne Filterung, ohne Verlage und ohne die Übernahme von Verantwortung zu publizieren. Man kann schreiben, was man will, mit seinem eigenen Namen zeichnen oder anonym bleiben, und Stunden später ist der Text überall einzusehen. Das Netz hat die wichtigste Beschränkung öffentlicher Äußerung in der realen Welt aufgehoben: die Trennung zwischen Autor und Verlag. Auch im realen Raum kann man aus Eitelkeit Publikationsmöglichkeiten kaufen; aber nur wer Geld hat, kann auf diese Weise ein Publikum erreichen. Allen anderen bleibt nur der Weg, den die Verlage bieten, wenn sie es wollen.

Der wichtigste Aspekt dieser Geschichte liegt jedoch in der vom Cyberspace gebotenen Möglichkeit, sich den Zwängen der realen Welt zu entziehen. Natürlich ist der Cyberspace kein Ort; man geht nirgendwo hin, wenn man in den Cyberspace geht. Dennoch war die Welt, in der Jake sich aufhielt, wenn er schrieb, ein ganz anderer Raum als die Welt, in der er hier lebte. Dort war er frei von den Zwängen des realen Lebens. Er war frei von den Normen und Vereinbarungen, die ihn durchaus erfolgreich zum Mitglied einer College-Gemeinschaft gemacht hatten. Vielleicht fühlte er sich hier nicht ganz zu Hause; vielleicht war er nicht besonders glücklich. Aber der Welt der University of Michigan war es gelungen, ihn vor dem Leben eines Psychopathen zu bewahren – bis zu dem Augenblick, als sie ihm Zugang zum Netz gewährte. Im Netz war er ein anderer.

SCHNÜFFELNDE WÜRMER

Ein »Wurm« ist ein kleines Computerprogramm, das über das Netz in die Systeme anfälliger Computer eindringt. Würmer sind keine Viren, weil sie sich nicht an andere Programme anhängen und deren Ausführung stören. Sie sind lediglich kurze Programmstücke, die tun, was ihr Autor sagt. Das Programm kann ganz harmlos sein und sich lediglich in dem fremden Computer einnisten. Es kann aber auch gefährlich sein und auf Befehl seines Autors Dateien zerstören oder andere Schäden anrichten.

Stellen Sie sich einen Wurm vor, der (zumindest nach Ansicht mancher Leute) etwas Gutes tun soll. Stellen Sie sich vor, der Wurm stammt vom FBI, und das FBI sucht ein bestimmtes Dokument, das der National Security Agency (NSA) gehört. Nehmen wir an, dieses Dokument ist streng geheim, so dass sein Besitz ohne ausdrückliche Genehmigung illegal wäre. Nehmen wir weiter an, der Wurm breitet sich über das Internet aus und nutzt jede Möglichkeit, in fremde Computer einzudringen. Wenn er eingedrungen ist, durchsucht er die gesamte Festplatte. Stößt er dabei auf das NSA-Dokument, schickt er eine entsprechende Nachricht an das FBI. Wird er nicht fündig, löscht er sich selbst. Und nehmen wir schließlich noch an, dass er all dies tut, ohne die Arbeit des betreffenden Computers zu »stören«.[11] Niemand würde bemerken, dass er da war; und eine Nachricht setzt er nur dann ab, wenn das gesuchte Dokument sich auf der Festplatte befindet.[12]

Ist der Einsatz dieses Wurms verfassungswidrig? Das ist eine schwierige Frage, die sich auf den ersten Blick ganz leicht beantworten lässt. Der Wurm durchsucht in staatlichem Auftrag die Festplatten von Bürgern. Es gibt keinen (vom Gesetz in der Regel verlangten) Anfangsverdacht, wonach die betreffende Festplatte das gesuchte Dokument enthalten soll. Es handelt sich also um eine generelle, ohne konkreten Verdacht erfolgende Durchsuchung privater Räume durch staatliche Organe.

Aus der Sicht der amerikanischen Verfassung – und insbesondere des vierten Verfassungszusatzes – kann es gar nicht schlimmer kommen. Der vierte Verfassungszusatz soll nämlich genau diese Art staatlicher Übergriffe verhindern. Die englischen Könige Georg II. und Georg III. konnten »Generalvollmachten« erteilen, die es den Behörden erlaubten, Privaträume zu durchsuchen und nach Beweisen für ein Verbrechen Ausschau zu halten.[13] Dazu bedurfte es keines besonderen Verdachts, und wenn die Polizei Ihr Haus durchsuchte, konnten Sie nichts dagegen unternehmen, weil die Polizei diese Generalvollmacht besaß. Der Verfassungszusatz verlangte nun, dass wenigstens ein konkreter Verdacht vorhanden sein müsse, damit der Eingriff in die Privatsphäre sich auf konkrete Fälle und bestimmte Personenkreise beschränkte.[14]

Aber ist der Wurm wirklich dasselbe wie die königliche Generaldurchsuchung? Es gibt hier einen wichtigen Unterschied: Anders als die Opfer einer allgemeinen Hausdurchsuchung, um die sich die Väter unserer Verfassung Sorgen machten, erfährt der Computernutzer gar nicht, dass seine Festplatte durchsucht worden ist. Bei der allgemeinen Hausdurchsuchung brach die Polizei in die Wohnung ein und schnüffelte in privaten Dingen herum. Der Wurm ist ein kleines Computerprogramm, das in den Computer einbricht und (so die Annahme) nur eine einzige Sache zu sehen vermag. Er kann keine privaten Briefe lesen, er tritt keine Türen ein, er stört nicht das normale Leben. Und wer unschuldig ist, hat nichts zu befürchten.

Anders als König Georgs lautstarke Polizei, arbeitet der Wurm ganz still. Er geht seiner Arbeit kompetent und unsichtbar nach; nur bei Schuldigen wird er fündig. Für Unschuldige ist er keine Belastung; den normalen Bürger lässt er in Ruhe; er macht sich nur bemerkbar, wenn jemand sich außerhalb des Gesetzes bewegt.

Durch diesen Unterschied kompliziert sich das verfassungsrechtliche Problem. Das Verhalten des Wurms gleicht insofern der Generaldurchsuchung, als er die Festplatte ohne Anfangsverdacht durchsucht; es unterscheidet sich von unserem Vergleichsfall insofern, als der Wurm keine Störung des normalen Lebens bewirkt und nur die gesuchte Konterbande findet. Er gleicht damit einem auf Drogen abgerichteten Suchhund – dessen Einsatz auf Flughäfen auch ohne besonderen Verdacht verfassungsrechtlich erlaubt ist[15] –, nur dass der Wurm noch effektiver arbeitet. Anders als beim Einsatz von Suchhunden, merkt der Computerbesitzer gar nichts von der Tätigkeit des Wurms (und bleibt daher auch von Ängsten verschont).

Ist der Einsatz dieses Wurms also verfassungsrechtlich zulässig? Die Antwort hängt von unserem Verständnis des vierten Verfassungszusatzes ab. Nach einer Auffassung ist der Schutz, den dieser Artikel gewährt, ganz unabhängig von der Frage, ob der Eingriff des Staates in unsere Privatsphäre mit Unannehmlichkeiten verbunden ist. Nach einer anderen Auffassung schützt er uns nur vor Eingriffen, die mit Unannehmlichkeiten verbunden sind, und schränkt die Möglichkeit solcher Eingriffe auf Fälle ein, in denen ein konkreter Verdacht besteht. Der von den Verfassungsvätern selbst angeführte Beispielsfall unterscheidet nicht zwischen diesen beiden höchst unterschiedlichen Schutzrechten. Daher bleibt die Entscheidung uns überlassen.

Gehen wir einen Schritt weiter und nehmen wir an, der Wurm durchsucht nicht jeden Computer, der ihm begegnet, sondern darf nur mit richterlicher Erlaubnis, also auf Grund eines Durchsuchungsbefehls, in einen Computer eingeschleust werden. Damit wäre das Problem einer allgemeinen, ohne konkreten Verdacht vorgenommenen Durchsuchung vom Tisch. Aber stellen wir uns vor, die Regierung verlangte nun, die Netze müssten so ausgelegt werden, dass es bei Vorliegen einer richterlichen Erlaubnis jederzeit möglich ist, einen Wurm in einen Computer einzuschleusen. Computer müssten also offen für Würmer sein, auch wenn im konkreten Fall Würmer nur nach richterlicher Anordnung eingesetzt würden.

Wie wäre diese Situation verfassungsrechtlich zu bewerten? Auf diese Frage gehe ich ausführlicher im elften Kapitel ein; hier möchte ich nur auf einen auffälligen Punkt hinweisen. In beiden Fällen haben wir eine Situation, die es dem Staat ermöglicht, auf hoch effiziente Weise Daten über uns zu sammeln, das heißt ohne große Kosten für den Staat wie auch für uns selbst. Diese Effizienz beruht auf einer Durchsuchungstechnologie, die mit weit weniger Unannehmlichkeiten verbunden ist als früher. In beiden Fällen stellt sich daher folgende Frage: Nimmt das Recht des Staates, Durchsuchungen durchzuführen, zu, wenn die damit verbundenen Unannehmlichkeiten abnehmen? Oder wie James Boyle es einmal düster ausgedrückt hat: »Steht die Freiheit in einem umgekehrt proportionalen Verhältnis zu den verfügbaren Überwachungsinstrumenten? Wenn ja, haben wir einiges zu befürchten.«[16]

Die Frage beschränkt sich natürlich nicht auf den Staat. Zu den Besonderheiten des modernen Lebens gehören Technologien, die das Sammeln und Auswerten von Daten immer effizienter machen. Das meiste, was wir tun – und daher das meiste dessen, was wir sind –, wird irgendwo außerhalb unseres Einflussbereichs aufgezeichnet. Wenn Sie telefonieren, wird aufgezeichnet, mit wem Sie wann wie lange gesprochen haben und wie oft Sie solche Anrufe tätigen.[17] Wenn Sie eine Kreditkarte benutzen, wird aufgezeichnet, wann Sie was von wem gekauft haben. Wenn Sie einen Flug buchen, wird Ihre Reiseroute festgehalten, und schon sehr bald werden wahrscheinlich staatliche Stellen diese Daten benutzen, um anhand eines Profils festzustellen, ob Sie möglicherweise ein Terrorist sind.[18] Das von Hollywood gezeichnete Bild einer lückenlosen Überwachung ist sicher falsch. Aber nicht ganz falsch. Nicht dass jeder Einzelne sich mit solchen Systemen leicht verfolgen ließe. Aber wir können uns durchaus eine Behörde vorstellen, die alle vom System gesammelten Daten durchsiebt, um jene Individuen herauszufiltern, die mit der größten Wahrscheinlichkeit ein Verbrechen begehen werden. Die damit verbundene Störung ist gering, der Nutzen dagegen groß.

Private und öffentliche Überwachung haben eines gemeinsam: Umfang und Intensität der Überwachung lassen sich erhöhen, ohne dass sich damit auch die Lasten für den Einzelnen erhöhten. Was sollen wir von dieser Veränderung halten? Und wie sind die von den Verfassungsvätern formulierten Schutzrechte auf diese Situation anzuwenden?

THEMEN

Vier Geschichten und vier Themen als Ausblick auf vier Aspekte des Cyberspace, die im Folgenden von zentraler Bedeutung sein werden. Ich möchte in diesem Buch die Fragen durcharbeiten, die von diesen vier Themen aufgeworfen werden. Darum will ich die vier Themen zum Abschluss des Kapitels noch einmal im Überblick und in der Reihenfolge vorstellen, in der ich sie behandeln werde. Den Anfang macht Geschichte Nummer zwei.

REGULIERBARKEIT

Regulierbarkeit meint die Fähigkeit des Staates, Verhalten innerhalb seines Einflussbereichs zu regulieren. Im Kontext des Internets bedeutet dies die Fähigkeit des Staates, das Verhalten seiner Bürger (und eventuell auch anderer) im Internet zu regulieren. Meine zweite Geschichte, in der es um das Glücksspiel in Boral ging, handelte also von der Regulierbarkeit oder genauer: von der veränderten Regulierbarkeit, die das Internet mit sich bringt. Vor der Einführung des Internets war es für die Generalstaatsanwältin von Boral relativ einfach, das Glücksspiel innerhalb ihres Zuständigkeitsbereichs zu kontrollieren; als man nach der Einführung des Internets auf Server außerhalb von Boral auswich, wurde die Regulierung sehr viel schwieriger.

Diese Geschichte zeigt das Problem, vor das sich regulierende Instanzen generell durch den Cyberspace gestellt sehen. Die Architektur des Cyberspace erschwert die Regulierung, weil die Menschen, deren Verhalten reguliert werden soll, überall im Netz lokalisiert sein können (also insbesondere auch außerhalb des Einflussbereichs der regulierenden Instanz). Wer jemand ist, wo er sich befindet, und welches Gesetz auf ihn Anwendung finden kann – das sind Fragen, die eine Regierung beantworten muss, wenn sie ihren Willen durchsetzen will. Aber die Architektur des Cyberspace – zumindest die bisherige – macht die Beantwortung dieser Fragen unendlich schwierig.

Der Rest des ersten Teils handelt von diesem Problem. Ich frage, ob »Nichtregulierbarkeit« notwendig ist. Können wir uns einen Cyberspace vorstellen, der sich leichter regulieren lässt? Und ist das der Cyberspace, den wir in Zukunft haben werden?

REGULIERUNG DURCH DEN CODE

Die Geschichte aus dem Avatar-Raum bietet uns Hinweise darauf, wie die Frage nach der Regulierbarkeit beantwortet werden könnte. Wenn wir im Avatar-Raum die Naturgesetze ändern können – also möglich machen, was vorher unmöglich war, und unmöglich machen, was vorher möglich war –, können wir dann nicht auch die Regulierbarkeit im Cyberspace ändern? Können wir uns einen Cyberspace vorstellen, in dem Verhalten kontrolliert werden kann?

Denn der Avatar-Raum ist sehr wohl ein regulierter Raum, auch wenn die Regulierung in besonderer Weise erfolgt. Im Avatar-Raum geschieht die Regulierung durch den Code. Die im Avatar-Raum herrschenden Regeln werden nicht durch Sanktionen, nicht durch den Staat, sondern durch die Architektur des betreffenden Raums durchgesetzt. Das Gesetz ist nicht in einem Gesetzbuch niedergelegt, sondern in dem Code, der den Raum bestimmt.

Das ist das zweite Thema dieses Buches: Das Verhalten im Cyberspace wird reguliert, aber die Regulierung erfolgt primär über den Code. Die einzelnen Teile des Cyberspace unterscheiden sich durch die verschiedenen Arten der vom Code bewirkten Regulierung. In manchen Bereichen ist das Leben recht frei, in anderen stärker kontrolliert, und der Unterschied besteht lediglich in den Kontrollarchitekturen – also in Unterschieden im Code.

Wenn wir die ersten beiden Themen miteinander verbinden, gelangen wir zu einer zentralen These des Buches: Die im ersten Thema angesprochene *Regulierbarkeit* hängt von dem im zweiten Thema angesprochenen *Code* ab. Manche Cyberspace-Architekturen erlauben eine größere Regulierbarkeit und eine größere Kontrolle als andere. Ob Teile des Cyberspace – oder auch der ganze Cyberspace – reguliert werden können, hängt also von der Beschaffenheit des Codes ab. Die Architektur des Cyberspace bestimmt darüber, ob Verhalten kontrolliert werden kann. Oder wie Mitch Kapor gesagt hat: Architektur ist Politik.[19]

Das hat eine wichtige Konsequenz: Wenn manche Architekturen eine größere Regulierbarkeit gewährleisten als andere – wenn manche dem Staat größere Kontrollmöglichkeiten bieten als andere –, dann sollte der Staat bestimmte Architekturen favorisieren, sofern es ihm um Regulierbarkeit geht.

Für alle, die Angst vor staatlicher Macht haben, ist diese Tatsache eine Bedrohung; für alle, die auf diesem Gebiet etwas tun wollen, ist sie eine Realität. Manche Architekturen bieten dem Staat größere

Möglichkeiten als andere; manche Architekturen bieten ihm andere Möglichkeiten; manche Architekturen sind anderen vorzuziehen.

Darum geht es beim Problem einer Software mit offenem Quellcode. Unter den Architekturen, die dem Staat größere oder geringere Möglichkeiten bieten, wird der offene Code eine wichtige Rolle spielen. Wie ich später noch ausführlicher darlege, wird er der Macht des Staates Grenzen setzen und eine äußerst effiziente Kontrolle von unten ermöglichen.

Thema zwei lautet also: Der Code ist ein Regulator, und der Staat hat ein größeres Interesse an einem Code, der eine bessere Regulierung ermöglicht als andere.

KONKURRIERENDE SOUVERÄNE

Aber wer reguliert? Boral war nur ein einzelner Staat. Die Probleme dort waren nicht die Probleme der Nachbarstaaten. Und die Regeln, nach denen wir in Boral oder in einem bestimmten Avatar-Raum leben, müssen nicht mit den Regeln identisch sein, nach denen wir im Allgemeinen leben.

Diese Frage warf Jake Bakers Geschichte auf: die Frage nach konkurrierender staatlicher Autorität. Jake lebte in Ann Arbor im Bundesstaat Michigan. Sein Leben war dort den Normen von Ann Arbor unterworfen, und offenbar passte er sich diesen Normen recht gut an. Jake unterstand der in diesem Gebiet herrschenden Autorität, und soweit wir wissen, war dies die einzige Autorität, der er unterstand.

Aber im Cyberspace veränderten sich Jakes Normen. Wenn Jake in den Cyberspace ging, änderte er sein Verhalten. Dort folgte er anderen Normen als in Ann Arbor.

Das Problem war nun, dass er Ann Arbor gar nicht verließ, wenn er in den Cyberspace ging. »In den Cyberspace gehen« unterscheidet sich erheblich von einer Bewegung im realen Raum. Wenn man im realen Raum irgendwo hingeht, dann geht man zugleich irgendwo weg. Wenn man dagegen in den Cyberspace geht, bleibt man an seinem Ort. Man ist niemals nur im Cyberspace, und man geht nicht wirklich dorthin. Man ist stets gleichzeitig im Cyberspace und im realen Raum.

Das galt auch für Jake. In seinem Studentenwohnheim an der University of Michigan konnte er sich – in dem normativ einzig bedeutsamen Sinne des Wortes – in eine andere Welt »teleportieren« lassen, in der die außerhalb seines Zimmers gültigen Normen der Schicklichkeit keine Geltung besaßen. Der Cyberspace gab Jake die Möglichkeit, den Normen von Ann Arbor zu entfliehen und nach den Normen eines anderen Raums zu leben. Er schuf für Jake eine konkurrierende Autorität und bot ihm die Möglichkeit, zwischen diesen konkurrierenden Autoritäten zu wählen, indem er nur seinen Computer ein- oder ausschaltete.

Ich behaupte keineswegs, so etwas sei im realen Raum unmöglich. Es ist sehr wohl möglich. Auch in Hackensack, New Jersey (einer mittelständig geprägten Kleinstadt), gibt es ganz sicher einen Jake, der jeden Abend nach Lower Manhattan fährt und ein paar Stunden nach den »Regeln« von Lower Manhattan lebt. Und diese Regeln sind nicht dieselben wie in Hackensack; das Leben ist dort ganz anders. Wie der Jake in Ann Arbor, so lebt auch der Jake in Hackensack unter konkurrierenden Autoritäten. Aber zwischen diesen beiden Jakes gibt es einen graduellen Unterschied, der sich zu einem qualitativen Unterschied auswächst. Der Jake in Ann Arbor stellt für Ann Arbor ein größeres Problem dar als der Jake in Hackensack für Hackensack. Die Unterschiede sind größer und die Folgen bedeutsamer.

Auch sollten wir die konkurrierenden Normengemeinschaften, denen Jake sich anschließen kann, nicht allzu eng sehen. Es gibt sowohl positive als auch negative Momente. Es handelt sich um Flucht, wenn ein schwuler Teenager in Iowa sich den in Iowa geltenden Normen entzieht, indem er einen Schwulen-Chatroom bei America Online besucht;[20] es handelt sich ebenso um Flucht, wenn ein Kinderschänder den Normen der gewöhnlichen Gesellschaft entflieht und ein Kind in Online-Sex verwickelt.[21] Beide Fluchten werden erst durch die gegenwärtige Architektur des Cyberspace möglich.

Der Unterschied zwischen den beiden Fluchten liegt in unserem Verständnis der betreffenden Norm. Ich nenne die erste Flucht befreiend und die zweite kriminell. Manche werden beide Fluchten als kriminell einstufen, und manche dürften beide für befreiend halten. Aber es geht hier nicht um Bezeichnungen, sondern um die Folgen für das Leben in einer Welt, die uns die Möglichkeit bietet, in beiden Räumen zugleich zu sein. Welcher Souverän sollte herrschen?

LATENTE MEHRDEUTIGKEIT

Der Wurm erzählt wiederum eine andere Geschichte. Es handelt sich zwar um eine Durchsuchungstechnologie, aber sie funktioniert anders als eine gewöhnliche Hausdurchsuchung. Die gewöhnliche Durchsuchung verursacht Kosten: Unannehmlichkeiten, Unsicherheit, die Gefahr eines Eingriffs, der über das legitime Maß hinausgeht.[22] Der Wurm beseitigt diese Kosten: Die Unannehmlichkeiten sind verschwunden, die Durchsuchung erfolgt (praktisch) unsichtbar, und die Suchtechnologie ist so programmiert, dass sie nur Illegales findet. Diese Durchsuchung ist frei von den üblichen Kosten einer Durchsuchung und wirft die Frage auf, wie sie verfassungsrechtlich zu bewerten ist.

Ein faires Verständnis der von der Verfassung garantierten Rechte könnte zwei Wege gehen. Wir könnten das Eindringen des Wurms als unvereinbar mit der durch den Verfassungszusatz geschützten Würde ansehen;[23] oder wir könnten die Auffassung vertreten, der Eingriff sei so geringfügig, dass er sich vertreten lasse. Beide Antworten sind möglich, das heißt, die Veränderung verweist auf eine latente Mehrdeutigkeit des ursprünglichen Verfassungswertes. Beide Antworten sind möglich, das heißt, wir müssen wählen.

Vielleicht kaufen Sie mir die Geschichte mit dem Wurm nicht ab. Vielleicht halten Sie diese Technik für pure Science-Fiction. Im Verlaufe dieses Buches werde ich Ihnen zeigen, dass es zahlreiche Fälle gibt, in denen die Vergangenheit unserer Verfassung unter einer ähnlichen Mehrdeutigkeit leidet. In vielen dieser Fälle gibt unsere Verfassung keinerlei Antwort auf die Frage, wie sie angewendet werden soll, weil – im Lichte der von den Verfassungsvätern tatsächlich getroffenen Wahlentscheidungen – mindestens zwei Antworten möglich sind.

Für Amerikaner stellt diese Mehrdeutigkeit ein Problem dar. Wenn wir in einem Land lebten, in dem Gerichte die Antwort auswählen, die in dem betreffenden Zusammenhang als die sinnvollste erscheint, hätten wir dieses Problem nicht. Richter würden die Mehrdeutigkeit auflösen, indem sie eine Wahl treffen – die Verfassungsväter hätten beide Wege gehen können, aber wir entscheiden uns für einen von beiden.

Wir leben jedoch nicht in solch einem Land, und daher haben die Gerichte keine Möglichkeit, derartige Mehrdeutigkeiten aufzulösen. Wir müssen uns daher auf andere Institutionen verlassen. Meine gewiss düstere These lautet, dass wir solche Institutionen gar nicht besitzen. Wenn wir diese Situation nicht ändern, wird unsere Verfassung im Cyberspace immer weniger Bedeutung haben.

Der Cyberspace wird uns mit zahllosen Mehrdeutigkeiten konfrontieren. Und wir werden dringend klären müssen, wie wir damit umgehen sollen. Wir verfügen aus dem realen Raum über Instrumente, die uns zumindest gelegentlich helfen können, Auslegungsfragen in die eine oder andere Richtung zu lösen. Aber letzten Endes werden diese Instrumente uns noch weniger leiten können als im realen Raum und in der realen Zeit. Wenn die Kluft zwischen ihrer Anleitung und unserem Tun sich in aller Deutlichkeit zeigt, werden wir etwas tun müssen, worin wir nicht besonders gut sind: Wir werden entscheiden müssen, was wir wollen und was richtig ist.

Ich werde nicht über die Notwendigkeit einer Wahl jammern. Ich möchte vielmehr Charakter und Auswirkungen dieser Notwendigkeit und dazu einen Aspekt jenes Wandels aufzeigen, den der technologische Wandel auslösen wird – eines Wandels, dem nur wir in den USA nicht Rechnung tragen wollen.

Anhand dieser vier Themen möchte ich versuchen, den Cyberspace zu verstehen, und zwar zunächst so, wie er gegenwärtig ist, und dann auch, wie er in der Zukunft sein wird, wenn er aus einer Welt relativer Freiheit zu einer Welt relativ perfekter Kontrolle geworden ist. Diese

Themen werden uns helfen, die Gründe für den Wandel zu verstehen, und sie sollen uns zeigen, wie wir darauf reagieren können – wie wir die Werte einfordern können, die uns in diesem Raum wichtig sind, und wie wir in diesen Raum Werte einbringen können, die dort bislang nicht verwirklicht sind.

3. SEIN UND SOLLEN

Der Aufstieg eines elektronischen Mediums,
das keine Rücksicht auf Ländergrenzen nimmt, bringt das
Recht in Schwierigkeiten, weil völlig neue Phänomene
entstehen, die einer klaren gesetzlichen Regelung bedürfen,
aber von keinem der heutigen Territorialstaaten
zufriedenstellend geregelt werden können.

David Johnson und David Post,
»Law and Borders – The Rise of Law in Cyberspace«,
Stanford Law Review 48 (1996), S. 1367–1375

Manche Dinge im Web ändern sich nie.
An vorderster Stelle gehört dazu die angeborene
Resistenz gegen jegliche Form staatlicher Lenkung.

Tom Steinert-Threlkeld, »Of Governance and Technology«,
Inter@ctive WeekOnline, 2. Oktober 1998

Die erste Generation der Cyberspace-Bewohner ist von dem unausrottbaren Gedanken beseelt, der Cyberspace lasse sich nicht regulieren. Es heißt, er sei »immun gegen staatliche Eingriffe« und besitze eine »angeborene« Resistenz gegen jegliche Regulierung. Das sei die Natur, das Wesen, die Grundbeschaffenheit des Cyberspace. Zwar könne der Cyberspace zerstört werden, zwar könne der Staat ihn schließen, aber *solange der Cyberspace existiere*, habe der Staat nur begrenzte Macht über das Verhalten in diesem Raum – so die These der ersten Generation. Seinem Wesen nach sei der Cyberspace ein von Lenkung und Kontrolle freier Raum.

Natur. Wesen. Angeboren. Grundbeschaffenheit. Solche Worte sollten in jedem Zusammenhang unser Misstrauen wecken. Und ganz besonders in diesem. Denn wenn es einen Ort gibt, an dem die Natur keine Rolle spielt, dann ist das der Cyberspace. Das Gerede vom »Wesen« des Cyberspace verdeckt dessen konstruierten Charakter und führt unsere Vorstellung gefährlich in die Irre.

Hier wird Sein mit Sollen verwechselt. Natürlich ist der Cyberspace so, wie er gerade ist. Aber wie er gerade ist, muss er nicht immer sein. Der Cyberspace muss nicht immer und überall eine bestimmte Beschaffenheit haben; es gibt keine Architektur, die das Wesen des Netzes definierte. Was wir »das Netz« nennen, kann ganz verschiedene Architekturen haben, und diese Architekturen ermöglichen vielfältige Lebensweisen.

In den nächsten Kapiteln werde ich diese Gedanken ausarbeiten. Aber der Hauptgedanke lässt sich in einer Zeile zusammenfassen: Ob das Netz unregulierbar ist, hängt von seiner Architektur ab.[1]

Bei manchen Architekturen lässt sich das Verhalten im Netz nur schwer kontrollieren, bei anderen dagegen leicht. Bei manchen lässt es sich nicht durch eine Regulierung von oben kontrollieren, bei anderen dagegen wohl. In diesem Teil werde ich zeigen, dass sich das Netz hinsichtlich seiner Architektur in eine ganz bestimmte Richtung entwickelt, nämlich von einem unregulierbaren zu einem hochgradig regulierbaren Raum. Die »Natur« des Netzes mag einmal in seiner Unregulierbarkeit bestanden haben, aber diese »Natur« ist dabei, zu kippen.

Um das zu erkennen, müssen wir zunächst den Unterschied zwischen zwei verschiedenen Cyberorten erkennen. Der Unterschied zeigt uns, wie das Netz regulierbarer gemacht werden könnte.

Die folgende Darstellung soll nicht allzu technisch ausfallen; sie bietet keine vollständige Definition möglicher Arten von Netzwerken oder Formen der Kontrolle. Ich möchte diese Arten und Formen lediglich illustrieren, damit ein sehr viel allgemeinerer Gedanke deutlich wird.

CYBERORTE: HARVARD ODER CHICAGO

Das Internet entstand an amerikanischen Universitäten. Die ersten Teilnehmer waren Forscher, doch für das Netz als Lebensform war die Verbindung zur Universität und zum universitären Leben prägend. Es sorgte dafür, dass zahlreiche Studenten online gingen und damit dem ganz anders gearteten Leben im realen Raum den Rücken kehrten. Mitte der neunziger Jahre war das Netz auf dem Campus eine legale Droge. Die Kolumnistin der *New York Times*, J. C. Herz, schrieb in ihrem ersten Buch über den Cyberspace:

> Als ich aufschaue, ist es halb fünf Uhr morgens. Unmöglich. Ich sehe von der Wanduhr zu meiner Armbanduhr. Wirklich. Seit sechs Stunden sitze ich am Bildschirm, und es scheint gar keine Zeit vergangen. Ich bin überhaupt nicht müde. Benommen und durstig, aber nicht müde. Tatsächlich bin ich euphorisch. Ich stopfe die Lehrbücher, Fotokopien, Textmarker und Notizzettel in meinen Rucksack und laufe wie eine Verrückte die Betontreppe hinauf, an dem Wachmann vorbei und hinaus in die dunstige Dämmerung …
>
> Wo ein feuchter Fußweg auf einen trockenen trifft, halte ich für ein paar Sekunden an … Ich denke über dieses *etwas* nach, das Tag und Nacht durch die Telefonleitungen um die ganze Welt flitzt. Es ist direkt vor unserer Nase, aber es ist unsichtbar. Eine ganze Welt – wie Narnia oder Magritte oder *Star Trek*. Nur dass sie nicht materiell existiert. Sie ist das kollektive Bewusstsein all der Menschen, die gerade darin sind. Das ist wirklich äußerst seltsam.[2]

Aber nicht alle Universitäten übernahmen das Netz in derselben Weise. Sie gewährten nicht denselben Zugang, und sie erließen unterschiedliche Regeln. Ein Beispiel dafür bieten zwei Universitäten, die ich beide recht gut kenne, aber es ließen sich noch zahlreiche andere Beispiele anführen.

Wer an der University of Chicago Zugang zum Internet haben wollte, brauchte seinen Computer lediglich mit einer der überall in der Universität angebrachten Steckdosen zu verbinden.[3] Dann hatte er vollen Zugang zum Internet – einen Zugang, der uneingeschränkt, anonym und frei war.

Der Grund dafür lag in der Entscheidung des Rektors der Universität, Geoffrey Stone, ehemals Dekan der Law School und prominenter Verfechter des Rechts auf Meinungsfreiheit. Als die Universität ihr Netz einrichtete, fragten ihn die Techniker, ob anonyme Kommunikation zugelassen werden solle. Stone zitierte den Grundsatz, wonach die kommunikationsbezogenen Normen an der Universität die Meinungsfreiheit im gleichen Maße schützen sollten wie der erste Verfassungszusatz, und er sagte ja: Die Menschen sollten an der Universität das Recht auf anonyme Kommunikation haben, weil der erste Verfassungszusatz dasselbe Recht gegenüber dem Staat garantiert.[4] Aus dieser politischen Entscheidung resultierte die Architektur des Netzes an der University of Chicago.

In Harvard herrschen andere Regeln. Wer dort in der Law School seinen Computer mit einer Ethernet-Steckdose verbindet, hat noch lange keinen Zugang zum Netz. Der Zugang wird erst gewährt, wenn der Anschluss angemeldet, zugelassen und registriert worden ist. Nur Mitglieder der Universität können ihre Computer registrieren lassen. Nach der Registrierung werden sämtliche Interaktionen überwacht und dem betreffenden Computer zugeordnet; in der Einverständniserklärung des Nutzers findet sich ein Hinweis auf diese Praxis. Anonyme Kommunikation ist in diesem Netz nicht erlaubt; sie verstößt gegen die Regeln. Es lässt sich kontrollieren, wer einen Zugang nutzt und wofür er ihn nutzt.

Auch diese Auslegung des Netzes geht auf die Entscheidung eines Rektors zurück, der jedoch weniger Wert auf die Rechte des ersten Verfassungszusatzes legte. In Harvard verfolgte man das Ziel, den Zugang zu kontrollieren; in Chicago dagegen, ihn zu erleichtern. In Harvard entschied man sich für eine Technologie, die eine Kontrolle ermöglicht, während man in Chicago eine Technologie wählte, die den Zugang erleichtert.

Die beiden Netze unterscheiden sich zumindest in zwei wichtigen Punkten. Erstens unterscheiden sie sich ganz offensichtlich in den Werten, an denen man sich orientierte.[5] Dieser Unterschied findet seinen Niederschlag in der technischen Auslegung des Netzes. An der University of Chicago prägen die Werte des ersten Verfassungszusatzes den Zuschnitt des Netzes. In Harvard prägen ihn andere Werte.

Aber die beiden Netze unterscheiden sich noch in einem weiteren Punkt. Da der Zugang in Harvard kontrolliert wird und die Identität des Nutzers bekannt ist, lässt sich dort auch verfolgen, was der einzelne Nutzer im Internet tut. In Chicago dagegen ist die Identität des Nutzers ebenso unbekannt wie sein Tun. Daher lässt sich dort das Verhalten der Nutzer nicht so leicht überwachen und zurückverfolgen wie in Harvard. Das Verhalten im Netz ist in Harvard leichter zu kontrollieren als im Netz der University of Chicago.

Die Netze unterscheiden sich also hinsichtlich des Ausmaßes, in dem das Verhalten innerhalb des Netzes reguliert werden kann. Dieser Unterschied basiert ausschließlich auf dem Code, also auf der Software. Das Ausmaß der Regulierbarkeit ist nicht durch das Wesen dieser Netze bestimmt, sondern durch ihre Architektur.

Die beiden beschriebenen Netze bilden lediglich zwei Punkte auf einem ganzen Spektrum möglicher Netzarchitekturen. An einem Ende des Spektrums befindet sich das Internet; es besteht aus einer Reihe von Protokollen, die offen und nicht durch Eigentumsrechte eingeschränkt sind und die für Zugang und Nutzung keine persönliche Identifizierung verlangen. (Diese Architektur beschreibe ich ausführlicher im vierten Kapitel.) Am anderen Ende des Spektrums stehen traditionelle, geschlossene Netze, die sich im Eigentum bestimmter natürlicher oder juristischer Personen befinden und Zugang oder Nutzung von einer Zulassung abhängig machen; dort ist daher eine enge Kontrolle möglich. Zwischen diesen beiden Extremen liegen Netze, die jeweils Elemente des Harvard-Netzes mit der Offenheit und allgemeinen Zugänglichkeit des Internets kombinieren, wobei sie über dieses offene Protokoll eine Architektur legen, die eine weiterreichende Kontrolle ermöglicht. Diese kombinierten Netze erweitern das Internet um gewisse Kontrollmöglichkeiten, indem sie Elemente von Kontrolle darüber legen.

Auf diese mittlere Form von Netzen möchte ich mich hier konzentrieren. Das Netz der University of Chicago entspricht etwa dem Zustand des Internets im Jahr 1995. Wir wollen dieses Modell »Netz95« nennen. Der zweite Typ ist Vorbild für zahlreiche geschlossene Netze, die es schon vor dem Internet gab und auch heute noch gibt. Ein Beispiel sind die Bankkartensysteme, die es einem ermöglichen, nachts um 2 Uhr in Bogotà Geld abzuheben. Der dritte, mittlere Typ – die Harvard-Architektur – fügt dem Netz95 etwas hinzu; er pfropft den Internetprotokollen einen Code auf, der ein höheres Maß an Kontrolle ermöglicht.[6] Der Code dieser Netze ist mit den darunter liegenden Internetprotokollen kompatibel; technisch ausgedrückt, basiert er gleichfalls auf »TCP/IP«; das ist die Bezeichnung für die Protokolle, die das Internet definieren (siehe viertes Kapitel). Aber er fügt diesen Protokollen eine Reihe weiterer Protokolle hinzu, die eine stärkere Kontrolle gestatten. Netze vom Harvard-Typ sind Netze vom Internet-Typ, vermehrt um gewisse Kontrollmöglichkeiten. (Die Kontrolle erstreckt sich hier allerdings nur auf die Identität des Nutzers und nicht auf den Inhalt der Kommunikation.)

In allen drei Fällen handelt es sich um Kommunikationsnetze, die dem Internet »ähneln«. Sie werfen dieselbe Frage auf: Wenn wir sagen, das Internet sei »nicht regulierbar«, welches Netz meinen wir dann? Und wenn wir ein nichtregulierbares Netz herausgreifen, fragt sich: *Warum* ist dieses Netz nicht regulierbar? Welche Konstruktionsmerkmale machen es unregulierbar? Und ließen sich diese Konstruktionsmerkmale ändern?

Meine These dürfte inzwischen klar sein: Wenn manche Netze in höherem Maße regulierbar sind als andere, so beruht dies lediglich auf dem Design des Netzes. Das Design eines nichtregulierbaren Netzes ließe sich ändern; man könnte es in ein regulierbares Netz umwandeln. Es kommt nur darauf an, die Elemente zu erkennen, die es unregulierbar machen, und diese Elemente dann zu ändern.

Betrachten wir drei konstruktive Elemente des Netzes95, die es einer regulierenden Instanz schwer machen, das Verhalten in solchen Netzen zu kontrollieren. Aus der Sicht der regulierenden Instanz sind solche Elemente »Mängel« – sie begrenzen die Daten, die das Netz über seine Nutzer oder über die ausgetauschten Inhalte sammelt.

Der erste »Mangel« betrifft Informationen über den Nutzer. Im

Netz95 kann man nicht nachprüfen, wer jemand ist und ob die Angaben, die er über sich macht, zutreffen. Tatsächlich kann man nicht einmal nachprüfen, ob der Nutzer überhaupt ein »jemand« ist. Auf einer bekannten Karikatur im *New Yorker* waren zwei Hunde an einem Computer zu sehen. Darunter stand: »Im Internet weiß niemand, dass du ein Hund bist.«[7] Man kann das Netz anonym benutzen. Man könnte auch einen Roboter bauen, der das Netz benutzt. Niemand braucht Ihren Namen zu kennen, und es ist nicht leicht, Ihr Alter, Ihr Geschlecht oder Ihren Wohnort zu überprüfen. Das Netz weiß nur so viel, wie Sie ihm mitteilen, und selbst diese Daten vermag es nicht zu überprüfen.

Der zweite »Mangel« betrifft die Information über die Daten – gewissermaßen über die Etiketten oder, wie Nicholas Negroponte sagt, die »Überschriften«.[8] Wie wir kein System zur Gewinnung überprüfbarer Informationen über den Nutzer besitzen, so besitzen wir auch kein System zur Gewinnung überprüfbarer Informationen über die im Netz anzutreffenden Daten. Daten sind zwar da – wir können sie über Suchmaschinen aufspüren –, aber es gibt kein konsistentes oder einheitliches Instrument, mit dessen Hilfe wir erkennen könnten, um was für Daten es sich handelt. Bilder von nackter Haut erscheinen auf dem Bildschirm, doch das System kann uns nicht sagen, ob es sich um medizinische Fotos oder um Pornografie handelt. Daten über Körperfunktionen erscheinen auf dem Monitor, doch das System kann uns nicht sagen, ob es sich um ein Krankenblatt oder einen Roman handelt. Nichts stellt einen Zusammenhang zwischen den Bits her, zumindest nicht in einer Form, die von der Maschine genutzt werden kann. Das Netz95 verlangt keine Etikettierung der Daten. Zwar werden »Datenpakete« insofern etikettiert, als sie mit einer Adresse versehen werden. Aber das Paket könnte alles und nichts enthalten.

Der letzte »Mangel« resultiert aus den beiden ersten. Da sich nur schwer prüfen lässt, wer der Nutzer ist, und da man Daten nur schwer klassifizieren kann, ist es auch sehr schwierig, den Zugang zu Daten von der Identität des Nutzers oder von seinen Wünschen hinsichtlich der gesuchten Daten abhängig zu machen. Anders ausgedrückt, es gibt keine einfache Möglichkeit, den Cyberspace in *Bezirke* einzuteilen und verbotene Zonen einzurichten.[9] Im realen Raum kennen wir viele solcher Einteilungen: Kinder dürfen nicht in Bars, Männer nicht auf Frauentoiletten, und wer nicht entsprechend gekleidet ist, wird an der Tür mancher Nachtclubs abgewiesen. Wir machen den Zugang zu Räumen in vielfältiger Weise von den Eigenschaften der betreffenden Menschen abhängig. Doch da wir im Netz95 weder die Identität des Nutzers noch den Charakter der Daten kennen, können wir den Zugang nur schwer von der Identität oder von den Daten abhängig machen.

Diese »Mängel« machen es so schwierig, das Netz zu regulieren. Doch aus der Sicht eines Anarchisten, eines Freisinnigen oder eines Liebhabers des bisherigen Netzes handelt es sich dabei keineswegs um Mängel, sondern um erwünschte Eigenschaften, die etwas sehr Wichtiges ermöglichen: Freiheit. Es sind positive Eigenschaften eines Raums, der die Kontrollmöglichkeiten begrenzt, und sie gehören zur Konstitution dieses Raums. Die Konstitution des Netzes95 ist die Nichtregulierbarkeit, und es verdankt diese Eigenschaft dem Code.

Harvard zeigt der regulierenden Instanz, wie diese »Mängel« sich beheben lassen. Das Netz könnte durchaus über die Identität des Nutzers und den Charakter der Daten Bescheid wissen und dennoch »das Netz« sein. Die Wahlmöglichkeiten beschränken sich keineswegs auf das Internet oder geschlossene private Systeme. Harvard zeigt, dass es einen Mittelweg gibt. Es ist durchaus möglich, über die Plattform des Internets Kontrollarchitekturen zu legen, um die »Mängel« hinsichtlich der Kontrolle zu »korrigieren« oder zu »beheben«. Anders gesagt, wenn man Möglichkeiten schafft, die Identität der Nutzer zu überprüfen und Daten zu etikettieren, lassen sich Kontrollarchitekturen leichter herstellen.[10]

Das ist die erste und noch sehr geringfügige These dieses frühen Kapitels in der Geschichte zunehmender Kontrolle: Kontrollarchitekturen sind möglich; und sie lassen sich dem bisherigen Internet hinzufügen.

Aber wie das geschehen kann, ist damit noch nicht gesagt. Wie gelangen wir von einem relativ unregulierbaren, freiheitlichen Netz zu einem hochgradig regulierten Kontrollnetz?

Mit dieser Frage werden wir uns im weiteren Verlauf des ersten Teils beschäftigen, und zwar in zwei Schritten. Im vierten Kapitel werde ich die These aufstellen, dass sich das Netz auch ohne Zutun des Staates in Richtung einer Kontrollarchitektur entwickeln wird. Im fünften Kapitel werde ich zeigen, welche Rolle der Staat dabei möglicherweise spielt. Der Trend geht in Richtung eines hochgradig regulierbaren Netzes – nicht in Richtung der freiheitlichen Utopie, nicht in Richtung des Netzes, das Ihr Vater (oder eher wohl Ihre Tochter oder Ihr Sohn) erlebt hat, sondern eines Netzes, das vor allem durch Kontrolle geprägt ist.

Der Trend geht in Richtung eines Netzes, das mit dem bisherigen Internet nicht mehr viel gemein hat.

4. KONTROLL-ARCHITEKTUREN

Im letzten Kapitel habe ich versucht, ein Vorurteil hinsichtlich der Natur des Netzes aufzulösen, das Vorurteil nämlich, das Netz habe eine Natur, und diese Natur bestehe in der Freiheit. Dagegen habe ich behauptet, der Charakter des Netzes beruhe zum Teil auf seiner Architektur, und es gebe viele mögliche Architekturen für den Cyberspace. Diese Architekturen verkörpern unterschiedliche Werte, und ein Unterscheidungsmerkmal ist die Regulierbarkeit – also die Fähigkeit, das Verhalten innerhalb eines bestimmten Cyberspace zu kontrollieren. Bei manchen Architekturen lässt sich das Verhalten leichter, bei anderen schwerer regulieren. Und solche Kontrollarchitekturen treten an die Stelle der freiheitlichen Architekturen.

In diesem Kapitel möchte ich aufzeigen, wie und warum das geschieht. Das Warum liegt in der Kommerzialisierung, das Wie in Architekturen, die eine Identifizierung und damit erst eine wirtschaftliche Nutzung des Internets ermöglichen. Man wird das Netz an die Erfordernisse der Wirtschaft anpassen, indem man Architekturen einführt, die eine sichere Abwicklung geschäftlicher Transaktionen gestatten. Regulierbarkeit ist ein Nebenprodukt dieser Veränderungen. Anders gesagt, die Veränderungen, die eine sichere Abwicklung geschäftlicher Transaktionen gestatten, werden zugleich auch die Regulierung erleichtern.

Ich stelle die Rolle der Wirtschaft nicht deshalb heraus, weil ich etwas gegen sie hätte. Ich behaupte nicht, die Wirtschaft sei der Feind, und ich behaupte genauso wenig, zwischen Handel und Regulierbarkeit bestehe ein notwendiger Zusammenhang.[1] Ganz sicher wird die kommerzielle Nutzung des Internets beträchtlich zunehmen, und ganz sicher ist das eine gute Sache. Die wirtschaftliche Ausrichtung des zukünftigen Netzes bedeutet jedoch nicht, das Netz der Zukunft müsse mit dem Netz der Vergangenheit identisch sein. Vielmehr wird die Wirtschaft das Netz verändern, und in diesem Kapitel möchte ich zeigen, in welcher Weise sie dies tun wird.

IDENTITÄT UND AUTHENTISIERUNG: REALER RAUM

Mit »Identität« meine ich mehr als das, was Sie sind. Ich meine auch alle wahren Aussagen über Sie. In diesem Sinne umfasst Ihre Identität Ihren Namen, Ihr Geschlecht, Ihren Wohnort, die Nummer Ihres Führerscheins, Ihre Sozialversicherungsnummer, Ihre Einkäufe bei Amazon.com, Ihren Beruf usw.

»Authentisierung« ist der Prozess, durch den Aspekte Ihrer Identität bekannt werden. Manche Aspekte werden nur dann bekannt, wenn Sie es wollen; andere werden bekannt, ob Sie es wollen oder nicht. Eine vollkommene Authentisierung läge dann vor, wenn andere alles über Sie wüssten. Und Glück ist gewiss etwas anderes, als dass andere alles über Sie wüssten.

Im realen Raum werden viele Aspekte Ihrer Identität bekannt, ob Sie das wollen oder nicht. Viele Tatsachen bestätigen sich selbst oder authentisieren sich gleichsam automatisch. So ist das nun einmal im realen Raum. Wenn ich eine Bank betrete, weiß der Angestellte am Schalter eine Menge Dinge über mich, bevor ich noch den Mund geöffnet habe. Er weiß, dass ich ein dicklicher Weißer mittleren Alters mit Brille und blondem Haar bin; er weiß, dass ich zwar groß, aber nicht kräftig bin. Und all das wüsste er auch dann, wenn ich es ihm nicht sagen wollte. Im Prinzip könnte ich versuchen, einige dieser Tatsachen zu verbergen. Ich könnte mir eine Maske aufsetzen, auf Stelzen gehen und die Bank *inkognito* betreten. Aber dadurch könnte ich kaum etwas verbergen, sondern würde allenfalls die Wachleute auf mich aufmerksam machen.

Andere Tatsachen bestätigen sich dagegen nicht selbst. Manche Dinge erfahren Sie nur, wenn ich sie Ihnen sage (»ich habe mir mit sechs Jahren ein Bein gebrochen«). Und bei manchen bedarf es zur Authentisierung einer anderen Quelle – eines Ausweises. Der Polizeibeamte möchte Ihren Führerschein sehen; er begnügt sich nicht mit der Aussage, Sie hätten die Fahrprüfung erfolgreich abgelegt. Die Law School verlangt ein Abschlusszeugnis Ihres Colleges; ein Brief, in dem Sie behaupten, sie hätten das College als Jahrgangsbester absolviert, reicht hier nicht. Die Bank verlangt die Eintragung einer Grundschuld auf Ihr Haus; das bloße Versprechen, den Hypothekenkredit zurückzuzahlen, ist ihr nicht genug. In all diesen Fällen muss die Sie betreffende Aussage durch ein Dokument nachgewiesen oder *authentisiert* werden, also durch eine Institution, die hinter dem betreffenden Dokument steht.

Das Leben im realen Raum ist durch eine Mischung aus authentisierenden und authentisierten Nachweisen gekennzeichnet. Das soziale Leben ist ein beständiger Ausgleich zwischen diesen verschiedenen Nachweisen. In Kleinstädten und ruhigeren Zeiten besaßen Ausweise keine sonderliche Bedeutung. Man kannte Sie, und Ihr Gesicht stand (im kollektiven Wissen der Gemeinschaft) als Ausweis für einen bestimmten Charakter. Durch die zunehmende Anonymisierung des Lebens müssen die gesellschaftlichen Institutionen formale Ausweise schaffen, die Auskunft über Eigenschaften geben, über die man in früheren Zeiten und in kleineren sozialen Welten auf Grund des gesammelten kollektiven Wissens Bescheid gewusst hätte.

Es dürfte auf der Hand liegen, dass die Regulierbarkeit des Lebens im realen Raum von solchen Ausweisen abhängt. Die Tatsache, dass Zeugen den Urheber eines Verbrechens identifizieren können, entweder, weil sie den Täter kennen, oder auf Grund selbst-authentisierender Merkmale, wie wir sie in einer Täterbeschreibung finden (Hautfarbe, Größe usw.), stärkt die Fähigkeit des Staates, vorbeugend gegen Verbrechen einzuschreiten. Wenn Kriminelle unsichtbar wären oder Zeugen kein Gedächtnis besäßen, würde die Zahl der Verbrechen steigen. Die Tatsache, dass Fingerspitzen charakteristische Abdrücke hinterlassen und nur schwer verändert werden können, eröffnet die Möglichkeit, Täter, deren Fingerabdrücke bekannt sind, zu ermitteln. Wenn der Polizei nur körperliche Merkmale zur Verfügung stünden, die sich leichter verändern lassen, wäre es schwerer für sie, Wiederholungstäter aufzuspüren. Die Tatsache, dass Kraftfahrzeuge von ihren Haltern zugelassen und mit Nummernschildern versehen werden müssen, erhöht die Wahrscheinlichkeit, dass jemand, der nach einem Unfall Fahrerflucht begeht, ermittelt wird. Ohne solch ein Zulassungssystem wäre es äußerst schwierig, unfallflüchtige Fahrer aufzuspüren. In all diesen und noch vielen anderen Fällen ermöglichen solche Vorkehrungen eine Regulierung des Lebens im realen Raum.

Als eine der regulierenden Instanzen ist der Staat auf solche Vorkehrungen angewiesen. Oft greift er ein, damit Ausweise auch weiterhin ihre Funktion erfüllen können,[2] oder er schafft neue Ausweise, wenn die alten nicht mehr brauchbar sind. So sichert der Staat die Zuverlässigkeit staatlicher Dokumente, indem er deren Fälschung unter Strafe stellt. Und er gibt selbst bestimmte Ausweise aus (etwa den Führerschein), um eine zuverlässige Nachprüfung zu ermöglichen.

So also ist die Regulierung im realen Raum beschaffen. Viel von dem, was wir sind, wird dort von selbst deutlich, und wir haben Institutionen geschaffen, die Aussagen über andere, nicht von selbst zu Tage tretende Eigenschaften beglaubigen. Sowohl das soziale Leben als auch die staatliche Regulierung beruhen auf dieser Mischung. Und beide reagieren, wenn Elemente dieser Mischung sich verändern.

IDENTITÄT UND AUTHENTISIERUNG: CYBERSPACE

Im Cyberspace unterliegen Identität und Authentisierung anderen Bedingungen. Das Internet basiert auf einer einfachen Gruppe von Protokollen namens TCP/IP. Dazu gehören Protokolle für den Austausch von Datenpaketen »über« das Netz.[3] (Ich werde dieser Idee im achten Kapitel ausführlicher nachgehen. Im Augenblick können wir uns diese Datenpakete als kleine, von einer Verpackung umgebene Päckchen vorstellen, auf die außen eine Adresse aufgedruckt ist.) Für den Austausch dieser Pakete benötigt das System mindestens zwei Informationen – die Adresse des Computers, der die Daten abschickt, und die

Adresse des Computers, an den die Daten geschickt werden sollen. Diese Adressen bezeichnet man als IP- oder Internet-Protokoll-Adressen. Sie haben folgende Form: 128.34.35.204. Stark vereinfacht kann man sagen, dass die Daten im Internet von einer Adresse dieser Art zu einer anderen transportiert werden.

Diese Protokolle sagen jedoch nichts über den jeweiligen Internetnutzer und nur sehr wenig über die ausgetauschten Daten. Die IP-Adresse reicht zwar aus, um die Daten von einem Computer zu einem anderen zu schicken, aber es besteht kein notwendiger Zusammenhang mit irgendeiner materiellen Einheit in der Welt. IP-Adressen sind virtuelle Adressen und lassen sich daher verändern. Auch sagen die IP-Protokolle wenig über die gesendeten Daten. Insbesondere sagen sie nicht, von wem sie kommen, woher sie kommen, wohin sie (geographisch) gehen, zu welchem Zweck sie dorthin geschickt werden und um welche Art von Daten es sich handelt. All das weiß das System nicht, und wir können es ebenso wenig in Erfahrung bringen, wenn wir uns die Daten ansehen. Aus der Sicht des Netzes sind all diese Informationen überflüssig. Wie ein tagträumender Postbeamter bewegt das Netz die Daten lediglich und überlässt ihre Interpretation den Anwendungen an beiden Enden der Leitung.

Dieses minimalistische Design ist beabsichtigt. Es ist Ausdruck einer politischen Entscheidung, Kontrollmöglichkeiten gering zu halten, und einer technologischen Entscheidung für ein optimales Netzwerkdesign. Die Schöpfer des Internets waren nicht daran interessiert, soziale Kontrolle zu erleichtern; es ging ihnen um die Effizienz des Netzes. Dieses Design sorgt für eine möglichst geringe Komplexität des Internetprotokolls und überlässt es den Anwendungen oder Endpunkten, eventuell benötigte Zusatzvorrichtungen einzubauen.[4]

Wenn dieses Grundprotokoll in einen Zugriff auf das Internet übersetzt wird – etwa wenn Sie eine Website anwählen –, führen die minimalen Identifizierungsanforderungen dazu, dass der Server, der die Website bereithält, *aus dem Internetprotokoll selbst* nichts über Sie erfährt. (Später werden wir sehen, dass er gewisse Dinge aus den Anwendungen erschließen kann, die dem Internetprotokoll aufgepfropft sind.) Der Internetserver weiß nur, dass Sie im Internet unter einer bestimmten IP-Adresse zu finden und mit einem TCP/IP-kompatiblen Protokoll ins Internet gelangt sind.

Es ist, als wären Sie auf einem Maskenball; das Licht geht aus, Sie hören Stimmen ringsumher, aber Sie können nicht erkennen, woher und von wem die Stimmen stammen. Das System weiß, dass da gewisse Entitäten mit ihm in Interaktion getreten sind, aber es weiß nicht, wer diese Entitäten sind. Während Anonymität im realen Raum eigens hergestellt werden muss, ist sie im Cyberspace der Normalfall – und das ist hier der entscheidende Punkt.

IDENTITÄT UND AUTHENTISIERUNG: REGULIERBARKEIT

Dieser Unterschied zwischen den Identitätsarchitekturen im realen Raum und im Cyberspace hat tiefgreifende Auswirkungen auf die Regulierbarkeit des Verhaltens im Cyberspace. Wenn Regulierung auf Identität basiert – also darauf, dass man zumindest ein wenig über die betreffende Person weiß –, dann weiß die regulierende Instanz auf Grund des TCP/IP-Designs im Cyberspace in der Regel sehr wenig. Anders als der reale Raum enthüllt der Cyberspace keine selbstauthentisierenden Tatsachen bezüglich der Identität. Im realen Raum wird deutlich, welchem Geschlecht Sie angehören, wie alt Sie sind, wie Sie aussehen, welche Sprache Sie sprechen, ob Sie sehen und hören können, wie intelligent Sie sind. Im Cyberspace geben Sie nur Ihre Adresse bekannt, die allerdings kaum etwas mit Ihnen zu tun haben muss.

Das Fehlen selbst-authentisierender Fakten im Cyberspace verringert dessen Regulierbarkeit. Wenn etwa ein Staat obszöne Darstellungen oder den Zugang von Kindern zu pornografischen Inhalten regulieren möchte, bietet ihm die Internetarchitektur keine Hilfe. In dieser Welt bleiben Daten und Personen unidentifiziert; zwar kann man gelegentlich zu recht guten Schätzungen gelangen, aber es ist auch einfach, solche Schätzungen unmöglich zu machen. In der für das Netz95 typischen Internetarchitektur kann man sehr gut verbergen, wer man ist. Aber noch wichtiger dürfte die Tatsache sein, dass sich Angaben über Ihre Identität nur schwer belegen lassen. Im Internet lässt sich leicht verbergen, dass man ein Hund ist, aber es lässt sich auch nur schwer beweisen, dass man keiner ist.

All das gilt für eine bestimmte Internetarchitektur. Aussagen über den Unterschied zwischen realem Raum und Cyberspace basieren auf diesem unterschiedlichen Design. Wie wir jedoch im letzten Kapitel gesehen haben, sind verschiedene Architekturen möglich. Wir können uns andere Architekturen vorstellen, in denen es leichter wäre, unsere Identität festzustellen und Angaben über unsere Person zu überprüfen.

Im restlichen Teil des Kapitels werde ich eine dieser Architekturen vorstellen. Fragen nach ihrem Einsatz und ihrer Berechtigung oder nach den potenziellen Gefahren für die Privatsphäre werde ich erst in späteren Kapiteln behandeln. Hier möchte ich nur zeigen, dass es solche Architekturen gibt, und ich möchte zumindest in Umrissen deutlich machen, welches Maß an Regulierung Architekturen dieser Art ermöglichen.

IDENTIFIZIERUNGSARCHITEKTUREN

Wie also lassen sich den TCP/IP-Architekturen, die keine Identifizierung zulassen, andere Architekturen aufpfropfen, die eine Identifizierung gestatten?[5] Es gibt unter anderem drei solcher Systeme, die ich hier nicht vollständig beschreiben werde. Aber schon eine knappe Skizze wird zwei Elemente einer »Pass-Technologie« zu Tage treten lassen, die im Netz der Zukunft von zentraler Bedeutung für die Identifizierungsarchitekturen sein werden.

Die erste Technik ist das Passwort. Sie haben ein »Konto« oder Account bei einem System; zu diesem Konto gehört ein Benutzername und ein Pass- oder Kennwort. Wenn Sie auf das System zugreifen wollen, müssen Sie Benutzername und Kennwort eingeben. Die Kombination beider Informationen weist Sie als berechtigten Nutzer des Systems aus.

Es gibt zahlreiche Beispiele für eine Identifizierung dieser Art. Sehr bekannt ist America Online (AOL). Wenn Sie sich bei AOL einloggen wollen, müssen Sie ein Passwort und einen frei gewählten Benutzernamen eingeben. Ein zweites Beispiel ist Lexis, ein Onlineanbieter für juristische Quellen; Lexis verlangt allerdings nur die Eingabe eines Passworts. Wenn Sie die Datenbank in Anspruch nehmen, wird Ihr Lexis-Konto mit einer entsprechenden Gebühr belastet.

Passwortsysteme haben viele Vorzüge und Nachteile. Der wichtigste Vorteil ist die Sicherheit – zumindest, solange der Nutzer sein Passwort für sich behält. Nachteilig sind die Kosten und die Unannehmlichkeiten, die daraus erwachsen, dass man immer wieder Passwörter eingeben muss.[6] Wenn jede Website ein Passwort verlangte, wäre das Surfen eine so zähe Angelegenheit wie der Versuch, während der Freitags-Rushhour Manhattan mit dem Auto zu durchqueren.

Ein zweites, sehr viel gröberes System vermeidet diese Unannehmlichkeiten. Dieses System arbeitet mit »Cookies«, kleinen Dateien, die Ihr Browser in einem eigenen Cookie-Ordner auf Ihrer Festplatte ablegt und die es dem System gestatten, Sie zu identifizieren.[7] Wenn Sie zum ersten Mal ein Buch bei Amazon.com bestellen und dort ein Konto eröffnen, legt Amazon.com ein Cookie in Ihrem Cookie-Ordner ab. Kehren Sie nun irgendwann einmal zu Amazon.com zurück, schickt Ihr Computer gleich das Cookie mit; der Server weiß dann, mit wem er es zu tun hat, und kann auf die aus Ihrem Konto ersichtlichen Präferenzen reagieren. Amazon.com etwa wird Ihnen Neuerscheinungen aus den Fachgebieten anbieten, aus denen Sie bereits Bücher gekauft haben.

Der Hauptvorteil dieses Systems liegt in der nahtlosen Verifikation. Sofern Sie in Ihrem Browser nicht die Funktion eingeschaltet haben, die jede Annahme von Cookies verweigert, können Sie Websites, die mit Cookies arbeiten, ohne Verzögerung besuchen.

Der Nachteil liegt in der Gefahr, dass Ihr Cookie-Ordner missbraucht oder sogar auf andere Systeme kopiert wird.[8] Aus den gesammelten Cookies kann ein Provider viel über Sie erfahren. Wenn verschiedene Sites (die sich einem gemeinsamen Tracking-System angeschlossen haben) gemeinsame Cookies verwenden, kann jede alle Informationen einsehen, die Sie auf anderen Sites hinterlassen haben.

Cookies sind nicht so sicher wie Passwörter, aber natürlich haben sie auch eine andere Funktion. Das heißt jedoch nicht, dass sie nutzlos wären. Die Sicherheit, die wir benötigen, hängt jeweils von den Gefahren ab, vor denen wir uns schützen wollen. Ganz sicher sollte die National Security Agency (NSA) den Zugang zu den Staatsgeheimnissen auf ihren Datenbanken nicht über Cookies regeln. Aber ein Webportal wie Yahoo kann durchaus Cookies verwenden, um Sie zu identifizieren und Ihnen Nachrichten aus Gebieten zukommen zu lassen, die Sie bei früheren Besuchen eingesehen haben. Sie haben kaum Anlass, Yahoo zu belügen; und Yahoo hat keinen Grund, sich darum Sorgen zu machen. Wo nur wenig auf dem Spiel steht, ist ein zwar unsicheres, aber dafür unauffälliges System vollkommen angemessen.

Eine dritte Technologie verbindet die Vorteile der beiden genannten Systeme. Es handelt sich um die Technologie der *digitalen Unterschrift*, die *digitale Zertifikate* ermöglicht, also eine Art Pass für das Internet. Digitale Signaturen würden die Echtheit aller erdenklichen Informationen über einen Computer bestätigen und – falls sie mit Hilfe eines Kennworts oder einer biometrischen Vorrichtung geöffnet werden – auch über Ihre Person: Name, Staatszugehörigkeit, Alter, Beruf usw. Auf die Einzelheiten möchte ich an dieser Stelle nicht weiter eingehen; nur so viel sei gesagt, dass es sich um verschlüsselte digitale Objekte handelt, die dazu dienen können, die Echtheit von Angaben über Personen zu bestätigen.

Digitale Zertifikate lägen auf Ihrem Computer (zumindest bei bestimmten Designs), und der Server könnte das Zertifikat automatisch (und unsichtbar) einsehen, sobald Sie sich bei ihm einloggen. Besitzen Sie das richtige Zertifikat, werden Sie eingelassen; der Server kennt dann alle zertifizierten Informationen über Sie. Er »weiß« nun, dass Sie ein Mann sind oder dass Sie in Kanada leben oder dass Sie älter als 25 Jahre sind. Und er »weiß« all das, ohne Sie danach fragen zu müssen. Zertifikate könnten zu den selbst-authentisierenden Ausweisen werden, die wir aus dem realen Raum kennen, nur dass es für die Art der zertifizierten Daten im Cyberspace keine Beschränkung gäbe.

Digitale Zertifikate ermöglichten ein sicheres Identifizierungssystem, das ebenso schnell und unauffällig arbeitet wie ein Cookie, aber weit mehr Daten zertifiziert. Sie basieren jedoch auf Verschlüsselungstechniken, und um zu verstehen, auf welche Weise sie dies tun, müssen wir uns kurz mit Verschlüsselungstechniken befassen. Danach werden wir uns ansehen, wie sich diese Technologie den Erfordernissen der Identifizierung anpassen lässt.

KRYPTOGRAPHIE: VERTRAULICHKEIT ODER AUTHENTISIERUNG

Was ich nun sage, mag sehr extrem klingen, doch es ist, wie ich glaube, allenfalls eine leichte Übertreibung: Die Verschlüsselungstechnologien sind die wichtigste technische Errungenschaft der letzten tausend Jahre. Keine andere Erfindung, von den Atomwaffen (hoffe ich) bis hin zum Internet, wird größere Auswirkungen auf das soziale und politische Leben haben. Die Kryptographie wird alles verändern.

Ich sage das nicht, weil ich diese These hier beweisen könnte, sondern nur, um diesen Gedanken hervorzuheben. Es ist nicht so wichtig, dass Sie die Verschlüsselungstechnologien in allen Einzelheiten verstehen, obwohl es gut wäre, wenn möglichst viele darüber Bescheid wüssten. Entscheidend ist, dass Sie eine Vorstellung davon bekommen, was man mit dieser Technologie anfangen kann und welche Folgen diese Möglichkeiten haben.

Die Kryptographie hat zwei Gesichter; ihr Verhältnis zur Freiheit im Internet ist durchaus zwiespältig. Wie Stewart Baker und Paul Hurst schreiben, ist die Kryptographie »zweifellos eine sehr gute und eine sehr schlechte Technologie. Mit ihrer Hilfe kann man Verbrechen bekämpfen und Verbrechen begehen. Sie kann Diktaturen untergraben und Diktaturen zu neuen Exzessen beflügeln. Sie wird uns alle anonym machen und dafür sorgen, dass jede unserer Transaktionen verfolgt werden kann.«[9]

Kryptographie kann gut und schlecht sein, weil sie zwei grundlegend verschiedenen Zielen zu dienen vermag. Insofern sie »Vertraulichkeit« sichert, kann sie »dazu benutzt werden, Kommunikation geheim zu halten«. Insofern sie eine »Identifizierung« ermöglicht, kann sie »dazu benutzt werden, eine fälschungssichere digitale Identität zu schaffen«.[10] Sie fördert die Freiheit von Regulierungen (weil sie Vertraulichkeit gewährleistet), aber sie kann auch Regulierung ermöglichen (weil sie Identifizierung erleichtert).[11]

Die traditionelle Aufgabe der Kryptographie ist die Geheimhaltung. Wenn man eine Nachricht verschlüsselt, kann nur derjenige sie lesen, der den richtigen Schlüssel besitzt. Diese Art der Verschlüsselung ist so alt wie die Sprache. Bis Mitte der siebziger Jahre wies diese Technik allerdings einen entscheidenden Schwachpunkt auf: Zur Verschlüsselung und zur Entschlüsselung einer Nachricht wurde derselbe Schlüssel benutzt. Wenn man den Schlüssel verlor, bestand die Gefahr, dass Unberechtigte die geheime Nachricht einsehen. Und wenn eine große Zahl von Nachrichten mit demselben Schlüssel verschlüsselt wurden, verlor ein ganzes Archiv von geheimen Nachrichten bei einem Verlust des Schlüssels seinen Schutz. Diese Möglichkeit bedeutete ein beträchtliches Risiko. Man musste den Schlüssel stets auch zum Empfänger der Nachricht »transportieren«, damit der sie entschlüsseln konnte, und dieser Transport barg grundsätzlich das Risiko, dass der Schlüssel verloren ging.

Mitte der siebziger Jahre gelang jedoch den beiden Computerwissenschaftlern Whitfield Diffie und Martin Hellmann ein Durchbruch in der Verschlüsselungstechnik.[12] Statt sich auf einen einzigen Schlüssel zu beschränken, benutzten sie zwei verschiedene Schlüssel – einen öffentlichen (*public key*) und einen privaten (*private key*). Was mit dem einen verschlüsselt wird, kann nur mit dem anderen entschlüsselt werden. Und auch wenn man einen der beiden Schlüssel besitzt, kann man den anderen nicht daraus herleiten.

Diese Entdeckung bildet die Grundlage für eine Architektur, die selbst dann in einem Netzwerk ein hohes Maß an Vertraulichkeit zu sichern vermag, wenn das physikalische Netz an sich unsicher ist. Auch wenn die Leitungen angezapft werden, bleibt der Verschlüsselungsschutz erhalten. Das sei an einem Beispiel verdeutlicht:

> A. Wenn ich Ihnen eine Nachricht schicken möchte, die nur Sie lesen können sollen, verschlüssele ich die Nachricht mit Ihrem öffentlichen

Schlüssel. Dann schicke ich Ihnen die Nachricht in dem Wissen, dass nur der Besitzer des privaten Schlüssels (also wahrscheinlich Sie) diese Nachricht lesen kann. *Aber Sie können nicht sicher sein, dass wirklich ich Ihnen die Nachricht geschickt habe.* Da jeder eine Nachricht mit Ihrem öffentlichen Schlüssel verschlüsseln und Ihnen schicken könnte, haben Sie keine Möglichkeit, die Echtheit der Absenderangabe zu prüfen. Darum gehen wir einen Schritt weiter.

B. Bevor ich die Nachricht mit Ihrem öffentlichen Schlüssel verschlüssele, kann ich sie mit meinem privaten Schlüssel verschlüsseln. Wenn Sie dann die Nachricht erhalten, entschlüsseln Sie sie zunächst mit meinem öffentlichen und anschließend mit Ihrem privaten Schlüssel. Nach der ersten Entschlüsselung können Sie sicher sein, dass die Nachricht von mir stammt (oder zumindest vom Besitzer meines privaten Schlüssels); nach der zweiten Entschlüsselung können Sie sicher sein, dass nur Sie die Nachricht lesen können (oder zumindest nur der Besitzer Ihres privaten Schlüssels). Aber woher wissen Sie, dass der öffentliche Schlüssel, den ich als den von Larry Lessig ausgebe, tatsächlich der öffentliche Schlüssel von Larry Lessig ist? Wie können Sie sicher sein, dass der öffentliche Schlüssel, den Sie benutzen, tatsächlich der Schlüssel ist, der zu sein er vorgibt. Dazu müssen wir noch einen Schritt weiter gehen.

C. Wenn es eine vertrauenswürdige dritte Partei gibt (zum Beispiel meine Bank oder die Nationalbank), die über einen öffentlichen Schlüssel verfügt (was ich wegen der Bekanntheit der Institution leicht überprüfen kann), und diese dritte Partei beglaubigt, dass der öffentliche Schlüssel von Larry Lessig tatsächlich der öffentliche Schlüssel von Larry Lessig ist, dann könnte meine Nachricht, die ich zunächst mit Ihrem öffentlichen und dann mit meinem privaten Schlüssel verschlüsselt habe, zusätzlich noch ein Zertifikat dieser vertrauenswürdigen Institution enthalten, das seinerseits mit dem privaten Schlüssel dieser Institution verschlüsselt wäre. Wenn Sie die Nachricht erhalten, entschlüsseln Sie zunächst das Zertifikat mit Hilfe des öffentlichen Schlüssels der betreffenden Institution; dem Zertifikat entnehmen Sie meinen öffentlichen Schlüssel (von dem Sie nun einigermaßen sicher sein dürfen, dass er tatsächlich mein öffentlicher Schlüssel ist); damit entschlüsseln Sie die Nachricht (von der Sie nun einigermaßen sicher sein dürfen, dass sie von mir kommt); im letzten Schritt entschlüsseln Sie dann die Nachricht mit Hilfe Ihres privaten Schlüssels (so dass sie einigermaßen sicher sein können, dass niemand anderes sie gelesen hat). Wenn wir all das tun, wissen Sie, dass ich der bin, der zu sein ich behaupte, und dass die Nachricht tatsächlich von mir kommt. Ich weiß, dass nur Sie die Nachricht lesen können, und Sie wissen, dass niemand anderes die Nachricht hat lesen können.

Das Verfahren ließe sich beliebig verkomplizieren. (Man könnte zum Beispiel fragen: Woher weiß ich, dass Sie der sind, der zu sein Sie behaupten? Hinweis: Auf dieselbe Weise, wie Sie sich Gewissheit darüber verschaffen können, dass ich der bin, der zu sein ich behaupte.) Außerdem habe ich einige wichtige Vereinfachungsmöglichkeiten weggelassen. So zeigt sich etwa, dass es einfacher ist, nicht die ganze Nachricht mit einem dualen Schlüsselsystem zu verschlüsseln, sondern mit dem dualen Schlüsselsystem lediglich einen symmetrischen Schlüssel[13] zu verschlüsseln.[14] Mir geht es hier jedoch nur um die Grundelemente dieser Architektur: ein System dualer oder asymmetrischer Verschlüsselung, ergänzt um eine vertrauenswürdige dritte Partei, die bestimmte Aussagen über Ihre Person zertifizieren kann. In der Welt, die ich hier beschreibe, würden beide Elemente automatisch ausgeführt und nahtlos ineinander übergehen.

Das oben beschriebene System bezeichnet man als Public-Key-Verschlüsselung, weil hier zwei Schlüssel, ein öffentlicher und ein privater, benötigt werden. Wie der letzte Schritt dieses Verschlüsselungsprozesses zeigt, ist das System auf eine bestimmte Infrastruktur angewiesen, eine, die nicht aus Leitungen oder besonders geschützten Übertragungskanälen besteht, sondern aus Vertrauen. Diese Vertrauensinfrastruktur bietet zwar keine absolute, wohl aber *ausreichende* Gewissheit, indem sie die Echtheit der durch eine Unterschrift zertifizierten Angaben in einem mehrstufigen Verfahren beglaubigt.

Die Infrastruktur eines Public-Key-Systems bezeichnet man als Public-Key-Infrastruktur (PKI).[15] Eine robuste PKI ermöglicht eine äußerst sichere Identifizierung. Jeder könnte auf seinem Computer Zertifikate bereithalten, die zahlreiche Angaben über die eigene Person beglaubigen: den Namen und weitere persönliche Merkmale (Alter, Staatsangehörigkeit, Geschlecht, Familienstand, sexuelle Orientierung, HIV-Status) oder Angaben zu Ausbildung und Beruf (Hochschulabschlüsse, Zulassung zu bestimmten Berufen usw.). Diese Zertifikate könnten auf dem eigenen Computer bereitliegen, und wenn man sich im Internet irgendwo einloggt, könnte die betreffende Site die Zertifikate prüfen und den Zugang gewähren, falls die nötigen Zertifikate vorliegen, oder den Zugang verweigern, falls sie nicht vorliegen. Eine Welt mit einer robusten PKI böte unbegrenzte Möglichkeiten für eine billige Authentisierung und damit auch für eine Einteilung in Zonen; dort wäre es leicht, den Zugang zum Internet auf differenzierte Weise von gewissen Voraussetzungen auf Seiten des Nutzers abhängig zu machen.

Es *wäre* leicht. Ob solche Architekturen tatsächlich entstehen werden, ist eine andere Frage. Ähnliche Systeme befinden sich gegenwärtig in der Entwicklung, allerdings ist keines so umfassend, wie oben beschrieben. Das vorherrschende Zertifizierungsmodell ist heute die Identifizierung – dort wird bestätigt, dass Sie tatsächlich der sind, der zu sein Sie behaupten. Der Marktführer auf dem Gebiet der digitalen Zertifizierung, die Firma VeriSign, schreibt dazu:

> Den digitalen Ausweis können Sie sich als elektronisches Pendant zum Pass oder Führerschein vorstellen; er befindet sich in Ihrem Internet-Browser und in Ihrer E-Mail-Software. Er enthält Daten, mit denen Sie sich ausweisen können. Sie können eine Nachricht mit einer digitalen Unterschrift versehen, so dass der Empfänger die Gewissheit hat, dass die Nachricht tatsächlich von Ihnen stammt. Außerdem lassen sich damit Nachrichten verschlüsseln, die dann vom gewünschten Empfänger entschlüsselt und gelesen werden können.
>
> Durch die digitale Unterschrift und durch die Verschlüsselung Ihrer E-Mail können Sie sicherstellen, dass vertrauliche Nachrichten und Anhänge nicht von Unbefugten abgefangen, gelesen oder abgeändert werden.[16]

Die Beglaubigung der Identität eines Nutzers ist jedoch nur der erste Teil der von mir beschriebenen Architektur; jedes Modell, das sich auf die Identifizierung beschränkt, wird nur in beschränktem Maße interessant sein. Unternehmen wollen gar nicht wissen, ob ich beweisen kann, dass ich Larry Lessig bin und für Harvard arbeite. Sie wollen wissen, ob ich berechtigt bin, für Harvard 50 000 Computer zu bestellen, wenn sie von mir eine Bestellung über 50 000 Computer erhalten. Sie wollen wissen, ob ein bestimmter Sachbearbeiter berechtigt ist, einen Kredit in bestimmter Höhe einzuräumen. Oder sie wollen wissen, ob der Vertreter einer Firma tatsächlich berechtigt ist, bestimmte Verpflichtungen einzugehen.

Kurz gesagt, benötigt wird ein flexibleres Zertifizierungssystem, das es den Menschen ermöglicht, alle erdenklichen Angaben beglaubigen zu lassen. Wenn ich zum Beispiel berechtigt bin, Computerausrüstung für die Harvard Law School zu kaufen, wird die Harvard Law School mir eine entsprechende Vollmacht ausstellen. Jemand anderes wird beglaubigen, dass es sich tatsächlich um eine Vollmacht der Harvard Law School handelt; und wenn MicroWarehouse dann von mir eine E-Mail mit einer Bestellung über 50 000 Computer erhält, wird die Firma automatisch das Zertifizierungssystem durcharbeiten, um die Bestellung zu bestätigen.

Dieses flexiblere System ist der Kern einer Identifizierungsarchitektur, die den Cyberspace regulierbar machen würde. Solch eine Architektur bietet Ihnen die Möglichkeit, jede Angabe zertifizieren zu lassen, zu deren Beglaubigung Sie eine dritte Partei bewegen können.[17] Im Prinzip könnten Sie alle Aspekte Ihrer »Identität« zertifizieren lassen, deren Beglaubigung Sie für nötig halten, vom Alter bis hin zu Ihren Schulnoten in der ersten Grundschulklasse. (Wie Michael Froomkin meint, wird dann Lily Tomlins Scherz: »Das gibt einen Eintrag in Ihre Akte, der Sie für den Rest Ihres Lebens verfolgen wird«, kein Scherz mehr sein.[18]) Je nach dem Vertrauen, das Sie einer dritten Partei schenken, gibt die Zertifizierung Ihnen (als skeptischem Nutzer) die Möglichkeit, den Angaben Ihres Gegenüber zu glauben.

Aber nochmals die Frage: Warum sollte sich solch ein System entwickeln? Welchen Nutzen hätte es, und wer könnte davon profitieren?

Ich habe diese Verantwortung dem Internethandel zugeschoben. Welche Bedürfnisse des Internethandels könnten uns drängen, eine an Zertifizierungsmöglichkeiten reiche Architektur zu entwickeln?

KONTROLLMECHANISMEN FÜR DIE KOMMERZIELLE NUTZUNG

Das Internet wurde einst für die Forschung geschaffen, nicht für die Wirtschaft. (Tatsächlich untersagte die National Science Foundation bis 1991 jede kommerzielle Nutzung.[19]) Die Protokolle waren offen und ungesichert; Daten zu verbergen war nicht ihre Aufgabe. Daten, die durch das Netz geleitet wurden, konnten leicht abgefangen und gestohlen werden; vertrauliche Daten ließen sich nur schwer schützen.

Die frühen Benutzer des Internets empfanden das offenbar nicht als Mangel. Wo Geheimhaltung erforderlich war, konnten sie auf Verschlüsselungstechniken zurückgreifen. Und beim größten Teil der Kommunikation spielte Sicherheit keine Rolle. Die Ethik dieser Welt war Offenheit, und man konnte sich Offenheit leisten.

Die Wirtschaft sieht die Dinge nicht so gelassen. Anfangs waren Händler sehr misstrauisch gegenüber Online-Transaktionen, und die Kreditkartengesellschaften wünschten nicht, dass die Kartennummern im Cyberspace benutzt wurden – jedenfalls nicht, solange der Cyberspace sich nicht änderte. Von Beginn an drängte die Wirtschaft auf Veränderungen der Netzarchitektur, die eine sichere Abwicklung von Geschäften ermöglichen sollten.

Das ist natürlich gar nichts Neues; und auch der Handel auf elektronischem Wege ist nicht neu. Wie Jane Winn schreibt, ist der elektronische Handel »so alt wie der Telegraph«.[20] In den siebziger Jahren entstanden zahlreiche geschlossene Systeme, die Daten über (eigene oder fremde) Leitungen austauschten. Entscheidend am neuen E-Commerce ist die Tatsache, dass er über ein offenes, ungesichertes Netz abgewickelt wird.[21] In der Frühzeit des Netzes stand die Wirtschaft vor der Herausforderung, Architekturen zu entwickeln, die zwar die Vorzüge des Internet besaßen,[22] aber zugleich die für ihre Zwecke erforderliche Sicherheit boten.

Man suchte nach Sicherheit in offenen Systemen, und das erfolgreichste frühe Beispiel dafür war das Secure-Socket-Layer-Protokoll (SSL) von Netscape.[23] Seit dem Netscape Enterprise Server 2.0 konnten sichere Server verschlüsselte Transaktionsdaten mit Internet Browsern austauschen. So hatten Sie die Möglichkeit, Ihre Kreditkartennummer über das Netz weiterzugeben, ohne dass Sie oder Visa befürchten mussten, sie könnte abgefangen und von Unbefugten benutzt werden.

Der große Vorteil der SSL-Technologie war der einfache und kostengünstige Einsatz, und verwirklicht hatte man diesen Vorteil, indem man die besten Elemente zweier Verschlüsselungstechniken miteinander mischte: der symmetrischen und der asymmetrischen Verschlüsselungsalgorithmen. Der Vorzug der symmetrischen Verschlüsselung ist die Effizienz; für den Computer ist es einfacher, verschlüsselte Daten mit einem symmetrischen Schlüssel zu dechiffrieren. Der Nachteil liegt im Bereich der Sicherheit; man muss den symmetrischen Schlüssel weitergeben, und gelegentlich geht er dabei verloren. Der Vorteil der asymmetrischen oder Public-Key-Verschlüsselung liegt dagegen im Bereich der Sicherheit; man braucht den privaten Schlüssel nicht weiterzugeben und kann ihn daher auch kaum verlieren. Der Nachteil liegt bei der Effizienz; die Entschlüsselung einer asymmetrisch verschlüsselten Nachricht erfordert viel Rechenarbeit.

Die SSL-Technologie mischt beide Verschlüsselungsverfahren, indem sie den symmetrischen Schlüssel asymmetrisch verschlüsselt. Nach der Verschlüsselung kann der symmetrische Schlüssel gefahrlos über ein unsicheres Netz weitergegeben werden. Da der Schlüssel relativ klein ist, hält sich der Rechenaufwand bei der Dechiffrierung in Grenzen. Die asymmetrische Verschlüsselung bietet dem Schlüssel bei der Übertragung einen guten Schutz, und da die eigentlichen Transaktionsdaten symmetrisch verschlüsselt werden, verringert sich der Aufwand auf beiden Seiten.

Problematisch an der SSL-Technologie ist allerdings weiterhin die Vertrauenswürdigkeit des Händlers. Es besteht zwar keine Gefahr, dass

Ihre Daten auf dem Weg durch das Netz abgefangen und missbraucht werden. Aber wenn der Empfänger der Daten nicht vertrauenswürdig ist, nützt Ihnen die sichere Datenübertragung gar nichts.

Um diesem Problem abzuhelfen, hat man andere Protokolle entwickelt, deren bekanntestes das Secure-Electronic-Transaction-Protokoll (SET) ist.[24] SET ist ein Standard, den ein Konsortium aus Kreditkartengesellschaften für den Austausch von Kreditkartendaten eingeführt hat. Es bietet größere Sicherheit und wird gleichfalls dem zu Grunde liegenden Internetprotokoll aufgepfropft.[25] Bei SET können Sie sicher sein, dass Ihre Kreditkartennummer nicht unterwegs abgefangen wird und dass der Händler sie nicht missbrauchen kann.

Diese beiden Protokolle sind erste Schritte auf dem Weg zu einer Sicherheitsarchitektur für den E-Commerce. (Auch wenn SET vielleicht ein falscher Weg ist, da die Implementierung sich als zu kompliziert erwiesen hat.[26]) Es gibt beträchtliche Verbesserungen, doch die eigentliche Veränderung steht noch bevor. Zu seiner vollen Entfaltung benötigt der E-Commerce eine weitaus allgemeinere Vertrauensarchitektur, die eine sichere Durchführung privater Transaktionen gewährleistet.

Gail L. Grant hat die Elemente jeder Architektur dieser Art gut zusammengefasst.[27] Im Einzelnen muss sie bieten: 1. eine Authentisierung, also die Möglichkeit, die Identität der Person zu prüfen, mit der man es zu tun hat; 2. eine Autorisierung, durch die sichergestellt werden kann, dass die Person auch berechtigt ist, die betreffende Funktion wahrzunehmen; 3. Vertraulichkeit, damit kein Außenstehender sieht, was da ausgetauscht wird; 4. Unversehrtheit, also die Gewissheit, dass die übertragenen Daten auf ihrem Weg nicht verändert werden; 5. Verlässlichkeit in dem Sinne, dass der Absender einer Nachricht hinterher nicht bestreiten kann, sie abgesendet zu haben.

Im realen Raum erreichen wir all das durch die uns geläufigen Vertrauensarchitekturen. Sie sind uns sogar so geläufig, dass wir leicht vergessen, wie viel Mühe es einst gekostet hat, sie zu schaffen; und oft wissen wir gar nicht, welche Elemente des realen Raums diese Architekturen ermöglichen. Wir sehen meist sofort, wenn ein Brief geöffnet worden ist. Und auch gefälschte Unterschriften haben nur geringe

Chancen. Menschen, die wir kennen, authentisieren sich selbst, denn wir erkennen sie, wenn sie in den Laden kommen. Falls wir sie nicht kennen, können wir uns ihren Ausweis oder eine gültige Kreditkarte ansehen. (Der Besitz einer gültigen Kreditkarte ist seinerseits eine Form von Selbst-Authentisierung, wenn auch eine unvollkommene.) Die Autorisierung prüfen wir mit Hilfe von Kaufaufträgen oder Vollmachten. Für Vertraulichkeit sorgen wir durch sichere Umschläge; die Unversehrtheit prüfen wir, indem wir eingegangene Briefe auf verdächtige Spuren untersuchen. Und wenn wir sicherstellen wollen, dass der Absender oder der Empfänger einer Sendung später nicht bestreiten kann, diese abgeschickt oder empfangen zu haben, stehen uns Einschreiben und Empfangsbestätigungen zur Verfügung.

Diese Architekturen im realen Raum sind längst unsichtbar für uns geworden, aber es liegt auf der Hand, dass sie eigens geschaffen worden sind und dass es teuer ist, solche Systeme aufzubauen. (Vor diesem Problem steht Russland heute.) Wenn der E-Commerce sich entwickeln soll, müssen wir ähnliche Architekturen im Cyberspace schaffen. Die Wirtschaft steht vor der Aufgabe, den Anbietern ausreichende Transaktionssicherheit bei geringstmöglichem Aufwand zu bieten.

Den Kern jeder solchen Architektur werden wiederum Verschlüsselungsverfahren und Public-Key-Infrastrukturen bilden. Dieser Kern wird die Echtheitsprüfung eines digitalen Zertifikats ermöglichen, das bestimmte Merkmale beglaubigt, zum Beispiel Identität, Staatsbürgerschaft, Alter, Geschlecht oder bestimmte Vollmachten, über die Sie verfügen. Eine Zertifizierungsarchitektur ließe sich zwar heute schon aufbauen – es gibt bereits private Zertifizierungsdienste, die wir für die Beglaubigung beliebiger Merkmale einsetzen könnten –, aber für den E-Commerce werden diese Zertifikate erst dann Bedeutung erlangen, wenn sie Teil einer allgemeinen Public-Key-Infrastruktur geworden sind, die eine sichere und vertrauenswürdige Kommunikation mit jedermann im Netz gestattet. Eine Architektur, die all diese Elemente enthielte, böte dem E-Commerce eine größere Sicherheit, als sie heute im realen Raum zu finden ist. Ich glaube, der Internethandel wird sich erst dann voll entfalten, wenn solch eine Architektur überall zur Verfügung steht.

Es gibt zahlreiche Pläne für die Schaffung dieser Architektur.[28] Manche meinen, der Staat solle die Zertifizierung übernehmen; andere möchten diese Aufgabe vertrauenswürdigen Dritten (zum Beispiel Banken) überantworten. Viele Wege sind denkbar.[29] Entscheidend ist hier allerdings nicht, dass der Staat jedermann verpflichtete, eine Kennung zu führen.[30] Viel wichtiger sind *Anreize*, die den Einzelnen motivieren, sich freiwillig eine Kennung zuzulegen. Wenn Architekturen Nutzer begünstigen, die über eine Kennung verfügen, und anderen, die eine Kennung ablehnen, das Leben schwer machen, wird sich die Zertifizierung sehr schnell ausbreiten.

Die Cookies haben sich in ähnlicher Weise ausgebreitet. Da viele Menschen sich Sorgen um ihre Privatsphäre machen, geben die Browser dem Nutzer die Möglichkeit, selbst über die Annahme oder Abweisung von Cookies zu entscheiden. Mit einem Klick können Sie die Annahme von Cookies abschalten und so dem Inhaber einer Website die Möglichkeit nehmen, Informationen über Sie zu verkaufen.

Aber dieser Schutz der Privatsphäre ist mit Kosten verbunden. Wer die Annahme von Cookies verweigert, kann bestimmte Bereiche des Internets gar nicht benutzen oder wird bei Einstellung der entsprechenden Option ständig gefragt, ob er ein bestimmtes Cookie annehmen oder zurückweisen will. Viele finden das so lästig, dass sie lieber alle Cookies automatisch akzeptieren.

Eine ähnliche Entwicklung werden wir auch bei den digitalen Kennungen erleben. Wer eine Kennung besitzt, wird es leichter haben als jemand, der keine besitzt. Server werden den Datentransfer verbilligen oder vereinfachen, wenn die Daten beglaubigt sind. Wie es heute bequemer ist, Cookies automatisch zu akzeptieren, so wird es später einmal bequemer sein, Angaben über sich selbst zertifizieren zu lassen. In einer Welt, die Wert auf Authentisierung legt, werden alle, die dazu bereit sind, ein leichteres Leben haben.

Wenn das System sich über Anreize ausbreitet, wird auch verständlich, warum die Wirtschaft dabei eine Vorreiterrolle spielen kann. Die Wirtschaft hat selbst ein Interesse an der Authentisierung und Zertifizierung von Transaktionen im Cyberspace. Und sie kann den Konsumenten entsprechende Anreize bieten. Anreize sind das beste Regulierungsinstrument der Wirtschaft, und sie ist recht gut in der Entwicklung solcher Anreizsysteme.

Gleichwohl ist Skepsis durchaus angebracht. Zweifellos werden beträchtliche Hindernisse zu überwinden sein, wenn die Konkurrenten sich auf Standards einigen müssen, die einen hinreichend robusten, aber dennoch flexiblen Austausch ermöglichen. Und es ist durchaus fraglich, ob solch eine Sicherheitsinfrastruktur sich von selbst entwickeln kann. Meines Erachtens gibt es jedoch zahlreiche Anzeichen dafür, dass sie sich bereits entwickelt: Anwendungen werden immer häufiger mit Verschlüsselungstechnologien ausgestattet, immer mehr Netzwerke arbeiten mit digitalen Unterschriften, und zahlreiche Firmen (so genannte »Zertifizierungsstellen«) bieten inzwischen digitale Zertifikate an.[31]

Man braucht nicht an die unsichtbare Hand zu glauben, um zu erkennen, dass diese Vertrauensinfrastruktur einmal Realität sein wird. Selbst wenn Sie bezweifeln, dass private Interessen allein die Koordinierung zu leisten vermöchten, zeigt ein anderer Faktor, dass sich das Netz in einem grundlegenden Wandel befindet. Wenn die Wirtschaft diese Architekturen nicht allein zu schaffen vermag, kann immer noch der Staat einspringen und die Veränderungen herbeiführen, die von der Wirtschaft benötigt werden.

Der Staat kann der Wirtschaft helfen. Wie er das tut, werden wir im folgenden Kapitel sehen.

5. DIE REGULIERUNG DES CODES

Ich habe behauptet, die an den wirtschaftlichen Bedürfnissen ausgerichteten Veränderungen des Netzes verbesserten die Möglichkeiten einer Regulierung. Nehmen wir einmal an, Sie kaufen mir das nicht ab. Nehmen wir an, Sie glauben nicht, dass die unsichtbare Hand allein die Vertrauensinfrastruktur (und damit die Regulierung) schaffen kann, die der E-Commerce benötigt. Nehmen wir an, Sie glauben, die Koordinationsanforderungen seien zu hoch und marktübliche Anreize könnten allenfalls Verwirrung stiften. Wenn Sie Recht haben, wenn die Wirtschaft tatsächlich nicht in der Lage sein sollte, das Netz ihren Bedürfnissen anzupassen, wird das Netz dann unregulierbar bleiben?

Die Antwort ist nein. Die Wirtschaft agiert nicht allein und hat nichts gegen eine Partnerschaft mit dem Staat. Wenn die Wirtschaft Hilfe beim Aufbau einer Vertrauensarchitektur benötigt oder (der wahrscheinlichere Fall) wenn der Staat erkennt, welche Vorteile eine Vertrauensarchitektur für sein eigenes Regulierungsstreben bietet, wird er sich an der Durchsetzung dieser Architektur beteiligen.

Aber wie? Bisher habe ich nicht an der Annahme gerüttelt, der Staat könne das Netz gar nicht regulieren, irgendetwas an der Natur des Netzes verhindere, dass solche Regulierungsversuche erfolgreich sein könnten. Wie sollte der Staat der Wirtschaft unter diesen Umständen helfen können? Wenn das Netz unregulierbar ist, was kann der Staat tun, damit es regulierbarer wird?

DIE REGULIERUNG DER ARCHITEKTUR

Um diese Frage zu klären, müssen wir zunächst einmal zwischen zwei Aussagen unterscheiden. Die eine besagt, dass es *angesichts der bestehenden Netzarchitektur* für den Staat schwierig ist, das Verhalten im Netz zu regulieren. Die andere besagt, dass es angesichts der bestehenden Netzarchitektur für den Staat schwierig ist, *die Architektur des Netzes zu regulieren*. Die erste Aussage trifft meines Erachtens zu. Die zweite nicht. Zwar ist es schwierig für den Staat, das Verhalten im gegenwärtigen Netz zu regulieren, aber es ist keineswegs schwierig für den Staat, Maßnahmen zu ergreifen, die eine Veränderung oder Ergänzung der Netzarchitektur zum Ziel haben. Und diese Maßnahmen könnten es schrittweise ermöglichen, das Verhalten im Netz stärker zu regulieren.

Es handelt sich also um einen zweistufigen Vorgang: Das Netz lässt sich gegenwärtig nicht regulieren, doch wenn der Staat die Architektur des Netzes reguliert, könnte es in Zukunft regulierbar werden. Und wenn die staatliche Regulierung der Netzarchitektur an die Veränderungen geknüpft wird, die der E-Commerce bereits jetzt einführt, wird der Staat, so behaupte ich, gar nicht viel tun müssen, um das Verhalten im Netz durchgreifend regulieren zu können.

Diese Strategie ist keineswegs neu. Seit seinen Anfängen setzt der moderne Staat seine Regulierungsmacht ein, um die Regulierungsmöglichkeiten zu verbessern. Wir müssen diesen Gemeinplatz nur auf den Cyberspace übertragen. Ich möchte Ihnen zeigen, wie diese alte Strategie dort funktioniert.

Ich beginne mit einigen Beispielen für funktionierende oder nicht funktionierende Regulierungsbemühungen in Räumen, die dem Cyberspace nahe stehen. Wenn Sie das Muster erkannt haben, werden Sie sehen, wie es sich auf den Cyberspace übertragen lässt.

TELEFON

Beim Übergang von der leitungsvermittelten zur paketvermittelten Übertragung hat das Telefonnetz[1] einen radikalen Wandel erfahren. In diesem Wandel liegt eine gewisse Ironie, denn der digitale Charakter des Netzes war ursprünglich ein Merkmal des Internets. Als die ersten Architekten des späteren Internets sich Anfang der sechziger Jahre an die Telefongesellschaft AT&T wandten und um Hilfe beim Aufbau dieses digitalen Netzwerkes baten, erklärte AT&T, ein digitales Netz könne überhaupt nicht funktionieren.[2] Man verweigerte anfänglich jede Hilfe, weil man dort überzeugt war, dass diese Überlegungen reine Zeitverschwendung seien. Am Ende mussten sie freilich ihre Auffassung revidieren. Heute ähnelt das Telefonnetz immer stärker dem Internet.

Digitale Telefonnetze arbeiten auf dieselbe Weise wie das Internet. Man schickt Datenpakete durch das System, und wie beim Internet nehmen diese Pakete nicht denselben, sondern den jeweils effizientesten Weg; welcher das ist, hängt von der Belastung ab.

Dadurch entsteht das Problem, das der Communications Assistance for Law Enforcement Act (CALEA) von 1994 lösen sollte.[3] Als die Telefonnetze von analoger auf digitale Übertragung und von zentraler auf dezentrale Vermittlung umgestellt wurden, hatte diese Veränderung (des Codes, der diese Netzwerke reguliert) weit reichende Folgen für die Strafverfolgung. Nun gab es keinen vorhersehbaren Weg mehr, den ein Gespräch durch das Netz nahm, und daher war es nicht mehr so einfach wie früher, Telefongespräche abzuhören.

Das gilt zumindest für *eine Version* der Architektur digitaler Telefonnetze. Andere Versionen ließen sich leichter anzapfen. Die regulierenden Instanzen hatten zu entscheiden, welche Version gewählt werden sollte. Und der Unterschied zwischen verschiedenen Versionen liegt in der Auswahl des Codes. Manche Codes sind teurer als andere, manche schützen die Privatsphäre besser als andere. So wird aus der Wahl zwischen Codes eine Wahl zwischen Werten. Für den Kongress stellte sich die Frage, ob diese Wahl allein von privater Seite (den Ingenieuren der Telefongesellschaften) oder zum Teil von öffentlichen

Institutionen (unter dem Einfluss des Kongresses) getroffen werden sollte. Er entschied sich für die zweite Möglichkeit.

Natürlich war die Regulierung des Netzcodes nicht die einzige Regulierungsmöglichkeit, die dem Kongress zur Verfügung stand. Auf eine etwaige Einschränkung der Möglichkeiten präventiver Verbrechensbekämpfung hätte der Kongress darauf auch mit einer Erhöhung des Strafmaßes reagieren können. Falls es wegen einer veränderten Netzarchitektur schwieriger wurde, Verbrecher zu fangen, hätte der Gesetzgeber auch die angedrohten Strafen verschärfen oder die Mittel für die Strafverfolgungsbehörden erhöhen können.

Wie der Vorsitzende Richter des Seventh Circuit Court of Appeals, Richard Posner, schreibt, geschah genau das, als der Warren-Court die Strafprozessordnung unter den Schutz der Verfassung stellte. Da es nun schwieriger wurde, Kriminelle zu verurteilen, erhöhte der Kongress radikal die angedrohten Strafen.[4] Ähnlich argumentiert William Stuntz.[5] In dem von ihm kommentierten Fall fungierte die Verfassung als äußere Einschränkung, an die sich der Kongress anpasste. Wenn der verfassungsrechtliche Schutz verstärkt wurde, konnte der Kongress darauf mit einer Erhöhung des Strafmaßes reagieren.

Wenn die Einschränkung durch einen Computercode erfolgt, kann der Kongress noch viel direkter reagieren, indem er per Gesetz eine Änderung des Codes erzwingt und die Telefongesellschaften verpflichtet, eine Architektur zu wählen, die das Abhören von Telefonen gestattet.

Genau das tat der Communications Assistance for Law Enforcement Act. Letztlich zielt dieses Gesetz auf die Verbrechensbekämpfung, aber das geschieht indirekt durch die Verpflichtung, den Code des Telefonnetzes so auszugestalten, dass potenzielle Verbrecher von dessen Benutzung abgeschreckt werden. Da der Staat auch digitale Netze abhören kann, wenn eine entsprechende Genehmigung vorliegt, bieten digitale Netze Kriminellen keinen besonderen Nutzen mehr. So verringert sich der potenzielle Nutzen krimineller Handlungen.

In diesem Fall reguliert das Gesetz den Code. Indirekt soll es die Strafverfolgung erleichtern, aber es tut dies, indem es auf die Beschränkungen einwirkt, die der Strafverfolgung durch veränderte Codes im Bereich des Telefonnetzes erwachsen. Es entscheidet sich für eine Architektur, mit der die Lasten des Codes sich in kollektiv erwünschter Weise verteilen lassen.[6]

Eine Regulierung dieser Art funktioniert nur, weil die Zahl der Telefongesellschaften gering ist. Der Staat kann relativ leicht überprüfen, ob die Telefongesellschaften die gesetzliche Regelung befolgen, und es wäre kaum möglich, eine verbrecherische Telefongesellschaft aufzubauen (zumindest außerhalb des Internets). Die indirekte Regulierung benötigt also einen greifbaren Adressaten. Doch solange es solch einen Adressaten gibt und dieser Adressat die Kontrolle über den Netzcode hat, kann der Staat den Code regulieren.

TELEFON: TEIL ZWEI

Vier Jahre nach der Verabschiedung des Communications Assistance for Law Enforcement Act verlangte das FBI von der Federal Communications Commission (FCC), die Regulierungsmacht des Staates noch weiter zu verbessern. Unter den vom FBI verlangten Zusätzen befand sich auch eine Regelung, die eine Offenlegung des Standorts von Handy-Benutzern forderte.[7]

Dahinter stand folgender Gedanke: Mobiltelefonsysteme sammeln Informationen über den Sender, in dessen Bereich sich der Benutzer eines Mobiltelefons gerade aufhält. Die Gesellschaften benötigen diese Daten ausschließlich für die Erstellung der Rechnung. Das FBI hat dagegen weiterreichende Interessen als die Telefongesellschaften. Dort hätte man gerne Zugriff auf die Standortdaten, sofern dies »zu Zwecken der Strafverfolgung« erforderlich ist. Der Zusatz zum Communications Assistance for Law Enforcement Act soll die Mobiltelefongesellschaften verpflichten, diese Daten zur Verfügung zu stellen. Indirekt würde man damit von ihnen verlangen, den Code so zu gestalten, dass die Daten verfügbar sind.[8]

Der ursprüngliche Grund für diese Forderung war einfach genug. Notdienste benötigen ein einfaches Verfahren, mit dessen Hilfe sie feststellen können, woher Notrufe kommen, die mit einem Handy abgesetzt werden. Wenn das der einzige Zweck der Veränderung wäre, könnte man das System so auslegen, dass es die betreffenden Daten nur bei Notrufen festhält. Es geht aber darum, die Daten bei jedem Anruf festzuhalten.

Wenn das FBI Erfolg hat, wird der Kongress per Gesetz einen neuen Code für Mobiltelefone verlangen. Wenn der Kongress den Code in dieser Weise reguliert, wird man die Bewegungen von Handybenutzern verfolgen können, und damit erhöht sich die Regulierbarkeit dieser Personengruppe.

TONBÄNDER

Compact Disks (CDs) sind digitale Tonträger. Wie bei jeder digitalen Aufzeichnung, so lassen sich auch die auf einer CD gespeicherten Daten im Prinzip ohne Qualitätseinbuße kopieren. Vor der Entwicklung von Digitalbändern und entsprechend ausgerüsteten Computern konnte man CDs nicht ohne Qualitätseinbuße kopieren. Bei der Übertragung auf ein Tonband entstand eine analoge Kopie der digitalen Datei, deren Qualität nur geringer sein konnte.

Dieser Mangel bot den Herstellern bespielter CDs einen gewissen Schutz. Ein real vorhandener Code hinderte Copyrightdiebe, solche CDs auf Band zu kopieren und die Bänder zu verkaufen. Schon wegen der geringen Qualität solcher Raubkopien blieben die meisten Kunden dem legalen CD-Markt treu.

Die digitale Audiotechnologie (DAT) drohte dieses Gleichgewicht zu zerstören. DAT war die Anwendung der digitalen Technik auf das Band; damit konnte eine digitale CD-Aufzeichnung ohne Qualitätseinbuße auf Band kopiert werden. Man konnte eine CD kaufen und beliebig viele Kopien auf DAT-Band erstellen, wobei die Bandaufzeichnung dieselbe Qualität hatte wie die CD. Der technisch bedingte Schutz des Urheberrechtsgesetzes fiel damit weg.

Der Kongress hätte mehrere Möglichkeiten gehabt, auf diese Veränderung zu reagieren. Er hätte zu gesetzlichen Mitteln greifen können, um das Verhalten auf direktem Wege zu regulieren, indem er etwa die Strafen für illegales Kopieren erhöht hätte. Er hätte auch Mittel für eine öffentliche Kampagne gegen den Kauf von Raubkopien bewilligen oder durch Aufklärungskampagnen in den Schulen versuchen können, junge Leute vom Kauf solcher Raubkopien abzuhalten. Oder er hätte Leerbänder mit einer Steuer belegen können, deren Erlös dann den Urheberrechtsinhabern zugeflossen wäre.

Stattdessen entschloss sich der Kongress zu einer Regelung, die den Code der digitalen Abspielung betraf.[9] Er verpflichtete die Hersteller digitaler Aufzeichnungsgeräte zum Einbau eines Chips, der die Zahl der auf diesem Gerät angefertigten Kopien registriert.[10] Dieser Chip lässt nur eine bestimmte Anzahl persönlicher Kopien zu. Kopiert man eine Kopie, verschlechtert sich die Aufzeichnungsqualität. Damit verlangte der Kongress letztlich, die Aufzeichnungssoftware, also den Code, so abzuändern, dass die früher unvermeidlichen Mängel wiederhergestellt wurden.

Auch hier reguliert der Gesetzgeber den Code, um das Verhalten zu regulieren – er verringert die Anzahl illegaler Kopien, indem er verfügt, dass Mehrfachkopien nur mit Qualitätseinbußen möglich sein sollen. Wie bei den Telefongesellschaften, so kann auch diese Regelung nur deshalb funktionieren, weil es vergleichsweise wenige Hersteller von DAT-Technologie gibt. Die geringe Zahl der Adressaten sichert die Effizienz der staatlichen Regelung.

FERNSEHEN

Ein viertes Beispiel kommt dem Cyberspace schon näher. Der 1996 verabschiedete Telecommunications Act verpflichtete die Hersteller von Fernsehgeräten in den USA zur Entwicklung und zum Einbau des so genannten »V-Chip«.[11] Der V-Chip sollte die Möglichkeit eröffnen, das Gerät automatisch für bestimmte Sendungen zu sperren, und zwar auf Grund von Kriterien, die im Einzelnen noch nicht vollständig festgelegt worden sind. Der einfachste Vorschlag orientiert sich an der Altersfreigabe der von der Filmwirtschaft ausgeübten freiwilligen Selbstkontrolle, komplexere Systeme wollen sehr viel mehr Faktoren berücksichtigen.

Das Gesetz war eine Reaktion auf die Beobachtung, dass die Darstellung von Gewalt im Fernsehen drastisch zunahm. Da solche Gewaltdarstellungen als schädlich für Kinder gelten, befürchteten viele, die Gewalt im Fernsehen könne das Verhalten beeinflussen. Studien wiesen in diese Richtung, und auch weniger reflektierte Wahrnehmungen bestätigten solch eine Befürchtung. Der Kongress versuchte nun, die Gewaltdarstellungen durch ein Filtersystem einzudämmen.[12]

Angesichts des ersten Verfassungszusatzes wäre es für den Kongress sehr schwierig gewesen, die Gewaltdarstellungen durch direkte Einwirkung auf die Fernsehanstalten zurückzudrängen. (Allerdings ist die gesetzliche Regulierung des Rundfunks Gegenstand spezieller Auslegungsregeln des ersten Verfassungszusatzes,[13] und das Leben dieser Doktrinen dürfte nur noch von begrenzter Dauer sein.[14]) Selbst wenn man gesetzliche Regelungen dieser Art auf Kindersendungen beschränkte, würden dadurch schwierige verfassungsrechtliche Probleme aufgeworfen – so schwierig immerhin, dass der Kongress sich entschloss, nach anderen Wegen zu suchen.

Und er entschloss sich, am Code anzusetzen. Er verpflichtete die Hersteller von Fernsehgeräten und die Filmproduzenten, eine Technologie zur Einstufung von Sendungen zu entwickeln, die es Eltern ermöglicht, ihre Fernsehgeräte für den Empfang bestimmter Sendungen zu sperren, falls sie nicht möchten, dass ihre Kinder sie sehen. Dazu mussten Fernsehgeräte und Sendungen mit einem Code ausgestattet werden, der die Zuordnung und Ausblendung einzelner Sendungen ermöglicht. Das Ziel dieser staatlichen Regelung ist eine Stärkung der Eltern. Der Kongress gab den Eltern größere Einflussmöglichkeiten und trat damit indirekt einem Übel (den Gewaltdarstellungen) entgegen, das sich aus verfassungsrechtlichen Gründen einer direkten Regulierung entzieht.[15]

VERSCHLÜSSELUNG

Die bisher angeführten Beispiele betrafen Regelungen, die sich an die Autoren der jeweiligen Codes richten. Gelegentlich nutzt der Staat auch die Möglichkeit, indirekten Einfluss auszuüben, indem er den Markt zur Regulierung des Codes einsetzt. Ein Beispiel hierfür ist der fehlgeschlagene Versuch, die Clipper-Technologie als Standard bei der Verschlüsselung von Daten durchzusetzen.[16]

Ich habe schon kurz aufgezeigt, dass die Verschlüsselung zwei Gesichter hat. Dieselbe Technologie fördert Vertraulichkeit und verbessert die Identifizierungsmöglichkeiten. Dem Staat bereitet die Vertraulichkeit Sorgen. Ein verschlüsseltes Gespräch oder ein verschlüsselter Datenaustausch lassen sich nur dann mithören oder einsehen, wenn man den betreffenden Schlüssel besitzt. Wie weit eine Entschlüsselung auch ohne Schlüssel möglich ist,[17] sei im Augenblick dahingestellt – nach Ansicht des Staates jedenfalls wäre solch ein Versuch zu schwierig. Deshalb versuchte die amerikanische Regierung, den Clipper-Chip als Verschlüsselungsstandard durchzusetzen, um die Kontrolle über die Verschlüsselungstechnologie zu erlangen.

Der Aufbau des Clipper-Chips ist ziemlich kompliziert zu erklären, doch letztlich soll er dem Staat bei der Verschlüsselung eine Hintertür offen halten.[18] Gespräche ließen sich so verschlüsseln, dass gewöhnliche Dritte sie nicht abhören könnten, während der Staat (meist auf Anordnung eines Gerichts) die Möglichkeit hätte, das Gespräch mit Hilfe eines speziellen Schlüssels zu dechiffrieren.

Die Clinton-Administration glaubte zunächst, der beste Weg zur Schaffung dieser Technologie sei ein direkter Eingriff, nämlich das Verbot aller übrigen Verschlüsselungstechnologien. Diese Strategie stieß jedoch auf Widerstand, und so versuchte es die Regierung auf eine andere Weise.[19] Sie subventionierte Entwicklung und Einbau des Clipper-Chips. Die Idee war einfach: Wenn der Staat die Industrie veranlassen konnte, Clipper einzusetzen, weil Clipper die billigste Technologie darstellte, konnte er den Einsatz von Verschlüsselungstechnologien auf indirektem Wege steuern. Der Markt nähme dem Staat die Regulierungsarbeit ab.[20]

Auch dieser Plan scheiterte. Skepsis hinsichtlich der Qualität des Codes und der strengen Geheimhaltung bei seiner Entwicklung, aber auch ein starker Widerstand gegen eine vom Staat (und insbesondere von den Vereinigten Staaten) kontrollierte Verschlüsselungstechnologie ließen die meisten diese Technik ablehnen. Die Regierung sah sich gezwungen, einen anderen Weg einzuschlagen.

Diese Alternative ist für unsere Zwecke die interessantere. Nach den neuesten Vorschlägen der Regierung sollen nun die Urheber der Verschlüsselungsprogramme direkt gezwungen werden, für den Staat eine Hintertür in ihre Programme einzubauen.[21] Trotz einiger Abwandlungen zielt dieser Vorschlag darauf ab, dem Staat die Möglichkeit zu geben, jeden Code zu knacken, ganz gleich, für welches Verschlüsselungsprogramm der Anwender sich entscheidet.

Gegenüber anderen Strategien – wie dem Verbot jeglicher Verschlüsselung oder dem Versuch, den Markt mit einem bestimmten Verschlüsselungsstandard zu überschwemmen – bietet diese Vorgehensweise eine Reihe von Vorteilen.

Anders als das Verbot jeder Verschlüsselung greift diese Regulierungsmöglichkeit nicht direkt in die Nutzungsrechte des Einzelnen ein. Sie ist daher nicht anfällig für das starke, wenn auch unbewiesene verfassungsrechtliche Argument, der Einzelne habe ein Recht, seine Kommunikation zu verschlüsseln.[22] Sie kontrolliert nicht direkt den individuellen Einsatz von Verschlüsselungsprogrammen, sondern verändert lediglich das Angebot an verfügbaren Technologien. Eine staatliche Regulierung der Herstellung von Verschlüsselungsprogrammen ist genau dasselbe wie die staatliche Regulierung der Konstruktion von Kraftfahrzeugen: Der Gebrauch durch den Einzelnen wird nicht reguliert. Anders als bei einer Subventionierung können die Märkte bei dieser Vorgehensweise um das beste Verschlüsselungssystem konkurrieren, sofern die gesetzlichen Vorgaben eingehalten werden. Außerdem lässt sich die Regulierung bei diesem Vorgehen auf eine relativ kleine Zahl von Adressaten begrenzen, denn es gibt natürlich sehr viel weniger Hersteller von Verschlüsselungsprogrammen als Käufer oder Anwender.

Wie die übrigen beschriebenen Fälle, so ist auch diese Lösung ein

Beispiel für eine staatliche Regulierung, die unmittelbar den Code zum Gegenstand nimmt, um darüber mittelbar das Verhalten zu steuern. Und wie in anderen Beispielen nutzt der Staat die Architektur des Codes, um bestimmte inhaltliche Ziele zu erreichen. Im vorliegenden Fall geht es dem Staat wie schon beim digitalen Telefonnetz darum, dass seine Möglichkeiten zum Abhören von Gesprächen nicht durch neue Technologien beseitigt werden.

UMGEHUNG

Mein letztes Beispiel ist zugleich das jüngste. Wie ich im zehnten Kapitel noch ausführlicher darlegen werde, entwickeln derzeit viele Unternehmen Systeme zum Schutz geistigen Eigentums im Cyberspace. Das Problem ist das Gleiche wie bei der digitalen Audiotechnologie. Im Cyberspace sind Kopien digital und kostenlos, digitale Kopien sind qualitativ vollkommen, und kostenlose Kopien sind billig. Daher besteht die Befürchtung, das Urheberrecht könne im Cyberspace übergangen werden. Mit der MP3-Technologie etwa lässt sich eine CD zu einer Datei komprimieren, die ebenso groß ist wie die Word-Datei mit dem gesamten Text dieses Buches, und man kann diese Datei binnen Sekunden per E-Mail an Hunderte von Freunden verschicken.

Die in Entwicklung befindlichen Systeme sollen das Herstellen unautorisierter Kopien erschweren. Wie sehr und mit welchen Mitteln, brauchen wir hier noch nicht zu klären. Im Moment genügt der Hinweis, dass die Systeme dem Inhaber des Urheberrechts größeren Einfluss auf die Distribution seines Eigentums geben sollen.

Die Schutzmechanismen arbeiten auf der Ebene des Codes, also auf der Ebene der Programme. Sie lassen sich daher auch durch Programme umgehen. (Denken Sie nur an die Schutzsysteme für Computerprogramme in den achtziger Jahren und an die Hacker-Software, die diese Schutzsysteme überwinden sollte.) Durch entsprechende Software könnten Anwender auch die neuen Schutzsysteme überwinden.

Auf diese Gefahr reagierte der Kongress.[23] Der 1998 verabschiedete Digital Millennium Copyright Act verbietet Herstellung und Verkauf von Software, die Programme zum Schutz des Urheberrechts umgeht.[24] Nach Ansicht des Kongresses wäre es schwierig gewesen, die Regulierung allein auf die Anwender zu richten; da war es leichter, den Code zu regulieren, den die Anwender benutzen.

ZERTIFIZIERUNG UND REGULIERBARKEIT

Alle genannten Beispiele beschreiben ein Verhalten, das der Staat gerne regulieren möchte, aber nicht direkt regulieren kann (zumindest nicht ohne große Schwierigkeiten). Daher reguliert er das Verhalten indirekt, indem er die Architektur reguliert, die das Verhalten in gewissen Grenzen steuert. Der Gedanke solch einer indirekten und zuweilen recht effektiven Regulierung ließe sich auch auf ein anderes Problem übertragen, von dem oben kurz die Rede war: die Zertifizierung.

Zu Beginn dieses Kapitels haben wir gefragt: Was könnte der Staat tun, um zwar nicht ein bestimmtes Verhalten zu regulieren, wohl aber die Regulierbarkeit des Verhaltens im Cyberspace generell zu erhöhen? Ich habe behauptet, dieses Ziel lasse sich erreichen, indem man dafür sorgt, dass die Sites im Netz besser erkennen können, mit wem sie es zu tun haben, dass sie also wissen, wer der Nutzer ist oder über welche Ausweise oder Merkmale er verfügt.

Die Regulierbarkeit hängt also zum Teil von der Identifizierung ab. Diese Identifizierung muss nicht vollständig sein (die Polizei braucht ja auch nicht meinen Namen zu kennen, um mir zu signalisieren, ich sollte langsamer fahren), aber sie muss so weit reichen, dass der Staat erkennen kann, welche Regelungen für den Nutzer gelten und wann dieser gegen sie verstoßen hat.

Wie könnte der Staat eine derartige Identifizierung erleichtern – vorausgesetzt natürlich, die Wirtschaft hat noch nicht selbst eine ausreichende Nachfrage nach Ausweismöglichkeiten geweckt?

Aus den oben beschriebenen Beispielen wird deutlich, dass nicht der Einzelne der beste Adressat für solche Regelungen ist. Wenn der

Staat von jedem Einzelnen verlangte, eine digitale Kennung zu führen, löste das ohne Zweifel eine Revolution aus. Die Amerikaner sind schon heikel genug, wenn es um die Einführung eines Personalausweises geht.[25] Da werden sie sich kaum für die Einführung eines Internet-Personalausweises erwärmen.

Der Staat kann aber immer noch Anreize schaffen, damit die Menschen Identifizierungstechnologien übernehmen, auch wenn sie nicht formal dazu gezwungen sind. Es gibt keine Vorschrift, wonach jeder Bürger einen Führerschein haben muss, aber ohne Führerschein darf man keine Kraftfahrzeuge fahren. In Amerika wird nicht verlangt, dass man ständig Personalpapiere bei sich führt, aber wenn Sie von einer Stadt in die nächste fliegen wollen, müssen Sie sich irgendwie ausweisen. Die Lektion ist ganz einfach: Man muss den Anreiz, sich Ausweispapiere zu besorgen, so stark machen, dass der Staat gar keine entsprechende Vorschrift mehr zu erlassen braucht.

Ganz ähnlich könnte der Staat auch die Einführung digitaler Kennungen fördern, indem er nicht auf den Einzelnen, sondern auf die Vermittlungsinstanzen einwirkt. Die Zahl der Vermittlungsinstanzen ist geringer, sie verfolgen meist wirtschaftliche Interessen, und in der Regel eignen sie sich gut als Adressaten staatlicher Regulierung.

Betrachten wir einige Möglichkeiten, wie der Staat dieses Ziel erreichen könnte:

- Die einzelne Website ist in der Lage, den Zugang zu ihren Seiten davon abhängig zu machen, dass der Nutzer sich in bestimmter Weise ausweist. Der Staat hat die Macht, von den Betreibern einer Website zu verlangen, den Zugang vom Nachweis bestimmter Eigenschaften abhängig zu machen. Er könnte zum Beispiel verlangen, dass Sites, die Glücksspiele anbieten, Alter und Wohnsitz ihrer Kunden prüfen müssen. Von anderen Sites könnte man verlangen, die Staatsangehörigkeit oder andere Eigenschaften der Nutzer zu prüfen. Wenn immer mehr Sites solche Anforderungen stellen, erhöht sich der Anreiz für die Nutzer, entsprechende Ausweise zu besitzen. Und je mehr Ausweise sie besitzen, desto leichter ist es, ihr Verhalten zu regulieren.[26]

- Der Staat könnte jedem einen Steuernachlass von 50 Dollar gewähren, der seine elektronische Steuererklärung von einer entsprechend autorisierten Zertifizierungsstelle beglaubigen lässt. Die Zulassung der Zertifikate könnte er davon abhängig machen, dass die Codes der Zertifizierungsstellen bestimmten Anforderungen genügen und zum Beispiel auch für andere Zwecke benutzt werden können.
- Der Staat könnte eine zehnprozentige Internetsteuer erheben und diese Steuer dann jedem Käufer erlassen, der bei einem Kauf zertifizierte Angaben über den Bundesstaat macht, in dem er lebt. Auf Grund der Information über den Kauf könnte dieser Bundesstaat dann auch die dafür fälligen lokalen Steuern erheben.[27]
- Der Staat könnte den Besuch öffentlicher Websites kostenpflichtig machen, sofern der Nutzer keine Authentisierung vorlegen kann, die nach bestimmten Vorgaben zertifiziert ist.
- Wie schon in anderen westlichen Demokratien könnte der Staat eine Wahlpflicht einführen[28] und dann Wahlen über das Internet abhalten. Die Wähler müssten sich registrieren lassen und erhielten über eine digitale Kennung Zugang zu virtuellen Wahllokalen.

All diese Möglichkeiten basieren auf derselben Strategie indirekter Regulierung, die wir schon bei den oben angeführten Beispielen kennen gelernt haben. Der Staat wirkt unmittelbar auf die Provider ein, die das Verhalten der Nutzer regulieren, indem sie den Zugang zu ihren Sites von bestimmten Ausweisen abhängig machen, die es dem Staat wiederum erleichtern, seine Regulierungsziele durchzusetzen. Der Staat benutzt den Markt dazu, das Verhalten des Einzelnen zu regulieren und das Netz insgesamt regulierbarer zu machen.

Dieses Modell können wir auch auf die Regulierung des Codes selbst ausdehnen. Der Staat könnte zum Beispiel von den Internetprovidern verlangen, eine Software einzusetzen, die eine Erkennung der Nutzer erleichtert, weil sie den Zugang von bestimmten Mindestanforderungen der Identifizierung abhängig macht. Diese Regelung wollen wir einmal als »Identifizierungsvorschrift« bezeichnen. Viele Provider würden sich dieser Vorschrift widersetzen, aber dann könnte der Staat allen größeren Institutionen und Wirtschaftsunternehmen (darunter auch den Banken) verbieten, mit Providern zusammenzuarbeiten, die nicht nachweisen können, dass sie sich an die Identifizierungsvorschrift halten. Manche Großunternehmen mögen sich auch diesem Verbot widersetzen, aber ihre Zahl dürfte gering sein. Denn für Großunternehmen, die im Wettbewerb stehen, wiegt die Gefahr staatlicher Strafmaßnahmen sehr viel schwerer als jeder Anreiz, gegen Gesetze zu verstoßen. In ihrer Kombination bilden diese beiden Schritte einen starken Anreiz für Provider, die Identifizierung der Nutzer zu erleichtern.

Ein derartiges Gesetz wirft natürlich schwerwiegende verfassungsrechtliche Probleme auf. Einige davon werde ich in den folgenden Kapiteln behandeln. Hier möchte ich nur die Techniken skizzieren, mit deren Hilfe man eine wirkungsvolle Identifizierung im Cyberspace realisieren könnte. Entscheidend ist die Tatsache, dass in einem integrierten Netzwerk aus kommerziellen und nichtkommerziellen Elementen die Macht des Staates über die kommerziellen Akteure sich leicht auch auf die nichtkommerziellen Akteure ausdehnen lässt. Die kommerzielle Nutzung des Internets war der erste wichtige und wahrscheinlich hinreichende Schritt auf dem Weg zu einem regulierbaren Netz. Durch weitere aktive Eingriffe des Staates lässt sich diese Entwicklung noch verstärken.

Bisher hat der Staat allerdings auf diesem Gebiet nicht besonders erfolgreich agiert. Einerseits arbeitet er sehr langsam, und andererseits hat er den Aufbau einer Identifizierungsarchitektur durch seine ungeschickte Gesetzgebung verzögert.[29] Diese Fehler sind meines Erachtens jedoch nur kurzfristiger Natur. Wir können nicht damit rechnen, dass der Staat solche Fehler immer wieder machen wird, zumal so viel vom Aufbau einer effizienten PKI-Architektur abhängt.

Alle angeführten Beispiele basieren auf einer wichtigen Voraussetzung. Ich habe unterstellt, dass es identifizierbare Akteure gibt, die für den von Individuen benutzten Code verantwortlich sind, und dass sich das Verhalten dieser Akteure wirkungsvoll regulieren lässt. Da die für die Offenlegung der Quellsoftware eintretende Open-Source-Bewegung wächst, müssen wir uns allerdings fragen, ob diese Annahme tatsächlich zutrifft. Der Staat kann die Telefongesellschaften regulieren (da es nur wenige davon gibt, da sie bekannt sind und da sie über greifbare Vermögenswerte verfügen). Aber wie könnte er all die Leute regulieren, die Programme schreiben? Und erst recht all die Programmierer, die sich ebendieser Regulierung entschieden widersetzen?

Mit diesem Thema werden wir uns im letzten Kapitel des zweiten Teils befassen – nämlich mit den Auswirkungen der Open-Source-Bewegung auf die Regulierungsmacht des Staates. Hier möchte ich nur einige Punkte anmerken.

Wenn Computerleute jenes Schlages, der bis vor einigen Jahren die Internet Engineering Task Force[30] beherrschte, auch weiterhin das Sagen hätten, bliebe die staatliche Regulierungsmacht über den Code auch in Zukunft sehr gering. Die unterbezahlten Helden, die das Netz aufgebaut haben, sind aus ideologischen Gründen gegen jeden staatlichen Eingriff, und sie dürften sich seinen Drohungen auch in Zukunft nicht beugen. Und anders als große Wirtschaftsunternehmen sind sie nicht darauf angewiesen, dass Investitionen in Millionenhöhe sich am Ende durch den Sieg einer bestimmten Software auszahlen. Sie könnten also ein starkes Gegengewicht zur staatlichen Macht über die Architekturen des Cyberspace bilden.

Mit der Kommerzialisierung der Softwareproduktion – und der damit einhergehenden Konzentration unter den Softwareproduzenten – wächst aber auch die Regulierungsmacht des Staates. Je mehr Geld auf dem Spiel steht, desto geringer ist die Bereitschaft der Unternehmen (und ihrer Geldgeber), die Kosten für die Durchsetzung bestimmter Ideologien zu tragen.

Das beste Beispiel dafür ist die Geschichte der Verschlüsselungstechnologien. Seit über eine staatliche Kontrolle der Verschlüsselungsprogramme diskutiert wird, behaupten Technofreaks, solch ein Versuch sei dumm. Software kann immer exportiert werden – Bits kennen keine Grenzen, sagen sie. Die Vorstellung, ein vom amerikanischen Kongress verabschiedetes Gesetz könne den Fluss der Software verhindern, sei daher absurd.

Die gesetzlichen Regelungen haben gleichwohl bereits Wirkung gezeigt: zwar nicht bei den Technofreaks – die sich an allen möglichen

Orten im Netz jede beliebige Verschlüsselungssoftware beschaffen können –, wohl aber bei den Unternehmen, die solche Software produzieren oder nutzen. Netscape und IBM waren nicht bereit, Programme herzustellen und zu vertreiben, die gegen amerikanische Gesetze verstoßen. Die Vereinigten Staaten hätten einige Mittel gegen diese beiden Großunternehmen in der Hand. Wie die Technofreaks vorausgesagt hatten, führte die Regulierung nicht zu einer Kontrolle des Datenstroms. Dafür behinderte sie beträchtlich die Entwicklung von Programmen, mit deren Hilfe sich dieser Datenstrom nutzen ließe.[31]

Dies hatte tief greifende Wirkungen. Unternehmen, die einst Bastionen der Unregulierbarkeit waren, stellen heute Technologien her, die eine Regulierung erleichtern. Die Firma Network Associates etwa, der das Verschlüsselungsprogramm PGP (Pretty Good Privacy) gehört, war ursprünglich entschieden gegen jede Regulierung der Verschlüsselungstechnologie. Heute bietet sie Programme an, die eine Kontrolle der Verschlüsselung und die Ermittlung von Schlüsseln gestatten.[32] Techniken zur Ermittlung von Schlüsseln ermöglichen es Unternehmen, Hintertüren zu schaffen, die in mancherlei Hinsicht weit weniger eingeschränkt sind als die vom Staat geforderte Hintertür.

Ein zweites Beispiel ist Cisco.[33] 1998 kündigte Cisco einen Router an, der es dem Provider gestattet, den Internetverkehr auf der Verbindungsebene – das heißt zwischen den Gateways – zu verschlüsseln. Bei diesem Router sollte es jedoch auch möglich sein, die Verschlüsselung der Routerdaten abzuschalten, so dass unverschlüsselte Daten über den Internetverkehr gesammelt werden können. Die Verschlüsselung ließe sich auf staatlichen Wunsch abschalten, mit anderen Worten, die Daten wären nur so lange verschlüsselt, wie der Staat es zulässt.

Entscheidend ist in beiden Fällen, dass der Staat eine wichtige Rolle auf dem Softwaremarkt spielt. Er beeinflusst den Markt einerseits durch den Erlass von Vorschriften und Gesetzen, andererseits aber auch als Abnehmer von Software. Auf beiden Wegen nimmt er Einfluss auf das Angebot der kommerziellen Softwareproduzenten, die sich nach der Nachfrage richten müssen.

Veteranen aus der Frühzeit des Netzes mögen fragen: »Wie könnt ihr so etwas tun?«

»Das ist nun einmal unser Geschäft«, wird man ihnen antworten.

GESETZ UND CODE

Recht und Software, Gesetz und Code kommen ganz gut auch ohne einander aus. Sie regulieren ihren jeweils eigenen Bereich. Was aber geschieht, wenn das Gesetz erkennt, auf welche Weise der Code reguliert, und wenn es erkennt, dass es den Code auch zu anderen Regulierungen bewegen kann?

Das Verhältnis zwischen Gesetz und Code hat sich verändert. Die Macht des Gesetzes über den Code ist gewachsen. Als die Software noch von Hackern und anderen Leuten hergestellt wurde, die außerhalb jeder Kontrolle durch Institutionen (wie das MIT oder die University of Illinois) standen, besaß das Gesetz nur wenig Kontrolle über den Code.[34] Seit jedoch Wirtschaftsunternehmen die Software produzieren, hat das Gesetz mehr Macht erhalten. Kommerziell produzierte Programme lassen sich leichter kontrollieren, weil Wirtschaftsunternehmen kontrolliert werden können. Die Kommerzialisierung des Codes hat also den Einfluss des Gesetzes erhöht.

Die Gesetze werden im Osten der Vereinigten Staaten gemacht, die Programme im Westen. Die Verlagerung der Macht von Ost nach West hat eine lange Geschichte. Hier stoßen Altes und Neues aufeinander. Das Muster ist vertraut. Der Osten versucht, seine Kontrolle über den Westen zu verstärken; der Westen leistet dagegen Widerstand.

Im Cyberspace erleben wir nun eine Verschiebung, die wir in der Geschichte schon häufiger erlebt haben. Allerdings ist die Kontrolle des Ostens über den Westen noch nicht vollständig. Es fehlt noch ein letzter Schritt, bevor vollkommen klar ist, wie groß die Macht des Staates ist, den Cyberspace zu regulieren. Dieser letzte Schritt verbindet die Argumentation dieses Kapitels mit der Darstellung des Identifizierungsproblems im vorangegangenen Kapitel.

REGULIERUNG DURCH DIGITALE KENNUNGEN

Bisher habe ich bestimmte Formen der Kooperation zwischen Gesetz und Code beschrieben. Ich habe gesagt, schon allein die Wirtschaft habe ein Interesse am Aufbau einer Identifizierungsarchitektur, und ich habe gezeigt, auf welche Weise der Staat Einfluss auf die Architektur des Netzes nehmen könnte, um die Voraussetzungen für ein gewisses Maß an Identifizierung bzw. Transparenz zu schaffen. Zum Abschluss dieses Gedankengangs werde ich nun explizit zeigen, was implizit längst klar ist: dass digitale Kennungen die Regulierung erleichtern werden.

Wie könnte die ID, die digitale Kennung als Internetausweis, die Regulierungsmöglichkeiten vergrößern? Die Antwort erfolgt in zwei Schritten. Im ersten Schritt zeige ich, inwiefern eine digitale Kennung die Regulierung eines bestimmten Bereichs, des Glücksspiels nämlich, ermöglicht. Im zweiten Schritt lege ich dar, wie sich diese Technik verallgemeinern lässt. Auch wenn vielleicht nicht jeder Staat das Problem des Glücksspiels lösen will, hat doch jeder Staat andere Probleme, die er gerne lösen möchte. Die digitale Kennung kann jedem Staat bei der Lösung seiner Regulierungsprobleme helfen. Darum haben alle Staaten ein Interesse an der digitalen Kennung, selbst wenn sie sich hinsichtlich der zu regulierenden Probleme nicht einig sind.

Betrachten wir das Problem des Glücksspiels im Internet noch einmal etwas genauer und sehen wir uns an, wie es sich darstellt, wenn eine digitale Kennung vorhanden bzw. nicht vorhanden ist. Ich behaupte, ein an Zertifikaten reiches Internet löst das Problem der Regulierbarkeit. Wenn Sie diesen Zusammenhang an einem konkreten Beispiel erkannt haben, werden Sie auch seine allgemeine Bedeutung erkennen.

Die Anhänger eines staatsfreien Cyberspace verweisen gerne auf das Glücksspiel, wenn sie beweisen wollen, dass der Cyberspace nicht regulierbar ist. Betrachten wir einmal den Bundesstaat Minnesota, dessen Politik sich entschieden gegen Glücksspiele jeglicher Art wendet.[35] Den Bürgern dieses Bundesstaats ist es gesetzlich verboten, an

Glücksspielen teilzunehmen, und der Generalstaatsanwalt bemüht sich sehr, dieses Verbot durchzusetzen. Websites in Minnesota, die Glücksspiele anbieten, werden geschlossen, und den Websites außerhalb von Minnesota droht man mit rechtlichen Schritten, falls sie Bürger aus Minnesota zum Glücksspiel zulassen.

Diese Drohungen, behaupten die Anhänger eines freien Cyberspace, hätten keinerlei Wirkung auf das Glücksspiel im Internet und nicht einmal auf die Beteiligung von Bürgern des Bundesstaats Minnesota.[36] Der Beweis ist ganz einfach. Stellen Sie sich vor, eine Website in Minnesota bietet Glücksspiele an. Wenn Minnesota Glücksspiele verbietet, kann diese Site in andere Bundesstaaten ausweichen. Für die Bürger von Minnesota ändert sich dadurch (fast) gar nichts. Websites in Chicago sind ebenso leicht zu erreichen wie Sites in Minneapolis. Die Website kann problemlos ausweichen, ohne ihre Kunden in Minnesota zu verlieren.

Nehmen wir an, Minnesota droht nun dem Betreiber der Website in Chicago mit rechtlichen Schritten. Dem Generalstaatsanwalt wird es nicht schwer fallen, Gerichte in Illinois zu veranlassen, den illegalen Server zu schließen (falls er zeigen kann, dass der Server sich tatsächlich gesetzwidrig verhält). Dann weicht der Server von Chicago auf die Cayman-Inseln aus. Dort hat der Generalstaatsanwalt sehr viel größere Schwierigkeiten, den Server zu verfolgen, während es die Bürger von Minnesota keineswegs schwerer haben, Zugang zu dieser Site zu erlangen. Was Minnesota auch anstellt, das Netz scheint seinen Bürgern stets zu helfen, den Staat zu schlagen. Die reiche Geographie des Netzes macht es geographisch begrenzten Staaten schwer, den im Netz Agierenden ihre gesetzlichen Regelungen aufzuzwingen.

Nun stellen wir uns eine Welt vor, in der jeder eine digitale Kennung besitzt – die nicht unbedingt vom Staat ausgegeben worden sein muss. Wenn Sie eine Website besuchen, prüft man dort Ihre ID. Wenn Sie keine ID der Art besitzen, die dort verlangt wird – wenn Sie zum Beispiel noch nicht achtzehn Jahre alt sind und eine für Erwachsene bestimmte Site besuchen wollen, oder wenn Sie als Bürger von Minnesota Zugang zu einer Glücksspiel-Site erhalten möchten –, wird man Sie dort nicht einlassen. Besitzen Sie dagegen die richtige Kennung, erhalten Sie den gewünschten Zugang. Das alles läuft unsichtbar ab, von Computer zu Computer. Der Nutzer bemerkt lediglich, dass er auf die Site gelangt. Gelingt ihm dies nicht, erfährt er den Grund dafür nicht.[37]

In dieser Geschichte würden die Interessen des Bundesstaats Minnesota gewahrt. Seine Bürger könnten sich nicht an Glücksspielen beteiligen. Die in Minnesota betriebene Politik hindert jedoch nicht Bürger anderer Staaten, an Glücksspielen teilzunehmen. Nur Bürger von Minnesota sind von dem Verbot betroffen – andere können ungehindert spielen.

Diese Regulierung auf bundesstaatlicher Ebene betrifft ein einzelnes Problem. Doch warum sollten andere Staaten mit Minnesota zusammenarbeiten? Welches Interesse hätten ihre Gerichte, den Gesetzen von Minnesota Geltung zu verschaffen?

Sie hätten kein Interesse daran, wenn es nur um diese spezielle Regulierung ginge. Minnesota möchte seine Bürger vor dem Glücksspiel schützen, New York wiederum möchte seine Bürger vielleicht vor dem Missbrauch von Daten schützen. Die Europäische Union teilt möglicherweise das Interesse von New York und Utah das von Minnesota.

Jeder Staat hat sein eigenes Interesse an der Kontrolle bestimmter Verhaltensweisen, und diese Verhaltensweisen sind nicht dieselben. Der Schlüssel liegt in der Tatsache, dass dieselbe Architektur, die den Bundesstaat Minnesota in die Lage versetzt, sein Regulierungsziel durchzusetzen, auch anderen Staaten helfen kann, ihre Regulierungsziele zu erreichen. Dadurch kann es zu einem Verhältnis der Gegenseitigkeit zwischen den Jurisdiktionen der verschiedenen Staaten kommen.

Dieser Pakt könnte folgendermaßen aussehen: Jeder Staat erklärt sich bereit, die auf seinem Gebiet befindlichen Server zur Einhaltung der von anderen Staaten erlassenen gesetzlichen Bestimmungen zu verpflichten, soweit deren Bürger betroffen sind. Im Gegenzug versprechen die anderen Staaten, hinsichtlich der Regelungen und Bürger dieses Staates genauso zu verfahren. New York verlangte demnach von den Servern auf seinem Gebiet, dass sie Bürgern aus Minnesota keinen Zugang zu Glücksspielen gewähren, während Minnesota Bürgern von

New York verwehrte, in Minnesota Websites einzurichten, die unter Verletzung der Privatsphäre Daten sammeln. Utah verböte Bürgern der EU, auf seinem Staatsgebiet Server zu betreiben, die gegen die Datenschutzbestimmungen der EU verstoßen, während die EU Bürgern aus Utah den Zugang zu Glücksspielen verwehrte. Jeder Staat würde eine Reihe von gesetzlichen Regelungen anderer Staaten durchsetzen und im Gegenzug die Zusicherung dieser Staaten erhalten, entsprechend zu verfahren.

In Amerika ist diese Struktur auf dem Gebiet des Glücksspiels bereits verwirklicht. Nach einem Bundesgesetz ist Glücksspiel im Internet nur dann erlaubt, wenn der Nutzer aus einem Bundesstaat stammt, der das Glücksspiel erlaubt, und der Server sich gleichfalls in einem Bundesstaat befindet, in dem das Glücksspiel nicht verboten ist.[38] In allen anderen Fällen liegt ein Verstoß gegen ein Bundesgesetz vor.

Auf diese Weise könnte man in den USA sogar die Befolgung lokaler Bestimmungen im Internet durchsetzen. Wenn sich auf einfache Weise prüfen lässt, woher ein Nutzer kommt, und ebenso einfach überprüft werden kann, ob Server den Zugang tatsächlich von der Herkunft des Nutzers abhängig machen, bedarf es nur noch einer Übereinkunft zwischen den Bundesstaaten, und wir haben eine Architektur, die auch die Durchsetzung lokaler Bestimmungen im Internet gewährleistet.

Wenn all das innerhalb der Vereinigten Staaten möglich ist, lässt es sich auch zwischen verschiedenen Staaten verwirklichen. International besteht ein Interesse daran, nationalen Gesetzen auch außerhalb der eigenen Staatsgrenzen ebenso Geltung zu verschaffen wie innerhalb des Landes – ja, dieses Interesse ist sogar noch größer. Eine Internetwelt, die mit einer digitalen Kennung oder mit zahlreichen Zertifikaten ausgestattet wäre, könnte die Klassifizierung nach der staatlichen Herkunft erleichtern und zum Aufbau einer internationalen Kontrollstruktur führen.

Halt! Wenden Sie sich nicht ab. Ich kenne durchaus einige der Gründe, weshalb Sie solch eine Struktur ablehnen. Manche davon sind normativer Art – die Welt, die ich gerade beschrieben habe, ist Ihnen zuwider. Oder auch der Gedanke, der Cyberspace könne zu solch einer

Welt werden. *Mir geht es genauso.* Ich setze mich nicht für diese Idee ein, ich behaupte nur, dass dies die Welt ist, der wir entgegengehen. Wer diese Welt oder zumindest ihre schlimmsten Auswüchse verhindern möchte, tut gut daran, diese Entwicklung zu verstehen. Wir müssen wichtige Entscheidungen hinsichtlich der Beschaffenheit dieser Welt treffen, und wir dürfen mit diesen Entscheidungen nicht länger warten.

Anderen erscheint die oben beschriebene Welt womöglich nicht so schrecklich, weil sie nicht glauben, dass sie kommen wird. Sie meinen, der Wunsch der Staaten, eine derartige Unterscheidungsmöglichkeit nach der Staatsangehörigkeit zu schaffen, sei nicht sonderlich stark ausgeprägt, und in jedem Falle lasse sich die dafür erforderliche Technologie nur schwer realisieren.

Beides gehört natürlich zusammen. Manche Staaten scheuen keine Kosten, um Abschottungstechnologien zu entwickeln (zum Beispiel China). Andere Staaten würden nicht so weit gehen. Wenn die Kosten zu hoch sind, lassen sie die Sache auf sich beruhen und wenden sich wichtigeren Dingen zu (zum Beispiel Taiwan).

Diesem Wechselverhältnis zwischen den Kosten und dem Regulierungswillen sind wir schon früher begegnet. Es findet sich auf zahlreichen Gebieten. Hohe Kosten für den Staat bedeuten Freiheit für uns Bürger. Je höher die Regulierungskosten, desto geringer die Wahrscheinlichkeit einer Regulierung. Die Freiheit hängt davon ab, dass die Kosten der Regulierung hoch bleiben.

Wenn aber Letztere sinken, gerät die Freiheit in Gefahr. Wir müssen uns auf mehr Regulierung gefasst machen. Wenn wir dann noch frei bleiben wollen, sind wir auf gute Argumente angewiesen. Wir werden gute Argumente brauchen, wenn wir die Durchsetzung der Identitätskontrollen im Netz verhindern wollen. Wie ich am Schluss des Buches noch erläutern werde, besteht bei den Staaten eine überraschend große Bereitschaft, eine Regulierung des Netzes in Abhängigkeit von spezifischen Rechtssprechungen zu ermöglichen, und es gibt gute Gründe für die Annahme, dass die Kosten solcher Regulierungsverfahren sinken werden. Wir sollten uns also darauf gefasst machen, dass es mehr Regulierung dieser Art geben wird. Und zwar schon bald.

Dass solche Regulierungsmöglichkeiten im Entstehen begriffen sind, werde ich im nächsten Kapitel zeigen. Zum Abschluss dieses Kapitels möchte ich nur noch eine Frage beantworten. Wenn wir annehmen, dass diese Identifizierungsarchitekturen entstehen werden, was folgt dann daraus für die Regulierbarkeit des Cyberspace?

Die Antwort liegt auf der Hand: Wenn wir das Problem der Identifizierung von Inhalten einmal beiseite lassen (dieser Frage gehe ich im zwölften Kapitel nach), können wir sagen, dass eine Architektur, die eine selektive Zertifizierung ermöglicht, die Fähigkeit der einzelnen Staaten, Anforderungen an ihre Bürger zu stellen, drastisch erhöhen würde. Man würde die Websites dazu verpflichten, den Zugang von bestimmten Zertifikaten abhängig zu machen, und das Internet würde sich von einem lokal im Wesentlichen nicht regulierbaren zu einem hochgradig regulierbaren Raum entwickeln. Die Regelungen einer lokalen Jurisdiktion ließen sich durchsetzen, weil andere Jurisdiktionen sie gleichfalls anerkennen. Und die Server würden beispielsweise akzeptieren, dass der Zugang von den Regeln der jeweiligen Jurisdiktion abhängig gemacht wird.

Dadurch würde der Cyberspace kurz gesagt *in Zonen eingeteilt*, und der Zugang zu den verschiedenen Zonen würde über Eigenschaften der individuellen Nutzer geregelt. Der Cyberspace wäre einem Maß an Kontrolle unterworfen, das nur wenige sich haben vorstellen können. Und je nachdem, wie tief man die Zertifikate staffelte, wäre der einstmals unregulierbare Raum nun beliebig regulierbar.

Eine letzte Widerstandslinie: Auch wenn solche Architekturen entstehen und sich weithin ausbreiten sollten, ließen sie sich doch niemals weltweit durchsetzen, so dass immer noch eine Möglichkeit bestünde, ihnen zu entkommen. Der einzelne Nutzer wird immer die Möglichkeit haben, sich diesen Identifizierungstechnologien zu entziehen. Keine ihrer Kontrolltechniken könnte jemals vollkommen sein.

Das stimmt. Auch in einem Internet mit zahleichen Zertifikaten wäre die Kontrolle niemals allumfassend. Aber das Argument enthält einen Fehlschluss: Dass perfekte Kontrolle nicht möglich ist, bedeutet keineswegs, dass auch keine wirksame Kontrolle möglich wäre.

Schlösser können geknackt werden, aber das heißt nicht, dass Schlösser nutzlos wären. Und im Internet könnte schon eine partielle Kontrolle beträchtliche Wirkung haben.

Bei alldem ist ein Grundprinzip am Werk, das wir von den Rindern kennen. Mit winzigen, aber klug eingesetzten Kontrollmechanismen kann man auch sehr große Tiere lenken. Die Kontrollmechanismen in einem mit zahlreichen Zertifikaten ausgestatteten Internet sind winzig, das gebe ich gerne zu. Aber wir sind große Tiere. Ich denke, die meisten Menschen würden solchen kleinen, aber wirkungsvollen Steuerungsmechanismen im Netz ebenso wenig widerstehen wie Rinder dem elektrischen Zaun. So sind wir nun einmal, und so funktioniert Regulierung.

Eine letzte Wendung in dieser Rindergeschichte. Bisher habe ich nur eine relativ plumpe Identifizierungstechnik angesprochen: die Zertifikate. Plump sind sie aus folgendem Grund: Wenn wir das Zertifikat an eine Person (statt an einen Computer) knüpfen wollen, brauchen wir immer noch ein Bindeglied – zum Beispiel ein Passwort. Solche Passwörter sind problematisch, weil sie auch leicht vergessen werden können.

Es gibt eine einfachere Möglichkeit. Schon heute erkundet man biometrische Verfahren, die es möglich machen sollen, einen Menschen mit einem Computer zu verknüpfen. Bei Compaq etwa entwickelte man ein Lesegerät für den Daumenabdruck. Wenn Sie am Computer sitzen, kann die Tastatur erkennen, ob Sie der sind, für den Sie sich ausgeben. Wer braucht ein Passwort, wenn es einen Daumen gibt?[39]

Was geschieht, wenn solche Technologien nur noch wenig kosten und leicht einzusetzen sind? Wenn Sie die Wahl haben, ob Sie Passworte behalten und auf Anforderung jeweils eintippen oder ob Sie lieber Ihren Daumen benutzen wollen, um sich auszuweisen? Oder wenn nicht Ihren Daumen, dann vielleicht Ihre Netzhaut oder einen anderen Körperteil, der sich auf kostengünstigem Wege für die Identifizierung nutzen lässt? Wenn es am einfachsten ist, die eigene Identität ganz preiszugeben, wer wird sich dann wohl noch dagegen wehren?

Denn auch wenn Sie damit Ihre Seele verkaufen, handeln Sie sich doch beträchtliche Vorteile ein. Stellen Sie sich vor, all Ihre Dokumente befänden sich in einem »virtuellen Privatnetz« innerhalb des Internets, durch einen biometrischen Schlüssel vollkommen gesichert und jederzeit von jedem Computer aus erreichbar.[40] Sie könnten am Computer sitzen, Ihre Dokumente aufrufen, die nötige Arbeit tun, Ihre E-Mails beantworten – und alles vollkommen sicher, weil unter dem Schutz eines Schlüssels, den Sie in Ihrem Auge tragen.

Das ist die einfachste und effizienteste Architektur, die man sich vorstellen kann, und der Preis dafür ist (wie manche meinen) gar nicht hoch; er lautet: Authentisierung. Sagen Sie einfach, wer Sie sind, loggen Sie sich in eine Architektur ein, die Ihre Auskünfte bestätigt, geben Sie Ihre Identität preis, und all das kann Ihnen gehören.

1996 kam ein grauenhafter Film mit dem Titel *Independence Day* in die Kinos. Er handelt von einer Invasion fremder Lebewesen aus dem All. Als die Aliens auftauchen, heißen viele Erdlinge sie gern willkommen. Diese Idealisten sehen keinen Grund, den Fremden feindselige Absichten zu unterstellen. So verbreitet sich unter allen Hoffnungsfrohen der Erde eine allgemeine Freude, weil ein Traum Wirklichkeit geworden ist: echte, coole Außerirdische.

Doch schon bald nach der Ankunft der Aliens und mitten in den Feiern schlägt die Stimmung um. Plötzlich erkennen die Führer der Erde, dass die Außerirdischen nicht freundlich gesinnt sind. Tatsächlich sind ihre Absichten äußerst feindselig. Schon bald darauf wird die Erde von ihnen eingenommen. (Nur Jeff Goldblum erkennt frühzeitig, was da vor sich geht, aber er weiß ja immer alles als Erster.)

Meine Geschichte ist ganz ähnlich (wenn auch hoffentlich nicht so grauenhaft). Wir haben das Netz ebenso freudig begrüßt wie die Erdlinge in *Independence Day* die Außerirdischen. Wir haben zugelassen, dass es sich in unserem Leben breit macht, ohne uns zu fragen, was am Ende dabei herauskommen mag. Doch an irgendeinem Punkt werden auch wir die potenzielle Bedrohung erkennen. Wir werden sehen, dass der Cyberspace seine Freiheit keineswegs selbst zu sichern vermag, sondern dass er außergewöhnliche Kontrollmöglichkeiten birgt. Und dann werden wir fragen: Was sollen wir tun?

Ich habe nun auf vielen Seiten etwas darzulegen versucht, das manchen ganz offensichtlich erscheinen dürfte. Allerdings habe ich festgestellt, dass aus irgendeinem Grund die Menschen, für die all das eigentlich besonders wichtig sein sollte, nicht begreifen, worum es geht. Allzu viele glauben, die Freiheit werde schon für sich selbst sorgen. Allzu viele verkennen, dass andere Architekturen andere Werte verkörpern und dass wir unsere Werte nur durchsetzen und sichern können, wenn wir eine Wahl unter den verschiedenen Architekturen – den verschiedenen Codes – treffen.

Jetzt dürfte wohl auch deutlich werden, warum ich dieses Buch mit einigen Hinweisen auf die Wiederentdeckung der Selbstbestimmung in den postkommunistischen Staaten Mitteleuropas begonnen habe. Die Kräfte des Marktes begünstigen Identifizierungsarchitekturen, die den elektronischen Handel erleichtern. Der Staat braucht nicht viel – oder eigentlich gar nichts – zu tun, um diese Entwicklung herbeizuführen. Die Kräfte des Marktes sind zu stark, und das Potenzial ist gewaltig. Wenn eines gewiss ist, dann dies: Im Internet wird sich eine Identifizierungsarchitektur herausbilden, und diese Architektur wird die Regulierbarkeit des Internets grundlegend verändern.

Aber sollte der Staat nicht sicherstellen, dass diese Architektur mit wichtigen öffentlichen Werten verträglich ist? Und wenn die Wirtschaft die neuen Architekturen im Cyberspace bestimmen wird, ist es dann nicht Aufgabe des Staates, dafür zu sorgen, dass die öffentlichen Werte, die nicht im Interesse der Wirtschaft liegen, gleichfalls ihren Ausdruck in der neuen Architektur finden?

Die Architektur gleicht dem Recht: Sie bestimmt, was Menschen tun und nicht tun können. Wenn kommerzielle Interessen die Architektur bestimmen, schaffen sie gleichsam ein privates Recht. Ich habe nichts gegen Privatunternehmen und bin in den meisten Fällen entschieden der Ansicht, man solle die Dinge dem Markt überlassen. Aber ist es nicht absolut klar, dass diese Einstellung auch ihre Grenzen haben muss? Dass die öffentlichen Werte sich nicht in dem erschöpfen, was IBM wünscht? Dass für Amerika noch lange nicht gut sein muss, was für America Online gut ist?

Wenn wir über konkurrierende Werte und die zwischen ihnen zu treffende Wahl sprechen, nennen wir diese Wahlentscheidungen gewöhnlich »politische Entscheidungen«. Mit ihnen wird entschieden, wie die Dinge geordnet und welche Werte Vorrang haben sollen.

Entscheidungen über Werte, über Regulierung und Kontrolle oder über die Abgrenzung von Freiräumen sind Aufgabe der Politik. Der Code kodifiziert Werte, aber seltsamerweise tun die meisten Menschen so, als handelte es sich lediglich um eine technische Frage. Oder als überließe man den Code am besten dem Markt, und der Staat hielte sich tunlichst heraus.

Aber diese Haltung kann nur falsch sein. Politik ist der Prozess, in dem wir gemeinsam entscheiden, wie wir leben sollen. Entscheidend ist nicht der Inhalt der Wahl. Entscheidend ist der Prozess. Politik ist der Prozess, in dem wir miteinander darüber diskutieren, wie die Dinge sein sollten.

Vor einem Jahrzehnt predigte Roberto Unger in einer großen Trilogie, die einen Überblick über eine ganze rechtstheoretische Bewegung gab, alles sei politisch.[41] Wir sollten uns des Gedankens erwehren, irgendein Teil der Welt sei der Politik entzogen. Alles stehe zur Disposition, und alles könne reformiert werden.

Manche glaubten, Unger sei der Ansicht, wir sollten alles jederzeit zur Disposition stellen, nichts sei festgelegt, alles müsse ständig im Fluss sein und sich verändern. Aber das meinte er durchaus nicht.

Er meinte vielmehr, wir sollten die Notwendigkeiten jeder gesellschaftlichen Ordnung hinterfragen. Wir sollten fragen, ob sie wirklich notwendig sind. Wir sollten verlangen, dass diese Notwendigkeiten auch die Macht rechtfertigen, die sie auf den Plan rufen. Wie Bruce Ackerman[42] schreibt, sollten wir bei jeder Ausübung von Macht fragen: Warum? Vielleicht nicht gerade in dem Augenblick, in dem die Macht ausgeübt wird, aber doch irgendwann einmal.

»Macht« ist in diesem Zusammenhang nur ein anderes Wort für Zwänge, an denen die Menschen etwas ändern können. Meteoriten, die auf die Erde aufschlagen, sind keine »Macht« im Sinne von Ungers Diktum, alles sei politisch. Wo ein Meteorit aufschlägt, ist keine Sache der Politik – die Folgen dagegen sehr wohl. Wo ein Meteorit aufschlägt, liegt außerhalb unseres Einflussbereichs.

Die Architektur des Cyberspace ist jedoch eine Frage der Macht, denn sie könnte auch anders beschaffen sein. Politik hat mit Entscheidungen zu tun. Politik handelt von der Frage, wie und von wem Macht ausgeübt wird.

Wenn der Code Gesetz ist, dann ist »die Kontrolle über den Code Macht«, wie William Mitchell schreibt. »Für die Bürger des Cyberspace ... wird der Code zu einer entscheidenden Frage im politischen Wettbewerb. Wer soll die Software schreiben, die unser tägliches Leben immer stärker prägen wird?«[43]

In unserer heutigen Welt werden Softwareproduzenten Gesetzgebern immer ähnlicher. Sie bestimmen, welche Mängel das Internet aufweisen und ob die Privatsphäre darin geschützt wird, welches Maß an Anonymität erlaubt ist und in welchem Umfang ein freier Zugang besteht. Sie bestimmen die Natur des Cyberspace. Die Entscheidungen, die sie heute bei der Gestaltung der Software treffen, definieren das zukünftige Netz.

Im Zeitalter des Cyberspace muss sich jede Rechtspraxis mit der Frage auseinandersetzen, auf welche Weise Software reguliert, wer den Code schreibt und wer die Softwareproduzenten kontrolliert. Die Antworten offenbaren uns, wie der Cyberspace reguliert wird. In diesem Teil des Buches wollte ich zeigen, dass der Cyberspace reguliert wird und dass die Regulierung sich verändert. Sie geschieht durch den Code, und der Code des Cyberspace verändert sich.

Wir haben gerade die Schwelle zu einem Zeitalter übertreten, in dem die Regulierungsmacht einer Struktur zufällt, die vollkommen andere Eigenschaften und Möglichkeiten hat. Wie ich zu Beginn des Buches über Russland gesagt habe, mag eine Form von Macht zerstört werden, aber dann tritt eine andere Form an ihre Stelle.

Wir müssen diese Macht begreifen und uns fragen, ob sie richtig ausgeübt wird. David Brin[44] stellt die Frage: »Wenn wir das Netz bewundern, sollten wir die Beweislast dann nicht denen aufbürden, die nun die Grundvoraussetzungen verändern wollen, auf denen es aufgebaut ist?«

Diese »Grundvoraussetzungen« basierten auf Freiheit und Offenheit. Eine unsichtbare Hand bedroht beide. Wir müssen verstehen, wie und warum das so ist.

ZWEITER TEIL
DER CODE UND ANDERE REGULIERENDE INSTANZEN

Im ersten Teil des Buches habe ich das Problem umrissen: Der Cyberspace wird nicht für sich selbst sorgen. Er hat keine vorgegebene Natur. Seine Natur ist der Code, und der Code verändert sich, so dass aus einem nicht kontrollierbaren ein hochgradig kontrollierbarer Cyberspace wird. Dafür sorgt die Wirtschaft, und der Staat wird ihr Hilfestellung leisten. Bevor das geschieht, sollten wir entscheiden, ob wir wirklich wollen, dass die Dinge sich so entwickeln.

Im zweiten Teil werde ich nun die Grundlagen für diese Entscheidung legen. Ich beginne mit einer etwas komplexeren Beschreibung des Lebens, das der Code ermöglicht. Das geschieht im sechsten Kapitel. Was macht das Lebensgefühl an diesen Orten aus? Welche Architektur ermöglicht welche Art von Leben? Und wie wird sich das Leben wohl ändern, wenn die grundlegenden Strukturen – die Architekturen – sich verändern?

Das siebte Kapitel behandelt die für solche Veränderungen erforderlichen Techniken. Auf der Grundlage des im fünften Kapitel beschriebenen Musters entwickle ich ein allgemeines Modell der Regulierung, das sich sowohl auf den Cyberspace als auch auf die reale Welt anwenden lässt. Ich möchte zeigen, welche Macht der Staat hier besitzt, und vor allem möchte ich deutlich machen, warum diese Macht mit der Zeit keineswegs abnehmen, sondern noch weiter zunehmen wird.

Anschließend behandle ich eine wichtige Beschränkung dieser Macht oder, wie ich in der Einleitung gesagt habe, eine strukturelle Grenze für die Macht des Staates. Diese Grenze liegt in der Open-Source-Bewegung. Wie ich im achten Kapitel zeigen werde, nimmt der offene Code dem Staat wieder die Macht, die ihm die im fünften Kapitel beschriebenen Techniken verleihen. Es gibt also einen Kampf um die Regulierbarkeit, in dem das Eigentum am Code eine wesentliche Rolle spielt.

Letztlich möchte ich deutlich machen, was auf dem Spiel steht, was möglich ist und welche Grenzen diesen Möglichkeiten gesetzt sind.

Ich wende mich hier nicht gegen Regulierung an sich, sondern gegen ein besonders enges, nutzloses Regulierungskonzept. Wenn wir erst verstanden haben, wie Regulierung funktioniert, werden wir auch deutlicher erkennen, wie wir den Cyberspace gestalten sollten.

6. CYBERRÄUME

Der Cyberspace ist nicht ein Ort, sondern viele, und diese Orte sind grundverschieden. Die Unterschiede resultieren zum Teil aus den Unterschieden zwischen den Menschen, die dort verkehren. Aber demographische Aspekte allein vermögen die Vielfalt letztlich nicht zu erklären. Dahinter steckt mehr.

Ich möchte einen kleinen Test machen. Lesen Sie die folgende Passage, und fragen Sie sich, ob diese Darstellung auch Ihrer Erfahrung entspricht:

> Ich glaube, virtuelle Gemeinschaften versprechen den Amerikanern am Ende des zwanzigsten Jahrhunderts zurückzugeben, was nach Ansicht vieler in den ersten Jahrzehnten des Jahrhunderts verloren gegangen ist: Gemeinschaftsgefühl und einen Sinn für den Ort. Wenn Sie Mitglieder einer virtuellen Gemeinschaft danach fragen, werden sie Ihnen sagen, was da geschieht sei mehr als ein Austausch elektronischer Impulse. Mehr als nur virtueller Tratsch ... Es ist auch das Mitgefühl und der Trost, den ein Mann wie Phil Catalfo von The WELL erfährt, wenn er spätnachts noch auf ist, weil er sich um ein leukämiekrankes Kind kümmern muss, und wenn er sich dann bei The WELL einloggt, um über seine Ängste und Befürchtungen zu sprechen. Die Menschen interessieren sich wirklich füreinander und verlieben sich über das Netz, ganz wie es in geographischen Gemeinschaften geschieht. Und diese »virtuelle« Verbundenheit ist ein sehr hoffnungsvolles Zeichen für ein Land, das sich zunehmend besorgt zeigt über die Fragmentierung des öffentlichen Lebens, die Polarisierung der Interessengruppen und das entfremdete Leben in den Städten.[1]

Auf Darstellungen dieser Art finden sich zwei Reaktionen. Wer schon eine Weile an diesen Orten verkehrt, kennt solche Äußerungen sehr gut. Diese Menschen sind schon von Anfang an dabei. Bevor sie ins Internet kamen, haben sie isoliertere Gemeinschaften frequentiert, etwa einen lokalen Bulletin-Board-Service (BBS) oder, wie Mike Godwin schreibt, eine »schicke« Adresse wie »The WELL«. Für sie ist das Netz ein Raum für Gespräche, Verbindungen und Austauschbeziehungen, ein vielversprechender Ort, der das Leben im realen Raum verändert.

Wenn Sie dagegen erst kürzlich in diesen »Raum« gekommen sind (wenn Sie also zu den »Newbies«, den Neulingen gehören, wie die Alteingesessenen gern sagen), dürften Sie solchem Gerede eher mit Ungeduld begegnen. Wenn die Leute dort über »Gemeinschaft« sprechen, über eine besondere Art, miteinander in Beziehung zu treten, oder über die wunderbare Macht dieses Raums, das Leben zu verändern, werden Sie wahrscheinlich fragen: »Was ist das denn für eine Vorstellung vom Cyberspace?« Für Neulinge, also für alle, die bisher nur E-Mails verschickt haben und durch das World Wide Web gesurft sind, ist die »Gemeinschaft« im Netz, die »Netzgemeinde«, eine etwas absonderliche Schwärmerei. Wie kann jemand diese Welt aus Werbebannern und rotierenden Mickymaus-Icons für eine Gemeinschaft halten – oder auch nur für einen Raum? Für den nüchternen Neuling klingt das alles eher nach einem Java-Rausch.[2]

Die Neulinge bilden heute die schweigende Mehrheit im Netz.[3] So sehr wir die alten Zeiten auch romantisieren mögen, als das Netz noch ein Ort des Gesprächs und des Austauschs war, erfüllt das Netz für die meisten Nutzer inzwischen doch ganz andere Funktionen. Gewiss sind »Chats« sehr beliebt, aber selbst wenn wir die große, dem Sex gewidmete Abteilung dieses Raums weglassen, ist der Chat noch nicht der Stoff, aus dem The WELL gemacht war. Die meisten Menschen wissen gar nicht, was Chats oder MOOs wirklich sind – sie haben vielleicht davon reden hören, aber sie wissen nicht, worum es dabei geht. Sie wissen nicht, wie das Leben in der Gemeinschaft von The WELL oder in einem MOO wirklich aussieht.

Die Art, wie man sich im Cyberspace fühlt, hat sich verändert.[4] Wie es dort aussieht, was man dort tun kann, wie man dort Verbindung aufnimmt – all das hat sich verändert. Warum es sich verändert hat, ist schwer zu sagen, und ich weiß keine vollständige Antwort. Der Cyberspace hat sich zum Teil deshalb verändert, weil die dort agierenden Menschen und ihre Interessen sich verändert haben, und zum Teil deshalb, weil die dort gebotenen Möglichkeiten erweitert worden sind.

Ein Teil des Wandels hat jedoch auch mit dem Raum selbst zu tun. Gemeinschaft, Austausch und Gespräch blühen in einem Cyberspace bestimmter Art, während sie in einem anderen absterben.[5] Ich hoffe, den Unterschied zwischen diesen beiden Räumen verdeutlichen zu können.

In den nächsten Abschnitten beschreibe ich verschiedene Cyberräume. Ich möchte Ihnen eine Vorstellung davon vermitteln, wie die beobachtbaren Unterschiede einzuordnen sind. Danach werden wir uns etwas genauer vorstellen können, in welche Richtung der Cyberspace sich entwickelt.

DIE WERTE EINES RAUMS

Räume sind mit Werten besetzt.[6] Diese Werte bringen sie durch die Praxis oder das Leben zum Ausdruck, die sie ermöglichen oder verhindern. Unterschiedliche Räume ermöglichen und verhindern auf unterschiedliche Weise. Das müssen wir uns zunächst einmal klar machen. Hier ein Beispiel:

In den Anfängen des Internets war die Kommunikation auf Texte beschränkt. Ob USENET, Chat oder E-Mail, alle diese Medien gestatten nur den Austausch von Texten – von geschriebenen Wörtern, die jemand eintippte (zumindest nahm man an, dass es ein »jemand« war).

Der Grund für diese Beschränkung liegt auf der Hand: In seinen Anfängen verfügte das Netz nur über eine geringe Bandbreite. Die meisten Nutzer kannten nur eine Übertragungsrate von 1200 Baud (wenn sie Glück hatten), und die Übertragung von Grafiken oder Videosequenzen hätte unerträglich lange gedauert, sofern sie überhaupt möglich war. Deshalb benötigte man eine effiziente Kommunikationsform – und Text ist eine der effizientesten Formen.[7]

Die meisten sehen in dieser Eigenschaft des frühen Netzes eine Beschränkung. In technischer Hinsicht trifft das durchaus zu. Aber mit der technischen Beschreibung ist seine normative Beschreibung als Architektur, die ein bestimmtes Leben ermöglicht, noch keineswegs erschöpft. Aus dieser Perspektive können Beschränkungen durchaus positiv sein; sie können Möglichkeiten eröffnen oder verschließen. Und diese spezielle Beschränkung eröffnete bestimmten Gruppen von Menschen Möglichkeiten, die ihnen im realen Leben verschlossen waren.

Ich denke hier beispielsweise an drei Gruppen: die Blinden, die Tauben und die »Hässlichen«*. Im realen Raum werden diese Menschen durch zahlreiche Zwänge in ihren Kommunikationsmöglichkeiten behindert. Blinde haben es im realen Raum ständig mit Architekturen zu tun, die voraussetzen, dass sie sehen können. Sie müssen beträchtlichen Aufwand treiben, um die Architekturen des realen Raums nachträglich so anzupassen, dass diese Voraussetzung sie nicht vollständig ausschließt. Taube haben es im realen Raum mit Architekturen zu tun, die voraussetzen, dass sie hören können. Auch sie müssen beträchtlichen Aufwand treiben, um diese Architekturen nachträglich anzupassen. »Hässliche« haben es im realen Raum (denken Sie etwa an einen Club oder an Freizeiteinrichtungen) mit Architekturen aus sozialen Normen zu tun, die ihr Aussehen zu einem Hindernis für eine bestimmte Art von Intimität machen. Der Umgang mit diesen Architekturen ist für sie mit einem beträchtlichen Maß an Leiden verbunden.

Im realen Raum haben diese drei Gruppen mit Architekturen zu

* Es ist aufschlussreich, dass es uns unangenehm ist, auch nur das Wort zu benutzen – »hässlich« –, als beschriebe es objektive Merkmale eines Menschen. Ich sehe durchaus, wie kompliziert die Dinge sind, und ich weiß, wie wichtig es ist, der Erniedrigung ein Ende zu setzen, die den Betroffenen von bestimmten Teilen der Gesellschaft zugefügt wird. Aber wir können auch nicht über die Last hinwegsehen, die weniger attraktive Menschen zu tragen haben. Ich behaupte nicht, diese Last sei mit Hunger oder Tod vergleichbar; ich spreche gar nicht von ihrer Bedeutung. Ich möchte diese Benachteiligung lediglich mit bestimmten Eigenschaften eines Raums in Verbindung bringen.

kämpfen, die sie gegenüber »uns anderen« benachteiligen. Im Cyberspace dagegen, zumindest in seiner ersten Version, war das nicht so.

Der Blinde brauchte nur ein Sprachprogramm zu installieren, das (*per definitionem* maschinenlesbare) Texte zu lesen vermag, und konnte auf der Tastatur antworten. Andere Menschen im Netz konnten unmöglich wissen, dass er blind war, es sei denn, er teilte es ihnen mit. Der Blinde war den Sehenden gleichgestellt.

Dasselbe galt für den Tauben. Im frühen Internet gab es gar nichts zu hören. Zum ersten Mal konnten Taube Gespräche führen, in denen die Tatsache, dass sie taub waren, nicht das zentrale Merkmal bildete. Die Tauben waren den Hörenden gleichgestellt.

Und ebenso ging es den »Hässlichen«. Da das Aussehen nicht ständig mit übertragen wurde, konnten unattraktive Menschen intime Gespräche führen, in denen sie nicht automatisch durch ihr Aussehen definiert wurden. Sie konnten flirten oder spielen oder erotische Konversation betreiben, ohne dass ihr Körper (in einem sehr eingeschränkten Sinne) ihnen im Wege war. In der ersten Version des Internets waren diese Menschen den »Schönen« gleichgestellt. In einem virtuellen Chatroom bringen große Augen, ein gewinnendes Lächeln oder ein kräftiger Bizeps keine Vorteile. Nur Witz und Beredsamkeit zählen.

Die Architektur des ursprünglichen Cyberspace gab diesen Gruppen etwas, das sie im realen Raum nicht fanden. Sie veränderte die Mischung aus Vor- und Nachteilen, die der Einzelne verbuchen kann. Der Sprachgewandte hatte größere, der Attraktive geringere Möglichkeiten als im realen Raum. Und verantwortlich dafür war die Architektur.

Ich habe so getan, als wäre all das nur für Menschen bedeutsam, die im realen Raum »benachteiligt« sind. Aber natürlich ist »benachteiligt« ein relativer Begriff.[8] Präziser ist es, wenn wir sagen, der Raum verändert die Bedeutung der Benachteiligung. Eine Freundin – eine auffallend schöne Frau, verheiratet, erfolgreich und eine starke Persönlichkeit – erzählte mir einmal, warum sie viele Stunden in politischen Chatrooms verbringt und dort mit anderen über politische Fragen aller Art diskutiert:

> Du kannst dich nicht in mich hineinversetzen. Du hast immer in einer Welt gelebt, in der man deine Worte so nimmt, wie du sie meinst. Was du sagst, wird genauso verstanden, wie du es meinst. Bevor ich diese Chatrooms kannte, habe ich nie einen Raum erlebt, in dem meine Worte so verstanden wurden, wie ich sie meinte. Es waren immer die Worte dieses »Mädchens« oder dieser »Frau« oder dieser »Mutter«. Ich habe nie als ich selbst sprechen können. Aber hier kann ich das.

Ganz offensichtlich bietet der Raum ihr einen Vorteil, auch wenn man nicht unbedingt sagen würde, im realen Raum sei sie »benachteiligt«.[9]

Mit wachsender Bandbreite veränderte sich auch diese Architektur und mit ihr die Mischung aus Vor- und Nachteilen. Als das Netz durch das World Wide Web die Übermittlung von Bildern ermöglichte, wurden die Blinden wieder »blind«. Als man Sprache und Audiodateien in den Avatar-Raum einführte, wurden die Tauben wieder »taub«. Und seit in Chatrooms auch Videoaufnahmen der Teilnehmer gezeigt werden, während andere sich weiterhin auf Text beschränken, sind die weniger Fotogenen auch wieder weniger anziehend.[10] Mit der Veränderung der Architektur verändert sich auch die Definition der »Benachteiligung«.

Ich sage nicht, das Netz solle sich nicht verändern – obwohl es das natürlich tun sollte, wenn eine Veränderung die nachteiligen Auswirkungen des Tons und der Grafik möglichst gering halten könnte.[11] Doch so wichtig das Problem der Benachteiligung auch ist, geht es mir hier eigentlich gar nicht darum. Ich möchte an diesem Beispiel lediglich einen Zusammenhang verdeutlichen: den Zusammenhang zwischen den Strukturen des Codes und der Welt, die durch diesen Code möglich wird. Codes konstituieren Cyberräume, und Räume bieten Individuen und Gruppen Vor- und Nachteile. Mit der Auswahl des Codes entscheidet man daher zumindest teilweise darüber, wer, was und vor allem welche *Lebensweise* bevorzugt oder benachteiligt wird.

CYBERORTE

Wir können diesen Gedanken weiter ausarbeiten, indem wir eine Reihe von »Gemeinschaften« betrachten, die unterschiedlich beschaffen sind und unterschiedliche Lebensweisen darstellen; anschließend wollen wir uns dann fragen, worin diese Unterschiede begründet sind.

AMERICA ONLINE

America Online (AOL) ist ein Online-Service-Provider – mit seinen 29 Millionen Mitgliedern 2001 der größte weltweit.[12] Obwohl die Mitgliederzahl (mindestens) sechs Mal so groß ist wie die Einwohnerzahl von Massachusetts, nennt AOL sich selbst eine »Gemeinschaft«. Eine große vielleicht, aber dennoch eine Gemeinschaft.

Diese Gemeinschaft besitzt eine Verfassung – nicht im Sinne eines schriftlichen Dokuments (obwohl es auch das gibt), sondern im Sinne einer das Leben ihrer Mitglieder prägenden Lebensweise. Die Vision, die bei der Gründung des Unternehmens Pate stand, war der Gedanke, einen Ort zu schaffen, der vom Gemeinschaftsgefühl lebt. Von Anfang an hat AOL sich daher bemüht, seinen Mitgliedern Chatrooms, Bulletin-Boards und E-Mail anzubieten. Andere Provider, die zu dieser Zeit noch von dem Gedanken an Inhalte und Werbung besessen waren, begrenzten oder ignorierten die Möglichkeiten der Interaktion und des Austauschs, während AOL in der Interaktion den Stoff sah, der die Besonderheit des Cyberspace ausmachte. Das Unternehmen schuf sich selbst, indem es eine Gemeinschaft schuf und sich als Ort etablierte, an dem die Menschen sagen konnten, was sie gern sagen wollten.[13]

Diese Interaktion wird von den Regeln des Ortes beherrscht. Manche dieser Regeln sind formal festgelegt, andere haben sich so ergeben. Zu den formalen Regeln gehören die Geschäftsbedingungen, denen jedes Mitglied beim Beitritt zustimmen muss. Sie regulieren ein breites Spektrum von Verhaltensweisen innerhalb dieses Raums, aber auch das Verhalten von AOL-Mitgliedern überall im Internet.[14]

Diese Regeln sind inzwischen recht umstritten. Man hat AOL vorgeworfen, die Firma geriere sich als »Big Brother«. Wenn Debatten hitzig werden, fallen gelegentlich grobe Bemerkungen. Aber Grobheiten und Beleidigungen sind in der AOL-Gemeinschaft verboten. Wenn solche Beiträge gelöscht werden, kommt der Vorwurf der »Zensur« auf.[15]

Ich möchte hier aber gar nicht die Regeln der »Netikette« kritisieren. AOL kennt noch andere Regeln, die das Verhalten der Mitglieder lenken – Regeln, die nicht ausdrücklich in Verträgen niedergelegt sind, sondern von den Architekturen des Raums bestimmt werden. Diese Regeln bilden den wichtigsten Teil der AOL-Verfassung, obwohl sie uns wahrscheinlich als Letztes in den Sinn kommen, wenn wir darüber nachdenken, wie das Verhalten an diesem Cyberort reguliert wird.

Darum wollen wir einige Beispiele betrachten:

Als AOL-Mitglied können Sie unter fünf verschiedenen Namen auftreten. Wenn Sie sich bei AOL anmelden, können Sie fünf »Benutzernamen« eintragen, die in Wirklichkeit fünf verschiedene »Konten« darstellen. Manche nutzen diese Möglichkeit natürlich, um anderen Familienmitgliedern unter eigenem Namen den Zugang zu AOL zu ermöglichen. Aber nicht alle tun das. Stellen Sie sich vor, eine alleinstehende Frau meldet sich bei AOL an. Dort erhält sie die Möglichkeit, sich fünf Identitäten zuzulegen, die sie vollkommen frei definieren darf – fünf Personen, die sie im Cyberspace darstellen kann.

Was bedeutet das? Ein Benutzername ist lediglich ein Namensschild, an dem man Sie erkennt, wenn Sie im System sind. Es muss nicht der echte Name sein (und ist es oft auch nicht). Wenn Sie sich den Namen StrayCat (streunende Katze) zulegen, können die Menschen Sie erreichen, indem sie eine E-Mail an die Adresse »straycat@-aol.com« schicken. Falls Sie online sind, können die Menschen versuchen, Kontakt mit Ihnen aufzunehmen, indem sie sich unter StrayCat an Sie wenden. Es erscheint dann auf Ihrem Bildschirm eine Anfrage, ob Sie mit der betreffenden Person sprechen wollen. Wenn Sie in einen Chatroom gehen, erscheint der Name StrayCat auf der Liste der anwesenden Teilnehmer.

Aber wer ist StrayCat? Hier haben wir eine zweite Dimension von Kontrolle. StrayCat ist das, was sie von sich sagt. Sie kann sich entscheiden, gar nichts über sich zu sagen. Wenn sie sich entschließt, eine Personenbeschreibung in das Mitgliederverzeichnis einzugeben, kann diese Beschreibung so vollständig oder unvollständig sein, wie sie nur möchte. Sie kann wahr oder falsch sein, ausführlich oder vage, anziehend oder nicht anziehend. Wenn jemand StrayCat zum Beispiel in einem Chatroom für Briefmarkensammler begegnet, kann er diese Beschreibung lesen und erfährt so, dass StrayCat eine alleinstehende Frau aus Cleveland ist. Was danach geschieht, soll jeder sich selbst ausmalen.

Dies ist jedoch nur eine von fünf Identitäten, die StrayCat sich zulegen kann. Nehmen wir an, sie möchte auch noch unter einer anderen Maske durch die Chatrooms wandern. Dann kann sie einen weiteren Benutzernamen wählen und die betreffende Person im Mitgliederverzeichnis so definieren, wie es ihr gefällt. Wenn sie eine ernsthafte Diskussion in einer Newsgroup führt oder sich in eine politische Liste einträgt, möchte sie vielleicht als die Person auftreten, die sie wirklich ist. Dann könnte sie einen Benutzernamen wählen, der ihrem echten Namen ähnelt, und sich im Mitgliederverzeichnis wirklichkeitsnah beschreiben. Bei anderer Gelegenheit möchte sie sich vielleicht als Mann ausgeben, sich auf eine virtuelle Travestie einlassen und auf all die Dinge, die sich daraus ergeben mögen. Dann könnte sie einen männlichen Benutzernamen wählen. Und so weiter. Entscheidend ist die Vielfalt, die AOL bietet, und die Freiheit, die damit verbunden ist.

Niemand außer StrayCat muss wissen, welche Benutzernamen sie außerdem noch führt. Von ihr wird nicht verlangt, eine vollständige Liste ihrer Identitäten zu veröffentlichen, und niemand kann herausfinden, wer sie ist (sofern sie nicht gegen die Regeln verstößt). (Seit AOL einmal den Namen eines Mitglieds an die U. S. Navy weitergab, so dass die Marine den Mann wegen seiner Homosexualität verfolgen konnte, verspricht AOL, dass so etwas nie mehr vorkommen werde und dass man in Zukunft den Schutz der Privatsphäre äußerst streng handhaben wolle.[16])

Bei AOL haben Sie also eine fantastische Möglichkeit, unter Pseudonymen aufzutreten, eine Möglichkeit, die Ihnen die »Programmierer« des realen Raums niemals bieten könnten. Natürlich könnten Sie auch im realen Raum mehrere Leben führen, und sofern diese Leben nicht vollkommen unvereinbar miteinander wären, kämen Sie damit wohl auch durch. Zum Beispiel könnten Sie im Sommer ein Baseballfan und im Winter ein Opernnarr sein. Aber falls Sie nicht äußerst vorsichtig sind, wird man Ihre wahre Identität in der realen Welt stets leicht aufdecken können. Sie können eine Figur nicht einfach definieren – sie müssen sie wirklich herstellen, und vor allem müssen Sie ständig dafür sorgen, dass die Trennung gegenüber ihrer wahren Identität erhalten bleibt.

Das ist ein erstes Merkmal der AOL-Verfassung, und dieses Merkmal basiert auf dem Code. Ein zweites Merkmal hat mit der Rede zu tun und mit dem, was Sie an welchen Orten sagen können.

In den Grenzen des Anstands können Sie, sofern Sie sich am rechten Ort befinden, bei AOL sagen, was sie gerne sagen möchten. Abgesehen von diesen Grenzen ist die Meinungsfreiheit bei AOL jedoch auf eine andere, interessantere Weise eingeschränkt. Und zwar nicht durch Regeln, sondern durch die Möglichkeit, ein entsprechendes Publikum zu erreichen. Es gibt Orte bei AOL, an denen Menschen zusammenkommen können; es gibt auch Orte, an denen Menschen Nachrichten hinterlassen und Nachrichten lesen können. Aber es gibt keinen Ort, an dem alle sich zur selben Zeit versammeln könnten, und nicht einmal einen Ort, an dem alle irgendwann einmal vorbeikommen müssen. Es gibt keinen öffentlichen Raum, in dem Sie sich an alle AOL-Mitglieder wenden könnten. Es gibt keine Stadthalle und keinen öffentlichen Versammlungsraum, in dem die Menschen sich beschweren und bei allen anderen Gehör verschaffen könnten. Es gibt keinen Platz, der groß genug für öffentliche Versammlungen oder auch gewalttätige Demonstrationen wäre. Die Besitzer von AOL dagegen können zu allen Mitgliedern sprechen. Steve Case, der »Bürgermeister«, schreibt nette Briefe an die Mitglieder.[17] AOL wirbt bei allen Mitgliedern und kann auch jedem eine E-Mail schicken. Aber nur die Besitzer und die von ihnen Beauftragten können das. Die übrigen AOL-Mitglieder können nur dann zu einer Menge sprechen, wenn sie eine Menge finden. Und nirgendwo können sich mehr als 23 Mitglieder zugleich versammeln.

Das ist ein weiteres Merkmal der AOL-Verfassung, und auch dieses Merkmal ist durch den Code definiert. Dass nur 23 Mitglieder gleichzeitig in einem Chatroom sein können, haben die Schöpfer des Codes so bestimmt. Dafür mag es viele Gründe gegeben haben, aber die Wirkung liegt auf der Hand. Man kann sich nur schwer vorstellen, dass AOL-Mitglieder sich zu einer hitzigen öffentlichen Aktion zusammenfinden, etwa, dass sie sich gemeinsam gegen eine Preiserhöhung wehren. Zwar gibt es Orte, an denen man sich beschweren kann, aber man muss sich schon selbst an diese Orte bemühen. Es gibt keinen Ort, an dem die Mitglieder sich gemeinschaftlich beschweren könnten.

Der reale Raum ist hier ganz anders. In den Gesetzen zum Schutz der Meinungsfreiheit geht es über weite Strecken um die Bereitstellung von Räumen, in denen abweichende Meinungen geäußert werden können – um Räume, die auch von Bürgern wahrgenommen werden, die diese abweichenden Meinungen nicht teilen.[18] Im realen Raum gibt es Orte, an denen die Menschen zusammenkommen und zum Beispiel Flugblätter verteilen können. Die Menschen haben ein Recht auf Bürgersteige, Straßen und andere traditionelle öffentliche Foren. Sie können dorthin gehen und sich über Fragen von öffentlichem Belang unterhalten oder auf andere Weise zum Ausdruck bringen, was sie wollen. Im realen Raum gibt die Verfassung den Engagierten wie auch den Abseitigen das Recht, in der Öffentlichkeit auf ihre Vorstellungen aufmerksam zu machen. Bei AOL ist so etwas nicht vorgesehen, sondern durch Designentscheidungen ausgeschlossen.[19]

Ich möchte die Möglichkeiten öffentlicher Foren im realen Raum nicht romantisch verklären. Unsere Gesellschaft ist so unpolitisch geworden, dass Sie als verrückt gelten, wenn Sie diese verfassungsmäßigen Rechte tatsächlich ausüben. Wenn Sie sich an eine Straßenecke stellen und gegen die neuesten Vorschläge zu einer Steuerreform agitieren, werden Ihre Freunde sich wahrscheinlich Sorgen machen, und zwar nicht um die Steuerreform, sondern um Ihren Gesundheitszustand. Es gibt Ausnahmen – manche Ereignisse fordern zu Protesten heraus – aber im Großen und Ganzen wird die Frage, was man an welchem Ort sagen kann, im realen Raum weniger durch Gesetze als durch soziale Normen bestimmt. Letztlich ist der reale Raum in dieser Hinsicht wahrscheinlich ganz ähnlich strukturiert wie AOL: Die Möglichkeiten wirkungsvoller öffentlicher Meinungsäußerung sind sehr begrenzt und oft bedeutungslos. Das mag so sein. Mir geht es jedoch darum, dieses Merkmal und seine möglichen Ursachen herauszuarbeiten. Und wieder einmal zeigt sich, dass dieses Merkmal auf dem Code basiert.

Ein drittes Merkmal der AOL-Verfassung hat gleichfalls mit dem Code zu tun, nämlich die Möglichkeit, die Aktivitäten der Mitglieder zu verfolgen. Solange Mitglieder sich im exklusiven AOL-Bereich aufhalten (also AOL nicht nur als Tor zum Internet benutzen), kann AOL ihre Aktivitäten verfolgen und Daten über ihr Verhalten sammeln (was ohne Zweifel auch geschieht). Welche Dateien Sie herunterladen, welche Bereiche Sie besuchen, wer Ihre »Buddies« sind – all das weiß AOL. Diese Daten sind äußerst wertvoll, denn sie eröffnen dem Unternehmen die Möglichkeit, das Angebot an den Bedürfnissen der Nutzer auszurichten. Diese Daten lassen sich aber nur deshalb sammeln, weil eine bestimmte Entscheidung hinsichtlich des Designs getroffen worden ist. Auch diese Entscheidung war Teil der AOL-Verfassung, basiert also auf dem Code. Sie verleiht einigen, aber nicht allen die Macht, das Verhalten der Mitglieder zu beobachten.

AOL behält diese Macht nicht vollständig für sich, sondern gibt sie in Teilen auch weiter. Zu den wunderbaren Möglichkeiten der Onlinewelt gehört die so genannte »Buddy-Liste«. Wenn jemand, der auf Ihrer Buddy-Liste steht, online geht, hören Sie das Geräusch einer zufallenden Tür und auf dem Bildschirm erscheint ein Hinweis, dass der Betreffende online ist. (Der »Buddy« braucht nicht zu wissen, dass er beobachtet wird, aber wenn er es weiß, kann er diese Möglichkeit auch abschalten.) Wenn die betreffende Person einen Chatroom besucht und Sie suchen sie, wird Ihnen mitgeteilt, in welchem Chatbereich sie sich gerade aufhält. Diese dem gewöhnlichen Nutzer gebotene Möglichkeit kann natürlich auch komplizierte Folgen haben. (Stellen Sie sich vor, Sie sitzen bei der Arbeit und erfahren nebenbei, dass Ihr Partner online geht, sich in einen Chatroom einwählt und – Sie haben schon verstanden.) Diese Überwachungsmöglichkeit ist in den Raum eingebaut. Der einzelne Nutzer kann sie zwar abschalten, soweit es andere Nutzer betrifft, aber das wird er nur tun, wenn er darüber nachdenkt und diese Überwachung als unangenehm empfindet.

Wir wollen nun ein letztes Merkmal der AOL-Verfassung betrachten, das mit dem vorigen eng verbunden ist: den elektronischen Handel. Bei AOL können Sie Dinge kaufen. Sie können Dinge kaufen, die Sie gleich herunterladen, oder Dinge, die Ihnen ins Haus geliefert werden. Alle Ihre Einkäufe erfolgen über den Benutzernamen, und wenn Sie etwas unter Ihrem Benutzernamen kaufen, weiß AOL (wenn auch sonst niemand anderes), wer Sie sind. AOL weiß, wer Sie sind und wo Sie im realen Raum wohnen – vor allem aber kennt man dort Ihre Kreditkartennummer.

AOL weiß, wer Sie sind – das ist Bestandteil des Designs. Ihr gesamtes Verhalten wird von AOL beobachtet, alles wird überwacht und zu Ihnen als Nutzer zurückverfolgt. AOL verspricht, keine Daten über Sie als Einzelnen zu sammeln, aber man sammelt Daten über Sie als Teil eines Kollektivs. Dank dieser Kollektivdaten und der Rückschlüsse auf Sie selbst kann AOL Ihnen leichter etwas verkaufen.

Durch die vier beschriebenen Merkmale unterscheidet sich AOL von anderen Orten im Cyberspace. AOL kann leichter herausfinden, wer Sie sind, während dies dem Einzelnen schwerer fällt. AOL kann leichter zu allen seinen »Bürgern« sprechen, während Dissidenten größere Schwierigkeiten haben, einen effektiven Widerstand gegen die Auffassungen von AOL zu organisieren. AOL kann leichter verkaufen, während es dem Einzelnen schwerer fällt, sich zu verstecken. AOL ist eine eigene normative Welt; das Unternehmen kann diese eigene Welt schaffen, weil es über die Architektur dieser Welt bestimmt. Die AOL-Mitglieder haben es in diesem Raum gewissermaßen mit anderen Naturgesetzen zu tun, die von AOL geschaffen worden sind.

Ich kritisiere hier nicht die Schaffung dieser Welt, und ich sage nicht, sie sei unschicklich. Ohne Zweifel verspricht AOL seinen Mitgliedern manches, das einige Bedenken hinsichtlich der Kontrollmöglichkeiten zu zerstreuen vermag. Und wenn das Unternehmen wirklich repressiv würde, stünden auf dem Markt genügend Alternativen bereit.

Ich möchte vielmehr deutlich machen, woran es liegt, dass AOL so ist, wie AOL eben ist. Es liegt nicht nur an den geschriebenen Regeln, nicht nur an den Gewohnheiten, und auch nicht nur an dem spezifischen Angebot und der Nachfrage des Publikums. Was AOL ausmacht, liegt zu einem großen Teil in der Struktur dieses Raums begründet. Sie loggen sich bei AOL ein und finden eine bestimmte Welt vor. Diese Welt wird durch einen Code konstituiert. Sie können sich diesem Code widersetzen – genauso, wie Sie schlechtem Wetter trotzen können, indem Sie sich entsprechend anziehen. Aber Sie können den Code nicht verändern. Sie haben nicht die Macht, den für AOL konstitutiven Code zu verändern, und es gibt keinen Ort, an dem Sie sich mit anderen AOL-Mitgliedern zusammentun können, um AOL zu zwingen, den Code zu ändern. Wenn Sie AOL nutzen wollen, müssen Sie sich an die dort geltenden Geschäftsbedingungen halten, und falls Ihnen das nicht gefällt, müssen Sie Ihr Glück woanders versuchen.

Die genannten Merkmale des AOL-Raums haben bedeutsame Folgen für die dort übliche Regulierung. Nehmen wir an, es gibt ein Problem bei AOL, das die Firma gerne abstellen möchte. Man möchte ein bestimmtes Verhalten verhindern oder zumindest kontrollieren. Welche Instrumente stehen dem Unternehmen dann zur Verfügung?

Zunächst einmal verfügt es über all die Mittel, die jedem Club, jedem Verein, jeder »Gemeinschaft« zu Gebote stehen: Man erlässt Regeln für die Mitglieder (und das tut AOL natürlich). Das Unternehmen kann aber auch versuchen, das betreffende Verhalten zu stigmatisieren und die Normen der Gemeinschaft zur Regulierung des Problems einzusetzen. Auch das tut AOL. Und wenn das Problem aus der übermäßigen Nutzung einer bestimmten Ressource resultiert, kann AOL die Nutzung dieser Ressource mit einem höheren Preis versehen, also eine Steuer erheben, die deren Nutzung reduziert, oder das Unternehmen verlangt nur für eine übermäßige Nutzung einen höheren Preis.

Aber AOL hat noch ein anderes Mittel zur Hand. Wenn dem Unternehmen ein bestimmtes Verhalten nicht genehm ist, kann es dieses Verhalten durch eine Änderung der Architektur regulieren. Falls die Firma zum Beispiel anstößige Ausdrucksweisen verhindern möchte, kann sie Routinen schreiben, die den Sprachgebrauch überwachen. Falls es zu einer unschicklichen Vermischung von Erwachsenen und Kindern kommt, kann AOL prüfen, wer mit wem spricht. Falls Viren auftreten, weil Nutzer infizierte Dateien in das System geben, kann die Firma die Dateien automatisch mit einem Virenscanner überprüfen, und falls jemand Beleidigungen oder Drohungen verbreitet, kann das Unternehmen ihn sperren.

Kurz gesagt, AOL kann bestimmte Probleme lösen, indem es den Code verändert. Da das Universum, das die AOL-Mitglieder kennen (wenn sie sich bei AOL eingeloggt haben), durch diesen Code bestimmt ist, kann AOL den Code benutzen, um das Verhalten der Mitglieder zu regulieren.

Denken Sie ein wenig über die Macht nach, die ich gerade beschrieben habe – und nochmals sei gesagt, ich kritisiere diese Macht nicht, ich beklage sie nicht und stelle sie nicht in Frage, sondern beschreibe sie nur. Wenn Sie sich durch den Raum bewegen, den AOL definiert – wenn Sie einen Chatroom betreten, eine Nachricht an ein Bulletin-Board schicken, sich in ein Diskussionsforum einloggen, einem anderen Mitglied eine Nachricht zukommen lassen, jemanden beobachten und seine Aktivitäten verfolgen, wenn Sie Dateien aufspielen oder herunterladen, sich in bestimmte Kanäle einwählen und bestimmte Artikel lesen oder wenn Sie den Raum wie besessen nach den Bildern einer bestimmten Schauspielerin durchsuchen – wenn Sie all das tun, ist AOL in einem sehr bedeutsamen Sinne *präsent*. Es ist, als liehe Ihnen das Unternehmen einen Raumanzug, mit dem Sie durch den Weltraum gleiten können, in dem sie aber zugleich auch ständig überwacht werden.

Im Prinzip sind die Kontrollmöglichkeiten gewaltig. Stellen Sie sich vor, AOL verlängert die Reaktionszeit bei einer Dienstleistung, deren Nutzung die Firma einschränken möchte. Oder man konfrontiert den Surfer mit einer bestimmten Werbung, oder man ermittelt bestimmte Verhaltensmuster, weil man befürchtet, dass Menschen mit dem Verhaltensmuster X gefährlich für Menschen mit dem Verhaltensmuster Y werden könnten. Ich glaube nicht, dass AOL solche Dinge tut, und ich behaupte nicht einmal, diese Dinge wären verwerflich. Wir müssen uns aber klar machen, dass die Kontrollmöglichkeiten in dieser »Gemeinschaft« unbegrenzt sind – und zwar nicht in dem Sinne, dass AOL das Leben zu einer Qual machen könnte (denn dann würden die Menschen wegbleiben), sondern insofern, als AOL über Kontrollinstrumente verfügt, die andere im realen Raum wie auch im Cyberspace nicht besitzen. Natürlich unterliegt diese Macht der Kontrolle des Marktes, aber AOL besitzt Kontrollmöglichkeiten, über die andere Marktteilnehmer außerhalb des Cyberspace nicht verfügen.

Im Prinzip muss AOL sich daher stets entscheiden. Wenn die Firma beschließt, ein bestimmtes Verhalten zu regulieren, muss sie unter mindestens vier Möglichkeiten wählen: Regeln, Normen, Preise oder Architektur. Und oft wird es am sinnvollsten sein, sich für die Architektur als Regulierungsinstrument zu entscheiden.

COUNSEL CONNECT

David Johnson gründete Counsel Connect (CC) 1992 als Online-Kooperative für Rechtsanwälte. Die Idee war einfach: Wenn man den Mitgliedern die Möglichkeit bot, untereinander Kontakt aufzunehmen und sich miteinander zu unterhalten, entstünde durch diesen Zugang und durch diese Gespräche ein Vorteil für alle. Die Anwälte könnten Anregungen geben und Anregungen finden. Dadurch entstünde eine neuartige Form juristischer Praxis: weniger isoliert, weniger exklusiv und auf breiterer Grundlage.

Mir erschien die Idee sehr einleuchtend, während andere sie für Unsinn hielten. Eine Zeit lang wurde das System von Lexis betrieben, dann aber an American Lawyer Media, L. P., verkauft, 1997 kam es ins Internet, und dort ist es noch heute. Es hat mehrere tausend Mitglieder, auch wenn sich nur schwer sagen lässt, wie viele sich an den Diskussionen beteiligen. Sicher verfolgen viele lediglich die Diskussion der anderen in jeweils drei oder vier Diskussionsgruppen zu speziellen Themen und einigen weiteren zu allgemeineren Themen.

Das System ist folgendermaßen aufgebaut: Zu den verschiedenen Rechtsgebieten gibt es Diskussionsgruppen, die jeweils von einem Diskussionsleiter betreut werden. Der Leiter ist kein Moderator, das heißt, er oder sie kann keine Diskussionsbeiträge löschen. Er soll das Gespräch in Gang halten, indem er die Teilnehmer zu Stellungnahmen ermuntert oder provoziert.

Heute gibt es etwa neunzig Gruppen in diesem Raum. Nur wer eine Nachricht geschickt hat, kann sie auch wieder löschen. Sonst bleibt sie stehen, zunächst in der aktuellen Liste, später dann im Archiv, das jedes Mitglied über eine Suchmaschine erschließen kann.

Die Mitglieder zahlen eine Gebühr und erhalten ein Konto, das auf ihren echten Namen lautet. Auch die Nachrichten sind stets mit dem echten Namen gezeichnet, und wenn man wissen möchte, wer jemand ist, kann man im Mitgliederverzeichnis nachsehen. Die Mitglieder müssen entweder zugelassene Anwälte oder Journalisten sein. Andere erhalten keinen Zugang – eine exklusive Gesellschaft.

Die Beiträge in diesem Raum haben große Ähnlichkeit mit den Beiträgen in einer USENET-Newsgroup. Jeder kann eine Diskussionsrunde, einen so genannten Thread, beginnen, und die darauf folgenden Reaktionen werden an das Original angehängt. Da Nachrichten nicht aus dem System genommen werden, kann man die gesamte Diskussion zu einer Frage lückenlos verfolgen.

Diese Merkmale des CC-Raums gehen offensichtlich auf sein Design zurück. Die Architekten des Raums haben entschieden, bestimmte Möglichkeiten zu schaffen und andere auszuschließen. Wir wollen einige Folgen dieser Entscheidungen aufzeigen.

Erstens wird von jedem Mitglied verlangt, unter seinem echten Namen aufzutreten. Das zwingt die Mitglieder, sorgfältig nachzudenken, bevor sie etwas sagen. Die Gemeinschaft beurteilt ihre Stellungnahmen, und jede Stellungnahme lässt sich stets mit ihrem Urheber verbinden. Diese Architektur erzieht zur Verantwortung, aber sie hemmt auch. Will ein Seniorpartner aus einer führenden Anwaltskanzlei wirklich eine Frage stellen, die verrät, dass er auf einem bestimmten

Rechtsgebiet nicht Bescheid weiß? Da niemand seine Unwissenheit hinter Anonymität oder einem Pseudonym verbergen kann, werden viele erst gar nicht sprechen.

Zweitens wird jede Diskussion in die Form eines Threads gezwungen, einer Kette aus Fragen und Antworten, Stellungnahmen und Reaktionen. Jemand beginnt eine Diskussion, indem er eine Frage stellt. Die Antworten werden angehängt. Wenn Sie sich an der Diskussion beteiligen wollen, müssen Sie erst die übrigen Reaktionen durchlesen, bevor Sie selbst Stellung nehmen. Natürlich ist das keine technische Notwendigkeit – Sie könnten auch antworten, ohne die übrigen Stellungnahmen durchzulesen. Aber dann könnte es sein, dass Sie etwas sagen, was ein anderer bereits gesagt hat, und die anderen würden denken, Sie sprechen, ohne zuzuhören. Die Verwendung des echten Namens bindet auch hier das Verhalten der Mitglieder an die Normen der Gemeinschaft.

Ein dritter Aspekt ist die Reputation: Das Ansehen, das Sie in diesem Raum erwerben, beruht auf den von Ihnen erteilten Ratschlägen. Ihre Reputation überdauert jede einzelne Stellungnahme und wird natürlich von jeder weiteren Stellungnahme beeinflusst. Ihre Beiträge werden archiviert und können mit einer Suchmaschine erschlossen werden. Falls Sie heute etwas zu einem Thema sagen und morgen zum selben Thema das Gegenteil, wird man Ihnen zumindest Widersprüchlichkeit vorwerfen können.

Viertens wird hier das Ansehen an einen realen Namen innerhalb einer realen Berufsgruppe geknüpft. Fehlverhalten, das Sie hier an den Tag legen, wird auch andernorts Folgen haben. CC nutzt also die Vorteile dieser Gemeinschaft, das heißt genauer: die Vorteile der Normen, die in dieser Gemeinschaft gelten. Diese Normen fördern ein relativ produktives Gemeinschaftsverhalten, produktiver jedenfalls als in einer Gemeinschaft, die aus den Mitgliedern verschiedener Berufsgruppen besteht. Sie können aber auch die Bestrafung abweichenden Verhaltens fördern. CC nutzt also den Vorteil gemeinschaftstypischer Sanktionen, um unerwünschtes Verhalten zu kontrollieren, während AOL auf seine eigene Politik hinsichtlich der Inhalte vertrauen muss, um sicherzustellen, dass die Leute brav beim Thema bleiben.

Wie die AOL-Welt, so können wir auch die CC-Welt auf zweierlei Weise beschreiben. Einerseits im Hinblick auf das Leben, das die Merkmale von CC ermöglichen – hochgradig dialogisch ausgerichtet und engagiert, aber überwacht und folgenreich. Andererseits im Hinblick auf die Regulierungsmöglichkeiten der Instanz, die das Leben in diesem Raum verwaltet. Und hier zeigt sich ein deutlicher Unterschied zu AOL.

CC vermag die Normen der Gemeinschaft wirkungsvoller zur Regulierung einzusetzen als AOL. CC profitiert von den Normen der Juristengemeinschaft, denn es weiß, dass jedes Fehlverhalten von dieser Gemeinschaft sanktioniert wird. Natürlich gibt es in diesem Raum »weniger« Verhalten als bei AOL (man tut dort weniger Dinge), aber bei CC wird das Verhalten sehr stark durch die Reputation der Mitglieder und durch die Tatsache reguliert, dass jedes Mitglied unter seinem echten Namen auftritt.

Diese Unterschiede haben Auswirkungen auf die Regulierungsmöglichkeiten. Bei CC kann die Regulierung auf andere Modalitäten als den Code zurückgreifen. Dort lässt sich das Verhalten eher durch Normen steuern als bei AOL. Umgekehrt ist die Kontrolle bei CC geringer als bei AOL (da die kontrollierenden Normen die der Juristengemeinschaft sind), aber es besteht auch kein so großes Erfordernis, das Verhalten der Mitglieder zu kontrollieren. Die Begrenzung der Mitgliedschaft auf eine bestimmte Berufsgruppe, der öffentliche Charakter des Verhaltens und dessen Verknüpfung mit dem echten Namen – das sind die Instrumente der Selbstregulierung in diesem virtuellen Raum.

In einer wichtigen Hinsicht jedoch entsprechen sich Counsel Connect und AOL. Beide sind nicht demokratisch. In beiden Fällen kontrolliert das Management, was in diesem Raum geschieht – und wiederum nicht ohne gewisse Zwänge, denn der Markt ist stets eine bedeutsame Größe. In keinem von beiden Fällen hat »das Volk« die Macht, das Geschehen zu kontrollieren. Vielleicht tut es das indirekt, bei CC noch eher als bei AOL, weil letztlich die Normen »des Volkes« das Verhalten bei CC regulieren. Allerdings lassen sich diese Normen nicht direkt gegen CC wenden. Die Entscheidungen der Manager bei

CC und AOL mögen von den Kräften des Marktes beeinflusst werden – Mitglieder können austreten, Konkurrenten Mitglieder abwerben –, aber Wahlen gibt es weder hier noch dort.

Das gilt nicht für den nächsten Cyberort oder jedenfalls nicht mehr.

LAMDAMOO

LamdaMOO ist eine virtuelle Realität, genauer gesagt: eine textbasierte virtuelle Realität. Menschen aus aller Welt (heute nahezu sechstausend) loggen sich in diesen Raum ein und interagieren so miteinander, wie der Raum es ihnen gestattet. Die Realität ist das Ergebnis dieser Interaktion. Der Einzelne kann an der Konstruktion dieser Realität teilnehmen – manchmal bis zu achtzig Stunden in der Woche. Für manche ist diese Interaktion der nachhaltigste menschliche Kontakt ihres ganzen Lebens. Für die meisten ist es eine Interaktion, die sie mit nichts vergleichen können, was sie bisher erlebt haben.

In der Hauptsache unterhalten sich die Menschen dort nur – aber ganz anders als in einem Chatroom bei AOL. In einem MUD dient die Konversation der Schaffung einer Figur und einer Gemeinschaft. Man interagiert zum Teil, indem man spricht, und dieses Sprechen ist mit einem Namen verbunden. Der Name samt der Erinnerung an sein Tun leben in dem Raum fort, und mit der Zeit lernen die anderen im Raum die Person über diese Erinnerungen kennen.

Das Leben in solchen MUDs ist ganz unterschiedlich. Elizabeth Reid beschreibt zwei verschiedene Stile[20] – ein soziales MUD und ein Abenteuer- oder Spiel-MUD. Soziale MUDs sind einfach Online-Gemeinschaften, in denen die Menschen miteinander reden und Figuren oder Elemente für das MUD erschaffen. Abenteuer-MUDs sind Spiele, bei denen man (virtuell) Preise oder Macht erlangt, indem man seine Fähigkeiten entwickelt, bestimmte Ressourcen zu erschließen oder Gegner zu besiegen. In beiden Fällen überdauert die Gemeinschaft die einzelne Interaktion. So entstehen virtuelle Clubs mit freilich unterschiedlichen Zielen. Durch ihr Verhalten im Club erwerben die Mitglieder Ansehen.

Um eine Figur zu schaffen, brauchen Sie lediglich einem MOO beizutreten (auch wenn die Wartezeit für eine Figur bei LamdaMOO mehrere Monate beträgt). Als Nächstes definieren Sie diese Figur. Zumindest bestimmen Sie einige Merkmale. Sie wählen einen Namen und ein Geschlecht (kein Geschlecht ist auch möglich) und erstellen eine Beschreibung. Manche Beschreibungen sind wenig aussagekräftig (Johnny Manhattan ist »groß und dürr und bleich wie Käse«).[21] Andere sind recht außergewöhnlich (Legba zum Beispiel ist ein durchtriebener haitianischer Geist unbestimmten Geschlechts, mit brauner Haut, einem teuren perlgrauen Anzug, Hut und Sonnenbrille).[22]

Für die nichtvirtuelle Welt hat Julian Dibbell die Geschichte dieses Raums in einem Artikel in *Village Voice* dargestellt.[23] Im Mittelpunkt des Artikels stand eine Figur namens Mr Bungle, hinter der, wie sich später herausstellte, eine Gruppe junger Studenten in New York stand. Bungle betrat eines Abends einen Raum und stieß dort auf eine Reihe von Figuren, die in dieser Welt recht bekannt waren. Ich kann die Geschichte nicht besser erzählen als Dibbell, aber für unsere Zwecke mögen ein paar Fakten genügen.[24]

Bungle besaß eine besondere Fähigkeit: Er hatte eine besondere Stellung in der LamdaMOO-Gemeinschaft erworben und verfügte nun über »Voodoo«-Kräfte. Er konnte Stimme und Handeln anderer Figuren übernehmen und den Eindruck erwecken, als täten sie Dinge, die sie in Wirklichkeit gar nicht taten. An diesem Abend gesellte Bungle sich zu einer Gruppe von Frauen und zumindest einer Person unbestimmten Geschlechts. Er nutzte seine Kräfte in diesem öffentlichen Raum und übernahm die Stimmen der anderen Figuren. Als sie unter seiner Kontrolle waren, »vergewaltigte« Bungle die Frauen auf brutale, sadistische Weise und ließ es so aussehen, als genössen sie die Vergewaltigung.

Die »Vergewaltigung« war insofern virtuell, als sie sich nur im Netz abspielte, »ohne Körperkontakt«, wie Dibbell vermerkt.

> Jedwede physische Interaktion bestand ausschließlich aus elektronischen Signalen, die ihren Ausgang auf Sites zwischen New York City und Sidney nahmen.

> … Er begann seinen Angriff gegen 22 Uhr pazifischer Standardzeit, ohne dazu im Mindesten provoziert worden zu sein. Mit Hilfe seiner Voodoo-Puppe zwang er eine der Bewohnerinnen des Zimmers, ihm auf mehr oder weniger konventionelle Weise sexuell zu Diensten zu sein. Dieses Opfer war exu … Dann wandte er sich Moondreamer zu … und zwang sie, gegen ihren Willen mit anderen Anwesenden zu verkehren … Er wurde immer brutaler … Er zwang Moondreamer, sich selbst mit einem Küchenmesser Verletzungen beizubringen. Man konnte ihn erst stoppen, als jemand Iggy herbeiholte … der eine mit Zauberkräften ausgestattete Pistole mitbrachte, eine Pistole, die nicht tötete, sondern den Getroffenen in einen Käfig sperrte, den selbst die Kräfte einer Voodoo-Puppe nicht zu sprengen vermochten.[25]

Die Verwendung des Ausdrucks »Vergewaltigung« ist in jedem Kontext eine schwierige Angelegenheit, und das gilt ganz besonders für den vorliegenden Fall. Manche werden einwenden, was immer da im virtuellen Raum geschehen sein mag, um eine Vergewaltigung habe es sich unter keinen Umständen gehandelt. Aber auch wenn »es« keine »Vergewaltigung« war, wird doch jeder einen Zusammenhang zwischen dem, was den Frauen geschah, und einer Vergewaltigung sehen. Bungle nutzte seine Macht, um die Frauen (gegen deren Willen) für seine sexuellen Begierden zu missbrauchen; er sexualisierte seine Gewalttätigkeit und verweigerte den Frauen selbst noch die Würde, ihren Protest dagegen sichtbar zu machen.

Für unsere Zwecke ist es nicht entscheidend, ob man diese Tat als Vergewaltigung einstufen kann oder nicht. Für uns ist hier die Reaktion der Gemeinschaft bedeutsam. Die Gemeinschaft war empört über Bungles Tat, und viele meinten, man solle etwas unternehmen.

Um über diese Frage zu diskutieren, trafen sich zu einem verabredeten Zeitpunkt an einem festgesetzten Ort gut dreißig Mitglieder der LamdaMOO-Gemeinschaft – die größte Versammlung, die man dort jemals erlebt hatte. Manche meinten, man solle Bungle ausstoßen, und aus der MOO-Perspektive hieß das: töten. Andere rieten, man solle gar nichts tun. Gewiss sei Bungle ein Widerling, aber es sei am besten, solche Leute zu ignorieren. Einige wandten sich an die

Zauberer – die Schöpfer oder Götter – des Raums und baten sie um Rat, wie man mit dieser Figur verfahren solle. Die Zauberer lehnten ab – ihre Aufgabe sei es, die Welt zu schaffen; die Mitglieder müssten lernen, darin zu leben.

Tatsächlich gab es kein Gesetz, das auf Bungles sexuelle Ausfälle hätte Anwendung finden können, weder im realen Raum noch in der LamdaMOO-Welt.[26] Viele, die eigentlich etwas tun wollten, fanden das beunruhigend. Mit Blick auf rechtsstaatliche Grundsätze argumentierten sie, Bungle könne nicht für die Übertretung eines Gesetzes bestraft werden, das zur Zeit der Tat noch keine Gültigkeit besaß.

Schließlich bildeten sich zwei Gruppen heraus. Die eine drängte auf Wachsamkeit. Bungle sei ein missratenes Geschöpf, man müsse etwas gegen ihn unternehmen. LamdaMOO solle auf diese Erfahrung allerdings nicht mit der Schaffung einer regulierten Welt reagieren. LamdaMOO brauche keinen Staat, sondern einige gute Wächter – Menschen, die dem Willen der Gemeinschaft Geltung verschafften, ohne dass ständig eine als Staat bezeichnete Zentralgewalt eingreife. Bungle solle ausgeschlossen oder getötet werden – und irgendjemand müsse es tun. Aber die Gemeinschaft solle sich bloß nicht als Staat konstituieren.

Die andere Gruppe setzte sich für die Schaffung einer Demokratie ein. Mit Hilfe der Zauberer solle LamdaMOO in Wahlen Gesetze bestimmen, die für das Verhalten der Menschen in diesem Raum verbindlich seien. Dabei könne über jede Frage abgestimmt werden; die demokratische Entscheidung solle durch keine Verfassung eingeschränkt werden. Das Ergebnis einer Abstimmung werde von den Zauberern umgesetzt, und von da an sei es Gesetz.

Beide Auffassungen hatten ihre Vorzüge. Und beide förderten gewisse Laster. Die Anarchie der ersten Lösung beschwor die Gefahr eines Chaos herauf. Man konnte sich leicht vorstellen, dass die Gemeinschaft sich ohne Vorwarnung gegen einzelne Mitglieder wandte, dass Wächter durch den Raum patrouillierten und, von keinem Gesetz gehindert, Figuren eliminierten, deren Tun ihnen »verbrecherisch« erschien. Für Mitglieder, die diesen Ort nicht ganz so ernst nahmen wie den realen Raum, war solch ein Kompromiss erträglich. Aber was die einen für tolerierbar hielten, war für die anderen unerträglich – wie die Erfahrung mit Bungle gelehrt hatte.

Die demokratische Lösung war nahe liegend, und dennoch waren viele dagegen. Der Gedanke, dass es in LamdaMOO Politik geben sollte, schien den Raum zu besudeln. Und die Vorstellung, über Ideen diskutieren und abstimmen zu müssen, war einfach nur lästig. Gewiss, dann gäbe es Gesetze und man könnte das Verhalten regulieren, aber das alles sah nach Arbeit aus. Und solche Arbeit ging auf Kosten des Spaßes, den LamdaMOO doch eigentlich bieten sollte.

Am Ende trat beides ein. Die Debatte an jenem Abend zog sich fast drei Stunden hin, ohne dass man zu einem klaren Ergebnis kam. Aber eine Lösung fand das Problem dennoch. Dibbell schreibt:

> Etwa an diesem Punkt dürfte Tom Traceback seinen Entschluss gefasst haben. Tom Traceback war ein Zauberer, ein schweigsamer Mensch, der den ganzen Abend brütend dabeigesessen hatte. Er hatte nicht viel gesagt, aber was er gesagt hatte, ließ darauf schließen, dass er das an exu und Moondreamer begangene Verbrechen sehr ernst nahm und dass er kein Verständnis für die Figur aufbrachte, die dieses Verbrechen begangen hatte. Andererseits hatte er auch klar gemacht, dass er die Eliminierung einer Figur gleichfalls für eine ernste Angelegenheit hielt und dass er keine Lust hatte, zu den Zeiten ständiger Eingriffe seitens der Zauberer zurückzukehren. Es muss ihm daher sehr schwer gefallen sein, die widerstreitenden Impulse in seinem Innern miteinander zu versöhnen. Und wahrscheinlich war dies sogar unmöglich, denn … so gerne er auch den Willen der MOO-Gemeinschaft vollstreckt hätte, [erkannte er gewiss, dass er unter den gegebenen Umständen] letztlich entweder allein handeln musste oder gar nichts tun konnte.
>
> Also handelte Tom allein.
>
> Er sagte den wenigen Spielern, die noch im Raum waren, er müsse gehen, und er ging. Das war eine oder zwei Minuten vor zehn. Er tat es still und ganz allein, aber dass er es getan hatte, erkannte man, wenn man den Befehl @who eingab, was man normalerweise tat, wenn man wissen wollte, wo ein Spieler sich gerade aufhielt und wann er sich zuletzt eingeloggt hatte. Wenn man nun, kurz nachdem Tom Traceback

> Emmelines Zimmer verlassen hatte, über @who nach Mr Bungle fragte, gab die Datenbank folgende Auskunft:
> »Mr_Bungle ist kein Name eines Spielers.«
> Das geschah am 1. April, aber es war kein Aprilscherz. Mr Bungle war wirklich tot und verschwunden.[27]

Als die Zauberer das bemerkten, machten sie eine völlige Kehrtwendung. Ohne förmlichen Beschluss durch die Bürger schufen sie ein demokratisches System. Ab dem 1. Mai 1993 konnte jede Frage zur Abstimmung gestellt werden,[28] und Vorschläge, die bei mehr als zwei Dritteln der Wähler Zustimmung fanden, wurden zum Gesetz erhoben.[29] Viele fragten sich, ob das nun ein Fortschritt war oder nicht.

Diese Geschichte wirft viele Fragen auf, selbst in meiner stark verkürzten Fassung.[30] Ich möchte mich hier auf das Gefühl des Verlusts konzentrieren, das die Entscheidung der Zauberer auslöste. Der Gedanke, Demokratie herzustellen, weckt romantische Gefühle – Kodak wirbt mit Berlinern, die weinend vor Glück den Fall der Berliner Mauer feiern. Romantisch ist hier die Idee der Selbstbestimmung und der Herstellung von Strukturen, die eine derartige Selbstbestimmung erleichtern. Als aber LamdaMOO sich zur Herstellung demokratischer Strukturen entschloss, war das nicht nur ein Erfolg, sondern auch eine Niederlage. Der Raum hatte versagt. Es war ihm nicht gelungen, sich selbst zu regulieren und bei seinen Bewohnern Werte zu verankern, die Entgleisungen wie die von Mr Bungle verhindert hätten. Die Debatte markierte den Punkt, an dem LamdaMOO von einem selbstregulierenden zu einem selbstbestimmt regulierten Raum überging.

Es mag seltsam erscheinen, dass der Übergang zur Demokratie als deprimierend empfunden wurde, aber solche Reaktionen sind im Cyberspace keineswegs ungewöhnlich. Katie Hafner und Matthew Lyon berichten von den Querelen um einen UNIX-Befehl namens FINGER, mit dessen Hilfe man feststellen konnte, wer den Computer zuletzt benutzt und ob der Betreffende seine E-Mail abgerufen hatte. Manche meinten (durchaus nachvollziehbar), dieser Befehl stelle einen unzulässigen Eingriff in die Privatsphäre dar. Wen geht es etwas an, wann ich zuletzt den Computer benutzt und ob ich meine E-Mail gelesen habe?

Ivor Durham, ein Programmierer von der Carnegie Mellon University, änderte den Befehl so ab, dass jeder Nutzer diesen spionierenden Finger ausschalten konnte. Und was passierte? »Durham wurde in E-Mails übel beschimpft. Er habe kein Rückgrat, handle sozial verantwortungslos, sei ein mieser Politiker – so und noch schlimmer lauteten die Vorwürfe. Dass er die Privatsphäre geschützt hatte, spielte keine Rolle. Man kritisierte ihn, weil ihm die Offenheit des Netzes gleichgültig war.«[31]

Die UNIX-Welt hat andere Werte. Diese Werte sind im UNIX-Code verkörpert. Wer den Code ändert, der verändert die Werte, und dagegen wandten sich die Mitglieder dieser Gemeinschaft.

Ähnlich war es bei den Veränderungen in LamdaMOO. Vor der Einführung der Abstimmungen wurde LamdaMOO von Normen reguliert. Die Regulierung der sozialen Strukturen wurde durch das Verhalten der einzelnen Bürger gestützt. Es handelte sich um die Regeln einer Gemeinschaft, und mit der Einführung der Demokratie brach diese Gemeinschaft zusammen. Zwar bleiben auch nach der Einführung der Demokratie Normen erhalten, doch ihr Status hat sich für immer verändert. Vor der Demokratie ließ sich ein Streit über die Geltung einzelner Normen nur durch Konsens beilegen – nämlich dadurch, dass bestimmte Auffassungen auf dezentrale Weise vorherrschten. In der Demokratie dagegen werden solche Probleme durch die Macht der Mehrheit gelöst – nicht dadurch, was die Mehrheit *tut*, sondern durch ihre Wahlentscheidung.

Ich habe diese kleine sonderbare Welt stärker romantisiert, als ich eigentlich vorhatte. Ich behaupte keineswegs, die LamdaMOO-Welt sei vor der Einführung demokratischer Strukturen besser gewesen als danach. Ich möchte nur auf eine bestimmte Veränderung aufmerksam machen. Wie CC, und anders als AOL, ist LamdaMOO ein Raum, in dem Normen regulierende Funktion ausüben. Doch im Unterschied zu CC ist LamdaMOO nun ein Raum, in dem die Mitglieder eine Kontrolle über die Umgestaltung der Normen haben.

Diese Kontrolle ist der entscheidende Punkt. Normen haben eine andere Bedeutung, wenn sie durch Wahlen verändert werden können. Und der Code hat eine andere Bedeutung, wenn man den Zauberern in Abstimmungen den Auftrag erteilen kann, die Welt zu verändern. Dieser Unterschied markiert den Übergang von einem normativen Raum zu einem anderen, von einer Regulierungsform zu einer anderen.

In allen drei Cyberräumen ist der Code eine regulierende Instanz, doch zugleich unterscheiden sich die drei Räume in wichtigen Punkten. Bei CC und LamdaMOO besitzen Normen eine Bedeutung, die sie bei AOL nicht haben; bei LamdaMOO besitzen demokratische Strukturen eine Bedeutung, die sie bei CC und AOL nicht haben. Und bei AOL besitzt die Überwachung eine Bedeutung, die sie bei CC und LamdaMOO nicht hat (weil beide die Daten ihrer Mitglieder weder für eigene noch für fremde kommerzielle Zwecke nutzen). Für alle drei Gemeinschaften ist der Code konstitutiv – wie Jennifer Mnookin über LamdaMOO sagt, wird dort »Politik durch Technologie realisiert«.[32] Auf Grund von Unterschieden im Code erfolgt die Konstituierung auf unterschiedliche Weise; dank des Codes sind manche Gemeinschaften dichter als andere. In einer dichten Gemeinschaft können Normen regulierende Funktion übernehmen.

Auch der letzte hier zu betrachtende Raum ist durch einen Code konstituiert, doch hat das »Management« hier geringere Möglichkeiten, die grundlegende Architektur zu verändern. Dieser Code ist der Code des Netzes – ein Internetprotokoll, das ein einzelner Anwender nur schwer verändern kann. Jedenfalls war es sehr schwer für mich.

.LAW.CYBER

Sein Name war IBEX, und niemand wusste, wer er war. Ich hätte es wahrscheinlich herausfinden können – da ich die nötigen Daten besaß, um ihn aufzuspüren –, aber nachdem er das getan hatte, was er tat, wollte ich gar nicht wissen, wer er war. Wahrscheinlich war er ein Student in meiner allerersten Lehrveranstaltung über den Cyberspace, und ich hätte ihn durchfallen lassen, denn ich war wütend über sein Treiben. Die Lehrveranstaltung behandelte das »Recht im Cyberspace«, und die erste Fassung dieser Lehrveranstaltung hielt ich in Yale.

Ich sage »die erste Fassung«, weil ich die einzigartige Möglichkeit hatte, diesen Kurs an drei außergewöhnlichen Law Schools zu halten – zunächst in Yale, dann an der University of Chicago und schließlich in Harvard. Drei sehr verschiedene Universitäten mit ganz unterschiedlicher Studentenschaft, aber ein Teil des Kurses war überall derselbe. Jedes Mal war eine »Newsgroup« mit dem Kurs verbunden – ein elektronisches Bulletin-Board, an das die Studenten Nachrichten über alle mit dem Kurs zusammenhängenden Fragen, aber auch zu sonstigen Themen schicken konnten. Mit solchen Beiträgen begann jeweils eine Diskussionsrunde, ein »Thread«, dem die Antworten, Reaktionen und Stellungnahmen angehängt wurden.

Diese Newsgroups bildeten gleichsam eine »Dialoggemeinschaft«, wie die Philosophen sagen. Es gab Räume, in denen eine Diskussion stattfinden konnte, aber alles, was gesagt wurde, wurde archiviert und anderen zugänglich gemacht wie bei CC. So viel zum Dialog. Die Gemeinschaft entstand mit der Zeit, wenn die Kursteilnehmer sich kennen lernten – sowohl in der Newsgroup als auch im realen Raum. In einem Jahr veranstalteten Kursteilnehmer zusammen mit anderen Studenten (die sich extern an der Newsgroup beteiligt hatten) eine Party, in einem anderen Jahr wurden die außerhalb stehenden Studenten ein Mal in den Kurs eingeladen. Aber in allen drei Jahren an allen drei Universitäten war klar, dass da drei Gemeinschaften entstanden, jeweils zu einem bestimmten Zeitpunkt und zumindest für einige Monate.

Das, wovon ich hier berichten möchte, geschah in Yale. Diese Universität hat eine sonderbare Law School – wenn auch sonderbar in positivem Sinne. Sie ist klein und wird von extrem klugen Leuten besucht, von denen viele gar nicht Rechtsanwalt werden wollen. Man versteht sich dort gerne als Gemeinschaft, und vom Dekan abwärts (keine in Yale gebräuchliche Ausdrucksweise) bemüht sich jeder, den Gemeinschaftsgeist unter den Studenten zu fördern und zu stärken.

Das gelingt auch weitgehend – zwar nicht im Sinne von ewigem Frieden, wohl aber insofern, als man überall diesen Gemeinschaftsgeist spürt. Die einen mögen es, andere widersetzen sich diesem Geist, aber dass man sich widersetzt, beweist immerhin, dass da tatsächlich etwas ist. Niemand würde sich der Gemeinschaft von Leuten in einem Überlandbus widersetzen.

Zu den außergewöhnlichen Einrichtungen der Yale Law School gehört die »Wand«. Die Wand ist ein Ort, an dem jeder allen anderen mitteilen kann, was er mitteilen möchte: eine Notiz über die Rechte der Schwulen in Yale oder einen Protest gegen die Behandlung von Gewerkschaftsmitgliedern durch die Universität. Politische Stellungnahmen finden sich ebenso wie Ansichten zu Rechtsfragen. Man kann auch auf solche Aushänge antworten, indem man auf dasselbe Blatt schreibt oder ein eigenes Blatt daneben hängt.

Die Wand fällt jedem Besucher der Law School sofort auf, denn sie befindet sich genau in ihrem Zentrum. Inmitten eines neugotischen Baus ist eine Wand, an der in chaotischem Durcheinander zahllose Zettel hängen. Davor stehen Studenten, die lesen, was andere ihnen zur Kenntnis geben möchten. Dieser Ort ist gleichsam der Speaker's Corner von Yale, nur dass keine Redner zu finden sind, sondern Texte. Durch rhetorische Künste ist wenig zu gewinnen – wer hier etwas erreichen will, muss durch den Inhalt überzeugen.

Eine Regel ist jedoch unumstößlich: Alle Mitteilungen müssen namentlich gezeichnet sein; unsignierte Mitteilungen werden entfernt. Ursprünglich bedeutete die Regel natürlich, dass Mitteilungen von ihrem Autor unterzeichnet werden müssen. Aber da in Yale jede Regel tausend Fragen aufwirft, ist ein Brauch entstanden, wonach anonyme Mitteilungen zugelassen sind, sofern ein anderer sie unterzeichnet (»unterzeichnet, aber nicht verfasst von X«). Durch die Unterschrift erhält die Nachricht den Herkunftsnachweis, den sie braucht, um an der Wand zu überleben.

Die Gründe für diese Regel sind klar, aber auch die Probleme, die daraus erwachsen. Nehmen wir an, Sie möchten den Dekan wegen einer seiner Entscheidungen kritisieren. Der Dekan ist zwar sehr nett, aber auch sehr mächtig. Deshalb möchten Sie die Kritik lieber ohne

Ihre Unterschrift veröffentlichen. Oder nehmen wir an, Sie möchten Ihre umstrittenen politischen Ansichten kundtun. Wenn Sie das mit Ihrer eigenen Unterschrift tun, könnten Sie sich den Zorn Ihrer Kommilitonen zuziehen. Meinungsfreiheit bedeutet ja nicht Folgenlosigkeit, und wer seine Meinung frei äußert, muss oft mit Zorn, Herabsetzung oder Ächtung rechnen.

Anonymität bietet einen Ausweg aus diesem Dilemma. Unter dem Schutz der Anonymität kann man getrost sagen, was man möchte. Für manche Menschen ist das Recht, sich anonym zu äußern, unter gewissen Umständen durchaus sinnvoll.

Dennoch kann eine Gemeinschaft gute Gründe haben, Anonymität nicht zuzulassen. Sie kann Schutz bieten, wenn jemand eine unpopuläre Meinung kundtut, aber auch, wenn jemand sich verantwortungslos äußert. Oder verleumderisch. Oder beleidigend. Womöglich wollen Sie die Politik des Dekans kritisieren oder aber auch einen Kommilitonen fälschlich des Betrugs bezichtigen. In beiden Fällen profitieren Sie von der Anonymität, aber die Gemeinschaft hat gute Gründe, Äußerungen wie die zweite nicht zuzulassen.

Soweit ich weiß, äußerte IBEX sich niemals an der Wand, wohl aber in der Newsgroup, die zu meinem Kurs gehörte. Die Newsgroup stand allen in Yale offen. Anders als die Wand, erlaubte die Technologie jedoch jedem, selbst zu bestimmen, ob er oder sie anonym blieb oder nicht. »IBEX« war natürlich ein Pseudonym. An der Wand wäre ein Pseudonym ebenso unzulässig gewesen wie eine unsignierte Mitteilung; dort musste man mit seinem echten Namen unterzeichnen. In Newsgroups dagegen ist eine unter Pseudonym gesendete Nachricht etwas ganz anderes als eine anonyme Nachricht. Mit der Zeit nämlich lernt man den Charakter eines Pseudonyms kennen. In dem Kurs jenes Jahres hatten wir außer IBEX auch andere Pseudonyme wie SpeedRacer, MadMacs, CliffClaven, Aliens, Blah und Christopher Robbin. Auch wenn manche Kursteilnehmer wissen mochten, wer sich hinter bestimmten Pseudonymen verbarg (so wussten wir alle, wer MadMacs war, aber nur wenige kannten SpeedRacer), besaß jedes Pseudonym doch einen Charakter, der auch dann deutlich wurde, wenn man nicht wusste, um wen es sich in Wirklichkeit handelte.

IBEX hatte einen schlechten Charakter. So viel war von Anfang an klar. Bevor IBEX auftauchte, herrschte ein reges Leben in der Newsgroup. Anfangs waren die Menschen ängstlich und förmlich gewesen. Besonders Tapfere steuerten eine Idee oder einen Witz bei. An dieser Idee oder diesem Witz entwickelte sich ein Gespräch. Nach ein paar Wochen wurde die Konversation sehr intensiv. Es entstanden bestimmte Muster. Einige stellten Fragen, andere wussten eine Antwort. Manche stotterten zunächst ein wenig, aber dann begannen auch sie allmählich flüssig zu sprechen.

An der Art, wie sie sprachen, konnte man sogleich bestimmte Dinge erkennen. Zunächst einmal sprachen Kursteilnehmerinnen hier mehr als im Kurs. Vielleicht nicht statistisch signifikant, aber doch erkennbar mehr.[33] Zweitens kristallisierten sich Helfer heraus und solche, denen geholfen wurde. So entstand ein Online-Kurs – ein echter Kurs, der sich auch als solcher verstand und von dem man als Lehrer im wirklichen Raum nur träumen kann, den man hier aber niemals erlebt.

Warum das Ganze geschah, habe ich niemals herausgefunden. Vielleicht wirkte Una Smith als Katalysator. Ich habe diesen Kurs drei Mal gehalten. Jedes Mal (und ganz ohne mein Zutun) beteiligte sich solch eine Una Smith an der Newsgroup. In Yale war sie eine reale Person, aber später dann ein Typus. Immer war es eine Frau von außerhalb des Kurses, sie kannte sich bestens im Netz und im USENET aus, und stets kam sie in meinen (virtuellen) Kurs, um den anderen zu sagen, wie sie sich dort verhalten sollten. Wenn jemand gegen eine Regel des Netzes verstieß, wies Una ihn zurecht. Oft wurde diese Zurechtweisung nicht gerade gut aufgenommen (schließlich handelte es sich um Jurastudenten). Bald tat man sich zusammen, um die Zurechtgewiesenen zu verteidigen und die Kritikerin aufzufordern, die von ihr formulierten Regeln zu begründen. Da sie sehr geschickt war, gelang es ihr meist, gute Begründungen für ihre Regeln zu liefern. Diese Diskussionen schufen bald einen Kristallisationspunkt für den ganzen Kurs. Una hatte ihren Ärger auf sich gezogen, und der Kurs gewann dadurch an Zusammenhalt.

Etwa anderthalb Monate nach dem Beginn des Kurses erreichte die Gruppe einen Höhepunkt. Den besten, den sie je erreichte. Ich erinnere mich noch genau. An einem frühen Nachmittag im Frühjahr bemerkte ich, dass jemand die erste Zeile eines Gedichts gesendet hatte. Am Ende des Tages hatte der Kurs das Gedicht ohne jede Koordination fertig gestellt. Die Kommunikation hatte bereits Rhythmus gehabt, jetzt reimte sie sich sogar. Die Newsgroup war quicklebendig, und alle waren ehrlich überrascht von diesem Raum.

Zu diesem Zeitpunkt tauchte IBEX auf. Ich glaube, es geschah, kurz nachdem wir im Kurs die Frage der Anonymität behandelt hatten, so dass seine spätere Behauptung, er habe eine pädagogische Funktion erfüllt, durchaus zutreffen mag. Doch er erschien unmittelbar nach einer Kursstunde – und wie es schien nur, um einen anderen Kursteilnehmer zu attackieren. Nicht seine Ideen, sondern ihn persönlich. Sein Angriff war so bösartig und so ausschweifend, dass ich zunächst gar nicht wusste, was ich davon halten sollte. Ich traute meinen Augen nicht.

Sogleich verstummte die Kommunikation in der Newsgroup. Sie hörte einfach auf. Niemand sagte ein Wort, als hätte jeder Einzelne Angst, das Ungeheuer, das den Raum betreten hatte, könnte sich als Nächstes auf ihn stürzen. Bis das Opfer selbst reagierte, mit Worten, die erkennen ließen, dass der Angriff getroffen hatte. IBEX' Anwürfe hatten wehgetan. Das Opfer war zornig und verletzt – und schlug zurück.

Doch diese Salve löste nur eine weitere boshafte Reaktion aus, noch gemeiner als die vorige. Und nun konnten auch andere Kursteilnehmer sich nicht mehr zurückhalten. Eine ganze Reihe von Teilnehmern warf IBEX vor, er verstecke sich feige hinter einem Pseudonym, und bezeichnete seine Äußerungen als krank. Das alles zeigte keine Wirkung. IBEX meldete sich immer wieder und setzte seine hässlichen Anwürfe unablässig fort.

Der Raum hatte sich verändert. Das Gespräch versiegte, die Leute blieben weg. Manche zweifellos deshalb, weil sie angewidert waren; andere wohl, weil sie Angst hatten, selbst zur Zielscheibe der Angriffe zu werden. Kurze Zeit taten die Teilnehmer sich zusammen, um gemeinsam gegen IBEX vorzugehen, doch als er immer wiederkam, von Mal zu Mal boshafter, blieben die meisten einfach weg. (Einmal erklärte IBEX, man habe ihm Unrecht getan: In der Woche zuvor habe er nichts gesendet, aber jemand habe unter seinem Namen etwas an die Newsgroup geschickt und ihn diffamiert. Die Kursteilnehmer zeigten wenig Mitgefühl.)

Aber nicht nur der Online-Kurs veränderte sich. Auch im Kurs selbst spürte ich eine veränderte Atmosphäre. Man hatte das Gefühl, der Betreffende sei im Raum, auch wenn niemand recht glauben wollte, es könne ein Student der Yale Law School sein. Da gab es einen Kommilitonen, der seinen wahren Charakter in der realen Welt hinter einem Lächeln oder einem Scherz versteckte, aber im Cyberspace seiner Boshaftigkeit freien Lauf ließ. Und schon der Gedanke, dass sich hinter einem Lächeln so viel Böses verbergen konnte, ließ jedes gewöhnliche Lächeln in ganz anderem Licht erscheinen.

Manche sprachen von einem »David-Lynch-Effekt« – in Anspielung auf den Filmregisseur, der die verrottete Gesellschaft hinter den frisch getünchten Fassaden beschreibt. Wir sahen in unserem Kurs die verrottete Gemeinschaft hinter dem Lächeln fleißiger Studenten. Auch in unserem Kreis befand sich ein (wenn auch vergleichsweise zahmer) Jake Baker. Der Raum hatte ein Verhalten zugelassen, das die Gemeinschaft zerstörte – eine Gemeinschaft, die dieser Raum selbst geschaffen hatte. Die Gemeinschaft verdankte ihre Entstehung zum Teil der Möglichkeit, anonym zu bleiben, sich hinter einem segensreichen Pseudonym zu verstecken, zu verbergen, dass man ängstlich war oder dass man gerade nicht zuhörte. Diese Anonymität hatte die Gemeinschaft zu dem gemacht, was sie war. Aber dieselbe Anonymität hatte auch IBEX hervorgebracht und so die Gemeinschaft wieder zerstört.

DIE BEDEUTUNG DER ARCHITEKTUREN UND DIE UNTERSCHIEDE ZWISCHEN DEN RÄUMEN

Was ich zu Beginn des Kapitels gesagt habe, dürfte jetzt erst in seiner ganzen Bedeutung klar geworden sein: Der Cyberspace ist nicht ein Ort, sondern viele Orte. Diese Orte haben keine einheitliche Natur.

Sie sind vielmehr ganz unterschiedlicher Natur. Und diese Natur ist nicht vorgegeben, sondern gemacht. Sie basiert (zumindest zum Teil) auf der Architektur der verschiedenen Räume. Diese Architekturen sind gleichfalls nicht vorgegeben, sondern von den Architekten des Cyberspace – den Urhebern des Codes – geschaffen worden.

Die oben beschriebenen Räume sind ganz verschieden. Wegen dieser Unterschiede habe ich sie beschrieben. Ich wollte Sie auf den unterschiedlichen Charakter dieser Räume hinweisen und auch auf die Gründe für diese Unterschiede.

An manchen Orten gibt es Gemeinschaften, das heißt eine Reihe von Normen, die sich innerhalb der Gruppe selbst durchsetzen. Sichtbarkeit (im Unterschied zu Anonymität) und Beständigkeit fördern die Entstehung solcher Normen, wohingegen Anonymität, Unbeständigkeit und große Vielfalt die Entstehung einer Gemeinschaft erschweren.

Wo Gemeinschaften sich nicht selbst tragen, werden Normen durch Regeln ergänzt, die entweder über den Code durchgesetzt oder durch demokratische Prozesse anerkannt werden. Diese Ergänzungen können normativen Zwecken dienlich sein, gelegentlich treten sie aber auch in Konflikt mit dem Ziel der Gemeinschaftsbildung.

Wenn wir die Vielfalt der Räume stark vereinfachen und sie in einer einzigen Dimension ordnen wollen, könnten wir dafür die Dimension der Möglichkeit äußerer Kontrolle heranziehen. Eine »Gemeinschaft« im hier verwendeten Sinne wäre dann eine Gruppe, die selbst in der Lage ist, ihre Normen bei ihren Mitgliedern durchzusetzen. In dieser Hinsicht sind alle beschriebenen Gruppen verletzlich – und am verletzlichsten ist die Newsgroup .law.cyber. Aber von .law.cyber über CC, LamdaMOO bis hin zu AOL nimmt die Möglichkeit zu, der Gruppe von außen Normen aufzuzwingen. Bei .law.cyber kann jeder den Vorschlag machen, neue Normen einzuführen oder bestehende Normen zu ändern, aber zu einer Gruppennorm wird eine Norm erst dann, wenn die ganze Gruppe sie für wertvoll hält und akzeptiert. Eine äußere Kontrolle ist nicht möglich.

Größer ist diese Möglichkeit schon bei CC, auch wenn CC wie AOL den Zwängen des Marktes unterworfen ist. In beiden Fällen kann das

Management den Code zur Durchsetzung bestimmter Ziele verändern, aber wenn diese Ziele sich allzu weit von den Vorstellungen der Mitglieder entfernen, bleiben diese möglicherweise weg. Daher hat AOL größere Kontrollmöglichkeiten als CC, denn da das Spektrum der Verhaltensweisen bei AOL breiter ist, kann auch das Spektrum möglicher Regeln dort breiter sein.

Bei LamdaMOO ist die Situation etwas komplizierter. Nichts bindet Menschen wirklich an ein spezielles MOO. (Es gibt Tausende davon, und bei den meisten ist der Zugang frei.) Da Figuren in einem MOO meist nicht gekauft, sondern verdient werden, da das wiederum viel Zeit kostet und Figuren nicht mitgenommen werden können, fällt es Mitgliedern eines erfolgeichen MOO nicht leicht, in ein anderes MOO zu wechseln. Sie können weggehen – aber so, wie Sowjetbürger einst weggehen konnten, nämlich ohne irgendetwas von dem mitzunehmen, was sie in ihrer bisherigen Welt aufgebaut haben.

In diesem Sinne sind die Teilnehmer eines MOO am verletzlichsten für Veränderungen, die von außen aufgezwungen werden. Da die Welt des MOO (wie AOL) vollständig durch den Code bestimmt ist (und zwar entweder kollektiv oder individuell), sind hier die Möglichkeiten einer äußeren Kontrolle am größten.

KONTROLLE UND IHRE FOLGEN

Unser Blick auf diese unterschiedlichen Räume sollte dem Gedanken, wonach es auf die Architektur ankommt, eine gewisse Tiefe verleihen und aufgezeigt haben, inwiefern der Code im Cyberspace bestimmte Lebensformen ermöglicht oder erschwert. Cyberräume unterscheiden sich nicht nur im Ausmaß der möglichen Regulierung, sondern auch in ihren Werten und in der Art der möglichen Regulierung. Manche Räume können sich bei der Regulierung auf Normen stützen; der Code kann das ändern. Manche Räume lassen sich nicht durch Normen regulieren, und mitunter vermag der Code auch das zu ändern. Bei den regulierenden Normen kann es sich um Normen des realen Raums oder um solche des Cyberspace handeln. Und wie wir am Beispiel Jake Bakers gesehen haben, kann die Architektur des Cyberspace die Möglichkeit bieten, vor den Regeln des realen Raums in ganz anders geregelte Räume zu flüchten. Es gibt viele Wahlmöglichkeiten, aber es handelt sich eben um *Wahlentscheidungen*.[34]

Wenn wir der unsichtbaren Hand freien Lauf lassen, werden diese Wahlentscheidungen nach den Interessen der Wirtschaft im Netz getroffen werden. In manchen Fällen wird sicher der Staat diesen Interessen Grenzen setzen, aber wir müssen selbst darüber nachdenken, wie wir mit den Wahlentscheidungen umgehen wollen, mit denen man uns konfrontieren wird, und wie wir die Wertkonflikte lösen können, die in diesen Räumen auftreten werden.

Wir haben jeweils zwei Möglichkeiten. Wir können den Cyberspace dem realen Raum angleichen und dort dieselben Werte einbringen, oder wir können dem Cyberspace ganz andere Werte und Eigenschaften verleihen.

Man kann nicht allgemein sagen, welche Wahl wir treffen sollten. Falls wir uns aber entscheiden, die Werte des realen Raums auch im Cyberspace zu verwirklichen, müssen wir darüber nachdenken, wie das geschehen kann. Und falls wir uns für andere Werte entscheiden wollen, fragt sich, für welche.

Im nächsten Kapitel werde ich der Frage nachgehen, wie andere Werte geschaffen werden können. Es basiert auf dem Gedanken der »Regulierung« im weiteren Sinne. Mit diesem weiter gefassten Verständnis können wir sehen, welche Kontrolle unter Umständen möglich ist. Im achten Kapitel werden wir uns mit einigen Grenzen solch einer Kontrolle befassen.

Beide Kapitel handeln davon, wie wir mit unseren Wahlmöglichkeiten umgehen können. In diesem Kapitel ging es um die Unterschiede in den Cyberräumen, die aus solchen Wahlentscheidungen hervorgehen. Im dritten Teil des Buches werden wir der Frage nachgehen, welche Unterschiede wir wollen und welche wir vermeiden sollten. Wir werden dort gleichsam diese Wahl in die Praxis umsetzen.

7. REGULIERUNGS-INSTRUMENTE

Der Engländer John Stuart Mill war einer der einflussreichsten politischen Philosophen des neunzehnten Jahrhunderts. Seine Schriften reichten von wichtigen Werken über Logik bis hin zu einem nach wie vor bemerkenswerten Text über *Die Hörigkeit der Frau*. Bleibenden Einfluss sicherte er sich jedoch mit einer relativ kleinen Schrift *Über Freiheit*. Dieses 1859 erschienene kraftvolle Plädoyer für Freiheit und Meinungsvielfalt ist eine bedeutende Darstellung liberalen und libertären Denkens in der zweiten Hälfte des neunzehnten Jahrhunderts.

In Amerika hat der Ausdruck »libertär« eine spezielle Bedeutung und geht in der Regel mit einer ausgeprägten Aversion gegen den Staat einher.[1] Nach Ansicht heutiger Vertreter libertären Denkens verkörpert der Staat eine große Bedrohung für die Freiheit, privates Handeln dagegen nicht. Die Anhänger dieses Denkens möchten daher die Macht des Staates verringern. Wenn man das Übermaß an Staat beschneidet, ist die Freiheit der Gesellschaft gesichert, sagen sie.

Mills Ansichten waren nicht so eng. Er war ein Verteidiger der Freiheit und ein Gegner aller Kräfte, die sie unterdrückten. Diese Kräfte beschränkten sich indes nicht auf den Staat. In seinen Augen wurde die Freiheit ebenso durch Normen bedroht wie durch den Staat, ebenso durch Stigmatisierung und Intoleranz wie durch staatliche Unterdrückung. Er wandte sich daher auch gegen diese privaten Formen der Unterdrückung und des Zwangs. Er verteidigte die Freiheit gegen freiheitsfeindliche Normen, denn im England seiner Zeit stellten diese Normen die eigentliche Bedrohung für die Freiheit dar.

Wichtig ist vor allem Mills Methode, der auch wir folgen sollten. Er fragte: Was bedroht die Freiheit, und was können wir dagegen tun?

Die Frage lautete also nicht nur: Welche Bedrohung stellt der *Staat* für die Freiheit dar? Denn auch anderes als der Staat kann die Freiheit bedrohen, und gelegentlich besteht dieses andere eher in privatem als in staatlichem Handeln.

Die Gefahren für die Freiheit verändern sich. Im England des späten neunzehnten Jahrhunderts mögen Normen das Problem gewesen sein – in den Vereinigten Staaten der ersten beiden Jahrzehnte des zwanzigsten Jahrhunderts war es die Unterdrückung der Meinungsfreiheit.[2] Die Arbeiterbewegung gründete auf dem Gedanken, dass der Markt zuweilen eine Bedrohung für die Freiheit darstellt – nicht nur wegen niedriger Löhne, sondern auch, weil die marktförmige Organisation schon als solche bestimmte Freiheiten ausschaltet.[3] In anderen Gesellschaften und zu anderen Zeiten ist der Markt dagegen möglicherweise nicht der Feind, sondern der größte Förderer der Freiheit.

Statt abstrakt an einen Gegner zu denken, sollten wir daher konkret klären, was die Freiheit an einem bestimmten Ort zu einer bestimmten Zeit bedroht. Und das gilt insbesondere für die Freiheit im Cyberspace. Denn ich behaupte, der Cyberspace birgt eine neue Bedrohung für die Freiheit in sich. Nicht neu in dem Sinne, dass noch kein Theoretiker sie bemerkt hätte – sie ist durchaus bemerkt worden[4] –, sondern neu insofern, als sie neuerdings zu einem drängenden Problem geworden ist. Wir erkennen langsam, dass sich im Cyberspace eine neue, mächtige Regulierungsinstanz herausbildet, und wir sehen noch nicht recht, wie wir sie kontrollieren können.

Diese Regulierungsinstanz ist der Code – oder allgemeiner: die vom Menschen geschaffene Umwelt sozialen Lebens, ihre Architektur.[5] In der Mitte des neunzehnten Jahrhunderts bedrohten Normen die Freiheit, Anfang des zwanzigsten Jahrhunderts war es dann der Staat, und innerhalb des zwanzigsten Jahrhunderts stellte lange Zeit der Markt eine Bedrohung für die Freiheit dar. Ich behaupte nun, wir sollten uns am Ende des zwanzigsten und zu Beginn des einundzwanzigsten Jahrhunderts Sorgen wegen einer anderen Regulierungsinstanz machen: wegen des Codes.

Ich sage nicht, wir sollten uns nun nur noch hierauf konzentrieren und es gäbe statt des alten nur noch einen einzigen neuen Feind. Vielmehr glaube ich, wir müssen auf einer allgemeineren Grundlage verstehen, wie Regulierung funktioniert. Wir dürfen uns dabei nicht auf die Einflüsse einer einzelnen Instanz – des Staates, der Normen oder des Marktes – beschränken, sondern müssen diese Faktoren in ihrem wechselseitigen Verhältnis sehen.

Dieses Kapitel soll uns solch einem allgemeineren Verständnis näher bringen.[6] Es lädt dazu ein, über den Staat als mögliche Bedrohung hinauszublicken. Von jeher drohen der Freiheit nicht nur vom Staat Gefahren, und das gilt gerade auch für den Cyberspace.

DAS LEBEN EINES PUNKTS

Man kann auf mancherlei Art über das Verfassungsrecht und über die Grenzen nachdenken, die es staatlichem Handeln setzt. Ich möchte darüber aus der Sicht des Objekts solcher Regulierung nachdenken. Das Objekt der Regulierung sei durch einen Punkt dargestellt, der (unscheinbare) Punkt steht also für jemanden (für Sie oder mich), der diversen regulierenden Zwängen unterworfen ist. Durch die Beschreibung der verschiedenen Zwänge und Einschränkungen, denen dieses Wesen unterworfen ist, hoffe ich verständlich machen zu können, wie diese Zwänge zusammenwirken.

Hier ist der Punkt.

Wie wird dieser Punkt »reguliert«?

Beginnen wir mit einem einfachen Beispiel: mit dem Rauchen. Welchen Beschränkungen sind Sie unterworfen, wenn Sie rauchen möchten? Welche Faktoren *regulieren* Ihre Entscheidung, zu rauchen oder nicht zu rauchen?

Eine Einschränkung ist gesetzlicher Art. Zumindest an manchen Orten ist das Rauchen gesetzlichen Bestimmungen unterworfen. Wenn

Sie unter 18 sind, dürfen Ihnen in den USA nach dem Gesetz keine Tabakwaren verkauft werden. Falls Sie noch nicht 26 sind, muss der Verkäufer sich Ihren Ausweis zeigen lassen. An manchen Orten ist das Rauchen gesetzlich verboten, zum Beispiel am O'Hare Airport, in Flugzeugen oder in Aufzügen. Zumindest auf zweierlei Art sollen also Gesetze das Rauchverhalten steuern. Sie erlegen denen, die rauchen möchten, gewisse Beschränkungen auf.[7]

Das sind aber nicht die wichtigsten Zwänge, denen Raucher ausgesetzt sind. Wer in den Vereinigten Staaten raucht, spürt deutlich, dass seine Freiheit reguliert wird, wenn auch nur in geringem Maße durch Gesetze. Es gibt keine Raucherpolizei, und Rauchergerichte sind auch nicht gerade häufig zu finden. Das Rauchen wird in den Vereinigten Staaten vor allem durch Normen reguliert. Demnach zündet man sich in einem privaten Kraftfahrzeug keine Zigarette an, ohne vorher die Mitfahrenden um Erlaubnis zu bitten. Normen bestimmen aber auch, dass man bei einem Picknick nicht um Erlaubnis zu fragen braucht, wenn man rauchen möchte, dass andere Sie im Restaurant bitten können, nicht zu rauchen, oder dass man bei den Mahlzeiten niemals raucht.

In Europa herrschen vollkommen andere Normen. Dort sind die Normen bezüglich des Rauchens sehr freizügig und begünstigen den Raucher. In den Vereinigten Staaten erlegen sie ihm jedoch gewisse Beschränkungen auf, und wir können sagen, diese Beschränkungen *regulieren* das Rauchverhalten.

Doch nicht nur Gesetze und Normen regulieren das Verhalten von Rauchern. Auch der Markt spielt eine Rolle. Der Preis von Zigaretten beschränkt Ihre Möglichkeit zu rauchen. Wenn der Preis sich ändert, dann ändert sich auch diese Beschränkung. Dasselbe gilt für die Qualität: Wenn der Markt zahlreiche Zigarettenmarken unterschiedlicher Qualitäten und Preise anbietet, vergrößern sich Ihre Wahlmöglichkeiten – und größere Wahlmöglichkeiten bedeuten geringere Einschränkungen.

Schließlich gibt es noch Beschränkungen, die gewissermaßen aus dem technischen Aspekt der Zigaretten bzw. ihres Angebots resultieren.[8] Filterlose Zigaretten bringen größere Einschränkungen für das

Rauchen mit sich als Filterzigaretten, falls Sie sich Sorgen um Ihre Gesundheit machen. Nikotinbehandelte Zigaretten machen süchtig und sorgen daher für größere Beschränkungen als unbehandelte Zigaretten. Rauchlose Zigaretten sind dagegen mit weniger Einschränkungen verbunden, weil man sie an mehr Orten rauchen kann. Zigaretten mit einem starken Duft sind wiederum mit mehr Einschränkungen verbunden, weil man sie an weniger Orten rauchen kann. Die Beschaffenheit der Zigarette beeinflusst also in vielfältiger Weise die Einschränkungen, mit denen der Raucher zu rechnen hat. Ihre Beschaffenheit, ihr Zuschnitt, ihr Design, mit einem Wort: ihre *Architektur*.

Unser kleiner Punkt wird also von vier einschränkenden Faktoren reguliert: von Gesetzen, von sozialen Normen, vom Markt und von der Architektur. Die »Regulierung« des Punkts ist die Summe dieser vier Einschränkungen. Wenn eine davon sich verändert, hat dies Auswirkungen auf die Regulierung insgesamt. Manche Einschränkungen verstärken die übrigen, andere verringern sie. Ein vollständiges Bild erhält man nur, wenn man sie gemeinsam betrachtet.

Also wollen wir sie gemeinsam betrachten:

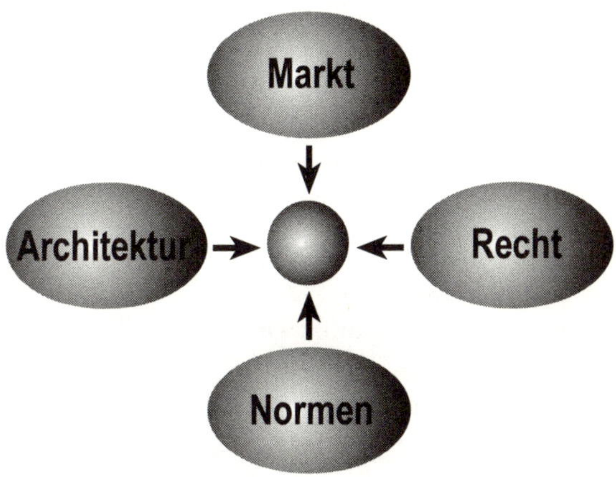

In dieser Abbildung steht jedes Oval für eine bestimmte Art von Beschränkungen oder Zwängen, die auf den kleinen Punkt in der Mitte einwirken. Jede Einschränkung erlegt dem Punkt bestimmte Kosten für das jeweilige Verhalten auf – in unserem Fall für das Rauchen. Die

Kosten von Normen sind andere als die des Marktes, und dessen Kosten unterscheiden sich wiederum von den Kosten, die das Recht oder eine (krebsfördernde) Architektur der Zigaretten mit sich bringt.

Die Zwänge sind zwar verschieden, aber es besteht eine enge wechselseitige Abhängigkeit zwischen ihnen. Sie können einander unterstützen oder gegeneinander arbeiten. Technologien können Normen und Gesetze untergraben, aber auch stärken. Manche Einschränkungen machen andere erst möglich; sie können andere aber auch unmöglich machen. Trotz ihres Zusammenwirkens haben sie jeweils ihre eigene Wirkungsweise. Normen arbeiten mit der Stigmatisierung durch die Gemeinschaft, Märkte mit Preisen, Architekturen mit physischen Erschwernissen, und das Recht schließlich arbeitet mit der Androhung von Strafen.

Jeden dieser Zwänge können wir als regulierende Instanz mit einer ganz eigenen Regulierungsweise begreifen. Die Regulierungsweisen sind komplex, und die Wechselwirkung zwischen ihnen lässt sich nur schwer beschreiben. Im Anhang gehe ich etwas genauer darauf ein. Hier genügt die Feststellung, dass sie miteinander verbunden sind und dass sie gemeinsam die Regulierung bewirken, der unser kleiner Punkt ausgesetzt ist.

Dasselbe Modell gilt auch für die Regulierung des Verhaltens im Cyberspace.

Das Verhalten im Cyberspace wird erstens vom Recht reguliert. Das Urheberrecht, das gesetzliche Verbot, andere zu diffamieren, oder das Jugendschutzgesetz drohen auch hier Strafen an, falls gegen ihre gesetzlichen Regelungen verstoßen wird. Wie gut oder wie wirksam die rechtliche Regulierung dabei funktioniert, ist eine andere Frage – in manchen Fällen ist sie wirkungsvoller, in anderen weniger wirkungsvoll als im realen Raum. In jedem Fall droht auch hier das Recht mit bestimmten Folgen, sollte es nicht beachtet werden. Der Gesetzgeber erlässt Gesetze,[9] die Strafverfolgungsbehörden ahnden Verstöße,[10] die Gerichte verurteilen.[11]

Das Verhalten im Cyberspace wird zweitens von Normen reguliert. Wenn Sie in einer Newsgroup über Stricken eine politische Diskussion beginnen, wird man Sie mit tadelnden E-Mails bombardieren. Wenn

Sie in einem MUD Figuren anderer Teilnehmer usurpieren, wird man Sie hinauswerfen,[12] und wenn Sie sich in einer Diskussionsgruppe allzu oft zu Wort melden, könnte es sein, dass man Sie durch einen Filter aussperrt. In all diesen Fällen wird das Verhalten durch die Vorstellungen einer Gemeinschaft und durch die Androhung von Sanktionen reguliert.

Drittens wird das Verhalten im Cyberspace von Märkten reguliert. Preise beschränken den Zugang, und wo sie das nicht tun, tritt an ihre Stelle oft die Meldung, der Server sei überlastet. (Das konnte man auf drastische Weise erfahren, als AOL eine Flatrate einführte.[13]) Bestimmte Bereiche im Web verlangen inzwischen Zugangsgebühren, wie es die Onlinedienste eine Zeit lang getan haben. Die Werbewirtschaft bevorzugt gut besuchte Sites, und Onlinedienste schließen schlecht besuchte Foren. All diese Verhaltensweisen sind Reaktionen auf Marktkräfte – der Markt fungiert hier als Regulator.

Und viertens schließlich wird das Verhalten im Cyberspace auch von einem Pendant zur Architektur reguliert: vom *Code*. Die Software und die Hardware, die den Cyberspace zu dem machen, was er ist, erlegen dem Verhalten gewisse Beschränkungen auf. Die Art der Beschränkungen variiert, aber man erlebt sie als Bedingungen des Zugangs zum Cyberspace. An manchen Orten (bei Onlinediensten wie AOL zum Beispiel) müssen Sie ein Passwort eingeben, bevor Sie Zugang erhalten, während Sie sich anderswo dafür gar nicht ausweisen müssen.[14] An manchen Orten hinterlassen Ihre Transaktionen Spuren, die zu Ihnen zurückführen, an anderen lässt sich diese Möglichkeit ausschalten.[15] An einigen Orten können Sie Ihre Nachrichten verschlüsseln,[16] an anderen nicht.[17] All diese Eigenschaften werden vom Code, von der Software, der Architektur, den Protokollen bestimmt, und diesen Code haben die Autoren der Software festgelegt. Sie bestimmen das Verhalten, indem sie manche Verhaltensweisen möglich und andere unmöglich machen. Der Code verkörpert gewisse Werte und schließt andere Werte aus. In diesem Sinne stellt er eine Regulierung dar, die ähnlich funktioniert wie im realen Raum die Regulierung durch Architektur.

Diese vier Regulierungsweisen bestimmen den Cyberspace in derselben Weise, wie sie auch den realen Raum bestimmen. Sie sorgen hier wie dort für ein Gleichgewicht. William Mitchell schreibt dazu (wobei er allerdings den Markt übergeht):

> Architektur, Recht und die herrschenden Sitten sorgen [im realen Raum] für die Aufrechterhaltung eines bestimmten Gleichgewichts. Wenn wir Cyberspace-Gemeinschaften schaffen, müssen wir uns um einen ähnlichen Ausgleich bemühen – auch wenn dieser sich hier nicht in architektonischen Arrangements, sondern in Softwarestrukturen und elektronischen Zugangskontrollen manifestiert.[18]

Recht, Normen, Markt und Architekturen bringen in ihrer Wechselwirkung jene Umwelt hervor, in der wir uns als »Netizens«, als Bürger des Netzes, bewegen. Und die Autoren des Codes sind, wie Ethan Katsh es ausgedrückt hat, die »Architekten«.[19]

Aber wie lässt sich dieses Gleichgewicht zwischen den Regulierungsweisen herstellen und aufrechterhalten? Welche Werkzeuge stehen uns zu Gebote, um ein anderes Konstrukt zu erlangen? Wie lässt sich das für den realen Raum typische Wertegemisch auf den Cyberspace übertragen? Und wie lässt es sich verändern, falls wir es verändern möchten?

ÜBER DEN STAAT UND SEINE REGULIERUNGSINSTRUMENTE

Ich habe vier Arten von Zwängen oder Einschränkungen beschrieben, die das Verhalten des Einzelnen »regulieren«. Dabei sind diese Zwänge im sozialen Leben nicht einfach vorgegeben. Sie stammen weder aus der Natur, noch sind sie von Gott gesetzt. Sie alle können verändert werden, auch wenn das gelegentlich kompliziert sein mag. Das Recht kann bei solchen Veränderungen eine wichtige Rolle spielen, mit der ich mich in diesem Abschnitt befassen will.

Ein einfaches Beispiel soll den Grundgedanken verdeutlichen. Nehmen wir an, der Diebstahl von Autoradios sei ein Problem – kein unbedingt sehr großes, aber doch ein so häufiges und so teures, dass eine stärkere Regulierung nötig erscheint. Man könnte die Strafe für den Diebstahl von Autoradios so weit erhöhen, dass diese Straftat sich wegen der hohen Risiken für den Täter nicht mehr lohnt: Lebenslang für den Diebstahl eines Autoradios. Wenn Diebe wüssten, dass sie dafür womöglich lebenslang hinter Gitter müssten, wäre es für sie nicht mehr sinnvoll, Autoradios zu stehlen. Die vom *Gesetz* ausgesprochene Strafandrohung reichte aus, das unerwünschte Verhalten zu unterbinden.

Eine solche Gesetzesänderung wäre indes nicht die einzige Möglichkeit. Man könnte auch die Architektur der Autoradios verändern. Stellen Sie sich vor, die Hersteller von Autoradios programmierten ihre Geräte so, dass sie jeweils nur in einem einzigen Auto funktionierten. Ein Sicherheitscode stellte eine Verbindung zwischen dem Radio und dem betreffenden Auto her, und falls das Radio herausgenommen würde, ließe es sich nicht mehr benutzen. Dies wäre eine Beschränkung für den Diebstahl von Autoradios durch den Code, denn ein gestohlenes Radio funktionierte nicht mehr, und wie die Androhung einer lebenslangen Haftstrafe, so könnte auch dieses Mittel das unerwünschte Verhalten verhindern.

Dieselbe Beschränkung lässt sich also mit verschiedenen Mitteln erreichen, und diese Mittel sind mit unterschiedlichen Kosten verbunden. Die Androhung einer lebenslangen Freiheitsstrafe könnte für den Staat teurer kommen als die Veränderung der Architektur der Autoradios (je nachdem, wie viele Menschen weiterhin Autoradios stehlen und wie viele erwischt werden). Im Hinblick auf Steuergelder könnte es also sinnvoller sein, nicht das Recht, sondern den Code zu ändern. Diese Kostenüberlegungen würden auch dem symbolischen Gehalt des Gesetzes entsprechen: Eine so extreme Strafe für ein vergleichsweise geringfügiges Delikt wäre barbarisch. Die Werte stützten also die effizientere Reaktion. Der Code wäre das beste Regulierungsinstrument.

Kostenaspekt und Werte müssen aber nicht immer so gut zusammenpassen wie in diesem Beispiel. Nehmen Sie das vom Obersten Gerichtshof gebrauchte hypothetische Beispiel einer lebenslangen Freiheitsstrafe für Parksünder.[20] Ganz gleich, welche Veränderung am Code man sich vorstellte, die Gesetzesvariante wäre wohl in jedem Fall die wirkungsvollste Lösung (wenn es allein darum ginge, das Falschparken zu verhindern). Wahrscheinlich würden nur sehr wenige Menschen tatsächlich lebenslang ins Gefängnis wandern, denn sie würden ihr Verhalten dem Gesetz anpassen. Aber dieses »effiziente Ergebnis« kollidiert mit anderen Werten. Wenn es schon barbarisch wäre, für den Diebstahl eines Autoradios lebenslang ins Gefängnis zu müssen, dann wäre eine lebenslange Freiheitsstrafe für Parksünder gewiss noch barbarischer. Die regulierende Instanz verfügt über mehrere Mittel, ihr Regulierungsziel zu erreichen, aber die jeweils betroffenen Werte müssen keineswegs immer mit dem effizientesten Mittel in Einklang stehen. Die effizienteste Antwort kann auch ungerecht sein, das heißt, sie kann mit den Werten in Konflikt geraten, die den Normen oder dem Recht (der Verfassung) der Gesellschaft zu Grunde liegen.

Juristen ignorieren die übrigen regulierenden Instanzen gerne und fragen sich meist nicht, in welcher Weise das Recht deren Regulierungsfunktion beeinflussen kann. Viele tun so, als wären die drei übrigen Regulierungsweisen einfach gegeben, und das Recht müsse sich nach ihnen ausrichten.[21]

Man braucht nicht lange nachzudenken, um zu erkennen, dass solch eine verengte Sicht absurd ist. Es gab Zeiten, da galten diese anderen Regulierungsweisen als feste Größen: Man meinte, gesellschaftliche Normen ließen sich durch staatliches Handeln nicht verändern,[22] der Markt sei letztlich unregulierbar,[23] oder die Kosten für die Veränderung des Codes im realen Raum seien so hoch, dass er als Regulierungsinstrument nicht in Frage käme.[24] Heute sehen wir jedoch, dass auch diese Zwänge und Beschränkungen formbar sind,[25] dass sie wie das Recht verändert und selbst reguliert werden können.

Dafür gibt es zahlreiche Beispiele. Denken Sie etwa an den Markt: Obwohl so oft vom »freien Markt« die Rede ist, gibt es kaum einen Lebensbereich, der stärker reguliert wäre.[26] Der Markt wird nicht nur in einzelnen Elementen vom Recht reguliert – das Recht garantiert die Einhaltung von Verträgen, sichert Eigentum, reguliert die Währung –, sondern auch in seinen Wirkungen. Das Recht setzt Steuern ein, um den vom Markt geschaffenen Druck gegen bestimmte Verhaltensweisen zu mobilisieren, und Subventionen, um andere Einschränkungen abzuschwächen. Wir belegen Zigaretten mit Steuern, um den Konsum zu senken, und subventionieren die Tabakindustrie, um das Angebot zu vergrößern. Wir erheben Steuern auf Alkohol, um den Verbrauch zu senken. Wir subventionieren die Versorgung der Kinder, um den vom Markt erzeugten Druck auf diesem Gebiet abzumildern. Das Recht wird also in vielfältiger Weise eingesetzt, um Zwänge des Marktes zu verändern.

Auch die regulierende Wirkung der Architektur lässt sich durch das Recht verändern. Denken Sie an den Americans with Disabilities Act, der die gesellschaftliche Eingliederung von Behinderten fördern soll.[27] Viele Behinderte stoßen im Alltag immer wieder auf unüberwindbare Hindernisse. Wenn ein Gebäude nur über Treppen erreichbar ist, können Rollstuhlfahrer nicht hinein. Die Treppen stellen eine Beschränkung für Behinderte dar, die in das Gebäude möchten. Das Gesetz zwingt nun die Bauherren, das Design eines Gebäudes so zu verändern, dass Behinderte nicht ausgeschlossen werden. Hier verändert also das Recht bestimmte Einschränkungen, die aus dem Code des realen Raums erwachsen.

Andere Beispiele zeigen diesen Zusammenhang noch deutlicher:

- Einen Teil ihres Erfolgs verdankte die Französische Revolution den architektonischen Eigenheiten von Paris: Die engen, verwinkelten Gassen der Stadt ließen sich leicht verbarrikadieren, so dass die Revolutionäre mit vergleichsweise geringen Kräften die Kontrolle über die Stadt erringen konnten. Louis Napoleon III. erkannte das, und so begann er 1853, diesen Zustand zu ändern.[28] Paris wurde teilweise neu erbaut, mit breiten Boulevards und zahlreichen Durchgängen, so dass es Aufrührern sehr viel schwerer fallen würde, die Kontrolle über die Stadt zu erlangen.
- Wie jedes Schulkind in Amerika lernt, legte Lafayette Washington so an, dass eine Invasion erschwert wurde. Noch interessanter ist jedoch die Anordnung des Weißen Hauses im Verhältnis zum Kapitol. Der Abstand beträgt eine Meile, und damals war dies eine Meile

durch schwieriges (weil sumpfiges) Gelände. Der Abstand sollte als Barriere dienen und den Kontakt zwischen Kongress und Präsident ein wenig erschweren, damit es der Exekutive nicht so leicht fiel, die Legislative zu kontrollieren.

- Derselbe Gedanke leitete in Europa die Entscheidung, an welchem Ort die Verfassungsgerichte angesiedelt werden sollten. In ganz Europa haben die Verfassungsgerichte ihren Sitz nicht in der jeweiligen Hauptstadt. Das deutsche Verfassungsgericht befindet sich nicht in Berlin, sondern in Karlsruhe, das tschechische nicht in Prag, sondern in Brünn. Der Grund hat abermals mit geographischen Einschränkungen zu tun. Die räumliche Entfernung soll sicherstellen, dass Regierung und Parlament nicht so leicht Druck auf das Verfassungsgericht ausüben können und umgekehrt das Verfassungsgericht nicht so leicht der Versuchung erliegt, solchem Druck nachzugeben.
- Dieses Prinzip ist keineswegs auf die große Politik beschränkt. In Straßen, auf denen häufiger Kinder spielen, baut man Schwellen in die Fahrbahn ein, die dazu zwingen, langsam zu fahren. Die Schwellen dienen demselben Zweck wie eine Geschwindigkeitsbegrenzung oder eine Norm, langsam zu fahren, doch sie erreichen dieses Ziel, indem sie die Architektur so verändern, dass sie die Regulierungsfunktion übernimmt.
- Die Regulierung muss nicht einmal sichtbar sein. Robert Moses baute die Brücken auf Long Island so schmal, dass Busse sie nicht passieren können. Daher können Afroamerikaner, die eher auf den öffentlichen Nahverkehr angewiesen sind, die öffentlichen Strände auf Long Island nur schwer erreichen.[29] Eine boshafte, aber durchaus vertraute Form der Regulierung durch Architektur.
- Das Prinzip funktioniert auch außerhalb des staatlichen Bereichs. Eine große amerikanische Fluggesellschaft bemerkte, dass die Passagiere Montagmorgens besonders unwillig darauf warteten, dass ihr Gepäck aus der Maschine geholt wurde. Sie waren deutlich ungeduldiger als die Passagiere zu anderen Zeiten, obwohl die Wartezeit im Durchschnitt nicht länger war. Die Gesellschaft ging nun dazu über, die Maschinen Montagmorgens in größerer Entfernung von der Gepäckhalle zu parken, so dass die Passagiere ihr Gepäck bereits vor-

fanden, wenn sie den nun längeren Weg vom Flugsteig zur Gepäckhalle zurückgelegt hatten. Der Ärger wegen des Gepäcks war damit aus der Welt geschafft.

- In einem großen Hotel in einer amerikanischen Stadt beklagten sich viele Gäste über zu langsame Fahrstühle. Daraufhin brachte man neben den Fahrstuhltüren Spiegel an – und die Klagen hatten ein Ende.

In all diesen Beispielen wird eine architektonische Einschränkung verändert, um ein kollektives oder soziales Ziel zu erreichen. Über einem der Tore der Weltausstellung von 1933 in Chicago stand der Spruch (der sich allerdings auf die Wissenschaft bezog): »Wissenschaft erforscht: Technologie führt aus: Der Mensch gehorcht.«[30]

Das Recht vermag auch gesellschaftliche Normen zu verändern, selbst wenn die amerikanische Rechtsprechung auf dem Gebiet des Verfassungsrechts in weiten Teilen so tut, als hätte sie vergessen, wie das geht.[31] Das deutlichste Beispiel hierfür ist die Erziehung. Thurgood Marshall schreibt: »Erziehung erschöpft sich nicht in der Vermittlung von Wissen. Sie soll die jungen Menschen zu vollgültigen Bürgern und Staatsbürgern machen, sie lehren, wie sie mit ihren Mitbürgern zusammenleben können, und ihnen Achtung vor dem Gesetz einflößen.«[32] Erziehung ist zumindest in Teilen ein Prozess, in dem wir unseren Kindern gewisse Verhaltensnormen einimpfen – wir lehren sie etwa, inwiefern sie nein zu Sex und Drogen sagen sollen. Wir versuchen, in ihnen einen Sinn für rechtes Handeln zu wecken. Dieser Sinn reguliert dann ihr Verhalten nach den Vorstellungen des Rechts.

Tatsächlich ist diese Erziehung in weiten Teilen durch Gesetze reguliert. So befürchten die Konservativen, der Sexualkundeunterricht werde die Norm sexueller Enthaltsamkeit verändern. Ob das nun zutrifft oder nicht, das Gesetz wird ganz gewiss dazu verwendet, die Normen der Kinder zu beeinflussen. Wenn die Konservativen Recht haben, schadet das Gesetz dem Gebot der Enthaltsamkeit. Wenn die Liberalen Recht haben, wird es benutzt, um sichere Sexualpraktiken zu propagieren. In jedem Fall haben die Normen ihre eigenen Zwänge, und das Gesetz zielt darauf ab, diese Zwänge zu verändern.

Wenn ich sage, das Recht spielt eine Rolle, dann heißt das keineswegs, dass es immer eine positive Rolle spielt. Das Recht kann Normen untergraben oder stärken, und ich behaupte nicht, Letzteres sei häufiger der Fall als Ersteres.[33] Ich möchte diese Rolle lediglich verdeutlichen, nicht loben oder kritisieren. Zuerst soll es um die Beschreibung gehen, die Bewertung folgt später.

In allen Fällen wählt das Recht zwischen einer direkten und einer indirekten Regulierung. Die Frage ist: Welches Mittel vermag den Zielen der regulierenden Instanz angesichts der zu berücksichtigenden (normativen oder materiellen) Zwänge am ehesten zu dienen? Diesen Gedanken können wir durch eine Abänderung der zweiten Abbildung verdeutlichen:

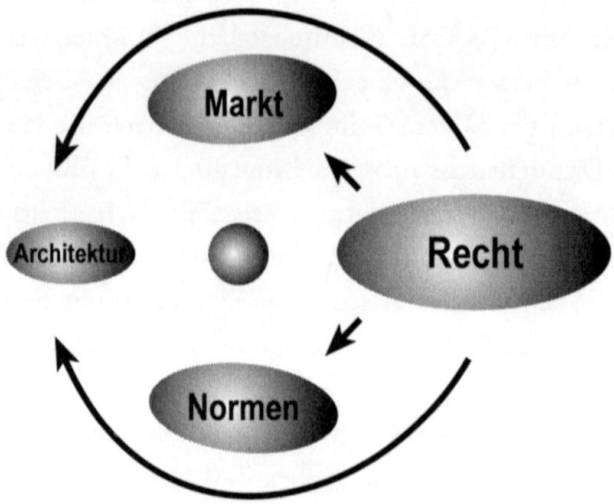

Das sollte einigermaßen klar sein, zumal sich zahlreiche Beispiele anführen lassen:

Sicherheitsgurte: Wenn der Staat möchte, dass die Bürger im Auto Sicherheitsgurte anlegen,[34] kann er ein Gesetz verabschieden, das die Benutzung solcher Gurte zur Pflicht macht (das Recht reguliert das Verhalten auf direktem Wege). Oder er könnte Kampagnen finanzieren, die eine Stigmatisierung der Gurtmuffel zum Ziel haben (das Recht reguliert soziale Normen, um Verhalten zu regulieren). Er könnte auch Versicherungen durch Subventionen dazu bewegen, das Anlegen von Gurten mit niedrigeren Versicherungsbeiträgen zu honorieren (das Recht reguliert den Markt, um Verhalten zu regulieren). Und schließlich könnte der Staat das Anlegen des Gurts durch automatische Gurte oder Zündschlosssperren durchsetzen (das Recht setzt eine Veränderung des Codes bei Automobilen durch, um Verhalten zu regulieren). Alle diese Maßnahmen hätten eine gewisse Wirkung auf die Benutzung von Sicherheitsgurten, und jede wäre mit bestimmten Kosten verbunden. Für den Staat stellt sich die Frage, mit welcher Maßnahme er bei geringsten Kosten die größte Wirkung erzielt.

Diskriminierung von Behinderten: Behinderte haben im täglichen Leben mit zahlreichen sozialen und materiellen Barrieren zu kämpfen.[35] Der Staat könnte etwas dagegen unternehmen. Die traditionelle Antwort wäre ein Gesetz, mit dessen Hilfe er das Verhalten direkt zu regulieren versucht, ein Gesetz, das die Diskriminierung von Behinderten verbietet. Aber der Staat kann mehr tun. Er könnte zum Beispiel in den Schulen darauf hinwirken, dass die sozialen Normen sich verändern (er reguliert Normen, um Verhalten zu regulieren). Er könnte Unternehmen subventionieren, die Behinderte einstellen (er reguliert den Markt, um Verhalten zu regulieren). Er könnte die Bauvorschriften ändern, damit Gebäude behindertengerecht ausgestattet werden (er reguliert die »natürlichen« Codes des realen Raums, um Verhalten zu regulieren). Jede dieser Maßnahmen hätte gewisse Wirkungen und wäre mit bestimmten Kosten verbunden. Der Staat müsste Kosten und Wirkungen gegeneinander abwägen und sich für die effizienteste Regulierungsmethode entscheiden.

Drogen: Der Staat kämpft vehement für eine Verringerung des Konsums illegaler Rauschmittel. Die Hauptstrategie bestand bisher in der direkten Regulierung des Verhaltens durch die Androhung barbarischer Gefängnisstrafen für jeden Verstoß gegen das Rauschmittelgesetz. Diese Politik hat offenkundige Kosten und weniger offenkundige Nutzeffekte. Am interessantesten sind in unserem Zusammenhang aber die Kosten, die nicht so offen zu Tage treten. Wie Tracey Meares überzeugend dargelegt hat, böte die Sozialstruktur der jeweiligen Gemeinschaft einen wirkungsvollen Ansatzpunkt für die Bekämpfung illegalen Drogenkonsums.[36] Wie bereits angemerkt, wirken gesellschaftliche Normen als Druckmittel: Normgerechtes Verhalten wird durch Sanktionen – Scham, Ausschluss oder Gewalt – seitens der Gemeinschaft erzwungen.

Der Staat kann diese sozialen Normen stärken, aber natürlich auch schwächen.[37] Schwächen kann er sie zum Beispiel, indem er die Gemeinschaft schwächt, in der diese Normen Geltung haben. Und genau das tun laut Meares die extremen Strafen, die das Strafgesetzbuch für den illegalen Drogenkonsum vorsieht.[38] Ihr extremer Charakter unterminiert die Sozialstruktur, die ansonsten die Politik des Staates stützen könnte. Hier haben wir es mit den indirekten Wirkungen einer direkten gesetzlichen Regulierung zu tun, und an einem gewissen Punkt kann diese Wirkung den Effekt des Gesetzes übersteigen. Man könnte von einer Laffer-Kurve für das Strafrecht sprechen.

Der Nettoeffekt dieser gegenläufigen Zwänge lässt sich nicht im Vorhinein abschätzen. Der Staat tut vieles, um den Drogenkonsum zu regulieren. Er unterstützt Kampagnen zur Stigmatisierung des Drogenkonsums (er reguliert gesellschaftliche Normen, um Verhalten zu regulieren). Er bekämpft den Import von Drogen, reduziert dadurch das Angebot, treibt die Preise in die Höhe und verringert so möglicherweise die Nachfrage (er reguliert den Markt, um Verhalten zu regulieren). Und gelegentlich hat er sogar (auf absurde Weise) den »Code« der Drogen reguliert (indem er Marihuanafelder mit chemischen Mitteln behandeln ließ, die den Konsum noch gefährlicher machten), um die mit dem Drogenkonsum verbundenen Zwänge zu verschärfen.[39] Alle diese Maßnahmen haben Einfluss auf den Drogenkonsum. Aber wie die Befürworter einer Legalisierung anmerken, fördern sie auch die Begleitkriminalität. Die Politiker müssen sich fragen, ob diese Maßnahmen die gesellschaftlichen Kosten im Endeffekt verringern oder erhöhen.

Abtreibung: Ein letztes Beispiel möge das Bild abrunden. Seit dem Fall *Roe v Wade* hat der Supreme Court das verfassungsmäßige Recht der Frauen auf Abtreibung anerkannt.[40] Dieses Recht hat den Staat jedoch nicht davon abgehalten, nach Möglichkeiten zu suchen, wie Abtreibung verhindert oder die Zahl der Abtreibungen verringert werden könnte. Auch hier braucht der Staat nicht zu einer direkten Regulierung der Abtreibung zu greifen (die nach dem Urteil im Fall

Roe verfassungswidrig wäre). Stattdessen kann er indirekte Mittel einsetzen. Im Fall *Rust v Sullivan* bestätigte der Supreme Court das Recht des Staates, den Ärzten in »staatlich geförderten« Kliniken zu verbieten, die Abtreibung als Methode der Familienplanung zu erwähnen.[41] Der Staat reguliert hier eine soziale Norm (innerhalb der Sozialstruktur des Gesundheitssystems), um Verhalten zu regulieren. Im Fall *Maher v Roe* bestätigte der Supreme Court das Recht des Staates, die finanzielle Unterstützung von Kliniken wegen der Vornahme von Abtreibungen einzustellen.[42] Hier wird der Markt zur Regulierung des Verhaltens eingesetzt. Und im Fall *Hodgson v Minnesota* bestätigte der Supreme Court das Recht des Staates, Minderjährigen eine Bedenkzeit von 48 Stunden vorzuschreiben, bevor eine Abtreibung vorgenommen werden darf.[43] Hier wird der Code des realen Raums (der sich in zeitlichen Zwängen äußert) benutzt, um die Möglichkeit von Abtreibungen zu regulieren. Trotz der grundlegenden Entscheidung im Fall *Roe v Wade* kann der Staat all diese Mittel einsetzen, um das Verhalten abtreibungswilliger Frauen zu regulieren.

In den genannten Beispielen arbeitet das Gesetz mit zwei verschiedenen Methoden.[44] Wenn es direkt eingreift, sagt es dem Einzelnen, wie er sich verhalten soll, und droht ihm Strafen an, falls er von diesem Verhalten abweicht. Wenn es indirekt vorgeht, versucht es jeweils, eine der übrigen drei Einschränkungsstrukturen zu verändern.[45] Die Auswahl zwischen diesen Möglichkeiten erfolgt einerseits nach der Effizienz, andererseits nach den beteiligten Werten.

Dank dieses allgemeineren Bildes der Regulierung wird nun auch klarer, warum die Unregulierbarkeit keine notwendige Eigenschaft des Cyberspace darstellt. Wir sehen deutlicher, wie der Staat vorgehen könnte, wenn er eine stärkere Regulierung durchsetzen wollte. Und wir sollten nun auch besser die Gefahren sehen können, die solch eine Regulierung im erweiterten Sinne birgt. Das gilt insbesondere für die Werte, die unserer Verfassung zu Grunde liegen. Im nächsten Abschnitt wollen wir eine dieser Gefahren genauer betrachten.

PROBLEME INDIREKTER REGULIERUNG

Nach Jahren der Tatenlosigkeit verabschiedete der Kongress 1985 den Low Level Radioactive Waste Policy Amendments Act, ein Gesetz zum Umgang mit radioaktiven Abfällen, das die Probleme der Entsorgung solcher Abfälle lösen sollte.[46] Irgendjemand musste sich um die Lagerung dieser Abfälle kümmern. Nach entsprechender Vorarbeit durch die Regierung schnürten mehrere Bundesstaaten ein Gesetzesbündel, das der Kongress verabschiedete. Durch eine Reihe von Anforderungen und Anreizen sollten die Bundesstaaten gezwungen werden, sich des innerhalb ihrer Grenzen erzeugten Atommülls anzunehmen.

Die Einzelheiten des Gesetzespakets sind hier nicht wichtig. Wir können uns auf einen Aspekt beschränken. Um die Bundesstaaten zu bewegen, die vom Bund vorgegebenen Richtlinien zu befolgen, stellte der Kongress sie vor die Wahl, entweder bestimmte Regelungen zu erlassen oder die Verantwortung für den bei ihnen erzeugten Atommüll selbst zu übernehmen. Das war eine Regulierung nach dem Muster »Geld oder Leben«, denn der Atommüll war eine schwere Bürde. Letztlich zwang der Kongress damit die Bundesstaaten, die gewünschten Gesetze und Verordnungen zu erlassen.

Der Supreme Court kassierte diesen Teil des Gesetzes. Der Gerichtshof war der Ansicht, der Kongress befehle den Parlamenten der Bundesstaaten, bestimmte Gesetze zu verabschieden. Der Kongress habe durchaus das Recht, die betreffenden Regelungen selbst zu erlassen, nicht aber das Recht, den Bundesstaaten vorzuschreiben, Gesetze zu verabschieden. Der indirekte Weg war hier nicht zulässig.

Dieser Fall – *New York v United States* – zeigt kein allgemeines Prinzip, wonach der Staat nur direkt regulieren dürfe oder eine indirekte Regulierung grundsätzlich problematisch sei. Es ging um die sehr spezielle Frage, ob eine indirekte Regulierung im Verhältnis zu den Bundesstaaten erlaubt ist. Am ehesten zeigt der Fall *New York*, dass die Bundesstaaten als unabhängige Souveräne, die unter einem besonderen Schutz der Verfassung stehen, vom Bund nicht für seine Zwecke eingespannt werden dürfen. Wenn der Bund etwas erreichen möchte, muss er es in eigener Verantwortung tun.

Aber auch wenn der Fall *New York* nicht für einen allgemeinen Verfassungsgrundsatz steht, zeigt er doch, warum bei indirekter Regulierung Anlass zur Vorsicht geboten ist, und darauf kommt es mir hier an.

Die indirekte Regulierung verschiebt die Verantwortung. Wenn der Staat andere strukturelle Druckmittel benutzt, um eine bestimmte Beschränkung zu schaffen, die er direkt auferlegen könnte, vermengt er die Zuständigkeiten und untergräbt so die politische Zurechenbarkeit. Wenn Transparenz in Verfassungsstaaten einen Wert darstellt, dann ist indirekte Regulierung ihr Feind. Sie vermengt die Verantwortungsbereiche und sorgt damit für Verwirrung.

Solch eine Irreführung gibt es auch auf anderen Gebieten. Man denke etwa an den Fall *Rust*. Die Bundesregierung gewährt Familienplanungskliniken finanzielle Unterstützung. (Er finanziert sie nicht, sondern unterstützt sie nur.[47]) Bis 1988 boten diese Kliniken eine umfassende Beratung in Fragen der Familienplanung, wozu auch die Möglichkeit einer Abtreibung gehörte. Die Ärzte berieten ihre Patientinnen auch in dieser Frage, falls es ihnen notwendig erschien.

Die Reagan-Administration mochte das nicht länger dulden. Sie ordnete an (die Einzelheiten sind hier unwichtig), dass die Ärzte in diesen Kliniken mit ihren Patientinnen nicht über Abtreibung als Methode der Familienplanung sprechen dürfen. Falls sie danach gefragt würden, sollten sie antworten: »Das Projekt hält die Abtreibung nicht für eine brauchbare Methode der Familienplanung.«[48]

Das Ziel dieser Regelung liegt auf der Hand: Man wollte die Zahl der Abtreibungen senken. Um dies zu erreichen, verlangte man von den Ärzten, sie sollten die Patientinnen von dieser Möglichkeit abbringen. Ärzte haben in solchen Situationen großen Einfluss auf ihre Patienten, und die meisten Patientinnen dürften ihren Arzt wohl so verstehen, dass er von einer Abtreibung abrät.

Aber sehen wir uns die Vorgehensweise genauer an. Die Bundesregierung hätte ihre Haltung zur Abtreibung selbst darstellen können. Sie hätte ihre Ablehnung der Abtreibung auf Plakaten kundtun können, zum Beispiel auch in den Räumen der Kliniken. Stattdessen entschied sie sich dazu, ihre politische Auffassung in den Worten der

Ärzte zu verstecken. So konnte sie die berufliche Autorität der Ärzte für ihre Zwecke nutzen. Sie regulierte indirekt die Abtreibung, indem sie direkt das Verhalten der Ärzte regulierte.

Wie die Regierung im Fall *New York* die Autorität der Bundesstaaten für ihre Zwecke einzuspannen versuchte, so nutzte sie im Fall *Rust* die Möglichkeit einer Irreführung. Aber schlimmer als im föderalen Kontext bemerkt das Opfer hier nicht einmal, dass es hinters Licht geführt wird. Die Patientinnen dürften in der Aussage des Arztes wohl kaum eine politische Botschaft des Staates erkennen, sondern sie für einen medizinischen Rat halten. Es herrscht also nicht nur Verwirrung hinsichtlich der Frage, wer diese Aussage trifft, sondern auch darüber, ob es sich überhaupt um eine Meinung handelt.

Der Fall *Rust v Sullivan* brachte den Supreme Court in größte Verlegenheit und bestätigte Richter Scalias Regel, wonach jede Frage verzerrt wird, sobald sie nur in die Nähe des Abtreibungsproblems gerät.[49] Mir geht es hier jedoch nicht um die Frage, ob das Urteil im Fall *Rust* richtig war. Ich möchte nur ein gewisses Verständnis für die Problematik der Regulierung wecken, und der Fall *Rust* weist hier den Weg.

Betrachten wir einen dritten Fall. Bis 1948 konnten Testamente und Schenkungen mit der Auflage versehen werden, dass ein Grundstück nicht an Mitglieder einer bestimmten Rasse verkauft werden dürfe. Der Zweck solcher Auflagen war klar: Man wollte die Rassentrennung stärken und aufrechterhalten. Von der Möglichkeit solcher Auflagen wurde reger Gebrauch gemacht. Zu dem Zeitpunkt, als diese Regelung im Fall *Shelley v Kraemer*[50] für unvereinbar mit dem Gleichheitsgrundsatz der Verfassung erklärt wurde, waren nach Schätzungen 25 Prozent aller Liegenschaften im südlichen Chicago mit dem Verbot eines Verkaufs an Schwarze belegt.[51]

So schrecklich solche Regelungen auch sind, sie beweisen immerhin eine gewisse Ehrlichkeit. Sie sagen klar, welche Absichten und welche Wertvorstellungen dahinter stehen. Niemand konnte so tun, als sei die damit bewirkte Rassentrennung das zufällige Nebenprodukt andernorts getroffener Entscheidungen. Zwar handelte es sich um private Verfügungen, aber sie wurden vom Staat durchgesetzt und erhielten ihre Bedeutung erst durch den Staat. Sie sagten: Diese Gesellschaft ist rassistisch.

Als der Supreme Court diese Regelung für verfassungswidrig erklärte, stellte sich die Frage, was an ihre Stelle treten würde. Kaum jemand erwartete, die dahinter stehenden Einstellungen würden einfach verschwinden, nur weil der Oberste Gerichtshof ein Urteil gefällt hatte. Da der Supreme Court der direkten Rassentrennung einen Riegel vorschob, sollten wir erwarten, dass nun indirekte Verfahren an deren Stelle traten.

Und tatsächlich nutzten die Städte nach 1948 andere Möglichkeiten, die Rassentrennung aufrechtzuerhalten. Statt solcher Verfügungen nutzte man nun die Architektur. Stadtteile oder Gemeinden wurden so angelegt, dass der »Verkehrsfluss« der Bewohner zwischen ihnen behindert wurde: Autobahnen mit nur wenigen Übergängen wurden dazwischen gebaut, Eisenbahnstrecken dienten als Mittel der Trennung. Hunderte kleiner, aus der Architektur resultierender Unbequemlichkeiten traten an die Stelle der in den Verfügungen offen geäußerten Präferenz. Formal behinderte nichts die Integration. Informell dagegen viel.[52]

Die Städte und Gemeinden taten also etwas ganz Ähnliches wie der Bund im Fall *Rust* oder wie er es im Fall *New York* zu tun versuchte. Da sie die Rassentrennung nicht direkt aufrechterhalten konnten, benutzten sie Bebauungspläne – geographische Architektur, den Code des realen Raums –, um indirekt darauf Einfluss zu nehmen. Sie gestalteten den städtischen Raum und das Straßennetz so, dass eine Integration erschwert wurde. Die kleinen Unbequemlichkeiten, die daraus resultierten, sorgten für eine Trennung der Wohngebiete.

Entscheidend ist hier jedoch die Tatsache, dass der Zusammenhang zwischen der Regulierung und ihrem Ergebnis sich nur sehr schwer erkennen lässt – und zwar noch schwerer als im Fall *Rust*. Die fortbestehende Rassentrennung in den Städten wird als Ergebnis von »Wahlentscheidungen« dargestellt. Der Einzelne entscheidet sich dafür, in einem bestimmten Stadtteil zu wohnen. Im strengen Sinne trifft das zu, aber der Einzelne trifft seine Wahl unter Berücksichtigung von Kosten, die der Staat ihm auferlegt. Da es leichter ist, weiterhin nach

Rassen getrennt zu leben, wählen die Menschen diese Möglichkeit. Es ist jedoch nur deshalb leichter, weil der Staat der anderen Möglichkeit große Hindernisse in den Weg gelegt hat.

Hier reguliert der Staat auf indirekte Weise, indem er die Strukturen des realen Raums für seine Zwecke nutzt, während diese Regulierung nicht als solche erkennbar ist. Der Staat erreicht sein Ziel ohne politische Kosten. Er realisiert den Nutzen einer Regulierung, die eindeutig illegal ist und in jedem Fall umstritten wäre, aber er muss nicht einmal zugeben, dass solch eine Regulierung existiert.

In allen drei Fällen mobilisiert der Staat die Möglichkeiten einer anderen Regulierungsweise – einer Form von Beschränkung –, um seine Ziele zu erreichen.[53] Das ist nicht an sich verwerflich. Es gibt zahlreiche Beispiele, die niemand für verwerflich hielte. Die Forderung, Straßen gut zu beleuchten, ist eine Regulierung, die der Verbrechensbekämpfung dient. Sie tut dies auf indirektem Wege, indem sie die Architektur der Straßen reguliert. Im Übrigen verstecken sich solche Regulierungen keineswegs immer. Denken Sie nur an die Fahrbahnschwellen, die eine langsame Fahrweise erzwingen sollen. Auch sie sind Beispiele für eine indirekte Regulierung. Wie eine kurvenreiche Straße benutzen sie den Code der Straße, um die Geschwindigkeit der Fahrzeuge in Grenzen zu halten. Aber niemand wird über den Urheber dieser Regulierung im Unklaren gelassen, niemand hält die Schwellen für zufällig.

Ich wende mich also nicht grundsätzlich gegen eine indirekte Regulierung. Es geht mir um Transparenz. Der Staat hat kein Recht, seine Ziele zu verstecken. In einer verfassungsmäßigen Demokratie müssen Regulierungen öffentlich sein. Indirekte Regulierungen werfen daher Fragen der Öffentlichkeit auf. Soll es dem Staat erlaubt sein, undurchsichtige Mittel einzusetzen, wenn er auch auf sichtbare Mittel zurückgreifen könnte?

WOHIN DAS FÜHRT

Nachdem ich einen Artikel in *The Industry Standard* zum Thema »Der Code ist Gesetz«[54] veröffentlicht hatte, erhielt der Herausgeber der Zeitschrift folgenden Brief:

> Wie bei einem Harvard-Professor kaum anders zu erwarten ..., sieht Lessig den Wald nicht mehr, während er um die Bäume herumtanzt ... Der Gegensatz zwischen den Vertretern des Codes (den Programmierern im Silicon Valley) und den Vertretern des Gesetzes (den Anwälten der Regierung) ist zwar klug konstruiert, geht aber an den realen Unterschieden vollkommen vorbei.
> Der gute Professor scheint den Begriff der Regulierung gleichermaßen auf Privatunternehmen, *die das Verhalten ihrer Kunden über Marktmechanismen regulieren*, wie auf staatliche Instanzen anzuwenden, *die das Verhalten aller Bürger durch Gesetze regulieren*.
> Solange die Herren und Schöpfer des Codes (so egoistisch, monopolistisch, dämonisch oder inkompetent sie sein mögen) keine Gummiknüppel und Pistolen tragen, sind sie mir allemal lieber als die Hüter des Gesetzes.[55]

Ob ich nun die »realen Unterschiede« zwischen Code und Gesetz übersehen habe oder nicht, interessant an diesem Brief ist die Tatsache, dass der Schreiber die realen Übereinstimmungen sehr wohl sieht. Der Schreiber (Vorstandsvorsitzender einer Firma, die viel mit dem Internet zu tun hat) weiß, dass »Privatunternehmen ... das Verhalten ihrer Kunden regulieren«. Er spricht von »Marktmechanismen«, die sie zu diesem Zweck einsetzen. (Technisch habe ich von Architekturen gesprochen, die diesem Zweck dienen, aber das spielt keine Rolle. Ob Märkte oder Architekturen, der entscheidende Punkt ist derselbe.) Er sieht also, dass es »Regulierung« jenseits der Gesetze gibt. Er hat nur seine eigenen Vorlieben (die für einen Manager nur allzu verständlich sind).

Der Autor dieses Briefes sieht, was wir alle sehen müssen, wenn wir verstehen wollen, wie der Cyberspace reguliert wird und wie das Recht den Cyberspace regulieren könnte. Ich habe in diesem Kapitel gezeigt, dass der Staat über zahlreiche Instrumente verfügt, die er zur Regulierung einsetzen kann. Der Cyberspace erweitert lediglich das Spektrum dieser Instrumente. Der Code des Cyberspace ist nur ein weiteres Instrument staatlicher Kontrolle. Durch Regulierung des Codes kann der Staat seine Regulierungsziele auf indirektem Wege erreichen, ohne die politischen Folgen fürchten zu müssen, die ihm bei einer direkten Regulierung drohten.

Das sollte uns Sorgen bereiten. Wir sollten uns Sorgen machen wegen eines Systems, das eine unsichtbare Regulierung, ja Regulierung überhaupt erleichtert, denn gegen eine schlechte unsichtbare Regulierung kann man nur schwer ankämpfen, und wir sind uns – wie wir im dritten Teil sehen werden – noch nicht recht der Gefahren bewusst, die unseren Wertvorstellungen durch die stetige Ausweitung von Regulierungsmöglichkeiten drohen.

Die Macht des Staates über den Cyberspace basiert hingegen auf einer wichtigen Eigenschaft dieses Raums, die ich noch nicht dargestellt habe und die heute nicht mehr selbstverständlich gegeben ist – weder in dieser Argumentation noch in der realen Welt. Eine Eigenschaft des Codes bestimmt einen wesentlichen Teil der Macht des Staates. Von dieser Eigenschaft handelt das nächste Kapitel.

8. GRENZEN DES OFFENEN CODES

Ich habe beschrieben, wie Regulierung funktioniert und warum die Regulierbarkeit zunehmen wird – auf Grund von Veränderungen in der Architektur des Internets, die dem Staat größere Kontrollmöglichkeiten bieten. Ich habe behauptet, zu diesen Veränderungen werde es auch ohne Zutun des Staates kommen. Sie sind das Nebenprodukt von Veränderungen, die dem elektronischen Handel im Internet größere Chancen bieten sollen.

Das war der erste Teil. In diesem zweiten Teil habe ich die Latte höher gelegt. Hier versuche ich, die für eine bestimmte Netzarchitektur charakteristischen Werte näher zu beschreiben, damit wir besser erkennen, auf welche Weise der Staat diese Werte beeinflussen kann.

Nun aber nimmt die Geschichte eine andere Wendung. Ich möchte auf diesem Weg hin zu größerer Regulierbarkeit eine Komplikation einführen. Diese für Internetverhältnisse noch relativ neue Komplikation verspricht (oder droht), den Charakter des Netzes und die Möglichkeiten seiner Regulierung nachhaltig zu verändern.

Die Komplikation liegt in der freien Software oder in der Software mit offenem Quellcode oder, kurz gesagt, im offenen Code.[1] Alles, was ich über die Regulierbarkeit des Verhaltens im Cyberspace gesagt habe – oder genauer: über die Fähigkeit des Staates, die Regulierbarkeit des Verhaltens im Cyberspace zu beeinflussen –, hängt, stark vereinfacht ausgedrückt, letztlich davon ab, ob der Anwendungsraum des Cyberspace von offenen Codes beherrscht wird. Spielt der offene Code dort eine große Rolle, verringert sich die Macht des Staates; bleibt es dagegen bei einem geschlossenen Code, wird der Staat seine Macht behalten.[2] Der offene Code kann also ein Gegengewicht zur Macht des Staates bilden.

Sie davon überzeugen zu wollen, ist viel für ein einziges Kapitel – zumal dieser Schluss vieles bisher Gesagte in Frage stellt. Um diesen Gedankengang zu verstehen, müssen wir mehr über den Charakter des Coderaums wissen, den der Staat regulieren könnte, und auch über den Charakter der Akteure, die diesen Raum möglicherweise kontrollieren werden.

DER CODE IM NETZ

Ich habe viel über den Code im Cyberspace gesprochen. Für alle, die sich ein wenig mit dem Code im Cyberspace auskennen (und die bisher noch nicht aufgegeben haben), werden meine Ausführungen eher frustrierend gewesen sein. Denn sie wissen (und ich weiß ebenfalls, auch wenn sie das nicht glauben werden), dass der Code im Internet viele Ebenen oder Formen besitzt. Wenn wir von der Regulierung des Codes sprechen, kommt es sehr darauf an, welchen Code wir meinen.

Das Internet ist durch eine Reihe von Protokollen definiert, die man als TCP/IP bezeichnet. Diese Protokolle arbeiten in verschiedenen »Netzwerkschichten«. Das Standardmodell zur Beschreibung von Netzwerkebenen ist das Open-Systems-Interconnect-Referenzmodell OSI. Es beschreibt sieben Netzwerkschichten, und diese Schichten stehen jeweils für eine »Funktion«, die ausgeführt, oder einen »Dienst«, der erbracht wird, wenn über das Netzwerk Daten zwischen kooperierenden Anwendungen ausgetauscht werden. Bei TCP/IP liegen die Dinge etwas anders. Craig Hunt schreibt, »die meisten Darstellungen der TCP/IP-Protokolle beschreiben drei bis fünf Funktionsschichten in der Protokollarchitektur«, doch am einfachsten sei es, vier Funktionsschichten zu unterscheiden.[3] Diese Schichten können wir – von unten nach oben – als Bitübertragungs-, Netzwerk-, Transport- und Anwendungsschicht bezeichnen.[4]

In der untersten Schicht – der Bitübertragungsschicht – arbeiten nur wenige Protokolle, denn dort geht es ausschließlich um die Interaktion zwischen lokalen Netzwerken. In der nächsten Schicht – der Netzwerkschicht – gibt es schon mehr Protokolle, und dort herrscht das IP-Protokoll vor. Sie dient dem Routing von Daten zwischen Hostcomputern und über die Netzwerkverbindungen hinweg und bestimmt den Weg, den die Daten nehmen sollen. In der nächsten Schicht – der Transportschicht – spielen zwei Protokolle die größte Rolle: TCP und UDP. Sie verwalten den Datenfluss zwischen zwei Hostcomputern. (Der Unterschied zwischen beiden liegt in der Zuverlässigkeit: UDP bietet hier keine verlässliche Garantie.)

Diese drei Schichten bilden gleichsam die hinter den Wänden des Internets verborgene Leitungsstruktur. (Die Anschlüsse gehören zur nächsten Schicht.)

In ihrer Verknüpfung stellen diese Protokolle einen etwas sonderbaren Paketdienst dar. Die Daten werden von der Anwendung zur Transportschicht geleitet. Dort packt man sie in ein (virtuelles) Paket, auf das ein (virtuelles) Etikett geklebt wird. Dieses Etikett verbindet den Inhalt des Pakets mit bestimmten Prozessen. (Das ist die Aufgabe der TCP- oder UDP-Protokolle.) Das Paket wird dann in die Netzwerkschicht weitergeleitet, wo das IP-Protokoll sie in ein anderes Paket mit einem eigenen Etikett steckt. Dieses Etikett ist gewissermaßen der Adressenaufkleber, denn es gibt Auskunft über Herkunft und Bestimmungsort der Sendung. In der Bitübertragungsschicht wird dieses Paket dann noch einmal verpackt, und zwar je nach Art des lokalen Netzwerks (zum Beispiel eines Ethernet-Netzwerks).

Das Ganze ist ein recht bizarres Verpackungsspiel: In jeder Schicht kommt eine neue Verpackung hinzu, und ein Etikett beschreibt jeweils den für diese Schicht üblichen Prozess. Am anderen Ende wird alles wieder ausgepackt: Jedes Paket wird in der betreffenden Schicht wie eine russische Puppe aus seiner Verpackung geholt, bis schließlich wieder die ursprünglichen Anwendungsdaten zum Vorschein kommen.

Über diesen drei Schichten liegt die Anwendungsschicht des Internets. Hier gibt es nun sehr viele Protokolle.[5] Zu den bekanntesten gehören das File Transfer Protocol FTP (ein Protokoll zur Übertragung von Dateien), das Simple Mail Transport Protocol SMTP (ein Protokoll zur Übertragung von E-Mail) und das Hyper Text Transfer Protocol HTTP (ein Protokoll, mit dessen Hilfe man Hypertextdokumente im Netz publizieren und lesen kann). Sie regeln den Verkehr zwischen

Clientcomputern (zum Beispiel Ihrem Computer) und Servern (den Computern, auf denen die Daten sich befinden).

Diese vier Schichten aus verschiedenen Protokollen bilden das »Internet«. Auf einfachen Blöcken aufbauend, ermöglicht dieses System ein außerordentlich breites Spektrum an Interaktionen. Es ist vielleicht nicht ganz so wunderbar wie die Natur – man denke etwa an die DNA –, funktioniert aber nach demselben Prinzip: Man hält die Elemente einfach und schafft daraus verblüffende Verbindungen.[6]

Wenn ich von der Regulierung des Codes spreche, meine ich damit nicht, dass wir die TCP/IP-Protokolle regulieren. (Obwohl auch sie im Prinzip reguliert werden könnten und manche dies auch vorgeschlagen haben.[7]) Ich denke an andere Teile des Codes im Cyberspace, jene nämlich, die durch TCP/IP verknüpft werden. In der Sprache der Netzwerktheorie ausgedrückt, denke ich an die »Endpunkte«.[8] Nicht an den Code auf der untersten Ebene des Internetaustauschs, sondern an die Anwendungen (im Bereich der Hardware wie auch der Software), die diese Protokolle benutzen oder implementieren.

Ein Bild mag diesen Unterschied verdeutlichen. Tim Wu vergleicht das Internet mit dem Stromnetz: TCP/IP ist die Architektur dieses Netzes; die Programme werden über einen Steckkontakt mit TCP/IP oder dem Internet verbunden. In der obersten Schicht definiert das Protokoll, wie der Steckkontakt beschaffen sein muss; weiter unten bestimmt er, wie der Strom fließt.[9]

Das ist ein hilfreiches Bild. Wie man an ein Stromnetz sehr viele elektrische Geräte anschließen kann, so können auch sehr viele verschiedene Programme das Internet benutzen. Damit das möglich ist, müssen diese vielen Programme sich lediglich auf ein einfaches Protokoll für den Datenaustausch einigen.

Ich konzentriere mich hier auf den Code, der an das Internet angeschlossen wird. Diesen Code nenne ich den »Anwendungsraum« des Internets. Dazu gehören alle Programme, die TCP/IP-Protokolle in der Anwendungsschicht implementieren – Browser, Betriebssysteme, Verschlüsselungsmodule, Java, E-Mail-Systeme, was immer Sie wollen. Der Code dieses Anwendungsraums ist das Objekt der Regulierung, von der bisher die Rede war. In diesem Kapitel wollen wir fragen: Welche Eigenschaft macht diesen Code anfällig für Regulierungen?

EINE KURZE GESCHICHTE DES CODES IM NETZ

Anfangs gab es natürlich nur wenige Anwendungen im Netz. Das Netz war nicht mehr als ein Protokoll zum Austausch von Daten, und die ursprünglichen Programme nutzten einfach nur dieses Protokoll. Das File Transfer Protocol FTP entstand schon früh in der Geschichte des Netzes;[10] das E-Mail-Protokoll SMTP folgte wenig später. Schon bald wurde auch ein Protokoll entwickelt, das die grafische Darstellung von Verzeichnissen ermöglicht (Gopher). 1991 schließlich entstanden die bekanntesten Protokolle – Hyper Text Transfer Protocol HTTP und Hyper Text Markup Language HTML – und mit ihnen das World Wide Web.

Jedes Protokoll brachte zahlreiche Anwendungen hervor. Da niemand ein Monopol auf die Protokolle besaß, hatte auch niemand ein Monopol auf deren Implementierung. Es gab viele FTP-Anwendungen und viele E-Mail-Server. Und es gab sogar zahlreiche verschiedene Browser.[11] Die Protokolle waren offene Standards und erhielten diesen Status von Körperschaften wie der Internet Engineering Task Force (IETF) und dem W3C. War ein Protokoll festgelegt, konnten die Programmierer Programme entwickeln, die dieses Protokoll nutzten.

Zumindest in der Anfangszeit waren viele Programme, die diese Protokolle implementierten, »offen«, das heißt, der Quellcode des Programms war ebenso wie der Objektcode verfügbar.* Diese Offen-

* Der Quellcode ist der Code, der von den Programmierern geschrieben wird. Er ähnelt stark einer natürlichen Sprache, ohne eine solche zu sein. Programme werden im Quellcode geschrieben, müssen dann aber in die Maschinensprache übertragen werden, damit der Computer sie lesen kann. Manchmal wird der Quellcode bei der Verarbeitung konvertiert – BASIC zum Beispiel wird vom Computer interpretiert, wenn er ein BASIC-Programm verarbeitet. Meist jedoch werden Quellcodes – oder die stärksten Quellcodes – über einen »Compiler« geleitet. Der Compiler übersetzt den Quellcode in einen Assemblercode (den Kenner lesen können)

heit war von großer Bedeutung für die Expansion des frühen Netzes. Andere konnten sich ansehen, wie ein Programm implementiert wurde, und aus solchen Beispielen lernen, wie das Protokoll sich in Zukunft besser implementieren ließ.

Das beste Beispiel dafür ist das World Wide Web. Der Code, der dafür sorgt, dass eine Website so erscheint, wie sie erscheint, ist die so genannte Hyper Text Markup Language HTML.* Mit HTML bestimmen Sie, wie die Website aussieht und welche Links darauf zu finden sind.

HTML stammt ursprünglich von dem am CERN arbeitenden Forscher Tim Berners-Lee.[12] Es sollte die Möglichkeit eröffnen, Dokumente innerhalb einer Forschungseinrichtung miteinander zu verknüpfen, aber wie sich schon bald zeigte, ließen sich damit auch Dokumente auf jedem beliebigen Computer im Internet miteinander verbinden. Berners-Lee und Cailliau gaben sowohl HTML als auch dessen Gefährten HTTP für den allgemeinen Gebrauch frei.

Nach anfänglichem Zögern kamen HTML und HTTP immer stärker in Gebrauch. Immer mehr Menschen richteten Websites ein und verbanden sie über Links. HTML wurde eine der am schnellsten wachsenden Computersprachen in der Geschichte der Computertechnik.

Warum? Einer der Gründe lag in der Tatsache, dass HTML immer »offen« war. Selbst heute noch können Sie mit den beiden am weitesten verbreiteten Browsern stets die »Quelle« einer Website öffnen und nachschauen, wie sie aufgebaut ist. Die Quelle bleibt offen: Sie

oder in den Objektcode (den nur Genies und Maschinen lesen können). Der Objektcode ist maschinenlesbar. Er besteht aus einer endlosen Reihe von Nullen und Einsen, die dem Computer sagt, was er tun soll. Programmierer schreiben nicht direkt in Maschinensprache, auch wenn manche von ihnen sie zu entziffern vermögen, sondern in einer Programmiersprache, und dieser »Text« ist der Quellcode. Der Objektcode spricht zum Computer, der Quellcode zu Menschen und (über Compiler) zu Computern; der Assemblercode spricht zu Kennern und Computern.

* Hypertext ist ein Text, der über einen Link mit einer anderen Stelle im selben Dokument oder einem anderen Dokument verknüpft ist, das sich entweder auf demselben Computer oder anderswo im Web befindet.

können sie herunterladen, kopieren, verbessern, was immer Sie wollen. Der Quellcode einer Website mag urheberrechtlich geschützt sein, aber dieser Schutz ist in der Realität nur sehr schwach. HTML ist deshalb so beliebt, weil man es so leicht kopieren kann. Jeder kann jederzeit unter die Oberfläche eines HTML-Dokuments schauen und nachsehen, wie ihr Autor es gemacht hat.

Offenheit – nicht Eigentum oder Vertrag, sondern freier Code und freier Zugang – sorgten für den Boom, der das Internet, wie wir es kennen, entstehen ließ. Und erst dieser Boom weckte die Aufmerksamkeit der Wirtschaft. Wo so viel los war, ließen sich gewiss auch Geschäfte machen.

Historisch gesehen hat das kommerzielle Modell der Softwareherstellung anders funktioniert.[13] Auch als die Bewegung für einen offenen Code sich fortsetzte, waren die Softwareproduzenten nicht bereit, »freie« Software zu verkaufen (das heißt hier: Software mit offenem Code). Kommerzielle Anbieter produzierten lieber Software mit geschlossenem Code – deren Quellcode nicht mitgeliefert wurde und sowohl durch das Urheberrecht als auch durch den eigenen Code vor Modifikation geschützt war.

Seit der zweiten Hälfte der neunziger Jahre produzieren die Softwarehersteller vermehrt Software für den »Anwendungsraum« – das deutlichste Zeichen setzte hier Windows 95 von Microsoft, das im Bündel mit dem Internet Explorer herauskam. Diese Software wurde zunehmend mit dem Netz verbunden – und wurde dadurch Software »im« Netz –, aber die meisten Programme blieben geschlossen.[14] Und anlässlich der Jahr-2000-Problematik zeigte sich, dass der größte Teil der wichtigen Software auf dem Markt geschlossen, aber dennoch mit dem Internet verbunden ist.

Diesem Verhältnis zwischen offenem und geschlossenem Code im Netz müssen wir hier nachgehen. Der größte Teil des Anwendungsraums für den gewöhnlichen Nutzer ist heute geschlossen. Es gibt zahlreiche Ausnahmen: Apache, immer noch die Nummer eins unter den Internetservern, ob die Nutzer es wissen oder nicht, und Sendmail, das meistgenutzte Programm zur E-Mail-Weiterleitung, sind beide offen. Doch wenn wir zum Anwendungsraum auch die Betriebssysteme rechnen, die die Verbindung zum Internet herstellen, ist der Code des Anwendungsraums im Netz insgesamt geschlossen.

OFFENER CODE IM NETZ

Dieses Verhältnis verändert sich allerdings. Von Anfang an hat der Trend zur Schließung des Codes im Internet viele gestört – manche, weil sie der Ansicht sind, der geschlossene Code sei weniger effizient als der offene, andere, weil sie glauben, der geschlossene Code stehe im Widerspruch zu wichtigen Werten im Internet.

Richard Stallman gehört dem letztgenannten Lager an. 1985 gründete er die Free Software Foundation, die sich für die Förderung freier, offener Software im Internet einsetzen sollte. Der McArthur-Fellow gab seine Karriere auf, um sich ganz der »freien« Software zu widmen. Schon 1984, lange bevor es mit dem Netz wirklich losging, begann er mit der Entwicklung eines Betriebssystems mit offenem Quellcode. GNU* sollte die Basis einer Welt mit offenen Codes bilden, in der vom Betriebssystem an aufwärts alle Programme offen sein sollten.

GNU fand zwar viele Bewunderer, war seiner Zeit aber voraus. Als noch nicht viele Zugang zum Internet hatten, war es nicht so leicht, ein Großprojekt wie die Entwicklung eines Betriebssystems zu koordinieren. Anfang der neunziger Jahre, als Stallman wegen einer Verletzung kürzer treten musste, übernahm ein anderes Projekt mit ähnlicher Zielsetzung GNU.

1991 veröffentlichte ein junger Student aus Helsinki im Internet den Kern eines Betriebssystems. Dieser Student war Linus Torvalds, und sein Kernprogramm war der erste Schritt zu Linux. Er veröffentlichte das Kernprogramm und lud alle ein, ihm bei der Weiterentwicklung des Betriebssystems zu helfen – eines kostenlosen, offenen Betriebssystems, dessen Quellcode frei zugänglich ist.[15]

Die Menschen nahmen diese Herausforderung an, und binnen we-

* GNU ist ein häufiger vorkommendes Akronym. Es ging um die Entwicklung eines Betriebssystems, das nicht UNIX war. GNU steht daher für »GNU's Not Unix« (GNU ist nicht Unix). Ist das nicht nett?

niger Jahre bauten sie diesen Kern zu einem vollwertigen Betriebssystem aus. Dabei verbanden sie Linux zum Teil mit Stallmans GNU (weshalb das Programm eigentlich GNU/Linux genannt werden sollte). Aber wie die Genealogie auch aussehen mag, 1998 wurde deutlich, dass Linux eine ernst zu nehmende Konkurrenz für das Betriebssystem von Microsoft darstellte. Microsoft mag 1995 geglaubt haben, 2000 werde es kein anderes Betriebssystem für Server mehr geben als Windows NT, doch als sich das Jahr 2000 näherte, stand GNU/Linux zur Verfügung.

GNU/Linux ist in vielerlei Hinsicht erstaunlich. Zunächst einmal, weil es theoretisch unvollkommen, aber praktisch überlegen ist. Linus Torvalds verwarf das nach Ansicht der Computerwissenschaft ideale Design eines Betriebssystems[16] und schuf stattdessen ein Betriebssystem, das für einen einzigen Prozessor (den Intel 386) entworfen und nicht über verschiedene Plattformen hinweg kompatibel war. Die schöpferische Weiterentwicklung und die Kräfte, die es freisetzte, verwandelten GNU/Linux jedoch nach und nach in ein äußerst leistungsfähiges System. Inzwischen ist es auf vielen verschiedenen Chip-Plattformen installiert worden – es läuft auf Intel-Chips, auf dem PowerPC-Chip (von Apple) und auf den SPARC-Chips von Sun. Obwohl es ursprünglich nur für eine Sprache konzipiert wurde, ist GNU/Linux inzwischen zur Lingua franca der Betriebssysteme mit offenem Code geworden.

Ein System hat dann einen offenen Code, wenn die Entwickler sich verpflichten, den Kerncode öffentlich zugänglich zu halten – also gewissermaßen die Motorhaube nicht verschließen. Diese Verpflichtung ist nicht bloß ein frommer Wunsch. Stallman nahm sie in einen Vertrag auf, der die Bedingungen für den zukünftigen Umgang mit offener Software in weiten Teilen festschreibt. Dieser Vertrag ist die General Public Licence (GPL) der Free Software Foundation. Darin wird festgelegt, dass jedes mit GPL lizensierte Programm (wie Linux) mit einem offenen Quellcode versehen sein muss. GNU/Linux wurde nur deshalb von einer einmaligen Ansammlung von Hackern aus aller Welt entwickelt, weil der Code offen ist, so dass jeder, der mag, daran arbeiten kann.

Anders gesagt, der Code ist Gemeineigentum.[17] Jeder kann ihn nehmen und benutzen, wie er will. Jeder kann sich ansehen, wie er funktioniert. Der Code von GNU/Linux ähnelt einem Forschungsprojekt, dessen Zwischenergebnisse ständig veröffentlicht werden, damit andere sie zur Kenntnis nehmen können. Alles ist öffentlich; jeder kann sich dem Projekt anschließen, ohne irgendjemanden um Erlaubnis fragen zu müssen.

Das GNU/Linux-Projekt ist zwar das wichtigste Element der Zukunft des offenen Codes im Internet, aber keineswegs das Einzige. Ein weiteres wichtiges Beispiel ist Netscape. Der Code des Programms wurde 1998 der Öffentlichkeit überantwortet und zu diesem Zweck der Firma Mozilla übergeben. Jeder kann den Netscape-Quellcode bei Mozilla herunterladen, um ihn zu benutzen und zu verbessern. Angesichts der Unterstützung durch ein Unternehmen wie Netscape und dank der Hilfe von Firmen wie IBM für Linux scheint es recht sicher, dass der Code des Internet-Anwendungsraums schon bald in weiten Teilen von offenen Quellcodes bestimmt sein wird.[18]

DIE REGULIERUNG DES OFFENEN CODES

Stellen Sie sich also eine Zukunft vor, in der ein großer Teil des Codes im Anwendungsraum offen ist. Welchen Einfluss hätte das auf meine These, wonach die Macht des Staates, den Cyberspace zu ordnen, weiter zunehmen wird?

Im vierten Kapitel habe ich einige Beispiele für eine staatliche Regulierung des Codes aufgezeigt. Denken Sie nochmals an diese Beispiele zurück, und überlegen Sie, wie solch eine Regulierung funktioniert.

Betrachten wir zwei der Beispiele: Der Staat schreibt den Telefongesellschaften vor, wie sie ihr Netz auszulegen haben, und er schreibt den Fernsehgeräteherstellern vor, mit welchen Chips ihre Geräte ausgestattet sein müssen. Warum funktionieren diese Regulierungen?

Die Antwort liegt auf der Hand. Der Code ist nur deshalb regulierbar, weil die Autoren des Codes kontrolliert werden können. Wenn der Staat den Telefongesellschaften etwas vorschreibt, dürften sie sich dem kaum entziehen können. Denn dann würden sie bestraft, und Strafen sind teuer. Wie alle Unternehmen, so möchten auch Telefongesellschaften ihre Kosten möglichst niedrig halten. Wenn der Staat rational (das heißt effektiv) handelt, wird er dafür sorgen, dass die Kosten einer Missachtung der staatlichen Verordnungen höher sind als der mögliche Nutzen. Wenn sich der Adressat der staatlichen Regulierung im Einflussbereich des betreffenden Staates befindet und außerdem noch rational handelt, wird die Regulierung höchstwahrscheinlich Wirkung zeigen. Die Regulierung der Architektur des Telefonnetzes durch den Communications Assistance for Law Enforcement Act ist dafür ein gutes Beispiel (siehe fünftes Kapitel).

Adressaten, die sich nicht bewegen und sich auch gar nicht bewegen können, bilden also gute Ansatzpunkte für eine Regulierung. Diese Feststellung zieht eine interessante andere nach sich: Regulierbarer Code ist geschlossener Code. Denken Sie wiederum an ein Telefonnetz. Wenn der Staat die Telefongesellschaften zwingt, ihre Netzsoftware zu ändern, hat der Benutzer keine Wahl, ob er diese Änderung akzeptieren will oder nicht. Sie nehmen den Hörer ab und erhalten den Wählton, den die Telefongesellschaft sendet. Meines Wissens hat noch kein Hacker den Code einer Telefongesellschaft geknackt, um ein anderes Netzdesign zu schaffen. Dasselbe gilt für den V-Chip. Ich glaube kaum, dass jemand das Risiko eingeht, sein Fernsehgerät zu zerstören, indem er den Chip herauszieht, und ich bin mir ganz sicher, dass niemand den Chip neu brennt, um eine andere Filtertechnik zu installieren.

In beiden Fällen erreicht die staatliche Regulierung ihr Ziel, weil sich die Adressaten ihr beugen und die Verbraucher kaum etwas anderes tun können, als das hinzunehmen.

Der offene Code ist da ganz anders. Das verdeutlicht unter anderem eine Geschichte, die ein Rechtsberater der Firma Netscape, Peter Harter, über Netscape und die Franzosen erzählt.[19]

Das Netscape-Protokoll zum Austausch verschlüsselter Daten namens SSL habe ich bereits beschrieben; es ermöglicht den sicheren

Austausch solcher Daten zwischen einem Browser und einem Server. Die Franzosen waren über diese Sicherheit nicht erfreut. Sie wünschten sich eine Möglichkeit, SSL-Transaktionen zu knacken. Also verlangten sie von Netscape, SSL abzuändern und eine solche Spionagemöglichkeit einzubauen.

Nun ist die Möglichkeit der Firma Netscape, SSL zu verändern, in vielerlei Hinsicht eingeschränkt – zumal Netscape SSL in Form eines öffentlichen Standards der Öffentlichkeit überantwortet hat. Aber nehmen wir einmal an, das wäre nicht der Fall. Nehmen wir an, Netscape kontrollierte wirklich die Standards für SSL und könnte den Code verändern, um den Franzosen ihre Spionagetätigkeit zu ermöglichen. Wäre den Franzosen damit gedient?

Nein. Technisch könnte Netscape den Code des Netscape Communicators durchaus ändern und dann ein neues Modul ins Netz stellen, das staatliche Spionage ermöglicht. Dass solch ein Modul vorhanden ist, heißt aber noch lange nicht, dass es auch benutzt wird. Da der Netscape-Code offen ist, nehmen die Anwender nur das, was sie wollen. Netscape könnte zwar das von der französischen Regierung gewünschte Modul bereitstellen, aber es gibt keinen Grund für die Annahme, die Anwender würden es auch benutzen. Ohne Zweifel würde ein anderer Anbieter ein SSL-Modul bereitstellen, das nicht die von der französischen Regierung gewünschte Veränderung enthält.

Die Sache ist ganz einfach, aber die Folgen sind sehr bedeutsam. Ein offener Code schränkt die Macht des Staates ein. Der Staat kann fordern und drohen, aber wenn der Adressat der Regulierung so flexibel ist wie im obigen Fall, kann der Staat sich nicht darauf verlassen, dass dieser Adressat so bleibt, wie er ist.

Nehmen wir an, Sie wären für die sowjetische Propaganda verantwortlich und wollten, dass alle möglichst viel über Väterchen Stalin erfahren. Darum bestimmen Sie, dass jedes in der Sowjetunion gedruckte Buch ein Kapitel über Stalin enthalten muss. Wir groß ist die Wahrscheinlichkeit, dass Sie damit tatsächlich den gewünschten Effekt erzielen?

Bücher sind offene Software: Sie verbergen nichts; sie zeigen ihren Quellcode, ja sie sind ihr eigener Quellcode. Der Benutzer eines Buchs hat stets die Wahl, welche Kapitel er liest. Falls es sich um ein Buch über Elektronik handelt, dürfte er sich kaum entscheiden, das Stalinkapitel zu lesen. Und der Staat kann wenig tun, um die Macht des Lesers in diesem Punkt zu verändern.

Ähnliches gilt auch für den offenen Quellcode. Die vom Staat festgesetzten Regeln und Gesetze greifen hier nur insofern, als sie von den Anwendern gewünscht werden. Der Staat mag Standards koordinieren (man denke an das Rechtsfahrgebot auf den Straßen), aber er kann ganz sicher keine Standards durchsetzen, von denen die Anwender sich in unerwünschter Weise eingeschränkt fühlen. Diese Architektur begrenzt daher die Regulierungsmacht des Staates. Offener Code bedeutet offene Kontrolle – Kontrolle wird ausgeübt, aber der Anwender weiß es.

Der geschlossene Code funktioniert anders. Bei ihm kann der Anwender die eingebaute Kontrolle nur schwer verändern. Hacker und sehr geschickte Programmierer sind vielleicht dazu in der Lage, aber die meisten Anwender wüssten gar nicht, welche Teile dazugehören und welche nicht, denn der Quellcode wird nicht mitgeliefert. Der geschlossene Code ist für einen Propagandisten die beste Strategie – nicht ein gesondertes Kapitel, das der Leser überblättern kann, sondern ein stetiger, nicht als solcher wahrgenommener Einfluss, der den Benutzer in die vom Propagandisten gewünschte Richtung lenkt.

WOHIN DAS FÜHRT

Meine Argumentation bewegt sich bisher auf einem recht einfachen Pfad. Denen, die behaupten, das Netz sei nicht regulierbar, habe ich entgegengehalten, die Möglichkeit einer Regulierung hinge von der Architektur ab und manche Architekturen böten größere Regulierungsmöglichkeiten als andere. Dann habe ich behauptet, der Staat könne Einfluss auf die Entscheidung nehmen, ob eine regulierbare oder eine nichtregulierbare Architektur geschaffen wird. Der Staat könne Schritte unternehmen, die eine unregulierbare in eine regulierbare Architektur verwandeln.

Der letzte Schritt in dieser Zunahme der Regulierbarkeit ist eine Beschränkung, die erst jetzt an Bedeutung gewinnt. Die Fähigkeit des Staates, den Code und das Verhalten innerhalb des Codes zu regulieren, hängt zum Teil von der Beschaffenheit des Codes ab. Ein offener Code lässt sich schwerer regulieren als ein geschlossener – je offener der Code, desto geringer die Macht des Staates.

Das ist natürlich keine absolute Behauptung. Ich spreche hier nicht von absoluter, sondern stets von relativer Regulierbarkeit. Selbst bei einem offenen Code wird der Staat eine gewisse Fügsamkeit erreichen, wenn er drastische Strafen androht. Und auch bei einem offenen Code werden die Identifizierungstechniken, die in einen als zulässig zertifizierten Code integriert sind, dem Staat eine Menge Macht verleihen. Ein Großteil der im ersten Teil vorgetragenen Argumente überlebt also auch die hier vorgebrachten Einwände hinsichtlich des offenen Codes – wenn die Zahl der Zertifikate zunimmt, wird auch die Regulierbarkeit zunehmen.*

Beim Entwurf einer Architektur für den Cyberspace kommt es gleichwohl auch auf die Spielräume an. Die Werte eines Raums sind nicht nur Meinungsfreiheit, Autonomie, Zugänglichkeit oder Schutz der Privatsphäre. Es geht dabei ebenso um die Werte einer begrenzten Kontrolle. John Perry Barlow vergleicht diese Werte mit einem Fehler, der in die Architektur des Netzes einprogrammiert ist – einem Programmierfehler, der den Staat daran hindert, eine vollkommene Kontrolle über das Netz zu erlangen, auch wenn er nicht jegliche Kontrolle zu verhindern vermag.

Manche wollen den Code so gestalten, dass eine staatliche Kontrolle vollkommen ausgeschlossen ist. Das ist nicht mein Ziel. Ich glaube ganz sicher, dass der Macht des Staates Grenzen gesetzt werden müssen, und ich befürworte die Beschränkungen, die der offene Code ihm auferlegt, aber ich halte es nicht für sinnvoll, dem Staat hier jede Macht zu nehmen. Wie ich schon gesagt habe und im folgenden Teil

* Eine weitere Beschränkung ergäbe sich, wenn immer mehr Teile des Codes in die Hardware eingebrannt statt als Software hinzugefügt würden. Selbst ein offener Code wäre in diesem Fall nicht mehr veränderbar. Ich danke Hal Abelson für diesen Hinweis.

noch näher ausführen werde, lassen sich manche Werte nur durch staatliche Eingriffe sichern. Der Staat hat eine Aufgabe, wenn auch keine so umfassende, wie er es sich vielleicht wünscht. Wir müssen diese Aufgabe verstehen und uns überlegen, wie wir unsere Wertvorstellungen im Rahmen des Web fördern können.

Eine Beschränkung dürfte auf der Hand liegen. Auch wenn der offene Code die Regulierungsmacht des Staates nicht vollständig ausschaltet, so verändert er diese Macht in jedem Fall, wie ich später noch ausführlicher darlegen werde. Der offene Code verringert den Nutzen, der sich erzielen lässt, wenn man die Regulierung in den verborgenen Räumen des Codes versteckt. Er gleicht einem Gesetz, das Informationsfreiheit garantiert. Und wie gewöhnliche Gesetze, so verlangt auch der Code, dass die Gesetzgebung öffentlich und damit transparent ist. In einem Sinne, der für George Soros sehr einsichtig sein sollte, ist der offene Code die Grundlage einer offenen Gesellschaft.

Er bildet sogar ein wichtiges – und manche mögen wohl auch sagen: entscheidendes – Gegengewicht zur Macht des Staates. Doch ob man nun generell für Transparenz ist oder nicht, ich möchte hier lediglich die Zusammenhänge aufweisen. Die Regulierbarkeit hängt von der Beschaffenheit des Codes ab, und der offene Code verändert diese Beschaffenheit. Er setzt der Regulierungsmacht des Staates Grenzen: Er beseitigt sie nicht, aber er verändert sie.[20]

DRITTER TEIL
ANWENDUNGEN

Nicht die Natur bestimmt den Cyberspace, sondern der Code. Und der Code ist nicht konstant. Er verändert sich. Im Augenblick verändert er sich in einer Weise, die den Cyberspace regulierbarer machen wird. Er könnte sich auch in einer Weise verändern, die den Cyberspace weniger regulierbar macht. Wie er sich verändert, hängt von den Autoren des Codes ab. Wie die Autoren des Codes ihn verändern, könnte von uns abhängen.

Wenn wir nichts tun, wird der Code des Cyberspace sich verändern. Die unsichtbare Hand wird in voraussagbarer Weise dafür sorgen. Nichts tun heißt zumindest, das hinzunehmen. Es heißt, die Veränderungen zu akzeptieren, die diese Änderungen des Codes mit sich bringen werden. Es heißt, einen Cyberspace zu akzeptieren, der weniger frei oder auf andere Weise frei ist als der bisherige.

Dann aber fragt sich, welche Zukunft wir uns wünschen sollen? Welche Werte soll der Cyberspace verwirklichen? Ich habe bisher nur die Notwendigkeit von Veränderungen aufgezeigt, aber kaum deutlich gemacht, welche Wahl wir treffen sollten.

Im dritten Teil treffe ich nun diese Wahl. Ich beginne mit einem Verfahren, das amerikanische Verfassungsrechtler anwenden, wenn das Verfassungsrecht mit neuen Situationen konfrontiert ist. Dieses Verfahren, das ich als *Übersetzung* bezeichne, entscheidet über die Gegenwart im Blick auf die Vergangenheit. Die Wahl der Gegenwart bemüht sich, den Wahlentscheidungen der Vergangenheit treu zu bleiben und die Verpflichtungen aus der Vergangenheit in einen vollkommen anderen Kontext zu übersetzen. Wie ein Übersetzer einen Text schafft, der anders ist als der Originaltext, aber dieselbe Bedeutung besitzt, so konstruiert der Übersetzer der Verfassung eine Anwendung, die sich zwar von der ursprünglichen Anwendung unterscheidet, aber im gegenwärtigen Kontext dieselbe Bedeutung besitzt wie die ursprüngliche Anwendung in ihrem ursprünglichen Kontext.

Solch eine Übersetzung bietet in wichtigen Fällen eine gute Richtschnur. Sie zeigt uns, wie wir weitergehen können, ohne in Widerspruch zu geachteten Traditionen zu geraten. Doch in den Fällen, mit denen ich mich hier hauptsächlich befassen will, führt die Übersetzung allein nicht weiter – die Vergangenheit bietet keine Lösung für die Zukunft. Die Fragen, die uns die Zukunft stellt, sind in der Vergangenheit nicht entschieden worden.

Das sind die *latenten Mehrdeutigkeiten*, von denen oben die Rede war, etwa am Beispiel des Computerwurms, der Computer durchsucht. Ich werde im dritten Teil die Auffassung vertreten, dass diese Mehrdeutigkeiten uns zwingen, Entscheidungen zu treffen, die von den Verfassungsvätern nicht getroffen worden sind. Und die Notwendigkeit solcher Entscheidungen demonstriert der Cyberspace.

9. ÜBERSETZUNG

Auf dem Höhepunkt unseres letzten Kriegs gegen die Drogen – der Prohibition in den späten zwanziger Jahren – griffen Bundesbehörden erstmals in größerem Umfang zu einem polizeilichen Ermittlungsverfahren, das viele verstörte, sich aber als wirkungsvoll erwies: das Abhören von Telefonen.[1] Das Telefon war gerade erst zu einem wichtigen Kommunikationsmittel geworden, das Leben verlagerte sich langsam ins Telefonnetz, da begann der Staat ohne gesetzliche Ermächtigung, Telefone abzuhören, um diese Technologie für die Beschaffung von Beweismitteln zu nutzen.

Da die Strafverfolgungsbehörden sich selbst über die ethischen Grundlagen des Abhörens nicht sicher waren, setzten sie dieses Mittel nur sparsam ein. Man konzentrierte sich auf besondere schwere Straftaten, und der illegale Verkauf von Alkohol galt nach den Zwangsvorstellungen dieser Zeit als schwere Straftat.

Die berühmteste Abhöraktion führte 1928 zum Prozess *Olmstead v United States* vor dem Obersten Gerichtshof. Man ermittelte damals gegen die größte illegale Organisation für Import, Verteilung und Verkauf von Alkohol. Im Rahmen dieser Ermittlungen zapften die Behörden die Telefone von Händlern und ihren Vertretern an. Es handelte sich um private Telefonanschlüsse, aber das Abhören erfolgte stets so, dass niemand in die Wohnung der Abgehörten eindringen musste.[2] Man zapfte die Leitungen nur dort an, wo die Techniker freien Zugang hatten und niemandes Eigentumsrecht verletzten. Zwar war das Abhören von Telefonen nach den Gesetzen vieler Bundesstaaten verboten, aber die Bundespolizei verletzte bei ihren Abhöraktionen keine fremden Eigentumsrechte.

Man nahm viele Stunden Telefongespräche auf (die Abschrift zählte 775 Schreibmaschinenseiten, wie Richter Louis Brandeis in seiner abweichenden Meinung schreibt[3]), und verwendete sie zur Stützung der Anklage. Die Angeklagten verlangten, dass diese Beweismittel nicht benutzt werden dürften, weil sie unter Verletzung der Verfassung erlangt worden seien. Der vierte Verfassungszusatz schützt »Personen, Häuser, Papiere und Effekten vor unbegründeter Durchsuchung und Beschlagnahme«, und diese Abhöraktion, so die Angeklagten, verletze ihr Recht auf Schutz vor unbegründeter Durchsuchung.

Nach geltendem Recht war klar, dass die Polizei (zumindest in deren Abwesenheit) einen Durchsuchungsbefehl benötigt hätte, um in die Wohnungen von Mr Olmstead und seinen Komplizen einzudringen und sie zu durchsuchen, das heißt, sie hätte die Zustimmung eines Richters einholen müssen, bevor sie in die Privatsphäre der Verdächtigen eindrang. Das war damals die Bedeutung des vierten Verfassungszusatzes: dass bestimmte Orte (Personen, Häuser, Papiere und Effekten) insofern Schutz genossen, als für eine Durchsuchung zuvor ein Durchsuchungsbefehl eingeholt werden musste.[4] In diesem Fall hatte es keinen Durchsuchungsbefehl gegeben, also, argumentierten die Angeklagten, war die Durchsuchung illegal. Die Beweismittel mussten ausgeschlossen werden.

Wir sollten einen Augenblick innehalten und nach den Gründen fragen. Auch bei sorgfältiger Lektüre des vierten Verfassungszusatzes wird nicht ganz klar, wann ein Durchsuchungsbefehl erforderlich ist:

> (a) Das Recht der Bürger, in ihrer Person, ihren Häusern, ihren Papieren und Effekten vor unbegründeter Durchsuchung sicher zu sein, darf nicht angetastet werden, und (b) Durchsuchungsbefehle dürfen nur bei hinreichendem, durch Eid oder eidesstattliche Erklärung gestütztem Verdacht erteilt werden und müssen insbesondere den zu durchsuchenden Ort und die Personen oder Sachen benennen, auf die Zugriff genommen werden soll.

Der vierte Verfassungszusatz besteht in Wirklichkeit aus zwei Geboten. (Ich habe sie durch »a« und »b« kenntlich gemacht.) Das erste Gebot besagt, dass ein bestimmtes Recht (»das Recht der Bürger, sicher zu sein«) nicht angetastet werden darf; das zweite nennt die Bedingungen, unter denen ein Durchsuchungsbefehl erteilt werden darf. Aber der Text des Verfassungszusatzes stellt indes keinerlei Zusammenhang zwischen den beiden Teilen her. Und ganz gewiss sagt er nicht, eine Durchsuchung sei unbegründet, wenn sie ohne Durchsuchungsbefehl erfolge. Warum also die Regelung hinsichtlich des Durchsuchungsbefehls?[5]

Um das zu verstehen, müssen wir in die Entstehungszeit dieses Verfassungszusatzes zurückgehen. Damals beruhte der rechtliche Schutz vor Übergriffen auf Privatsphäre auf dem Verbot der Besitzstörung. Wenn jemand in Ihre Wohnung eindrang und Ihre Sachen durchwühlte, verletzte der Betreffende Ihr Recht auf ungestörten Besitz. Sie konnten ihn wegen Besitzstörung verklagen, und zwar unabhängig davon, ob es sich um eine Privatperson oder um einen Polizisten handelte. Die Gefahr einer solchen Klage war für den Polizisten ein Anreiz, nicht in Ihren Privatbereich einzudringen.[6]

Doch auch ohne Durchsuchungsbefehl konnte ein Polizist für sein Eindringen mehrere Entlastungsgründe anführen. Sie lassen sich zu der Aussage zusammenfassen, die Durchsuchung sei »begründet« gewesen. Allerdings waren dabei zwei Dinge zu bedenken. Erstens hatte eine Jury festzustellen, ob die Durchsuchung tatsächlich begründet war. Nachbarn und Kollegen des Polizisten urteilten darüber, ob sein Verhalten korrekt gewesen war. Zweitens konnte der Richter in anderen Fällen die Annehmbarkeit feststellen, das heißt, er konnte die Jury anweisen, die Durchsuchung für begründet zu erklären. (Zum Beispiel wenn in der Wohnung tatsächlich Belastendes gefunden worden war, und zwar unabhängig davon, ob zuvor ein hinreichender Verdacht bestanden hatte.[7])

Diese Situation war für den Polizisten natürlich mit Risiken verbunden, wenn er etwa eine Wohnung durchsuchte. Wenn er nichts fand oder wenn die Jury später zu dem Urteil gelangte, die Durchsuchung sei unbegründet gewesen, konnte er persönlich für die Verletzung des Rechts auf ungestörten Besitz belangt werden.

Aber es gab auch eine Versicherung gegen diese Haftung: den Durchsuchungsbefehl. Wenn der Polizist sich vor der Durchsuchung bei einem Richter einen Durchsuchungsbefehl besorgte, war er vor einer persönlichen Haftung geschützt. Wenn er nun nichts fand oder wenn die Durchsuchung als unbegründet eingestuft wurde, konnte er die Verantwortung abschieben.

Die Schaffung von Anreizen war eines der Ziele des ursprünglichen Systems. Das Gesetz gab dem Polizisten einen Anreiz, sich vor einer Durchsuchung einen Durchsuchungsbefehl zu besorgen. Wenn er sich nicht sicher war oder jedes Haftungsrisiko ausschließen wollte, konnte er seine Einschätzung von einem Richter überprüfen lassen. Wenn er aber sicher war oder es darauf ankommen lassen wollte, hieß das nicht automatisch, dass eine Durchsuchung ohne Durchsuchungsbefehl unbegründet gewesen wäre. Er ging das Risiko einer erhöhten Haftung ein, aber das war auch alles.

Das schwache Glied in diesem System war der Richter. Wenn Richter zu lax waren, fiel es nicht schwer, einen Durchsuchungsbefehl zu bekommen.[8] Schwache Richter waren für die Verfassungsväter Anlass zur Sorge. Unter britischem Recht waren die Richter von der Krone ernannt worden, und in der Revolution war die Krone der Feind. Da die Verfassungsväter einigen Missbrauch mit Durchsuchungsbefehlen erlebt hatten, waren sie nicht erpicht darauf, den Richtern die Entscheidung zu überlassen, ob eine polizeiliche Durchsuchung begründet war oder nicht.

Insbesondere dachten die Verfassungsväter (wie im zweiten Kapitel schon angemerkt) an einige berüchtigte Fälle, in denen Richter »Generaldurchsuchungsbefehle« erteilt hatten, die es den Polizeibehörden ermöglichten, gewissermaßen »Fischzüge« zu unternehmen und ganz allgemein nach Konterbande zu suchen.[9] Da die Polizisten Durchsuchungsbefehle hatten, konnten sie nicht belangt werden, und da die Richter weitgehend Immunität besaßen, konnten auch sie nicht belangt werden. Da niemand belangt werden konnte, bestand eine Versuchung zum Missbrauch. Die Verfassungsväter beabsichtigten, einen derartigen von Richtern gedeckten Missbrauch zu verhindern. Wenn es Immunität geben sollte, dann sollte sie entweder auf dem Urteil einer Jury oder auf einer erfolgreichen Durchsuchung basieren.

Das ist der Ursprung der zweiten Klausel (b) im vierten Verfassungszusatz. Die Verfassungsväter verlangten, der Richter, der den Durchsuchungsbefehl ausstellt, müsse »den zu durchsuchenden Ort und die Personen oder Sachen benennen, auf die Zugriff genommen werden soll«, so dass es keinem Richter möglich war, einen Generaldurchsuchungsbefehl auszustellen. Die Immunität, die der Durchsuchungsbefehl gewährte, wurde auf bestimmte Personen und Orte eingeschränkt und außerdem an die Voraussetzung geknüpft, dass ein hinreichender Verdacht bestand.

Diese Regelung sollte einen Ausgleich zwischen dem Interesse der Menschen am Schutz ihrer Privatsphäre und dem legitimen Interesse des Staates an einer Durchsuchung schaffen. Der Polizist hatte nun einen Anreiz, sich einen Durchsuchungsbefehl zu besorgen (um das Risiko persönlicher Haftung auszuschließen), der Richter hatte ein Gesetz, das die Voraussetzungen für die Ausstellung eines Durchsuchungsbefehls festlegte, und gemeinsam beschränkten diese beiden Strukturen staatliche Eingriffe in die Privatsphäre auf Fälle, in denen der Eingriff aus triftigen Gründen erfolgte.

So viel zum Hintergrund. Aber sehen wir, wie es weiterging.

Das ursprüngliche System ging von vielen Voraussetzungen aus. Vor allem setzte es das privatrechtliche Institut der Besitzstörung voraus, denn der Anreiz für Polizisten, sich einen Durchsuchungsbefehl zu besorgen, lag in dem Risiko, für einen Verstoß gegen das Recht auf ungestörten Besitz belangt zu werden. Damit stand das Eigentum im Mittelpunkt des ursprünglichen verfassungsrechtlichen Schutzes.

Eine weitere, ebenso bedeutsame Voraussetzung lag in der Technologie der Zeit. Der vierte Verfassungszusatz konzentrierte sich auf die Besitzstörung, weil es damals in aller Regel um die Durchsuchung von Wohnungen ging. Hätte man die Möglichkeit gehabt, eine Wohnung zu durchsuchen, ohne dort einzudringen, wären die Beschränkungen des vierten Verfassungszusatzes kaum sinnvoll gewesen. Sinnvoll sind sie nur auf der Basis des Rechts auf ungestörten Besitz und der Durchsuchungstechnik, die am Ende des achtzehnten Jahrhunderts vorherrschte.

Voraussetzungen – also die Dinge, die als gegeben oder als unbestreitbar gelten – ändern sich.[10] Wie reagieren wir auf solche Veränderungen? Wie sollen wir einen Text lesen, der vor dem Hintergrund bestimmter Voraussetzungen entstanden ist, wenn diese Voraussetzungen nicht mehr gegeben sind?

Für Amerikaner und alle Länder mit einer Verfassung, die schon 200 Jahre alt ist, liegt hier das Kernproblem der Verfassungsinterpretation. Was wäre zum Beispiel, wenn der Staat das Recht auf ungestörten Besitz abschaffte? Wäre der Verfassungszusatz dann anders zu interpretieren?[11] Was wäre, wenn die Technologie sich so drastisch veränderte, dass niemand mehr in eine Wohnung einzudringen brauchte, um sie zu durchsuchen? Müsste der Verfassungszusatz dann anders gelesen werden?

Die Geschichte der Behandlung solcher Fragen durch den Supreme Court zeigt hier kein eindeutiges Muster, aber wir können zwei Strategien unterscheiden, die jeweils um die Aufmerksamkeit des Gerichts konkurrierten. Eine Strategie konzentriert sich auf die Frage, was die Verfassungsväter in der betreffenden Situation getan hätten – die Strategie der *unmittelbaren Orientierung an der ursprünglichen Bedeutung*. Die zweite Strategie sucht nach einer modernen Lesart des ursprünglichen Verfassungstextes, die dessen ursprüngliche Bedeutung in den gegenwärtigen Kontext transponiert – diese Strategie bezeichne ich als *Übersetzung*.

Beide Strategien finden sich im Fall *Olmstead*. Da der Staat die Telefone der Angeklagten ohne Durchsuchungsbefehl anzapfte, musste das Gericht entscheiden, ob die Verwendung dieser Beweismittel zulässig oder mit dem vierten Verfassungszusatz vereinbar war. Die Angeklagten sagten, der Staat brauche einen Durchsuchungsbefehl, wenn er Telefone abhöre. Die Vertreter des Staates sagten, der vierte Verfassungszusatz sei in diesem Fall gar nicht anwendbar.

Die Argumentation des Staates war sehr einfach. Der Verfassungszusatz ging von der Voraussetzung aus, dass die Durchsuchung eine Besitzstörung darstellt, und regelte die Bedingungen, unter denen staatliche Behörden solch eine Besitzstörung vornehmen durften. Da man aber Telefone ohne jede Besitzstörung anzapfen könne, komme der vierte Verfassungszusatz nicht zum Tragen, weil er nicht vor solchen Eingriffen schütze, die ohne Störung des Besitzes erfolgten.

Der Supreme Court schloss sich dieser Ansicht an. In der vom Vorsitzenden Richter (und ehemaligen Präsidenten) William H. Taft formulierten Begründung heißt es:

> Der Verfassungszusatz verbietet nicht, was hier getan worden ist. Es gab keine Durchsuchung. Es gab keine Beschlagnahme. Das Beweismittel wurde ausschließlich durch Hören gesichert ... Der Wortlaut des Verfassungszusatzes kann nicht auf Telefonleitungen ausgedehnt werden, die sich außerhalb einer Wohnung oder eines Büros in alle Welt ziehen.[12]

Dieses Urteil wurde mit einigem Erstaunen aufgenommen, und manche waren entsetzt. Das Telefon war bereits zu einem wichtigen Teil des alltäglichen Lebens geworden. Die Menschen wussten, was es heißt, intime Kontakte »online« zu pflegen, und sie erwarteten, dass ihre intimen Geheimnisse auch im Telefonnetz geschützt seien. Tatsächlich hatten die Telefongesellschaften entschieden gegen die Hoheitsansprüche des Staates gekämpft und waren zur Zusammenarbeit mit dem Staat nur insoweit bereit, als sie gesetzlich dazu gezwungen wären.[13] Trotz dieser Widerstände erklärte der Supreme Court, derartige Eingriffe verstießen nicht gegen den vierten Verfassungszusatz. Sie hätten zur Zeit der Abfassung dieser Zusätze nicht dagegen verstoßen, und ebenso wenig täten sie dies zur Zeit der Entscheidung über diesen Fall.

Zu einem anderen Urteil gelangte Richter Brandeis in seiner abweichenden Meinung (es gab noch eine weitere abweichende Meinung von den Richtern Holmes, Stone und Butler). Wie Taft stellte er den Gedanken der Auslegungstreue in den Mittelpunkt. Aber er hatte ein anderes Verständnis von Treue.

Brandeis räumte ein, dass der vierte Verfassungszusatz sich zur Zeit seiner Abfassung nur auf Besitzstörungen bezog.[14] Aber das tat er nur, so Brandeis, weil Eingriffe in die Privatsphäre damals nur im Wege einer Besitzstörung möglich waren. Das waren die Voraussetzungen, von denen die Verfassungsväter ausgegangen waren, aber diese Voraussetzungen hatten sich verändert. Angesichts dessen habe der Oberste

Gerichtshof die Pflicht, den Verfassungszusatz so zu interpretieren, dass seine Bedeutung auch unter veränderten Bedingungen erhalten blieb. Das ursprüngliche Schutzrecht müsse in einen neuen Kontext *übersetzt* werden, in dem sich die Technologie der Eingriffe in die Privatsphäre verändert hatte.[15] Zu diesem Zweck, so Brandeis, müsse man den im vierten Verfassungszusatz gewährten Schutz auch auf Eingriffe ausdehnen, die keine Besitzstörung darstellten.

Die beiden Meinungen markieren zwei verschiedene Möglichkeiten der Verfassungsinterpretation. Taft hält der Verfassung die Treue, indem er lediglich wiederholt, was die Verfassungsväter getan haben, und Brandeis, indem er eine moderne Entsprechung für das Vorgehen der Verfassungsväter sucht. Wenn wir Taft folgten, so argumentiert Brandeis, würden wir den von den Verfassungsvätern gewollten Schutz der Privatsphäre aufheben. Wenn wir Brandeis folgten, so argumentiert Taft, würden wir der Verfassung etwas hinzufügen, das die Verfassungsväter gar nicht geschrieben haben.

Die Anhänger beider Seiten warfen der jeweils anderen Seite vor, sie hätten die Bedeutung der Verfassung »verändert«. Doch wessen Meinung veränderte die Bedeutung des vierten Verfassungszusatzes wirklich – die von Brandeis oder die von Taft?

Um diese Frage zu beantworten, müssten wir zunächst fragen: Veränderung gegenüber welchem Zustand? Im Verhältnis zu welcher Ausgangslinie ist diese Veränderung eine Veränderung? Brandeis hätte gewiss eingeräumt, dass unmittelbar nach der Verabschiedung des Verfassungszusatzes im Jahr 1791 eine Interpretation des Gerichts, die den Zusatz über Besitzstörungen hinaus ausdehnte, unzulässig gewesen wäre. Wenn sich aber eine der ursprünglichen Voraussetzungen des Verfassungszusatzes veränderte, kann das Gericht dann so tun, als hätte sich gar nichts verändert?

Brandeis berücksichtigte bei seiner Methode die Veränderung von Voraussetzungen. Er bot eine Interpretation an, die den Geltungsbereich des Verfassungszusatzes erweiterte, um den dort garantierten Schutz der Privatsphäre auch weiterhin gewährleisten zu können. Taft bot dagegen eine Interpretation an, die an der Reichweite des Zusatzes festhielt, aber den Umfang des Schutzes veränderte. Beide Lesarten hielten jeweils an bestimmten Dingen fest und veränderten andere. Die Frage ist: Welche Lesart bewahrte, was nach dem Grundsatz der Auslegungstreue bewahrt werden musste?

Zur Verdeutlichung wollen wir die Entwicklung ein wenig vereinfacht nachvollziehen. Stellen Sie sich vor, man könnte den Schutz der Privatsphäre quantifizieren – dann könnten wir für jede technologische Veränderung angeben, in welchem quantitativen Umfang der Schutz der Privatsphäre davon betroffen wäre. (Robert Post hat absolut überzeugend dargelegt, dass der Schutz der Privatsphäre sich nicht quantifizieren lässt, aber mein Gedankenexperiment dient nur der Illustration.[16]) Nehmen wir also an, 1791 hätte der Schutz vor physischen Besitzstörungen einen 90-prozentigen Schutz der Privatsphäre gewährleistet. Die Polizei konnte immer noch auf der Straße stehen und durch offene Fenster horchen, aber die Gefahr solcher Eingriffe war insgesamt sehr gering. Der Schutz vor einer Störung des Besitzes bewirkte weitgehend auch einen Schutz der Privatsphäre.

Als jedoch das Telefon aufkam, veränderte sich dieser Schutz. Private Informationen wurden in großem Umfang über das Telefonnetz weitergegeben. Wenn nun das Abhören des Telefons keine Besitzstörung darstellte, war nur noch ein geringerer Teil des Privatlebens vor staatlicher Ausforschung geschützt. Statt 90 Prozent waren es vielleicht nur noch 50 Prozent.

Brandeis wollte nun, dass die Interpretation des Verfassungszusatzes die Privatsphäre im gleichen Umfang schützte wie zuvor – nämlich zu 90 Prozent, auch wenn es dazu erforderlich war, den Schutz über die Besitzstörung hinaus auszudehnen. Er wünschte sich eine *andere* Lesart, damit der Schutz *derselbe* blieb.

Diese Argumentationsweise ist in unserer Verfassungsgeschichte weit verbreitet und gehört zu den besten Elementen unserer Verfassungstradition.[17] Auf veränderte Umstände reagiert sie mit einer Interpretation, die diese Veränderungen berücksichtigt und dabei an der ursprünglichen Bedeutung festhält. Sie verlangt gewissermaßen Gerechtigkeit für beide Seiten, die Rechte und die Linke.[18] Sie soll die Verfassung lebendig erhalten und sicherstellen, dass Veränderungen in der Welt nicht den Sinn des Verfassungstextes verändern. Sie möchte den Schutz, den die Verfassung 1791 gewährte, auch zu späteren Zeiten in einen ähnlichen Schutz *übersetzen*. Sie räumt ein, dass der Oberste Gerichtshof zu diesem Zweck den Verfassungszusatz anders lesen muss. Aber sie liest den Zusatz nicht anders, um ihn zu verändern oder um den Schutz auszuweiten, sondern um den Schutz den veränderten Bedingungen anzupassen, die sich aus technologischen Veränderungen ergeben haben. Sie übersetzt, um die Bedeutung zu bewahren.

Wenn es einen Richter gibt, der die Bewunderung der Computerwelt verdient; wenn es eine abweichende Richtermeinung gibt, an der sich Aktivisten des Cyberspace in Zukunft orientieren können; wenn es ein erstes Kapitel im Kampf um den Schutz des Cyberspace gibt, dann ist es dieser Richter, diese Meinung und dieser Fall. Brandeis hat uns das Modell einer Verfassungsinterpretation gegeben, die über Zeiten und Kontexte hinweg am Sinn und an den Werten der Verfassung festhält. Es ist ein Verfahren, das den Wandel berücksichtigt und dabei etwas von dem bewahrt, was die Verfassungsväter uns gegeben haben. Ein Verfahren, das den Sinn der Verfassung in vollkommen andere Zusammenhänge *übersetzt* – trotz großer zeitlicher Distanz wie jener zwischen uns und den Verfassungsvätern und trotz der Unterschiede zwischen dem Cyberspace und dem realen Raum.

Gleichwohl setzten sich Tafts Meinung und seine enge Sicht des vierten Verfassungszusatzes durch. Es dauerte vierzig Jahre, bis der Supreme Court das von Brandeis entwickelte Verständnis des vierten Verfassungszusatzes übernahm – vierzig Jahre, ehe er von der durch den Fall *Olmstead* vorgezeichneten Linie abwich. Und das geschah im Fall *Katz v United States*.[19]

Charles Katz stand im Verdacht, Wettinformationen per Telefon an Kunden in anderen Bundesstaaten weitergegeben zu haben. Die Bundespolizei zeichnete seine Äußerungen bei mehreren Telefongesprächen auf, die er in öffentlichen Telefonzellen führte. Zu diesem Zweck heftete man ein Abhörmikrofon an die Außenwand der Zelle. Katz wurde auf Grund dieses Beweismittels verurteilt, und das Berufungsgericht bestätigte das Urteil unter Hinweis auf den Fall *Olmstead*.

Der Harvard-Professor Laurence Tribe war zu Beginn seiner Laufbahn an diesem Fall beteiligt:

> Als juristischer Mitarbeiter des Richters am Supreme Court Potter Stewart arbeitete ich auch an einem Fall, in dem es um die elektronische Überwachung eines Verdächtigen ging, die über ein an der Außenwand einer öffentlichen Telefonzelle angebrachtes Abhörgerät erfolgte. Da das Eindringen in die Privatsphäre des Verdächtigen ohne einen besitzstörenden Eingriff in einen »von der Verfassung geschützten Bereich« erfolgt war, argumentierte die Bundesregierung unter Hinweis auf den Fall *Olmstead*, es habe keine »Durchsuchung« oder »Beschlagnahme« stattgefunden, und deshalb sei das im vierten Verfassungszusatz genannte »Recht der Menschen, in ihrer Person, ihren Häusern, ihren Papieren und Effekten vor unbegründeter Durchsuchung sicher zu sein«, gar nicht betroffen.
> Zunächst hatten sich nur vier Richter dafür ausgesprochen, das Urteil aus dem Fall *Olmstead* zu revidieren und den vierten Verfassungszusatz auch auf das Abhören von Telefonen und auf elektronische Abhörverfahren auszudehnen. Ich bin stolz darauf, als junger 26-jähriger Jurist zumindest ein wenig dazu beigetragen zu haben, dass diese Zahl sich von vier auf sieben erhöhte, und eine siebenköpfige Mehrheit der Richter im Dezember 1967 formell erkannte, dass der vierte Verfassungszusatz »Menschen und nicht Orte« schützt [389 US at 351]. Mit dem Urteil im Fall *Katz v United States* wies der Supreme Court endlich *Olmstead* und die zahlreichen darauf gestützten Urteile zurück und erklärte, angesichts der Bedeutung der elektronischen Telekommunikation für das moderne Leben verlangten der [im ersten Verfassungszusatz garantierte] Schutz der *freien Rede* und der [im vierten Verfassungszusatz garantierte] Schutz der *Privatsphäre*, dass unter »Durchsuchung« nun jeder Eingriff in die vertrauliche telefonische Kommunikation eines Menschen verstanden werden müsse, auch wenn es dabei nicht zu physischen Übergriffen auf seine Eigentumsrechte komme.[20]

Im Fall *Katz* folgte der Oberste Gerichtshof nicht Taft, sondern Brandeis. Er suchte nach einer Lesart des vierten Verfassungszusatzes, die den veränderten Verhältnissen Rechnung trug. 1791 bot der Schutz vor Besitzstörungen einen ausreichenden Schutz vor Übergriffen auf die Privatsphäre, doch in den sechziger Jahren des neunzehnten Jahrhunderts war das nicht mehr der Fall. Mittlerweile fand ein Großteil des intimen Lebens an Orten statt, die nicht durch Eigentumsrechte geschützt waren (nämlich im »Äther«, also etwa im Telefonnetz der Firma AT&T). Ein System, bei dem der Schutz der Privatsphäre von Eigentumsrechten abhing, vermochte die Privatsphäre also nicht mehr in dem Maße zu schützen, wie die Verfassungsväter es gewollt hatten. Dem versuchte Richter Stewart im Fall *Katz* abzuhelfen, indem er den vierten Verfassungszusatz mit einem direkteren Schutz der Privatsphäre verband.

Für die Verbindung sorgte der Gedanke einer »vernünftigen Erwartung hinsichtlich des Schutzes der Privatsphäre«. Den Kern des Wertes, so Stewart, bildet der Schutz von »Menschen und nicht von Orten«[21] – es galt also, Menschen überall dort zu schützen, wo sie vernünftigerweise erwarten dürfen, dass ihre Privatsphäre geschützt ist. Wo man solch einen Schutz der Privatsphäre vernünftigerweise erwarten kann, darf der Staat nur dann eindringen, wenn er sich an die im vierten Verfassungszusatz genannten Beschränkungen hält.

Stewarts Urteilsbegründung ist in vielem sehr bewundernswert, zumindest soweit es seine Bereitschaft betrifft, Instrumente zu schaffen, mit deren Hilfe sich der Sinn der Verfassung auch unter veränderten Umständen bewahren lässt – oder soweit er versucht, die Schutzrechte des vierten Verfassungszusatzes in den modernen Kontext zu übersetzen. Vieles ist aber auch fragwürdig.[22] Wir können diese Fragen im Augenblick jedoch beiseite lassen und uns auf den unstrittigen Teil des Problems konzentrieren.

Die Grenzen mögen nicht leicht zu ziehen sein, aber es ist doch recht klar, dass die Verfassungsväter eine bewusste Wahlentscheidung hinsichtlich des Schutzes der Privatsphäre getroffen haben. Dabei handelte es sich nicht um eine Frage, die allenfalls eine Nebenrolle spielte oder die sie gar nicht bemerkt hätten. Und es handelt sich auch nicht um das »Recht auf die Privatsphäre«, das die Konservativen im Zusammenhang mit dem Recht auf Abtreibung beklagen. Es geht vielmehr um das Recht, vor Übergriffen des Staates auf das »Heiligtum« der privaten Wohnung geschützt zu sein. Solche staatlichen Übergriffe waren ein wichtiger Auslöser für die Bewegung gewesen, die zur

Gründung der Republik führte. Brandeis und Stewart versuchten lediglich, diese Wahlentscheidung auf Situationen zu übertragen, in denen die alte Konstruktion keine Wirkung mehr zeigte.

Übersetzungen dieser Art sind gar nicht so schwierig. Die ursprünglichen Werte sind relativ klar, inwiefern bestimmte Situationen die ursprüngliche Anwendung untergraben, lässt sich leicht feststellen; und die Lesarten, die den ursprünglichen Werten wieder Geltung verschaffen, liegen ebenfalls recht klar auf der Hand. Natürlich verlangen solche Fälle vielfach einen gewissen Mut zur Interpretation – den Willen, die Auslegungstreue durch den Wechsel der Auslegungspraxis zu bewahren. Doch die Richtung ist immerhin klar, auch wenn die Mittel sich nicht gleich aufdrängen.[23]

Das gilt für die einfachen Fälle. Sie lassen sich sogar noch einfacher lösen, wenn wir nicht versuchen, Werte aus ferner Vergangenheit in die Zukunft, sondern gleichsam von einem Kontext auf den anderen zu übertragen. Wenn wir wissen, welche Werte wir bewahren wollen, brauchen wir nur noch Kreativität bei der Frage, wie wir sie in einem anderen Kontext bewahren könnten.

Der Cyberspace wird uns mit vielen Fällen dieser Art konfrontieren. Wenn Gerichte sich damit befassen müssen, sollten sie sich an Brandeis orientieren, und sie sollten den Obersten Gerichtshof drängen, dies ebenfalls zu tun. Wo die Umstände den Schutz eines ursprünglichen Rechts zunichte gemacht haben, sollte der Supreme Court eine Verfassungsinterpretation wählen, die dieses Recht wiederherstellt.

Manche Fälle werden nicht so einfach sein. Manchmal wird eine Übersetzung nicht in Frage kommen. Manchmal würde die Übersetzung Werte betreffen, die wir gar nicht mehr bewahren wollen. Und manchmal wissen wir nicht, an welchen Werten die Übersetzung sich orientieren soll. Die am Beispiel des Computerwurms im zweiten Kapitel erörterten latenten Mehrdeutigkeiten sind solch ein Fall. Veränderte Umstände fördern gelegentlich latente Mehrdeutigkeiten in der ursprünglichen Situation zu Tage. Wir müssen uns dann zwischen verschiedenen Werten entscheiden, die beide für sich beanspruchen können, mit dem ursprünglichen Wert vereinbar zu sein. Da beide Wege als richtig gelten können, vermögen wir nicht zu sagen, der ursprüngliche Kontext (ob nun heute oder vor 200 Jahren) entscheide den Fall.

In einem grundlegenden Aufsatz zum Recht im Cyberspace mit dem Titel »The Constitution in Cyberspace« gibt Professor Tribe ein Beispiel.[24] Er skizziert ein Verfahren zur Interpretation der Verfassung im Cyberspace, das die Verfassung »technologisch neutral« machen soll. Er setzt sich für Interpretationen (oder vielleicht sogar einen Verfassungszusatz) ein, die deutlich machen, dass technologische Veränderungen den Sinn der Verfassung nicht ändern sollen. Wir müssen uns stets um Interpretationen der Verfassung bemühen, die deren ursprüngliche Werte bewahren. Wenn Richter sich mit dem Cyberspace befassen, müssen sie als Übersetzer fungieren: Die verschiedenen Technologien sind die verschiedenen Sprachen, und das Ziel besteht darin, eine Lesart der Verfassung zu finden, die deren Sinn von der Technologie der einen auf die der anderen Welt überträgt.[25]

Das ist Auslegungstreue in Gestalt einer Übersetzung. Solch eine Übersetzung tut so, als übertrage sie lediglich etwas bereits Gesagtes. Sie verbirgt das schöpferische Moment und zeigt eine höfliche oder respektvolle Zurückhaltung. Diese Verfassungsinterpretation tut so, als wären alle wichtigen politischen Entscheidungen bereits getroffen und als ginge es nun nur noch um technische Anpassungen. Sie stimmt den Flügel nach, wenn er von einem Konzerthaus in ein anderes transportiert worden ist.

Doch dann bringt Tribe ein Beispiel, das dieses Verfahren nutzlos erscheinen lässt. Die Frage betrifft die Bedeutung der so genannten Konfrontationsklausel im sechsten Verfassungszusatz. Danach hat der Angeklagte im Strafprozess das Recht, »gegen ihn aussagenden Zeugen gegenübergestellt zu werden«. Und Tribe fragt, wie diese Klausel heute zu verstehen sei.

Zur Zeit der Verfassungsväter, so Tribe, war die Technologie der Gegenüberstellung ganz einfach – sie funktionierte von selbst in beide Richtungen. Wenn der Zeuge dem Angeklagten gegenüberstand, dann stand zugleich auch der Angeklagte dem Zeugen gegenüber. Das war zur damaligen Zeit eine technische Notwendigkeit. Heute lassen sich die beiden Momente jedoch voneinander trennen; heute ist es möglich, dass der Angeklagte die Ausführungen des Zeugen verfolgt, ohne dass der Zeuge dem Angeklagten gegenübertreten müsste. Die Frage ist, ob die Gegenüberstellungsklausel sich mit beiden Möglichkeiten vereinbaren lässt.[26]

Nehmen wir an, Tribe hat die verfügbaren Technologien korrekt beschrieben, und die Verfassungsväter dachten an die einzige Technologie, die damals zur Verfügung stand. Die eigentliche Frage stellt sich erst im zweiten Schritt. Wenn die Technologie nun mehrere Möglichkeiten zulässt, welche *verlangt* dann die Verfassung?

Der Oberste Gerichtshof gab 1990 im Fall *Maryland v Craig* eine eindeutige Antwort: Die Verfassung verlangt lediglich eine einseitige Gegenüberstellung. Eine Interpretation, die eine einseitige Gegenüberstellung zulässt, soweit keine übergeordneten Interessen eine beiderseitige Gegenüberstellung verlangten, ist eine faire Übersetzung der ursprünglichen Klausel.[27]

Als politische Entscheidung gefällt mir diese Antwort. Aber ich sehe nicht, worauf sie sich stützt. Mir scheint, die Verfassungsväter haben in dieser Frage keine Entscheidung getroffen, und wenn sie vor die Frage gestellt worden wären, hätten sie sie wahrscheinlich unterschiedlich beantwortet. Angesichts der 1791 verfügbaren Technologie brauchten sie gar nicht zu entscheiden, und angesichts des darin angelegten Wertekonflikts können wir nicht sicher sein, wie sie entschieden hätten. Wenn wir nun so tun, als hätten die Verfassungsväter uns einfach eine Antwort gegeben, ist das irreführend. Die Verfassungsväter haben hier keine Antwort gegeben, und meines Erachtens lässt sich aus dem, was sie gesagt haben, auch keine Antwort ableiten.

Wie der Computerwurm im zweiten Kapitel, so stellt auch die Gegenüberstellungsklausel eine *latente Mehrdeutigkeit* dar.[28] Das Verfassungsrecht wird im Cyberspace viele solcher latenten Mehrdeutigkeiten zu Tage fördern. Und diese Mehrdeutigkeiten bieten uns eine Wahlmöglichkeit: Was werden wir tun?

Wahlmöglichkeiten sind nichts Schreckliches. Es ist keine Katastrophe, eine Wahl treffen zu müssen – sofern wir dazu in der Lage sind. Und hier liegt der Kern des Problems. Angesichts der gegenwärtigen Einstellung unserer Gerichte und unserer ganzen Rechtskultur sind verfassungsrechtliche Wahlentscheidungen sehr kostenträchtig, wie ich im vierten Teil noch näher ausführen werde. Wir sind nicht gut darin, und an dieser Sachlage wird sich in naher Zukunft wohl auch nichts ändern.

Wenn wir nicht wissen, wie wir weiterkommen können – wenn eine Frage nicht durch Übersetzung geklärt werden kann –, haben wir in der Verfassungspraxis zwei Möglichkeiten: Wir können erstens passiv bleiben. Das Gericht überlässt die Entscheidung dem Gesetzgeber. Für diesen Weg setzt sich Richter Scalia im Zusammenhang mit dem vierzehnten Verfassungszusatz ein. Über Fragen, die von den Verfassungsvätern nicht debattiert werden konnten, sagt die Verfassung nichts.[29] In diesem Fall kann sich nur der Gesetzgeber mit grundlegenden Verfassungswerten befassen und entscheiden, welchen Sinn die Verfassung in Zukunft haben soll.

Die zweite mögliche Reaktion ist aktiver: Das Gericht findet einen Weg, grundlegende Verfassungswerte zu formulieren, die in der ursprünglichen Verfassung nicht enthalten sind. Die Gerichte stoßen eine Diskussion über diese Werte an oder tragen zumindest zu dieser Diskussion bei, über die am Ende dann möglicherweise anderswo entschieden wird. Die erste Möglichkeit bedeutet Nichtstun, die zweite eröffnet einen Dialog über Grundwerte der Verfassung, um neue Probleme anzugehen und zu lösen.

Ich fürchte nun im Blick auf den Cyberspace, dass wir den ersten Weg gehen werden. Die Institutionen, die eigentlich die größte Verantwortung für die Grundwerte der Verfassung tragen, werden sich einfach heraushalten, während Fragen von Verfassungsrang auf legislativem Wege entschieden werden. Die größte Verantwortung für die Grundwerte der Verfassung tragen heute die Gerichte. Wie ich im vierten Teil noch ausführlich darlege, fürchte ich, die Gerichte werden sich heraushalten, weil sie den Eindruck haben, die vom Cyberspace aufgeworfenen Fragen seien gänzlich neu und daher politischen Charakters. Und wenn ein Problem als politische Frage erscheint, betrachten die Gerichte sich nicht als zuständig.

Ich befürchte das nicht, weil ich etwas gegen die Legislative hätte, sondern weil der verfassungsrechtliche Diskurs auf legislativer Ebene heute sehr dünn ist. Der Philosoph Bernard Williams hat behauptet, weil der Oberste Gerichtshof die zentrale Rolle in der Formulierung der Grundwerte unserer Verfassung beanspruche, habe der Gesetzgeber sich davon verabschiedet.[30] Ob Williams nun Recht hat oder nicht, eines ist klar: Der verfassungsrechtliche Diskurs unseres gegenwärtigen Kongresses bleibt weit hinter dem Niveau zurück, das er haben müsste, wenn die verfassungsrechtlichen Fragen, die der Cyberspace aufwirft, dort behandelt werden sollen.

Wie wir diese Unzulänglichkeit des Verfassungsdiskurses ändern könnten, ist unklar. Das verfassungsrechtliche Denken ist allzu lange eine Domäne von Anwälten und Richtern gewesen. Wir sind in die Falle eines Denkmusters geraten, das vorgibt, alle wichtigen Fragen seien bereits beantwortet, und wir bräuchten sie nur noch in unsere Zeit zu übersetzen. Daher wissen wir nicht recht, was wir tun sollen, wenn wir feststellen, dass Fragen noch nicht beantwortet sind. Während Nationen in aller Welt um Ausdruck und Realisierung ihrer Verfassungswerte streiten, haben wir, die Nation mit der ältesten geschriebenen Verfassung der Welt, jede Übung verloren und wissen nicht mehr, wie wir über die Grundwerte unserer Verfassung streiten und entscheiden sollen.

Ich werde im fünfzehnten Kapitel auf dieses Problem zurückkommen. Hier habe ich es nur beschreiben wollen. Die Übersetzung ist eine Möglichkeit, die Wahlentscheidungen zu treffen, vor die uns der Cyberspace stellen wird. Dabei versucht man, für neue Situationen äquivalente Lösungen zu finden. In den vier nun folgenden Anwendungsproblemen stelle ich aber die Frage: Reicht die Vergangenheit aus? Gibt es Wahlmöglichkeiten, mit denen die Verfassungsväter sich gar nicht befasst haben? Und gibt es Entscheidungen, die wir treffen sollten?

10. GEISTIGES EIGENTUM

Harold Reeves war einer der besten Forschungsassistenten, den ich je hatte. Er arbeitete mit mir an der Entwicklung meines ersten Kurses über das Recht im Cyberspace. Zu Beginn seines zweiten Jahres an der Law School der University of Chicago kam er mit der Idee für einen Studentenkommentar zu mir – eines studentischen Artikels, der in der *Law Review* veröffentlicht werden sollte.[1] Das Thema war Besitzstörung im Cyberspace – ob und in welcher Weise das Recht Eigentümer von Räumen im Cyberspace vor jener Art von Übergriffen schützen soll, die im realen Raum als Störung des Besitzes bezeichnet werden. Seine ursprüngliche Idee war ganz einfach: Es sollte kein Gesetz über Besitzstörung im Cyberspace geben.[2] Das Recht sollte den »Besitzern« von Räumen im Cyberspace keinen Schutz vor Übergriffen gewähren. Sie sollten gezwungen sein, sich selbst zu verteidigen.

Reeves' Idee war ein wenig verrückt, und ich denke, letztlich auch falsch.[3] Aber sie enthielt eine geniale Erkenntnis, die das Nachdenken über das Recht im Cyberspace prägen sollte.

Kürzer und weniger eloquent ausgedrückt als bei Reeves, könnte man den Gedanken folgendermaßen zusammenfassen: Das Recht sollte fragen, mit welchen Mitteln sich der wirksamste Schutz von Eigentumsinteressen im Cyberspace verwirklichen lässt. Zwei Arten von Schutz sind möglich. Die eine ist der traditionelle Schutz des Rechts – das Recht definiert einen Raum, in den andere nicht eindringen dürfen, und bestraft alle, die es dennoch tun. Die andere ist ein Zaun, eine technische Vorrichtung, ein Stück Code, das (unter anderem) ein unerwünschtes Eindringen verhindert. Im realen Raum kennen wir natürlich beides: Gesetze und Zäune, die das Recht ergänzen. Ohne Zweifel gibt es ein optimales Mischungsverhältnis zwischen Zäunen und Gesetzen. Beide kosten Geld, und der Nutzen ist nicht notwendig derselbe. Aus gesellschaftlicher Sicht wünschen wir uns ein Mischungsverhältnis, das optimalen Schutz zu möglichst geringen Kosten bietet. (Volkswirtschaftlich ausgedrückt, wünschen wir ein Mischungsverhältnis, bei dem die Grenzkosten jeder zusätzlichen Einheit Schutz gleich dem Grenznutzen sind.)

Für den realen Raum folgt daraus, dass es mitunter sinnvoll ist, die Last des Schutzes nicht dem Staat, sondern den Bürgern aufzubürden. Wenn etwa ein Bauer wertvolles Saatgut in einem abgelegenen Teil seines Hofes lagern möchte, ist es besser für ihn, selbst die Kosten für einen Zaun zu tragen, als die Polizei zu bitten, häufiger Streife zu fahren oder die Strafe für Saatgutdiebe zu erhöhen. Es geht also stets um ein ausgeglichenes Verhältnis zwischen Kosten und Nutzen privater und staatlicher Schutzmaßnahmen.

Reeves' Erkenntnis zum Cyberspace folgt derselben Linie. Der optimale Schutz für Räume im Cyberspace ist eine Mischung aus öffentlichem Recht und privaten Zäunen. Die Frage ist nun, welche Mischung im Hinblick auf den Nutzen die kostengünstigste ist. Reeves behauptet, die Kosten des Rechts seien in diesem Kontext extrem hoch, zum Teil wegen der Kosten der Strafverfolgung, zum Teil aber auch, weil das Recht nur sehr schwer zwischen einer legitimen und einer illegitimen Nutzung von Cyberräumen zu unterscheiden vermag. Viele »Akteure« dürften den Cyberspace »nutzen«. So genannte Spiders sammeln im Web Daten für Suchmaschinen, Browser durchsuchen das Netz nach Material, das Sie sehen wollen, Hacker (der guten Sorte) testen die Schlösser von Räumen, um festzustellen, ob sie verschlossen sind, und Hacker (der schlechten Sorte) dringen in Räume ein, um etwas zu stehlen. Im Vorhinein vermag das Recht nur schwer zu entscheiden, welche Akteure den Raum zu legitimen Zwecken nutzen und welche nicht. Die Legitimität hängt von den Absichten der Leute ab, die den Zugang gewähren.

Das brachte Reeves auf folgenden Gedanken: Wenn die Absicht des »Besitzers« so entscheidend ist und diese Absichten sich im Cyberspace ohne großen Kostenaufwand durch Zäune zum Ausdruck bringen lassen, gibt man dem Besitzer am besten den größtmöglichen Anreiz, den Zugang nach seinen Wünschen zu definieren. Das Recht auf

Zugang solle die Norm sein, und die Last, Schlösser einzubauen, solle dem Besitzer zufallen.[4]

Nun lassen Sie Reeves' Argumente einmal beiseite, und denken Sie an etwas scheinbar ganz anderes, das aber in Wirklichkeit etwas ganz Ähnliches ist. Denken Sie an »Diebstahl« und die Möglichkeiten, sich dagegen zu schützen.

> Ich habe einen Stapel Brennholz hinter meinem Haus. Niemand stiehlt es. Wenn ich mein Fahrrad über Nacht draußen ließe, wäre es am Morgen verschwunden.
>
> Ein Freund erzählte mir, in einer beliebten Stadt am Meer könne die Stadtverwaltung keine Blumen pflanzen, weil sie sofort gepflückt würden. Aber nun, nach einer langen »Kampagne für Gemeinsinn«, so berichtet er stolz, würden die Blumen nicht mehr gepflückt.
>
> Es gibt spezielle Gesetze gegen den Diebstahl von Autos, Flugzeugen oder Booten. Es gibt keine speziellen Gesetze gegen den Diebstahl von Wolkenkratzern. Autos, Flugzeuge und Boote brauchen Schutz. Wolkenkratzer passen selbst auf sich auf.

Viele Dinge schützen Eigentum vor Diebstahl – auf unterschiedliche Weise. Der Markt schützt mein Brennholz (es ist billiger, sich selbst welches zu kaufen, als meines zu stehlen), aber für mein Fahrrad stellt er eine Bedrohung dar (da man ein gestohlenes Rad leicht verkaufen kann). Manchmal schützen Normen die Blumen in den Parks, manchmal auch nicht. Manchmal kommt die Natur den Dieben entgegen (Autos, Flugzeuge, Boote), und manchmal arbeitet sie gegen sie (Wolkenkratzer).

Schutz ist keine feste Größe. Ich könnte mein Fahrrad abschließen und so den Code des realen Raums nutzen, um es besser vor einem Diebstahl zu schützen. Ein etwaiger Mangel an Brennholz hätte eine höhere Nachfrage zur Folge und würde den Schutz erschweren. Öffentliche Verschönerungskampagnen mögen dem Blumenklau ein Ende setzen, doch mit der Auswahl bestimmter Blumen könnte man den gleichen Effekt erzielen. Ausgetüftelte Schlösser können gestohlene Autos unbrauchbar machen, und auch Wolkenkratzer sind nicht sicher vor einem geschickt ausgedachten Bankbetrug. Der Schutz ist nicht vorgegeben und unveränderlich – vielmehr bestehen zahlreiche Schutzmöglichkeiten, die auf unterschiedlichste Weise funktionieren.

Das Eigentum wird von der Summe der verschiedenen Schutzmechanismen geschützt, die das Recht, Normen, der Markt und der Code des realen Raums bereitstellen. Das Ganze ist lediglich eine Anwendung des im siebten Kapitel vorgetragenen Gedankengangs. Aus der Sicht des Staates benötigen wir nur dann Gesetze, wenn die drei anderen Modalitäten keinen ausreichenden Schutz bieten. Aus der Sicht des Bürgers wird der Code des realen Raums (zum Beispiel ein Schloss) dann erforderlich, wenn Gesetze und Normen allein nicht ausreichen. Wer verstehen möchte, wie Eigentum geschützt wird, muss verstehen, wie diese verschiedenen Schutzmechanismen zusammenwirken.

Reeves' Idee und die Überlegungen zu Brennholz und Wolkenkratzern verweisen auf unterschiedliche Möglichkeiten, wie das Recht Eigentum schützt, und auf die Arten von Eigentum, die möglicherweise auf rechtlichem Wege geschützt werden können. Sie laden auch zu der Frage ein, die Richter Stephen Breyer und viele andere gestellt haben: Sollte das Recht manche Eigentumsarten – insbesondere geistiges Eigentum – überhaupt schützen?[5]

Unter den Eigentumsarten, die das Recht schützen könnte, möchte ich mich in diesem Kapitel auf eine ganz bestimmte, nämlich auf das geistige Eigentum konzentrieren, oder noch genauer: auf das durch Urheberrecht geschützte Eigentum. Man sagt, von allen Eigentumsarten sei diese am anfälligsten für die Veränderungen, die der Cyberspace mit sich bringt, und es heißt sogar, geistiges Eigentum lasse sich im Cyberspace überhaupt nicht schützen. Angesichts der oben skizzierten Begriffe können wir nun auch ahnen, warum das so sein soll, und wichtiger noch, warum diese These falsch ist.

ZU BERICHTEN ÜBER DEN UNTERGANG DES URHEBERRECHTS

Grob gesagt gibt das Urheberrecht seinem Inhaber das Recht, allein über die Reproduktion und Vervielfältigung einer Sache zu bestimmen.[6] Ich besitze das Urheberrecht an diesem Buch. Das heißt, von wenigen Ausnahmen abgesehen, dürfen Sie dieses Buch nicht ohne meine Erlaubnis kopieren oder auf andere Weise vervielfältigen. Das Recht ist insoweit geschützt, als Gesetze (und Normen) es schützen, und es ist insoweit bedroht, als die Technologie es immer einfacher macht, Bücher zu kopieren. Stärkt man die Gesetze und hält man die Technologie unverändert auf ihrem Stand, so stärkt dies das Urheberrecht. Verbessert man dagegen die Technologie und hält die Gesetze auf ihrem Stand, schwächt man es.[7]

In diesem Sinne stand das Urheberrecht schon immer mit der Technik auf Kriegsfuß. Vor der Erfindung des Buchdrucks (und einer breiteren Verfügbarkeit von Papier[8]) war es kaum nötig, das Urheberrecht eines Autors zu schützen. Das Kopieren war so teuer, dass allein schon die Kosten ausreichenden Schutz boten. Mit abnehmenden Vervielfältigungskosten wuchs auch die Gefahr, dass der Autor die Kontrolle verlor. Jede Generation verbesserte die Vervielfältigungs- und Kopiermöglichkeiten, und damit verschlechterte sich auch die Möglichkeit der Autoren, ihr Urheberrecht zu schützen.

Gleichwohl konnte das Recht bislang auf diese Entwicklungen relativ leicht reagieren. Als Fotokopierer in Bibliotheken eine neue Bedrohung heraufbeschworen, änderte man die Gesetze, um dieser Bedrohung zu begegnen.[9] Als man Fernsehsendungen mit Videogeräten aufzeichnen konnte, um sie sich später anzusehen, änderte man die Gesetze, um mit dieser Zeitverzögerung zurechtzukommen.[10] In all diesen Fällen ist der reale Eigentumsschutz die Summe der verschiedenen Beschränkungen, und wir können sehen, dass die Stärkung des rechtlichen Schutzes als Reaktion auf die wachsende Bedrohung des Urheberrechts[11] im Gegenzug nicht die Rechte des Autors stärkt, sondern lediglich seine frühere Macht wiederherstellt.[12]

Zum Glück für das Recht verändert die Technologie sich nur

schrittweise. Kopien sind besser und billiger geworden, aber eben schrittweise und über einen längeren Zeitraum hinweg. Das System hat Schocks erlitten, aber das Recht hatte Zeit zu reagieren, wenn das System aus dem Tritt zu geraten schien – indem es den Schutz langsam veränderte und dort erweiterte, wo die Technologie ihn aushöhlte.[13]

Manche sagen, der Cyberspace habe nicht nur die Techniken des Kopierens verändert, sondern auch (und vor allem) die Fähigkeit des Rechts, Schutz vor illegalem Kopieren zu bieten.[14] Er tut beides gleichzeitig und mit extremer Geschwindigkeit. Das Netz bietet nicht nur quasi kostenlos perfekte Kopien digitaler Originale,[15] sondern stellt auch die Strafverfolgungsbehörden vor eine nahezu unlösbare Aufgabe beim Aufspüren und Ahnden von Urheberrechtsverletzungen. In den Kategorien des siebten Kapitels ausgedrückt: Die wirksamen rechtlichen Beschränkungen (des Kopierens) verschwinden im selben Augenblick wie die technischen Beschränkungen. Die technische Bedrohung ist maximal, der vom Gesetz gebotene Schutz dagegen nur noch minimal. Für den Urheberrechtsinhaber vereint der Cyberspace die schlechtesten Eigenschaften beider Welten – die Kopiermöglichkeiten könnten nicht besser und der rechtliche Schutz nicht schlechter sein.

Durch Aussagen dieser Art gerieten Urheberrechtsinhaber in Panik und verlangten Gesetzesänderungen zur Verbesserung des Urheberrechtsschutzes. Trotz gegenteiliger Versicherung von Kennern des Cyberspace glaubten natürlich nicht alle, das Urheberrecht sei tot. Interessengruppen und auf Urheberrecht spezialisierte Rechtsanwälte drängten schon früh darauf, den rechtlichen Schutz des geistigen Eigentums, den der Cyberspace auszuhöhlen drohte, durch gesetzliche Maßnahmen zu verbessern.

EIN GESETZ ZUR RETTUNG DES URHEBERRECHTS

Das erste Ergebnis dieses Drucks war ein Weißbuch, das 1995 vom Wirtschaftsministerium herausgegeben wurde, nachdem man dort zwei Jahre lang Stellungnahmen zur Bedrohung des Urheberrechts im

Cyberspace gesammelt hatte.[16] Das Weißbuch schlug eine Reihe von Veränderungen vor, die das »Gleichgewicht« im Urheberrecht wiederherstellen sollten. Der Bericht mit dem Titel »Intellectual Property and the National Information Infrastructure« versuchte die bestehende Rechtslage für alle verständlich zusammenzufassen und schlug Gesetzesänderungen vor, die auf die im Netz zu erwartenden Veränderungen reagieren sollten. Wie Juristen aber sogleich feststellten, war der erste Teil ein Fehlschlag.[17] Der Bericht fasste die bestehende Rechtslage ebenso wenig zusammen, wie sowjetische Historiker die Geschichte des Stalinismus korrekt wiederzugeben vermochten. Die Darstellung hatte eine deutliche Tendenz zu Gunsten eines verstärkten Schutzes geistigen Eigentums, tat aber so, als sei dies ganz natürlich.

Für uns sind jedoch die Empfehlungen am interessantesten. Die Regierung schlug vier Reaktionen auf die Bedrohung durch den Cyberspace vor. Nach den Ausführungen im siebten Kapitel sollten sie uns vertraut sein.

Die erste Reaktion entsprach ganz der Tradition. Die Regierung schlug Veränderungen am Urheberrechtsgesetz vor, die »klären« sollten, welche Rechte geschützt sind.[18] Es ging also um eine genauere Definition der unter das Urheberrechtsgesetz fallenden Rechte, aber auch der an einen Verstoß geknüpften Rechtsfolgen.

Der Vorschlag ging indes weit über diese traditionellen Aspekte hinaus. Eine zweite Empfehlung betraf verstärkte Aufklärungsbemühungen sowohl in den Schulen als auch in der allgemeinen Öffentlichkeit zu den Fragen, was geistiges Eigentum bedeutet und wie wichtig dessen Schutz ist. Im Sinne der Kategorien des siebten Kapitels sollte das Recht hier zur Änderung von Normen benutzt werden, damit diese Normen wiederum einen besseren Schutz des Urheberrechts gewährleisteten – eine indirekte Regulierung des Verhaltens durch direkte Regulierung der Normen.

Aufklärung war dennoch nicht die wichtigste indirekte Regulierung. Interessanter ist die finanzielle und rechtliche Unterstützung des Staates für die Entwicklung von Programmen zur Verwaltung von Urheberrechten – von Software, die eine leichtere Kontrolle des Zugangs und der Nutzung von urheberrechtlich geschütztem Material ermöglicht. Wir werden diese Programme später noch ausführlich behandeln – hier nenne ich sie nur als weiteres Beispiel für eine indirekte Regulierung: Der Staat nutzt den Markt, um die Entwicklung einer bestimmten Software zu subventionieren, und er nutzt das Recht, um die Eigenschaften anderer Softwareinstrumente zu regulieren. Programme zur Verwaltung von Urheberrechten werden staatlich subventioniert, und wer Programme entwickelt, mit denen sich solche Verwaltungsprogramme knacken lassen, dem drohen Strafen.[19]

Die Vorschläge von 1995 betrafen ein ganzes Bündel von Techniken: Veränderungen am Gesetz, Förderung der Veränderung von Normen und erhebliche Unterstützung für eine Veränderung des Codes, die den Schutz geistigen Eigentums im Cyberspace verbessern sollte. Vielleicht konnte man 1995 nichts Besseres erwarten. Das Gesetz versprach ein ausgewogenes Gemisch aus Maßnahmen, die das gestörte Gleichgewicht im Cyberspace wiederherstellen sollten.

Gleichgewicht ist attraktiv. Ausgewogenheit scheint richtig. Dennoch lässt dieser Ansatz etwas vermissen. Im Weißbuch wird so getan, als stellten sich beim Schutz geistigen Eigentums im Cyberspace letztlich dieselben Probleme wie im realen Raum. Es wird so getan, als funktionierten die vier verschiedenen Beschränkungen in ihrem wechselseitigen Verhältnis im Cyberspace genauso wie im realen Raum und als hätte sich eigentlich gar nichts Wesentliches verändert.

Dabei *hat* sich etwas Wesentliches verändert – und zwar die Rolle, die der Code beim Schutz des Urheberrechts spielt. Der Code kann und wird das Recht als Hauptinstrument zum Schutze geistigen Eigentums im Cyberspace zunehmend verdrängen: Private Zäune anstelle öffentlichen Rechts.

Das Weißbuch erkennt das nicht. Dem Maßnahmenbündel liegt eine Vorstellung zu Grunde, die den ganzen Ansatz prägt, aber grundfalsch ist – die Vorstellung nämlich, der Cyberspace sei anarchisch. Das Weißbuch verspricht, das Recht auf allen Gebieten zu stärken, doch es verfolgt diesen Ansatz wie ein Schiff, das sich durch einen Sturm kämpft: Was immer geschieht, die Gefahr für das Urheberrecht ist real, Schäden sind unvermeidlich, aber irgendwie müssen wir das Ganze durchstehen.

Genau das ist grundfalsch. Für uns beginnt keine Zeit, in der das Urheberrecht stärker gefährdet ist als im realen Raum, sondern eine Zeit, in der das Urheberrecht sich besser schützen lässt als jemals zuvor. Die Möglichkeiten, den Zugang zu urheberrechtlich geschütztem Material und dessen Nutzung zu regulieren, werden schon bald perfektioniert sein. Was immer die Kenner Mitte der neunziger Jahre gedacht haben, der Cyberspace wird den Inhabern von Urheberrechten den größten Schutz seit der Revolution des Buchdrucks bieten.

In einer Zeit, in der die Schutzmechanismen nahezu vollkommen sind, steht das Recht nicht vor dem Problem, wie es zum Schutz des Urheberrechts beitragen kann, sondern vor der Frage, ob dieser Schutz nicht schon zu stark ist. Die Kenner hatten Recht mit ihrer Voraussage, der Cyberspace werde zeigen, dass alle bisherigen Vorstellungen über das Urheberrecht falsch seien.[20] Die Zukunft wird uns jedoch lehren, dass das Urheberrecht viel zu gut geschützt wird. In Zukunft wird es nicht mehr um Urheber*rechte* gehen, sondern um Urheber*pflichten* – um die Pflicht des Besitzers geistigen Eigentums, dieses Eigentum anderen zugänglich zu machen.

Das ist eine starke These. Dass sie zutrifft, können wir jedoch schon an zwei kleinen Beispielen erkennen. Das erste ist die Idee eines Forschers bei Xerox PARC (naheliegend genug) namens Mark Stefik, die unter dem Begriff »trusted systems« firmiert. Das zweite ist ein Beispiel aus einer von »trusted systems« beherrschten Welt.[21] Beide zusammen machen deutlich, welche Gefahren diese Entwicklung für Werte heraufbeschwört, die in unserer Tradition als Grundwerte gelten. Und beide zwingen uns, eine Wahlentscheidung hinsichtlich dieser Werte und ihrer Stellung in unserer zukünftigen Welt zu treffen.

DIE AUSSICHTEN FÜR DAS URHEBERRECHT IM CYBERSPACE

Alles hängt davon ab, dass Sie den Gedanken der »trusted systems« wirklich verstehen. Wenn Sie diesen Gedanken nicht verstehen, bleibt der ganze Ansatz des E-Commerce und des elektronischen Buches letztlich unverständlich. Wenn Sie ihn aber verstehen, folgt alles andere ganz von selbst.

Ralph Merkle, zitiert nach Stefik, »Letting Loose the Light«, 1996.

Mit dem gegenwärtigen Code des Internets lässt sich kaum kontrollieren, wer was kopiert. Wenn Sie ein urheberrechtlich geschütztes Foto in Form einer Grafikdatei besitzen, können Sie in unbegrenzter Zahl Kopien dieser Datei anfertigen, ohne dass die Qualität des Bildes darunter leidet. Wenn Sie die hundertste Kopie anfertigen, weist nichts darauf hin, dass es die hundertste Kopie ist. Gegenwärtig enthält der Code fast keine Mechanismen, die den Zugang zu Materialien im Netz oder deren Distribution regulieren.

Dieses Problem ist keineswegs auf den Cyberspace beschränkt. Wir sind bereits früher einer Technologie begegnet, die dasselbe Problem aufwarf, und die Lösung des Problems baute man direkt in die Technologie ein.[22] Die digitale Audiotechnologie DAT stellte eine Bedrohung für das Urheberrecht dar, zu deren Abwehr mehrere Vorschläge gemacht wurden. Manche meinten, man solle das illegale Kopieren solcher Bänder mit höheren Strafen belegen (direkte Regulierung durch das Recht). Andere sprachen sich für eine Abgabe auf Leerbänder aus, deren Ertrag den Urheberrechtsinhabern zufließen sollte (indirekte Regulierung über den Markt). Wieder andere verlangten eine bessere Aufklärung über die durch Raubkopien angerichteten Schäden (indirekte Regulierung über Normen). Und manche schließlich traten dafür ein, den Code der Aufzeichnungsgeräte so zu verändern, dass die Herstellung einer unbegrenzten Anzahl von Kopien technisch unmöglich wurde.

Wenn eine Maschine zum Kopieren einer bestimmten CD benutzt

wird, dann wird nach solch einer Veränderung des Codes eine Seriennummer im Speicher des Geräts aufgezeichnet. Versucht man nun, das Band häufiger zu kopieren als erlaubt, sorgt das Gerät für eine sukzessive Verschlechterung der Qualität. Je mehr Kopien, desto schlechter die Qualität. Diese Verschlechterung wird bewusst erzeugt. Vor DAT handelte es sich um eine ungewollte Folge der Kopiertechnologie – jede Kopie war unvermeidlich schlechter als das Original. Jetzt hat man diese Verschlechterung wieder künstlich eingebaut, um den früheren Schutz wiederherzustellen.

Ein ähnlicher Gedanke steht auch hinter Stefiks Vision, allerdings soll hier nicht die Qualität der Kopien künstlich verschlechtert werden; er möchte vielmehr die Möglichkeit schaffen, die Herstellung von Kopien zu verfolgen und zu kontrollieren.[23]

Denken Sie etwa an folgende Beispiele. Wenn Sie heute ein Buch kaufen, können Sie damit verschiedene Dinge tun. Sie können es ein Mal oder hundert Mal lesen. Sie können es einem Freund leihen. Sie können Seiten kopieren oder in Ihren Computer einscannen. Sie können es verbrennen, als Briefbeschwerer benutzen oder auch verkaufen. Sie können es auch in Ihr Bücherregal stellen und kein einziges Mal hineinschauen.

Einige dieser Dinge können Sie tun, weil sie das gesetzliche Recht dazu haben – so können Sie das Buch verkaufen, weil das im Urheberrechtsgesetz ausdrücklich vorgesehen ist. Andere Dinge können Sie tun, weil es gar keine Möglichkeit gibt, Sie daran zu hindern. Ein Buchhändler könnte Ihnen das Buch zu einem niedrigen Preis verkaufen, wenn Sie versprechen, es nur ein Mal zu lesen, und zu einem höheren Preis, falls Sie es hundert Mal lesen wollen, aber der Händler hätte keine Möglichkeit, die Einhaltung dieses Vertrags zu überprüfen. Im Prinzip könnte der Buchhändler einen Detektiv beauftragen, Sie zu beschatten und zu überprüfen, ob Sie die Vertragsbedingungen einhalten, doch die Kosten dafür wären ein eindeutiges Hemmnis.

Was aber, wenn die Nutzung dieser Rechte sich nachprüfen ließe und nicht im Bündel, sondern jeweils gesondert verkauft würde? Was, wenn die Software selbst regulieren könnte, ob Sie das Buch ein Mal oder hundert Mal lesen können, ob Sie Auszüge davon kopieren und nur lesen können, ob Sie es als E-Mail-Anhang verschicken oder nur auf Ihrem Computer lesen können, ob es sich löschen lässt oder nicht, ob sie Teile davon in einem anderen Buch verwenden dürfen oder nicht, ob Sie es nur in Ihr Bücherregal stellen oder außerdem auch benutzen können?

Stefik beschreibt ein Netzwerk, in dem es möglich wäre, solche Rechte voneinander zu trennen. Er beschreibt eine Netzwerkarchitektur, die es den Inhabern von Urheberrechten ermöglicht, das so geschützte Material nach ihren eigenen Bedingungen zu verkaufen und die Einhaltung dieser Bedingungen durchzusetzen.

Die Einzelheiten dieses Systems sind hier nicht so wichtig[24] (es basiert auf den im vierten Kapitel beschriebenen Verschlüsselungstechniken), aber der Grundgedanke ist leicht darzustellen. Im heutigen Netz werden Grundfunktionen wie Kopieren und Zugang sehr grob nach dem Prinzip des »alles oder nichts« reguliert. Entweder Sie haben das Recht zu kopieren oder nicht, entweder Sie erhalten Zugang oder nicht.

Man könnte aber auch ein komplexeres Rechtesystem in das Netz einbauen, und zwar nicht in ein anderes Netz, sondern in das bestehende, als eine Architektur, die darüber gelegt wird. Dieses System würde in seiner Interaktion mit anderen Systemen selektiv vorgehen. Ein System etwa, das den Zugang etwas feiner regulierte, würde anderen Systemen nur dann Zugang zu den eigenen Ressourcen gewähren, wenn sie den Zugang auf dieselbe Weise kontrollierten. Eine ganze Hierarchie von Systemen würde so entstehen, und urheberrechtlich geschütztes Material würde nur dann an andere Systeme weitergegeben, wenn diese den Zugang ihrerseits ausreichend kontrollierten.

In solch einer Welt könnten Sie zum Beispiel Zugang zur *New York Times* erhalten, und der Preis dafür hinge davon ab, wie viel Sie lesen. Die *Times* könnte bestimmen, wie viel Sie lesen, ob Sie Teile der Zeitung kopieren und ob Sie diese Teile auf Ihrem Computer speichern können. Wenn der von Ihnen benutzte Code eine solche Kontrolle durch die *Times* nicht zuließe, verwehrte Ihnen die *Times* den Zugang zu Ihrer Site. Kurz gesagt, Systeme würden Informationen nur mit solchen Systemen austauschen, denen sie vertrauen können [englisch:

trust], und die Vertrauensprotokolle wären in die Architektur der Systeme integriert.

Stefik nennt dies »trusted systems«. Ein Vergleich mag die Zusammenhänge verdeutlichen: Wenn Sie einen Brief mit einem besonders wertvollen Inhalt verschicken wollen, können Sie ihn einfach bei der Post aufgeben. Die Post ist aber kein besonders zuverlässiges Unternehmen, denn sie hat vergleichsweise wenig Kontrolle über ihre Mitarbeiter, so dass nicht selten Sendungen verloren gehen oder gestohlen werden. Statt zur Post zu gehen, können Sie den Brief daher auch einem Kurierdienst übergeben. Kurierdienste sind versichert, und die Kosten der Versicherung zwingen sie zu größerer Zuverlässigkeit. Dank dieser Reputation können Versender wertvoller Materialien mit einigem Vertrauen auf die Dienste solcher Kurierfirmen zurückgreifen.

Genau dies leistet die Struktur der »trusted systems« für die Besitzer geistigen Eigentums. Sie sind gleichsam Kurierdienste, die diese Wertsachen annehmen, den Zugang kontrollieren und darüber wachen, dass sie nur nach den Vorgaben des Besitzers genutzt werden können.

Stellen Sie sich für einen Augenblick vor, solch eine Struktur entstünde ganz generell im Cyberspace. Welche Folgen hätte das für unsere Sicht auf das Urheberrecht?

Ein wichtiges Moment des Copyrightgesetzes liegt in der Tatsache, dass es zwar dem Schutz des Urheberrechts dient, dieser Schutz aber keineswegs absolut sein soll – er findet seine Grenzen in den Regeln des »fairen Gebrauchs« sowie in zeitlichen Beschränkungen. Das Gesetz droht denen, die Urheberrecht verletzen, mit Bestrafung – und diese Strafen schrecken viele ab –, sieht aber nicht vor, dass der Urheber ganz nach seinem Belieben verfahren kann. Es berücksichtigt neben den privaten Interessen des Urhebers auch die Interessen der Allgemeinheit.

Die so genannten »trusted systems« bieten dem Urheber einen ähnlichen Schutz. Da Autoren die Nutzung ihres Materials beschränken können, haben sie die Möglichkeit, sich diese Nutzung bezahlen zu lassen. Die »trusted systems« erreichen also dasselbe wie das Copyrightgesetz, allerdings ohne dass das Gesetz die Beschränkung vornimmt. Sie gestatten eine sehr viel feinere Kontrolle der Nutzung urheberrechtlich geschützten Materials als das Gesetz, und dazu sind sie nicht einmal auf das Gesetz angewiesen.

Was das Gesetz durch Strafandrohung und Durchsetzung von Normen zu erreichen versucht, das verwirklichen »trusted systems« mit Hilfe des Codes. Das Urheberrecht verpflichtet andere, die Rechte des Urheberrechtsinhabers zu achten, wenn sie sein Eigentum nutzen. Die »trusted systems« gewähren nur dann Zugang, wenn diese Rechte beachtet werden. Die dafür erforderlichen Kontrollmechanismen sind in das System integriert, und abgesehen von Hackern haben die Nutzer gar keine Wahl, ob sie sich diesen Kontrollen fügen wollen oder nicht. Der Code ersetzt das Recht, indem er die Gesetze in sich aufnimmt, und gewährleistet deren Einhaltung dadurch sehr viel wirkungsvoller, als es bisher der Fall war.

Danach sind »trusted systems« eine Alternative für den Schutz des Urheberrechts – eine private Alternative zum Recht. Dabei brauchen sie diese Aufgabe keineswegs allein zu übernehmen – es gibt keinen Grund, Recht und »trusted systems« nicht beide zugleich zu nutzen. Dennoch leistet der Code hier letztlich, was bisher das Recht geleistet hat. Der rechtliche Schutz wird über den Code sehr viel wirkungsvoller implementiert, als das Recht dies bisher vermochte.

Was könnte daran falsch sein? Wir haben nichts dagegen, wenn Menschen ihre Wohnungstüren doppelt verriegeln, um den von der Polizei gewährten Schutz zu verstärken. Wir haben nichts dagegen, wenn sie ihre Autos abschließen. Es ist kein Vergehen, wenn Sie Ihren Schutz selbst übernehmen, statt ihn dem Staat allein zu überlassen. In manchen Situationen ist das sogar eine Tugend. So sagte Andrew Jacksons Mutter gerne zu ihrem Sohn: »Lüge nicht, nimm niemandem etwas weg und verklage niemanden wegen übler Nachrede oder Beleidigung. Solche Dinge musst du selbst erledigen.«[25] Die Dinge selbst zu erledigen gilt vielen als Zeichen von Stärke, zum Gericht gehen als Zeichen von Schwäche.

Diese Frage ist in zwei Schritten zu beantworten. Der erste erinnert an eine bekannte, aber vergessene Eigenschaft von Eigentum, der zweite an eine weniger bekannte, aber sehr wichtige Eigenschaft geistigen Eigentums. Beide zusammen können verdeutlichen, warum das Recht dem Urheber keine absolute Kontrolle über sein Eigentum einräumt.

DIE GRENZEN DES EIGENTUMSSCHUTZES

Die realistische Schule der amerikanischen Rechtsgeschichte (etwa 1890–1930) betonte (zumindest teilweise) die Rolle des Staates im so genannten Privatrecht.[26] Bei anderen Rechtstheoretikern lag damals die Betonung auf dem ersten Bestandteil des Wortes: auf »privat«. Den zweiten Bestandteil, »Recht«, hatte man vergessen, so als existierten »Eigentum« und »Vertrag« unabhängig vom Staat.

Die Realisten traten dieser Vorstellung entgegen und sagten, Vertrags- und Eigentumsrecht seien Formen von Recht, die privaten Parteien Macht verliehen.[27] Wenn Sie einen mit mir geschlossenen Vertrag brechen, kann ich Sie über ein Gericht zur Vertragserfüllung zwingen – der Vertrag eröffnet mir den Zugang zu staatlicher Macht. Wenn in Ihrem Arbeitsvertrag steht, dass Ihr Arbeitgeber Sie fristlos entlassen darf, falls Sie zu spät zur Arbeit erscheinen, kann er die Polizei holen, um Sie hinausbefördern zu lassen, falls Sie sich weigern zu gehen. Wenn Ihr Mietvertrag das Halten von Katzen verbietet, kann der Vermieter Sie über ein Gericht zwingen, die Wohnung zu räumen, falls Sie nicht bereit sind, die Katzen wegzugeben. In all diesen Fällen verleihen Vertrag und Eigentum Privatpersonen ein Anrecht auf staatliche Eingriffe, obwohl beide auf privatem Handeln beruhen.

Zweifellos ist diese Macht in vielen Fällen gerechtfertigt; dies als »Recht« zu bezeichnen heißt nicht, es Unrecht zu nennen. Der größte Wohlstand in der Geschichte ist durch ein System geschaffen worden, in dem private Parteien ihr Leben frei durch Vertrag und Eigentum bestimmen können. Doch ob nun im Wesentlichen gerechtfertigt oder nicht, die Realisten waren der Ansicht, die Umrisse dieses »Rechts« sollten zum Wohle der Gesellschaft gestaltet werden.[28]

Das ist weder Kommunismus noch ein Angriff auf das Privateigentum. Die Realisten behaupten nicht, der Staat schaffe Wohlstand. Es handelt sich vielmehr um Aussagen über das Verhältnis zwischen privatem und öffentlichem Recht, und sie sollten eigentlich unstrittig sein.

Das Privatrecht schafft private Rechte, soweit diese privaten Rechte dem Gemeinwohl dienen. Falls ein privates Recht dem Gemeinwohl schadet, hat der *Staat* keinen Grund, es zu schaffen. Der Staat verfolgt nicht partikulare, sondern allgemeine Interessen. Er hat Anlass, Rechte zu schaffen, wenn diese Rechte nicht partikularen, sondern gemeinschaftlichen Zielen dienen.

Die Institution des Privateigentums resultiert aus diesem Grundsatz. Der Staat hat ein Interesse, Rechte an privatem Eigentum zu definieren, weil Privateigentum dazu beiträgt, allgemeinen Wohlstand zu schaffen. Es ist ein System zur Ordnung ökonomischer Beziehungen, das in hohem Maße allen Mitgliedern der Gesellschaft nützt. Kein anderes bisher erdachtes System ordnet die ökonomischen Beziehungen besser. Und manche meinen, kein anderes System könne dies jemals leisten.[29]

Das Eigentumsrecht ist dennoch nicht absolut – nicht einmal das an gewöhnlichen Dingen wie Autos oder Häuser. Es gibt kein Eigentum, das nicht auch in gewissem Maße Rücksicht auf den Staat nehmen müsste. Man kann Ihnen Ihren Grund und Boden wegnehmen, um eine Autobahn zu bauen, und wenn ein Verletzter dringend ins Krankenhaus gebracht werden muss, müssen Sie Ihren Wagen bereitstellen. Der Postbote darf über Ihre Einfahrt gehen, ein Vertreter des Gesundheitsamts unter bestimmten Umständen Ihr Haus inspizieren. Das Eigentumssystem, das wir »Privateigentum« nennen, basiert auf einem vielgestaltigen Ausgleich zwischen ausschließlicher Kontrolle durch den Einzelnen und gewissen Zwecken des Gemeinwohls. Wenn private Interessen mit dem Gemeinwohl in Konflikt geraten, müssen sie in der Regel weichen.

Dieser Ausgleich, so behaupteten die Realisten, sei ein Merkmal jeglichen Eigentums, ganz besondere Bedeutung besitze er aber bei geistigem Eigentum. Der Ausgleich der verschiedenen Rechte ist bei geistigem Eigentum anders beschaffen als bei realem oder persönlichem Eigentum. »Information ist anders«, schreibt Boyle.[30] Und eine offenkundige Besonderheit geistigen Eigentums macht auch deutlich, warum das so ist.

Wenn das Eigentumsrecht mir das ausschließliche Recht verleiht, mein Haus zu benutzen, so hat das einen sehr guten Grund. Falls Sie mein Haus benutzen, während ich es benutze, kann ich es nicht mehr im selben Maße benutzen. Wenn das Recht mir einen ausschließlichen Anspruch auf meinen Apfel zuspricht, so ist auch das vernünftig. Falls Sie meinen Apfel essen, kann ich ihn nicht mehr essen. Ihre Nutzung meines Eigentums verträgt sich in der Regel nicht mit meiner Nutzung. Ihr Konsum verringert meine Konsummöglichkeiten.

Es gibt also gute rechtliche Gründe, mir ein ausschließliches Recht auf mein persönliches und reales Eigentum zu geben, anderenfalls hätte ich kaum Grund, dafür zu arbeiten und es herzustellen. Oder falls ich es dennoch herstellte, müsste ich viel Zeit darauf verwenden, Sie davon fern zu halten. Es ist besser für alle, so die Argumentation, dass ich ein ausschließliches Recht auf mein (rechtmäßig erworbenes) Eigentum besitze, weil ich dann einen Anreiz habe, es herzustellen, und nicht meine Zeit damit verschwenden muss, es zu verteidigen.[31]

Bei geistigem Eigentum ist die Situation eine andere. Wenn Sie meine Idee »nehmen«, habe ich sie immer noch. Wenn ich Ihnen von einer Idee erzähle, ist sie mir deswegen nicht abhanden gekommen.[32] Es gehört zu den unvermeidlichen Eigenheiten geistigen Eigentums, dass es nicht durch konkurrierende Nutzungen eingeschränkt ist, wie die Ökonomen sagen. Ihr Gebrauch oder Konsum mindert nicht meinen Gebrauch oder Konsum. Ich schreibe ein Lied, und sie singen es, ohne dass es mir dadurch unmöglich würde, es selbst zu singen. Wenn ich ein Buch schreibe, können Sie es lesen (ich bitte darum), ohne dass ich dadurch in meiner eigenen Lektüre behindert würde. Wir können Ideen miteinander *teilen*, ohne dass dies den Gebrauch durch den »Besitzer« beeinträchtigte. Dieser Unterschied ist fundamental, und das wussten schon die Väter unserer Verfassung.

Jefferson brachte das besser zum Ausdruck, als ich es kann:

> Wenn die Natur irgendetwas weniger geeignet für einen ausschließlichen Besitz gemacht hat als alles andere, dann ist es das Ergebnis un-

> seres Denkvermögens, also der Gedanke, den der Einzelne ganz allein besitzen mag, solange er ihn für sich behält, der aber sogleich in den Besitz aller übergeht, sobald er verbreitet wird, und dem Empfänger ist es gar nicht möglich, sich dieses Besitzes zu entäußern. Eine Besonderheit ist auch der Umstand, dass niemand weniger davon hat, weil jeder stets das Ganze besitzt. Wer einen Gedanken von mir erhält, der erfährt Belehrung, ohne dass mein Besitz sich verkleinerte – wie jemand, der seine Kerze an meiner entzündet, Licht erhält, ohne dass meines dunkler würde. Dass Ideen sich frei von einem zum anderen über den ganzen Erdball ausbreiten, zur wechselseitigen geistigen Belehrung des Menschen und zur Verbesserung seiner Lebensbedingungen, scheint die Natur auf eigentümliche und segensreiche Weise so bestimmt zu haben, als sie dafür sorgte, dass sie sich wie Feuer über den ganzen Raum auszubreiten vermögen, ohne dass ihre Dichte an irgendeinem Punkt abnähme; dass sie sich wie die Luft, die wir atmen, zu bewegen vermögen, ohne dass wir ihnen Grenzen setzen oder sie in alleinigen Besitz nehmen könnten. Erfindungen können daher von Natur aus nicht Eigentum sein.[33]

Technisch betrachtet, vermengt Jefferson hier zwei verschiedene Konzepte. Das eine ist die Möglichkeit, andere vom Zugang zu einer Idee oder von deren Gebrauch auszuschließen. Es handelt sich um die Frage, ob Ideen einen Ausschluss zulassen, und Jefferson sagt, das sei nicht möglich. Bei dem anderen Konzept geht es darum, ob ich Ihre Möglichkeit, eine Idee zu nutzen, schmälere, wenn ich dieselbe Idee nutze. Das ist die Frage nach der »konkurrierenden« Nutzung,[34] und auch diese Frage verneint Jefferson. Er glaubt, die Natur habe dafür gesorgt, dass Ideen weder einen ausschließlichen Gebrauch zuließen noch durch konkurrierende Nutzung beeinträchtigt seien, und dass der Mensch daran kaum etwas ändern könne.[35]

Das ist jedoch nicht richtig. Ich kann andere sehr wohl von meinen Ideen oder Schriften ausschließen – ich kann meine Gedanken geheim halten und Zäune um meine Schriften errichten. Wie weit mir das gelingt, ist eine andere Frage und hängt von der Architektur meiner Schutzmaßnahmen ab. Doch mit der richtigen Technologie kann ich die Menschen durchaus fernhalten.

Anders steht es mit der Frage der konkurrierenden Nutzungen. Daran vermag ich tatsächlich nichts zu ändern. Keine (uns bekannte) Technologie löscht einen Gedanken in Ihrem Kopf, wenn dieser Gedanke in meinen Kopf übergeht. Keine Technologie könnte einen Zustand herstellen, in dem es mir unmöglich wäre, Ihre Ideen zu teilen, ohne Ihnen damit einen Schaden zuzufügen. Wenn ich weiß, was Sie wissen, tut das Ihrem Wissen keinen Abbruch. Dieser Umstand ist ein besonderes Merkmal geistigen Eigentums. Anders als Äpfel oder Häuser kann ich Ihre Ideen nutzen, ohne dass Sie deshalb weniger hätten.

Daraus folgt jedoch nicht, dass geistige Leistungen oder Erfindungen keines Eigentumsrechts bedürften.[36] Die Tatsache, dass Sie haben können, was ich habe, ohne dass ich deshalb weniger hätte, bedeutet nicht, dass der Staat kein Interesse daran hätte, ein Eigentumsrecht an Ideen und deren Ausdruck zu schaffen.

Wenn eine Schriftstellerin Sie nicht daran hindern kann, ihren Roman zu kopieren (statt ihn zu kaufen), wird sie nur wenig Anreiz haben, weitere Bücher zu schreiben. Sie mag ebenso viel haben wie vor dem Kopieren des von ihr geschriebenen Buches, aber sie hat keinen finanziellen Anreiz mehr, weitere zu schreiben.

Nun sind die Motive eines Autors natürlich komplex und erlauben keine simplen Verallgemeinerungen.[37] Aber Verallgemeinerungen müssen nicht vollkommen sein, um etwas auszusagen: Auch wenn manche Autoren ohne Bezahlung schreiben, brauchen wir dennoch gewisse Urheberrechte. Wenn das Recht den Autor gar nicht schützte, gäbe es bald weniger Autoren. Das Recht hat einen Grund, Urheberrechte zu schützen, *und sei es nur, um den Autoren einen gewissen Anreiz zu bieten*. Bei gewöhnlichem Eigentum muss das Recht sowohl einen Anreiz für dessen Herstellung als auch einen Schutz für dessen Besitz schaffen; bei geistigem Eigentum kann es sich auf den Anreiz zur Herstellung beschränken.

Das ist der Unterschied zwischen diesen beiden sehr verschiedenen Eigentumsformen, und dieser Unterschied hat fundamentale Auswirkungen auf den Charakter des Urheberrechts. Während wir reales und persönliches Eigentum schützen, um den Eigentümer vor Schaden zu bewahren und ihm einen Anreiz zu geben, schützen wir geistiges

Eigentum nur, um einen hinreichenden Anreiz für die weitere Arbeit zu schaffen. Ein »hinreichender Anreiz« ist aber etwas Geringeres als »perfekte Kontrolle«. Wir können deshalb sagen, dass der ideale Schutz für geistiges Eigentum geringer ist als der ideale Schutz für gewöhnliches oder reales Eigentum.

Diesen Wesensunterschied zwischen geistigem und gewöhnlichem Eigentum berücksichtigt die amerikanische Verfassung, die den Kongress in Artikel I, Abschnitt 8, Paragraf 8, ermächtigt, »den Fortschritt der Wissenschaft und der nützlichen Künste zu fördern, indem er Autoren und Erfindern für begrenzte Zeit ein ausschließliches Recht an ihren Schriften und Entdeckungen einräumt«.

Achten Sie auf die Struktur dieses Passus. Zuerst nennt er den Grund für die Ermächtigung – das Ziel, den Fortschritt der Wissenschaft und der nützlichen Künste zu fördern. Aus diesem und nur aus diesem Grund kann der Kongress ein ausschließliches Recht zubilligen, das in anderen Zusammenhängen als Monopol bezeichnet wird. Zweitens nennt der Passus eine zeitliche Beschränkung: »für begrenzte Zeit«. Die Verfassung ermächtigt den Kongress nicht, Autoren und Erfindern für unbegrenzte Zeit ein ausschließliches Recht an ihren Schriften und Entdeckungen einzuräumen. Sie ermächtigt ihn lediglich, ihnen ein »Eigentum« an ihren Schriften und Entdeckungen zu verleihen, dessen Ausschließlichkeit zeitlich begrenzt bleibt.

Der Schutz, den die Verfassung geistigem Eigentum gewährt, unterscheidet sich daher grundlegend vom Schutz gewöhnlichen Eigentums. Ich habe gesagt, Eigentum sei stets der Beschränkung durch das Gemeinwohl unterworfen. Wenn aber der Staat beschlösse, jegliches Eigentum nach jeweils fünfzehn Jahren in Gemeineigentum zu überführen, müsste er die Eigentümer nach den Grundsätzen unserer Verfassung entschädigen. Wenn der Kongress dagegen die Geltung des Urheberrechts auf fünfzehn Jahre begrenzte, bräuchte der Staat den Urhebern keine Entschädigung zu zahlen. Das Urheberrecht ist ein Monopol, das der Staat den Produzenten geistigen Eigentums gewährt, damit sie weiteres geistiges Eigentum produzieren. Nach einer bestimmten Zeit geht das Produkt ihrer Arbeit in Gemeinbesitz über, und jeder darf es nutzen. Das *ist* Kommunismus, und zwar mitten in dem von unserer Verfassung vorgegebenen Schutz geistigen Eigentums. Dieses »Eigentum« ist kein Eigentum im gewöhnlichen Sinne des Wortes.

Und das gilt nicht allein aus Gründen der Tradition. Ökonomen haben schon lange begriffen, dass es (gelinde gesagt) gefährlich wäre, ein Eigentumsrecht an Informationen zu gewähren.[38] Nicht weil die Ökonomen linkem Gedankengut verfallen wären, sondern weil sie Pragmatiker sind und wissen, dass Eigentumsrechte stets nur der Förderung der Produktion dienen sollen. Bei geistigem Eigentum wissen wir allerdings gar nicht, ob eine Schwächung oder Stärkung des Urheberrechts auch zu einer entsprechenden Bewegung bei der Produktion geistigen Eigentums führt. Die Gründe sind komplex, aber die Sache ist einfach: Eine Stärkung des Urheberrechts garantiert noch keine »Förderung der Wissenschaft und der nützlichen Künste«, sondern schadet oft sogar.

Traditionell bemüht das Urheberrecht sich um einen Ausgleich zwischen dem Schutz des Urhebers und dem Anspruch der Allgemeinheit. Dem Urheber soll ein ausreichender Anreiz zu weiterer Produktion geboten werden. Zugleich werden der Möglichkeit des Urhebers, die von ihm geschaffenen Ideen zu kontrollieren, innerhalb des Urheberrechts Grenzen gesetzt.[39]

Ein klassisches Beispiel für diese Grenzen und den Gemeinwohlaspekt ist das Recht auf »fairen Gebrauch«, also das Recht, urheberrechtlich geschütztes Material unabhängig von den Wünschen des Urheberrechtsinhabers zu benutzen. Das Copyright verleiht dem Inhaber bestimmte Rechte, die indes durch das Recht auf fairen Gebrauch begrenzt werden. Nach dem Recht auf fairen Gebrauch dürfen Sie mein Buch kritisieren und Auszüge daraus in einem Artikel veröffentlichen, in dem Sie mich angreifen. Sie haben also das Recht, dieses Buch auch in einem Sinne zu verwenden, der vielleicht nicht meinen Wünschen entspricht.

Der faire Gebrauch widerspricht nicht notwendig den Interessen des Autors – oder genauer gesagt, nicht den Interessen der Autoren insgesamt. Wenn der faire Gebrauch Rezensenten das Recht einräumt, ein Buch ohne Einwilligung des Autors zu kritisieren, wird es mehr

Rezensionen geben. Und je mehr Rezensionen es gibt, desto mehr Menschen erfahren, welche Bücher sie kaufen sollten. Und möglicherweise kaufen dann auch tatsächlich mehr Menschen Bücher. Damit profitieren die Autoren insgesamt vom Recht auf fairen Gebrauch, auch wenn einzelne Autoren gelegentlich den Schaden haben mögen.

Das Copyrightgesetz enthält viele solche Regelungen. Eine davon ist die Lehre des »Erstverkaufs«. Wenn Sie dieses Buch gekauft haben, können Sie es ohne meine Einwilligung weiterverkaufen.[40] Diese Lehre unterscheidet sich ein wenig von der europäischen Tradition, wo »moralische Rechte« dem Urheber größere Macht über die weitere Verwendung gewähren.[41] Ein weiteres Beispiel habe ich bereits erwähnt: die zeitliche Begrenzung. Der Urheber kann nur für eine bestimmte Frist über sein Werk bestimmen, und das Gesetz bestimmt, wann diese Frist beginnt und wann sie endet.[42]

Zusammengenommen verleihen diese Regelungen dem Urheber eine beträchtliche, aber keineswegs perfekte Kontrolle über die Nutzung seines Erzeugnisses. Die Allgemeinheit erhält gewisse Zugangsrechte, die aber gleichfalls beschränkt sind. Das Gesetz sorgt für einen Interessenausgleich, der sich vom Interessenausgleich im Bereich gewöhnlichen Eigentums unterscheidet. Die Regelungen sind verfassungsrechtlich so ausgestaltet, dass sie zur Entstehung eines geistigen und kulturellen Gemeinbesitzes beitragen sollen.

Das Gesetz stellt diesen Ausgleich her. Er existiert nicht von Natur aus. Ohne das Gesetz und vor dem Cyberspace hätten die Urheber nur wenig Schutz; es gibt ihnen etwas, das sie sonst nicht hätten, im Austausch gegen eine Beschränkung ihrer Rechte, die dem geistigen Gemeinbesitz insgesamt zu Gute kommt.

PRIVATER ERSATZ FÜR DAS ÖFFENTLICHE RECHT

Was aber geschieht, wenn die heute vom Urheberrecht geschützten Interessen durch den Code geschützt werden? Was geschieht, wenn Mark Stefiks Vision Wirklichkeit wird und geistiges Eigentum durch den Code geschützt werden kann? Dürfen wir erwarten, dass die heutigen Beschränkungen dann erhalten bleiben? Dürfen wir erwarten, dass der Code die vom Gesetz vorgegebenen Grenzen aufnimmt? Den fairen Gebrauch? Die zeitliche Befristung? Wird der private Code diese Einschränkungen als »Bugs« ins Programm einbauen?

Die Antworten liegen auf der Hand: Wenn geistiges Eigentum vom Code geschützt wird, verlangt nichts mehr die Schaffung eines Ausgleichs. Nichts verlangt, dass der Besitzer das Recht auf fairen Gebrauch zugesteht. Mag sein, dass er eine kostenlose Durchsicht gestattet, wie man ja auch in der Buchhandlung in einem Buch blättern darf. Aber das hängt vom Willen des Urhebers und seinen Gewinnerwartungen ab. Der faire Gebrauch ist abhängig von privatem Gewinn.[43]

Als privatisiertes Recht regulieren »trusted systems« denselben Bereich wie das Urheberrechtsgesetz, aber anders als dieses bieten sie dem öffentlichen Gebrauch nicht denselben Schutz. Der Produzent erhält durch »trusted systems« ein Höchstmaß an Kontrolle – allerdings auch zu geringeren Kosten, so dass sehr viel mehr Autoren etwas veröffentlichen können – und jedenfalls mehr Kontrolle (über eine Bezahlung oder über eine Begrenzung der Nutzung) in einem Bereich, in dem das Gesetz eine keineswegs perfekte Kontrolle zugestand. Der Code verschiebt das Gleichgewicht, das im Copyrightgesetz oder in der Lehre des fairen Gebrauchs angestrebt wird.

Manche werden nun sagen, ich sei nicht ganz auf der Höhe der Zeit: Das Gleichgewicht im Copyrightgesetz sei längst verschoben worden, wenn nicht durch den Code, so doch durch das Vertragsrecht. Durch den Einsatz von Click-Wrap- und Shrink-Wrap-Verträgen und Lizenzbestimmungen [Verträge, die durch Mausklick oder das Öffnen der Verpackung Rechtskraft erlangen] verlangen die Inhaber von Urheberrechten immer häufiger, dass ihre Abnehmer auf bestimmte Rechte verzichten. Wenn das Urheberrecht das Recht auf Nachentwicklung (das so genannte Reverese-Engineering) einräumt, so enthalten diese Verträge unter Umständen eine Klausel, die diese Möglichkeit ausschließt. Wenn das Copyrightgesetz das Recht einräumt, mit einem Buch nach dem Kauf zu verfahren, wie der Käufer es will, so verlangen solche Verträge womöglich von ihm, dass er auf dieses Recht verzichtet. Und wenn diese Vertragsbedingungen schon dadurch Rechtskraft erlangen, dass sie dem urheberrechtlich geschützten Werk »beigefügt« sind oder dass der Benutzer davon Kenntnis erlangen kann, so ist die Möglichkeit, das vom Urheberrecht geschaffene Gleichgewicht zu verschieben, längst gegeben. Schon heute können Urheberrechtsinhaber dieses Gleichgewicht durch das Vertragsrecht aushebeln.

Ich gebe zu, dass die Privatisierung des Urheberrechts durch das Vertragsrecht bereits weit gediehen ist; dafür sprechen Urteile wie die von Richter Frank Easterbrook im Fall *ProCD v Zeidenberg*[44] und die Bemühungen mancher Kreise, einen neuen einheitlichen Code durchzusetzen, der solche Verträge erleichterte.[45]

Doch Verträge sind noch nicht so schlimm wie der Code. Verträge sind immer noch eine Form von Recht. Wenn eine Vertragsbedingung nicht mit dem Copyrightgesetz übereinstimmt, können Sie die Einhaltung verweigern, so dass der Gegenpartei nur der Gang zum Gericht bleibt. Die letzte Entscheidung über die Gültigkeit des Vertrags liegt bei den Gerichten, und auch wenn diese heute eine relativ hohe Bereitschaft zeigen, solche Verträge zu bestätigen, bleibt doch zumindest die Hoffnung, dass sie ihre Meinung ändern könnten, wenn man überzeugende Argumente gegen eine Anerkennung dieser Verträge vorbrächte.[46]

Für den Code gilt das nicht. Welche Probleme auch immer auftreten mögen, wenn das Copyrightgesetz durch Verträge ersetzt wird, die Lage wird noch weitaus schlimmer, wenn der Code an die Stelle des Gesetzes tritt. Wo sollten wir den Code anfechten? Wenn die Software letztlich ohne staatlichen Rückhalt bestimmte Schutzmechanismen schafft, wie sollten wir dann gegen diese Mechanismen vorgehen? Wo können wir auf einem Ausgleich bestehen, wenn der Code das Gleichgewicht zerstört?

Der vermehrte Einsatz von Verträgen, die das Copyrightgesetz modifizieren (zum Teil deshalb, weil die Kosten für den Vertragsabschluss sinken), und der verstärkte Einsatz von Software, die das Copyrightgesetz verändert (wenn »trusted systems« immer größere Verbreitung finden), werfen eine Frage auf, die wir bisher noch nie beantworten mussten. Wir mussten nie entscheiden, ob Urheber eine perfekte, vom Gesetz unabhängige Kontrolle über die Verwendung ihrer Erzeugnisse haben sollten, weil nur das Gesetz eine Kontrolle ermöglichte.[47] Der im Gesetz vorgesehene Interessenausgleich war der beste, den die Urheber erreichen konnten. Nun aber bietet ihnen der Code bessere Möglichkeiten, und daher müssen wir jetzt entscheiden, ob diese besseren Möglichkeiten auch im Interesse der Allgemeinheit liegen.

Manche sagen, das sei der Fall, und die verstärkte Kontrolle sei nicht unvereinbar mit dem fairen Gebrauch.[48] Der faire Gebrauch, so argumentieren die Anhänger dieser Meinung, definiere Rechte in einem Bereich, in dem es bisher nicht möglich war, die Nutzung zu messen und mit einem Zahlungsanspruch zu verbinden. Der faire Gebrauch sei lediglich eine Ersatzregelung, die von den Parteien jederzeit umgangen werden dürfe und die besagt, dass die Nutzung kostenfrei erfolgen dürfe.

Da sich aber die Grenzen, die der Messung und dem Gebühreneinzug gesetzt waren, inzwischen verschoben haben, ist auch die Reichweite des fairen Gebrauchs nicht mehr dieselbe.[49] Wenn es möglich wird, jeden Aspekt der Nutzung gesondert zu lizenzieren, genießt kein Aspekt der Nutzung mehr den Schutz des fairen Gebrauchs. Nach dieser Vorstellung markierte der faire Gebrauch nur den Bereich, in dem eine Messung der Nutzung zu teuer war. Wenn der Cyberspace diesen Bereich eliminiert, zwingt er uns, die damit verbundenen Veränderungen anzuerkennen.

Demnach gibt es also zwei verschiedene Auffassungen von fairem Gebrauch.[50] Nach der einen ist er ein unverzichtbarer Bestandteil des Urheberrechts – ganz unabhängig davon, ob er technisch erforderlich ist oder nicht; nach der anderen handelt es sich um eine kontingente Erscheinung – die nur so lange benötigt wird, wie die Technologie sie erfordert. Wir können zwischen diesen beiden Auffassungen wählen, falls die verfassungsrechtlichen Regelungen in dieser Frage keine eindeutige Antwort erlauben.

Im Verfassungsrecht finden wir eine interessante Parallele zu diesem Problem. Die Verfassungsväter gaben dem Kongress das Recht, den Handel zwischen den Bundesstaaten zu regulieren und auch sonstigen

Handel, soweit er Auswirkungen auf den Handel zwischen den Bundesstaaten besitzt.[51] Zu Anfang war davon ein beträchtlicher Teil des Handels betroffen, aber wegen der Ineffizienz der Märkte nicht der gesamte Handel. So blieb den Bundesstaaten noch einiges zu regulieren.[52]

Mit der Zeit nahm der Handel zwischen den Bundesstaaten immer stärker zu, so dass heute nur noch ein geringer Teil zum reinen Binnenhandel der jeweiligen Bundesstaaten gehört. Diese Veränderung löste zwei Reaktionen aus: Einerseits den Versuch, den Bundesstaaten die alleinige Zuständigkeit für andere Bereiche einzuräumen, mit der Begründung, die Veränderungen im Bereich des Handels unterminierten die von den Verfassungsvätern gewollte Macht der Bundesstaaten.

Die zweite Reaktion konzediert zwar die gewachsene Macht des Bundes, bestreitet aber, dass dies mit dem von den Verfassungsvätern gewünschten Gleichgewicht unvereinbar sei.[53] Gewiss, bei der Gründung war ein Teil des Handels reiner Binnenhandel und berührte nicht den Handel zwischen den Bundesstaaten. Das heißt aber nicht, die Verfassungsväter hätten gemeint, dies müsse immer so bleiben. Sie knüpften die Macht des Bundes an ein bewegliches Objekt – wenn dieses Objekt sich ganz auf die Seite des Bundes bewegt hat, müssen wir das akzeptieren.[54]

In beiden Zusammenhängen ist die Veränderung dieselbe. Am Anfang steht ein Gleichgewicht, das auf ein Gemisch aus Reibungen innerhalb eines bestimmten Regulierungsbereichs zurückgeht: Das Gleichgewicht des fairen Gebrauchs geht auf die Tatsache zurück, dass die Messung jeglicher Nutzung zu teuer wäre, und die Macht der Bundesstaaten über den Handel auf die Tatsache, dass nicht jeglicher Handel den Handel zwischen den Bundesstaaten betrifft. Wenn eine neue Technologie das Gleichgewicht stört, müssen wir entscheiden, ob es der ursprünglichen Absicht entsprach, dass solch ein Gleichgewicht besteht, oder ob das Gleichgewicht sich so entwickeln sollte, wie die Dinge sich nun einmal entwickeln. Beide Kontexte enthalten also eine Mehrdeutigkeit.

Viele Beobachter (darunter auch ich) vertreten eine Meinung, die entschieden in die eine oder andere Richtung geht. Wir glauben, diese latente Mehrdeutigkeit sei keineswegs mehrdeutig. Was die Macht des Bundes angeht, glauben wir entweder, den Bundesstaaten sei ein eigener exklusiver Hoheitsbereich zugedacht,[55] oder dem Bund solle alle Macht zufallen, die den Handel zwischen den Bundesstaaten betrifft, so viel oder so wenig dies auch sein mag.[56] Was den fairen Gebrauch angeht, glauben wir entweder, diese Regelung solle ganz unabhängig von der Technologie ein Mindestmaß an öffentlicher Nutzung sicherstellen,[57] oder es handle sich lediglich um eine Folge ineffizienter Technologie, die beseitigt werden sollte, sobald sich eine ausreichende Effizienz realisieren lässt.[58]

In beiden Fällen jedoch machen wir es uns möglicherweise zu einfach. Die beste Antwort lautete vielleicht, die Frage sei damals nicht beantwortet worden. Vielleicht hat niemand daran gedacht, und so lässt sich auch nicht sagen, was die Verfassungsväter für den Fall beabsichtigt hätten, dass sich eine zentrale Voraussetzung veränderte. Und wenn damals gar keine Antwort gegeben worden ist, müssen wir die Frage nach unseren eigenen Einsichten beantworten. Wie Stefik über »trusted systems« und – so dürfen wir erwarten – über ihre Folgen sagt: »Es ist ein Instrument, an das die Schöpfer des Urheberrechtsgesetzes niemals gedacht haben, und ebenso wenig all jene, die glauben, Urheberrechtsgesetze ließen sich nicht durchsetzen.«[59]

Der Verlust des fairen Gebrauchs resultiert aus der Vervollkommnung der »trusted systems«. Ob Sie darin ein Problem sehen, hängt von dem Wert ab, den Sie dem fairen Gebrauch beimessen. Wenn Sie darin einen öffentlichen Wert erblicken, der unabhängig von jeder Technologie Bestand haben sollte, dann haben Sie allen Grund, diese Vervollkommnung mit Sorge zu verfolgen. Aus Ihrer Sicht lag in der Unvollkommenheit des alten Systems ein Wert, der nun verloren gegangen ist.

Doch selbst wenn Sie den Verlust des fairen Gebrauchs nicht für ein Problem halten, so bedrohen »trusted systems« auch andere in der Unvollkommenheit der Welt liegende Werte. Denken Sie einen Augenblick nach.

UNVOLLKOMMENHEIT ERLAUBT ANONYMITÄT

Ich habe einige Jahre an einer englischen Universität studiert. Im College gab es eine Kantine, in der auch Alkohol verkauft wurde. In meiner ersten Woche musste ich mehrere Flaschen Scotch kaufen (eine Reihe fantasieloser Geschenke, wenn ich mich recht erinnere). Etwa eine Woche später bestellte mich mein Tutor zu einem Gespräch in sein Büro. Er fragte mich nach meinen Einkäufen. Die Menge erschien ihm übertrieben, und er fragte mich, ob ich gute Gründe dafür hätte.

Ich brauche nicht zu sagen, dass mich die Frage schockierte. Natürlich, formal hatte ich beim College gekauft, und ich hatte meinen Namen nicht verborgen, sondern sogar mit meiner Collegekarte gezahlt; formal hatte ich damit dem College und seinen Vertretern meinen Alkoholeinkauf enthüllt. Dennoch war ich schockiert, dass diese Daten überwacht wurden. Ich verstand die Beweggründe und sah, dass sie nicht schlecht waren. Aber es wäre mir nie in den Sinn gekommen, dass die Daten in dieser Weise genutzt würden.

Es war ein Übergriff in meine Privatsphäre, wenn auch gewiss ein geringfügiger. Später verbarg ich diese Dinge, indem ich im Dorfladen einkaufte. (Noch später erfuhr ich dann allerdings, dass die Räumlichkeiten dieses Ladens dem College gehörten, also vielleicht hatten sie eine Abmachung mit ihrem Mieter getroffen.) Jedenfalls wurde ich nicht bestraft. Das College machte sich lediglich Sorgen. Wichtiger ist jedoch folgender Punkt: Wir enthüllen der Welt ständig Daten über uns und erwarten, dass niemand Gebrauch davon macht.

»Trusted systems« sind auf solche Daten angewiesen, denn sie müssen wissen, welchen Gebrauch die Menschen von dem geschützten Eigentum machen. Um die Gebühren präzise bestimmen zu können, sollte das System so viel wie möglich über den Einzelnen und seine Lesegewohnheiten wissen. Es benötigt diese Daten, weil es die Nutzung wirkungsvoll prüfen und die Gebühren daran ausrichten muss.[60]

Diese Prüfung bedeutet aber einen gewissen Eingriff. In der heutigen Welt denken wir über das Lesen etwa so, wie ich in England damals über den Alkoholkauf dachte: Wir rechnen nicht damit, dass jemand uns überwacht. Wir wären schockiert, wenn wir erführen, dass die Bibliothek genau festhält, welche Bücher wir ausleihen, und diese Daten benutzt, um uns zu überwachen.

Genau das jedoch müssen »trusted systems« tun. Darum stellt sich die Frage: Sollte es ein Recht gegen solch eine Überwachung geben? Diese Frage weist eine Parallele zu der nach dem fairen Gebrauch auf. In einer Welt, in der diese Überwachung technisch gar nicht möglich war, gab es natürlich auch kein Recht dagegen. Nun aber ist diese Überwachung technisch möglich, und wir müssen uns fragen, ob das in der Unvollkommenheit der Technologie latent angelegte Recht auf anonymes Lesen nicht in ein gesetzlich geschütztes Recht umgewandelt werden sollte.

Julie Cohen spricht sich dafür aus, und ihre Argumentation lässt sich leicht nachvollziehen.[61] Unabhängig von seinem Ursprung stellt es einen Wert dar, dass wir die Welt geistig nach unserem Gutdünken erkunden können. Es stellt einen Wert dar, dass wir anonym lesen können, ohne befürchten zu müssen, dass andere erfahren oder beobachten, was wir lesen, und ihr Verhalten auf Grund solchen Wissens verändern. Das ist ein Teil von dem, was uns ausmacht.[62]

Und dennoch wird dieses Element durch »trusted systems« potenziell beseitigt. Diese Systeme müssen überwachen, und solche Überwachung zerstört die Anonymität. Wir müssen uns entscheiden, ob wir die heutigen Werte in einer Welt aus »trusted systems« bewahren wollen und wie wir das tun können.

Dabei geht es um eine Übersetzung.[63] Die Frage lautet, wie wir auf technologische Veränderungen reagieren sollen, um Werte aus einem früheren Kontext in einem neuen Kontext zu bewahren. Es ist dieselbe Frage, die Brandeis im Blick auf das Abhören von Telefonen stellte[64] und die der Oberste Gerichtshof immer wieder zu beantworten hat. Es ist im Grunde eine Frage nach der Bewahrung von Werten in veränderten Kontexten.

Für den Kontext des fairen Gebrauchs und des Lesens gibt Cohen eine überzeugende Antwort auf die Frage der Übersetzung. Sie sagt, es gebe ein Recht, sich gegen »trusted systems« zu wehren oder sie zu

»hacken«, soweit sie das überkommene Recht auf fairen Gebrauch missachten. (Andere bezeichnen diese These als Cohen-Theorem.) Was das Lesen betrifft, sagt sie, Systeme zur Verwaltung von Urheberrechten müssten das Recht auf anonymes Lesen schützen – das heißt, falls sie das Lesen überwachen, müssten sie so konstruiert sein, dass sie die Anonymität wahren. Die Strategie ist dieselbe: Cohen benennt einen Wert, der von einer alten Architektur getragen wurde, jetzt aber von einer neuen bedroht ist, und spricht sich dann für ein positives Recht auf den Schutz des ursprünglichen Wertes aus.

PROBLEMATISCHE FOLGEN PERFEKTER KONTROLLE

Die beiden genannten Beispiele verweisen auf ein gemeinsames Problem, das weit über den Rahmen des Urheberrechts hinausgehen wird. Zu gewissen Zeiten genießen wir eine bestimmte Freiheit, die jedoch aus den hohen Kosten einer Kontrolle resultiert.[65] Das haben wir am Fall des fairen Gebrauchs gesehen: Als die Kosten der Kontrolle hoch lagen, war der Raum für fairen Gebrauch groß. Dasselbe gilt für anonymes Lesen: Wir können im realen Raum nicht so sehr deshalb anonym lesen, weil Gesetze uns dieses Recht gewähren, sondern vor allem, weil die Kosten für eine Überwachung so hoch sind.

Wenn diese Kosten sinken, ist unsere Freiheit bedroht, und diese Bedrohung verlangt eine Wahlentscheidung: Sollen wir diese Erosion hinnehmen, oder sollen wir neue Grenzen ziehen, die den ursprünglichen Freiraum wiederherstellen?

Das Urheberrecht ist das erste Beispiel für dieses allgemeine Problem. Die Architekturen des Eigentums werden sich verändern und einen stärkeren Schutz geistigen Eigentums gestatten, als dies im realen Raum bisher möglich war, und dieser verstärkte Schutz wird wiederum uns zu einer Wahlentscheidung zwingen, die wir im realen Raum nicht zu treffen brauchten. Sollen wir zulassen, dass die Architektur eine perfekte Kontrolle über das geistige Eigentum ermöglicht, oder sollten wir eine Unvollkommenheit in die Architektur einbauen, die eine gewisse öffentliche Nutzung oder einen Spielraum für individuelle Freiheit garantiert?

Diese Fragen werden nicht verschwinden, nur weil wir sie ignorieren. Und so zu tun, als hätten die Verfassungsväter sie bereits beantwortet, löst das Problem ebenso wenig. In diesem Kontext (und das ist nur der erste) werden wir selbst entscheiden müssen, welche Werte die Architektur schützen soll.

WAHLENTSCHEIDUNGEN

Ich habe gesagt, der Cyberspace werde uns im Zusammenhang mit dem Urheberrecht zumindest vor zwei wichtige Wahlentscheidungen stellen: Ob wir zulassen wollen, dass geistiges Eigentum letztlich vollständig privatisiert wird (denn genau das würde ein auf den Code gestützter vollkommener Schutz des Urheberrechts bewirken), und ob wir zulassen wollen, dass dadurch die von weniger effizienten Architekturen ermöglichte Anonymität verschwindet. Diese Wahl haben die Väter unserer Verfassung nicht getroffen. Wir müssen sie selbst treffen.

Ich habe eine Meinung, wie wir uns in dieser und den drei folgenden Fragen entscheiden sollten. Aber ich bin Jurist, und als solcher scheue ich mich zu sagen, »wie die Dinge sein sollten«. Juristen haben gelernt, auf andere zu verweisen – auf die Verfassungsväter, auf die Charta der Vereinten Nationen, auf Gesetze des Kongresses –, wenn sie darüber sprechen, wie die Dinge sein sollten. Da es hier niemanden gibt, auf den ich verweisen könnte, habe ich das Gefühl, ich sollte still sein.

Feige, nicht still, mögen andere da meinen. Ich solle doch sagen, was ich denke. Darum werde ich in allen vier Fällen (Urheberrecht, Schutz der Privatsphäre, Rede- und Meinungsfreiheit, Souveränität) sagen, wie wir uns meiner Meinung nach entscheiden sollten. Ich tue das allerdings nur unter Zwang und bitte Sie daher, meine Aussage einfach zu ignorieren. Ich werde mich kurz fassen und meine Meinung knapp formulieren, so dass sie sich leicht abtun lässt. Denn die eigentliche Botschaft dieses Buches lautet, *dass* wir eine Wahl treffen müssen – und nicht, welche Wahl wir treffen sollten.

ANONYMITÄT

Mir scheint, Cohen hat vollkommen Recht mit ihrer These zur Anonymität, und das Cohen-Theorem ist sehr anregend. So effizient die Alternative auch sein mag, wir sollten den Cyberspace gewiss so anlegen, dass er Anonymität oder genauer »Pseudonymität« gewährleistet. Wenn der Code mich schon überwacht, sollte er wenigstens nicht wissen, wer ich bin. Es macht mir weniger Sorgen, wenn er weiß, dass »14AH342BD7« dies und das liest, aber ich mache mir sehr große Sorgen, wenn sich diese Nummer auf meinen Namen zurückverfolgen lässt.

Cohen hat noch aus einem zweiten Grund vollkommen Recht: Alle guten Seiten der Überwachung ließen sich auch ohne einen verringerten Schutz der Privatsphäre verwirklichen. Es mag etwas mehr Programmieraufwand bedeuten, wenn man durch den Einbau entsprechender Routinen verhindert, dass die Identität eines Nutzers aufgespürt werden kann, und es verlangt womöglich etwas mehr Planung, wenn man die Privatsphäre schützen möchte. Wenn man aber entsprechende Regeln von Anfang an implementiert, werden die Kosten sich in Grenzen halten. Jedenfalls werden sie weit niedriger sein als bei einem nachträglichen Einbau solcher Schutzmechanismen.

GEMEINEIGENTUM

Um das geistige Gemeineigentum mache ich mir sehr viel größere Sorgen.

Wir können den Cyberspace so gestalten, dass er Gemeineigentum zulässt oder nicht zulässt. (Jefferson meinte, die Natur habe diese Aufgabe bereits erfüllt, aber er kannte den Code noch nicht.[66]) Wir sollten ihn so gestalten, dass er Gemeineigentum zulässt. In der Vergangenheit kannten wir ein Gemeineigentum, das sich nicht durch Designentscheidungen beseitigen ließ und das unserer Kultur einen großen Wert verlieh. Welchen Wert Gemeineigentum in Zukunft für uns haben könnte, beginnen wir gerade erst zu erkennen. Kenner des geistigen Eigentums sahen ihn – lange bevor der Cyberspace entstand – und legten die Grundlage für einen Großteil der Argumente, die wir heute benötigen.[67] Das größte Werk über das Recht im Cyberspace handelt vom geistigen Eigentum. In zahlreichen Zusammenhängen haben diese Wissenschaftler sehr gute Gründe für den substanziellen Wert eines geistigen Gemeineigentums dargelegt.[68]

Sehr dramatisch zeigt das James Boyle in seinem außergewöhnlichen Buch *Shamans, Software, and Spleens*.[69] Sowohl hinsichtlich des Cyberspace als auch im Blick auf Probleme außerhalb des Cyberspace führt er uns vor Augen, vor welche Herausforderungen – und insbesondere vor welche politischen Herausforderungen – uns die Informationsgesellschaft stellt.[70] An anderer Stelle zeigt er auf, dass wir eine »Umweltbewegung« für den Bereich der Informationspolitik benötigen – eine Redeweise, die verdeutlicht, welch breites Spektrum an Werten auf dem Spiel steht, wenn die Privatisierung jeglicher Information voranschreitet.[71]

Von solcher Einsicht sind wir heute noch weit entfernt, und mein Buch wird uns darin nicht viel weiter bringen. Ich kann hier nur aufzeigen, welche Wahlentscheidungen wir werden treffen müssen und wie wir uns möglicherweise entscheiden sollten.

11. PRIVATSPHÄRE

Im ersten Teil sind wir zu dem Schluss gelangt, dass der Code einen stärker regulierbaren Cyberspace zu schaffen vermag und dass dies Anlass zur Sorge gibt. Das letzte Kapitel hat deutlich gemacht, dass der Code ein stärker regulierbares Urheberrechtssystem ermöglichen könnte und dass auch dies Anlass zur Sorge gibt. In beiden Fällen verändert der Code ein altes Gleichgewicht zwischen Freiheit und Beschränkung, und wir müssen uns fragen, ob das neue Gleichgewicht noch mit unserer Tradition oder unseren Wünschen vereinbar ist.

Bei der »Privatsphäre« liegen die Dinge etwas anders. Hier hat der Code das traditionelle Gleichgewicht bereits zerstört und das Maß an Kontrolle, das wir über unsere persönlichen Daten besitzen, bereits verändert. Die Frage lautet nun: Könnte der Code das alte Gleichgewicht in Teilen wiederherstellen? Ich behaupte, er kann es.[1]

Ich möchte diese Debatte über den Schutz der Privatsphäre mit einer Geschichte aus der Frühzeit der MUDs beginnen.[2] Wie wir wissen, handelt es sich dabei um textbasierte virtuelle Realitäten, in denen die Menschen Figuren schaffen, die ihre Schöpfer gleichsam vertreten. In der Anfangszeit der MUDs war die Gemeinde der MUDer relativ klein, so dass manche Figuren innerhalb dieser Gemeinschaft Berühmtheit erlangten. Jeder kannte sie.

In MUDs und MOOs gibt es ein Verhalten, das als »tinySex« bezeichnet wird – textbasierter virtueller Sex, bei dem (wenigstens) zwei Menschen in einer sexuellen Begegnung miteinander kommunizieren. Manchmal unterhalten sie sich nur. Manchmal »geschieht« auch mehr. Doch in jedem Fall spielte »tinySex« eine wichtige Rolle in der Geschichte der MUDs, geradeso wie seine Entsprechungen in anderen Teilen des Cyberspace oder in der realen Welt.[3]

In einem bekannten frühen MUD gab es eine Figur, die sich ganz besonders für »tinySex« interessierte und vor allem für »tinySex« mit berühmten MUD-Figuren. Diese Figur (im realen Leben ein Mann) »war« eine Frau, und es gelang ihr, eine ganze Reihe berühmter Figuren zu »verführen«. Sie gingen in einen »privaten Raum« und ließen sich auf eine »tinySex«-Affäre ein. Viele berühmte MUDer ließen sich auf diese Weise zu »tinySex« verführen.

Das alles wissen wir, weil die Figur diese »tinySex«-Rendezvous aufgezeichnet hat, und zwar sowohl die »Verführung« als auch den nachfolgenden Sex. Nachdem sie eine große Zahl von Opfern gesammelt hatte, veröffentlichte sie die Aufzeichnungen in dem betreffenden MUD. So kursierten denn im Raum dieses MUDs die Mitschriften von sexuellen Begegnungen einiger der prominentesten Mitglieder dieser Gemeinschaft.

Nun hat es schon immer Affären gegeben. Die Menschen haben sich seit jeher in irgendwelche Ecken verdrückt, um Sex miteinander zu haben, ob nun »tiny« oder nicht. Und es hat schon immer Menschen gegeben, die hinterher alles ausplaudern. Doch wichtiger als die Übereinstimmungen sind hier die Unterschiede. Es hat nicht nur eine Affäre stattgefunden, diese Affäre wird auch in allen Einzelheiten aufgezeichnet. Und diese Aufzeichnung existiert nicht nur, sie wird auch allen anderen zugänglich gemacht. Diese ganz privaten Dinge wurden überwacht, in einem Raum, der Überwachung extrem einfach macht. Das Ergebnis dieser Überwachung lässt sich ohne weiteres durchsuchen – auch das ist in der Architektur so angelegt. Jede Bewegung wird festgehalten, einiges mag gelöscht werden, aber der Rest ist für alle offen einsehbar.

Dieses Vorkommnis zerstörte die betreffende MUD-Gemeinschaft. Die Menschen konnten einander nicht mehr in derselben Weise begegnen wie zuvor. Sie schufen sich neue Figuren oder verließen das MUD. Kein Gesetz war gebrochen worden, aber das MUD war zerstört.

Und so soll es auch sein, könnten Sie versucht sein zu sagen. Vielleicht ist es nur gut, dass ein wenig Licht auf dieses »abweichende« Verhalten fällt, leben wir doch in einer Welt, in der unser Tun mit unserem Wort übereinstimmt und wir das sind, was wir scheinen. Vielleicht ist es besser, in solch einer Welt zu leben, und vielleicht ist es gut, dass der Cyberspace dies möglich macht.

Unser aller Leben wird zum Teil *überwacht* und kann *durchsucht* und ausgeforscht werden. Der überwachte Teil ist jener Bereich unseres alltäglichen Lebens, den die anderen wahrnehmen und auf den sie reagieren, wenn eine Reaktion angebracht ist. Wenn ich über die Straße gehe, wird mein Verhalten überwacht. Wenn ich in einem kleinen südchinesischen Dorf über die Straße ginge, würde mein Verhalten ganz extrem überwacht. Diese Überwachung wäre in beiden Fällen vorübergehend. Die Menschen nähmen mich beispielsweise zur Kenntnis, wenn ich einen Elefanten spazieren führte oder einen Anzug trüge; wenn aber nichts Auffälliges an meinem Verhalten wäre, wenn ich einfach in der Masse untertauchte, würden sie mich nur einen Augenblick wahrnehmen und mich dann wieder vergessen – in Cambridge möglicherweise schneller als in China.

Ein Teil Ihres Lebens wird aufgezeichnet – im direkten oder im übertragenen Sinne. Sie notieren Ihre Gedanken in einem Tagebuch. Die Dinge in Ihrer Wohnung geben Auskunft über Ihren Besitz. Die Aufzeichnungen auf Ihrem Anrufbeantworter sagen, wer angerufen hat. Diese Teile Ihres Lebens sind nicht so vergänglich. Man kann sie sich auch später noch ansehen – falls Technologie und Recht dies zulassen.

Die Privatsphäre definiert Ethan Katsh als die Macht, das zu kontrollieren, was andere über Sie wissen.[4] Die Menschen erlangen nur auf zwei Wegen Wissen über Sie – durch Überwachen und durch Suchen (oder durch Berichte, die auf Überwachung oder Suchen basieren). Gegen Klatsch und Tratsch kann man kaum etwas tun, und das Recht vermag wenig gegen solche Berichte. Wenn Sie wissen wollen, was Ihre Privatsphäre wirklich ausmacht, müssen Sie die zwei Wege des Wissenserwerbs, Überwachen und Durchsuchen, verstehen. Welche Beschränkungen erlegt der reale Raum den Überwachungs- und Durchsuchungsmöglichkeiten der anderen auf, und wie verändern sich diese Beschränkungen im Cyberspace?

Ich werde diesen beiden Fragen zunächst getrennt nachgehen, die Veränderungen aufzeigen, die der Cyberspace mit sich bringt, und die latenten Mehrdeutigkeiten identifizieren, die in diesen Veränderungen zum Vorschein kommen.[5] Dann werde ich wie schon im letzten Kapitel die Argumente auf beiden Seiten dieser Mehrdeutigkeiten prüfen und mich am Ende für eine Seite entscheiden. Ob Sie aber meine Auffassung nun akzeptieren oder nicht, viel wichtiger ist mir die Einsicht, dass wir hier eine Position beziehen müssen. Abermals haben wir es mit einer Entscheidung zu tun, die von den Verfassungsvätern nicht getroffen worden ist, so dass wir uns selbst ein Urteil bilden müssen.

RECHTLICH GESCHÜTZTE RÄUME

Denken Sie noch einmal an den Computerwurm am Anfang dieses Buches zurück: Ein kleines Programm arbeitet sich durch Ihren Computer, durchsucht Ihre Festplatte und schickt einen Bericht über seine Funde an eine zentrale Stelle. »Illegale Kopie von Word 98« oder »Mehrere Kopien von Now Utilities« oder »NSA Document 5G67K13« – solche Funde werden gemeldet, falls sie tatsächlich gemacht werden, ansonsten wird nichts gemeldet.

Dieses Beispiel schien vielleicht weit von dem entfernt zu sein, was man gewöhnlich unter der Privatsphäre versteht. Schließlich glauben wir kaum, dass der Staat solche Würmer durch das Netz schickt und uns ausspioniert (obwohl manche annehmen, dass die NSA an diversen Knotenpunkten des Netzes Suchprogramme installiert hat).

Ob die einzelnen Beispiele Sie nun aber überzeugen oder nicht, die allgemeine Form sollte es tun. Wir können uns zahlreiche Zusammenhänge vorstellen, in denen man die Last einer gewöhnlichen Durchsuchung beseitigt und die Durchsuchungstechnik perfektioniert hat, so dass die dadurch aufgeworfenen verfassungsrechtlichen Fragen sehr kompliziert geworden sind.

In all diesen Zusammenhängen stellt sich dieselbe Frage: Ist der in der Verfassung niedergelegte Wert ein Schutz vor einer vom Staat auferlegten ungerechtfertigten Last, oder ist der Schutz der Privatsphäre ein substanzieller Wert? Wenn die Last sich verringert, verringert sich dann auch der Schutz der Privatsphäre? Soll hier ein bestimmter Raum vor staatlichen Übergriffen geschützt werden? Vor dieser Frage standen Louis Brandeis und William Howard Taft schon 1928 im Fall *Olmstead*, in dem es um das Abhören von Telefonen ging.[6] Und dieselbe Frage müssen wir heute für immer mehr Bereiche unseres Privatlebens stellen.

Einige dieser Bereiche werde ich im Folgenden behandeln. Dabei möchte ich nur das *verfassungsrechtliche* Problem erörtern, das diese Veränderungen aufwerfen; den in der Tat recht umfangreichen gesetzlichen Schutz lasse ich unberücksichtigt. Meine Frage lautet: Welchen Schutz bietet die Verfassung ganz unabhängig von einzelnen gesetzlichen Regelungen?[7]

Ebenso wenig befasse ich mich mit den technischen Vorkehrungen, die der Einzelne treffen mag, um seine Privatsphäre zu schützen. Darum wird es in einem späteren Abschnitt gehen.

E-MAIL

E-Mail, elektronische Post, ist eine in digitaler Form gespeicherte Nachricht. Sie gleicht der Mitschrift eines Telefongesprächs. Wenn Sie jemandem eine E-Mail schicken, wird die Mail kopiert und von Computer zu Computer übertragen; sie bleibt in beiden Computern, bis sie durch Routinen – automatische Programme – oder von Menschen gelöscht wird.

Auch dem Inhalt nach gleichen viele E-Mails Telefongesprächen – sie sind wenig durchdacht und ähneln eher einer Plauderei unter Freunden. Anders aber als bei Telefongesprächen wird der Inhalt aufgezeichnet. Und da der Inhalt aufgezeichnet ist, kann er überwacht, archiviert und durchsucht werden. Firmen können Routinen einbauen, die den E-Mail-Verkehr ihrer Beschäftigten beobachten, sie können die Daten sammeln und ordnen und bei Bedarf verwenden.

Sie können es, und sie tun es. Der größte Eingriff in die Privatsphäre, den der Cyberspace bisher bewirkt hat, ist die umfangreiche

Überwachung der Beschäftigten in den Unternehmen. Mit der Begründung, dass der Computer ihnen gehöre, schnüffeln Arbeitgeber immer intensiver in der E-Mail ihrer Beschäftigten und suchen nach Dingen, die ihnen nicht passen.

Eine derartige Überwachung und Durchsuchung ist prinzipiell natürlich auch bei Telefongesprächen und Briefen möglich, geschieht in der Praxis aber selten. Die Überwachung von Telefongesprächen und Briefen kostet Zeit und Geld, weil sie von Menschen vorgenommen werden muss, und diese Kosten halten die meisten Arbeitgeber davon ab. Auch hier also sorgen die Kosten der Kontrolle für eine gewisse Freiheit.

Diese Freiheit verringert sich, wenn die Überwachungskosten sinken. Größere Mengen können durchsucht werden, ohne dem Objekt der Überwachungsmaßnahmen Lasten aufzuerlegen. Sollte der Schutz vor solcher Durchsuchung daher ebenfalls wegfallen?

V-MAIL

Wenn schon E-Mail, warum dann nicht auch V-Mail? Die so genannten Voice-Mail-Systeme archivieren gesprochene Mitteilungen und zeichnen die Kommunikationsmerkmale der zugehörigen Gespräche auf.[8] Dank verbesserter Technologien der Spracherkennung verbessert sich auch die Möglichkeit, solche Sprachaufzeichnungen zu durchsuchen. Da die Aufzeichnungen archiviert sind, können sie genauso durchsucht werden, wie die NSA zum Beispiel internationale Telefongespräche verfolgt.[9] Wir können uns Technologien vorstellen, mit denen sich V-Mail nach Schlüsselworten oder Themen durchsuchen lässt, wobei die Archive jeweils nur nach diesen Worten durchsucht werden.

Auch diese Durchsuchung bürdete dem Nutzer keinerlei Lasten auf. Sie ließe sich auf bestimmte Themen begrenzen und könnte im Hintergrund arbeiten, ohne dass jemand etwas bemerkt. Hat der verfassungsrechtliche Schutz der Privatsphäre etwas mit diesen Praktiken zu tun?

VIDEO

Ein Bild sagt vielleicht mehr als tausend Worte, doch Hewlett-Packard hat eine Möglichkeit gefunden, ein Gesicht mit weniger als 100 Bits darzustellen.[10] Gesichter lassen sich erfassen, speichern und mit Gesichtern in Videoarchiven vergleichen. Hewlett-Packard schätzt, dass man Gesichter mit dieser Technologie noch auf 30 Meter Entfernung identifizieren kann. Wenn man überall in der Stadt Videokameras installierte, könnte der Staat durch Identifizierung der aufgenommenen Menschen sogar überwachen, wohin jeder Einzelne geht.

Aber das ist Zukunftsmusik. Schon heute werden Videotechnologien zur Prüfung von Nummernschildern im Kanaltunnel[11] oder in Tiefgaragen auf Flughäfen benutzt.[12] Dank dieser und anderer Technologien wird es immer leichter werden, Bewegungen in der Öffentlichkeit zu überwachen.

TELEFONE

Mobiltelefone müssen ihren Standort anzeigen, damit die Sender sie verfolgen können, wenn sie aus dem Bereich eines Senders in den eines anderen wechseln. Diese Daten werden für Servicezwecke gesammelt. Man könnte sie aber natürlich auch anders verwenden, zum Beispiel zum Überwachen und Verfolgen von Bewegungen. Wie im fünften Kapitel beschrieben, drängt das FBI darauf, Zugang zu diesen Daten zu erhalten, um Personen bei Bedarf aufspüren zu können.

Natürlich begründet das FBI dieses Ansinnen nicht mit dem Wunsch, Menschen ausspionieren zu können, sondern unter Hinweis auf die öffentliche Sicherheit. Wenn der Standort ermittelt werden könnte, wäre es für Notdienste leichter, im Falle eines über Mobiltelefon abgesetzten Notrufs den gegenwärtigen Aufenthaltsort des Anrufers zu ermitteln. Das ist sicher richtig, aber man könnte das System auch so programmieren, dass es den Standort *nur dann* festhält, wenn eine Notrufnummer gewählt wird. Das FBI übersah diese Möglichkeit erwartungsgemäß.[13]

In jedem Fall stellt sich die (verfassungsrechtliche) Frage, ob der

Raum vor Übergriffen des Staates geschützt werden soll. Dem Wortlaut nach scheint die Verfassung die Antwort an die Frage zu knüpfen, ob solch ein Eingriff »hinreichend begründet« ist. Was das heißt, haben wir in der Rechtsgeschichte durch Abwägen der Lasten bestimmt, wobei die Technologien, die diese Lasten aufbürden, jeweils als Gegebenheiten galten. Es war eine Gegebenheit, dass die Durchsuchung eines Hauses einen Übergriff darstellte und dass das Abhören von Telefonen zu teuer ist. Diese Gegebenheiten bestimmten, welcher Schutz der Privatsphäre sinnvoll erschien. Wir nahmen die Welt so, wie sie war, und richteten den Schutz der Privatsphäre nach diesen Gegebenheiten ein.

In der digitalen Welt dagegen sind diese Lasten nicht mehr gegeben. Die Lasten werden von der Architektur des Raums bestimmt, und diese Architektur ist formbar. Wenn der Schutz von der Belastung einer Durchsuchung abhängt, können wir den Raum so gestalten, dass die Belastung wegfällt. Und wenn wir das tun, stellt sich zu Recht die Frage, ob der Schutz der Privatsphäre gleichfalls wegfällt.

Die Antwort hängt natürlich davon ab, was wir unter dem Schutz der Privatsphäre verstehen. Die oben beschriebene Auffassung – als Minimierung von Übergriffen – ist nur eine von mindestens dreien.

DER SCHUTZ DER PRIVATSPHÄRE ALS MINIMIERUNG DER BELASTUNG

Die erste Auffassung, die wir als utilitaristisch bezeichnen könnten, versucht, das Ausmaß des Eingriffs möglichst gering zu halten. Wir möchten in Ruhe gelassen und nicht gestört werden. Darum wollen wir einen Schutz, der den Umfang der Störung minimiert. Gelegentlich mag der Staat einen Grund haben, uns zu durchsuchen und uns in unserem Frieden zu stören, aber wir wollen, dass diese Störung möglichst gering bleibt. Die Probe darauf ist die Belastung, die der staatliche Eingriff darstellt: Wenn es möglich ist, den Eingriff weniger belastend zu gestalten, verringert sich auch der Schutz davor.

DER SCHUTZ DER PRIVATSPHÄRE ALS FRAGE DER MENSCHENWÜRDE

Die zweite Auffassung stellt die Menschenwürde in den Mittelpunkt. Selbst wenn eine Durchsuchung Sie überhaupt nicht belästigte und wenn Sie gar nichts davon bemerkten, bedeutet nach dieser Auffassung allein schon der Gedanke, dass Ihr Eigentum durchsucht werden darf, eine Verletzung Ihrer Würde. So gesehen braucht der Staat schon einen guten Grund, falls er Ihr Haus durchsuchen will, denn mit dieser Aktion verletzt er Ihre Würde auch dann, wenn er Sie ansonsten gar nicht stört.

Wie diese beiden Auffassungen miteinander in Konflikt geraten können, habe ich bei einer tragisch alltäglichen Begegnung in Washington, D. C., erlebt. Ein Freund und ich begleiteten eine Polizeistreife auf ihrem Einsatz. Die Gegend gehörte zu den ärmsten der Stadt, und gegen 23 Uhr kam die Nachricht, ganz in der Nähe sei bei einem Auto Diebstahlalarm ausgelöst worden. Als wir eintrafen, versuchten mindestens fünf Polizisten, drei Jugendliche festzuhalten. Drei von ihnen drückten die Jugendlichen gegen eine Mauer, die Beine gespreizt und das Gesicht gegen die Wand gepresst.

Die drei Jugendlichen waren »verdächtig«, weil sie in der Nähe gewesen waren, als der Diebstahlalarm ausgelöst wurde, aber die Szene wirkte so, als hätten die drei den Hope-Diamanten geraubt.

Und dann kam es zu einem bemerkenswerten Zwischenfall. Zur Überraschung aller und zu meinem Entsetzen (denn die Situation schien mir ein Pulverfass zu sein, und was nun geschah, ein Streichholz) drehte sich einer der Jugendlichen, nicht älter als 17 Jahre, zornig um und schrie die Polizisten an: »Immer wenn hier was passiert, steh ich an der Wand und hab 'ne Pistole am Kopf. Ich hab nie was angestellt, aber immer stoßen mich die Bullen mit ihrer Pistole rum.«

Sein Freund drehte sich zu ihm um und versuchte, ihn zu beruhigen. »Bleib ruhig, Mann, die tun doch nur ihren Job. In zwei Minuten ist alles vorbei.«

»Ich will mich aber nicht beruhigen. Warum zum Teufel muss ich so leben? Ich bin doch kein Verbrecher. Ich hab es nicht verdient, dass sie mich so behandeln. Irgendwann geht so 'ne Pistole los, dann bin ich eine Leiche. Und dann?«

An diesem Punkt griffen die Polizisten ein, drehten den aufmüpfigen Jugendlichen gegen die Wand und drückten sein Gesicht gegen die Mauer. »Das ist doch gleich vorbei. Wenn du ruhig bist, bist du gleich wieder frei. Also entspann dich.«

Aus der zornigen Stimme des Jugendlichen sprach verletzte Würde. Ob begründet oder nicht, ob minimaler Eingriff oder nicht, dieses Erlebnis hatte etwas Beleidigendes – und erst recht, wenn man sich vorstellt, dass er Ähnliches immer wieder erlebte. Das erinnerte mich an eine Urteilsbegründung von Richter Scalia (eine seltsame Assoziation, ich weiß, aber ich habe für ihn gearbeitet), der sich fragte, ob die Verfassungsväter die als »Terry stop« bezeichnete Polizeipraxis wohl für verfassungsgemäß gehalten hätten – demnach kann die Polizei bei hinreichendem Verdacht jeden anhalten und durchsuchen. Richter Scalia schrieb: »Ich habe entschiedene Zweifel ..., dass die stolzen Männer, die den vierten Verfassungszusatz verabschiedet haben, es zugelassen hätten, auf den *bloßen Verdacht* hin, bewaffnet und gefährlich zu sein, einer so unwürdigen Behandlung unterzogen zu werden.«[14]

Und dennoch haben wir auf der anderen Seite das Argument des geringstmöglichen Eingriffs. Wenn die Privatsphäre vor ungerechtfertigten und überzogenen Eingriffen geschützt sein soll, dann war dies keine Verletzung des garantierten Rechts auf den Schutz der Privatsphäre. Wie der zweite Jugendliche sagte, war der Eingriff minimal; er werde bald vorbei sein (und so war es auch – fünf Minuten später, als ihre Personalien überprüft waren, fuhren wir wieder weg); und schließlich war der Eingriff auf begründbare Weise mit einem legitimen Ziel verknüpft. Der Schutz der Privatsphäre bedeutet hier lediglich den Schutz vor unbegründeten und belastenden Eingriffen, und diese Durchsuchung, so meinte der zweite Jugendliche, sei nicht so grundlos und belastend, dass er solchen Zorn gerechtfertigt hätte (der noch ganz andere Gefahren heraufbeschwor).

DER SCHUTZ DER PRIVATSPHÄRE ALS SUBSTANZIELLER WERT

Diesen beiden Auffassungen vom Schutz der Privatsphäre steht jedoch eine dritte gegenüber, die nicht auf die Menschenwürde und auch nicht auf einen minimalen Eingriff abstellt, sondern auf einen substanziellen Wert – den Schutz der Privatsphäre als eine Möglichkeit, die Macht des Staates zu beschränken. Hier kann uns das Werk von William Stuntz als Führer dienen.[15] Stuntz behauptet, der eigentliche Zweck des vierten und fünften Verfassungszusatzes liege darin, bestimmte Formen von Regulierung zu erschweren, indem die Beschaffung von Beweisen verhindert werde, die zur Ahndung von Verletzungen erforderlich seien.

Das ist für uns nur schwer nachvollziehbar, denn wir leben in einer Welt, in der es zahllose Beweismittel gibt – Auszüge von Kreditkartenkonten, Telefonrechnungen, Videokameras bei 7-Eleven usw. Aber versetzen Sie sich einmal 200 Jahre zurück, als nur Zeugenaussagen und Gegenstände als Beweismittel dienen konnten. Stellen Sie sich vor, der Staat hätte Sie damals wegen »Aufwiegelung« verfolgen wollen. Die einzigen Beweise, auf die er dabei hätte zurückgreifen können, wären Ihre Schriften oder Ihre eigene Aussage über Ihre Gedanken gewesen. Wenn diese beiden Beweismittel fehlten, wäre es praktisch unmöglich gewesen, Sie wegen Aufwiegelung zu verfolgen.

Nach Stuntz bewirken die beiden genannten Verfassungszusätze genau dies. Gemeinsam machen sie es nahezu unmöglich, Beweise für ein Verbrechen wie Aufwiegelung zu sammeln, und damit machen sie auch ein Verbrechen dieser Art unmöglich. Und das gilt nicht allein für Aufwiegelung – nach Stuntz sollten der vierte, fünfte und sechste Verfassungszusatz den Bereich praktisch möglicher Regulierung begrenzen. Er schreibt: »Wie ein Verbot von Empfängnisverhütungsmitteln zur Durchsuchung von Schlafzimmern ermunterte, so verringerte ein Verbot der Durchsuchung von Schlafzimmern umgekehrt die Wahrscheinlichkeit, dass Empfängnisverhütungsmittel verboten würden.«[16]

Waren solche Durchsuchungen aber nicht schon beispielsweise

durch den ersten Verfassungszusatz beschränkt? Wäre ein Gesetz gegen Aufwiegelung nicht auch so schon verfassungswidrig gewesen? Tatsächlich war das zu Anfang keineswegs klar. Es war sogar so unklar, dass der Kongress 1798 die Alien and Sedition Acts verabschiedete, die Aufwiegelung ganz unmittelbar unter Strafe stellten.[17] Viele hielten diese Gesetze für verfassungswidrig, doch der vierte und fünfte Verfassungszusatz hätten einer Strafverfolgung deutliche Grenzen gesetzt, und dies ganz unabhängig von der Verfassungsmäßigkeit der Gesetze.

Nach dieser Auffassung ist der Schutz der Privatsphäre eine substanzielle Grenze für die Macht des Staates.[18] Als eine Einschränkung der staatlichen Macht, die Befolgung bestimmter Gesetze zu erzwingen, stellt er eine substanzielle Grenze für die Arten von Regulierung dar, die der Staat durchzusetzen vermag. So verstanden leistet der Schutz der Privatsphäre mehr, als die Menschenwürde zu schützen oder Eingriffe auf ein Minimum zu beschränken – er setzt dem, was der Staat tun kann, Grenzen.

DIE WAHL ZWISCHEN DEN VERSCHIEDENEN AUFFASSUNGEN VOM SCHUTZ DER PRIVATSPHÄRE

Im Prinzip könnten die drei verschiedenen Auffassungen von Fall zu Fall zu unterschiedlichen Ergebnissen führen. Eine Durchsuchung könnte beispielsweise als minimaler Eingriff gelten, aber dennoch die Menschenwürde verletzen. In diesem Fall müssten wir entscheiden, welche Auffassung von Privatsphäre der Verfassung am ehesten entspricht.

Als die Verfassung verabschiedet wurde, hätten die drei genannten Auffassungen in den meisten Fällen jedoch wohl nicht zu unterschiedlichen Ergebnissen geführt. Jede Durchsuchung, die über die substanziellen Grenzen des Verfassungszusatzes hinausgegangen wäre oder die Menschenwürde verletzt hätte, wäre zugleich auch ein unerlaubter Übergriff gewesen. Selbst wenn die Hälfte der Verfassungsväter der einen und die andere Hälfte der anderen Auffassung angehangen hätte, hätten sie dennoch alle dem vierten Verfassungszusatz zustimmen können, da jede Durchsuchung stets beide Auffassungen betroffen hätte.

Heute dagegen können die drei Auffassungen zu unterschiedlichen Ergebnissen führen. Die utilitaristische Auffassung könnte Durchsuchungen erlauben, die gegen die Menschenwürde und gegen das Verständnis als substanzielle Grenze verstoßen. Die korrekte Übersetzung (in dem Sinne, wie Brandeis den Ausdruck im Fall *Olmstead* benutzte) hängt von der Wahl der zu übersetzenden Auffassung ab.

In diesem Sinne basieren unsere ursprünglichen Schutzrechte auf einer »nicht abschließend durchdachten Übereinkunft«, wie Cass Sunstein dies nennt.[19] Angesichts der Technologie der Zeit gab es keinen Grund, genau herauszuarbeiten, welche Theorie dem Verfassungstext zu Grunde lag – alle drei Auffassungen waren mit der vorhandenen Technologie vereinbar. Doch mit der Technologie hat sich auch der ursprüngliche Kontext verändert. Angesichts von Technologien wie dem Computerwurm, der die Festplatte ohne jede Störung durchsuchen kann, ist nun umstritten, was der vierte Verfassungszusatz tatsächlich schützt.

Dieser Konflikt ist die Kehrseite von Sunsteins so genannter nicht abschließend durchdachten Übereinkunft. Wir können sagen, in solchen Übereinkünften treten stets latente Mehrdeutigkeiten zu Tage, und wir können Kontexte beschreiben, in denen dies geschieht. Die latenten Mehrdeutigkeiten hinsichtlich des Schutzes der Privatsphäre etwa werden auf Grund der technologischen Entwicklung deutlich. Und dies wiederum zwingt uns zu einer Wahlentscheidung.

Manche werden nun abermals einwenden, die Wahl sei längst getroffen – durch unsere Verfassung. Ein Großteil unserer Verfassungsrechtsprechung argumentiert so, aber das ist nicht sonderlich hilfreich. Ich glaube nicht, dass die Verfassungsväter herausgearbeitet haben, was der Verfassungszusatz in einer Welt schützen soll, in der es vielfältige Möglichkeiten gibt, eine Durchsuchung ohne größere Störung durchzuführen. Sie schufen die Verfassung nicht für alle möglichen Welten, sondern für ihre Welt. Wenn ihre Welt sich von der unsrigen in einer Weise unterscheidet, die eine Wahlentscheidung enthüllt, welche sie nicht zu treffen hatten, dann müssen wir diese Wahl treffen.[20]

KONTROLLIERTE NUTZUNG

Vor zwei Jahren fand ich in meinem Briefkasten einen Brief von AT&T. Er war an eine ehemalige Freundin adressiert, aber der Brief war nicht nachgesendet worden. Die Adresse war die meiner damaligen Wohnung. AT&T wollte der Frau eine neue Kreditkarte anbieten. Sie kamen etwas spät – meine Freundin und ich hatten uns schon vor acht Jahren getrennt. Inzwischen war sie nach Texas und ich nach Chicago gezogen, von Chicago war ich nach Washington gezogen, dann zurück nach Chicago, nach New Haven, nochmals zurück nach Chicago und schließlich nach Boston, wo ich wiederum zwei Mal umgezogen war. Das konnte AT&T jedoch nicht abhalten. Mit großem Vertrauen in meine Beständigkeit glaubte man dort, in meiner Wohnung lebte immer noch eine Frau, die ich seit drei Jahren nicht mehr gesehen hatte.

Wie kam AT&T darauf? Nun, im Cyberspace gibt es eine Menge Daten über mich. Sie sind gesammelt worden, seit ich Kreditkarten, Telefon und wer weiß was noch benutze. Das System versucht diesen außergewöhnlichen Datenbestand ständig auf dem Laufenden zu halten und zu verfeinern – das heißt, es stellt ein Profil her und entscheidet auf der Grundlage dieses Profils, wie es mit mir interagiert.

Was sollen wir von dieser ständigen elektronischen Überwachung halten?[21]

Die erste unüberlegte Antwort eines Juristen könnte so lauten: Es war schon immer möglich, Menschen zu überwachen und Profile ihrer Persönlichkeit oder ihres Verhaltens zu erstellen. Staaten tun dies ständig, Privatunternehmen ebenfalls. Und wichtiger noch: Auch kleine Gemeinschaften tun es. Vor nicht allzu langer Zeit lebten die meisten Menschen in kleinen Gemeinschaften, in denen das Verhalten ständig überwacht wurde. Ihr Kommen und Gehen, mit wem Sie verkehrten, wie viel Geld Sie auf dem Markt ausgaben – über all das wussten Ihre

Nachbarn Bescheid, ob Ihnen das gefiel oder nicht. Es gab zwar keine Videokameras, die Sie bei Ihrem Gang über den Markt filmten. Aber Ihre Nachbarn taten etwas viel Schlimmeres: Sie sahen, wann Sie weggingen und mit wem, und anders als Videokameras konnten sie tratschen. Heute ist es also gar nicht anders als früher. Vielleicht gibt es mehr Überwachungsmöglichkeiten, und vielleicht werden mehr Tätigkeiten überwacht. Aber an der Tatsache der Überwachung hat sich nichts geändert.

Diese Argumentationsweise findet man überall im Recht – »es ist ganz ähnlich wie 1791, also hat sich nichts verändert« –, und sie ist überall falsch. Die Frage lautet nicht, ob die Dinge damals so ähnlich waren wie heute. Die Frage lautet, ob das, was heute geschieht, substanziell anders ist. (Ein Tiger ist eine Katze, aber anders als eine Katze ist ein Tiger kein Schoßtier.) Und wenn es anders ist, müssen wir fragen, ob wir es anders behandeln sollten.

Die Überwachung des modernen Lebens unterscheidet sich in der Tat substanziell von der Überwachung zur Zeit der Gründung der Republik. Ohne Zweifel wurde das Leben damals überwacht, und man konnte kaum etwas vor den anderen verbergen, aber die Überwachung war anders. Sie erfolgte durch Menschen, die ein unvollkommenes Gedächtnis besaßen und in der Regel nur Verhalten wahrnahmen, das vom üblichen abwich. Außerdem ließen sich ihre Erinnerungen weder durchsuchen noch sammeln oder zu Dossiers zusammenstellen. Ein Detektiv mag die Nachbarn befragen, um zu erfahren, was sie gesehen haben, aber wie jeder Ermittler weiß, sind solche Erinnerungen äußerst unzuverlässig. Klatschsüchtige Nachbarn haben womöglich etwas beobachtet, aber ihre Beobachtungen haben nichts erbracht, das so dauerhaft oder zuverlässig wäre wie ein Videoband oder der automatische Gebührenzähler in Ihrem Parkhaus oder die endlosen Daten auf Ihrem Kreditkartenkonto oder die Aufzeichnungen Ihrer Telefongesellschaft darüber, mit wem Sie wann und wie lange telefoniert haben.

Die heutige Überwachung ist anders, weil die Überwachungstechnik – ihre Effizienz, ihre Leistungsfähigkeit – eine andere ist. Um 1790 basierte die Technologie auf Menschen, heute dagegen auf Maschinen. Damals verzeichnete man nur Ungewöhnliches, heute alles.

Damals wurden keine Datensammlungen angelegt, doch heute führt jede Überwachung zu nachträglich durchsuchbaren Aufzeichnungen.

Diese Unterschiede summieren sich.[22] Zusammen ergeben sie eine Überwachung, die potenziell sehr viel größeres Gewicht hat. Welche Bedrohung geht von dieser Überwachung aus? Warum ist es beunruhigend, wenn alle anfallenden Daten über mich gesammelt werden? Welcher Schaden könnte mir daraus möglicherweise erwachsen – vorausgesetzt, ich habe nichts Unrechtes getan (und das sollten Sie natürlich voraussetzen)? Welche Konsequenzen hat eine vollständig überwachbare Welt?

Ich betrachte hier nur das legale Sammeln von Daten und spreche nicht davon, dass jemand in Ihre Wohnung einbricht, Ihr Tagebuch liest oder bei der Bank Ihre Daten stiehlt. Ich spreche nicht über Eingriffe in die Privatsphäre, wie es sie immer schon gab. Mir geht es um die Daten, die tagtäglich anfallen, weil wir sie in unserem alltäglichen Tun der Welt darbieten. Was könnte falsch daran sein, wenn diese öffentlich dargebotenen Daten gesammelt werden?

Zu dieser Frage gibt es unterschiedliche Meinungen: Die einen halten das für gefährlich, die anderen nicht.

Letztere meinen, der Schutz der Privatsphäre ende dort, wo wir Informationen über uns der Öffentlichkeit darbieten. Was hinter verschlossenen Türen geschieht oder was wir in unser Tagebuch schreiben, sollte natürlich unter dem Schutz des Gesetzes stehen. Aber wenn wir in die Öffentlichkeit gehen, wenn wir Käufe tätigen oder Material versenden, geben wir diesen Rechtsschutz auf. Nun haben andere das Recht, die Daten über unser öffentliches Verhalten zu sammeln und für ihre Zwecke zu nutzen.[23]

Warum finden manche Theoretiker diesen Gedanken nicht beunruhigend? Aus zahlreichen Gründen:

– Erstens ist der Schaden nicht sonderlich groß. Sie erhalten eine Rabattkarte von Ihrem Supermarkt, und der Supermarkt sammelt die Daten Ihrer Einkäufe. An diesen Daten kann der Supermarkt sein Angebot oder seine Preisgestaltung ausrichten; vielleicht entschließt er sich auch, die Rabatte anders zu verteilen. Dies, so das Argument, sind die wahrscheinlichen Reaktionen, denn der Supermarkt ist nur daran interessiert, Ihnen seine Waren möglichst effizient zu verkaufen.

- Zweitens wäre es eine unfaire Belastung, andere zu zwingen, die von Ihnen dargebotenen Daten zu ignorieren. Wenn solche Daten für andere nicht nutzbar sind, dann ist es so, als verlangten Sie von anderen, Dinge zu entfernen, die Sie auf deren Grundstück deponiert haben. Wenn Sie nicht möchten, dass andere Daten über Sie benutzen, dann sorgen Sie dafür, dass sie solche Daten erst gar nicht erhalten.
- Drittens sind diese Daten durchaus nützlich. Ich weiß nicht, warum Nike meint, ich sei gut geeignet, anderen von ihren Schuhen zu erzählen, und ich weiß nicht, warum Keds nicht anruft. Ich nehme an, schuld sind in beiden Fällen falsche Daten über mich. Ich fände es sehr schön, wenn Nike genug über mich wüsste, um mich in Ruhe zu lassen. Und sie wüssten es, wenn die Daten besser gesammelt und ausgewertet würden.
- Und schließlich gibt niemand Geld für die Sammlung solcher Daten aus, um etwas über Sie persönlich zu erfahren. Die Betreffenden möchten nur wissen, welchem Typ Sie angehören. Sie möchten etwas über Menschen *wie* Sie erfahren. Im Prinzip wären sie zufrieden, wenn sie wüssten, welchem Typ Sie angehören, auch wenn es ihnen dadurch unmöglich würde, etwas Genaues über Sie zu erfahren. Geschäftsleute möchten unterscheiden können – sie möchten verschiedene Arten von Kunden auseinanderhalten können.

Aber auch die Gegner dieser Auffassung haben gute Gründe.[24] Zunächst einmal verweisen sie, wie schon bei früheren Argumentationen dargestellt, auf die Werte, die durch die ursprüngliche Unvollkommenheit der Überwachungstechnologie geschützt waren. Diese Unvollkommenheit leistete einen Beitrag zur Wahrung substanzieller Werte. Einer dieser Werte ist die Unschuldsvermutung. Es gibt stets unschuldige Tatsachen, die Sie in einem bestimmten Zusammenhang oder einer bestimmten Situation als schuldig erscheinen lassen können. In einem Artikel der *New York Times* mit dem Titel »Forget Big Brother« gibt Peter Lewis ein gutes Beispiel dafür:

> Überwachungskameras folgten der attraktiven jungen blonden Frau durch die Lobby des Hotels in Manhattan, warfen einen glasigen Blick auf sie, als sie den Aufzug in den 23. Stock nahm, und schauten diskret über den Flur, als sie an meine Zimmertür klopfte. Ich habe die Videobänder nicht gesehen, aber ich kann mir die digitale Einblendung auf den Bildern vorstellen, die Datum und Uhrzeit der Begegnung festhielten. Diese Daten kämen sehr gelegen, falls jemand fragen sollte, warum diese Frau und nicht meine Ehefrau mich während meiner Dienstreise auf dem Hotelzimmer besuchte. Später sahen die Kameras, wie wir zum Essen und ins Theater gingen – ein verheirateter Mann mittleren Alters aus Texas, den Arm um eine schöne junge Frau aus dem East Village gelegt, die seine Tochter hätte sein können.

»Und tatsächlich war sie meine Tochter«, schreibt Lewis.[25]

Eine Lehre aus dieser Geschichte betrifft die Belastung, die eine derartige Überwachung bedeuten kann. Dem Überwachten fällt die Last zu, erstens seine Unschuld zu beweisen und zweitens allen, die dieses zweideutige Verhalten sehen, zu versichern, dass er unschuldig ist. Beides kann jedoch nur unvollkommen geschehen: Man kann sagen, was man will, Zweifel bleiben immer. Es wird immer einige geben, die Ihren Unschuldsbeteuerungen keinen Glauben schenken.

Die moderne Überwachung verstärkt nur dieses Problem. Ihr Leben wird zu einer ständig wachsenden Ansammlung aufgezeichneter Daten. Ihr Tun wird für immer gespeichert, kann jederzeit ans Licht geholt werden und daher jederzeit Rechtfertigung erfordern.

Ein zweiter Wert folgt unmittelbar aus den modernen Archivierungsmöglichkeiten. Wir alle möchten in verschiedenen Gemeinschaften leben, uns in verschiedenen normativen Räumen bewegen. Der Datenschutz oder der Schutz der Privatsphäre stützt diesen Wunsch. Er ermöglicht die Vielfalt der Gemeinschaften und verhindert, dass eine einzelne Gemeinschaft ihre Normen durchsetzt. Denken Sie etwa an einen Schwulen in einer Kleinstadt.

Am deutlichsten wird dieser Gedanke, wenn man ihn einem von David Brin vorgebrachten Argument gegenüberstellt.[26] Brin wendet sich gegen diese Sorge um den Schutz der Privatsphäre – zumindest soweit dieser definiert wird als das Bedürfnis, Produktion und Verbreitung von Daten über andere zu verhindern. Er wendet sich dagegen, weil er glaubt, dass sich solch ein Ziel unmöglich erreichen lässt. Der Geist sei aus der Flasche. Nun sei es besser, nach Wegen zu suchen, wie diese Möglichkeiten des Datensammelns allen zur Verfügung gestellt werden können. Wenn Sie mich ausspionieren, liegt die Lösung dieses Problems nicht darin, derlei Spionieren zu verhindern, sondern in der Möglichkeit, dass ich Sie gleichfalls ausspioniere – dass ich Sie verantwortlich mache, vielleicht für Ihr Spionieren, vielleicht für etwas anderes, das Sie tun.

Auf dieses Argument lassen sich zwei Dinge erwidern. Erstens kann man fragen: Warum sollen wir hier wählen? Warum können wir nicht beides tun – das Ausspionieren und die Verbreitung von Spionagetechniken kontrollieren?

Die zweite Erwiderung ist stärker. Brin nimmt an, eine derartige Gegenspionage sei nützlich, um andere »verantwortlich« zu machen. Aber nach wessen Normen? »Verantwortlich« ist nur so lange ein brauchbarer Ausdruck, wie wir auf die Gemeinschaft, die diese Verantwortlichkeit definiert, vertrauen können. Wenn wir in mehreren Gemeinschaften leben, steht der Begriff dagegen für den Versuch einer Gemeinschaft, den anderen ihre Vorstellung von angemessenem Verhalten aufzuzwingen. Und da wir nicht in einer einzigen Gemeinschaft leben, halten wir uns nicht nur an eine einzige Gruppe von Werten. Vollständige Verantwortlichkeit kann diesem Wertegemisch nur schaden. Die Unvollkommenheit der gegenwärtigen Überwachung macht es möglich, in vielen normativen Gemeinschaften zu leben. Die Tatsache, dass nicht alles aufgezeichnet werden kann, ermöglicht eine Vielfalt, die durch vollkommenes Wissen zerstört würde.

Die Sorge um den Datenschutz bringt noch einen dritten Wert ins Spiel. Wenn Sie im Internet das Stichwort »Hypothekendarlehen« in eine Suchmaschine eingeben, erscheint auf Ihrem Bildschirm Werbung für Hypothekendarlehen. Entsprechendes geschieht, wenn Sie Stichworte wie »Pkw« oder »Sex« eingeben. Die Werbung ist mit dem Suchwort verlinkt. Die Daten der Suche werden gesammelt – und nicht nur die der Suche. Die Site sammelt alle persönlichen Daten, die sie bekommen kann.[27]

Datensammeln ist die Haupttätigkeit kommerzieller Websites. Gut 92 Prozent von ihnen sammeln persönliche Daten über ihre Nutzer, die sie dann sortieren und einsetzen.[28] Oscar Gandy spricht hier von einer »panoptischen Siebung« – einer gewaltigen Struktur zur Sammlung und Klassifizierung von Daten, und diese Form der Diskriminierung sollte uns beunruhigen.[29]

Aber warum sollte sie uns beunruhigen? Lassen wir ein wichtiges Moment – den Missbrauch von Daten – einmal beiseite und konzentrieren uns auf deren gewöhnliche Nutzung. Wie schon gesagt, geht es hauptsächlich um eine bessere Anpassung an den Markt: Die Produkte sollen den Wünschen und Interessen der Kunden auf eine Weise angepasst werden, die stärker zielgerichtet und mit weniger Störungen für die Konsumenten verbunden ist als heute. Stellen Sie sich eine Welt vor, in der die werbende Wirtschaft weiß, welche Werbeträger sich auszahlen und welche nicht, in der Massenwerbung auf Werbeflächen und im Fernsehen ineffizient ist und in der Werbemaßnahmen genau auf die jeweilige Zielgruppe ausgerichtet werden. Dann ginge die Werbung eher an die Menschen, für die sie eine nützliche Information darstellt. So wird jedenfalls behauptet. Auch das nennt man Diskriminierung, aber nicht im Sinne der Diskriminierung von Minderheiten, sondern als Unterscheidung, die mir zum Beispiel Nike-Werbung ersparte.

Doch neben der Sorge über die möglichen Auswirkungen solcher Daten für den Einzelnen weckt das Erstellen von Profilen auch schwerwiegende kollektive Bedenken, was die möglichen Auswirkungen auf eine Gemeinschaft betrifft.

Dabei geht es um Manipulation. Sie mögen bezweifeln, dass Fernsehwerbung die Wünsche der Menschen zu steuern vermag. Fernsehen ist so direkt, die Motive sind so offensichtlich. Was aber geschieht, wenn die Motive nicht so offensichtlich sind? Wenn Angebote genau zum richtigen Zeitpunkt gemacht werden? Falls das System besser und früher als Sie selbst zu wissen scheint, was Sie wollen – wie wollen Sie dann wissen, woher die Wünsche tatsächlich kommen?

Ob diese Möglichkeit realistisch ist und ob sie uns bedenklich stimmen sollte, ist eine umstrittene und offene Frage. Steven Johnson zeigt recht überzeugend, dass diese Wahlagenten ein sehr viel größeres Spektrum und eine größere (vielleicht sogar chaotische) Vielfalt von Wahlmöglichkeiten eröffnen werden.[30] Es gibt jedoch noch eine andere Möglichkeit – dass nämlich Profile eine zunehmende Normalisierung der Bevölkerung bewirken, aus der sie abgeleitet sind. Die Beobachtung beeinflusst die Beobachteten. Das System beobachtet, was Sie tun, es presst Sie in ein Muster, das Muster fließt dann in Gestalt von Angeboten an Sie zurück, die Angebote verstärken das Muster, und der Kreislauf beginnt von vorn.

Eine zweite Sorge gilt der Gleichheit. Das Erstellen von Profilen wirft eine Frage auf, die bis vor kurzem nur latent im Markt angelegt war. Während des neunzehnten Jahrhunderts war das ökonomische Denken in den Vereinigten Staaten über weite Strecken durch das Gleichheitsideal geprägt. Im privaten Bereich galten die Menschen als gleich. Sie konnten gleichermaßen kaufen und verkaufen, und sie verkehrten als Gleiche miteinander. Manche Dinge über den Einzelnen mochten bekannt sein, und einiges davon, zum Beispiel ein Bankrott, mochte ihn als Partner für wirtschaftliche Transaktionen disqualifizieren. Doch im Wesentlichen herrschte eine gewisse Anonymität, und die ökonomischen Transaktionen konnten innerhalb dieser Anonymität abgewickelt werden.[31]

Mit der Zeit wurde der Raum der Gleichheit durch ökonomische Differenzierungen ersetzt, die auf Trennung abzielten.[32] Dabei handelte es sich um Gesetze, die eine Unterscheidung nach sozialen und ökonomischen Kriterien förderten.[33] Das überzeugendste Beispiel sind Nutzungs- und Bebauungspläne. Erst im zwanzigsten Jahrhundert zwang man die Menschen auf diese Weise in getrennte Räume.[34] Anfangs ging es bei diesen Gesetzen um Rassentrennung, doch nach dem Verbot solcher Regelungen verschoben sich die Trennungstechniken.[35]

Es ist interessant, wie umstritten die Anwendung dieser Gesetze war.[36] Viele – Reiche wie Arme gleichermaßen – empfanden es als Affront gegen das amerikanische Gleichheitsideal, wenn man das Recht, in einem bestimmten Stadtteil zu leben, davon abhängig machte, wie viel Geld einer hatte. Das ist natürlich immer so, wenn man Eigentum kaufen muss, aber die Nutzungs- und Bebauungspläne verstärkten die vom Markt begünstigte Trennung. Die im Volk vorhandenen Trennungen wurden so im Recht und damit in der Gesellschaft reproduziert.

Es gab eine Zeit, da hätten wir Amerika als ein Land definiert, dem es darum geht, solche Trennungen abzuschaffen. Der Historiker Gordon Wood beschreibt dieses Ziel als ein wichtiges Element der Revolution, aus der die Vereinigten Staaten hervorgingen.[37] Der Feind war die soziale und rechtliche Hierarchie, das Ziel eine Gesellschaft der Gleichheit. Die Revolution war ein Angriff auf soziale Hierarchien und die darauf basierenden Privilegien.

Soziale Hierarchien benötigen zunächst Information, ehe sie unterschiedliche Rangordnungen einführen können. Die Bereitstellung dieser Information setzte in der Geschichte einigermaßen stabile Sozialordnungen voraus. Wer die feinen Klassenunterschiede erkennen wollte – etwa ob ein gut gekleideter junger Mann ein Gentleman war oder nur ein verkleideter Händler –, musste einiges über lokale Moden, Akzente, Sitten und Gebräuche wissen. Solche hierarchischen Systeme funktionierten daher nur bei sehr geringer Mobilität.

Die wachsende Mobilität stellte diese hierarchischen Systeme in Frage. Abgesehen von extremen Unterschieden zwischen sehr Armen und sehr Reichen, verschwand die Fähigkeit, feine Rangunterschiede zu erkennen, weil sie sich wegen der Mobilität und Fluktuation in der Gesellschaft nicht mehr nachvollziehen ließen.

Profile verändern diese Situation erneut. Ein effizientes Überwachungssystem macht es nun wieder möglich, solche feinen Unterscheidungen im sozialen Rang zu treffen. Die Möglichkeit, Daten billig und effizient zu sammeln, wird uns wieder in die Vergangenheit zurückführen. Jeder kennt die Vielfliegerprogramme, ein Rabattsystem, das an sich recht harmlos erscheint. Interessant daran ist jedoch die Möglichkeit der Fluggesellschaften, ihren Service gezielt auf bestimmte Gruppen auszurichten.

Wenn ein Vielflieger einen Flug reserviert, gehört zu seiner Reservierung auch das Kundenprofil. Dieses Profil enthält möglicherweise

Informationen darüber, welchen Sitzplatz er bevorzugt oder ob er gern vegetarisch isst. Außerdem zeigt das Profil, wie häufig der Kunde fliegt. Manche Fluggesellschaften werden ihre Kunden auf Grund dieser Informationen unterschiedlich behandeln, zum Beispiel bei der Sitzplatzvergabe – Vielflieger erhalten die besseren Plätze. Aber auch das Angebot an Mahlzeiten könnte nach diesen Informationen differenziert werden – die Vielflieger mit der größten Meilenzahl haben die erste Wahl, und den Fluggästen mit der geringsten Meilenzahl bleibt vielleicht gar keine Wahl.

Im großen Rahmen der sozialen Gerechtigkeit sind diese Dinge natürlich Kleinigkeiten. Doch ich möchte auf einen allgemeineren Gedanken hinaus. Vielfliegersysteme gestatten die Wiederherstellung von Statussystemen. Sie liefern Informationen über Einzelne, auf die Organisationen bei der Ausrichtung ihrer Dienstleistungen zurückgreifen können.[38] Sie ermöglichen eine Diskriminierung, weil sie die durch die Mobilität verloren gegangenen Informationen wiedergewinnen. Damit zerstören sie einen der Vorteile der Anonymität: die Gleichheit.

Ökonomen werden sagen, diese Fähigkeit zu differenzieren – das heißt letztlich, Güter verschiedenen Menschen zu unterschiedlichen Preisen anbieten zu können – sei in der Regel für alle vorteilhaft.[39] Im Durchschnitt führen die Menschen besser, wenn solch eine Preisdifferenzierung möglich wäre. Daher sei es auch besser, eine solche Differenzierung möglichst zu erleichtern.

Diese Werte bilden jedoch nur eine Seite der Gleichung. Auf der anderen Seite stehen die Werte der Gleichheit. Uns mögen sie fern liegen, aber wir sollten nicht meinen, weil das heute so ist, sei das immer schon so gewesen.

Denken Sie etwa an den Brauch, Trinkgeld zu geben. So sinnvoll (oder lästig) er Ihnen erscheinen mag, es gab eine Zeit – um die letzte Jahrhundertwende –, da galten Trinkgelder als Beleidigung. Sie verletzten die Würde freier Bürger. Viviana Zelizer schreibt darüber:

> Als Trinkgelder Anfang des zwanzigsten Jahrhunderts immer populärer wurden, löste das einen heftigen Streit über Fragen der Sitten und des

> Anstands aus. Im ganzen Land gab es, zum Teil erfolgreiche, Versuche, Trinkgelder von den Parlamenten der Bundesstaaten als ungehöriges Verhalten unter Strafe stellen zu lassen. In zahlreichen Leitartikeln und Magazinbeiträgen, in Büchern über Etikette und selbst vor Gericht untersuchte man die Frage der Trinkgelder mit einer Mischung aus Neugier, Amüsement und Ratlosigkeit – aber oft auch Feindseligkeit. Als die Regierung Trinkgelder offiziell anerkannte, indem sie Offizieren und Mannschaftsgraden der United States Navy erlaubte, Trinkgelder in ihren Reisekostenabrechnungen aufzuführen, wurde diese Entscheidung als unerträglicher Kniefall vor einer Unsitte kritisiert. Immer wieder wurde zur Gründung von Vereinigungen gegen das Trinkgeld aufgerufen.[40]

Aus Zelizers Geschichte spricht ein Gleichheitsgedanke, den die Effizienz der Profile zerstören würde. In beiden Fällen ist zwischen einem Wert und dieser Effizienz abzuwägen. Ich glaube zwar, dass dieser Wert im amerikanischen Leben nicht sonderlich stark ausgeprägt ist, bin aber kein Fachmann für diese Dinge. Entscheidend ist nicht, was stark oder schwach ausgeprägt ist, sondern die Spannung oder der Konflikt, die so lange latent bleiben, bis sie durch die aufkommende Technologie der Erstellung von Profilen zu Tage treten.

Die Muster sollten uns vertraut sein, denn eine solche Veränderung haben wir auch anderswo schon beobachtet. Auch hier führt die Veränderung eines Werts zu einem Wertekonflikt. Während vorher relative Gleichheit herrschte, weil die Beschaffung der für eine Differenzierung erforderlichen Information zu teuer gewesen wäre, zahlt sich diese Differenzierung heute aus. Und der Grund für diese Verbilligung ist der Code. Der Code verändert sich, das Verhalten verändert sich, und ein zuvor latenter Wert wird durch einen anderen ersetzt.

Wir könnten dem Code Fesseln anlegen, um die alte Welt zu bewahren. Wir könnten verfassungsrechtliche oder gesetzliche Beschränkungen einführen, um die neue Welt zu verhindern. Oder wir könnten versuchen, die neue Welt mit den Werten, die wir für Grundwerte halten, zu versöhnen.

LÖSUNGEN

Ich habe zwei Gefahren für die Werte der Privatsphäre aufgezeigt, die der Cyberspace möglicherweise heraufbeschwört. Ohne Zweifel gibt es noch weitere. Und ohne Zweifel ist es noch offen, wie ernst wir diese Gefahren nehmen werden. Abschließend möchte ich aber einige Reaktionen erörtern. Wenn wir vom Wert einer geschützten Privatsphäre und von den ihr drohenden Gefahren überzeugt sind, was können wir dann tun, um dem Einzelnen wieder die Kontrolle über die persönlichen Daten zu geben, die dank der Architekturen des Cyberspace gesammelt und durchsucht werden?

Die Probleme sind von zweierlei Art. Das erste ist die Frage nach dem »effizienten Eindringen« in die Privatsphäre: Die Suchtechniken sind heute frei von den Belastungen, mit denen eine Durchsuchung früher verbunden war. Das zweite ist die Frage der Überwachung und der Kontrolle über die dabei anfallenden Daten. Beide Probleme verlangen verschiedene Lösungen, und ich werde sie nacheinander behandeln.

Eine Bemerkung vorweg: Selbst diese Unterscheidung ist mehrdeutig. Sie setzt gleichsam eine natürliche Trennung zwischen Suchen und Überwachen voraus. Bei einer *bestimmten Architektur* ist solch eine Trennung natürlich gegeben. Wenn aber Architekturen veränderbar sind, dann ist auch die Grenze zwischen Suchen und Überwachen veränderbar. Architekturen lassen sich so gestalten, dass ein bestimmtes Verhalten überwacht werden kann, oder sie werden so gestaltet, dass man nach diesem Verhalten suchen muss.

Das Telefon ist ein gutes Beispiel dafür. Man könnte Telefonnetze so auslegen, dass bei jedem Anruf festgehalten wird, wer wen zu welcher Zeit anruft, wie lange das Gespräch dauert und wo die Teilnehmer wohnen. Und genau so *sind* unsere Telefonnetze heute ausgelegt. Bei der heutigen Architektur lässt sich diese Information *überwachen*, während man bei früheren Systemen danach hätte *suchen* müssen.

Wenn sich Daten, die gesucht werden können, durch eine Veränderung der Architektur in Daten umwandeln lassen, die überwacht werden können, dann müssen die in beiden Zusammenhängen zu schützenden Werte übereinstimmen. Ich möchte in den beiden folgenden Abschnitten eine Struktur aufzeigen, die solch eine Übereinstimmung ermöglichen könnte.

DURCHSUCHBARKEIT: DIE MACHT DES CODES UND VERFAHRENSRECHTLICHE SICHERUNGEN

Rufen wir uns noch einmal das Problem in Erinnerung: Systeme, die in die Privatsphäre eindringen oder eine Durchsuchung vornehmen können, ohne dass man es merkte oder dadurch gestört würde. Für diese (und alle) Probleme ließen sich zwei Arten von Lösungen denken. Eine Lösung basiert auf dem Code: Man erschwert eine effiziente Suche. Die andere Lösung basiert auf dem Recht: Man versucht unzulässige Durchsuchungen durch gesetzliche Regelungen zu verhindern. Ich betrachte zunächst die auf dem Code basierende Lösung, da sie bekannter ist und sich leichter darstellen lässt.

Verschlüsselung. Wie wir im vierten Kapitel gesehen haben, werden Verschlüsselungstechnologien primär dazu verwendet, die eigenen Worte vor den Augen Unbefugter zu schützen. Verschlüsselte Kommunikation schafft eine private Sprache zwischen Zuhörer und Sprecher. Man kann lange darüber debattieren, ob verschlüsselte Kommunikation tatsächlich sicher ist,[41] aber für die meisten Zwecke dürften die heutigen Techniken ausreichen.

Verschlüsselungstechniken werden aber keineswegs häufig eingesetzt. Eine Lösung für einen verbesserten Datenschutz wäre daher der verstärkte Einsatz von Verschlüsselungsprogrammen. Das geschieht bereits, wenngleich staatliche Bemühungen um eine Kontrolle der Verschlüsselung die Entwicklung verzögert haben. Langsam jedoch – und auch hier als (positives) Nebenprodukt der Kommerzialisierung des Internets – wächst der Anteil der verschlüsselten Nachrichten.

Allerdings wird die Verschlüsselung das Problem des Datenschutzes nicht lösen. Verschlüsselte Kommunikation lässt sich von staatlichen Stellen zwar schwerer abhören, aber der legitime Anspruch des

Staates auf Daten ist davon gar nicht betroffen. Wenn der Staat das Recht hat, die Offenlegung eines Dokuments von Ihnen zu verlangen, dann hat er auch das Recht, die Herausgabe des Schlüssels zu verlangen, mit dem Sie das Dokument gesichert haben.[42] Außerdem lässt sich nicht jede elektronische Kommunikation so einfach verschlüsseln. Daher werden manche eine Lösung jenseits des Codes verlangen.

Diese Lösung sollte sich an zwei Werten orientieren, die im realen Raum für den Schutz der Privatsphäre sorgen. Erstens muss die Belastung so gering wie möglich gehalten werden, und jede stärkere Belastung ist durch individuellen Verdacht zu begründen.[43] Zweitens muss jede Durchsuchung offengelegt werden, das heißt, sie ist dem Betroffenen nach der Durchführung anzuzeigen.[44]

Man könnte sagen, das Prinzip, das hinter dem zweiten Gedanken steht, sei es, alle wenig belastenden, unsichtbaren Durchsuchungen zu verbieten. Vielleicht sollte man das tun. Falls es aber darum geht, den Missbrauch von Macht zu kontrollieren (weil die Benachrichtigung dem Betroffenen Gelegenheit bietet, sich zu beschweren), könnten wir uns Ersatzmöglichkeiten ausdenken, die denselben Wert schützen, ohne die etwaigen Vorteile dieser Technologien zu opfern.

Eine Übersetzung könnte daher folgendermaßen aussehen: Obwohl die Technologie kostengünstige Durchsuchungen ermöglichte, sollte sie nur unter strengen verfahrensrechtlichen Voraussetzungen eingesetzt werden. Dazu gehörte etwa die Bedingung, dass vor jedem derartigen Eingriff stets zwei staatliche Gewalten (und nicht nur die Exekutive) der Maßnahme zustimmen.[45]

Aber was bedeutet »Eingriff« hier? Erneut ließen sich Architekturen vorstellen, die Daten ohne besonderen Eingriff zugänglich machen. Man könnte etwa dafür sorgen, dass die Daten überwacht würden, so dass eine Durchsuchung der gespeicherten Daten überhaupt keinen Eingriff erforderte.

Wir müssen uns zwischen zwei Auffassungen von Strafverfolgung entscheiden, die heute miteinander vermischt sind. Die eine ist reaktiv, weil sie auf ein Ereignis reagiert; die andere ist präventiv, weil sie ein Ereignis voraussagt. Nach dem reaktiven Modell wäre ein Eingriff jedes Sieben, das der Ermittlung eines Schuldigen dient; und ein solches Sieben sollte nur bei konkretem Verdacht erlaubt sein. Das Ausforschen eines Unschuldigen wäre nach dieser Auffassung verboten, obwohl es durchaus erlaubt sein könnte, Daten für ein späteres Ausforschen zu sammeln.

Nach dem Präventionsmodell wäre eine ständige Überwachung erlaubt. Die verfahrensrechtlichen Grenzen würden hier nur festlegen, wie viel man über jemanden wissen muss, um eine Überwachung einzuleiten. Man könnte den Raum aber so auslegen, dass eine Überwachung möglich ist, und man könnte nach Mustern suchen, die den Verdacht eines Fehlverhaltens nahe legen.

Ein Beispiel aus dem realen Raum unter Bedingungen unserer heutigen Technologie sind die Sicherheitskontrollen auf Flughäfen. Gegenwärtig entwickelt man Techniken, die einen so genannten »Bodyscan« ermöglichen sollen. Damit könnte man durch Ihre Kleidung hindurchsehen und zum Beispiel am Körper versteckte Waffen erkennen. Leicht ließen sich weitere Anwendungsmöglichkeiten für diese Technologie vorstellen. Nach dem reaktiven Modell müssten wir sagen, nur verdächtige Personen sollten dem Bodyscan unterzogen werden, obgleich uns Erfahrungen mit dem selektiven Charakter von Verdachtsmomenten auch veranlassen könnten, einem generellen Bodyscan zuzustimmen. Es ist keine Beleidigung, gescannt zu werden, wenn alle gescannt werden – beleidigend ist es nur, aus einer Menge herausgegriffen zu werden.

Doch selbst wenn alle auf diese Weise überprüft würden, bliebe die Frage, wie das System ausgestaltet werden sollte. Sollen die Beamten die von ihnen gescannten Menschen sehen können? Stellen Sie sich vor, die Beamten sehen die Leute in die Kabine treten, dann schauen sie sich an, was sie unter der Kleidung haben, und dann schauen (schielen) sie nach ihnen, wenn sie die Kabine verlassen. Bei einem anderen System könnten die Beamten fern von der Kabine postiert sein; sie sähen die vom Computer beschnittenen Bilder, sie schauten den Menschen immer noch unter die Kleidung, aber sie könnten ihre Wahrnehmung nicht mit konkreten Personen verbinden.

Was immer Sie von diesem Verfahren halten mögen, die zweite Version bietet ohne Zweifel einen besseren Interessenausgleich als die erste. Dennoch bleibt auch bei der zweiten Version die Frage, wie weit wir die Prävention über außergewöhnliche Fälle hinaus ausdehnen wollen. Flughäfen sind außergewöhnlich, aber die Technologie lässt sich natürlich auch außerhalb von Flughäfen einsetzen. Ob das geschehen soll, müssen wir entscheiden – die Veränderung des Codes stellt uns vor diese Entscheidung.

ÜBERWACHEN: AUFLÖSUNG DURCH EIGENTUM

Die Kontrolle der Überwachungsergebnisse ist ein ehrgeizigeres Projekt. Der traditionelle Ansatz überließ die Lösung dem Recht. Diesen Weg ist man zum Beispiel in Europa gegangen – dort hat man umfangreiche gesetzliche Regelungen zum Datenschutz getroffen, die einen Missbrauch von Daten verhindern sollen. Die Substanz dieser Gesetze dürfte unstrittig sein. Sie basieren im Wesentlichen auf einer Informationspflicht und einer Wahlmöglichkeit: Firmen müssen ihre Kunden darüber informieren, was mit ihren Daten geschieht, und sicherstellen, dass sie nicht für andere Zwecke benutzt werden. Damit soll die individuelle Kontrolle über die Verwendung der Daten wiederhergestellt werden.[46]

In den Vereinigten Staaten greifen wir dagegen nicht so oft zum Mittel des Rechts. Obwohl spektakuläre Fälle von Missbrauch gelegentlich zur Schaffung spezieller Bundesgesetze geführt haben, kann von einem umfassenden rechtlichen Schutz keine Rede sein.[47]

Das heißt natürlich nicht, bei uns wäre die Privatsphäre gänzlich ungeschützt. Wie wir gesehen haben, gibt es neben Bundesgesetzen auch andere Gesetze und neben Gesetzen auch andere Regulierungsmechanismen. Gelegentlich mögen diese anderen Formen die Privatsphäre besser schützen als das Recht. Wenn wir den Schutz der Privatsphäre verstehen wollen, müssen wir wissen, welche Rolle diese Interventionen spielen.

Die amerikanische Regierung hat sich für eine Art »Selbstkontrolle« der Wirtschaft durch die Einführung eines Verhaltenskodex ausgesprochen. Nach dieser alten, aber seltsamerweise als neu bezeichneten Idee (wir finden sie schon im New Deal) soll die Wirtschaft selbst die Regeln des Datenschutzes festlegen. Wenn die Regeln erst einmal existieren, so glaubt man, werde der Druck der Konkurrenten oder des Marktes schon für ihre Einhaltung sorgen.

Normen können natürlich eine effiziente Regulierung bewirken. Dafür ist es jedoch unerlässlich, dass zur Gemeinschaft derer, die über die Beachtung der Norm wachen, auch jene gehören, die die Kosten des zu regulierenden Verhaltens tragen. Und ich gestehe, ich bin skeptisch, dass dies hier der Fall wäre. Entwickelt werden die Normen von der Wirtschaft, aber sie trägt nicht die eigentlichen Kosten für die Nutzung der gesammelten Daten. Diese Kosten – im Sinne einer Gefährdung der Privatsphäre – tragen nicht Unternehmen, sondern Individuen, die wiederum nicht Teil der Gemeinschaft sind, die diese Normen aufstellt.

Statt Normen schlage ich deshalb einen anderen Regulierungsmechanismus vor, der nicht auf ordentlichem Verhalten, sondern auf dem Code basiert. In einer Welt, in der Zahl und Bedeutung der zu treffenden Entscheidungen so gewaltig gewachsen sind, brauchen wir effektivere Möglichkeiten der Kontrolle unseres gemeinsamen Tuns.

Die übliche Antwort auf die Frage nach dem Umgang mit Daten lautet: Wahlfreiheit. Der Einzelne soll das Recht haben, über die Nutzung seiner Daten selbst zu entscheiden. Und in der Regel trifft er diese Wahl, indem er einem Text zustimmt oder ihn ablehnt: Die Websites legen dem Nutzer einen Text über ihre Datenschutzbestimmungen vor, in dem er bestimmte Möglichkeiten akzeptieren oder verwerfen kann.[48]

Die Kosten der Verarbeitung solcher Texte sind allerdings enorm hoch. Niemand hat Zeit oder Geduld, sperrige Dokumente durchzulesen, in denen unverständliche Regeln für die Nutzung der Daten beschrieben werden. Wir brauchen eine Möglichkeit, dass der Computer diese Verhandlungen für uns erledigt; wir brauchen einen intelligenten Agenten – einen elektronischen Butler –, dem wir diese Aufgabe anvertrauen können, weil er wie jeder gute Butler weiß, was wir mögen und was nicht.

Wir brauchen ein Protokoll, das die Datenschutzbestimmungen automatisch von Computer zu Computer aushandelt.[49] Der Nutzer formuliert nur ein Mal seine Präferenzen – er erklärt, welchen Schutz er wünscht und welche Nutzung persönlicher Daten er zulässt –, und danach verhandeln nur noch Maschinen miteinander. Nur wenn die Maschinen zu einer Übereinkunft gelangen, erhält die besuchte Website die persönlichen Daten.

Den Kern dieser Architektur bildet ein vom World Wide Web Consortium gefördertes Projekt.[50] Es trägt den Namen »Platform for Privacy Preferences« (P3P) und dient der Schaffung einer Architektur, die es den Nutzern ermöglicht, ihre Präferenzen im Bereich des Datenschutzes zum Ausdruck zu bringen und über die Nutzung persönlicher Daten zu verhandeln. »P3P-Produkte informieren den Nutzer über die Datenschutzbestimmungen der betreffenden Site, und zwar sowohl automatisch als auch in lesbarer Form, damit er seine Entscheidung, falls er es wünscht, an den Computer delegieren kann; außerdem bieten sie die Möglichkeit, das Verhältnis zu einzelnen Websites in spezifischer Weise zu gestalten.«[51]

Ich will diese Datenschutzarchitektur hier nicht empfehlen. P3P hat Probleme, die bislang nicht eindeutig gelöst sind.[52] Mir geht es wie im ganzen Buch um etwas anderes: Wir können uns eine mit dem Markt verbundene Architektur vorstellen, die unsere Privatsphäre in einem für den realen Raum undenkbaren Maße schützt, aber diese Architektur wird nicht von allein entstehen. Sie bedarf der rechtlichen Absicherung.

Bei diesem Recht handelt es sich um eine Art Eigentum an den persönlichen Daten. Der Einzelne muss die Möglichkeit haben, problemlos über Fragen des Datenschutzes zu verhandeln, und zugleich muss er sich auf sein Recht auf Schutz der persönlichen Daten berufen können. Das ist die Funktion des Eigentumsrechts: Allen, die etwas wollen, sagt es, dass sie verhandeln müssen, bevor sie etwas wegnehmen. P3P ist die Architektur, die solche Verhandlungen erleichtert, und das Recht ist die Instanz, die sagt, dass verhandelt werden muss.

Aber warum Eigentum? Worin liegt der Vorteil dieser Regelung?

Warum ist das Eigentum einem System überlegen, das auf Datenschutzgesetzen basiert (wie in Europa)?

Ein Eigentumssystem unterscheidet sich grundlegend von unserer gegenwärtigen Situation.[53] Gegenwärtig wird die Privatsphäre durch Haftungsregeln geschützt: Wenn Sie in die Privatsphäre eines anderen eindringen, können Sie deshalb verklagt werden und müssen zahlen. Zwischen Haftung und Eigentum gibt es zwei wichtige Unterschiede.

Beim Eigentumssystem muss man erst verhandeln, bevor man etwas nimmt; beim Haftungssystem können Sie erst nehmen und anschließend zahlen. Entscheidend für das Eigentumssystem ist die Macht und Kontrolle, die es dem Eigentümer verleiht; entscheidend für das Haftungssystem ist der Schutz des jeweiligen Rechts, aber die Übertragung von Person zu Person ist hier leichter. Beim Eigentumssystem kann man Dinge zurückhalten, beim Haftungssystem nicht. Beim Eigentumssystem haben wir individuelle Kontrolle und Autonomie, beim Haftungssystem dagegen nicht. Eigentum schützt Entscheidungen, Haftung schützt Übertragungen.

Der zweite Unterschied folgt unmittelbar aus dem ersten. Bei einer Haftungsregel bestimmt das Gericht, die Jury oder das Gesetz, wie wertvoll ein bestimmter Aspekt der Privatsphäre ist. Gewöhnlich orientiert sich der Schadensersatz an dem Leid, das ein normaler Mensch angesichts des Schadens empfinden würde. Es ist so, als würden Sie beim Autokauf nicht vorher über den Kaufpreis verhandeln, sondern nähmen sich einfach das Auto und ließen anschließend ein Gericht darüber entscheiden, wie viel Sie zu zahlen haben.

Eigentumssysteme funktionieren anders. Wenn Sie ein Eigentumsrecht haben, muss jeder, der Ihr Eigentum haben möchte, vorher mit Ihnen darüber verhandeln, wie viel Ihr Eigentum Ihnen wert ist. Wenn Sie mit sentimentalen Gefühlen an Ihrem alten Wagen hängen, kann der Käufer kaum etwas machen. Der Marktpreis beträgt vielleicht 200 Dollar, aber wenn Sie den Wagen nicht unter 1000 Dollar verkaufen wollen, bleibt dem Käufer nichts anderes übrig, als entweder darauf zu verzichten oder Ihren Preis zu zahlen.

Ein Eigentumssystem schützt daher sowohl jene, denen ihre Privatsphäre mehr, als auch jene, denen sie weniger wert ist als anderen, weil es bestimmt, dass jeder, der etwas von mir haben will, mich erst einmal fragen muss. Ein solches System stellt sicher, dass ein Handel nur dann zu Stande kommt, wenn beide Seiten mit dem Preis einverstanden sind.

Vor allem auf Seiten der Linken gibt es entschiedene Zweifel, dass ein Eigentumssystem die Privatsphäre zu schützen vermöchte.[54] Das Eigentum, heißt es dort, mache Beziehungen, deren Wert auf einer anderen Ebene liegt, zu einer Ware, die für Geld auf dem Markt gehandelt werde. Und das Letzte, was wir bräuchten, sei ein weiterer Lebensbereich, der unter die Herrschaft des Markts geriete.[55]

Auch ich neige spontan dieser Argumentation zu, aber ich bin nicht überzeugt, dass durch solche theoretischen Erwägungen irgendetwas gewonnen wäre. Wir debattieren nicht über die Frage, ob wir uns in eine Welt begeben wollen, in der Daten gesammelt, benutzt und verkauft werden. Wir leben längst in dieser Welt. Und auf dieser Grundlage sollten wir uns fragen, wie wir den Menschen, von denen diese Daten handeln, ein Mindestmaß an Kontrolle sichern können. Ich trete nicht deshalb für ein Eigentumssystem ein, weil das Eigentum ein geheiligtes Ideal wäre, sondern weil wir es in den Dienst eines sehr wichtigen anderen Ideals stellen können.

Menschen, die den Schutz der Privatsphäre extrem ernst nehmen, haben ganz andere Vorstellungen von der erforderlichen Architektur. Die Aktionsgruppe Privacy Now! zum Beispiel droht mit terroristischen Anschlägen auf Systeme, die Daten sammeln und verwalten. Marc Rotenberg vom Electronic Privacy Information Center (EPIC) wendet sich entschieden gegen jede Architektur, die den Handel mit persönlichen Daten ermöglicht.[56] Beide Gruppen sehen im Schutz der Privatsphäre gleichsam ein unveräußerliches Recht, das dieselbe Achtung verdient wie etwa das Wahlrecht oder die Freiheit zu sexuellen Beziehungen. Sie meinen, der Handel mit diesen Rechten solle verboten und unter Strafe gestellt werden.

Wir könnten ohne Zweifel eine Welt konstruieren, die dem Schutz der Privatsphäre solche Bedeutung zubilligte, und wir könnten Mauern bauen, die von der Polizei geschützt würden. Ich bezweifle aber, dass wir das wirklich wünschen – oder eher noch, ob wir es wünschen sollten.

Eine Welt, in der persönliche Daten wie Waren behandelt werden, könnte eine schreckliche Welt sein oder auch eine lebenswerte. Ich argumentiere nicht auf der Grundlage unverrückbarer Prinzipien, sondern versuche eine pragmatische Lösung für ein neues Problem zu finden. Wenn sich zeigt, dass uns diese Welt nicht gefällt, müssen wir die Architekturen natürlich ändern.

Der Schlüssel liegt jedoch im Verhältnis zwischen diesen Architekturen und den Möglichkeiten eines Datenaustauschs. Wie Richter Breyer zum Urheberrecht gesagt hat, könnte es sein, dass wir lediglich Architekturen für den Austausch zu schaffen brauchen, um einen für diesen Kontext angemessenen Schutz zu gewährleisten.[57] Ob das zutrifft, werden wir sehen müssen.

DATENSCHUTZ IM VERGLEICH

Leser, die sich mit meiner Argumentation im letzten Kapitel nicht anfreunden mochten, könnten nun etwas spitz fragen: »Haben Sie das System, das Sie hier vorschlagen, nicht gerade erst im letzten Kapitel abgelehnt? Haben Sie dort nicht Architekturen verworfen, die einen vollkommenen Verkauf geistigen Eigentums gestatten würden? Und wollen Sie hier nicht genau das schaffen?«

Der Vorwurf trifft zu. Ich trete hier für eine ganz ähnliche Architektur ein, wie ich sie für geistiges Eigentum verworfen habe. In beiden Fällen geht es um den Handel mit Information; in beiden Fällen wird Information »realem« Eigentum gleichgesetzt. Beim Urheberrecht habe ich mich allerdings gegen ein vollständig privatisiertes Eigentumssystem gewandt; beim Datenschutz spreche ich mich dafür aus. Was gilt nun?

Der Unterschied liegt in den Werten, die der Information in beiden Fällen zu Grunde liegen oder liegen sollten. Beim Urheberrecht geht es um Freiheit. Wer weiß, was »Information will«?[58] Was immer sie will, wir sollten den Handel, den das Recht mit den Urheberrechtsinhabern schließt, möglichst eng interpretieren. Wir sollten uns bei Eigentumsrechten an geistigem Eigentum sehr zurückhalten und sie nur so weit unterstützen, wie es für die Schaffung eines Informationssystems notwendig erscheint.

Doch zumindest bestimmte Informationen über den einzelnen Menschen sollten anders behandelt werden. Man schließt keinen Handel mit dem Gesetz über persönliche oder private Daten. Das Gesetz bietet Ihnen kein Monopol auf persönliche Daten im Austausch gegen deren Veröffentlichung. Das ist beim Datenschutz anders: Der einzelne Mensch sollte die Kontrolle über seine persönlichen Daten behalten. Wir sollten uns sehr bemühen, ihm beim Schutz dieser Daten durch entsprechende Strukturen und Rechte zu helfen. Wir wollen unseren Frieden. Ein System, das uns diesen Frieden schenkt, indem es uns die Kontrolle über unsere persönlichen Daten gibt, steht im Einklang mit öffentlichen Werten. Und die öffentlichen Gewalten sollten es unterstützen.

Diese Aussage gilt jedoch nur mit wichtigen Einschränkungen, von denen ich hier nur zwei erörtern will.

Die erste besagt, dass in meinem System nichts dem Einzelnen eine letztgültige oder vollständige Kontrolle über die Art der Daten gibt, die er verkaufen, oder die Art von Datenschutz, die er kaufen kann. Das P3P-System ermöglicht im Prinzip sowohl eine von oben kommende als auch eine individuelle Kontrolle der Datenschutzrechte. Hätten wir zum Beispiel ein System, das nach Zuständigkeitsbereichen unterschiede, könnten Transaktionen innerhalb des P3P-Systems nach den Regeln der jeweils zuständigen Rechtsprechung begrenzt werden.

Zweitens gibt es keinen Grund, weshalb solch ein System alle Arten persönlicher Daten schützen sollte, und es ist auch noch keineswegs klar, was als »private« Information gelten soll. Möglicherweise gibt es persönliche Daten, die nicht verborgen werden dürfen, und wichtiger noch: Möglicherweise gibt es Dinge, die Sie nicht von sich behaupten dürfen (zum Beispiel »Ich bin Rechtsanwalt« oder »Rufen Sie mich an, ich bin Arzt«). Sie dürfen keinen Betrug begehen, und Sie dürfen anderen keinen Schaden zufügen. Diese Einschränkung gleicht der des fairen Gebrauchs im Urheberrecht – sie begrenzt den Raum, der durch den Datenschutz geschützt ist.

Ich habe zu Beginn dieses Kapitels gesagt, beim Datenschutz sei der Zug längst abgefahren. Wir haben bereits Architekturen, die dem Einzelnen keine Kontrolle über die Dinge gewähren, die andere von ihm wissen. Die Frage ist, wie wir darauf reagieren sollen.

Meine Empfehlung lautet, beim Code anzusetzen. Wir müssen die Fähigkeit zu Wahlentscheidungen in die Architektur einbauen – zu Wahlentscheidungen nicht von Menschen, sondern von Maschinen. Die Architektur muss Verhandlungen von Computer zu Computer ermöglichen, wobei jeder seinen Computer instruiert, worauf es ihm beim Datenschutz ankommt.

Aber wie sollen wir das erreichen? Wie lässt sich solch eine Architektur schaffen? Der Einzelne mag sich einen Cyberspace wünschen, der die Privatsphäre respektiert. Aber was könnte den Cyberspace dazu bewegen, die dafür nötigen Architekturen zu entwickeln?

Nicht der Markt – die Wirtschaft stünde nicht hinter solchen Veränderungen. Hier bliebe die unsichtbare Hand wirklich unsichtbar. Es bedarf gemeinschaftlichen Handelns, um die Architekturen in diese Richtung zu bewegen. Und gemeinschaftliches Handeln ist letztlich Politik. *Laissez-faire* wird uns hier nicht weiterbringen.

12. FREIE REDE

Das Recht auf freie Rede ist nicht das Recht, Beliebiges sagen zu dürfen. Es ist kein Recht auf kostenloses Fernsehen, und es verschafft Ihnen auch nicht das Recht, den Menschen zu sagen, was Sie wollen, ohne deshalb befürchten zu müssen, von ihnen gehasst zu werden. Kurz – und juristisch – ausgedrückt, ist das Recht auf freie Rede in den Vereinigten Staaten das Recht, zumindest wegen einiger (und wahrscheinlich der meisten) Dinge, die Sie sagen, vom Staat nicht verfolgt zu werden. Sie können nicht ins Gefängnis gesteckt werden, weil Sie den Präsidenten kritisiert haben, wohl aber, wenn Sie ihn bedrohen. Sie können nicht verfolgt werden, wenn Sie sich für die Rassentrennung einsetzen, aber man kann Sie durchaus heftig dafür kritisieren. Der Staat kann Sie nicht hindern, an einem öffentlichen Ort zu reden, wohl aber, Ihre Meinung ohne weiteres über einen Radiosender zu verbreiten. Die freie Rede ist in den Vereinigten Staaten – auf komplexe und gelegentlich verschlungene Weise – geschützt, aber dieses in der Verfassung verankerte Recht stellt einen Schutz vor dem Staat dar.

Dennoch wäre eine verfassungsrechtliche Würdigung der Redefreiheit, die nur auf den Staat abstellte, äußerst unvollständig.[1] Zwei Gesellschaften könnten durchaus denselben »ersten Verfassungszusatz«, also denselben Schutz vor staatlichen Eingriffen in die Meinungsfreiheit haben, und sich dennoch insofern deutlich voneinander unterscheiden, als in der einen abweichende Meinungen toleriert würden, während sie in der anderen Anlass zu heftigen Beschimpfungen gäben. Rede- und Meinungsfreiheit werden nicht nur vom Staat eingeschränkt und nicht nur von ihm geschützt. Eine vollständige Darstellung dieses – wie auch jedes anderen – Rechts muss das gesamte Spektrum der Beschränkungen und Schutzmechanismen berücksichtigen.

Denken Sie etwa an die »Rechte« der Behinderten, nicht diskriminiert zu werden. Das Gesetz schützt Behinderte, wohingegen die gesellschaftlichen Normen dies ebenso wenig tun wie der Markt und (zumindest bis das Gesetz eingriff) die Architektur. Der tatsächliche Schutz, den Behinderte in einem bestimmten Kontext genießen, ergibt sich erst aus dem Zusammenwirken dieser vier Instanzen. Das Recht kann eingreifen, um den Schutz zu verbessern – etwa indem es die Architektur reguliert, so dass Behinderte leichter Zugang zu Gebäuden haben. Aber stets müssen wir uns ansehen, wie diese vier Instanzen zusammenwirken, um die Behinderten vor Diskriminierung zu schützen (so schwach dieser Schutz auch ausgeprägt sein mag).

Nach dem im siebten Kapitel vorgestellten Schema können wir uns daher ansehen, wie die vier Instanzen in den jeweils betrachteten Zusammenhängen einerseits Schutz vor Einschränkungen bieten und andererseits selbst regulierende Beschränkungen darstellen. Einschränkende Instanzen (Gewalten) könnte man mit einem Schwert vergleichen, das gegen das regulierte Objekt geführt wird, schützende Instanzen (Rechte) mit einem Schutzschild, der zur Abwehr von Zwängen und Beschränkungen verwendet werden kann. Diesen Zusammenhang soll das folgende Schaubild verdeutlichen.

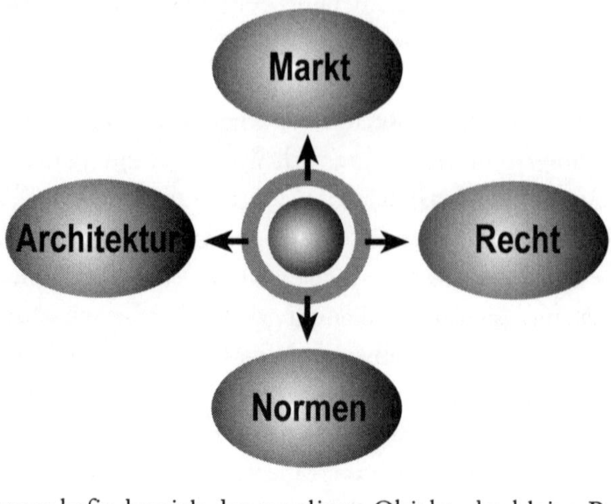

Im Zentrum befindet sich das regulierte Objekt, der kleine Punkt aus dem siebten Kapitel. Doch diesmal ist das Individuum von einem Schutzschild umgeben, dem Geflecht aus Recht, Normen, Markt und

Architektur, das die Zwänge begrenzt, die diese vier Instanzen dem Einzelnen sonst unmittelbar auferlegen würden. Ich habe die vier Bereiche innerhalb des Schutzschilds nicht voneinander getrennt, weil es offensichtlich keine direkte Übereinstimmung zwischen beschränkenden und schützenden Instanzen gibt. Wenn das Recht in seiner schützenden Funktion mit dem Recht in seiner einschränkenden Funktion in Konflikt gerät, hat das Verfassungsrecht Vorrang vor dem gewöhnlichen Recht.

Die vier Instanzen wirken zusammen. Manche überschneiden sich mit anderen, das heißt, die Summe des Schutzes mag kleiner erscheinen als der Schutz, den die einzelnen Teile bieten. Ein Beispiel dafür ist das »Recht«, sich im Kontext des gegenwärtigen Krieges gegen die Drogen für eine Entkriminalisierung der Drogen einzusetzen. Das Gesetz schützt Ihr Recht, für solch eine Entkriminalisierung einzutreten. Der Staat kann Sie nicht einsperren, wenn Sie wie George Soros eine Kampagne zur Legalisierung von Marihuana starten oder wenn Sie wie der Wirtschaftswissenschaftler und Nobelpreisträger Milton Friedman oder der Bundesrichter Richard Posner Artikel schreiben, in denen Sie diese Ansicht vertreten. Wenn der erste Verfassungszusatz irgendeine Bedeutung hat, dann die, dass der Staat den Meinungsstreit über eine Rechtsreform nicht kriminalisieren kann.

Der rechtlichte Schutz bedeutet jedoch nicht, dass ich gar keine negativen Folgen zu befürchten habe, wenn ich mich für die Legalisierung der Drogen einsetze. Meine Nachbarn sind möglicherweise entsetzt, und manche werden mich dafür schelten. Auch der Markt muss mich keineswegs unterstützen. Es wäre nicht leicht, bei einem Fernsehsender Sendezeit zu kaufen, um öffentlich für solch eine Reform zu werben. Die Fernsehgesellschaften haben das Recht, sich ihre Werbekunden (in gewissen Grenzen) auszusuchen, und umstrittene oder geschmacklose Werbung mögen sie nicht.[2] Die von mir beabsichtigte Werbung wäre ihnen höchstwahrscheinlich allzu umstritten. Außerdem beteiligt sich ihre Aufsichtsbehörde, die FCC, aktiv am Krieg gegen die Drogen. Und auch wenn ich Sendezeit erhielte – ich bin nicht George Soros. Ich kann nicht Millionen Dollar für eine Kampagne ausgeben. Vielleicht kann ich mir ein paar Spots weit außerhalb der

Hauptsendezeit in einem lokalen Sender leisten, aber eine landesweite Kampagne zur Hauptsendezeit wäre mir unmöglich.

Und schließlich bietet auch die Architektur meiner Redefreiheit nur wenig Schutz. Zumindest in den Vereinigten Staaten gibt es wenige Plätze, an denen ich in einer Sache von öffentlicher Bedeutung zu einer größeren Öffentlichkeit sprechen könnte, ohne dass ich von den meisten Menschen für verrückt oder lästig gehalten würde. Nicht jede Stadt hat einen »Speaker's Corner« – die meisten Städte besitzen nicht einmal eine Stadthalle. »America Offline« ähnelt hier in vielerlei Hinsicht »America Online« – dort gibt es ebenfalls keinen Ort, an dem die Mitglieder sich in Angelegenheiten von öffentlichem Belang an ein breites Publikum wenden könnten. Nur Menschen mit einem entsprechenden Beruf haben die Möglichkeit, sich in öffentlichen Angelegenheiten an alle Amerikaner zu wenden: Politiker, Wissenschaftler, Berühmtheiten, Journalisten und Aktivisten, die sich meist auf ein einziges Thema beschränken. Wir anderen haben nur die Wahl, ihnen zuzuhören oder als Sonderlinge abgestempelt zu werden.

Der Schutz des Meinungsstreits setzt also mehr voraus, als eine enge juristische Sicht dies ahnen lässt. Das Recht auf eine abweichende Meinung wäre besser geschützt, würde man mehr als nur das Gesetz berücksichtigen.

Betrachten wir dieses Beispiel nun im Cyberspace. Wie ist das »Recht«, sich für die Legalisierung der Drogen einzusetzen, im Cyberspace geschützt? Auch hier habe ich natürlich das Recht, dafür einzutreten – zumindest in den Vereinigten Staaten. Es ist durchaus möglich, dass so etwas in anderen Staaten verboten ist und dass ich dort wegen der Verbreitung solcher Gedanken verfolgt würde. So ist die Verbreitung von Nazipropaganda in den USA erlaubt, in Deutschland dagegen verboten.[3] Wer entsprechendes Material im Cyberspace verbreitet, könnte im deutschen Raum dafür belangt werden.

Das Recht bietet daher nur einen unvollkommenen Schutz. Können Normen hier weiterhelfen? Wegen der Anonymität und der wachsenden Größe des Cyberspace funktionieren Normen dort nicht sonderlich gut bei der Begrenzung umstrittener Meinungsäußerungen. Selbst in Cyberräumen, in denen die Menschen sich besser kennen, sind sie gegenüber solchen Äußerungen in der Regel toleranter, wenn sie wissen (oder glauben oder hoffen), dass die Dissidenten Tausende von Kilometern entfernt leben.

Der Markt bietet ebenfalls keinen sonderlichen Schutz – im Vergleich zum realen Raum sind die Beschränkungen der Redefreiheit im Cyberspace minimal. Denken Sie nur daran, wie leicht Jake Baker sein eigener Verleger werden und ein Publikum erreichen konnte, das größer war als die Leserschaft aller juristischen Bücher (wie dieses) der letzten zehn Jahre.

Die wichtigste Rolle spielt ohne Zweifel die Architektur. Relative Anonymität, Dezentralisierung, Vielzahl der Zugangspunkte, keine notwendige geographische Bindung, kein einfaches System zur Erkennung von Inhalten, Verschlüsselungsinstrumente[4] – all diese Eigenschaften und Folgen des Internetprotokolls erschweren eine Kontrolle der Meinungsäußerungen im Cyberspace. Der Schutz der Redefreiheit basiert dort ganz wesentlich auf der Architektur; sie ist gleichsam der »erste Verfassungszusatz im Cyberspace«, und dieser »erste Verfassungszusatz« ist keine lokale Bestimmung.[5]

Bedenken Sie, was das bedeutet. Seit mehr als fünfzig Jahren exportieren die Vereinigten Staaten eine bestimmte politische Ideologie, in deren Zentrum der Gedanke der Rede- und Meinungsfreiheit steht. Viele haben diesen Gedanken kritisiert; manche finden ihn allzu extrem, andere zu wenig extrem. Repressive Regime wie China oder Nordkorea lehnen ihn rundheraus ab, tolerante Regime wie Frankreich oder Ungarn beklagen den kulturellen Verfall, und egalitäre Regime wie die skandinavischen Länder fragen sich, wie wir uns für frei halten können, wenn nur Reiche die Möglichkeit haben, ihre Meinung kundzutun, und Pornografie verboten ist.

Auf politischer Ebene wird diese Debatte seit langer Zeit geführt. Aber nun haben wir diese Länder, gleichsam unter dem Schutz der Dunkelheit, mit einer Kommunikationsarchitektur überzogen, die den ersten Verfassungszusatz nachhaltiger innerhalb ihrer Grenzen verankert, als unsere Ideologie das jemals vermocht hätte. Manche Länder entdecken plötzlich, dass ihr Telefonnetz ein Instrument der freien Rede ist, dass E-Mails Nachrichten über ihre Repressionen weit über die Landesgrenzen hinaus tragen, dass Bilder nicht mehr das Monopol des staatlichen Fernsehens sind, sondern über ein simples Modem übertragen werden können. Über die Architektur des Internets haben wir einen »ersten Verfassungszusatz« in alle Welt exportiert, der *im Code* extremer ausgeprägt ist als unser erster Verfassungszusatz *im Recht*.

Dieses Kapitel behandelt die Regulierung der Redefreiheit und den Schutz der Meinungsfreiheit im Cyberspace – und damit auch im realen Raum. Dabei geht es mir um das Verhältnis zwischen dieser Architektur und der von ihr ermöglichten Freiheit wie auch um die Bedeutung, die dem Recht bei der Schaffung dieser Architektur zufällt. Ich möchte deutlich machen, auf welche Weise an dieser Freiheit gebaut wird, also gleichsam die in der Architektur des Cyberspace angelegte Verfassungspolitik aufzeigen.

Ich spreche von »Politik«, weil der Prozess noch nicht abgeschlossen ist. Ich habe (immer wieder) gesagt, dass es nicht nur eine einzige Architektur für den Cyberspace gibt, keine vorgegebene oder unvermeidliche Struktur für seine Gestaltung. Die erste Generation des Internets mag durchaus Kontrollmauern niedergerissen haben. Es gibt jedoch keinen Grund zu der Annahme, die Architekten der zweiten Generation würden darin fortfahren und keine Kontrollmöglichkeiten einbauen. Es besteht also kein Grund zu der Annahme, dass es sich bei diesem ersten Aufflammen der Freiheit um mehr als eine vorübergehende Erscheinung gehandelt hat. Und gewiss gibt es keinen Grund, so zu handeln, als wäre es keine bloß vorübergehende Erscheinung.

Die Anfänge dieses Umbaus können wir bereits beobachten. Schon jetzt wird die Architektur so umgestaltet, dass sie wieder regulierbar macht, was zuvor schon im realen Raum regulierbar war. Schon jetzt erlebt das Netz einen Übergang von Freiheit zu Kontrolle.

Einige diese neuerlichen Regulierungsschritte sind unvermeidlich. Doch bevor die Veränderung abgeschlossen ist, müssen wir uns klar machen, welche Freiheiten das Netz heute bietet, und welche Freiheiten wir für die Zukunft bewahren wollen.

Und nicht nur bewahren. Die heutige Internetarchitektur ist möglicherweise das wichtigste Modell für Meinungsfreiheit seit der Gründung der Vereinigten Staaten, und die Bedeutung dieses Modells geht weit über E-Mail und Websites hinaus. 200 Jahre nach der Verabschiedung unserer Verfassung lehrt uns das Netz, was der erste Verfassungszusatz bedeutet. Wenn wir diese Bedeutung ernst nehmen, erfordert der erste Verfassungszusatz auch außerhalb des Netzes einen ziemlich radikalen Umbau der für Rede- und Meinungsfreiheit bedeutsamen Architekturen.

Aber ich greife voraus. In diesem Kapitel möchte ich drei Geschichten erzählen: eine über Veröffentlichung, eine über Zugang und eine über Verteilung. Und dabei möchte ich jeweils klären, wie »Redefreiheit« reguliert wird.

Diese Geschichten haben nicht alle dieselbe verfassungsrechtliche Bedeutung. Mit der ersten möchte ich das Verhältnis zwischen den Architekturen und den Institutionen der Meinungs- und Informationsfreiheit beleuchten; die zweite verdeutlicht eine weitere latente Mehrdeutigkeit in unserer Verfassungsgeschichte; die dritte schließlich ist eine direkte Übersetzung der Absichten unserer Verfassungsväter. Die dritte Geschichte ist, sofern sie denn zutrifft, die fundamentalste, aber alle drei illustrieren das Verhältnis zwischen den Werten, der Architektur und unseren gegenwärtigen Wahlmöglichkeiten.

REGULIERUNG DER REDEFREIHEIT: VERÖFFENTLICHUNG

Floyd Abrams gehört zu Amerikas führenden Fachleuten in Fragen des ersten Verfassungszusatzes. 1971 arbeitete er als junger Jurist in der Anwaltskanzlei Cahill, Gordon.[6] Am Abend des 14. Juni, einem Montag, erhielt er einen Anruf von James Goodale, dem Rechtsberater der *New York Times*. Goodale bat Abrams, zusammen mit Alexander Bickel, Juraprofessor an der Law School in Yale, die *New York Times* in einem Rechtsstreit zu vertreten, für den schon am nächsten Tag eine Verhandlung angesetzt war.

Die *New York Times* hatte sich gerade geweigert, der Aufforderung der Regierung nachzukommen, die Veröffentlichung der so genannten

»Pentagon-Papiere« einzustellen und die Dokumente an das Verteidigungsministerium zurückzugeben.[7] Diese Unterlagen stammten zum größten Teil aus der vom Pentagon angefertigten »History of U. S. Decision Making Process on Vietnam Policy« und behandelten die Vietnampolitik während des Vietnamkrieges.[8] Die Verfasser gelangten darin zu einem extrem negativen Urteil. Die Papiere rückten die Regierung in ein sehr schlechtes Licht und erweckten den Eindruck, als sei der Krieg nicht zu gewinnen.

Die *New York Times* hatte die Unterlagen von jemandem erhalten, der den Krieg für nicht gewinnbar hielt, der im Pentagon gearbeitet hatte und an der Erstellung des Berichts beteiligt gewesen war. Anfangs war er noch nicht so kritisch gewesen, dann aber mit der Zeit zur gegenteiligen Überzeugung gelangt.

Dieser Jemand war Daniel Ellsberg. Er hatte eines der 15 Exemplare des Berichts aus einem Safe der RAND Corporation entwendet und ihn dann über mehrere Wochen zusammen mit seinem Kollegen Anthony Russo kopiert.[9] Ellsberg versuchte vergeblich, die Papiere durch eine Aufnahme in den *Congressional Record* zu veröffentlichen. Schließlich trat er an den Reporter der *New York Times* Neil Sheehan heran, weil er hoffte, die Zeitung werde das Material veröffentlichen. Ellsberg wusste, dass er sich damit strafbar machte, aber in seinen Augen war der Krieg selbst ein Verbrechen – und er wollte dem amerikanischen Volk zeigen, dass dieser Krieg ein Verbrechen war.

Zweieinhalb Monate lang brüteten die Herausgeber der *Times* über den Papieren, um deren Echtheit und Korrektheit zu überprüfen. Nach sorgfältiger Durchsicht gelangten sie zu dem Schluss, dass die Pentagon-Papiere echt seien, und entschlossen sich, den ersten von geplanten zehn Teilen am Sonntag, dem 13. Juni 1991, zu veröffentlichen.[10]

Am Nachmittag des folgenden Tages schickte Generalstaatsanwalt John Mitchell ein Telegramm an die *New York Times*:

> Ich ersuche Sie, keine weiteren Informationen dieser Art zu veröffentlichen, und bitte Sie, mir mitzuteilen, dass Sie Vorkehrungen getroffen haben, die Dokumente an das Verteidigungsministerium zurückzugeben.[11]

Als die *Times* der Aufforderung nicht nachkam, versuchte die Regierung die weitere Veröffentlichung durch einen Gerichtsbeschluss zu verhindern.[12]

Die Argumentation der Regierung war einfach: Die Papiere enthielten Staatsgeheimnisse, sie seien gestohlen worden, ihre Veröffentlichung gefährde das Leben amerikanischer Soldaten und stelle die Vereinigten Staaten in den Augen der Weltöffentlichkeit bloß. Diese letzte Sorge beruhte nicht allein auf Eitelkeit – wie die Regierung ausführte, schwächte eine solche Bloßstellung die amerikanische Position in den Bemühungen um Friedensverhandlungen. Wegen des Schadens, den eine weitere Veröffentlichung bedeutete, solle das Gericht sie verbieten.

Diese Argumentationsweise war nicht neu. Schon früher hatten Gerichte die Veröffentlichung lebensgefährdender Texte verboten, vor allem in Kriegszeiten. So hatte der Supreme Court im Fall *Near v Minnesota* erklärt: »Niemand würde bezweifeln, dass ein Staat das Recht hat, die Behinderung seiner Mobilmachungsbemühungen oder die Veröffentlichung der Abgangszeiten von Transporten oder von Angaben über Truppenstärken und Truppenbewegungen zu verbieten.«[13]

Doch das Problem ließ sich nicht so leicht lösen. Gegen die Präzedenzfälle sprach ein Gebot, das sich immer deutlicher herausschälte: Wenn der erste Verfassungszusatz irgendeine Bedeutung hatte, dann die, dass der Staat nicht das Recht hat, hier vorsorglich tätig zu werden.[14] »Vorsorglich« heißt hier, die Veröffentlichung von Material vorab verbieten zu lassen, statt die Verantwortlichen nach einer illegalen Veröffentlichung zu bestrafen. Ein solches Recht, vorsorglich tätig zu werden, stellt eine sehr viel größere Gefahr für die Meinungsfreiheit dar.[15] Und Generalstaatsanwalt Mitchell verlangte vom Gericht, in diesem Fall vorsorglich tätig zu werden.

Das Gericht kämpfte mit der Frage, gelangte aber dennoch rasch zu einer Lösung. Es kämpfte, weil viel auf dem Spiel stand,[16] aber es entschied am Ende eindeutig gegen die Regierung. Nach Ansicht des Gerichts gab die Verfassung der *New York Times* das Recht, das Material erst einmal zu veröffentlichen, ohne dass der Staat vorsorglich dagegen einschreiten konnte.

Die Pentagon-Papiere sind ein klassischer Anwendungsfall des ersten Verfassungszusatzes – sie zeigen, wie stark eine Verfassung sein kann. Aber auch Klassiker altern. In einem Vortrag warf Abrams kürzlich sogar die Frage auf, ob der Fall überhaupt noch von Bedeutung sei?

Wenn die Regierung eine Veröffentlichung verhindern will, muss sie nachweisen, dass andernfalls ein nicht wieder gutzumachender Schaden entstehen würde – ein so großer und irreparabler Schaden, dass das Gericht eingreifen und ihn verhindern muss.[17] Das setzt jedoch voraus, dass die Veröffentlichung noch nicht erfolgt ist. Wären die Pentagon-Papiere schon von der *Chicago Tribune* veröffentlicht worden, hätte die Regierung kein zwingendes Interesse am Verbot eines Abdrucks in der *New York Times* geltend machen können. Wenn die Katze schon aus dem Sack ist, bringt ein Verbot weiterer Veröffentlichungen die Katze nicht wieder in den Sack zurück.

Das zeigte sich in einem späteren Fall, der so aussieht, als hätte ein Juraprofessor ihn erfunden. Die linksgerichtete Zeitschrift *The Progressive* gab Ende der siebziger Jahre bei Howard Morland einen Artikel über die Funktionsweise der Wasserstoffbombe in Auftrag. Die Zeitschrift legte das Manuskript zunächst dem Energieministerium vor, das daraufhin eine einstweilige Verfügung beantragte, um eine Veröffentlichung des Artikels zu untersagen. Die Begründung der Regierung war überzeugend: Wenn man vor aller Welt die Geheimnisse der Wasserstoffbombe enthüllte, könnte bald jeder Terrorist ganze Städte in Schutt und Asche legen. Am 26. März 1979 stimmte Richter Robert Warren vom Western District of Wisconsin dem Antrag zu und erließ eine einstweilige Verfügung, die dem *Progressive* die Veröffentlichung des Artikels vorläufig untersagte.[18]

Anders als bei den Pentagon-Papieren, erhielt die Regierung in diesem Fall zum Teil deshalb Recht, weil der Richter die große Gefahr erkannte, die von der Veröffentlichung des Artikels ausging. Er stoppte die Veröffentlichung für die Zeit, in der er über den Fall nachdachte. Und er dachte zweieinhalb Monate lang nach. Die Zeitschrift wandte sich ans Berufungsgericht und an den Obersten Gerichtshof mit der Bitte, den Fall zu beschleunigen. Aber niemand tat etwas.

Bis ein Programmierer namens Chuck Hansen einen Wettbewerb

»Bau dir deine eigene H-Bombe« veranstaltete und einen 18-seitigen Brief in Umlauf brachte, in dem er beschrieb, wie die Wasserstoffbombe seines Erachtens funktionierte. Am 16. September 1979 veröffentlichte die *Press-Connection* in Madison, Wisconsin, den Brief. Am nächsten Tag zog die Regierung ihre Klage zurück, weil sie nun gegenstandslos sei. Das zwingende Interesse der Regierung war erloschen, sobald das Geheimnis gelüftet war.[19]

Beachten Sie, was diese Abfolge bedeutet. Der verfassungsrechtliche Schutz, für den der Fall der Pentagon-Papiere steht, ist nur deshalb erforderlich, weil es für das Veröffentlichen eine reale Beschränkung gibt. Zum Veröffentlichen braucht man einen Verleger, und der Verleger kann vom Staat bestraft werden. Wenn aber wesentliche Teile zuerst andernorts veröffentlicht werden können, entfällt das Bedürfnis nach einem *verfassungsrechtlichen* Schutz. Ist der Text erst einmal veröffentlicht, gibt es für ein Verbot keine *gesetzliche* Grundlage mehr.

Darum fragt Abrams, ob die ganze Konstruktion heute überhaupt noch Bedeutung hat. Ist der verfassungsrechtliche Schutz, der im Fall der Pentagon-Papiere deutlich wurde, heute noch von Belang?

Überraschenderweise verneint Abrams diese Frage.[20] Heute kann man dafür sorgen, dass der Staat niemals auf ein zwingendes Interesse am gerichtlichen Verbot einer Veröffentlichung verweisen kann. Wollte die *New York Times* heute solche Pentagon-Papiere veröffentlichen, könnte sie dafür sorgen, dass zunächst wesentliche Teile davon in irgendwelchen USENET-Gruppen auftauchten. Innerhalb kürzester Zeit wäre der Text dann weltweit verfügbar. Die Notwendigkeit eines verfassungsrechtlichen Schutzes entfiele, weil die Architektur des Systems jedem die Möglichkeit gibt, schnell und anonym zu publizieren.

Die Architektur des Netzes, so Abrams, beseitigt die Notwendigkeit eines verfassungsrechtlichen Schutzes. Und mehr noch, das Netz schützt ebenso wie die Verfassung auch vor einem vorsorglichen Verbot, weil es dafür sorgt, dass eine starke Kontrolle der Information nicht mehr möglich ist. Laut Abrams erreicht das Netz heute, was die Veröffentlichung der Pentagon-Papiere damals erreichen sollte – es sorgt dafür, dass die Wahrheit nicht verborgen werden kann.

Die Geschichte hat aber noch eine andere Seite.

Am 17. Juli 1996 stürzte ein Flugzeug der TWA zehn Meilen vor der Küste von Center Moriches, New York, ins Meer; 230 Menschen kamen ums Leben. Der National Transportation Safety Board (NTSB), der die Unfallursachen von Flugzeugabstürzen zu klären hat, begann mit der größten Untersuchungsaktion seiner Geschichte. Sie kostete 27 Millionen Dollar und führte zu dem Ergebnis, dass der Absturz auf einen technischen Defekt zurückzuführen sei.[21]

Im Internet sah man die Dinge anders. Dort waren schon unmittelbar nach dem Absturz Hinweise auf Raketen aufgetaucht – einige Zeugen behaupteten, sie hätten vor dem Absturz eine helle Lichtspur auf das Flugzeug zusteuern gesehen. Auch von Raketentests der Marine in siebzig Meilen Entfernung von der Absturzstelle war die Rede.[22] Und dann tauchten Berichte auf, wonach die amerikanische Regierung versuche, ihre Beteiligung an der schlimmsten Flugzeugkatastrophe der amerikanischen Geschichte zu verbergen.

Die Regierung wies diese Vorwürfe zurück, doch mit jedem Dementi erschienen weitere gegenteilige »Beweise« im Internet.[23] Es gab Berichte, wonach mehrere Zeugen unabhängig voneinander eine Rakete gesichtet hätten. Diese Berichte, so hieß es im Internet, würden von der Regierung unterdrückt. Man habe die Zeugen zum Schweigen gebracht. Und dann tauchte der Bericht eines angeblichen Insiders auf, der behauptete, es gebe tatsächlich eine Verschwörung, denn alle Anzeichen sprächen dafür, dass eine Rakete der Navy das Flugzeug zum Absturz gebracht habe.[24]

Der ehemalige Pressesprecher von Präsident John F. Kennedy glaubte dieser Darstellung. In einer Rede in Frankreich erklärte Pierre Salinger, seine Regierung verberge die Fakten, und er habe den Beweis dafür.

Ich kann mich noch gut daran erinnern. Kurz nach Salingers Rede unterhielt ich mich mit einem Kollegen, einem führenden Verfassungsrechtler von einer der besten Law Schools Amerikas. Ich berichtete ihm von Salingers Darstellung, und wir beide waren uns nicht sicher, was wir davon halten sollten. Salinger war durchaus glaubwürdig und ganz gewiss kein Spinner, aber die Geschichte klang eindeutig verrückt.

Es zeigte sich, dass Salinger dem Internet auf den Leim gegangen war – oder genauer der Tatsache, dass jeder dort veröffentlichen kann. Wenn jeder veröffentlichen kann, was ihm in den Sinn kommt, lässt sich nur sehr schwer entscheiden, ob man ihm glauben soll. Denn Verleger entscheiden in Zusammenarbeit mit Herausgebern und Lektoren oder Redakteuren, was veröffentlicht werden soll, und dabei orientieren sie sich zumindest teilweise an der Frage, ob das Veröffentlichte Hand und Fuß hat. Aussagen können sich nicht selbst verifizieren. Wir können einer Aussage über die Welt nicht ohne weiteres ansehen, ob sie wahr oder falsch ist.[25] Wir müssen uns auf unser eigenes Wissen und unsere eigene Erfahrung verlassen, aber daneben auch auf Strukturen, die durch ihr Ansehen Glaubwürdigkeit gewährleisten. Wenn etwas veröffentlicht wird, verbinden wir die dort aufgestellten Behauptungen mit der Person oder Institution, die sie veröffentlicht. Wenn die *New York Times* sagt, Außerirdische hätten den Präsidenten entführt, ist das etwas anderes, als wenn der *National Enquirer* diese Meldung gebracht hätte.

Wenn nun aber eine neue Technologie aufkommt, verlieren wir dieses Bezugssystem. Das ist gar nichts Neues. Es heißt, das Wort *phony* (falsch, unecht, fingiert) gehe auf die Entstehungszeit des Telefons zurück – auf Varietékünstler, die nur mit der unmittelbaren Kommunikation vertraute Menschen durch das Telefon täuschten. Eine ähnliche Unsicherheit sollten wir auch im Cyberspace erwarten: Auch dort dürften unsere Erwartungen hinsichtlich der Glaubwürdigkeit zunächst einmal erschüttert werden.

Abrams Behauptung basiert daher auf einer Eigenschaft des Netzes, die wir nicht als gegeben unterstellen können. Wenn das Internet glaubwürdig wäre, dann hätte sich die Bedeutung der Pentagon-Papiere tatsächlich verringert. Wenn aber das Internet gar keine Glaubwürdigkeit besitzt, bleibt der Schutz durch die Verfassung weiterhin bedeutsam.

Glaubwürdigkeit lässt sich jedoch weder per Gesetz herstellen noch durch den Code gewährleisten. Sie basiert auf Institutionen, die uns helfen, zuverlässige von unzuverlässigen Quellen zu unterscheiden. Der Absturz der TWA-Maschine wirft daher eine wichtige Frage auf:

Wie können wir in diesem Raum wieder für Glaubwürdigkeit sorgen, um ihn nicht den Spinnern zu überlassen?[26]

Zwei Lösungen sind denkbar. Die eine (von oben nach unten gerichtet) sorgte dafür, dass es weiterhin Herausgeber und Lektoren gibt, also Menschen, die auf Grund zahlreicher Überlegungen, darunter auch der Frage nach der Wahrheit, auswählen, was veröffentlicht werden soll. Die andere (von unten nach oben gerichtet) sorgte dafür, dass Reputation aufgebaut werden kann, als ein Maß für die Bedeutung des Publizierten, das auf der Person des Publizierenden beruht. Im realen Raum sind beide Momente natürlich miteinander verknüpft. Die Entscheidung über eine Veröffentlichung wird von Verlegern, Herausgebern und Lektoren oder Redakteuren getroffen – auf Grund der von den zuständigen Funktionsträgern bisher getroffenen Entscheidungen genießt die *New York Times* ein anderes Ansehen als etwa der *National Enquirer*. Wir dachten bisher vielleicht, die *New York Times* verkaufe Zeitungen, doch der Cyberspace lehrt uns, dass sie Editionsdienstleistungen verkauft, die in diesem Falle auf Papier erscheinen.

Im Cyberspace könnten die beiden Funktionen voneinander getrennt werden. Die Editionsleistung ließe sich von der Distribution des Produkts trennen, so dass eine größere Konkurrenz zwischen den Anbietern von Editionsleistungen entstehen könnte. Und Glaubwürdigkeit wäre einer der Werte, den diese Editionsdienstleister anböten.

Traditionell wird eine solche Glaubwürdigkeit von relativ stabilen Institutionen – wie der *New York Times* – aufgebaut. Wer als Reporter für die *New York Times* arbeitet, genießt einen gewissen Status, und die *Times* hat wiederum ein Interesse daran, die Arbeit ihrer Reporter zu überprüfen, weil Fehlleistungen und schlechte Arbeit auf die *Times* zurückfielen. Und die Öffentlichkeit hat den Vorteil einer klaren Verantwortungsstruktur.

Wir können uns vorstellen, dass auch im Netz solche Vermittlungsinstanzen entstehen.[27] Es sind aber auch andere Möglichkeiten denkbar. Stellen Sie sich etwa vor, eine Ratingagentur, wie es sie heute für Schuldverschreibungen oder Versicherungen gibt, bewertet das Ansehen einzelner Reporter auf der Basis bestimmter Bewertungsmaßstäbe. Wir könnten uns viele solcher Agenturen vorstellen, bei denen Reporter ihre Arbeit bewerten lassen könnten. Diese Bewertung des Reporters wäre dann Bestandteil jeder Veröffentlichung im Internet. Und dasselbe gilt für Quellen aller Art, ob anonym oder nicht, denn auch Quellen lassen sich bewerten.

In diesem Beispiel tritt eine Vertrauensarchitektur an die Stelle vertrauenswürdiger Institutionen.[28] Ein Reporter könnte einen Ruf als guter, zuverlässiger Journalist erwerben, ob er nun für die *New York Times* arbeitet oder nicht. Die Schaffung solcher Vermittlungsinstanzen im Netz müsste sich nicht einmal an der Verlagsstruktur im realen Raum orientieren, die durch eine relativ geringe Zahl angesehener Verlage gekennzeichnet ist, sondern könnte die Funktion der Sicherung von Glaubwürdigkeit auf unabhängige Agenturen übertragen.

Die beiden Regulierungsweisen unterscheiden sich in der Macht der Institutionen. Ohne eine Wahl zwischen beiden Möglichkeiten zu treffen, können wir festhalten, dass hier eine gewisse Konkurrenz zwischen Architektur und Marktstruktur besteht.

REGULIERUNG DER REDEFREIHEIT: ZUGANG

Pornografie unterliegt im realen Raum einer weit reichenden Regulierung. Ich spreche hier nicht von Kinderpornografie oder anderen vollständig verbotenen pornografischen Darstellungen, sondern von solchen expliziten sexuellen Darstellungen, die nur Minderjährigen vorenthalten werden müssen, weil sie, wie der Supreme Court ausführt, »schädlich für Minderjährige« sind.[29] Auch Kinderpornografie und andere vollständig verbotene Pornografie unterliegen einer Regulierung, doch erfolgt diese auf andere Weise als bei jugendgefährdenden Darstellungen. Sie sind für alle Menschen im realen Raum (der Vereinigten Staaten) verboten, jugendgefährdende Darstellungen dagegen nur für Minderjährige.

Wir können auch in diesem Falle wieder die vier Regulierungsweisen betrachten. Sie dienen alle demselben Ziel: Sie sollen verhindern, dass jugendgefährdendes Material in die Hand von Kindern gerät, während Erwachsene (gelegentlich) weiterhin Zugang dazu haben.

Als Erstes sorgt das Recht für eine solche Regulierung. In vielen Rechtsordnungen ist der Verkauf von Pornografie an Jugendliche verboten.[30] Zumindest seit der Entscheidung des Obersten Gerichtshofs im Fall *Ginsberg v New York*[31] aus dem Jahr 1968 gilt solch eine Regulierung als rechtmäßig, sofern es sich um Material handelt, das »schädlich für Minderjährige« ist. Die Bundesstaaten können von den Händlern verlangen, Pornografie ausschließlich an Erwachsene zu verkaufen, und sie darüber hinaus zwingen, die Ausweise der Käufer zu überprüfen.

Aber nicht nur Gesetze sorgen für eine Regulierung, sondern auch Normen. Der Verkauf von Pornografie wird generell von Normen behindert: Die Gesellschaft verachtet im Allgemeinen die Konsumenten von Pornografie, und diese Verachtung setzt dem Verkauf zweifellos Grenzen. Auch das Verbot, Kindern Pornografie zugänglich zu machen, wird von Normen gestützt. Pornohändler möchten nicht als Menschen gelten, die Kinder verderben. Und da Pornografie nach allgemeiner Ansicht schädlich für Kinder ist, hat diese einschränkende Norm für Händler eine ebenso große Bedeutung wie für andere.

Auch der Markt trägt dazu bei, Pornografie nicht in die Hände von Minderjährigen geraten zu lassen. Im realen Raum kostet Pornografie Geld. Kinder haben in der Regel nicht viel Geld. Da Händler sich an der Kaufkraft der Kunden orientieren, leistet der Markt einen Beitrag, Minderjährige vor Pornografie zu schützen.

Die Regulierung durch Recht, Markt und Normen setzt jedoch eine vierte Regulierung voraus, die sie alle erst möglich macht: die Regulierung durch die Architektur des realen Raums. Im realen Raum kann ein Kind sein Alter nur schwer verbergen. Es könnte sich einen Schnurrbart ankleben und auf Stelzen gehen, aber selbst damit würde es wohl kaum einen Händler täuschen. Da Kinder ihr Alter nicht verbergen können und Pornografie meist direkt in Geschäften verkauft wird, können Gesetze und Normen ihre Wirksamkeit dank der Architektur der realen Welt ohne große Kosten entfalten.

Diese Konstellation verschiedener Regulierungsmechanismen sorgt im realen Raum dafür, dass der Verkauf von Pornografie an Minderjährige weitgehend verhindert wird. Die Kontrolle ist nicht vollkommen – ein Minderjähriger, der wirklich an Pornografie herankommen will, wird das auch schaffen –, aber Regulierungen müssen nicht vollkommen sein; es genügt, wenn sie sicherstellen, dass Kinder in aller Regel nicht an Pornografie herankommen.

Im Cyberspace erfolgt die Regulierung der Pornografie auf andere Weise. Der erste Unterschied betrifft den Markt. Im realen Raum kostet Pornografie Geld, im Cyberspace dagegen nicht unbedingt – oder zumindest nicht viel. Wenn Sie im realen Raum eine Million Bilder der »Frau von nebenan« verteilen möchten, dürfte das gut eine Million Dollar kosten. Im Cyberspace kostet es fast nichts. Sofern Sie Zugang zum Cyberspace haben und einen Scanner besitzen, können Sie das Bild der »Frau von nebenan« scannen und als digitalisiertes Bild über das USENET an eine Million Menschen verteilen, und das Ganze kostet nicht mehr als Ihre Internetverbindung.

Angesichts dieses Angebotsmarkts kann für den Cyberspace sehr viel mehr Pornografie produziert werden als für den realen Raum. Aber dasselbe gilt für die Nachfrage. Im Cyberspace kann man – oft und an vielen Orten – kostenlos an Pornografie gelangen. Nicht auf kommerziellen Sites, aber über USENET-Server zum Beispiel. Im Cyberspace fehlen also die durch den Markt gegebenen Beschränkungen.

Wichtiger als die Marktunterschiede sind jedoch die Unterschiede in der Architektur. Eine entscheidende Voraussetzung für die Regulierung im realen Raum ist die Tatsache, dass man nur schwer verbergen kann, wer man ist. Im Cyberspace dagegen gibt es gar nichts zu verbergen. Man betritt ihn ohne Identität, und Sie identifizieren sich so, wie Sie es wollen. Im Cyberspace braucht ein Kind gar nicht zu verbergen, dass es ein Kind ist. Und darum macht man dort ihm gegenüber auch nicht die Unterschiede, die man im realen Raum Kindern gegenüber macht. Niemand braucht zu wissen, dass Jon ein Jonny ist, und daher braucht auch niemand die Voraussetzungen zu kennen, an die im realen Raum die durch Gesetz, Normen und Markt gegebenen Beschränkungen geknüpft sind.

Das Ergebnis kennen wir alle: Im Cyberspace haben Kinder es leicht, an Pornografie zu gelangen. Und diese Tatsache löste die »Pornohysterie« aus.[32]

Als das Internet langsam ins öffentliche Bewusstsein drang, geriet sogleich ein besonders wachstumsträchtiger Bereich ins Blickfeld: die außergewöhnliche Zunahme von Sex im Netz. Anfang 1995 führte diese Entwicklung in den USA zu wachsender Besorgnis.[33] Die Zahl der Internetnutzer wuchs rasant und so auch die Zahl der Kinder, die ins Netz gingen, während zugleich das Angebot an Pornografie dort beträchtlich zunahm. Eine höchst umstrittene (und mit erheblichen Mängeln behaftete) Studie in der *Georgetown University Law Review* berichtete, das Netz werde von Pornografie überschwemmt.[34] *Time* brachte eine Titelstory über Sex im Internet.[35] Senatoren und Kongressabgeordnete wurden mit Aufforderungen bombardiert, etwas gegen den »Cyberschmutz« zu unternehmen.

Der Kongress reagierte darauf 1996 mit dem Communications Decency Act – einem außergewöhnlich dummen Gesetz, das ganz offensichtlich gegen den ersten Verfassungszusatz verstieß. Das Gesetz stellte es unter Strafe, »anstößiges« Material über das Netz an Minderjährige weiterzugeben oder es dort an Orten zugänglich zu machen, die auch von Minderjährigen besucht werden können. Gleichzeitig gab es den »Sprechern« eine Chance: Wenn sie im guten Glauben »sinnvolle, wirksame« Schritte unternähmen, um Kinder fernzuhalten, dürften sie »anstößige Reden« führen.[36]

Das Gesetz warf mindestens drei Probleme auf, die jeweils für sich allein schon ausgereicht hätten, um ihm den Garaus zu machen.[37] Das erste war das Spektrum der damit angesprochenen »Rede«: »Anstößiges Reden« ist keine Kategorie, die zu regulieren der Kongress die Macht hätte (zumindest nicht außerhalb von Radio und Fernsehen).[38] Wie gesagt, *kann* der Kongress Äußerungen regulieren, die »schädlich für Minderjährige« sind, also *Ginsberg*-Äußerungen, aber »schädlich für Minderjährige« ist etwas ganz anderes als »anstößig«. Der erste Schlag gegen das Gesetz bestand also darin, dass es zu weit ging.

Der zweite Schlag war die Unschärfe.[39] Die Form der denkbaren Abhilfe war klar: Wenn es eine Architektur gab, die Kinder fern zu halten vermochte, war »anstößiges Reden« erlaubt. Die damals verfügbaren

Architekturen zum Ausschluss von Kindern waren jedoch sehr grobmaschig und teilweise extrem teuer. Es war nicht klar, ob man dem Gesetz nur mit extrem wirkungsvollen oder schon mit relativ wirkungsvollen Schutzmaßnahmen nach dem Stand der damaligen Technik Genüge leisten konnte. Im ersten Fall war die Abhilfe gar keine Abhilfe, da ein extrem wirkungsvoller Ausschluss von Kindern extrem teuer war; ein nur relativ wirkungsvoller Ausschluss wäre dagegen nicht so teuer gewesen.

Der dritte Schlag war das Auftreten der Regierung. Bei der Verteidigung des Gesetzes 1997 vor dem Obersten Gerichtshof tat die Regierung kaum etwas, um die Reichweite der zu regulierenden Rede einzuschränken oder das Spektrum der möglichen Abhilfe zu erweitern. Sie hielt starr an der hoffnungslos unscharfen und viel zu weit gefassten Definition des Begriffs einer »anstößigen« Rede fest und zeigte auch keinerlei Verständnis für die technologischen Probleme einer Abhilfe. Wie das Gericht feststellte, schien kein Identifizierungssystem in Sicht, das den Vorgaben des Gesetzes entsprochen hätte, ohne die Internetnutzer mit extremen Kosten zu belasten.

Doch lassen wir den Communications Decency Act einen Augenblick auf sich beruhen und sehen wir uns an, welche Art von Regulierung in solch einem Fall möglich ist. Seit dem Fall *Ginsberg v New York* war klar, dass es eine Klasse von Äußerungen gibt, auf die Erwachsene ein Recht haben, Kinder jedoch nicht. Die Bundesstaaten können durch Gesetze sicherstellen, dass solche Äußerungen nur an zulässige Empfänger gelangen.

Bevor eine entsprechende Regulierung getroffen werden kann, müssen also zwei Fragen beantwortet werden:

1. Gehört die betreffende Äußerung zur Kategorie der »regulierbaren« Äußerungen?
2. Hat dieser Empfänger ein bestimmtes Mindestalter noch nicht erreicht?

Natürlich ist der Sender eher in der Lage, die erste Frage zu beantworten, während der Empfänger besser die zweite beantworten kann.

Dennoch bürdete der Communications Decency Act die Last für beide Fragen allein dem Sender auf: Er muss klären, ob seine Sendung unter die Regulierung fällt und ob der Empfänger das Mindestalter überschritten hat.

Man könnte diese Last auch dem Empfänger aufbürden – oder genauer seinen Eltern. Eltern wissen, ob sie Kinder haben, die vor Pornografie geschützt werden müssen. Und wenn sie Kinder haben, sollten sie etwas unternehmen, um ihnen den Zugang zu jugendgefährdenden Inhalten zu verwehren.

Beide Lösungen – die jeweils die Last einer Seite aufbürden – verlangen eine neue Netzarchitektur, und zwar nicht auf der Ebene der TCP/IP-Protokolle, sondern auf der Anwendungsebene (siehe achtes Kapitel). Beide erfordern Veränderungen in den üblichen Anwendungsprogrammen, auf die der Nutzer sich verlassen kann.

Wie könnten diese Anwendungen aussehen? Die erste Möglichkeit wäre eine Einteilung des Internets in Bezirke oder *Zonen*. Die Sender wenden sich in diesem Fall nur an einen Bezirk, aus dem Kinder ausgeschlossen sind. Die zweite Möglichkeit ist die *Filter*lösung. Die Empfänger werden in die Lage versetzt, bestimmte Inhalte zu sperren. Man könnte auch sagen, bei der Einteilung in Zonen werden Menschen gefiltert, während bei der Filterlösung Inhalte in Zonen eingeteilt werden. Wir wollen jedoch bei der ersten Betrachtungsweise bleiben und uns die beiden Lösungen etwas genauer ansehen.

ARCHITEKTUREN, DIE ÄUSSERUNGEN IN ZONEN EINTEILEN

Hier sind wiederum zwei Lösungen vorstellbar, von denen eine verfassungsmäßig ist, die andere dagegen nicht. Beide Lösungen verlangen eine Änderung der Netzarchitektur, die es möglich macht, bestimmte Daten zu erheben. Die eine Lösung erfordert ein Signal, welches anzeigt, dass der Nutzer ein Kind ist (eine »Kinderkennung«), die andere ein Signal, welches anzeigt, dass der Nutzer ein Erwachsener ist (eine »Erwachsenenkennung«).

Der Unterschied ist ganz entscheidend, aber wir wollen uns zuerst ansehen, wie beides funktioniert. Bei der Kinderkennung könnten wir uns vorstellen, dass der Staat von den Browserherstellern Änderungen verlangt, die es dem Nutzer ermöglichen, ein Profil zu erstellen. Eine Option in diesem Profil wäre eine Auswahlmöglichkeit, die anzeigt, dass der Nutzer minderjährig ist. Ist diese Auswahlmöglichkeit angekreuzt, müssten alle übrigen Nutzer des Computers ihre Profile mit einem Passwort sichern. So könnten mehrere Menschen denselben Computer benutzen, aber wenn ein Nutzer minderjährig ist, wären die Profile der Erwachsenen durch ein Passwort geschützt.

Nehmen wir zum Beispiel an, eine dreiköpfige Familie benutzt gemeinsam einen Computer. Ein Mitglied der Familie ist minderjährig. Mit dem veränderten Browser würden die Erwachsenen für jedes Familienmitglied ein Profil erstellen. Im Profil des Kindes würde die Kinderkennung eingeschaltet und durch ein Passwort gesichert. Wenn ein Familienmitglied den Computer benutzt, wählt es sein eigenes Profil, und der Browser arbeitet nach den in diesem Profil vorgegebenen Regeln. (Im Navigator Communicator 4.5 zum Beispiel kann man heute schon solche Profile eingeben; allerdings verfügt er über keine Kinderkennung.)

Wenn ein Kind solch einen Browser benutzt, würde der Computer jeder besuchten Website mitteilen, dass es sich um ein Kind handelt. Das setzt voraus, dass die Websites jeweils jugendgefährdende Inhalte für alle Nutzer sperren, die sich als Minderjährige ausweisen.[40] Die Belastung auf Seiten des Kindes (oder eigentlich seiner Eltern) wäre gering, und die auf Seiten der Websites ebenfalls.

Das ist eine Lösung für die Einteilung in Zonen. Eine zweite würde mit der gegenteiligen Kennung arbeiten. Den Zugang zu einer Website mit jugendgefährdendem Material erhielten dort nur Nutzer, die sich als Erwachsene ausweisen könnten.

Solchen Systemen sind wir schon begegnet – es handelt sich um eine Architektur auf der Basis digitaler Zertifikate. Wenn ein Nutzer Zugang zu einer regulierbaren Website wünscht, werden seine Ausweise automatisch überprüft. Besitzt er die richtigen Zertifikate, erhält er Zugang; allen anderen wird der Zugang verwehrt. Bei den

Websites läge die Last, die Echtheit der Zertifikate zu prüfen, und sie hätten zudem zu klären, ob sie jugendgefährdendes Material anbieten: Aber das wäre nur dann eine Belastung, wenn die Site auch solches Material enthielte.

Diese zweite Lösung ist das Modell für den ersten Communications Decency Act und für den neueren (ebenfalls verfassungsrechtlich umstrittenen) Child Online Protection Act des Kongresses.[41] Die Belastung liegt sowohl bei der Website als auch bei den Nutzern.

Die beiden auf Kennungen beruhenden Systeme sind mit unterschiedlichen Kosten verbunden. Das erste belastet die Eltern der Kinder leicht und die Websites fast gar nicht; das zweite belastet sowohl erwachsene Nutzer als auch Websites ganz erheblich.

Der Unterschied sollte verfassungsrechtlich relevant sein. Er sollte die Gerichte gegen ein Gesetz wie den Child Online Protection Act einnehmen und für eine Lösung, die mit einer Kinderkennung arbeitet. Wenn eine Lösung gewählt werden soll, die mit einer Einteilung des Internets in Bezirke arbeitet, sollten die Gerichte solche Lösungen bevorzugen, die mit den geringsten Belastungen für die Informations- und Meinungsfreiheit verbunden sind.

Beide Gesetze unterscheiden sich jedoch von einer Filterlösung. Beide teilen das Netz nach Merkmalen der Nutzer ein. Eine Filterlösung teilt das Netz dagegen nach Merkmalen der angebotenen Inhalte ein. Wäre eine Filterlösung mit höheren Kosten für die Informations- und Meinungsfreiheit verbunden?

ARCHITEKTUREN, DIE INHALTE FILTERN

Das Filtersystem ist etwas komplexer, obwohl auch dafür bereits ein Modell existiert: die vom World Wide Web Consortium entwickelte »Platform for Internet Content Selection« (PICS).[42]

Einen Verwandten (oder eher ein Kind) von PICS haben wir bereits im Kapitel über den Schutz der Privatsphäre kennen gelernt. P3P ist wie PICS ein Protokoll zur Bewertung und Filterung von Inhalten im

Internet. Bei P3P ging es um Aussagen zur Datenschutzpraxis, und das Protokoll sollte es dem Einzelnen erleichtern, über diese Praxis zu verhandeln.

Bei den Inhalten ist die Grundidee weitgehend dieselbe. PICS zerlegt den Filterprozess in zwei Teile: Zunächst werden die Inhalte klassifiziert (bewertet), und anschließend werden sie nach den Klassifikationsmerkmalen gefiltert. Die Softwarehersteller werden konkurrierende Software auf den Markt bringen, die nach den betreffenden Bewertungen filtert, und Anbieter von Inhalten und Bewertungsorganisationen werden konkurrierende Bewertungen anbieten. Der Nutzer kann dann zwischen verschiedenen Filter- und Bewertungssystemen wählen. Wenn Sie die Bewertungen der christlichen Rechten wünschen, nehmen Sie deren Bewertungssystem; wenn Sie die Bewertungen der atheistischen Linken bevorzugen, entscheiden Sie sich für deren Bewertungssystem. Mit der Wahl des Bewertungssystems entscheiden wir, welche Inhalte die Software herausfiltert.

Dieses System hat einige Voraussetzungen. Erstens müssen Softwarehersteller Programme entwickeln, die eine Filterung vornehmen. (Das ist bereits geschehen – sowohl Netscape als auch Microsoft haben PICS-kompatible Filter in ihrer Browsersoftware.) Zweitens müssen Bewertungsorganisationen oder Ratingagenturen die im Internet angebotenen Inhalte bewerten. Das ist natürlich nicht einfach, und erst langsam machen Organisationen sich an diese Aufgabe.[43] Drittens hätten Bewertungsagenturen, deren Bewertungssystem sich relativ einfach in andere Bewertungssysteme übersetzen ließe, einen Wettbewerbsvorteil gegenüber anderen Bewertungsagenturen. Sie könnten zum Beispiel der Regierung von Taiwan ein Bewertungssystem verkaufen und dann eine leicht abgewandelte Version der »Regierung« von IBM anbieten.

Wenn alle drei Voraussetzungen erfüllt sind, lassen sich die Inhalte im Netz beliebig vielen Bewertungen unterziehen. PICS soll neutral gegenüber Bewertungssystemen und gegenüber Filtern sein – das System bietet lediglich eine Sprache, mit der Inhalte im Netz bewertet und automatisch Entscheidungen über den Umgang mit den bewerteten Inhalten getroffen werden können.[44]

Neutralität klingt gut. Man hat den Eindruck, die Politiker sollten diesen Gedanken aufgreifen. Sie sagen anderes als ich; wir beide sind frei, zu sagen und zu hören, was wir wollen. Wir sollten für ein System sorgen, das diese Freiheit schützt – und PICS scheint solch ein System zu sein.

Aber vielleicht enthält PICS mehr »Neutralität«, als wir wünschen. PICS ist nicht nur *horizontal* neutral, so dass wir aus einer Reihe von Bewertungssystemen das uns Genehme auswählen können. PICS ist auch *vertikal* neutral, das heißt, das System kann auf jeder Ebene der Distributionskette eingesetzt werden. Die meisten Anwender meinen, der PICS-Filter befinde sich im Computer des Nutzers und arbeite dort nach dessen Wünschen. Aber nichts hindert Internetprovider, PICS ebenfalls für die Filterung von Inhalten einzusetzen. Die Filterung kann auf jeder Ebene der Distributionskette vorgenommen werden – beim Anwender, beim Provider, im ISP oder auch im Geltungsbereich einer bestimmten Jurisdiktion. Und nichts am Aufbau von PICS macht es erforderlich, den Einsatz solcher Filter kenntlich zu machen. In einer Architektur wie PICS kann die Filterung unsichtbar erfolgen, und bei einigen Implementierungsformen ist diese Unsichtbarkeit sogar Teil des Designs.[45]

Wie sollen wir die beiden Architekturen aus der Sicht der Meinungs- und Informationsfreiheit bewerten? Ein System – das des Communications Decency Act wie auch das alternative System der Kinderkennung – verlangt von allen, die jugendgefährdendes Material anbieten, ihre Site mit einer Mauer zu umgeben; das zweite ermöglicht es Nutzern, unerwünschte Inhalte durch Filter auszuschließen. Im ersten System erfolgt die Sperrung von Inhalten nach den Vorgaben eines Gesetzes, im zweiten System nach den Wünschen der Nutzer, allerdings auch möglicherweise nach den Vorgaben von Gesetzen. Das erste klingt nach »Zensur«, das zweite nach »freier Wahl«. Daher dürften die meisten Menschen das zweite System bevorzugen.[46]

Aus der Sicht der Meinungs- und Informationsfreiheit ergibt sich jedoch das umgekehrte Bild. Als (möglicherweise) unbeabsichtigte Folge gestattet das PICS-System nicht nur eine unbemerkte Filterung, sondern fördert auch die Entstehung eines Marktes für Filtertechnologie und letztlich die Entstehung von Filtern, die weit mehr als nur jugendgefährdendes Material herausfiltern können. Genau das war der Vorwurf gegen den Communications Decency Act. Aber hier erleichtert der Markt die Filterung, und der Geschmack des Marktes ist der Geschmack der Gemeinschaft. Die Normen der Gemeinschaft werden in die Filter eingebaut, und diese Normen sind weiter als der Begriff des jugendgefährdenden Materials. Die herausgefilterten Inhalte können so weit gefasst werden, wie die Nutzer es wünschen, und sie können so weit oben ansetzen, wie es den Anbietern nützlich erscheint.

Das Zonensystem ist da enger. Es gäbe keinen Anreiz für »Sprecher«, die Zahl ihrer »Hörer« zu beschränken; Sprecher wünschen sich möglichst viele Hörer. Die einzigen Anforderungen an das Herausfiltern von Hörern ergäben sich aus den verfassungsrechtlichen Vorgaben – dem Schutz Minderjähriger vor jugendgefährdenden Darstellungen. Da der Staat diese Anforderungen stellt, können sie auf ihre Verfassungsmäßigkeit überprüft werden, und wenn sich zeigte, dass der Staat zu weit gegangen ist, würden sie korrigiert.

Der Unterschied liegt also in der Generalisierbarkeit des Systems. Das Filtersystem böte eine Architektur, mit der sich beliebige Inhalte herausfiltern ließen, und man darf erwarten, dass die Filterungswünsche weit über das verfassungsrechtlich gebotene Minimum hinausgingen; bei der Einteilung in Bezirke ergäben sich solche Möglichkeiten nicht.

Welchem System sollten wir den Vorzug geben?

Betrachten wir die in den verschiedenen Systemen verkörperten Werte. Beides sind allgemeine Lösungen für spezielle Probleme. Das Filtersystem beschränkt sich nicht auf jugendgefährdendes Material; damit könnten beliebige Inhalte bewertet und herausgefiltert werden. Und die Einteilung in Bezirke muss sich ebenfalls nicht auf das Mindestalter der Nutzer beschränken. Die Zertifizierungserfordernisse ließen sich auf andere Merkmale ausdehnen, etwa die Staatsangehörigkeit oder die Kreditwürdigkeit. Die mit einer Kinderkennung arbeitende Lösung könnte gleichfalls auf andere Schutzbereiche für Kinder ausgedehnt werden. Beide Systeme reichen also in ihren möglichen Anwendungen weit über jugendgefährdende Inhalte im Internet hinaus.

Zumindest im Prinzip. Wir sollten uns aber fragen, welche Anreize bestünden, die Lösung über das Problem hinaus auszudehnen, und auf welchen Widerstand solche Bemühungen stießen.

Und hier zeigt sich ein wesentlicher Unterschied zwischen den beiden Systemen. Wenn Sie wegen eines Ihrer Zertifikate keinen Zugang zu einer Site erhalten, möchten Sie wissen, warum das so ist. Wenn man Ihnen dann mitteilt, warum Sie eine bestimmte Site nicht besuchen können, wird diese Begründung zumindest von einer Person überprüft. Sollte die Zurückweisung unberechtigt sein, können Sie sich dagegen wehren. Das Zonensystem hat daher eingebaute Grenzen. Man kann Sie nicht von einer Site ausschließen, ohne dass Sie das wüssten.[47]

Bei Filtersystemen ist das anders. Wenn Sie den Inhalt nicht sehen, können Sie auch nicht erkennen, was herausgefiltert wird. Im Prinzip wäre es möglich, die Filterung weiter oben in der Distributionskette vorzunehmen, so dass Sie von der Filterung gar nichts erfahren. Nichts am Aufbau von PICS verlangt eine ähnliche Offenheit hinsichtlich der Sperrung wie die Zonenlösung. Durch PICS wird eine relativ weit oben in der Distributionskette angesiedelte Filterung leichter, weniger transparent und billiger.

Das zeigt sich noch deutlicher, wenn wir den Filterprozess in seine Bestandteile zerlegen. Denken Sie an die beiden Elemente der Filterlösungen: die Klassifizierung der Inhalte und die Filterung der klassifizierten Inhalte. Wir können durchaus sagen, die Bewertung sei das gefährlichere Element. Wenn Inhalte erst einmal klassifiziert sind, lässt sich leicht verfolgen, wer was erhält, und das auch ohne Sperrung. Diese Möglichkeit bietet Anlass zu weit größerer Besorgnis als die Sperrung, weil der Nutzer von einer Sperrung wenigstens Kenntnis erhält.

Solche Besorgnis wäre allerdings nur dann gerechtfertigt, wenn wir Grund haben, den Wert des Filterns im Allgemeinen und eines vorgelagertes Filterns im Besonderen in Frage zu stellen. Ich denke, wir haben Grund dazu. Aber ich muss gestehen, meine Besorgnis rührt noch aus einer anderen latenten Mehrdeutigkeit in unserer Verfassungsgeschichte.

Das Filtern hat einen unbestreitbaren Wert. Wir alle filtern sehr viel mehr heraus, als wir verarbeiten, und grundsätzlich ist es besser, wir wählen unsere Filter selbst, statt die Entscheidung anderen zu überlassen. Wenn ich die *New York Times* und nicht das *Wall Street Journal* lese, treffe ich selbst eine Wahl hinsichtlich der Werte, denen die beiden Zeitungen sich bei ihrer Filterung verpflichtet fühlen. Offenbar dürfte das im Einzelfall kein Problem darstellen.

Aber auch die Auseinandersetzung mit ungefilterten Informationen hat ihren Wert. Als Einzelne möchten wir uns vielleicht nicht mit Fragen der Armut oder der Ungleichheit auseinandersetzen und diese Dinge daher lieber aus unserer Welt ausblenden. Für die Gesellschaft wäre es jedoch verheerend, wenn die Bürger alle Probleme ausblenden könnten, die sie nicht unmittelbar betreffen. Denn die Bürger müssen Repräsentanten wählen, die sich mit diesen Problemen befassen.[48]

Im realen Raum brauchen wir uns darüber keine besonderen Sorgen zu machen, weil das Filtern dort nur unvollkommen funktioniert. Auch wenn ich die Obdachlosigkeit ignorieren möchte, treffe ich auf meinem Weg zur Bank ganz unvermeidlich auf Obdachlose, und wenn ich das Problem der Ungleichheit nicht zur Kenntnis nehmen will, fahre ich auf dem Weg zum Flughafen dennoch durch Stadtviertel, die mir vor Augen führen, welche Ungleichheit in den Vereinigten Staaten herrscht. Die Probleme drängen sich mir auf, auch wenn ich sie nicht sehen möchte. Im realen Raum fordern sie meine Aufmerksamkeit ganz unabhängig von meinen Filterungswünschen.

Das gilt allerdings nicht für alle. Die ganz Reichen können sich von allem abschotten, was sie nicht sehen wollen. Denken Sie etwa an den Butler im neunzehnten Jahrhundert, der die Tür öffnet und jeden wegschickt, von dem er glaubt, dass seine Herrschaft ihn nicht sehen möchte. Das Leben dieser Menschen war sehr stark gefiltert. Und bei manchen ist das heute noch so.

Aber die meisten von uns können das nicht. Wir müssen uns den Problemen der anderen stellen und über die Probleme unserer Gesellschaft nachdenken. Das macht uns zu besseren Bürgern.[49] Wir sind eher in der Lage, über Dinge, die andere betreffen, zu diskutieren und abzustimmen, wenn wir einigermaßen darüber Bescheid wissen.

Was geschieht nun, wenn die Unvollkommenheit der Filterung wegfällt? Was geschieht, wenn jeder gleichsam einen Butler haben kann? Wäre solch eine Welt mit den Werten des ersten Verfassungszusatzes vereinbar?

Manche meinen, sie wäre es nicht. Cass Sunstein etwa sagt sehr entschieden, die Verfassungsväter hätten den ersten Verfassungszusatz im Sinne Madisons verstanden.[50] Das heißt, das Meinungs- und Informationsspektrum, das wir wahrnehmen, sei nicht von der Wahl des Einzelnen abhängig zu machen, sondern von dem Spektrum, das wir wahrnehmen müssen, um unserer Aufgabe als Bürger gerecht zu werden. Danach wäre jede Architektur abzulehnen, die die Wahlentscheidung des Konsumenten in den Mittelpunkt stellte. Wahlentscheidungen sind nach dieser Auffassung nichts Schlechtes, aber sie sind nicht das eigentliche Ziel. Ithiel de Sola Pool äußert einen ähnlichen Gedanken:

> Was bedeutet es, wenn die Öffentlichkeit sich in immer kleinere Gruppen mit speziellen Interessen aufspaltet? Was bedeutet es, wenn die Themen und Probleme, die das Land bewegen, nicht mehr von einigen wenigen Massenmedien gesetzt werden, denen die meisten Menschen ausgesetzt sind? Daraus erwächst für die Gesellschaft eine umgekehrte Gefahr wie aus einem massenhaften Konformismus. Zusammenhalt und Funktionsweise einer demokratischen Gesellschaft basieren gleichsam auf einem öffentlichen Versammlungsplatz, auf dem alle zusammenkommen und sich gemeinsam mit den anstehenden Problemen befassen, sosehr sie über die Lösungen auch streiten mögen.[51]

Auf der anderen Seite behaupten Wissenschaftler wie Geoffrey Stone ebenso entschieden, ein derart paternalistisches Ideal sei bei den Verfassungsvätern im Blick auf die Redefreiheit nirgendwo zu finden.[52] In diesem Verfassungszusatz gehe es ausschließlich um das Verbot einer staatlichen Einschränkung privater Wahlentscheidungen. Da die private Wahlentscheidung im Filtersystem nicht eingeschränkt werde, stelle eine vollkommene Filterung auch kein Problem dar.

Hier haben wir es wieder mit einer latenten Mehrdeutigkeit zu tun, und wie schon in den anderen Fällen glaube ich nicht, dass wir mit dem Hinweis auf Madison weit kommen. Um Sunstein mit seinen eigenen Mitteln zu schlagen, könnte man sagen, der erste Verfassungszusatz sei eine unvollständig durchdachte Übereinkunft der Verfassungsväter gewesen, und besser gestehe man ein, dass er den Fall einer vollkommenen Filtertechnik gar nicht abdeckt.[53] Die Verfassungsväter konnten sich eine Welt mit PICS gar nicht vorstellen, und ganz gewiss haben sie ihr nicht zugestimmt. Wenn wir die Wahl zwischen beiden Systemen treffen wollen, müssen wir uns mit den Werten auseinandersetzen, die darin gesichert werden sollen; wir dürfen nicht so tun, als wäre diese Wahl schon getroffen.

Welche Werte sollten wir wählen? Meines Erachtens sollten wir uns nicht für ein System mit vollkommener Filterung entscheiden. Wir sollten uns nicht für ein hoch effizientes Zensursystem entscheiden – oder zumindest für kein System, das eine unbemerkte Filterung ermöglicht, die der Ebene des einzelnen Anwenders vorgelagert wäre. Auch sollten wir uns nicht für ein System perfekter Filterung entscheiden, solange überall in der Welt ein Hang zu übermäßiger Filterung besteht. Wenn der Staat bestimmte Informationen und Meinungsäußerungen kontrollieren will, dann soll er das offen tun. Denn nur bei einer transparenten Regulierung ist eine politische Reaktion möglich.

Meine Wahl fällt daher auf das System, das mit den geringsten Veränderungen verbunden ist. Ein Zonensystem, das Kindern ermöglicht, sich als solche zu erkennen zu geben, ist mit weniger Veränderungen verbunden als ein Filtersystem, das die Klassifizierung sämtlicher Inhalte erfordert. Ein Zonensystem ist nicht nur mit weniger Veränderungen verbunden, sondern ermöglicht auch ein geringeres Maß an sonstigen Regulierungen; es erfordert die geringsten Veränderungen an der bestehenden Architektur des Internets und lässt sich nicht leicht für eine sehr viel weiterreichende Regulierung nutzen.

Ich votiere selbst dann für ein Zonensystem, wenn dazu ein Gesetz erforderlich wäre und das Filtersystem nur private Entscheidungen voraussetzte. Wenn der Staat eine Veränderung in der Mischung aus Recht und Architektur herbeiführen will, ist es mir gleichgültig, ob er dies in einem Kontext über Gesetze und in einem anderen über die Förderungen von Normen tut. In meinen Augen kommt es nicht auf die Mittel, sondern auf die Ergebnisse an, darauf nämlich, ob das betreffende System die Meinungs- und Informationsfreiheit schützt.

Andere legen äußersten Wert auf die Unterscheidung zwischen Recht und privatem Handeln. Staatliche Regulierungen sind ihnen grundsätzlich suspekt, während die Regulierung durch Private in ihren Augen außerhalb der Reichweite einer verfassungsrechtlichen Überprüfung liegt. Und das Verfassungsrecht stimmt ihnen darin weitgehend zu.

Aber wie gesagt und wie auch im Folgenden nochmals ausgeführt, wir sollten uns nicht an die Vorgaben der Juristen halten, sondern uns fragen, welche Werte der Cyberspace schützen soll. Wie das geschehen kann, sollen dann die Juristen klären.

Der lästige Skeptiker, der mich ständig auf meine »Widersprüche« hinweist, wird sich nun wohl wieder zu Wort melden. Im letzten Kapitel habe ich mich für eine Datenschutzarchitektur ausgesprochen, die im Wesentlichen der Architektur von PICS entspricht. P3P eröffnet wie PICS die Möglichkeit, dass zwei Computer miteinander über Inhalte verhandeln. Bei P3P handelt es sich um Regeln zum Datenschutz, bei PICS um Regeln zu Inhalten. Wie kann ich mich, fragt der Skeptiker, für das eine, aber gegen das andere aussprechen?

Die Antwort ist dieselbe wie beim ersten Mal: Die Werte der Meinungs- und Informationsfreiheit sind andere als die Werte des Datenschutzes. Bei der Meinungsfreiheit wollen wir keine so starke Kontrolle wie beim Datenschutz. Aus demselben Grund, aus dem wir die Kontrolle über geistiges Eigentum lockern, sollten wir auch die Kontrolle der Inhalte lockern. Ein wenig Durcheinander und Reibung stellen keine Kosten, sondern einen Wert dar.[54]

Aber sind diese Werte anders, nur weil ich es sage? Nein. Sie sind nur deshalb anders, weil *wir* sagen, dass sie anders sind. Im realen Raum behandeln wir sie als verschieden, und ich sage lediglich, wir sollten wählen, was wir im Cyberspace wünschen.

REGULIERUNG DER REDEFREIHEIT: VERTEILUNG

Bislang habe ich über Architekturen im Cyberspace gesprochen. In dieser letzten Geschichte werde ich die Grenzen ein wenig verwischen. Ich werde an der Architektur des Cyberspace einen wichtigen Aspekt der Regulierung von Rundfunk und Fernsehen aufzeigen.

Zuständig für diese Regulierung ist in den USA die Federal Communications Commission. Wenn ich mich auf der Radiofrequenz 98,6 Megahertz mit einer politischen Ansprache an meine Bostoner Mitbürger wendete, würde die FCC einschreiten.[55] Denn dazu bräuchte ich eine Lizenz; ich habe jedoch keine Lizenz, und ohne Lizenz zu senden, ist ein Vergehen. Es ist ein Vergehen, obwohl die Verfassung sagt: »Der Kongress darf kein Gesetz erlassen ..., das die Freiheit der Rede oder der Presse einschränkt.« Was gilt nun?

Die Antwort beruht auf einer wichtigen Voraussetzung, die den Kern unserer Rechtsprechung zu Radio und Fernsehen bildet. Für die Ausstrahlung von Radio- oder Fernsehsendungen steht nur ein begrenztes Spektrum an Frequenzen zur Verfügung, und der einzige Weg, solche Sendungen überhaupt zu ermöglichen, liegt in der Zuweisung einzelner Frequenzen an einzelne Sendeanstalten, die dann allein das Recht haben, diese Frequenzen zu nutzen. Ohne diese Zuweisung herrschte Chaos, und es gäbe gar keine Sendungen.

Im Verfassungsrecht tauchte dieser Gedanke erstmals 1927 nach der Verabschiedung des Radio Act durch den Kongress auf.[56] 1926 hatte Wirtschaftsminister Herbert Hoover die Kontrolle der Radiosender aufgegeben, nachdem mehrere Berufungsgerichte festgestellt hatten, dass er dazu nicht berechtigt war. Wenn der Staat nicht dazu berechtigt war, meinte Hoover, müsse sich eben die unsichtbare Hand der Sache annehmen. Aber Hoover war kein Freund der unsichtbaren Hand. Er prophezeite, was dem Radio drohte, wenn man es der unsichtbaren Hand überließ (nämlich Chaos), und manche behaupten, er habe selbst dazu beigetragen, dass seine Prophezeiung auch eintrat. Die Sender würden sich gegenseitig stören, sagte er, und es werde ein einziges Durcheinander entstehen. Als dann tatsächlich ein gewisses

Durcheinander entstand, nutzte er dies als Rechtfertigung für eine neuerliche Regulierung durch den Bund.[57]

Der Kongress eilte zu Hilfe und beauftragte die FCC mit einer massiven Regulierung. Nur wer eine Lizenz besaß, durfte senden, und was gesendet wurde, unterlag einer Kontrolle über die Lizenz. Die Sender hatten sich am Gemeinwohl zu orientieren und mussten ihre Ressourcen miteinander teilen. Kurz, der Kongress bestimmte, das Radio müsse in derselben Weise reguliert werden, wie man in der Sowjetunion die Wirtschaft regulierte.[58] Wir hatten keine Wahl. Wie Richter Felix Frankfurter bei der Bestätigung dieser Regelungen erklärte, zwingt die »Natur« des Mediums dazu.[59]

Von Anfang an gab es jedoch auch Skeptiker; ihre Skepsis galt nicht der Tatsache, dass die begrenzten Frequenzen eine Regulierung erfordern, sondern den Mitteln der Regulierung. Musste man die Zuweisung von Eigentum einer zentralen Behörde überantworten? Hätte das Privatrecht nicht genügend Möglichkeiten geboten?[60] Ronald Coase meinte 1959, wenn man die Lizenzen versteigerte, erhalte der potenteste Bewerber den Zuschlag.[61] Fast fünfzig Jahre später trägt Coases Vorschlag Früchte. Die FCC hat gerade damit begonnen, große Teile der Sendefrequenzen zu versteigern. Bald wird die Entscheidung, wer sich öffentlich zu Wort melden kann, weitgehend in privaten Händen liegen – die allerdings die Unterstützung des Staates genießen.

Denken Sie einen Augenblick über die Architektur nach, die diese Entwicklung impliziert. Wenn Frequenzen zugeteilt werden müssen, so lautet das Argument, dann soll eine staatliche Behörde diese Zuweisung vornehmen. Diese Behörde muss als Lizenzgeber mit erheblichen Machtbefugnissen ausgestattet sein, weil sie die Praxis der Sender beobachten und dieses Verhalten bei der Neuvergabe von Lizenzen berücksichtigen muss. Aber auch wenn der Staat die Frequenzen versteigert, bleiben noch zahlreiche staatliche Aufgaben: Die Kanäle müssen frei gehalten, Piratensender verfolgt werden. Sowohl bei der Lizenzierung als auch bei der Versteigerung bedarf es eines starken Staates und beträchtlicher privater Macht. Und all das wird von der Natur der Sendetechnik nicht nur gerechtfertigt, sondern geradezu erzwungen.

Schon viele haben darauf hingewiesen, wie sehr sich diese Architektur von der Architektur der Presse bei der Gründung der Republik unterscheidet. Die »Presse«, das war 1791 nicht die *New York Times* oder das *Wall Street Journal*. Sie bestand nicht aus großen Privatunternehmen, deren Erzeugnisse Millionen von Lesern erreichten. Die Presse ähnelte damals eher unserem heutigen Internet. Die Druckkosten lagen niedrig, die Zahl der Leser war gering, (fast) jeder konnte Zeitungsverleger werden – und tatsächlich gingen erstaunlich viele diesen Weg.[62] Wenn die Verfassung von den Rechten der »Presse« spricht, denkt sie an die Architektur des Internets.[63]

Der Markt hat diese Struktur im Bereich der Presse zerstört, und die Natur, so heißt es, mache sie bei Radio und Fernsehen unmöglich. Wir leben also in einer Welt, in der sich die für Meinungs- und Informationsfreiheit wichtigsten Architekturen grundlegend von denen unterscheiden, mit denen einst die Verfassungsväter zu tun hatten.

Im vierten Kapitel habe ich gesagt, Architekturen könnten sich hinsichtlich der darin verkörperten Werte und der Regulierbarkeit des Verhaltens unterscheiden. Hier jedoch begegnet uns eine dritte Möglichkeit. Wie das Beispiel des Rundfunks zeigt, unterscheiden Architekturen sich auch hinsichtlich der zulässigen Regulierung. Bei einer Architektur, die auf der Vergabe von Frequenzen beruht, ist mehr Regulierung gerechtfertigt, weil irgendjemand über die Vergabe entscheiden muss.

Die Architektur des Rundfunks unterscheidet sich also grundlegend von den Vorstellungen der Verfassungsväter. Sie rechtfertigt ein erhebliches Maß an staatlicher Regulierung in einem Kernbereich der Meinungs- und Informationsfreiheit. Dennoch sagt man uns, wir seien gezwungen, diese Architektur zu akzeptieren, weil die Natur uns keine andere Wahl lasse. Die Frequenzen müssen zugeteilt werden, wenn Radio und Fernsehen überhaupt möglich sein sollen.

Aber was wäre, wenn diese Annahmen gar nicht mehr zuträfen?[64] Wie die Rundfunktechnik 1927 auch beschaffen war, heute zeigt sich immer deutlicher, dass der Rundfunk keine Vergabe von Frequenzen mehr erfordert. Es gibt heute eine zweite Architektur für den Rundfunk (die mit einer Frequenzspreizung arbeitet – es gibt auch andere Bezeichnungen dafür), und diese Architektur kommt ohne eine Vergabe von Frequenzen aus.[65] Bei dieser Sendetechnik wäre eine umfassende staatliche Regulierung nicht mehr gerechtfertigt.

Wie soll das möglich sein? Sie denken wahrscheinlich, wenn zwei Sender im Bereich derselben Frequenz senden, stören die Signale sich wechselseitig. Dabei stammt die Verzerrung, die wir hören, nicht von Signalen, die sich gegenseitig stören, sondern von Empfängern, die nicht trennscharf genug arbeiten. Solche Empfänger benötigen einen ganzen Kanal – oder einen deutlichen Unterschied zwischen dem Kanal und allem übrigen. Wenn er keinen klaren Kanal empfängt, weiß er nicht, auf welches Signal er sich konzentrieren soll. Er wechselt zwischen den Signalen hin und her, und es klingt so, als vermischten sich die verschiedenen Sendungen.

Ein besserer Empfänger könnte die Sendungen auseinanderhalten. Er wüsste, was er empfangen soll, und könnte alles andere ignorieren. Dazu bedarf es lediglich einer Übereinkunft über die Protokolle für Empfänger. Die Empfänger warten, bis sie das richtige Paket erhalten, und erst dann öffnen sie es.

Das ist die Architektur des Internets. Computer haben Adressen; sie sammeln aus dem Netz Pakete, die an sie adressiert sind.[66] Niemand weist Ihrem Computer einen bestimmten Kanal zu – Ihr Computer teilt das Netz mit allen anderen Computern. Das Netz verfügt aber über ein Protokoll, das festlegt, wie die vielen Computer diesen Gemeinbesitz teilen. Nach der Annahme dieses Protokolls ist eine weitere Regulierung nicht erforderlich.

Viele sagen, man könne den Rundfunk genauso organisieren. Der Rundfunk könne mit Frequenzspreizung arbeiten, und niemand müsse mehr einzelne Frequenzen an einzelne Sender vergeben. Durch diese Architektur würde das ganze Sendespektrum zum Gemeinbesitz, und dennoch müssten wir kein Chaos befürchten, weil die Technologie der Empfänger die Aufgabe der Signaltrennung übernähme. Jeder könnte senden.

Hier haben wir also eine alternative Architektur für den Rundfunk, die keine massive staatliche Regulierung und keine vom Staat gestützten Oligopole wie NBC benötigt. Die Sendefrequenzen ließen sich sehr viel besser nutzen, und sie könnten in Konkurrenz zu anderen Trägermedien wie Kupfer und Glasfaser treten. Es entstünde ein Wettbewerb zwischen den verschiedenen Übertragungsformen, und die Sender könnten den wettbewerbsfähigsten Weg nutzen.

Zwei Architekturen (Frequenzspreizung und Frequenzvergabe), zwei Regulierungsstrukturen (klein und groß) und zwei Branchenstrukturen (kleine und große Sender): Welche von beiden entspricht eher den Anforderungen des ersten Verfassungszusatzes?

Hier haben wir nun endlich ein Beispiel für eine funktionierende Übersetzung. Wir haben die Wahl zwischen einer Architektur, die eine funktionale Entsprechung zur Architektur in der Gründungszeit der Republik darstellt, und einer Architektur, die dem sowjetischen Modell entspricht. Die eine Architektur verteilt Macht und erleichtert die freie Rede, die andere konzentriert Macht und belegt die freie Rede mit hohen Kosten. Unter diesen beiden Wahlmöglichkeiten trafen die Väter der amerikanischen Verfassung eine Wahl. Dem Staat sollte nicht die Aufgabe zufallen, Lizenzen auf freie Rede zu vergeben, weder direkt noch indirekt. Aber genau das verlangt die Praxis der Frequenzvergabe von ihm.

Eine getreue Lektüre der Verfassung, so behaupten mein Kollege Yochai Benkler und ich,[67] würde das Regime der Frequenzvergabe zu Fall bringen.[68] Eine getreue Lektüre müsste eine Architektur verwerfen, die zu einer so starken Konzentration von Macht führt. Das Modell der Rede- und Meinungsfreiheit, an das die Verfassungsväter dachten, entspricht dem Modell des Internets: verteilt, dezentral, vollkommen frei und vielfältig. Natürlich müssen wir uns entscheiden, ob wir eine getreue Lektüre wünschen – auch Übersetzungen enthalten nicht ihre eigene normative Grundlage. Aber wenn Auslegungstreue unser Ziel ist, kann die Antwort nur so lauten.

LEHREN

Was ich zu Beginn des Buches als Instanzen der Einschränkung und des Zwangs beschrieben habe, das habe ich in diesem Kapitel nochmals als Instanzen des Schutzes beschrieben. Während Einschränkungsinstanzen sich als Schwert gegen den Einzelnen (als Gewalten) einsetzen lassen, können Schutzinstanzen ihm als Schild dienen (als Rechte).

Wir hätten auch darüber nachdenken können, wie die vier Instanzen die Meinungs- und Informationsfreiheit schützen, aber ich habe mich hier auf die Architekturen konzentriert. Welche Architekturen schützen welche Rede? Wie wirken sich Veränderungen der Architektur auf die jeweils geschützte Rede aus?

Ich habe mich nicht kurz gefasst, aber ich habe mich um eine Perspektive bemüht, die das Verhältnis zwischen Architektur und Meinungsfreiheit global sieht und mit den verfassungsrechtlichen Vorgaben nicht nur darüber nachdenkt, was angesichts einer bestimmten Architektur erlaubt ist, sondern auch fragt, welche Architektur erlaubt ist. Unsere im realen Raum beheimatete Verfassung sollte auch die Verfassung des Cyberspace prägen. Zumindest sollte sie den Staat hindern, den Cyberspace so zu gestalten, dass er nicht mehr mit den Werten unserer Verfassung übereinstimmt.

13. ZWISCHENSPIEL

Wir wollen für einen Augenblick innehalten und auf die drei letzten Kapitel zurückblicken. In den dort behandelten Problemen lässt sich ein Muster erkennen, eine Reihe von Aspekten, in denen sie einander gleichen.

In allen Fällen ging es um die Frage: Wie viel Kontrolle über Information sollten wir zulassen, und wer sollte sie ausüben? Beim Urheberrecht gibt es einen Konflikt zwischen dem Code als Schutzinstrument für Urheberrechtsinhaber und dem fairen Gebrauch; beim Datenschutz besteht ein Konflikt zwischen dem Code, der einen Markt für Datenschutz schaffen könnte, und dem Recht auf eine vom Markt unabhängige Erhebung und Weitergabe persönlicher Daten. Und schließlich fanden wir einen Konflikt zwischen einem Code, der perfekte Filterung ermöglicht, und einer Architektur, die in der Frage, wer was bekommt, ein gewisses Durcheinander zulässt. In allen Fällen bedarf es eines Ausgleichs zwischen Kontrolle und Verzicht auf Kontrolle.

Für die Lösung dieser Konflikte habe ich, wie es scheint, jeweils unterschiedliche Vorschläge gemacht. Beim geistigen Eigentum spreche ich mich gegen einen Code aus, der den Umgang mit urheberrechtlich geschütztem Material verfolgt, und für einen Code, der ein umfangreiches Gemeineigentum ermöglicht. Beim Datenschutz spreche ich mich für einen Code aus, der individuelle Wahlmöglichkeiten bietet – sowohl bei der Verschlüsselung als auch beim Ausdruck von Präferenzen hinsichtlich der Sammlung und Verwertung persönlicher Daten durch Dritte. Der Code würde diese Wahl ermöglichen, das Recht könnte diesen Code stützen. Bei der Meinungs- und Informationsfreiheit spreche ich mich jedoch gegen einen Code aus, der eine perfekte Filterung von Inhalten ermöglicht – das wäre zu gefährlich –, und für die Möglichkeit einer vollkommen freien Wahl. Größere Wahlmöglichkeiten sind natürlich besser, ein Code, der die Entwicklung von Reputationssystemen fördert, ist gut, und ein Code, der ein breiteres Spektrum von Rundfunksendungen gestattet, ist ebenfalls gut.

In allen drei Fällen geht es darum, zentralisierte Entscheidungsstrukturen zu vermeiden. Bei der Filterung geht es aber außerdem noch um die Vermeidung allzu stark individualisierter Strukturen.

Sie werden fragen, ob diese Entscheidungen stimmig sind. Ich denke, sie sind stimmig, aber es ist gar nicht so wichtig, ob Sie dem beipflichten. Man könnte auch einen anderen Ausgleich für sinnvoll halten – mehr Kontrolle für geistiges Eigentum und Filterung zum Beispiel und weniger für den Datenschutz. Wichtig ist mir, dass Sie die Notwendigkeit eines solchen Ausgleichs und die Bedeutung der These erkennen, wonach es solch eines Ausgleichs unter allen Umständen bedarf. Es gibt stets einen Konflikt zwischen öffentlichem und privatem Bereich, zwischen den Rechten des Einzelnen und den Interessen der Allgemeinheit. Wir werden immer entscheiden müssen, wie weit die eine und wie weit die andere Seite gehen darf. Im Bereich des öffentlichen Rechts ist stets zu klären, wie eine bestimmte Konstellation verfassungsmäßiger Werte zu beurteilen ist und welcher Ausgleich in einer bestimmten Situation geschaffen werden soll.

Bei alledem habe ich bisher außer Acht gelassen, wer jeweils für ein bestimmtes Ungleichgewicht verantwortlich ist. Manche werden sagen, es wird zu viel gefiltert oder der Datenschutz ist unzureichend oder das geistige Eigentum wird zu stark geschützt, aber dabei handelt es sich nicht um eine öffentliche Angelegenheit, solange nicht der Staat für solche Ungleichgewichte verantwortlich ist. In den Vereinigten Staaten reicht die Verfassung nur so weit wie der Staat. Und ich habe noch nicht gezeigt, inwieweit staatliches Handeln in den genannten Bereichen eine Rolle spielt.

Das werde ich auch nicht tun. In meinen Augen zeigt unsere Tradition eine gewisse Mehrdeutigkeit in der Frage, wie weit die Werte unserer Verfassung reichen sollen. In einer Zeit, als Staaten die einzigen regulierenden Instanzen bildeten, war es durchaus sinnvoll, die Autorität der Verfassung auf staatliches Handeln zu beschränken.

Wenn aber immer mehr regulierende Instanzen entstehen, besteht kein Grund, die Verfassungswerte weiterhin auf den staatlichen Bereich zu begrenzen. Die Väter unserer Verfassung haben in dieser Frage keine Entscheidung getroffen, doch es gibt keinen Grund, warum die Regulierung durch den Code nicht auch den Werten der Verfassung unterworfen werden sollte. Noch niemand hat schlüssig dargelegt, warum dieser Teil unseres Lebens von den Einschränkungen und Schutzbestimmungen unserer Verfassung ausgespart bleiben sollte.

Der Code verändert das Gleichgewicht zwischen den oben beschriebenen individuellen und kollektiven Rechten. Im letzten Kapitel des dritten Teils werde ich auf ein anderes Gleichgewicht zu sprechen kommen, an dem gleichfalls der Code beteiligt ist. In diesem Fall geht es jedoch nicht um einen Ausgleich zwischen Individuum und Staat, sondern zwischen dem Staat und den in der Architektur des Cyberspace angelegten Regulierungen. In diesem Fall gilt die Bedrohung der traditionellen staatlichen Souveränität. Wie können wir diese Tradition übersetzen, so dass sie in eine Welt passt, in der der Code Gesetz ist?

14. SOUVERÄNITÄT

Vietnam ist ein kommunistisches Land – eines der wenigen, die es noch gibt. Zwar hat der Kommunismus in Vietnam wenig mit dem Kommunismus zu tun, an dem sich einst der Kalte Krieg entzündete, aber dennoch ist Vietnam ein souveräner Staat, der seine Identität nach wie vor (über den Vorsitzenden Ho) auf Marx und Lenin stützt.

Die Vereinigten Staaten sind kein kommunistisches Land. Der Verlierer des Vietnamkrieges und Gewinner des Kalten Krieges stützt seine Identität weitgehend auf Ideen, die im Widerspruch zur marxistisch-leninistischen Ideologie stehen.[1] Das Staatsideal Vietnams stellt den Staat in den Dienst eines allmählichen Absterbens des Staates. Das Staatsideal der Vereinigten Staaten stellt den absterbenden Staat in den Dienst der Freiheit. Der Kommunismus arbeitet mit dem Modell der Kontrolle, die Vereinigten Staaten setzen auf das Modell der Freiheit. Jedenfalls meinen wir das.

Ich gestehe, dass die kommunistischen Staaten mich immer ein wenig fasziniert haben. Anfang der achtziger Jahre besuchte ich alle kommunistischen Staaten Europas, die mich hereinließen. Im Sommer 1996 habe ich längere Zeit in Vietnam verbracht. Allein und ohne jede E-Mail habe ich versucht, dieses Land zu verstehen, das in meiner Kindheit Opfer des von meinem Land exportierten Kalten Krieges geworden war.

Ich bin schon weit herumgekommen – ich reise sehr gerne –, aber noch nie habe ich ein so außergewöhnliches Land gesehen. Man ist immer wieder überwältigt von der Bereitschaft der Menschen zu verzeihen, und als Amerikaner kann man von der Wärme und Aufnahmebereitschaft der Vietnamesen nur überwältigt sein. Wenn wir den Krieg »gewonnen« hätten, wäre dieses Verzeihen vielleicht nicht so ausgeprägt. Dem Sieger ist es eher möglich, zu verzeihen.

Ich war allerdings nicht nach Vietnam gegangen, um das Verzeihen zu verstehen, sondern um zu erfahren, wie man dort lebt. Ich wollte verstehen, wie dieser Staat seine Bürger kontrolliert, wie er sie reguliert und was seinen Charakter als einen der letzten kommunistischen Staaten ausmacht. Daher habe ich viel mit Juristen, Geschäftsleuten und Managern des in Vietnam entstehenden Netzes (»NetNam«) gesprochen. Schon bald zeigte sich mir ein überraschendes Bild.

Obwohl Vietnam ein »kommunistischer« Staat ist, dessen Ideologie nach unserem Verständnis nur eine sehr geringe Einschränkung staatlicher Macht duldet; obwohl der vietnamesische Staat das Gemeineigentum zum Ideal erhebt und nicht Privatbesitz oder individuelle Freiheit; obwohl es auf dem Papier in Vietnam keine »Freiheit« im westlichen Sinne gibt – obwohl all das zutrifft, konnte ich mich nicht des Eindrucks erwehren, dass die Menschen dort in ihrem alltäglichen Leben weniger Regulierungen unterworfen sind als die Menschen in den Vereinigten Staaten. Das gilt gewiss nicht für alle – politische Gegner des Regimes bekommen die Macht des Staates sehr deutlich zu spüren. Aber ich hatte das Gefühl, dass gewöhnliche Menschen, viele davon Ladeninhaber, in ihrem gewöhnlichen Leben kaum etwas von der Kontrolle spüren, die der Staat auszuüben vermag. Sie wissen nicht, wie es ist, einer staatlichen Behörde vierteljährlich ihre Einkünfte zu melden und unter einer (relativ) effizienten Regulierung zu leben, wie wir es gewohnt sind. Das Leben ist bemerkenswert frei von staatlicher Kontrolle. Man kann sich nur schwer vorstellen, was anders wäre, wenn Nixon den Krieg gewonnen hätte. Pornografie wurde verboten, man machte den Hippies das Leben schwer, aber die Menschen blieben in alltäglichen Geschäften weitgehend von staatlicher Regulierung verschont.

Das ist gar nicht so schwer verständlich (wenn Sie einem Laienanthropologen solch eine Feststellung abnehmen wollen). Das geschriebene Recht mag in Vietnam eine strengere oder weiterreichende Regulierungsinstanz als in den Vereinigten Staaten sein oder auch nicht – aber die Architektur des Lebens macht eine staatliche Regulierung in Vietnam schlicht unmöglich. Der Kontrolle fehlt die nötige Infrastruktur. Ganz allgemein gibt es kaum Infrastruktur. Welche Regulierung der Staat auch durchsetzen möchte, es besteht keine Architektur, die eine wirksame Regulierung zuließe. Selbst wenn es dort mehr Regulierung geben sollte als bei uns (und daran habe ich erhebliche Zweifel), gibt es in Vietnam effektive »Freiheit«.

Das ist keineswegs unsinnig. Das Regulierungsvermögen hängt ebenso von der Architektur wie von der Ideologie ab – Architekturen ermöglichen und begrenzen Regulierung. Wenn wir wissen wollen, welche Macht der Staat besitzt, müssen wir die Architekturen verstehen, in denen er seine Macht entfaltet.

Genau damit befassten sich die letzten Kapitel. Wir können uns eine Vorstellung von souveräner Macht machen – vom Recht des Souveräns, Verhalten zu regulieren und zu kontrollieren –, doch diese Vorstellung hat nur dann Sinn, wenn wir sie in einen bestimmten Regulierungszusammenhang und eine bestimmte Kontrollarchitektur stellen. Die Macht des Staates mag »absolut« sein, doch wenn die Architektur die Regulierung nicht stützt, bleibt die Macht des Staates letztlich sehr gering. Andererseits mag die Macht des Staates eingeschränkt sein, doch wenn die Kontrollarchitekturen sehr effizient arbeiten, kann die beschränkte Macht sehr groß sein. Wenn wir die Regulierungsmacht eines Staates einschätzen wollen, müssen wir fragen: Inwieweit unterstützt seine Infrastruktur die betreffende Kontrollstruktur?

Diese Frage möchte ich nun für die Regulierung im Cyberspace stellen – genauer gesagt, ich möchte nach der Souveränität im Cyberspace fragen. Zunächst müssen wir dabei nach den realen Staaten fragen: Welche Macht haben sie, das Leben im Cyberspace zu regulieren? Inwieweit stützt die Architektur des Cyberspace die Regulierung durch die Staaten des realen Raums? Und anschließend können wir dann nach der »Souveränität« des Cyberspace selbst fragen.

Zum Abschluss werde ich dann die These aufstellen, dass es im Cyberspace Souveränität *gibt*, dass diese Souveränität mit den Souveränen des realen Raums konkurriert und dass es sehr wichtig ist, diesen Souverän zu kontrollieren, wenn wir eine demokratische Kontrolle über einen außerordentlich bedeutsamen Aspekt des realen Lebens erlangen wollen – des Lebens *im realen Raum* und nicht nur im Cyberspace, denn letztlich ist das Leben dort ja nichts anderes als das Leben hier.

DER SOUVERÄN DES RAUMS

Der Cyberspace ist ein Ort. Dort leben Menschen. Sie erleben Dinge, die sie auch im realen Raum erleben. Und manche erleben auch mehr. Aber sie tun das nicht als isolierte Individuen, die ein Hightech-Computerspiel spielen. Sie erleben die Dinge in Gruppen, in Gemeinschaften, unter Fremden und unter Menschen, die sie manchmal kennen und gelegentlich sogar lieben lernen.

Wenn sie an diesem Ort sind, also im Cyberspace, dann sind sie zugleich auch hier. Sie sitzen am Bildschirm, essen Chips, überhören das Telefon. Sie sitzen bis tief in der Nacht am Computer, während die Ehefrau oder der Ehemann schläft. Sie arbeiten in Cybercafés oder Computerfirmen. Sie leben dort und sind doch auch hier, und irgendwann am Tag springen sie dort heraus und sind dann nur noch hier. Sie stehen vom Computer auf, ein wenig benommen, und drehen sich um. Sie sind wieder zurück.

Wo sind sie also, wenn sie im Cyberspace sind?

Wir haben es gerne genau. Wir möchten sagen können, sie sind entweder im Cyberspace oder im realen Raum. Wir möchten, dass diese Dinge klar sind, weil wir wissen wollen, welcher Raum verantwortlich ist. Welcher Raum ist *juristisch* zuständig? Welcher Raum herrscht?

Die Antwort lautet: beide. Wenn jemand im Cyberspace ist, dann ist er stets auch hier. Wenn man den Normen einer Cyberspace-Gemeinschaft unterworfen ist, lebt man doch zugleich auch in einer Gemeinschaft des realen Raums. Wir befinden uns stets in beiden Räumen, wenn wir im Cyberspace sind, und die Normen beider Räume beanspruchen Geltung. Das Recht muss nun klären, wie die Normen der beiden Gemeinschaften anzuwenden sind, wenn derjenige, auf den sie angewendet werden sollen, sich gleichzeitig in beiden Räumen aufhält.

Denken Sie noch einmal an Jake Baker zurück. Das Problem lag nicht darin, dass Jake an einen anderen Ort ging, an dem andere Normen herrschten, sondern darin, dass er immer noch in Michigan war, wenn er sich im Netz aufhielt. Er war den in seinem Wohnheim geltenden Anstandsregeln unterworfen, und er war den Anstandsregeln im Cyberspace unterworfen. Während er dort auf seinem Stuhl saß, war er zwei verschiedenen Normsätzen unterworfen.

Welche Normen sollten nun gelten? Wie sollten Staaten in der realen Welt mit solchen Konflikten zwischen verschiedenen Gemeinschaften umgehen?

Einige Beispiele mögen uns hier weiterhelfen. Wenn Sie nach Europa fahren, nehmen Sie gewöhnlich nicht die amerikanische Regierung mit. Sie nehmen keinen Satz Regeln mit, die für Amerikaner in Europa gelten. In Deutschland unterliegen Sie grundsätzlich dem deutschen Recht. Die Vereinigten Staaten haben sehr wenig Anlass, Ihr Verhalten dort zu regulieren – zumindest, solange Sie dort sind.

Doch manchmal hat der amerikanische Staat Grund, das Verhalten seiner Bürger im Ausland zu regulieren, und dann kann ihn das internationale Recht nicht daran hindern.[2] Zum Beispiel gibt es Länder, in denen Pädophilie nicht reguliert ist. Einige dieser Länder wurde daher zu beliebten Reisezielen für Pädophile. 1994 verabschiedeten die Vereinigten Staaten ein Gesetz, das Sex mit Kindern für Amerikaner auch außerhalb des Landes unter Strafe stellt, selbst wenn Sex mit Kindern in diesen Ländern nicht verboten ist.[3]

Wie lässt sich solch ein Gesetz rechtfertigen? Offenbar meinte der Kongress, Menschen, die ein solches Verhalten in anderen Ländern zeigten, täten dies mit größerer Wahrscheinlichkeit auch im Inland. Wenn sie eine Gemeinschaft besuchen, in der dieses Verhalten erlaubt ist, nehmen sie diese Normen womöglich mit zurück nach Hause. Obwohl sich die amerikanische Regierung sonst nicht sonderlich darum kümmert, was Amerikaner dort tun, macht sie sich Sorgen, wenn das, was Amerikaner draußen tun, auch Rückwirkungen auf das Verhalten im Inland haben könnte. In dem Fall wird dieses Verhalten reguliert.

Regelungen dieser Art sind natürlich Ausnahmen, aber nur weil die Bedrohung, die von solchen fremden Gemeinschaften ausgeht, relativ gering ist. Die Reibungen des realen Lebens machen es eher unwahrscheinlich, dass sich die Normen einer fremden Kultur mit unseren eigenen Normen vermischen. Schon die räumliche Entfernung zwischen uns und diesen fremden Kulturen ist so groß, dass nur wenige es sich leisten können, in beiden gleichzeitig zu leben.

Im Netz ist das anders. Wie der Fall Baker und viele andere Beispiele zeigen, sind die fremden Gemeinschaften im Cyberspace nicht weit weg. Wir können sie zu uns nach Hause holen, und die Reibung wirkt nicht mehr als schützender Puffer. Fremde Gemeinschaften können nun die Aufmerksamkeit der Menschen erregen, ohne dass diese Menschen ihr Land und ihre Gemeinschaft verlassen müssten. Wir können heute an beiden Orten zugleich sein. Für den Staat stellt sich daher die Frage, wie weit diese fremde Macht reichen darf.

In gewisser Weise ist das eine alte Geschichte. Einstmals isolierte Kulturen erfahren eine Invasion, wenn die dagegen errichteten Barrieren wegfallen. Denken Sie an die Forderung der Europäer, die Invasion der amerikanischen Kultur zu beenden, die über Satellitenfernsehen in die Wohnzimmer aller Europäer dringt.[4] Oder noch extremer im Mittleren Osten. Auch dort denkt man seit einiger Zeit darüber nach, wie man sich vor dem Eindringen einer fremden Kultur schützen kann.

Gleichwohl gibt es hier einen Unterschied. Die Invasion erfolgt eher passiv. *Dallas* und *Baywatch*[5] stellen keine Normen dar, denen die Menschen in Ungarn oder Singapur folgen müssten. Sie zeigen eine bestimmte (un)moralische Welt, die von den Menschen in Ungarn oder Singapur gesehen werden kann. Aber sie ziehen die Menschen dort nicht in ein anderes Leben hinein. Das Fernsehen bietet alternative Vorstellungen. Das interaktive Leben im Cyberspace bietet dagegen nicht nur Bilder, sondern alternative Lebensweisen (zumindest gilt das für Teile des Cyberspace).

So ist die Geschichte zwar alt, aber wie bei jeder latenten Mehrdeutigkeit hat sie eine neue Wendung erfahren. Heute stellt sich nicht die Frage, wie viel Macht der Staat über die Reisewünsche seiner Bürger haben soll, sondern, wie viel Macht er über die Möglichkeiten seiner Bürger haben soll, an zwei Orten zugleich zu leben.

Wie kann der Staat diese alternativen Lebensformen akzeptieren, wenn die Menschen weiterhin im Bereich seiner Jurisdiktion leben?

Wir wollen das Problem zunächst in seinen Kontext stellen.

»Souveränität« ist die Macht des Souveräns, Gesetze zu erlassen, mit deren Hilfe er das Verhalten der in seinem Einflussbereich lebenden Menschen rechtmäßig lenkt. Die Macht, *Gesetze* zu erlassen – denn ich könnte auch einen Bus auf eine belebte Kreuzung stellen, um das Verhalten von Menschen zu beeinflussen. Und die Macht, *rechtmäßig* Gesetze zu erlassen – denn auch eine Invasionsarmee könnte Gesetze erlassen, ohne deshalb automatisch zum Souverän zu werden.

Jenseits dieser Minimalanforderung hat das Konzept einen beträchtlichen Wandel erfahren. Früher sagte uns die »Logik«, dass man nicht zwei Herren gleichzeitig dienen kann.[6] Alles andere, so glaubte man, verstieße gegen die Idee der »Souveränität«. Die Vereinigten Staaten bereiteten diesem Denken ein Ende. In den Vereinigten Staaten sind die Bürger zwei Souveränen zugleich unterworfen, dem jeweiligen Staat und der Nation. Die doppelte Souveränität ist unser Beitrag zur Theorie der Souveränität. So radikal der Gedanke am Anfang erschien, heute ist er in den Theorien der Souveränität ein Gemeinplatz.

Die doppelte Souveränität schafft jedoch ihre eigenen Probleme. Wie gehen Doppelsouveräne mit der Frage konkurrierender Autorität um? Sowohl im Bereich des Rechts als auch auf dem Gebiet der Verfassung benötigen Doppelsouveräne eine einfache Lösung für den Umgang mit konkurrierender Autorität.

In den Vereinigten Staaten löst man diese Konflikte durch das Prinzip des Vorrangs der Bundesgesetzgebung: Wenn rechtmäßige Gesetze des Bundes mit rechtmäßigen Gesetzen der Bundesstaaten in Konflikt geraten, haben die Bundesgesetze den Vorrang.[7] Nach der Konstruktion sollten solche Konflikte nicht oft vorkommen, doch wenn sie in der Praxis einmal auftraten, hielt die amerikanische Verfassung eine einfache Lösung bereit.

Da inzwischen jedoch Konflikte mit Gesetzen eines einzelnen Souveräns (oder einer Doppelsouveränität) an Zahl und Bedeutung zunehmen, taucht ein anderes Problem auf. Tatsächlich waren die Menschen niemals nur den Gesetzen eines einzigen Souveräns unterworfen. Grenzüberschreitendes Handeln oder ein Handeln mit grenzüberschreitenden Auswirkungen lief von jeher Gefahr, mit konkurrierenden Gesetzen in Konflikt zu geraten. Mit zunehmender Verflechtung des internationalen Lebens nehmen auch solche Konflikte zu. Verhalten hat Auswirkungen an vielen Orten. Wie viele Orte haben ein Anrecht darauf, diese Räume zu regulieren? Oder wie wäre es möglich, dass ein und dasselbe Handeln der Kontrolle mehrerer Souveräne unterliegt?[8]

Der Cyberspace hat die dritte Stufe dieser Debatte geradezu explodieren lassen. Was früher einmal die Ausnahme war, ist heute die Regel. Verhalten wurde früher im Rahmen einer Jurisdiktion oder allenfalls im Rahmen zweier aufeinander abgestimmter Jurisdiktionen geregelt. Nun haben wir systematisch mit zahlreichen, nicht aufeinander abgestimmten Jurisdiktionen zu tun. Wie können wir damit umgehen?

In dieser Frage herrscht ein heftiger Streit zwischen zwei extremen Positionen. Auf der einen Seite steht die Arbeit von David Post und David Johnson. Sie sagen, aus der Vielzahl der Jurisdiktionen, denen unser Verhalten unterworfen ist (weil alles, was wir im Cyberspace tun, Auswirkungen auf alle übrigen Kontexte hat), folgt, dass ein Großteil des Verhaltens wahrscheinlich nirgendwo mehr einer Regulierung unterliegt. Jedenfalls nicht im Cyberspace.[9] Die Widersprüchlichkeit jeder anderen Lösung führe nur ins Absurde. Statt uns in Absurditäten zu verlieren, sollten wir uns daher an etwas sehr viel Greifbareres halten. Um es mit Milan Kundera zu sagen: Das Leben im Cyberspace ist anderswo.

Auf der anderen Seite stehen Wissenschaftler wie Jack Goldsmith, der behauptet, es gebe hier gar nichts Neues.[10] Seit langem schon habe das Recht solche Autoritätskonflikte aufgearbeitet. Im Cyberspace mögen diese Konflikte häufiger auftreten, aber das ändere nichts an ihrem Charakter. Die bisherigen Lösungen reichten sehr wohl aus, man müsse sie allenfalls ein wenig modifizieren.

Beide Seiten haben teilweise Recht, aber sie unterliegen auch beide einem Irrtum. Es stimmt, dass hier etwas Neues entstanden ist, wie Johnson und Post behaupten. Aber es handelt sich nicht um qualitativ, sondern nur um quantitativ Neues. Und es stimmt, dass wir schon immer mit Konflikten dieser Art zu tun hatten, wie Goldsmith behauptet. Aber die Konflikte lagen bisher noch nicht auf dieser Handlungsebene. Noch nie konnten wir sagen, die Menschen lebten tatsächlich an zwei Orten zugleich, ohne dass geklärt wäre, welche Jurisdiktion den Vorrang genießt. Das ist die Herausforderung, vor die uns die Zukunft stellt.

Die doppelte Souveränität wird hier zum Problem, weil die bisherigen Rechtsinstrumente zur Lösung dieser Fragen nicht für Konflikte zwischen gewöhnlichen Bürgern gedacht waren. Sie waren gedacht für Konflikte zwischen Institutionen oder relativ kompetenten Akteuren. Sie waren für den Verkehr zwischen zwei Geschäftsleuten oder zwischen Geschäftsleuten und staatlichen Stellen gedacht, nicht aber für Auseinandersetzungen zwischen gewöhnlichen Bürgern.

Jessica Litman verweist in ihrer Arbeit über das Urheberrecht auf ein ähnliches Problem.[11] Als Kompromiss zwischen Verlagen und Autoren habe das Urheberrecht gut funktioniert. Dieses Recht beziehe sich hauptsächlich auf das Verhältnis zwischen Institutionen. Der Einzelne blieb im Wesentlichen außerhalb des urheberrechtlichen Wirkungsbereichs, weil der Einzelne eigentlich gar nicht »publizierte«.

Das Internet hat all das natürlich verändert. Dort kann jeder sein eigener Verleger sein. Und Litman argumentiert (überzeugend, wie ich meine), die Regeln des Urheberrechts funktionierten in der Anwendung auf den Einzelnen nicht gut.[12] Genauer gesagt, die idealen Regeln für Individuen seien nicht unbedingt identisch mit den idealen Regeln für Institutionen. Die Regeln des Urheberrechts müssten daher überarbeitet werden, damit sie besser in eine Welt passten, in der Individuen sich als Verleger betätigen.

Dasselbe gilt nun auch für Konflikte zwischen Souveränen. Die Regeln für den Umgang mit solchen Problemen funktionieren gut, wenn die beteiligten Parteien sich damit auskennen – Unternehmen, die an vielen Orten Geschäfte machen, oder auch einzelne Menschen, die häufig zwischen zwei Orten hin und her reisen. Diese Menschen können ihr Verhalten an die begrenzte Zahl von Kontexten anpassen, in denen sie sich bewegen, und die vorhandenen Regeln helfen ihnen dabei. Daraus folgt aber ebenso wenig wie beim Urheberrecht, dass dieselben Regeln auch in einer Welt am besten funktionierten, in der jedermann mulinationale Beziehungen pflegen könnte.

Dieses Problem werden wir nicht lösen, wenn wir darauf bestehen, alles sei dasselbe oder alles sei ganz anders. Dazu bedarf es schon etwas mehr Anstrengung. Wenn zahlreiche Bürger an zwei verschiedenen Orten zugleich leben und einer dieser Orte sich nicht im Bereich der Jurisdiktion eines bestimmten Souveräns befindet, dann müssen wir uns fragen, welche Ansprüche ein Souverän an die anderen stellen darf und welche Ansprüche diese Souveräne an den Cyberspace stellen dürfen.

Auf diese Frage haben wir noch keine Antwort gefunden. Es handelt sich um eine weitere latente Mehrdeutigkeit in der Vergangenheit unserer Verfassung, doch in diesem Fall gibt es für die Zeit der Gründung der Republik kein internationales verfassungsrechtliches Moment, das die Frage beantworten könnte. Damals lebten die Menschen nicht im Bereich zweier nicht aufeinander abgestimmter Jurisdiktionen. Das ist etwas Neues.

Es finden sich bereits einige Beispiele, wie das Recht mit Konflikten zwischen den Normen der virtuellen Gemeinschaft und den Gesetzen des realen Raums umgehen kann. Was können wir daraus lernen?

Das erste Beispiel sind natürlich die »Hacker«. Ursprünglich waren die Hacker relativ harmlose Cyberfreaks, die sich in ihrem Verhalten von den Normen der Hackergemeinde leiten ließen.[13] Ein Hacker stahl nicht und zerstörte auch nicht; er suchte im Netz herum, und wenn er ein Loch in einem Sicherheitssystem fand, hinterließ er eine Visitenkarte, die auf das Problem aufmerksam machte.[14] Er war nur wenig aufdringlicher als ein Wachmann, der Türklinken drückt, um festzustellen, ob die Türen geschlossen sind. Diese frühen Hacker drückten nicht nur auf die Klinken, sie traten auch ein, sahen sich um und hinterließen einen lustigen (oder sarkastischen) Hinweis, der letztlich besagte: »He, du Dussel, du hast deine Tür offen gelassen.«

All das mag Ihnen recht sonderbar vorkommen. Aber Sie müssen sich in die Kultur des frühen Netzes zurückversetzen, wenn Sie dieses Verhalten verstehen (und beurteilen) wollen. In der Anfangszeit war das Netz eine Welt aus offener Software und offenen Systemen. Das Betriebssystem war ein UNIX-Abkömmling, ein offenes (transparentes) System, das in verschiedenen Teilen des Netzes in unterschiedlichen Versionen daherkam.[15] Wie bei jedem Evolutionsmodell waren diese Versionen zwar genetisch verwandt, aber es bestanden auch leichte Unterschiede. Die Hacker schnüffelten herum und suchten nach den Problemen, die sich aus dem in Entwicklung befindlichen genetischen Code ergaben.

Zu dieser Zeit gab es im Netz auch kein besonders wertvolles Material. Die gesonderten Netze für Verteidigung oder Finanzen waren damals noch nicht Teil des eigentlichen Internets.[16] Zwar gab es einige spektakuläre Versuche, in diese abgesonderten Netze einzudringen, aber die meisten Hacker waren gutartig.[17] Innerhalb der Hackergemeinde galten die ausgetüftelten Einbruchsversuche als nützliches Tun.

Das alles war einmal. Und schon damals war leicht zu erkennen, dass es so nicht lange bleiben würde. Diese Gemeinschaft von Menschen, die es für fair hielten, Schlösser zu testen, in fremde Computer einzudringen und die Daten zu durchsuchen, passte nicht zu einem Netz, in dem wirtschaftliche Interessen in den Vordergrund rückten. Das waren vergleichsweise kindische Spiele, und als das Geld online ging, waren bessere Sicherheitssysteme unvermeidlich.

Als diese Kulturen miteinander in Konflikt gerieten, ergriff das Recht des realen Raums sehr schnell Partei und merzte eine bestimmte Form von Onlinegemeinschaft entschieden aus. Das Verhalten der Hacker wurde kriminalisiert und vom Staat entschlossen bekämpft. Durch einige prominente und bewusst in die Öffentlichkeit gebrachte Fälle definierte man das »harmlose Verhalten« der Hacker neu und machte es zu »kriminellem Verhalten«. So eliminierte das Recht jede Mehrdeutigkeit hinsichtlich der Vorstellung eines »guten« Hackers.

Ein gutes Beispiel dafür ist die Geschichte des Studenten Robert Tappin Morris.[18] Er arbeitete an der Cornell University an Internet-Mail-Systemen – den Protokollen für den Austausch von Mail zwischen zwei Computern im Netz –, als er einige Mängel an zwei Programmen, die bis heute von vielen für Mails und die Übertragung von Nutzerdaten verwendet werden, feststellte und ausnutzte: Sendmail und Fingerdaemon. Morris war überzeugt, dass beide Systeme gewisse Hintertüren offen ließen, die eine Nutzung der Protokolle für unrechtmäßige Zwecke ermöglichten. Die Protokolle bestimmten zum Beispiel, wann ein Computer die Tür öffnet und die Ablage von Mails auf seiner Festplatte gestattet, aber sie vermochten nicht recht zu erkennen, ob da der Postbote oder ein Dieb an die Tür klopfte.

Wenn Sie im realen Raum bemerken, dass die Tür einer Bank nicht verschlossen ist, rufen Sie die Bank an (falls Sie ein taktvoller Mensch sind) oder die Polizei und machen auf diesen Umstand aufmerksam. Wenn Sie in einer Software von Novell einen Fehler bemerken, können Sie einen Brief an Novell schreiben. Wenn Sie dagegen einen Fehler in Sendmail finden, ist nicht so klar, was Sie tun können, denn Sendmail, das im Netz am weitesten verbreitete Mailprogramm, ist freie Software.[19] Die Websites haben zwar ein Interesse, das Programm auf dem neuesten Stand zu halten, doch da das schwierig und zeitaufwendig ist, warten die meisten, bis man ihnen einen Schrecken einjagt. Und das geschieht am besten durch eine Demonstration. Ein Hacker, der etwas auf sich hält, *demonstriert* das Problem, und zwar so, dass der Fehler deutlich wird, ohne dass ein Schaden entsteht.

Genau das hatte Morris vor. Er setzte einen Computerwurm ein – also ein kleines Programm, das sich im Netz immer wieder selbst kopiert, ohne die Arbeit der Computer zu stören. Sein einziger Zweck ist die Selbstreplikation. Er soll keinen Schaden anrichten. Er heftet sich einfach an eine E-Mail und vermehrt sich auf diese Weise, so dass sein Schöpfer irgendwann einmal sagen kann: »Seht her, ich habe es euch gesagt, Sendmail und Fingerdaemon enthalten Sicherheitslücken.«

Aber die Dinge liefen nicht ganz so, wie geplant. Der Wurm war nicht so harmlos, wie Morris gedacht hatte. Er vermehrte sich viel zu schnell und verstopfte schließlich das Netz. Er kopierte sich so häufig, dass er die betreffenden Computer schließlich lahm legte. Hunderte von Computern stürzten ab, und es entstanden Schäden in Höhe von vielen tausend Dollar. Morris versuchte noch, das Chaos zu verhindern, aber er kam zu spät. Der Wurm gewann und Morris verlor.

Es war nicht schwer, den Schuldigen zu finden – zu viele wussten, was Morris vorgehabt hatte. Er wurde nach dem Computer Fraud and

Abuse Act von 1986 angeklagt; dieses Gesetz verbietet es, bewusst ohne Genehmigung in »Computer im Einflussbereich des Bundes« einzudringen, und droht Strafen an, falls dadurch Schäden entstehen oder die berechtigte Nutzung behindert wird, so dass ein Verlust von mehr als 1000 Dollar eintritt.[20] Morris wurde zu drei Jahren auf Bewährung, 400 Stunden gemeinnütziger Arbeit und einer Geldstrafe von 10050 Dollar zuzüglich der Kosten seiner Bewährungsüberwachung verurteilt.[21]

Der Regierung ging es darum, die Hacker zu kriminalisieren. Statt Milde walten zu lassen, verlangte sie daher, das Gesetz in seiner ganzen Härte anzuwenden – nicht nur gegen Morris, sondern auch gegen viele andere angesehene Hacker. Es war ein Krieg, der die Hackergemeinde zu Gesetzlosen stempeln sollte. Phiber Optik[22], David LaMaccia[23], Steve Jackson Games[24] und andere fielen diesem Krieg zum Opfer. Die Gemeinschaften des realen Raums mochten solche Leute nicht in ihrer Mitte dulden. Die Hacker wurden verbannt.[25]

Sollte das unsere übliche Antwort sein? Soll das Leben im Cyberspace in den Augen der Souveräne des realen Raums keine Legitimation besitzen? Soll es keine Ansprüche stellen können? Und wenn doch, wie könnte es diese Ansprüche durchsetzen? Welche Macht hätte es?

Das Schicksal der Hacker ist ein Beispiel dafür, wie das Recht des realen Raums die Führung an sich zieht, wenn Gemeinschaften im Cyberspace mit Gemeinschaften des realen Raums in Konflikt geraten. Das Beispiel scheint zu sagen, dass der reale Raum diesen Konflikt in jedem Fall gewinnen wird – dass der Cyberspace die Gesetze des realen Raums nicht abzuändern vermag. Ich glaube nicht, dass diese Einschätzung zutrifft. Der Cyberspace wird eine Wirkung haben. So spektakulär die Souveräne des realen Raums ihre Autorität auch demonstrieren mögen, der Verlust an Regulierungsmacht und Einwirkungsmöglichkeiten ist sehr viel höher zu veranschlagen. Die Souveräne des realen Raums stehen im Wettbewerb mit dem Cyberspace, und bevor sie es überhaupt bemerken, wird der Cyberspace gesiegt haben.

Dazu müssen wir verstehen, wie die im Cyberspace entstehenden Architekturen die effektive Regulierung verändern. Das einfachste, wenn auch nicht aufschlussreichste Beispiel dafür haben wir im Bereich der Meinungs- und Informationsfreiheit gesehen. Noch 1980 hatte jedes Land eine weitgehende Kontrolle über alles, was innerhalb seiner Grenzen publiziert wurde. Eine Regierung mochte zum Beispiel einigermaßen sicher sein, dass keine Zeitung allzu kritisch berichtete, weil der Staat die Macht hatte, seine Kritiker zu bestrafen. Das Staatsfernsehen stand ganz unter staatlicher Kontrolle. Zwar konnte der Staat nicht alles kontrollieren, was die Bürger am Telefon miteinander besprachen, aber das Telefon ist kein Massenmedium, das eine große Öffentlichkeit erreicht. In diesem hypothetischen Staat sorgte die Mischung aus Architektur und Gesetz für eine effektive Regulierung der Meinungsfreiheit.

Das Internet veränderte diese Mischung. Nun kann die Regierung kritisiert werden, ohne dass sie eine Sanktionsmöglichkeit besäße. Auch Publizieren kann man ohne Kontrolle durch den Staat. Die effektive Regulierung der Meinungsäußerungen hat sich verändert. Die Werte des Internets – die in dessen Architektur eingebaute Meinungs- und Informationsfreiheit – triumphieren über die Kontrollwünsche unseres hypothetischen Staates.

Aber das ist nur das offenkundigste Beispiel. Wir wollen einige andere betrachten.

Stellen Sie sich ein Land mit einem hoch entwickelten Vertragsrecht vor. Dieses Recht sorgt für einen komplexen Ausgleich der Interessen. In Teilen schützt es den Verbraucher, in Teilen regelt es die vertragliche Ausgestaltung von Geschäftsbeziehungen. Einige dieser Rechte gelten nur unverbindlich, das heißt, die Vertragsparteien können sie verändern. Andere sind dagegen obligatorisch für bestimmte Gruppen von Vertragsparteien und bestimmte Arten von Verträgen.[26] (So schreiben viele Städte in den USA ganz bestimmte Mietverträge vor.)

Diese gesetzlichen Regelungen des Vertragsrechts reichen im realen Raum aus, um die rechtlichen Ansprüche einer Vertragspartei gegenüber der anderen zu bestimmen. Die Durchsetzung eines jeden Vertrags unterliegt im realen Raum diesen Regeln und Bestimmungen.

Betrachten wir nun den Cyberspace, in dem die Interaktionsarchitektur oder die Architektur eines bestimmten Raums zahlreiche Regeln für die Gestaltung von Verträgen festlegt. Diese Regeln bestimmen etwa, wie ein Angebot akzeptiert wird, wann es wirksam wird, wie eine Bestellung widerrufen werden kann, welche Vertragsbedingungen ausgehandelt werden müssen, ob einzelne Vertragsbedingungen rechtlich durchgesetzt werden können, ob der Vertrag der Schriftform bedarf usw.; und sie können mit den Bestimmungen, die im Bereich einer bestimmten Jurisdiktion für Verträge gelten, vereinbar oder nicht vereinbar sein. Ein Bürger aus einer Jurisdiktion kann nun nach diesen Bedingungen Verträge schließen. Diese Bedingungen sind die gültigen Vertragsregeln für Übereinkünfte der betreffenden Art, und wenn sie nicht mit den entsprechenden Bestimmungen in der jeweiligen Jurisdiktion übereinstimmen, so hat diese Jurisdiktion eben das Nachsehen. Gültig sind die Vertragsbedingungen, denen im Vertrag zugestimmt wurde oder die in die Architektur eingebaut sind, welche für das Abschließen solcher Verträge geschaffen worden ist.

Man könnte nun sagen, das sei doch gar nichts Neues, oder mit Goldsmith, die Menschen hätten schon immer die Möglichkeit gehabt, internationale Verträge zu schließen.[27] Dabei musste man sich stets für ein bestimmtes Recht entscheiden, und dieses Recht konnte mit dem lokalen Recht übereinstimmen oder auch nicht. Wenn es nicht damit übereinstimmte, besaß die lokale Jurisdiktion nur beschränkte Möglichkeiten, den Vertrag gegenüber den eigenen Bürgern durchzusetzen. Solche Beschränkungen fänden sich nun auch in unserem Kontext.

Doch trotz dieser analytischen Ähnlichkeit dürfen wir einen substanziellen Unterschied nicht übersehen: Internationale Verträge werden meist zwischen erfahrenen Parteien geschlossen. Vor dem Cyberspace schlossen normale Verbraucher keine internationalen Verträge. Wir dürfen unterstellen, dass erfahrene Vertragsparteien sich vor Vertragsregeln zu schützen wissen, die ihren Interessen abträglich oder mit den Regeln ihrer eigenen Jurisdiktion nicht vereinbar sind. Der gewöhnliche Verbraucher, der im Internet einen Vertrag abschließt, ist dazu jedoch nicht in der Lage. Wenn Menschen nicht die nötige Kompetenz und Erfahrung für erfolgreiche Verhandlungen besitzen, verlagert sich die Kontrolle über solche Verträge von den örtlichen Gerichten und Kontrollinstanzen auf die in den Code eingebauten Regeln. Dadurch verlieren die Staaten die Kontrolle über diese Regeln, die nun im Cyberspace beschlossen werden.

In einem dritten Beispiel kommt die öffentlich-rechtliche Dimension dieses Konflikts deutlicher zum Ausdruck. Denken Sie an das Urheberrecht. Es schafft eine Reihe von Rechten, die der Einzelne gegenüber dem Urheberrechtsinhaber hat. Diese Rechte haben wir im zehnten Kapitel beschrieben, aber der Einfachheit halber können wir sie unter dem Begriff des fairen Gebrauchs zusammenfassen. In den Vereinigten Staaten gibt es einen Streit über die Frage, inwieweit das Recht auf fairen Gebrauch durch Vertrag eingeschränkt werden kann. In einer wichtigen Meinung hat Richter Easterbrook vom 7th Circuit Court of Appeals erklärt, dass diese Rechte sehr wohl durch Vertrag verändert werden können.[28] Wenn Sie also beim Kauf urheberrechtlich geschützten Materials auf Ihr Recht zum fairen Gebrauch verzichten, kann dieser Verzicht gegen Sie verwandt werden.

Easterbrooks Auffassung mag im realen Raum durchaus sinnvoll sein, weil der Abschluss von Verträgen dort mit realen Kosten verbunden ist. Im realen Raum halten diese Kosten die Beteiligten in der Regel davon ab, den Kaufvertrag mit einer Bestimmung über den Verzicht auf das Recht zu fairem Gebrauch zu belasten. Im realen Raum sorgen diese Kosten für einen Ausgleich, der den fairen Gebrauch schützt.

Der Cyberspace stellt diesen Ausgleich jedoch in Frage – vor allem, wenn wir die internationale Dimension des Cyberspace betrachten. Wenn es einmal zu den Regeln des Cyberspace gehören sollte, dass man per Mausklick auf das Recht zu fairem Gebrauch verzichtet, dann gerät das für das gesamte Urheberrecht so bedeutsame Verhältnis zwischen Eigentum und fairem Gebrauch aus dem Gleichgewicht. Die Architektur und die dadurch ermöglichten Regeln geraten mit dem im realen Raum herrschenden System in Konflikt. Und wieder einmal müssen die Souveräne des realen Raums entscheiden, wie weit sie diesen Konflikt zulassen wollen.

Aber nicht nur Vertrags- und Urheberrecht konkurrieren mit den Regeln des Cyberspace. Denken Sie an das Zugangsrecht für die Post und deren Entsprechung im Cyberspace, die E-Mail. Im realen Raum darf die Post durch, selbst wenn Grundstücke mit Zaun und Tor versehen sind. In Amerika können Sie jedem Bürger geschäftliche oder politische Werbung ins Haus schicken. In manchen Gemeinden mag es auf Grund von Bestimmungen zur Besitzstörung und zum Eigentum verboten sein, Flugblätter von Haus zu Haus zu verteilen.[29] Aber im realen Raum können Sie immer noch den Postweg wählen.[30]

Im Cyberspace ist das anders. Dort gibt es Gemeinschaften wie AOL, deren Mitglieder Werbung aus ihrer Mail herausfiltern oder bestimmte Absender sperren lassen können. Die dort herrschenden Zugangsregeln unterscheiden sich von denen des realen Raums.

Na und? Der Skeptiker meldet sich wieder zu Wort und meint, in Dänemark gelte schließlich auch ein anderes Vertragsrecht als in Dallas. Warum sollten solche Unterschiede eine Rolle spielen?

Der Schlüssel liegt auch hier wieder bei der Gleichzeitigkeit; die Metapher des Raums ist irreführend. Gewöhnlich halten Sie sich zu einem bestimmten Zeitpunkt nur in einem Raum auf, und wenn in verschiedenen Räumen unterschiedliche Regeln gelten, bieten die Regeln dieses einen realen Raums eine akzeptable Lösung. In Nevada und New Mexico gelten unterschiedliche Gesetze zum Glücksspiel – Bürger aus New Mexico müssen nach Nevada reisen, um für einen Abend in den Genuss der dort geltenden Gesetze zu kommen. Für die Menschen in New Mexico mag das nicht gerade ideal sein, aber es ist auch nicht schrecklich. Da eine Flucht mit Kosten verbunden ist, werden nicht so viele vor den Gesetzen New Mexicos flüchten, dass der Staat sich wegen seiner Regulierungsziele Sorgen machen müsste.

Doch erinnern wir uns an Jake Baker. Das Problem war hier, dass er sich an einem Ort befand und zugleich nach den Regeln eines anderen Ortes lebte. Er hielt sich in Ann Arbor auf und lebte nach den Regeln einer radikalen Gemeinschaft im Cyberspace. Oder vergessen Sie Jake Baker (das wäre gewiss eine Erleichterung), und denken Sie stattdessen an die Ehefrau, die eine »Affäre« im Cyberspace hat. Könnte sie ihrem Mann sagen: »Das ist dort, und dies ist hier«? Könnte er ihr darauf nicht sehr zu Recht erwidern: »Auch wenn du dort bist, bist du immer noch hier«? Sollten wir wirklich unterstellen, das Leben im Cyberspace sei irrelevant für das Leben hier?[31]

Soweit die Architekturen im Cyberspace Regeln darstellen, die das Verhalten beeinflussen, ist der Raum souverän.[32] In dem Sinne, in dem jeder Satz normativer Verpflichtungen souverän ist, muss auch der Cyberspace als souverän gelten. Diese Souveränität führt jedoch ständig zu einer Konkurrenzsituation. Die im Cyberspace herrschenden Regeln können sich von den im realen Raum geltenden unterscheiden. In diesem Wettbewerb gewinnt der Cyberspace immer deutlicher die Oberhand. Seine Normen, seine Freiheit, seine Regeln und Gesetze bestimmen in immer stärkerem Maße auch die Normen, die Freiheit, die Regeln und Gesetze des realen Raums.

Es dürfte klar sein, wie die Souveräne des realen Raums darauf reagieren werden. Sie werden feststellen, dass ein fremder Souverän sich in ihren Telefonnetzen festgesetzt hat, und sie werden (wie bei den Hackern in den USA) dagegen kämpfen, dass die Normen und Gesetze dieses anderen Souveräns das Verhalten der Menschen in ihrem Raum beeinflussen. Sie haben die Mittel, der Architektur des Netzes Widerstand zu leisten und ihre Regulierungsmacht zu schützen.

Doch nun möchte ich eine noch stärkere These aufstellen: Der Staat ist nicht nur in der Lage, seine Regulierungsmacht zu sichern, er sollte es auch tun. Der Staat sollte auf die Architektur des Netzes Einfluss nehmen, um seine Regulierungsmacht zu sichern, sonst wird er einen Souveränitätsverlust erleiden.

Das ist keine blinde Staatsverliebtheit. Tatsächlich geht es mir gar nicht um den »Staat«. Mir geht es um Zuständigkeit – diese Architekturen und die darin verkörperten Werte sollten von uns gewählt sein. Sie sind politisch im ganz gewöhnlichen Sinne des Wortes: Es handelt sich um Strukturen, die unser reales Leben ordnen, und deshalb sollten wir sie in irgendeiner Weise gewählt haben.

In irgendeiner Weise – aber in welcher? Von unten nach oben oder von oben nach unten?[33] Sollen gewählte Vertreter den Code bestimmen? Oder soll der einzelne Nutzer seine eigenen Codes auswählen?

Hier liegt das schwierigste Problem des Cyberspace. Um seine Komplexität zu erkennen, müssen wir es in seinem Kontext betrachten.

Die Geschichte unserer Selbstständigkeit weist eine bestimmte Form mit zwei wichtigen kontingenten Merkmalen auf. Vor der Gründung der Republik hatte das Leben eine geographische Basis – die Nation war eine Gesellschaft, die in einem physikalischen Raum verortet war und einen einzigen Souverän hatte. Die begriffliche Revolution der amerikanischen Republik lag, wie gesagt, in dem Gedanken, dass Bürger auch zwei Souveräne haben können – oder genauer gesagt, dass sie (als oberster Souverän) die Macht an zwei Vertretungsorgane delegieren konnten: an den jeweiligen Bundesstaat und an den Bund. Menschen, die an einem Ort lebten, konnten so gleichsam Bürger zweier Staaten sein. Das war der Grundgedanke des Gründungsdokuments, und der vierzehnte Verfassungszusatz bringt ihn explizit zum Ausdruck: »Alle in den Vereinigten Staaten geborenen oder eingebürgerten und ihrer Jurisdiktion unterliegenden Personen sind Bürger der Vereinigten Staaten und des Bundesstaates, in dem sie wohnen.«

Staatsbürgerschaft in diesem Sinne bedeutete nicht notwendig auch ein Recht auf Beteiligung an der Selbstregierung.[34] Auch heute noch sind Kinder zwar Bürger, haben aber kein Wahlrecht. Für die anerkannten Mitglieder einer bürgerlichen oder politischen Gesellschaft bedeutet die Mitgliedschaft einen Rechtsanspruch, nämlich den Anspruch auf Beteiligung an den politischen Entscheidungen in ihrer Gemeinschaft. Als Bürger der Vereinigten Staaten habe ich das Recht, an den Wahlen zum Bundesparlament teilzunehmen; als Bürger von Massachusetts habe ich das Recht, an den Wahlen zum Landesparlament teilzunehmen. Und beide Rechte habe ich gleichzeitig.

Auf dieser Ebene ist die Verknüpfung zwischen Rechtsanspruch und Geographie sinnvoll. Doch sie verliert immer mehr an Sinn, je weiter wir auf der Hierarchie der »Gemeinschaften« nach unten gehen. Dort verwischen sich die Grenzen. Ich bin Mitglied der Bostoner Gemeinschaft, aber da ich in Cambridge wohne, habe ich nicht das Recht, mich an den Bostoner Kommunalwahlen zu beteiligen. Wenn ich aus Cambridge wegzöge, aber weiterhin dort arbeitete, verlöre ich das Recht auf Beteiligung an der kommunalen Selbstverwaltung, obwohl ich immer noch ein starkes Interesse an Cambridge und seiner Entwicklung hätte.

In der Politikwissenschaft ist man sich dieses Problems seit einiger Zeit bewusst.[35] Wissenschaftler wie Richard Ford haben daher die These entwickelt, wir müssten uns bei der Entscheidung über die Mitwirkungsrechte an Gemeinschaften von den geographischen Bedingungen lösen.

Die geographischen Probleme auf kommunaler Ebene sind jedoch nichts im Vergleich zu dem Problem im Cyberspace. Niemand lebt wirklich im Cyberspace. Die Menschen, die sich »im« Cyberspace aufhalten, sind stets zugleich im realen Raum. Dass sie im Cyberspace sind, sollte ihnen ein Mitbestimmungsrecht über dessen Architekturen geben, und die Tatsache, dass sie zugleich im realen Raum sind, sollte den Gemeinschaften im realen Raum ein gewisses Recht auf die Kontrolle der Architekturen im Cyberspace verleihen, zumindest soweit Letztere Einfluss auf die Bürger im realen Raum haben.

Aber warum? Warum sollen die Bürger des realen Raums Kontrolle über die Architekturen bestimmter Orte im Cyberspace ausüben? Vielleicht verbringen Sie den größten Teil Ihres Lebens in einem Einkaufszentrum, aber niemand würde deshalb behaupten, Sie hätten ein Recht, über die Architektur dieses Einkaufszentrums mitzubestimmen. Oder vielleicht besuchen Sie jedes Wochenende Disneyland, aber daraus könnten Sie nicht das Recht ableiten, Disneyland zu regulieren. Warum sollte es im Cyberspace anders sein als in einem Einkaufszentrum oder einem Vergnügungspark?

Ihr Verhältnis zu einem Einkaufszentrum oder zu Disneyland ist das Verhältnis zwischen Verbraucher und Anbieter. Wenn Ihnen die Hamburger bei McDonald's nicht gefallen, können Sie zu Burger King gehen; McDonald's ist nicht verpflichtet, Ihnen eine Mitbestimmung über die Hamburger einzuräumen. Wenn Sie das Einkaufszentrum in Ihrem Ort nicht mögen, können Sie in ein anderes fahren. Das System basiert auf der Konkurrenz zwischen verschiedenen Anbietern vergleichbarer Leistungen.

Dieser Teil unseres Lebens ist entscheidend, denn dort verbringen wir die meiste Zeit. Und die meisten Menschen sind mit diesem Teil ihres Lebens zufriedener als mit dem Teil, in dem sie das Recht auf politische Mitbestimmung haben. In gewisser Weise sind all diese Orte Staaten – sie alle erlegen uns Regeln auf. Aber auf Märkten entscheiden wir uns einfach, unsere Geschäfte anderswo zu tätigen.

Ein wichtiger Teil unseres Lebens ist dennoch nicht von dieser Art. Es gibt keine Staaten, die ihren Bürgern sagen: Du hast hier kein Recht zu wählen; wenn es dir nicht gefällt, geh doch woanders hin. Zumindest tut das kein demokratischer Staat. In unseren Staaten haben wir Stimmrecht. In einer Demokratie haben wir das Recht, uns an der Gestaltung der Verhältnisse zu beteiligen.

Und das gilt nicht nur für den Staat. Es wäre schon seltsam, wenn die Universität ihrem Lehrkörper kein Mitwirkungsrecht an wichtigen Entscheidungen einräumte (obwohl es umgekehrt seltsam wäre, wenn ein Privatunternehmen Ähnliches im Blick auf seine Beschäftigten täte). Es wäre seltsam, wenn ein Verein seinen Mitgliedern keine Möglichkeit böte, über wichtige Dinge mitzuentscheiden, auch wenn es solche Vereine ebenso gibt wie undemokratische Staaten. Ich behaupte nicht, dass wir zu den meisten oder auch nur den wichtigsten Organisationen in einem solchen Verhältnis stünden, sondern sage lediglich, dass wir einen großen Teil unseres Lebens in einer dieser beiden Eigenschaften verbringen: als Verbraucher oder als Mitglied.

Manche Theoretiker haben versucht, diese beiden Eigenschaften zu einer einzigen zusammenzufassen, und manche, das Mitgliedsmodell auf alle Bereiche des sozialen Lebens zu übertragen: auf den Arbeitsplatz, das Einkaufszentrum, den Pub an der Ecke.[36] Andere haben den Versuch unternommen, das Verbrauchermodell auf alle Aspekte des sozialen Lebens zu übertragen: Anhänger von Charles Tiebout bemühen sich zum Beispiel, die Konkurrenz zwischen Staaten durch ähnliche Wahlentscheidungen zu erklären, wie wir sie treffen, wenn wir Zahnpasta kaufen.[37] Aber auch wenn wir nicht ganz überzeugend begründen können, warum wir diese Wahlentscheidungen verschieden behandeln, wäre es doch ein Fehler, diese verschiedenen Bereiche miteinander zu vermengen. Es wäre die Hölle, wenn wir eine Wahl über das Design einer Zahnpastatube abhalten müssen, und es wäre Tyrannei, wenn uns nichts anderes übrig bliebe, als das Land zu verlassen, falls die Regierung uns nicht passte.

Dennoch meinen manche, wir sollten den Cyberspace nach dem Verbrauchermodell betrachten. Wenn uns eine bestimmte Cybergemeinschaft nicht gefällt, verlassen wir sie – im Übrigen sehr viel einfacher als im realen Raum. Da wir so leicht weggehen könnten, sollten wir eben mit den Füßen abstimmen. Manche Gemeinschaften im Cyberspace können ihre Mitglieder auswählen, andere nicht; die Architekturen im Cyberspace lassen sich ohne große Rücksicht auf die Sanktionen des realen Raums konstruieren. Die Welt des Cyberspace würde zu einer virtuellen Speisekarte, und wenn Sie etwas nicht mögen, wählen Sie einfach etwas anderes.

Die besten Arbeiten auf diesem Gebiet stammen von David Post und seinem gelegentlichen Mitautor David Johnson.[38] Posts Aufsatz »Anarchy, State, and the Internet« bietet eine ausgezeichnete Grundlage. Die Gemeinschaften im Internet, so schreibt Post, werden von »Regelsätzen« beherrscht. Diese Regelsätze, die entweder in der Architektur angelegt oder als Satz von Regeln ausformuliert sind, sollen das Verhalten an bestimmten Cyberorten steuern. Die Welt des Cyberspace, so Post, werde aus solchen Regelsätzen zusammengesetzt sein. Der Einzelne werde zwischen diesen Regelsätzen wählen. Da die Regelsätze um Aufmerksamkeit konkurrieren, werde die Welt des Cyberspace schließlich von solch einem Wettbewerb der Souveräne um Verbraucher geprägt sein.

Posts Argumentation beruht auf einer wichtigen Einsicht in das Wesen staatlicher Macht. Er betrachtet staatliche Macht nach demselben Muster, nach dem wir heute die Marktmacht eines Unternehmens in der Antitrustgesetzgebung verstehen. Mit »Marktmacht« meinen Antitrustjuristen und Ökonomen die Fähigkeit eines Unternehmens, profitable Preise festzusetzen. Bei einem funktionierenden Wettbewerbsmarkt kann ein Unternehmen ohne Markmacht die Preise nicht erhöhen, weil der Absatzrückgang die Wirkung der Preiserhöhungen wieder ausgliche.[39] Ein Unternehmen mit Marktmacht kann dagegen die Preise erhöhen und dadurch höhere Gewinne erzielen. Unternehmen mit Marktmacht können die Verbraucher auch zwingen, höhere Preise zu akzeptieren, als sie auf einem Wettbewerbsmarkt möglich wären.

Nach einem ähnlichen Muster können wir uns auch den Staat vorstellen. Wie Unternehmen, so kommen auch Staaten nur mit einem bestimmten Regulierungsniveau davon. Werden sie repressiver oder regulieren sie schärfer, treten andere Staaten oder Regelsätze in Konkurrenz zu ihnen. An einem gewissen Punkt ist es für Bürger leichter, den Staat zu verlassen, als die Last der Regulierung zu tragen;[40] oder es ist leichter, das Gesetz zu umgehen, als ihm zu gehorchen.

Da solche Ausweichbewegungen im realen Raum mit erheblichen Kosten verbunden sind, können sich Staaten – oder Regelsätze – kurzfristig einiges erlauben. Im Cyberspace, so lautet die These, sind Ausweichbewegungen nicht so schwierig. Wenn Ihnen die Regeln Ihres Internetproviders nicht gefallen, wechseln Sie den Provider. Wenn Ihr Webportal nach Ihrem Geschmack zu viel Werbung enthält, brauchen Sie allenfalls zwei Sekunden, um Ihre Startseite auszutauschen. Im Cyberspace leben heißt Gruppen beizutreten, ohne jemals das Haus zu verlassen. Wenn die Gruppe, der Sie beitreten, Sie nicht so behandelt, wie Sie es wünschen, können Sie ihr den Rücken kehren. Da der Wettbewerbsdruck im Cyberspace größer ist, müssen sich Staaten und andere Träger von Regelsätzen wie Unternehmen auf einem Wettbewerbsmarkt verhalten.

Dies ist eine bedeutende Konzeption für das Regieren im Cyberspace. Sie spricht sich für eine Welt von Freiwilligen aus, in der Regeln und Gesetze nicht aufgezwungen, sondern ausgewählt werden. Eine Welt, in der die Macht des einzelnen Staates auf ein Minimum sinkt, weil die Staaten in einen Wettbewerb um die Bürger treten müssen. Die Staaten müssen sich wie McDonald's oder Coca-Cola verhalten: Sie müssen sich bemühen zu gefallen, und sie müssen Angst vor Revolten haben.

Dennoch bin ich mit dieser Konzeption nicht einverstanden. Ich möchte das Modell in Frage stellen, indem ich zunächst seine Tatsachenbehauptungen und dann seinen normativen Anspruch hinterfrage.

Betrachten wir zunächst die These, wonach die Kosten für einen Austritt im Cyberspace niedriger sind als im realen Raum. Dabei sollten wir zwischen Waren und Gemeinschaften unterscheiden. Wenn Sie zu einem anderen Provider und zu einem anderen Webportal wechseln, haben Sie es natürlich mit einem anderen Satz von »Regeln« zu tun. Und diese Regeln konkurrieren um Ihre Aufmerksamkeit. Das ist so, als gingen Sie von einem Restaurant zum anderen oder von einem Geschäft ins andere. Es gibt unterschiedliche Regelsätze; sie sind einer von mehreren Faktoren, die Sie bei der Wahl Ihres Providers berücksichtigen, und soweit man leicht zwischen diesen Regelsätzen wechseln kann, führt diese Möglichkeit ohne Zweifel zu einem Wettbewerb zwischen den Anbietern.

Bei Gemeinschaften ist das anders. Denken Sie etwa an den »Wettbewerb« zwischen den MUDs. Sie treten einem MUD bei und bauen dort monatelang eine Figur auf. Danach sind Sie wahrscheinlich weithin bekannt in dieser Gemeinschaft – Sie haben soziales Kapital aufgebaut. Soziales Kapital besteht aus den Erfahrungen, die andere in diesem Raum mit Ihnen gemacht haben, und wird mit der Zeit durch wiederholte Interaktionen aufgebaut.

Auch im realen Raum verfügen Sie über soziales Kapital. Es besteht aus all den Beziehungen, die Ihre Freundschaften und Bekanntschaften, Ihr Ansehen und Ihren Status ausmachen. Aber Sie haben auch anderes Kapital – ein Haus vielleicht, ein Auto, ein Sparbuch. Wenn Sie im realen Raum umziehen, können Sie Ihr Vermögen in der Regel mitnehmen. Sie können das Haus verkaufen und anderswo ein neues kaufen, Sie können das Geld von einer Bank auf eine andere transferieren, und wenn Sie zum Beispiel Arzt sind, werden Sie auch das damit verbundene Ansehen zum Teil mitnehmen können.

Im Cyberspace ist »Vermögen« nicht transferierbar. Sie können von einer Gemeinschaft in eine andere wechseln, aber dort müssen Sie ganz von vorn beginnen.[41] Sie betreten ein MUD nicht mit Geld oder sozialem Status. Sie betreten es mit einer Figur, die Sie erst noch aufbauen müssen.

Paradoxerweise könnten wir daher sagen, im Cyberspace sei es schwieriger als im realen Raum, von einer Gemeinschaft in eine andere zu wechseln. Es ist schwieriger, weil Sie in der alten Gemeinschaft alles zurücklassen müssen, während Sie im realen Raum vieles mitnehmen können.[42] Kurzfristig betrachtet, haben Gemeinschaften im Cyberspace daher möglicherweise größere Macht über ihre Bürger als Gemeinschaften im realen Raum.

Für die konkurrierenden Regelsätze im Cyberspace ergibt sich daraus ein komplexeres Bild, als Post es zeichnet. Es ist nicht sicher, dass die Märkte stärker durch Wettbewerb geprägt sein werden (weil es leichter ist, darin Loyalitätsprogramme einzubauen).[43] Und es ist auch nicht sicher, dass zwischen den Gemeinschaften größerer Wettbewerb herrschen wird (da es schwieriger ist, soziales Kapital zu transferieren).[44]

Ein zweiter Kritikpunkt ist noch fundamentaler. Selbst wenn wir den Cyberspace nach dem Modell des Marktes konstruieren könnten – so dass wir uns zu den Räumen dort verhielten, wie wir uns im realen Raum zu Zahnpasta verhalten –, sollten wir das dennoch nicht wollen. Nach einer wichtigen alten Vorstellung braucht der Mensch neben seiner Rolle als Verbraucher auch die Mitgliedschaft in sozialen Gemeinschaften. Aus Gründen der Gerechtigkeit wie auch des Wohlergehens brauchen wir Lebensbereiche, in denen wir die Kontrolle über die jeweiligen Architekturen besitzen.

Zumindest in einigen Bereichen sollten wir uns daher zum Cyberspace nicht als Kunde und Verbraucher, sondern als Mitglieder verhalten. In einem merkwürdigen, aber durchaus vertrauten Sinne müssen wir Verantwortung für die Beschaffenheit des Cyberspace übernehmen. Wir müssen Bürger des Cyberspace werden, wie wir zum Beispiel Bürger der Vereinigten Staaten und des Bundesstaates Massachusetts sind. Wenn wir alles drei zugleich sind, müssen wir klären, wie diese verschiedenen politischen Gemeinschaften sich zueinander verhalten sollen.

Gelegentlich werden diese verschiedenen Rollen uns in Konflikte bringen, aber solche Konflikte sind uns in den Vereinigten Staaten vertraut. In den sechziger Jahren etwa muss ein entschiedener Südstaatler weißer Hautfarbe einen Konflikt empfunden haben zwischen seiner amerikanischen Staatsbürgerschaft und der Staatsbürgerschaft in einem der Südstaaten. Das Gleichheitsverständnis dieser beiden Gemeinschaften war zu unterschiedlich, und ein weißer Bürger der Südstaaten musste sich entscheiden, welchem Verständnis er die Treue hielt.

Wie aber verhalten wir uns in diesen unterschiedlichen Rollen als Bürger mehrerer Gemeinschaften? Wie können wir die verschiedenen Rollen respektieren und dennoch dafür sorgen, dass die verschiedenen Jurisdiktionen zu ihrem Recht kommen?

Eine mögliche Lösung liegt im so genannten Subsidiaritätsprinzip.[45] Subsidiarität bedeutet, dass lokale Fragen auf lokaler Ebene entschieden werden und dass jede Jurisdiktion die Entscheidungen anderer Jurisdiktionen achten sollte, die diese innerhalb ihres rechtmäßigen Zuständigkeitsbereichs treffen. Eine Gemeinschaft hat das Recht, ihre Mitglieder zu regulieren, aber das gilt nur für den Bereich dieser Mitgliedschaft. Die Regulierung sollte nicht über den Rahmen der Gemeinschaft hinausreichen.

Subsidiarität ist jedoch kein eigenständiges Konzept, denn es gibt kein unabhängiges Kriterium für die Frage, was denn »lokal« ist.[46] Eine Gemeinde und ein Staat könnten beide das Ziel verfolgen, ihren Bürgern »gute und gleiche Bildungschancen« zu bieten, aber das Subsidiaritätsprinzip sagt uns nicht, auf welcher Ebene dieses Ziel verfolgt werden sollte.

Dasselbe gilt für den Cyberspace. Was arabische Staaten für »lokal« halten, mag in Amerika keineswegs als lokal gelten. Arme Länder werden unter »weltweitem Zugang« etwas anderes verstehen als reiche. Subsidiarität allein vermag die Reichweite politischen Handelns nicht zu bestimmen. Dazu bedarf es politischer Entscheidungen.

Deshalb müssen wir in der Lage sein, auf der Ebene des Netzes politische Entscheidungen zu treffen. Wir müssen politisch entscheiden, welche Art von Freiheit wir in das Netz einbauen wollen. Es fragt sich nur, wie diese Entscheidung getroffen werden kann.

In gewisser Weise ist die Entscheidung schon beim Aufbau des Netzes getroffen worden, wie ich im dritten Kapitel ausgeführt habe. Das Netz bescherte der Welt eine Freiheitsarchitektur, die robuster und bedeutender war als alle politischen Strukturen, die von den Vereinigten Staaten jemals exportiert worden sind.

Manche bezeichnen das als Imperialismus – weil hier anderen Nationen Werte aufgezwungen würden – und verlangen, wir sollten eine Architektur schaffen, die der Welt nicht den ersten Verfassungszusatz aufzwingt. Woher nehmen wir das Recht, Meinungs- und Informationsfreiheit zum universellen Wert zu erheben? Oder den freien Markt als weltweites Organisationsprinzip der Wirtschaft durchzusetzen? Sind dies nicht Entscheidungen, die von den jeweiligen Staaten lokal getroffen werden sollten? Warum treffen wir sie für andere?

Es gab eine Zeit, da waren die Vereinigten Staaten wirklich »diese vereinigten Staaten«, da war die herrschende politische Realität tatsächlich lokal, und es gab echte Kultur- und Wertunterschiede zwischen New York und Virginia. Trotz dieser Unterschiede taten diese Staaten sich 1789 zusammen und schufen einen relativ machtlosen Bundesstaat mit einer nationalen Regierung und einem nationalen Parlament. Dieses Staatsgebilde sollte nur sehr wenige, eng umschriebene Funktionen ausüben, auf die es sich unter allen Umständen zu beschränken hatte.

In der begrenzten Gemeinschaft der Vereinigten Staaten waren solche Beschränkungen durchaus sinnvoll. Damals hatten die Bundesstaaten nur sehr wenig gemein, das *die Nation* ausmachte. Sie konnten auf eine gemeinsame Geschichte zurückblicken, die ihnen den Sieg über die stärkste Armee der Welt beschert hatte;[47] sie hatten gemeinsam den Wunsch, sich über einen nahezu grenzenlosen Kontinent auszudehnen. Aber sie kannten kein gemeinsames soziales oder politisches Leben. Das Leben war lokal, der Austausch blieb gering, und in solch einer Welt war die begrenzte Macht einer nationalen Regierung durchaus sinnvoll.

Dennoch gab es nationale Fragen, die gestellt und beantwortet werden mussten. Die Sklaverei zum Beispiel war ein Merkmal des ganzen Landes, obwohl sie nur in einigen Bundesstaaten existierte. Bei der Gründung der Republik wurde darüber debattiert, ob die Sklaverei der lokalen Regulierung überlassen werden sollte.

In der Verfassung schloss man einen Kompromiss über diese Frage. Der Kongress durfte sich mit der Frage des »Imports« von Sklaven nicht vor 1808 befassen.[48] Danach durfte er es, und immer mehr Menschen meinten, er sollte es. Die Sklaverei blieb jedoch weiterhin ein Makel im moralischen Selbstverständnis des Landes. Der Kongress konnte sie wenigstens in den Territorien verbieten, und manche meinten, er sollte sie auch in den Südstaaten abschaffen.

Die Gegner dieser Auffassung lassen sich in zwei Gruppen einteilen. Die einen unterstützten die Institution der Sklaverei und sahen darin eine wichtige Lebensgrundlage der Südstaaten. Sie sollen uns hier nicht weiter interessieren. Meine Aufmerksamkeit gilt der zweiten Gruppe – jenen nämlich, die in aller Aufrichtigkeit und Integrität die Auffassung vertraten, die Sklaverei sei keine nationale, sondern eine lokale Frage – die Väter der Verfassung hätten darin keine nationale Frage erblickt, und deshalb solle der Bund sich nicht darum kümmern.

Diese These mag 1791 oder 1828 plausibel erschienen sein, doch mit der Zeit verlor sie immer mehr an Überzeugungskraft. Mit zunehmender sozialer und wirtschaftlicher Integration büßte eine Aussage wie »Ich bin zuerst einmal Bürger von Virginia« immer mehr von ihrem Sinn ein, und es wurde immer wichtiger, dass man Bürger der Vereinigten Staaten war.[49]

Dieser Wandel war nicht das Ergebnis einer politischen Entscheidung, sondern die Folge wirtschaftlicher und sozialer Veränderungen. Unser Gefühl, Mitglieder einer nationalen Gemeinschaft zu sein, wurde immer stärker, bis es schließlich ganz unmöglich wurde, diese Tatsache zu leugnen. Der vierzehnte Verfassungszusatz schrieb sie in unsere Verfassung; die sozialen und wirtschaftlichen Veränderungen ließen sie vollends Realität werden. Und angesichts dieser Veränderung wurde die These absurd, die Sklaverei sei eine lokale Angelegenheit.

Genau dasselbe geschieht nun heute auf internationaler Ebene und spielt beim Aufbau des Cyberspace eine wichtige Rolle. Diese Entwicklung zeichnet sich natürlich schon seit dem Zweiten Weltkrieg ab, aber das Internet hat sie beträchtlich beschleunigt. Ganz gewöhnliche Bürger nehmen internationale Kontakte auf und tätigen internationale Transaktionen, wie sie es früher noch nie getan haben. Die Existenz dieser Gemeinschaft jenseits der einzelnen Staaten lässt sich immer weniger leugnen.

Wenn sich diese internationale Gemeinschaft im Cyberspace entwickelt, wird es den Bürgern immer schwerer fallen, sich in diesem internationalen Raum neutral zu verhalten. Wie ein Bürger in Maine 1791 noch sagen mochte, die Sklaverei in Virginia sei irrelevant für ihn, so konnte man 1991 noch sagen, die Einschränkung der Meinungsfreiheit in Singapur sei für Bürger der Vereinigten Staaten irrelevant. Aber wie die Einstellung gegenüber der Sklaverei im Laufe des neunzehnten Jahrhunderts an Überzeugungskraft verlor, so wird die Gleichgültigkeit gegenüber dem Umgang mit der Meinungsfreiheit im einundzwanzigsten Jahrhundert nicht mehr plausibel sein. Der Cyberspace ist eine internationale Gemeinschaft, und für diese Gemeinschaft sind verfassungsrechtliche Fragen zu klären. In Zukunft werden wir uns nicht mehr aus diesem internationalen Raum heraushalten können, weil wir meinen, es handle sich um lokale Fragen.

Zumindest können wir das nicht mehr, seit das Internet von 1995 diesen internationalen Raum effektiv erschlossen hat. Wir haben eine Architektur in die Welt gesetzt, die eine außergewöhnliche Meinungsfreiheit und einen außergewöhnlichen Schutz der Privatsphäre ermöglicht; die durch gesicherte Protokolle und Verschlüsselung eine sichere und von Zensur freie Kommunikation gestattet. Diese Architektur gab das Netz der Welt – gaben *wir* der Welt.

Doch jetzt verändern wir diese Architektur. Wir ermöglichen eine wirtschaftliche Nutzung des Internets, wie es sie noch nie gegeben hat; wir denken über die Regulierung der Verschlüsselungstechniken nach; wir erleichtern die Kontrolle der Identität und der Inhalte. Wir verändern die Werte des Netzes, und da stellt sich die Frage: Können wir uns gegenüber diesem Umbau der Architektur neutral verhalten?[50]

Ich glaube nicht, dass wir das können. Oder sollen. Oder wollen. Wir können uns heute ebenso wenig neutral gegenüber der Frage verhalten, ob eine zentrale Kontrolle der Inhalte und Meinungsäußerungen im Netz möglich sein soll, wie die Amerikaner sich 1861 gegenüber der Frage der Sklaverei neutral verhalten konnten. Wir müssen begreifen, dass wir Beteiligte eines internationalen politischen Kampfes sind, dass wir eine Meinung darüber haben, welche Rechte allen Menschen ungeachtet ihrer Nationalität zukommen, und dass wir dieser Meinung in dem neuen, vom Internet eröffneten Raum Geltung verschaffen sollten.

Ich trete hier nicht für eine Weltregierung ein. Dass so etwas unmöglich ist, werde ich im nächsten Kapitel noch ausführlicher erläutern. Ich sage vielmehr, wir müssen Verantwortung für die Politik übernehmen, die wir in diese Architektur einbauen, weil diese Architektur gleichsam der Souverän ist, der die in diesem Raum lebenden Gemeinschaften beherrscht. Wir müssen uns mit der Politik dieser Architekturen auseinandersetzen.

Ich habe gesagt, im Cyberspace sei der Code eine Regulierungsinstanz, und dieser Code könne mit dem Recht als Regulierungsinstanz in Konflikt geraten. Beim Urheberrecht haben wir zum Beispiel gesehen, dass die in diesem Bereich geltenden Gesetze mit dem Regulierungssystem der »trusted systems« in Konflikt geraten können. Ich behaupte, diese beiden Regulierungssysteme stehen in einem Wettbewerb miteinander. Und wir müssen zwischen ihnen wählen und entscheiden, welches von beiden den Vorrang haben soll.

Wenn sich dieses System der Regulierung durch den Code entwickelt, wird es auch seine eigenen Normen enthalten und in seinen Strukturen oder Regeln zum Ausdruck bringen. Falls die Voraussagen der Rechtswissenschaft oder der Ökonomie zutreffen, werden diese Normen wirksam und vielleicht auch gerecht sein. Aber wenn Gerechtigkeit und Wirksamkeit nicht zusammenfallen, werden sie auch wirksam und ungerecht sein. Dann stellt sich die Frage, wie wir auf diese Kluft reagieren sollen.

In der Konkurrenz zwischen Code und Recht findet sich ein wichtiges Muster. Zumindest auf internationaler Ebene ist das Recht Ergebnis ausgedehnter Verhandlungen. Die Länder müssen zu einer Übereinkunft über rechtliche Regelungen und die den Privatleuten auferlegten Normen gelangen. Für den Cyberspace sind solche Übereinkommen besonders wichtig. Die Länder der Erde müssen ein gemeinsames Verständnis dieses Raums und eine gemeinsame Strategie für dessen Regulierung entwickeln.

Bis dahin reguliert der Raum sich allerdings selbst. Während die

Staaten über die Art der Regulierung debattieren, entwickelt sich der Code des Cyberspace mit einer gewissen Eigenständigkeit weiter. Seine Regulierung benötigt weniger Übereinstimmung, und schon seine Struktur gestattet neue Protokolle.

Ich behaupte, wir werden die Entstehung einer relativ einheitlichen Regulierung durch den Code erleben, während die rechtliche Seite im Fluss bleibt. Diese Entwicklung wird zu einer Verlagerung der tatsächlichen Regulierungsmacht führen – vom Recht hin zum Code, von den Souveränen hin zur Software. Wie es einen Drang zu relativ einfachen Netzprotokollen gab, so wird es auch einen Drang zu einheitlichen Regeln für Transaktionen im Netz geben. Diese Regeln werden nicht das Markenrecht der einzelnen Länder in sich aufnehmen, sondern ein einheitliches, von einer Kommission überwachtes System zum Schutz von Markenzeichen,[51] nicht diverse nationale Bestimmungen zum Datenschutz, sondern einen einzigen Satz von Regeln, der in die Architektur des Internetprotokolls eingebaut ist, nicht eine Reihe unterschiedlich implementierter Regelungen zum Vertragsrecht, sondern einen einzigen Satz von Regeln, dem man einschließlich des Erfüllungsorts per Mausklick zustimmt. Wie Walter Wriston, ehemals Präsident der Citibank und Autor von *The Twilight of Sovereignty*, schreibt: »Der Staat kann daran kaum etwas ändern. Auch diese Dinge schlüpfen ihm durch die Finger.«[52]

Wir sollten einen Augenblick überlegen, was all das bedeutet.

Staaten haben einen bestimmten Zweck – bei demokratischen Staaten können wir sagen, sie haben einen guten Zweck. Über weite Strecken der menschlichen Geschichte waren Staaten relativ machtlos. Die Kosten, etwas zu tun, waren in der Regel extrem hoch. Ein großer Teil der Welt stand faktisch unter einem *Laissez-faire*-Regime – nur sehr wenig war wirklich reguliert.

Das neunzehnte und zwanzigste Jahrhundert waren die Jahrhunderte des Staates. Zum ersten Mal – und vielfach recht brutal – übernahm der Staat die Kontrolle über sich selbst und über den Markt. Er wurde zu einem antiliberalen Akteur, der den Status quo zu ändern versuchte. Möglich wurde das vor allem deshalb, weil die Kosten der Regulierung sanken und die Kosten für eine Flucht aus der Regulierung wuchsen. Die Staatsgrenzen hielten die Menschen bei der Stange, und der Staat konnte regulieren.

Der Cyberspace stört dieses Gleichgewicht. Zwar wird Regulierung nicht teurer, aber die Kosten für eine Flucht aus der Regulierung sinken. Das Gleichgewicht verschiebt sich von der staatlichen Regulierungsmacht hin zur Macht des Einzelnen, sich der staatlichen Regulierung zu entziehen.

Damit verlagert sich die Regulierungskompetenz vom Gesetzgeber auf die Softwarehersteller. Wir müssen uns fragen, ob diese Verlagerung ohne jede Kontrolle erfolgen soll. Und die Antwort sollte davon abhängen, wer den Code schreibt und welche Werte sie in ihre Arbeit einfließen lassen.

Bis vor kurzem stammte der Code von einer Gruppe relativ unabhängiger Fachleute und war das Produkt eines Konsenses, der in Foren wie der Internet Engineering Task Force (IETF) hergestellt wurde. Das waren die regulierenden Körperschaften, deren Standards die Politik bestimmten, aber in gewisser Hinsicht hatten sie an den Ergebnissen kein besonderes Interesse, denn sie wollten lediglich einen funktionsfähigen Code schaffen.

Heute betreten wir eine ganz andere Welt, in der die Programme von Unternehmen geschaffen werden, in der die Standards das Ergebnis des Wettbewerbs sind, und in der solche Standards die besten Erfolgsaussichten haben, die sich an den herrschenden Standard anlehnen. In dieser neuen Welt dient der Code vor allem kommerziellen Zwecken.

Soweit der Code Gesetz ist, soweit er eine Struktur darstellt, die uns Zwänge auferlegt, sollten wir uns Sorgen machen, wie der Code strukturiert wird und welchen Interessen die Zwänge dienen, wie wir uns ja auch Sorgen machen würden, wenn die Gesetzgebung in die Hände privater Körperschaften geriete. Wenn der Code Gesetz ist, wer ist dann der Gesetzgeber? Und welche Werte verkörpert der Code?

In beiden Fällen geht es letztlich um die Frage nach der Souveränität. Wer soll diese Welt bauen, und wer soll entscheiden, welche Werte in diese Welt eingebaut werden?

Eine Reaktion auf diese Verschiebung haben wir bereits betrachtet. Ich habe gesagt, lokale Regelungen werden an Bedeutung verlieren, weil sie sich gegenüber globalen Regelungen nur schwer durchsetzen lassen. Aber schwer ist es nur, weil die Architektur es schwer macht. Wir haben kein einfaches System, mit dem wir Kanadier von New Yorkern unterscheiden könnten, und darum ist es schwierig, unterschiedliche Regeln auf sie anzuwenden.

Wie jedoch im fünften Kapitel dargelegt, muss es gar nicht schwer sein, lokale Regeln durchzusetzen. Ein mit zahlreichen Zertifikaten arbeitendes Internet zum Beispiel könnte es den Souveränen sehr viel leichter machen, einen Teil ihrer Autorität zu bewahren. In einem Cyberspace, in dem jeder eine nationale Kennung besäße, ließen sich die Regeln sehr wohl auf die jeweilige Nationalität des Nutzers abstimmen. Wenn Sie aus den Vereinigten Staaten kämen und noch keine siebzehn Jahre alt wären, könnte der schwedische Server Sie aussperren; kämen Sie dagegen aus Russland, ließe er Sie ein. In einer Welt voller Zertifikate könnten die Staaten sehr wohl darauf bestehen, dass ihre Gesetze und Regeln eingehalten werden, und nicht etwa die Gesetze des dominierenden Landes (also der Vereinigten Staaten) oder die des Netzes.

Die Souveräne werden das begreifen.[53] Sie werden erkennen, dass es eine andere Architektur für das Netz gibt, die ihnen wieder eine gewisse Kontrolle ermöglichte. Und wenn sie das erkennen, werden sie dafür sorgen, dass die Voraussetzungen für solch eine Regulierungsarchitektur geschaffen werden: die Zertifikate nämlich. Und wenn sie das tun, werden wir wiederum entscheiden müssen, ob diese Regulierungsarchitektur dem Cyberspace entspricht, den wir uns wünschen.

Eine Entscheidung.

Eine notwendige Entscheidung.

Im ersten Teil habe ich gezeigt, dass die Wirtschaft uns helfen wird, die Entscheidung zu treffen. Sie wird auf eine Architektur drängen, die durch Zertifikate eine bestimmte Form der Kontrolle ermöglicht. Diese Architektur wird auch eine gewisse Form staatlicher Kontrolle ermöglichen. Aber die genaue Art der Kontrolle hängt von der Architektur ab.

Ich habe mich nicht gegen den Staat ausgesprochen. Ich habe nicht gesagt, wir sollten den Cyberspace so gestalten, dass er keine kollektive Kontrolle zulässt. In Wirklichkeit habe ich mich für das Gegenteil ausgesprochen. Ich habe mich als einer dieser Spinner zu erkennen gegeben, die tatsächlich glauben, dass kollektive Wahlentscheidungen etwas Gutes sind.

Aber ich bin kein Freund statischer Verhältnisse. Ich glaube keineswegs, das Beste wäre eine Kontrolle von oben. Es gibt einen Raum für das Gemeinschaftsleben, und es gibt wichtige Räume für das Privatleben. Eine gute Verfassung hilft uns, das richtige Gleichgewicht zu finden.

Wir könnten im Cyberspace ein Identifizierungssystem aufbauen, das bestimmte Formen lokaler Kontrolle ermöglicht; wir könnten es so gestalten, dass einige Formen lokaler Kontrolle eine Rolle spielen. Aber einfache Antworten sind hier gar keine Antworten: Es wäre verheerend, wenn der Cyberspace in lokaler Hinsicht wieder vollständig kontrollierbar würde – wenn man also die Geographie einfach auf den Cyberspace übertrüge –, wie es auch verheerend wäre, wenn es gar keine lokale (also auch keine kollektive) Kontrolle mehr gäbe.

Die Antwort liegt anderswo.

In den letzten vier Kapiteln habe ich beschrieben, wie jeweils eine bestimmte Freiheit verändert und ersetzt wird. In den ersten drei Fällen wird die Freiheit durch eine effizientere Kontrollarchitektur ersetzt: Der faire Gebrauch wird wegcodiert, der Datenschutz wird zu umständlich, Filter gewinnen die Oberhand. Neue Architekturen ersetzen eine Freiheit, die es einfach deshalb gegeben hat, weil andere Möglichkeiten sich nur schwer realisieren ließen.

Im letzten Fall schließlich wird die Regulierungsmacht des Staates ersetzt durch eine effizientere Mobilitätsarchitektur. Hier arbeitet die Effizienz für die Freiheit von Regulierung. Bei dieser Architektur wird es zu teuer, den Bürgern nachzuspüren und sie zu kontrollieren, und für die Bürger wird es leichter, nach anderen Regeln zu leben. Die lokale Kontrolle verringert sich, die Kontrolle des Netzes wird stärker.

Entscheidend ist nun aber, dass diese verschiedenen Veränderungen dieselbe Struktur besitzen. In allen Fällen lässt die Effizienzsteigerung einen Wert hervortreten, der bis dahin latent war. Dann kommt es zu einem Konflikt zwischen der (in den vier Fällen verschiedenen) Effizienz und dem im weniger effizienten System latent vorhandenen Wert. Dieser Wert liegt nicht in der Ineffizienz, er basiert lediglich auf einer bestimmten Ineffizienz.

Das soll keine Kritik am Begriff der Effizienz sein. Wenn ein Wert durch Effizienz verloren geht, stellt sich die Frage, ob solche Effizienz wirklich effizient ist oder lediglich effizient für einen bestimmten Zweck. Und es stellt sich die Frage, welcher Zweck das sein soll. Wenn der Wert, der da verloren geht, wirklich wertvoll ist, könnte es sein, dass es nicht mehr effizient ist, ihn zu opfern. Auf der Autobahn kommen Sie schneller von einer Stadt in die andere, aber Sie verlieren das Gefühl für die Landschaft.

Ich will auch nicht behaupten, dieses Argument sei neu. Es ist schon eher eine abgedroschene Feststellung, dass die Werte einer langsameren, ruhigeren Zeit der Hast des modernen Lebens zum Opfer gefallen sind. Diese Werte zur Kenntnis zu nehmen heißt indes nicht, dass man ihnen unendliches Gewicht beimessen müsste. Die Hast des modernen Lebens hat viele Menschen aus der Armut befreit. Das ist zweifellos etwas Gutes und wiegt den »Verlust« einer ruhigeren Zeit gewiss auf.

Die Werte aber, um die es in den vier geschilderten Fällen geht, bilden den Kern unseres Seins und unseres Selbstverständnisses als Volk und als Individuen. Wenn wir glauben, die Regulierungen im Cyberspace würden diese Werte aufheben, dann mögen diese Regulierungen effizient für bestimmte Zwecke sein, aber nicht effizient für die Ziele, die wir gemeinsam erreichen möchten.[54] In diesem Falle brauchen wir nicht zwischen Effizienz und etwas anderem zu wählen, sondern zwischen Werten, die wir auf effiziente Weise verwirklichen wollen. Ich behaupte, wenn wir in den vier beschriebenen Fällen die Werte bewahren wollen, die uns wichtig sind, müssen wir etwas gegen die heute absehbare Entwicklung im Cyberspace unternehmen. Die unsichtbare Hand wird uns in eine andere Welt führen. Und wir sollten uns entscheiden, ob wir diese Welt wollen.

Im vierten Teil werde ich fragen, wie wir diese Wahl treffen können. Es gehört zu den Pathologien der modernen Politik, dass wir von den politischen Entscheidungsprozessen angewidert sind und auf den Staat fast automatisch mit Kritik reagieren. Freiheit ist immer Freiheit vom Staat; Freiheit ist stets Freiheit davon, was der Staat sonst tun würde. Genau das dachten auch die Menschen, die unter dem repressivsten Regime unserer Zeit zu leiden hatten – die Menschen im postkommunistischen Europa. Auch sie suchten nach dem Fall des Kommunismus nach Wegen, den Einfluss des Staates auf ein Minimum zu beschränken und Räume ohne staatliche Regulierung zu schaffen.

Was sie dabei aber lernten, sollten auch wir uns zu Eigen machen. Sie lernten, dass aus staatsfreien Räumen nicht notwendig Freiheit erwächst. Freiheit von staatlicher Tyrannei mag eine notwendige Voraussetzung der Freiheit sein, aber sie ist keine hinreichende Bedingung. Vielmehr bedarf es des Staates, um die notwendigen Bedingungen zu schaffen, unter denen Freiheit möglich ist. Denn es gibt gemeinschaftliche Werte, die wir als Einzelne niemals verwirklichen können. Dazu gehört auch die Freiheit, die der Staat herstellen und sichern kann. Die Freiheit, Verträge abzuschließen, Dinge zu besitzen, zu reisen und zu wählen – all diese Rechte sind dringend auf staatliche Unterstützung angewiesen.

Manchmal gerät die Freiheit mit anderen Werten in Konflikt, denen noch größeres Gewicht beigemessen wird als ihr. Die folgenden Beispiele handeln von Werten beider Art und von den Gefahren, die ihnen im Cyberspace drohen. An diesen Beispielen soll deutlich werden, wie wir reagieren können und welche Disziplin wir wieder erlernen müssen, wenn wir diese Werte vor den Veränderungen bewahren wollen, die wir im Augenblick nur unvollkommen kontrollieren.

VIERTER TEIL
ANTWORTEN

Wie wir im ersten Teil gesehen haben, werden wir das Netz nicht sich selbst überlassen können. Keine Natur schützt den Cyberspace vor Veränderungen, und er steht unter einem beträchtlichen Veränderungsdruck. Wenn die Veränderungen weiter in die bisherige Richtung gehen, wird der Cyberspace zu einem hochgradig regulierbaren Raum werden – nicht zu einem Hort der Freiheit und nicht zu einem herrschaftsfreien Raum, sondern zu einer Technologie, mit deren Hilfe Staat und Wirtschaft alle Aspekte unseres Lebens durchdringen.

Doch das ist nur einer von mehreren denkbaren Wegen. Im zweiten Teil habe ich einige andere Möglichkeiten aufgezeigt. Die künstliche Welt des Cyberspace lässt sich in vielfältiger Weise gestalten, denn es gibt zahlreiche Wahlmöglichkeiten. Der Staat verfügt über viele Instrumente, mit denen er die Architektur dieses Raums verbiegen oder verbessern kann. Er verfügt über viele Techniken, mit deren Hilfe er den Cyberspace nach seinen Vorstellungen zu gestalten vermag. Diese Macht ist jedoch beschränkt und unterliegt verschiedenen Zwängen, die teils im Recht und teils im Code begründet sind. Der offene Code ist solch ein Zwang, der Beschränkungen auferlegt. Aber die Möglichkeit von Zwängen ist selbst kein Zwang. Die Botschaft des zweiten Teils lautete daher, dass nur wenig festgelegt und vieles möglich ist. Wir haben durchaus eine Wahl.

Im dritten Teil haben wir diese Wahlmöglichkeit genutzt. Zunächst habe ich ein traditionelles juristisches Entscheidungsverfahren vorgestellt, das die Entscheidung den Vätern der Verfassung überlässt. Zwar wussten die Väter der Verfassung nicht viel über TCP/IP, aber, so lautet das Argument, sie begründeten eine Tradition, die sich auch auf den Cyberspace übertragen lässt. Sie gaben uns die Werte, und unsere Aufgabe ist es, diese Werte in den Cyberspace zu übersetzen.

Übersetzungen haben jedoch Schwierigkeiten mit latenten Mehrdeutigkeiten. Im Schlusskapitel des dritten Teils habe ich darauf hingewiesen, dass es viele solcher Mehrdeutigkeiten gibt. In vier wesentlichen Bereichen des sozialen und politischen Lebens innerhalb des Cyberspace werden die Worte der Verfassungsväter uns bei den fälligen Entscheidungen nicht weiterhelfen. Wo Übersetzung versagt, muss eine Wahl getroffen werden.

Im vierten Teil will ich nun der Frage nachgehen, ob wir in der Lage sind, diese Wahl zu treffen. Und ich behaupte, wir sind es nicht. Wir haben die grundsätzlichen Fragen so vollständig an die Judikative abgegeben und unseren Gesetzgebungsprozess so nachhaltig durch kurzfristige Interessenpolitik korrumpiert, dass wir in diesem überaus bedeutsamen Augenblick unfähig sind, irgendeine sinnvolle Entscheidung zu treffen. Es hat uns unvorbereitet getroffen, trunken von der politischen Verweichlichung der Zeit, und allenfalls dürfen wir hoffen, uns so lange auf den Beinen halten zu können, bis wir wieder nüchtern sind.

15. DAS PROBLEM, VOR DEM WIR STEHEN

Ich habe gesagt, wir haben durchaus eine Wahl bei der Gestaltung des Cyberspace, aber wir sind unfähig, diese Wahl zu treffen. Unsere Unfähigkeit hat drei Gründe. Der eine hängt mit den Grenzen zusammen, die wir den Gerichten auferlegen, der zweite mit den Grenzen, die wir bei Regierung und Parlament erkennen, und der dritte mit den Grenzen in unseren Vorstellungen von Code und Gesetz. Wenn wir eine Wahl treffen müssen, dann bedeuten diese Grenzen, dass wir keine Wahl treffen werden. Wir leben in einer Zeit, in der äußerst wichtige Entscheidungen über die Ausgestaltung des Cyberspace getroffen werden müssen, aber wir haben weder die Institutionen noch die Praxis, die dafür erforderlich wären.

Im vierten Teil erläutere ich diese Probleme, und im sechzehnten Kapitel skizziere ich drei mögliche Lösungen. Beides ist nicht vollständig, aber hoffentlich anregend. Die Probleme, auf die der Cyberspace uns aufmerksam macht, sind keine Probleme mit dem Cyberspace. Es sind Probleme des realen Raums, und der Cyberspace zeigt uns, dass wir sie jetzt lösen müssen.

PROBLEME MIT GERICHTEN

Verfassungen enthalten zwei Momente, einen *kodifizierenden* oder bewahrenden und einen *transformativen*, auf Veränderung gerichteten Teil. Das kodifizierende Moment versucht wesentliche Aspekte der jeweiligen Verfassungs- oder Rechtskultur zu bewahren und diese Kultur vor zukünftigen Veränderungen zu schützen. Das transformative Moment (das sich in Verfassungszusätzen oder Verfassungsänderungen manifestiert) tut genau das Gegenteil und versucht, wesentliche Aspekte der jeweiligen Verfassungs- oder Rechtskultur und damit die betreffende Kultur für die Zukunft in Teilen zu verändern. Das Symbol des kodifizierenden Moments der Verfassung ist der an den Mast gefesselte Odysseus und das des transformativen Moments die Französische Revolution.

Die amerikanische Verfassung enthält beide Momente. Die Verfassung von 1789 – vor den ersten zehn Verfassungszusätzen – war eine transformative Verfassung. Sie schuf eine neue Staatsform und ließ eine Nation entstehen.[1] Die Verfassung von 1791 – die Bill of Rights – war eine kodifizierende Verfassung. Vor dem Hintergrund der neuen Verfassung versuchte sie, bestimmte Werte festzuschreiben und vor zukünftigen Veränderungen zu schützen.[2] Die während des Bürgerkrieges beschlossenen Verfassungszusätze waren wieder transformativer Natur. Sie sollten einen Teil der inzwischen in Amerika entstandenen sozialen und rechtlichen Kultur verändern, das heißt genauer, eine in der amerikanischen Seele verwurzelte Tradition der Ungleichheit ausreißen und durch eine Tradition praktizierter Gleichheit ersetzen.[3]

Das transformative Moment lässt sich eindeutig schwerer verwirklichen als das kodifizierende, das wenigstens die Trägheit auf seiner Seite hat, während Veränderungen erkämpft werden müssen. Das kodifizierende Moment ist seiner selbst gewiss und bestätigt sich selbst, das transformative dagegen hat ständig mit Selbstzweifeln zu kämpfen. Die großen Augenblicke einer Verfassung gehen vorüber, und dann sehen sich die Institutionen, die mit der Durchsetzung der Verfassungsgrundsätze betraut sind, verstärkt politischem Widerstand ausgesetzt. Von kurzen Phasen des Aufbruchs und der Aufklärung abgesehen, möchten die Menschen zu ihren alten Gewohnheiten zurückkehren, und die Gerichte haben es schwer, sich dem zu widersetzen.

Dieses Muster zeigt sich auch in unserer eigenen Verfassungsgeschichte. Der außergewöhnliche Augenblick nach dem Bürgerkrieg – als drei Verfassungszusätze den Grundsatz der gleichen Bürgerrechte in unsere Verfassung und unser Verfassungsverständnis einmeißelten – war 1875 schon vergangen. Die Nation gab den Kampf für Gleichheit auf und wandte sich begeistert der industriellen Revolution zu. Gesetze, die eine Rassentrennung erzwangen, wurden aufrechterhalten,[4] man verwehrte den Afroamerikanern das Wahlrecht[5] und ließ Gesetze zu, die nach heutiger Auffassung eine neue Form von Sklaverei ermöglichten.[6] Erst nach hundert Jahren fortgesetzter Ungleichheit griff der Supreme Court mit dem Fall *Brown v Board of Education* 1954 die Ziele der nach dem Bürgerkrieg beschlossenen Verfassungszusätze und die darin angelegten transformativen Ideen wieder auf.[7]

Man könnte den Obersten Gerichtshof für dieses Jahrhundert der Schwäche kritisieren. Ich denke, es ist wichtiger, die Ursachen zu verstehen. Gerichte operieren in einem politischen Umfeld. Sie bilden die schwächste Widerstandslinie innerhalb dieses Umfelds. Eine Zeit lang mögen sie auf Grundsätzen bestehen, die dauerhafte Geltung beanspruchen. Aber diese Zeit geht vorbei. Wenn die Welt in ihr rassistisches Verhalten zurückfällt, gibt selbst ein klar formulierter Verfassungsgrundsatz den Gerichten nur begrenzte Möglichkeiten, dem zu widerstehen. Gerichte sind den Zwängen unterworfen, die sich aus dem ergeben, was »jedermann« für richtig hält, selbst wenn das, was »jedermann« meint, mit grundlegenden Aussagen der Verfassung unvereinbar ist.

Mit einer kodifizierenden Verfassung lässt sich leichter leben, denn dort gibt es eine Tradition, die sich auf den Text der Verfassung stützt. Falls die Tradition schon alt ist, besteht Hoffnung, dass sie auch weiterhin von Dauer sein wird.

Doch selbst die kodifizierenden Momente der Verfassung haben ihre Schwierigkeiten. Wenn sich die Gemüter in einem Land zu sehr erhitzen, können Gerichte trotz kodifizierter Grundsätze oft wenig tun. Obwohl der erste Verfassungszusatz eindeutig die Redefreiheit schützt, gab man dem Staat das Recht, sie einzuschränken und Verstöße gegen diese Einschränkungen zu verfolgen, wenn es sich bei den Rednern um Kommunisten und Anarchisten handelte.[8] Und als die Japaner Pearl Harbor angriffen, gab man dem Staat trotz Gleichheitsgebot und Unschuldsvermutung das Recht, alle Amerikaner japanischer Abstammung an der Westküste in Internierungslager zu sperren.[9]

Das sind die Realitäten von Gerichten in demokratischen Staaten. Wir Juristen pflegen gern ein romantisches Bild der Gerichte und stellen uns vor, sie seien frei von jeglichem Einfluss. Dabei waren sie niemals vollständig oder auf Dauer frei von Einflüssen. Sie sind politischen Zwängen ausgesetzt, die durchaus Gewicht haben. Sie sind Institutionen innerhalb einer Demokratie. Und in einer Demokratie kann keine Institution sich auf Dauer gegen das Volk stellen.

Vor diesem Hintergrund sollten wir über die im dritten Teil aufgeworfenen Probleme nachdenken. In jedem einzelnen Fall, habe ich dort gesagt, müssen wir die Werte auswählen, die wir im Cyberspace verwirklicht wissen wollen. Diese Fragen werden weder im Text der Verfassung noch in ihrer Tradition klar und eindeutig angesprochen. Im Wesentlichen handelt es sich um Fragen, die das kodifizierende Moment unserer Tradition betreffen, aber es finden sich auch latente Mehrdeutigkeiten. Wir finden darauf keine Antwort in scheinbar einschlägigen Urteilen, auf die ein Gericht Bezug nehmen könnte. Antworten lassen sich hier nicht ausfindig machen und als Verweisquelle zitieren, sondern müssen neu formuliert und auf Grund eigener Erwägungen ausgewählt werden.

Für amerikanische Gerichte ergeben sich daraus einige Schwierigkeiten. Wir leben im Schatten des einstigen, von Chief Justice Earl Warren geführten Supreme Court. Viele meinen (ich gehöre jedoch nicht dazu), dieses Gericht sei extrem aktionistisch gewesen, es habe das Verfassungsrecht »umgemodelt« und dem politischen System wie auch dem Rechtssystem seine »eigenen Wertvorstellungen« aufgezwungen. Und viele sehen im Rehnquist-Court einen Ausgleich für den Aktionismus des Warren-Court.

Ich halte diese Sicht für falsch. Der Warren-Court war nicht in einem Sinne aktionistisch, der gegen den Grundsatz der Kontinuität in der Interpretation der Verfassung verstoßen hätte. Und der Rehnquist-Court ist nicht weniger aktionistisch als der Warren-Court. Entscheidend ist jedoch nicht, was wahr ist, sondern was die Menschen glauben. Und wir glauben, die Vergangenheit sei durch Aktionismus geprägt und dieser Aktionismus sei falsch gewesen.

Zumindest *falsch für ein Gericht*. Nicht nur Konservative haben den Warren-Court kritisiert, sondern auch Liberale, die meinen, er habe sich nicht unparteiisch verhalten.[10] Sie sind der Ansicht, der Warren-

Court habe Verfassungsrecht geschaffen und nicht nur interpretiert – er habe sich nur davon leiten lassen, ob er eine Mehrheit zusammenbringen konnte.

Jedes Gericht läuft Gefahr, diesem Bild des Warren-Court zu entsprechen, wenn es Urteile fällt, die nicht klar und eindeutig aus dem Gesetzestext hervorzugehen *scheinen*. Jedes Gericht ist angreifbar, wenn seine Urteile politisch motiviert *erscheinen*. Auf Grund unserer Geschichte ist der Supreme Court besonders anfällig für diesen Vorwurf. Er spürt sehr schnell, wenn seine Urteile politisch motiviert *erscheinen*.

Ich behaupte nicht, der Supreme Court fürchte sich vor Vergeltungsmaßnahmen – unser oberstes Gericht hat eine sehr sichere Stellung innerhalb der verfassungsmäßigen Ordnung.[11] Der Supreme Court spürt die Reaktion auf politisch motiviert erscheinende Urteile dank seines eigenen Selbstverständnisses. Demnach hat das oberste Gericht nicht »politisch« zu sein, sondern ein getreuer Sachwalter der Verfassung, der lediglich die darin niedergelegten Grundwerte bewahrt, bis sie sich verändert haben.[12]

Wenn es jedoch – wie im Fall latenter Mehrdeutigkeit – keine Grundwerte zu bewahren gibt, scheint jeder Versuch einer Übertragung mehr zu enthalten. Und wann immer es den Anschein hat, das Gericht tue mehr, als Grundwerte zu bewahren, entsteht der Eindruck, es setze lediglich seine eigenen Vorstellungen von einer verfassungsmäßigen Ordnung durch, statt sich an Urteile zu halten, die durch andere Verfassungsrang erhalten haben.[13] Mit einem Wort, es scheint »politisch« zu handeln.

Was aber bedeutet »politisch« in diesem Zusammenhang? Es bedeutet nicht einfach, dass der Gerichtshof Wertentscheidungen oder politische Entscheidungen trifft. Niemand behauptet, Wertentscheidungen seien keine geeignete Grundlage, auf der ein Gericht einen Fall entscheiden dürfe. Im Gegenteil: Wertentscheidungen und politische Entscheidungen bilden eine angemessene Grundlage für gerichtliche Entscheidungen, *sofern sie durch den politischen Prozess in angemessener Weise abgesegnet worden sind.* (Problematisch an Wahlentscheidungen in Fällen latenter Mehrdeutigkeit ist der Umstand, dass sie nicht in angemessener Weise durch den politischen Prozess abgesegnet erscheinen. Die Entscheidung orientiert sich zwar an Werten, doch diese Werte scheinen nicht der Verfassung entnommen zu sein.)

Als »politisch« gelten daher Urteile, die durch den politischen Prozess nicht eindeutig bestätigt worden sind und gegenwärtig in Frage gestellt werden.[14] Wenn die Grundlagen eines Urteils grundsätzlich angezweifelt werden und die Verfassung keine erkennbare Position in der betreffenden Frage bezieht, wird die vom Gericht vorgenommene Übersetzung in diesem Kontext als politisch erscheinen.[15]

Der Cyberspace wird dieses Problem beträchtlich verstärken. Wenn ein in der Verfassung niedergelegter Wert sich einigermaßen klar und sicher übersetzen lässt, vermag der Oberste Gerichtshof im Namen von Grundwerten auch gegen die Meinung einer Mehrheit zu entscheiden. Liegen dagegen latente Mehrdeutigkeiten vor und erscheinen Wahlentscheidungen tatsächlich als Ergebnis einer *Wahl*, reicht bloße Übersetzung nicht mehr aus. Und ich behaupte, der Supreme Court ist nicht der Ort für solch eine Wahl.

Das mag übertrieben pessimistisch klingen, vor allem wenn wir an den erfolgreichen Kampf gegen den Communications Decency Act denken.[16] Aber gerade dieser Fall zeigt die Unsicherheit, die meines Erachtens schon bald zu Passivität führen wird.

In den beiden unteren Instanzen taten die Gerichte so, als hätten sie etwas über die Natur des Cyberspace »herausgefunden«. Diese »Befunde« bestimmten die verfassungsrechtliche Würdigung, und beide Gerichte sprachen von ihren Befunden mit solcher Selbstsicherheit, dass man meinen könnte, ihre Erkenntnisse wären in Stein gehauen.

Die Befunde boten zum größten Teil eine außerordentlich gute Beschreibung des Cyberspace, wie er sich 1996 darbot. Sie sagten aber nichts über die zukünftige oder *mögliche* Gestalt des Cyberspace. Die Gerichte taten so, als sprächen sie über die *Natur* des Cyberspace, aber wie wir gesehen haben, besitzt der Cyberspace keine innere Natur. Er ist so, wie er konstruiert wird. Durch die Abwehr des vom Kongress unternommenen Versuchs, den Cyberspace in Zonen einzuteilen, sagten die Gerichte uns nicht, was der Cyberspace *ist*, sondern was er *sein sollte*. Sie fanden nicht die Natur des Cyberspace heraus, sondern legten sie fest – ihre Entscheidungen werden mitverantwortlich für die zukünftige Gestalt des Cyberspace sein.

Zunächst mag das gar nicht so aussehen. Wenn wir etwas Neuem begegnen, können wir nur schwer sagen, was natürlich oder vorgegeben ist und was sich in Teilen ändern lässt. Mit der Zeit werden die Gerichte jedoch erkennen, dass am Cyberspace sehr wenig »natürlich« ist. So wird sich zeigen, dass es sich bei den in einem der Befunde beschriebenen, durch die Architektur des Cyberspace gegebenen Grenzen um »Konstruktionsentscheidungen« handelt. Was einst »unmöglich« war, wird möglich werden, so dass die Gerichte mehr und mehr das Gefühl haben werden, sie könnten gar nicht sagen, was der Cyberspace ist. Sie werden erkennen, dass ihre Befunde beeinflussen, was sie finden. Und sie werden erkennen, dass sie mitverantwortlich sind für das, was der Cyberspace inzwischen geworden ist.

Das ist Heisenbergs Unbestimmtheitsrelation, auf das Verfassungsrecht angewendet. Und wenn die Gerichte sich dieser Tatsache bewusst werden, wie in anderen Bereichen bereits geschehen, werden sie sich zunehmend den beiden politischen Gewalten beugen: Wenn diese Urteile politisch sind, wird man sie den Politikern überlassen und nicht den Richtern.[17]

Das kann man den Richtern kaum zum Vorwurf machen. In manchen Fällen sollte man sie sogar zu solcher Zurückhaltung ermutigen.[18] Aber wir dürfen die Folgen nicht unterschätzen. In der Zukunft wird der Gesetzgeber relativ frei von Beschränkungen seitens der Gerichte agieren. Die Werte, die wir als verfassungsmäßige Werte bezeichnen können – ob sie nun in unserer Verfassung niedergelegt sind oder nicht –, werden diesem Gesetzgeber nur dann Zwänge auferlegen, wenn er sich entschließt, sie in Betracht zu ziehen.

Bevor wir uns fragen, was wir vom Gesetzgeber erwarten können, wollen wir ein weiteres Problem aus dem Bereich der Judikative erörtern, nämlich das Problem, mit dem sich unsere Verfassungstradition konfrontiert sieht, wenn die Verfassung in den Kontext des Cyberspace gestellt wird. Hier geht es um das Problem »staatlichen Handelns«.

Der Cyberspace ist durch Architekturen bestimmt: Es gibt verschiedene solcher Architekturen, in die unterschiedliche politische

Werte eingebettet sind, und einige dieser Werte sind verfassungsrechtlich bedeutsam. Zum größten Teil – und zum Glück – sind diese Architekturen jedoch privaten Charakters. Sie wurden von Universitäten oder Unternehmen geschaffen und in Netzen installiert, die nicht mehr vom Verteidigungsministerium unterhalten werden. Sie sind privat und unterliegen daher in den USA traditionsgemäß keiner verfassungsrechtlichen Überprüfung. Die Verfassungsgrundsätze des Schutzes der Privatsphäre, des freien Zugangs, des Rechts auf Anonymität oder der Gleichheit brauchen diese neue Welt nicht zu kümmern, denn sie ist »privat«, und die Verfassung befasst sich nur mit »staatlichem Handeln«.

Warum das so sein soll, ist mir nicht ganz klar. Wenn der Code als Gesetz fungiert, dann entsteht hier die bedeutendste neue Jurisdiktion seit dem Kauf Louisianas, aber sie entsteht außerhalb jeder verfassungsrechtlichen Kontrolle. Tatsächlich tun wir alles, damit die Verfassung nicht zum Zuge kommt – als wollten wir frei von den Beschränkungen sein, die uns die in der Tradition enthaltenen Werte auferlegen.

In diesem Buch habe ich bisher nur selten von der Unterscheidung zwischen privatem und öffentlichem Bereich Gebrauch gemacht. Man könnte auch sagen, ich habe sie ignoriert. Allerdings habe ich sie nicht deshalb ignoriert, weil sie keine Bedeutung besäße, sondern weil ich nicht weiß, wie man sie auf die Regulierung des Cyberspace übertragen könnte. Der Begriff des staatlichen Handelns enthält selbst eine latente Mehrdeutigkeit, und ich glaube, wir haben keine klare Vorstellung davon, wie man sie auflösen könnte.

Diese Mehrdeutigkeit liegt in Folgendem: Unsere Verfassung wurde geschaffen, als die grundlegenden Architekturen feststanden. Die Väter unserer Verfassung *fanden* die Naturgesetze, die Gesetze der Nationalökonomie und das menschliche »Naturrecht« bereits vor; diese Grundlage war nicht vom Staat oder vom Menschen geschaffen.

Die Architekturen stellten natürlich einen Zwang dar, und zwar in Gestalt einer »Regulierung«. Doch das Ausmaß, in dem sie als Instrumente einer selbstbewussten Kontrolle eingesetzt werden konnten, war begrenzt. Die Stadtplanung kannte keine Grenzen,[19] doch über das Abstecken eines Raums hinaus vermochten die Gründer kaum Regeln zu setzen, an denen die Bebauung des Raums sich hätte orientieren müssen.

Der Cyberspace besitzt dagegen verschiedene Architekturen, deren Regelungsvermögen nicht so begrenzt ist. In diesem Raum lässt sich ein beträchtliches Maß an Kontrolle realisieren. Welche Daten gesammelt werden können, welche Anonymität möglich ist, welcher Zugang gewährt wird, wer sich Gehör verschaffen kann, ist jeweils keine »Tatsache«, sondern das Ergebnis von Wahlentscheidungen, ist nicht vorgefunden, sondern konstruiert.

Darum bewegen wir uns hier in einem ganz anderen Kontext. Wenn die verfassungsrechtliche Kontrolle im ersten Kontext beschränkt war, heißt das keineswegs, dass sie im zweiten ebenso beschränkt sein müsste. Das könnte der Fall sein, aber wir können es nicht allein aus der Tatsache schließen, dass sie in einem ganz anderen Kontext so stark eingeschränkt ist.

Die Väter unserer Verfassung sagen uns daher nichts über Reichweite und Grenzen staatlichen Handelns. Wir müssen selbst entscheiden, was besser zum Geist unserer Verfassungstradition passt. Halten wir unserer Tradition eher die Treue, wenn wir zulassen, dass sich solche Kontrollstrukturen als funktionales Pendant zum Recht jenseits jeder verfassungsrechtlichen Kontrolle entwickeln? Oder entspricht es unserer Tradition, wenn wir die verfassungsrechtliche Kontrolle auch auf Strukturen privater Regulierung ausdehnen, um die Grundwerte dieser Tradition zu bewahren?

Das sind schwierige Fragen, auch wenn der Hinweis angebracht ist, dass andere Verfassungsordnungen sich mit einer Antwort leichter tun. Die deutsche Verfassungstradition etwa hätte weniger Schwierigkeiten mit dem Gedanken, dass auch private Herrschaftsstrukturen letztlich auf ihre Übereinstimmung mit verfassungsrechtlichen Grundsätzen überprüft werden müssen.[20] Natürlich ist die deutsche Tradition nicht unsere Tradition. Aber die Tatsache, dass man dort so denkt, zeigt immerhin, dass wir für die von der Verfassung auferlegten Beschränkungen durchaus Raum schaffen können, ohne dass darum gleich alles zum Gegenstand verfassungsrechtlicher Streitereien würde. Dennoch wäre es für das amerikanische Verfassungsrecht eine Revolution, wenn der

Supreme Court selbstbewusst über die Grenzen staatlichen Handelns hinausginge.

In diesen beiden Punkten also stecken die Gerichte fest. Sie können nicht als rechtsschöpferisch gelten, und die Reichweite ihrer verfassungsrechtlichen Kontrolle ist (künstlich, wie ich meine) so weit eingeschränkt worden, dass die meisten wichtigen Aspekte des im Cyberspace herrschenden Gesetzes – des Codes – davon ausgenommen sind. Wenn es zutrifft, dass wir uns jetzt entscheiden müssen, wohin wir gehen wollen und welche Werte den Cyberspace prägen sollen, dann dürfen wir jedenfalls nicht erwarten, dass unsere Gerichte diese Wahlentscheidungen treffen.

PROBLEME MIT REGIERUNG UND PARLAMENT

Auf einer Tagung, die eine westliche Agentur zur Förderung der Demokratie in der ehemaligen Sowjetrepublik Georgien veranstaltete, versuchte ein irischer Jurist den Georgiern zu erklären, was so vorteilhaft am System der verfassungsrechtlichen Kontrolle ist, also an jenem System, das es Gerichten ermöglicht, die Entscheidungen eines Parlaments für ungültig zu erklären. »Verfassungsrechtliche Kontrolle ist etwas Wunderbares«, schwärmte er. »Wenn das Gericht ein vom Parlament verabschiedetes Gesetz für ungültig erklärt, stellen die Menschen sich ganz selbstverständlich auf die Seite des Gerichts und gegen das Parlament, denn sie sind der Auffassung, dass Parlamente nur nach politischen Gesichtspunkten entscheiden, während das Verfassungsgericht sich an Grundsätzen orientiert.« Ein georgischer Freund und Lehrling in Sachen Demokratie fragte daraufhin: »Warum verhalten die Menschen sich in einer Demokratie loyal gegenüber einer nichtdemokratischen Institution, während sie sich von der eigentlich demokratischen Institution abgestoßen fühlen?« – »Sie haben die Demokratie noch nicht verstanden«, erwiderte der Jurist.

Wenn wir darüber nachdenken, wie der Cyberspace regiert werden könnte – wenn wir über die Wahlentscheidungen nachdenken, die ich aufgezeigt und vor allem im dritten Teil erörtert habe –, dann wird uns wahrscheinlich ein wenig mulmig zu Mute. Denn der Gedanke, den Cyberspace regieren zu können, erscheint geradezu aussichtslos. Wer ist der Cyberspace? Wo sollte er wählen? Dem Cyberspace selbst erscheint der bloße Gedanke abstoßend. So schreibt John Perry Barlow in seiner »Unabhängigkeitserklärung des Cyberspace«:

> Ihr Staaten der industrialisierten Welt, schwerfällige Riesen aus Fleisch und Stahl, ich komme aus dem Cyberspace, der neuen Heimat des Geistes. Im Namen der Zukunft sage ich euch: Lasst uns in Ruhe! Ihr seid bei uns nicht länger willkommen. Ihr habt keine Macht, wo wir zusammenkommen.

Unser Problem ist allerdings nicht staatliche Macht im Cyberspace, sondern staatliche Macht schlechthin. Es gibt keine speziellen Schwierigkeiten, vor die uns der Cyberspace hier stellte – es gibt lediglich die vertrauten Schwierigkeiten des modernen Staates, nur an einem anderen Ort. Manches ist anders: Das Ziel der staatlichen Eingriffe ist ein anderes, und die Bedeutung der internationalen Verflechtung ist eine andere. Aber das Problem mit dem Staat resultiert nicht aus dem anderen Ziel, sondern aus unserem Problem mit dem Staat.

In diesem ganzen Buch habe ich versucht, die Wahlentscheidungen herauszuarbeiten, vor die uns der Cyberspace stellt. Ich habe gesagt, seine grundlegende Architektur ist offen für jeden Zugriff, und je nachdem, wer da zugreift, werden sich ganz verschiedene Dinge entwickeln. Natürlich sind einige dieser Entscheidungen gemeinschaftlich zu treffen – die Frage, wie wir gemeinsam in diesem Raum leben wollen. Man sollte meinen, kollektive Entscheidungen seien etwas für den Staat. Doch nur wenige von uns möchten, dass der Staat diese Entscheidungen trifft. Der Staat scheint für keines unserer Probleme die Lösung zu sein, und wir müssen verstehen lernen, warum das so ist. Wir müssen den Iren in uns verstehen lernen.

Unsere Skepsis ist nicht grundsätzlicher Art. Die meisten von uns sind keine radikalen Freigeister. Wir mögen gegen den Staat sein, doch in der Mehrzahl glauben wir, dass es kollektive Werte gibt, die privates Handeln leiten sollten. Wir sind außerdem der Überzeugung, dass die technische Welt, die da gerade entsteht, einer Regulierung durch kollektive Werte bedarf. Unser Problem ist nur, dass wir nicht wissen, wie und durch wen diese Regulierung erfolgen soll.

Wie der Ire sind wir des Staates überdrüssig. Wir sind äußerst skeptisch in Bezug auf die Ergebnisse demokratischer Prozesse. Wir glauben – zu Recht oder zu Unrecht –, dass diese Prozesse von Sonderinteressen vereinnahmt worden sind, denen es eher um individuelle als um kollektive Werte geht. Obwohl wir durchaus glauben, dass kollektive Entscheidungen erforderlich sind, missfällt uns der Gedanke, die Gestaltung von etwas so Bedeutsamem wie dem Internet in die Hand des Staates zu legen.

Beispiele dafür gibt es viele, und das Muster ist deutlich. Die einzige und eigentliche Botschaft in der Selbstdarstellung der amerikanischen Regierung hinsichtlich ihrer Rolle im Cyberspace lautet, dass sie sich heraushalten wolle. Zur wirtschaftlichen Nutzung des Internets etwa sagt sie, der E-Commerce solle seine Angelegenheiten selbst regeln. (Zugleich werden jedoch zahlreiche Gesetze verabschiedet, die den Schutz des geistigen Eigentums verbessern sollen.)

Ein gutes Beispiel für diese Politik ist der kürzlich erfolgte Rückzug der amerikanischen Regierung aus der Verwaltung des Systems der Domain-Namen.[21] Eine Zeit lang hatte die Regierung darüber nachgedacht, wie sich auch weiterhin eine staatliche Aufsicht über die Vergabe der Domain-Namen gewährleisten ließe. Ursprünglich hatte man diese Aufgabe über die National Science Foundation zunächst an eine gemeinnützige, von dem kürzlich verstorbenen Jon Postel geleitete Organisation und dann an ein Privatunternehmen, Network Solutions, vergeben.

Die Verträge sollten 1998 auslaufen, und etwa ein Jahr lang dachte die Regierung ernsthaft über ihr weiteres Vorgehen nach. Im Juni 1998 gab sie ein Weißbuch heraus, in dem sie die Einrichtung einer gemeinnützigen, an den gemeinsamen Interessen des gesamten Internets ausgerichteten Organisation anregte, die über alle politischen Fragen im Zusammenhang mit der Vergabe der Domain-Namen entscheiden sollte. Die politische Entscheidung sollte dem Staat entzogen und in die Hände einer Organisation gelegt werden, die außerhalb staatlicher Kontrolle stand.

Man kann sich leicht vorstellen, welche Fragen mein georgischer Freund nun stellen würde. Eine »gemeinnützige, an den gemeinsamen Interessen ausgerichtete Organisation«, ist das nicht eigentlich die Regierung? Und eine Versammlung repräsentativer Treuhänder, ist das nicht das Parlament? Allerdings, so dürfte mein Freund bemerken, mit dem einen wichtigen Unterschied, dass nicht immer wieder Wahlen abgehalten werden müssen.

Hier werden politische Entscheidungen an eine Institution abgetreten, die zwar unabhängig ist, aber vollkommen außerhalb des demokratischen Prozesses steht. Und was sagt das über uns? Was bedeutet es, wenn unser natürlicher Instinkt uns rät, politische Macht an Körperschaften außerhalb des demokratischen Prozesses zu delegieren?

Zunächst einmal zeigt sich darin die kleinmütige Resignation, mit der die meisten von uns den Ergebnissen gewöhnlichen staatlichen Handelns begegnen. Wir haben das Vertrauen in den Gedanken verloren, das Ergebnis eines repräsentativen Staates könne mehr als bloßes Interesse sein, und wir glauben, nicht Vernunft, sondern Macht sei die Währung repräsentativer Demokratie, wie es im ersten Satz der Begründung des letzten Supreme-Court-Urteils von Richter Marshall heißt.[22] Wir haben das Vertrauen in die Funktionsfähigkeit des Staates verloren, und sogar der Staat selbst meint, er solle sich aus der Verwaltung des Cyberspace heraushalten.

Ich verstehe diese Resignation, meine aber, wir müssen sie überwinden. Wir müssen die Ursache herausfinden und von der Wirkung trennen. Wenn wir den Staat hassen, so nicht deshalb, weil der Gedanke kollektiver Werte zum Anathema geworden wäre. Wenn wir den Staat hassen, so deshalb, weil wir unseres Staates überdrüssig sind. Wir haben genug von seinen Täuschungen, seinen Spielchen und von den Interessen, die ihn beherrschen. Wir müssen einen Weg finden, das zu überwinden.

Wir werden in nächster Zukunft grundlegende Entscheidungen treffen müssen, wie das Leben in diesem Raum und damit im realen Raum beschaffen sein soll. Es handelt sich tatsächlich um Wahlentscheidungen, die wir treffen müssen, denn auf diesem Gebiet gibt es keine Natur, die etwas regeln könnte. Und wenn die Entscheidungen getroffen werden, dann werden die Werte, die uns heilig sind, unsere Wahl entweder beeinflussen oder sie werden unberücksichtigt bleiben. Die Werte der Informations- und Meinungsfreiheit, des Schutzes der Privatsphäre, des geregelten Verfahrens und der Gleichheit definieren, wer wir sind. Wenn nicht der Staat für die Verwirklichung dieser Werte sorgt, wer soll es dann tun?

Wenn der Staat sich zurückzieht, wird anderes an seine Stelle treten. Wir leben nicht im Paradies. Schließlich haben private Interessengruppen ihre Interessen, und sie werden diese verfolgen. Eine staatsfeindliche Einstellung versetzt uns noch lange nicht in den Garten Eden. Wenn die Interessen des Staates aus dem Spiel sind, treten andere Interessen an ihre Stelle. Wissen wir, welche Interessen das sind? Sind wir so sicher, dass es bessere sind?

Wenn Wahlentscheidungen getroffen werden müssen, werden sie auch getroffen. Die Frage ist nur, von wem. Wenn entschieden werden muss, wie der Cyberspace wachsen soll, wird auch das entschieden werden. Die Frage ist nur, von wem. Wir können uns heraushalten und gar nichts tun, während die Entscheidungen getroffen werden – von anderen, die sich nicht einfach nur heraushalten. Oder wir können versuchen, uns eine Welt vorzustellen, in der Entscheidungen wieder gemeinsam und verantwortlich getroffen werden können.

PROBLEME MIT DEM CODE

Auf einem Workshop sagte mir die Computerwissenschaftlerin Jean Camp, die an der Kennedy School of Government in Harvard lehrt, ich hätte das eigentliche Problem verfehlt. Das Problem, sagte sie, liege nicht darin, dass der Code Gesetz ist oder dass der Code reguliert. Das Problem liege darin, »dass wir uns nicht darüber unterhalten haben, wie der Code reguliert«. Und an die übrigen Teilnehmer gerichtet, fügte sie hinzu: »Hat Ihnen die Debatte gefallen, die wir über die Frage geführt haben, ob Microsoft-Word-Dateien mit einer

Identifikationsnummer versehen sein sollen? War das eine befriedigende Debatte?«[23]

Ihre ironische Bemerkung enthielt eine bemerkenswerte Einsicht und einen interessanten Fehler. Natürlich ist der Code für den Computerwissenschaftler Gesetz. Und wenn der Code Gesetz ist, sollten wir natürlich zunächst einmal fragen: Wer ist der Gesetzgeber? Wer verfasst das Gesetz, das uns reguliert? Welche Rolle spielen wir bei der Festlegung dieser Regulierung? Welches Recht haben wir, über diese Regulierung Bescheid zu wissen? Und wie können wir sie gegebenenfalls überprüfen?

Jedem, der tagtäglich mit Gesetzen zu tun hat, ist das vollkommen klar. Aber für Juristen hat Camp und habe auch ich in diesem ganzen Buch einen sehr grundlegenden Fehler gemacht. Der Code ist nicht Gesetz, so wenig wie die Konstruktion eines Flugzeugs Gesetz ist. Der Code reguliert nicht, so wenig wie ein Gebäude reguliert. Der Code ist nicht öffentlich, so wenig wie Fernsehen öffentlich ist. Debattieren und mitentscheiden zu können ist ein Anspruch, den wir an öffentliche Angelegenheiten und nicht an privates Handeln stellen.

Camps Fehler ist ein guter Fehler, den möglichst viele möglichst oft machen sollten. Denn obgleich der Code privat ist und sich natürlich vom Corpus der amerikanischen Gesetze unterscheidet, gibt es doch auch Übereinstimmungen. Das Gesetz reguliert, indem es Möglichkeiten, die der Einzelne nutzen kann, zulässt oder einschränkt, um ihn zu einem bestimmten Verhalten zu bewegen. Der Code tut dasselbe. Das Gesetz versucht sein Ziel zu erreichen, indem es die Kosten für eine Abweichung vom Gesetz erhöht. Der Code tut dasselbe. Und wenn auch das Gesetz weitaus größere Teile unseres Lebens reguliert, so ist das doch kein qualitativer, sondern nur ein quantitativer Unterschied, den wir berücksichtigen sollten und der uns keinen Anlass bietet, unbesorgt zu sein.

Natürlich gibt es Unterschiede zwischen Code und Gesetz. Ich meine nicht, dass alles unbedingt öffentlich sein oder dass die Verfassung sämtliche Aspekte des privaten Lebens regulieren sollte. Ich glaube, es ist keine Verfassungsfrage, wenn ich Rush Limbaugh abstelle. Wenn ich aber sage, es gibt Unterschiede, dann heißt das keineswegs, sie wären so gewaltig oder gar so absolut, wie es unserem gegenwärtigen verfassungsrechtlichen Denken erscheint. Wenn wir Juristen den Jean Camps der Welt sagen, sie machten einen »Fehler«, wenn sie die Werte des öffentlichen Rechts in den Code einbrächten, dann machen letztlich wir Juristen einen Fehler. Ob der Code am Maßstab öffentlicher Werte gemessen werden soll, ist eine Frage und keine Schlussfolgerung. Sie muss durch Argumente geklärt und nicht durch Definitionen entschieden werden.

Die formalen Regeln des amerikanischen Rechts, die diese Herrschaftsstrukturen jeder Kontrolle entziehen, bilden eine dritte pathologische Erscheinung, die eine Wahlentscheidung behindert. Den Gerichten sind die Hände gebunden, Regierung und Parlament sind kleinmütig und der Code unantastbar. Das ist die gegenwärtige Lage. Und diese Kombination ist tödlich für das Handeln – eine Konstellation, die sicherstellt, dass nur wenig Gutes getan werden kann.

16. ANTWORTEN

Wir brauchen einen Plan. Ich habe ein düsteres Bild unserer Fähigkeit gezeichnet, auf die Wahlmöglichkeiten einzugehen, die ein in Veränderung begriffener Cyberspace uns bieten wird. Diese Unfähigkeit habe ich auf drei Aspekte unserer gegenwärtigen politischen und Rechtskultur zurückgeführt. In diesem kurzen Kapitel werde ich drei Antworten erörtern. Natürlich können diese Antworten hier nur kurz skizziert werden, doch es sollte immerhin deutlich werden, welche Veränderungen wir vornehmen müssen.

ANTWORTEN EINES JURISTEN

Ich habe gesagt, wir sollten die zögerliche Haltung der Gerichte als Ausdruck ihrer Vorsicht verstehen. Wenn so vieles möglich erscheint und klare Regeln fehlen, haben die Gerichte es schwer, weiterhin wie Gerichte auszusehen, wenn sie entscheiden, welche Politik die beste sein dürfte.[1]

Ich halte Vorsicht zwar grundsätzlich für ratsam, denke aber, sie sollte sich am jeweiligen Kontext orientieren und in Grenzen halten. Wir müssen die Gründe für die Probleme der Gerichte klären. In manchen Fällen ist eine gewisse Zögerlichkeit durchaus angebracht, wenn es darum geht, verfassungsrechtliche Fragen des Cyberspace endgültig oder zumindest mit einem gewissen Anspruch auf Dauer zu lösen. In anderen Fällen allerdings sollten die Richter – und insbesondere diejenigen der unteren Instanzen – mehr Selbstbewusstsein zeigen. Die Richter der unteren Instanzen, weil es so viele von ihnen gibt und weil viele von ihnen außerordentlich begabt und kreativ sind. Aus ihrer Meinung könnten wir manches lernen, auch wenn ihre Urteile in ihrer

Reichweite begrenzt sind und am Ende vielleicht keinen Bestand haben sollten.

In Fällen, in denen eine einfache Übersetzung möglich ist (weil keine latente Mehrdeutigkeit vorliegt und unsere Tradition eine eindeutige Sprache zu sprechen scheint), sollten Richter entschlossen Argumente vortragen, die unsere alten freiheitlichen Werte in einem neuen Kontext zu bewahren versuchen. In diesem Bereich gibt es viel Raum für »Aktionismus«. Die Richter sollten unsere Werte nicht einfach nur deshalb identifizieren und schützen, weil sie richtig sind, sondern falls wir sie ignorieren wollen, sollte das nur geschehen, weil sie bewusst zurückgewiesen werden – und zwar nicht von einem Gericht, sondern vom Volk.

In Fällen, in denen eine einfache Übersetzung (wegen latenter Mehrdeutigkeiten) nicht so einfach ist, kommt den Richtern und insbesondere denen der unteren Instanzen eine andere Aufgabe zu. Sie sollten deutlich machen, welche konkurrierenden Werte ins Spiel kommen und wo die ungelösten rechtlichen Probleme liegen. Und falls die Rechtslage sie zwingt, nichts zu tun oder gegen ihre eigentliche Überzeugung zu urteilen, sollten sie ihre Bedenken vortragen. Ganz sicher ist hier Vorsicht geboten, doch es ist wichtig, dass sie den Konflikt, in den sie geraten sind, nicht übergehen, sondern offen ausbreiten. Schwierige Fälle sind kein Grund für schlechte Rechtsprechung, aber man sollte auch nicht so tun, als wären sie einfach.

Das ist die einfachste Antwort auf das Problem der latenten Mehrdeutigkeit. Sie ist jedoch unvollständig, denn sie zwingt uns, das Problem der in der Verfassung enthaltenen Werte anzugehen und eine Wahl zu treffen. Eine bessere Lösung leistete Hilfestellung bei der Bewältigung dieser Probleme. Zwar wird es niemals Aufgabe der Gerichte sein, endgültige Wertentscheidungen zu treffen, wenn aber Gerichte solche Fragen aufwerfen, regen sie womöglich andere dazu an, diese Entscheidungen zu treffen.

Dieser Gedanke steht hinter der Lehre der Nachschau, die Guido Calabresi, damals Professor und heute Richter, vor zwanzig Jahren entwickelt hat.[2] Stark vereinfacht besagt sie Folgendes: Wenn der Supreme Court sich mit Fragen befassen muss, bei denen offene Wertprobleme eine grundlegende Rolle spielen, sollte er sich dem Konflikt stellen und einräumen, dass die Frage durch die Verfassung nicht eindeutig geklärt ist. Gleichwohl sollte der Supreme Court eine Lösung suchen, die seines Erachtens am ehesten zu einer Überprüfung durch die demokratisch gewählten Instanzen führt. Und wenn diese Überprüfung erfolgt, sollte das Gericht deren Ergebnis akzeptieren. In solchen Fällen kann das Gericht nicht mehr tun, als der Demokratie zu ihrem Recht zu verhelfen. Es hat nicht die Aufgabe, die Wertvorstellungen von Demokraten durch seine eigenen zu ersetzen.

Viele machen sich über diese Lösung lustig.[3] Viele sagen, die Väter unserer Verfassung hätten ein solches Vorgehen ganz sicher nicht im Sinn gehabt, als sie den Supreme Court schufen und ihm das Recht auf eine verfassungsrechtliche Kontrolle staatlichen Handelns verliehen. Natürlich hatten sie das nicht im Sinn. Die Lehre der Nachschau gilt nicht für die Probleme, die man damals im Sinn hatte. Als Antwort auf die Probleme latenter Mehrdeutigkeiten zeigt sie selbst eine latente Mehrdeutigkeit.

Wir mögen bestreiten, dass hier Mehrdeutigkeit vorliegt. Wir könnten sagen, die Väter der Verfassung hätten vorgesehen, dass der Supreme Court bei latenter Mehrdeutigkeit gar nichts unternimmt – in solch einer Situation solle vielmehr nach Artikel V der demokratische Prozess zum Zuge kommen und eine falsche Anwendung korrigieren oder auf veränderte Umstände reagieren. Womöglich haben sie tatsächlich so gedacht. Meiner Meinung nach ist diese Intention aber nicht so klar, dass sie uns hinderte, darüber nachzudenken, wie wir am besten mit den Problemen umgehen können, die sich aus der Anwendung der in der Verfassung niedergelegten Werte auf den Cyberspace ergeben werden. Ich würde mich hier eher auf die Seite eines harmlosen Aktionismus stellen als auf die einer schwächenden Passivität. Diese bescheidene Aufgabe fällt den Gerichten in dem umfassenden Gespräch zu, das wir führen müssen – aber bislang nicht einmal begonnen haben.

ANTWORTEN FÜR DEN CODE

Eine zweite Herausforderung erwächst dem Gesetz aus dem Code – das heißt aus der Frage, wie wir über die Regulierungsmacht des Codes denken. Ich möchte hier einige Ideen aufzeigen, die uns zusammengenommen einer Welt näher brächten, in der die vom Code erzwungene Regulierung bestimmten verfassungsrechtlichen Normen genügen müsste.

Auch hier besteht der Zusammenhang mit dem offenen Code. Im achten Kapitel habe ich gezeigt, dass ein offener Code die Möglichkeit eröffnete, staatliche Regulierungen zu überprüfen, und ich habe gesagt, bei einem offenen Code sei es schwerer für den Staat, seine Regulierung zu verstecken, und leichter für Anwender, staatliche Regulierungsmechanismen außer Kraft zu setzen. Die Entwicklung vom geschlossenen zum offenen Code war eine Entwicklung von vollständiger hin zu geringerer Regulierbarkeit. Sofern man nicht ausschließlich darauf aus ist, staatliche Macht auszuschalten, kann diese Entwicklung nicht in jeder Hinsicht gut sein.

Die Beschränkungen, die der offene Code mit sich brächte, haben indes zwei Seiten: Die eine ist sicherlich gut und die andere nicht unter allen Umständen abschreckend. Die erste ist die Transparenz – die Regulierungen wären bekannt. Die zweite ist der Widerstand – wenn die Regulierungsmechanismen bekannt sind, fällt es leichter, sich dagegen zu wehren. Der zweite Aspekt folgt nicht notwendig aus dem ersten und muss keine Schwächung bedeuten. Wenn der Code offen ist, ist es womöglich leichter, die darin enthaltenen Regulierungen auszuschalten. Wenn jedoch die Regulierung legitim ist, darf der Staat verlangen, dass sie nicht ausgeschaltet wird. Und wenn er will, kann er Verstöße dagegen ahnden.

Zum Vergleich denke man etwa an die Sicherheitsgurte in Automobilen. Eine Zeit lang verlangte die Bundesregierung, dass neue Autos mit automatischen Sicherheitsgurten ausgestattet sind. Das war eine gesetzliche Regulierung – die Autos wurden sicherer, weil man die Menschen per Gesetz auf indirektem Wege zwang, Sicherheitsgurte anzulegen. Viele Leute hassten Sicherheitsgurte und setzten die Automatik außer Betrieb, doch der Vorteil der automatischen Sicherheitsgurte lag darin, dass die Regulierung transparent war. Alle wussten, wer für das Gesetz verantwortlich war. Wenn der Staat nicht mochte, dass Menschen ihre Sicherheitsgurte außer Funktion setzten, konnte er ja Gesetze verabschieden, die solch ein Verhalten unter Strafe stellten. Am Ende ließ der Staat die Sache auf sich beruhen – nicht weil er nicht anders konnte, sondern weil die politischen Kosten zu hoch gewesen wären. Die Politik sorgte für eine Überprüfung der staatlichen Regulierung, wie es ja auch sein soll.

Das ist das Höchste, was wir von der Regulierung des Codes im Cyberspace erwarten dürfen. Es geht hier um ein Abwägen zwischen Transparenz und Effektivität. Im Rahmen eines offenen Codes ist die Regulierung transparenter, aber weniger zwingend. Ein offener Code schränkte die Regulierungsmacht des Staates ein.

Es gibt aber auch einen Nutzen. Bei einem geschlossenen Code fiele es dem Staat leichter, seine Regulierung zu verstecken, so dass er sie auch auf unerlaubte Zwecke ausrichten könnte. Die Ziele des Staates werden durch den offenen Code also nicht einfach vereitelt, sondern vielmehr besteht ein Konflikt zwischen Öffentlichkeit und Macht, zwischen dem Gebot der Transparenz und dem der Gesetzestreue. Ein guter Test für staatliche Macht ist das Prinzip, dass nur solche Regelungen getroffen werden, die auch dann befolgt würden, wenn sie allen transparent wären.

Heißt das nun, dass wir uns eher für einen offenen als für einen geschlossenen Code einsetzen sollten? Oder dass wir geschlossene Codes verbieten sollten?

Nein. Aus den genannten Beobachtungen folgt nicht, dass wir geschlossene Codes verbieten sollten oder dass wir unbedingt eine Welt haben müssten, die ausschließlich aus offenen Codes bestünde. Sie verweisen aber auf die Werte, auf deren Beachtung wir bei jedem regulierenden Code bestehen sollten. Wenn Codes Gesetzgeber sind, sollten sie sich an den Werten einer bestimmten Form von Gesetzgebung ausrichten.

Im Mittelpunkt dieser Werte steht die Transparenz. Welche Regulierung ein Code bedeutet, sollte zumindest so transparent sein wie eine gesetzliche Regulierung. Der offene Code würde solche Transparenz gewährleisten – nicht für jedermann (nicht jeder kann Codes lesen) und nicht vollkommen (schlecht geschriebene Codes verbergen ihre Funktionen sehr gut), aber immerhin vollständiger als ein geschlossener Code.

Auch manch geschlossene Codes könnten Transparenz gewährleisten. Bei einem modularen Aufbau – bei dem der Autor des Codes auf vorgefertigte Komponenten oder Module zurückgreift – wären Funktionen und Regulierung des Endprodukts auch dann offen, wenn die Codes der einzelnen Komponenten verborgen blieben.[4] Eine aus Komponenten bestehende Architektur könnte ebenso transparent sein wie eine mit offenem Code arbeitende Architektur; Transparenz ließe sich also auch ohne eine Öffnung des Codes herstellen.

Der aus Sicht der in der Verfassung niedergelegten Werte beste Code ist sowohl modular als auch offen. Modularität stellt sicher, dass Komponenten durch bessere Module ersetzt werden können. Und unter Konkurrenzgesichtspunkten ermöglicht Modularität größeren Wettbewerb bei der Verbesserung einzelner Codeprojekte.

Es ist gleichwohl einsichtig, dass sich bestimmte Teile eines Codes nicht als offener Code entwickeln ließen und dass geschlossene Codes unter gewissen Umständen für ein Überleben im Konkurrenzkampf unerlässlich sind. Wenn das zutrifft, könnte der Kompromiss eines modularen Systems die Vorzüge beider Welten miteinander vereinen – Wettbewerbsvorteile und Transparenz der Funktion.

Ich habe mich für einen transparenten Code ausgesprochen, weil er den Werten unserer Verfassung am ehesten entspricht. Ich habe mich nicht gegen den Code als Regulierungsinstrument oder gegen Regulierung ausgesprochen, sondern gesagt, wir sollten bei jeder Regulierung auf Transparenz bestehen und verlangen, dass die Codestrukturen solche Transparenz fördern.

Nach der gegenwärtigen Gesetzeslage ist das nicht der Fall. Wie Mark Lemley und David O'Brian meinen, sind die für Software geltenden Urheberrechtsbestimmungen eher geeignet, modulare Lösungen zu erschweren.[5] Das Gesetz bevorzugt undurchsichtige Codes – es schafft Anreize, die Funktion des Codes zu verstecken.

Viele haben schon darauf hingewiesen, dass die vom Gesetz geschaffenen Anreize ineffizient sind – dass sie den Wettbewerb bei der Entwicklung von Software in der Regel schmälern.[6] Das mag zutreffen. Der größere Skandal liegt indes auch hier wieder auf dem Gebiet der Verfassung. Unser Recht schafft Anreize, möglichst viel geistiges Gemeineigentum zu verstecken. Es verhindert Öffentlichkeit und Transparenz und trägt damit letztlich zur Schaffung einer massiven Geheimregierung bei.

Hier sind rechtliche Veränderungen angebracht. Ohne die Frage zu klären, ob ein geschlossener oder ein offener Code besser ist, könnten wir immerhin dafür sorgen, dass auch der geschlossene Code größere Transparenz ermöglicht. Doch die Trägheit des bestehenden Rechts – das den Softwareherstellern im Grunde unbeschränkten Schutz gewährt – verhindert solch eine Veränderung. Es fehlt am politischen Willen.

ANTWORTEN EINES DEMOKRATEN

In seinem berühmten Buch *Profiles in Courage* erzählt John F. Kennedy, der damals noch Senator war, die Geschichte von Daniel Webster, der mitten im Streit um einen Vertrag, welcher in seinen Augen zur Spaltung der Nation führen musste, im Senat erklärte: »Herr Präsident, ich möchte heute nicht als ein Mann aus Massachusetts, nicht als ein Nordstaatler, sondern als Amerikaner … sprechen.«[7]

Als Webster dies sagte – 1850 –, hatten die Worte »nicht als ein Mann aus Massachusetts« eine Bedeutung, die wir heute nicht mehr ohne weiteres verstehen. Für uns klingt Websters Bemerkung keineswegs ungewöhnlich. Was hätte er denn anderes sein sollen als ein Amerikaner? Was hätte er anderes sagen sollen?

Doch Webster sprach diese Worte an der Schwelle zu einer neuen Zeit in Amerika, in einem Augenblick, als amerikanischen Bürgern statt der Zugehörigkeit zu einem Staat zunehmend die Zugehörigkeit zu einer Nation Bedeutung gewann. Webster sprach zu einem Zeitpunkt, als es gerade möglich wurde, sich nicht nur als Bürger des jeweiligen Bundesstaates, sondern als Bürger einer Nation zu begreifen.

Wie bereits gesagt, waren die Väter der amerikanischen Verfassung (ein Konzept, das seinerseits in Frage gestellt wird) zunächst Bürger ihres jeweiligen Staates. Ihre Loyalität galt ihrem eigenen Staat, denn der Ort, an dem sie lebten, bestimmte ihr Leben. Andere Staaten waren so weit entfernt wie Tibet heute für uns – tatsächlich ist es heute leichter, nach Tibet zu reisen, als damals für einen Bürger von South Carolina, nach Maine zu gelangen.

Das änderte sich natürlich mit der Zeit. In den Kämpfen, die zum Bürgerkrieg führten, in den Schlachten um den Wiederaufbau und in der nachfolgenden industriellen Revolution begannen immer mehr Bürger, sich als Amerikaner zu fühlen. In diesen landesweiten Auseinandersetzungen und Kämpfen entstand eine nationale Identität. Erst durch den Kontakt zwischen Bürgern der verschiedenen Staaten wurde die Nation geboren.

Man vergisst diese Augenblicke des Wandels allzu leicht, und noch leichter fällt die Annahme, solche Dinge seien nur in der Vergangenheit geschehen. Dennoch kann niemand bestreiten, dass im neunzehnten Jahrhundert das Gefühl, »Amerikaner zu sein«, eine Veränderung erfuhr, wie heute in Europa das Gefühl, »Europäer zu sein«, einen Wandel erlebt. Nationen entstehen, wenn Menschen die Erfahrung einer gemeinsamen politischen Kultur machen. Und dieser Wandel hält bis heute an.

Wir leben heute einige Jahre vor dem Punkt, an dem Webster 1850 stand. Schon bald werden wir sagen können: »Ich spreche als Bürger der Welt«, ohne dass der normale Mensch dächte: »Was für ein Unsinn.« Wir stehen an der Schwelle zu einer Zeit, in der ganz normale Bürger die Auswirkungen der von fremden Regierungen geschaffenen Regelungen spüren werden, wie damals die Bürger von Massachusetts die Auswirkungen der Sklaverei und die Bürger von Virginia die Auswirkungen des Freiheitsdrangs zu spüren bekamen. Nicholas Negroponte hat einmal geschrieben: »Nationen haben heute die falsche Größe. Sie sind nicht klein genug, um nur lokale Bedeutung zu besitzen, und nicht groß genug, um globalen Charakter zu haben.«[8] Dieses Missverhältnis wird Folgen haben.

Wenn wir Bürger der Vereinigten Staaten immer mehr Zeit in diesem Raum verbringen, der keiner eigenen Jurisdiktion, sondern den Regelungen aller Jurisdiktionen unterliegt, und wenn wir in diesem Raum immer mehr Geld ausgeben, werden wir zunehmend fragen, welchen Status wir dort haben. Und wie Webster sich berechtigt fühlte, als Amerikaner über das Leben in anderen Teilen der Vereinigten Staaten zu sprechen, so werden wir uns berechtigt fühlen, über das Leben in anderen Teilen der Erde zu sprechen, weil wir den Eindruck haben, dass es eine Interessengemeinschaft gibt, die über diplomatische Beziehungen hinaus jeden einzelnen Bürger ganz unmittelbar betrifft.

Was werden wir dann tun? Wenn wir das Gefühl haben, Teil einer Welt zu sein, deren Regelungen auch uns betreffen? Was werden wir tun, wenn wir entscheiden müssen, in welcher Weise die Welt unser Leben reguliert und in welcher Weise wir sie regulieren sollen?

Die im letzten Kapitel angesprochene Staatsverdrossenheit hat ihre Ursachen. Sie grassiert aber nicht etwa deshalb, weil das Ideal der Demokratie tot wäre. Wir alle sind immer noch Demokraten – wir sind nur unzufrieden mit den Ergebnissen des demokratischen Prozesses. Und wir können uns nicht recht vorstellen, die vorhandenen Muster auf neue Bereiche wie den Cyberspace zu übertragen. Wenn dort nur noch mehr staatliche Exzesse, noch mehr staatlicher Betrug zu erwarten sind, wünschen wir uns lieber weniger Staat.

Hier liegen zwei Probleme, von denen allerdings nur eines unmittelbar mit dem Gegenstand dieses Buches zusammenhängt und darum ausführlicher behandelt werden soll. Das andere greift sehr viel tiefer und betrifft die fundamentale Korrumpierung eines Systems, in dem es möglich ist, durch Geld politischen Einfluss zu gewinnen. Ich denke hier vor allem an die Korruption, die in der Wahlkampffinanzierung angelegt ist. Nicht der Einzelne, sondern der ganze Prozess ist korrupt, wenn selbst gute Seelen im Kongress immer mehr Zeit darauf verwenden müssen, die nötigen Mittel für ihre Wiederwahl zusammenzubringen. Das ist ein Rüstungswettlauf, und unser Supreme Court hat ausdrücklich entschieden, dass unsere Verfassung ihn verlangt.[9]

Es gibt jedoch noch einen zweiten Grund für das wachsende Unbehagen an der Demokratie, der zunächst nicht recht einleuchten mag.

Regierung und Parlament hören nicht zu wenig auf das Volk, sondern zu viel. Jede Marotte findet ihren Niederschlag in Meinungsumfragen, und diese Umfragen gewinnen immer größere Bedeutung für den demokratischen Prozess. Die Botschaft der Meinungsumfragen ist jedoch nicht die Botschaft der Demokratie – ihre Häufigkeit und ihr Einfluss sind nicht Ausdruck ihrer gestiegenen Bedeutung. Der Präsident richtet seine Politik nur deshalb an den Meinungsumfragen der vergangenen Nacht aus, weil solche aktuellen Umfragen so leicht zu machen sind.

Zum Teil haben wir es hier mit einem technischen Problem zu tun. Die Meinungsumfragen bergen ein Verhältnis zwischen Technologie und Demokratie, das wir erst in Umrissen erkennen können. Die Kosten für die Ermittlung des aktuellen Meinungsbildes in der Bevölkerung sinken, und der dafür geschaffene Apparat erzeugt unablässig eine Flut von Daten, aus denen hervorgeht, was »die Leute« über alle von Regierung und Parlament behandelten Fragen denken.

Bestimmte Codes perfektionieren den für die Meinungsumfragen geschaffenen Apparat: Sie ermöglichen eine automatische Auswahl der Stichproben, fassen die Ergebnisse zusammen und vereinfachen die Verknüpfung der Daten. Nur selten fragen wir uns, ob solch eine Verbesserung der Umfragetechnik überhaupt sinnvoll ist.

Es war nie unser Ideal – zumindest aus der Sicht der Verfassung –, dass die Demokratie ein perfektes Spiegelbild der aktuellen Temperatur im Meinungsklima der Bevölkerung darstellen müsse. Die Väter unserer Verfassung bemühten sich vielmehr, Strukturen für die Vermittlung der in der Bevölkerung verbreiteten Ansichten zu entwerfen. Demokratie sollte mehr sein als eine im Gleichklang mit erregten Stimmungen schwingende Saite. Sie sollte abwägen, reflektieren und einen Ausgleich in den von der Verfassung vorgegebenen Grenzen finden.

Nach den im dritten Teil vorgestellten Argumenten aber sollte ich wohl sagen, dass wir es auch hier möglicherweise mit einer latenten Mehrdeutigkeit zu tun haben. In einer Zeit, als die Durchführung von Wahlen extrem kostspielig und Kommunikation äußerst kompliziert war, musste Demokratie sich notgedrungen mit gelegentlichen Wahlen begnügen. Dennoch können wir nicht wirklich wissen, wie die Väter der Verfassung auf eine Technologie reagiert hätten, die ständige repräsentative Meinungsumfragen ermöglicht.

Es gibt einen guten Grund, den impulsiven Stimmungen in der Bevölkerung mit Skepsis zu begegnen. Impulsive Stimmungen sind nicht deshalb fragwürdig, weil die Menschen ungebildet oder unfähig zu einem abgewogenen Urteil wären, und auch nicht, weil Demokratie notwendig scheitern müsste, sondern weil impulsive Urteile oft auf Unwissenheit beruhen. Die Menschen sind häufig falsch oder schlecht informiert und beschränken sich darauf, gehörte oder gelesene Meinungen zu wiederholen, wenn sie wissen, dass ihr Urteil keine besondere Aufmerksamkeit erfährt und nicht überprüft wird.

Die Technik ermuntert zur Abgabe solcher Urteile. Dank der Nachrichtenschwemme erfahren wir heute sehr viel mehr über die Welt als früher. Entsprechend sicherer fühlen wir uns in unserem Urteil. Als noch kaum jemand etwas über Ost-Timor wusste, hätten die meisten auf eine entsprechende Frage wohl geantwortet: »Ich weiß nicht.« Zehn Sekunden Fernsehnachrichten oder dreißig Zeilen auf der Nachrichtenseite eines Webportals geben dagegen den nötigen Drall. Und die Menschen geben diesen Drall weiter, ohne sonderlich viel hinzuzutun.

Die Lösung für dieses Problem liegt nicht in weniger Nachrichten oder einem Verbot von Meinungsumfragen, sondern in besseren Meinungsumfragen. Die Regierung reagiert auf schlechte Umfrageergebnisse, weil keine anderen Daten zur Verfügung stehen. Dabei sind diese Umfragen nicht die einzig möglichen. Es gibt Umfragetechniken, die einen Ausgleich für die Fehler der Blitzumfragen bieten und zu stabileren, abgewogenen Urteilen führen.

Ein Beispiel dafür ist die von James Fishkin entwickelte »abwägende« Umfrage.[10] Fishkins Umfrage sucht nicht nach impulsiven Meinungen, sondern nach einem Gleichgewicht. Dazu holt er Menschen, die einen Querschnitt durch die Bevölkerung darstellen, für ein Wochenende zusammen. Sie repräsentieren alle Bereiche der Gesellschaft und erhalten vor der Umfrage Informationen zum jeweiligen Gegenstand der Befragung. Nach dieser Einführung werden sie in kleinere

Gruppen aufgeteilt, die eine Zeit lang über das betreffende Thema diskutieren und ihre Meinungen austauschen. Am Ende befragt man sie nach ihrer Meinung, und die dann gegebenen Antworten bilden die »Ergebnisse« der Umfrage.

Der große Vorteil dieses Verfahrens liegt nicht nur in der Information aller Beteiligten, sondern auch in der Tatsache, dass eine Abwägung erfolgt. Die abgefragte Meinung ist das Ergebnis einer Debatte, die Bürger mit anderen Bürgern geführt haben. Und man verlangt von ihnen nicht nur, ein Kreuzchen zu machen. Sie begründen ihre Entscheidung, und ihre Gründe können überzeugen oder nicht überzeugen.

Wir könnten uns vorstellen (oder davon träumen), dieses Verfahren zu verallgemeinern. Wir könnten uns vorstellen, daraus ein Element unseres politischen Lebens zu machen. Und wenn wir das täten, könnte dieses Verfahren vielleicht ein Gegengewicht zur Kurzfristigkeit und Interessenorientierung der üblichen Regierungstätigkeit bilden. Es wäre ein Korrektiv für den gegenwärtigen politischen Prozess und ein Grund zur Hoffnung.

Der Cyberspace verbessert wahrscheinlich die Möglichkeiten eines solchen Prozesses, in dem sich Vernunft Geltung verschafft, und ganz sicher erhöht er die Notwendigkeit dieses Prozesses. Es ist durchaus denkbar, auf der Basis der Architektur des Cyberspace Foren zu schaffen, auf denen Fishkins Umfragetechnik realisiert werden kann. Aber meine Botschaft lautet in erster Linie, dass der Cyberspace das Bedürfnis danach beträchtlich verstärkt.[11]

Prozesse, in denen die Vernunft zur Geltung kommt, besitzen einen eigentümlichen Zauber, und ich meine nicht Prozesse, in denen Experten herrschen oder nur kluge Leute das Sagen haben, sondern in denen sich Macht der Vernunft stellen muss. Der Zauber liegt in einem Prozess, in dem Bürger vernünftige Argumente vorbringen und anhören und in dem sie erfahren, dass Macht durch Vernunft begrenzt wird.

Über diesen Zauber schrieb Tocqueville, als er der Alten Welt vom erstaunlichen System der Jurys in den Vereinigten Staaten berichtete. Wenn Bürger in eine Jury berufen werden, müssen sie vernünftige, überzeugende Argumente vorbringen und zu Entscheidungen gelangen, die oft bedeutsame Folgen für das politische und soziale Leben haben. Tocqueville schrieb 1835 über die Jurys:

> Die Geschworenenbank ... teilt allen Bürgern eine Menge von den Gewohnheiten und der Geisteshaltung des Richters mit; und genau diese Gewohnheiten befähigen das Volk am besten zur Freiheit. Sie trägt die Achtung für den entschiedenen Fall und die Idee des Rechts in alle Klassen ... Sie lehrt die Menschen die Praxis der Billigkeit. Jeder, der über seinen Nachbarn zu Gericht sitzt, denkt daran, daß auch er eines Tages verurteilt werden kann ... Die Geschworenenbank lehrt jeden Menschen, der Verantwortung für seine eigenen Handlungen nicht auszuweichen; eine männliche Einstellung, ohne die es keine politische Tugend gibt. Sie bekleidet jeden Bürger mit einer Art Richterwürde; sie läßt alle fühlen, daß sie gegenüber der Gesellschaft Pflichten zu erfüllen haben und daß sie in ihre Regierung eintreten. Sie bekämpft, da sie die Menschen zwingt, sich mit anderem als ihren eigenen Geschäften abzugeben, den persönlichen Egoismus, den Krebsschaden der Staaten.[12]

Doch nicht Tocqueville oder ein anderer politischer Theoretiker hat mir die Bedeutung dieses Ideals vor Augen geführt, sondern ein Rechtsanwalt aus Madison, Wisconsin – mein Onkel Richard Cates.

Anwälte haben einen schlechten Ruf, und zum Teil sind sie sicher selbst Schuld daran. Ich mag hingegen diesen Ruf nicht akzeptieren, und das nicht nur, weil ich Anwälte ausbilde. Ich mag ihn nicht akzeptieren, weil mein Onkel mir ein anderes Bild einprägte, als er mir einmal erklärte, warum er Anwalt geworden war. 1974 war er gerade aus Washington zurückgekommen, wo er für das House Committee on Impeachment gearbeitet hatte, für den parlamentarischen Untersuchungsausschuss, der die Amtsenthebung des Präsidenten vorbereitete – die Amtsenthebung Richard Nixons, nicht Bill Clintons, obwohl Hillary Rodham damals für ihn arbeitete. Ich drängte ihn, mir alles zu erzählen und mir von den Schlachten zu berichten, denn über dieses Thema sprachen wir zu Hause nur wenig. Meine Eltern waren Republikaner. Mein Onkel nicht.

Mein Onkel hatte die Aufgabe, den Mitgliedern des Ausschusses den Sachverhalt zu vermitteln – also zunächst die Tatsachen zu klären und sie dann den Ausschussmitgliedern vorzutragen. Vieles aus seinen Erzählungen ist mir unvergessen geblieben, aber die eindringlichste Erinnerung hängt nicht unmittelbar mit dem Amtsenthebungsverfahren zusammen. Mein Onkel erklärte mir das Wesen seiner Arbeit – sowohl für den Ausschuss als auch für seine Klienten:

> Genau das, was ein Anwalt tut, was ein guter Anwalt tut, lässt dieses System funktionieren. Nicht das Bluffen, die Übertreibungen, die Strategien und Taktiken, sondern etwas viel Einfacheres. Ein guter Anwalt erzählt eine überzeugende Geschichte. Nicht indem er die Wahrheit verbirgt oder an Emotionen appelliert, sondern indem er der Vernunft die Möglichkeit gibt, durch die Geschichte ihre Überzeugungskraft zu entfalten.
>
> Falls das glückt, geschieht etwas mit den Menschen, die diese Überzeugungskraft erleben. Manche erfahren zum ersten Mal in ihrem Leben, dass Macht durch Vernunft begrenzt werden kann – nicht durch Wählerstimmen, nicht durch Reichtum, nicht durch Wissen, sondern durch ein überzeugendes Argument. Das ist der Zauber unseres Systems, so selten das Wunder auch geschehen mag.

Dieses Bild prägte sich mir ein – nicht in seiner elitären Version von Experten, die wissen, was das Beste ist, nicht in seiner Rikki-Lane-Version von erregten Massen, die Gegner niederschreien, sondern in der schlichten Version, wie Geschworene sie kennen. Und genau dieses einfache Bild fehlt unserer Demokratie – das Bild, wonach durch Abwägen, Verstehen und die Herstellung von Gemeinschaft entschieden wird, wie es weitergehen soll.

Einiges davon könnten wir wieder in unsere Demokratie einbauen. Je mehr wir das tun, desto geringer wird die Bedeutung impulsiver Stimmungen werden. Und je weniger Bedeutung diese Stimmungen haben, desto größeres Vertrauen könnten wir wieder in jenen Teil unserer Tradition setzen, der uns 1791 zu Revolutionären machte – das

Engagement für eine Staatsform, die sowohl abwägendes Urteil als auch das Volk respektiert und die sich gegen eine Korruption richtet, die sich in aristokratischen Tand kleidet.

17. WAS DECLAN NICHT ERREICHEN WIRD

Declan McCullagh schreibt für *Wired News*. Außerdem betreibt er einen »Listendienst«, durch den er Abonnenten mit Bekanntmachungen versorgt, die er verbreitet wissen möchte, und über den er eine Diskussion unter den Mitgliedern ermöglicht. Die Liste nannte sich ursprünglich »Fight Censorship« (Bekämpft die Zensur!) und konnte eine große Zahl von Abonnenten gewinnen, die den Widerstand gegen staatliche Versuche einer »Zensur« im Netz organisieren wollten.

Heute nutzt Declan die Liste jedoch zu mehr als nur zur Diskussion über Zensur. Er gibt auch andere Nachrichten ein, von denen er glaubt, sie könnten für seine Abonnenten interessant sein. Neben Informationen zur Bekämpfung der Pornografie im Netz finden sich Berichte über die Abhörpraxis des FBI, über Bemühungen zum Schutz der Privatsphäre oder über die Bestrebungen der Regierung, die Anti-Trust-Gesetze zu verschärfen. Ich habe seine Liste abonniert, und ich schätze sie.

Declans Ziel ist klar. Er ist ein kluger, wenn auch junger Libertärer, der auf jeden Vorschlag, in dem der Staat eine Rolle spielt, zunächst einmal mit Verachtung reagiert. Kürzlich berichtete er über einen britischen Provider, der gegen die Gesetze zur Vermeidung unerwünschter Faxzusendungen verstoßen hatte, und er zog daraus den Schluss, dass Gesetze zur Verhinderung unerwünschter E-Mails nutzlos seien. Declans gesamte Botschaft lässt sich in einem Satz zusammenfassen: Lasst das Netz in Ruhe! Und mit einem gelegentlich selbstgefälligen Spott macht er sich über alle lustig, die diesen einfachen, aber folgenreichen Gedanken in Frage stellen.

Ich verfolge Declans Liste seit einiger Zeit, und für kurze Zeit habe ich auch die Diskussion verfolgt, die sich an seine Liste knüpfte. Dabei habe ich festgestellt, dass der Schwerpunkt der Diskussion sich mit der Zeit einem neuen Gegenstand zuwandte, der irgendwann häufiger angesprochen wurde als die »Zensur«.

Dieses Thema war das Jahr-2000-Problem, das unser soziales und wirtschaftliches Leben gefährdete, weil die Computer nicht für das neue Jahrtausend gerüstet waren. Und so eindeutig Declan sich als Freigeist gebärdet, so deutlich war auch seine obsessive Beschäftigung mit dem Jahr-2000-Problem. Er war entweder erschrocken oder auf perverse Weise amüsiert über die Frage, was die Jahrtausendwende dem Computer nebenan bescheren würde.

Aus der Sicht dieses Buches passen die beiden Sorgen – hinsichtlich der Regulierung durch den Staat und der Regulierung durch den Code – sehr gut zusammen. Denn wie wir uns Sorgen über schlechte gesetzliche Regelungen machen sollten, so sollten wir auch über schlechte Regulierungen durch Computercodes besorgt sein. Und aus der Sicht dieses Buches ist das Jahr-2000-Problem unsere erste wirkliche Computerkrise. Zum ersten Mal musste sich die gesamte Kultur mit Umweltschäden auseinandersetzen, die auf kurzsichtige Programmierer zurückgingen. Wie kurzsichtige Gesetzgeber haben sie eine Krise heraufbeschworen, deren Ausmaße sich lange nicht überblicken ließen.

Aus der Sicht der Declanschen Freigeisterei lassen sich die beiden Sorgen jedoch nicht so leicht miteinander versöhnen. Das Jahr-2000-Problem war die Folge einer bestimmten Art von *Laissez-faire*. Man hatte die im Code enthaltene Regulierung nicht ausreichend durchdacht und keine Gesetze geschaffen, die den Schöpfern des Codes die Verantwortung für ihr Produkt aufbürden. Tausende von Programmierern haben so getan, als ginge ihre Arbeit nur sie selbst etwas an. Kultur und Rechtssystem behandelten ihr Tun im Wesentlichen als das Tun von Individuen, die für sich allein handeln. Viele Jahre nachdem der erste schlechte Code geschaffen wurde, standen wir plötzlich gewissermaßen vor einer Umweltkatastrophe: Wir waren von einem Code umgeben, der in bedeutsamer und nicht vorherzusehender Weise versagen würde – im günstigen Fall mit Millionen Dollar Kosten für die Wirtschaft und nach einigen Weltuntergangsszenarien mit weitaus schlimmeren Folgen.

Nicht zu viel Regulierung war schuld am Jahr-2000-Problem, sondern ein Mangel an einer bestimmten Art von Regulierung, nicht ein übertrieben dirigistischer Staat, sondern eine Überbetonung des Privaten. Hätte das Rechtssystem den Softwareherstellern größere Verantwortung für die von ihnen angerichteten Schäden auferlegt, wären sie vorsichtiger gewesen. Böte das Vertragsrecht nicht so weit reichende Möglichkeiten eines Haftungsausschlusses, hätten die Lizenzbedingungen, die den Hersteller von jeder Haftung auf Grund von Softwarefehlern freistellt, nicht zu noch größerer Laxheit in der Softwareproduktion geführt. Und ginge es im Urheberrecht mehr um die Gewinnung und Bewahrung von Wissen als um die Gewinnung und Bewahrung von Profiten für private Wirtschaftssubjekte, hätte man vielleicht durchsetzen können, dass der Quellcode bei einer staatlichen Stelle hinterlegt werden muss, bevor das Copyright auf ein Produkt erteilt wird. Dann hätte es einen Anreiz gegeben, die Quellcodes festzuhalten, und wir wüssten heute, wo wir suchen müssten, um die negativen Folgen mangelhafter Software abzuwenden. Wenn der Staat in all diesen Fragen anders gehandelt hätte, wäre das Jahr-2000-Problem ebenfalls von anderer Art gewesen.[1]

Das Jahr-2000-Problem ist nur ein Beispiel für ein allgemeineres Problem, das den Kern dieses Buches bildet. Die Technik hat schon immer eine große Rolle im Leben der Menschen gespielt, und seit es Technik gibt, wird auch über die gesellschaftlichen Folgen der Technik gesprochen. Diese Kontinuität sollte uns aber nicht über einen bedeutsamen Bruch hinwegtäuschen, den wir heute erkennen können. Der Code mag nur für einen quantitativen Unterschied stehen, aber gelegentlich wird aus einem quantitativen ein qualitativer Unterschied. Die ungewollten Folgen der privaten Programmiergewohnheiten waren eine Zeitbombe, die im Jahr 2000 hätte explodieren können. Das Jahr-2000-Problem sollte unsere Aufmerksamkeit auch auf andere Zeitbomben richten – auf die grundlegenden Auswirkungen nämlich, die Computerprogramme auf unser Leben haben werden.

Denn hier liegt die Realität, die das ganze Gerede von Codes und

Programmen verdeckt. Wenn ich über den Code im Cyberspace gesprochen habe, wenn ich dargestellt habe, wie der Staat diesen Code regulieren könnte, wenn ich den Eindruck erweckt habe, die von mir beschriebenen Welten wären gewissermaßen anderswo, dann habe ich eine offensichtliche und entscheidende Tatsache verschleiert, die gerade die Realität der Jahr-2000-Krise ausmacht: Der Code ist nicht anderswo, und wir sind nicht anderswo, wenn wir seine Folgen zu tragen haben. Andrew Shapiro schreibt dazu: »Wenn wir meinen, der Cyberspace sei anderswo …, täuschen wir uns über seine rechtliche Bedeutung. Wir sehen nicht …, welche Regulationsmacht zum Beispiel im Code liegt, von dem manche sagen, er sei ›dort‹, obwohl wir seine Auswirkungen hier spüren.«[2]

Wir leben im realen Raum, und in diesem Raum sind wir den Wirkungen des Codes ausgesetzt. Wir führen ein normales Leben, und in diesem ganz normalen Leben sind wir den Wirkungen des Codes ausgesetzt. Wir haben ein soziales und politisches Leben, und in diesem Leben sind wir den Wirkungen des Codes ausgesetzt. Der Code reguliert all diese Aspekte unseres Lebens auf Dauer sehr viel nachhaltiger als jede andere Regulierungsinstanz. Sollen wir gegenüber diesem Regulator passiv bleiben? Sollen wir zulassen, dass er unser Leben beeinflusst, ohne den Versuch zu machen, unsererseits Einfluss auf ihn zu nehmen?

Da haben wir wieder das sonderbare Nebeneinander der beiden Declanschen Obsessionen. Der Staat sollte zumindest in minimaler Form eingreifen, wenn privates Handeln öffentliche Folgen hat, wenn kurzsichtiges Handeln langfristige Schäden anzurichten droht, wenn der Verzicht auf solche Eingriffe bedeutsame Verfassungsgrundsätze und wichtige individuelle Rechte beeinträchtigt, und wenn eine Lebensweise entsteht, die unsere Grundwerte bedroht.

Wir sind jedoch so sehr vom Scheitern des Staates überzeugt, dass ein intelligenter Autor wie Declan die Folgen der beiden großen, von ihm so intensiv kommentierten Übel nicht zu erkennen vermag. Wenn wir der Überzeugung sind, dass vom Staat nichts Gutes zu erwarten sei, ist Declans Forderung – der Staat solle gar nichts tun – durchaus sinnvoll. Und wenn der Staat nichts tun kann, müssen wir diese vom

Menschen gemachte Katastrophe als naturgegeben hinnehmen. Wie wir von einer Katastrophe sprechen, weil die Westküste in den Pazifik abrutscht, so müssen wir dann auch von der Katastrophe des Codes sprechen, die uns in dunkle Zeiten rutschen lässt. Gegen beides können wir nichts tun, obwohl beides zum Gesprächsthema für immer mehr Menschen geworden ist.

Ich plädiere für eine andere Reaktion. Wir müssen gemeinsam intensiv darüber nachdenken, wie diese kommende Realität unser Leben beeinflussen wird. Nichtstun ist keine Antwort – aber wir können etwas tun, und wir sollten etwas tun.

Ich sage das ohne große Hoffnung. Die Declans spielen heute eine so zentrale Rolle in unserer Kultur, dass ich nicht sehe, wie wir um sie herum kommen könnten. Ich habe einige kleine Schritte aufgezeigt, aber sie erscheinen sehr klein. Ich habe ein anderes Ideal beschrieben, aber es wirkt sehr fremd. Ich habe gesagt, dass etwas getan werden kann, allerdings nicht von irgendeiner staatlichen Einrichtung, die ich kenne. Ich habe so geredet, als gäbe es Hoffnung. Aber ich sehe kein Licht am Ende des Tunnels.

Ich fürchte, die Wahrheit ist, dass die Declans gewinnen werden – zumindest für den Augenblick. Wir werden die durch Computerprogramme ausgelösten Umweltkatastrophen – das Jahr-2000-Problem, den Verlust der Privatsphäre, die Zensur mit Hilfe von Filtern, das Verschwinden geistigen Gemeineigentums – so behandeln, als wären sie gottgegeben und nicht von Menschen verursacht. Wir werden zusehen, wie wichtige Aspekte der Privatsphäre und der Meinungsfreiheit von der neuen Architektur des Panoptikums zerstört werden, und wir werden wie moderne Jeffersons sagen, die Natur habe das so gemacht, wobei wir ganz vergessen, dass wir selbst in diesem Fall die Natur sind. In vielen Bereichen unseres sozialen Lebens wird uns das Netz als etwas von fremden Mächten Geschaffenes erscheinen, das wir nicht steuern können, weil wir gar nichts zu steuern vermögen, als etwas, das wir nur akzeptieren können, während es in unser Leben eindringt und es verändert.

Manche sagen, wir leben in aufregenden Zeiten. Dabei ist es die Aufregung eines Teenagers, der mit dem Wagen über die Autobahn rast und in seinem Übermut die Hände vom Steuer nimmt. Wir haben durchaus eine Wahl, aber wir tun so, als gäbe es nichts zu entscheiden. Wir *entscheiden* uns, so zu tun – und verschließen die Augen. Wir schaffen diese Natur und unterwerfen uns den Zwängen dieser von uns geschaffenen Natur.

Das Sinnbild unserer Zeit ist der Vogel Strauß. Wir sind fasziniert von dem, was wir nicht wissen können. Wir sind stolz darauf, alles der unsichtbaren Hand zu überlassen. Wir schaffen die unsichtbare Hand, indem wir wegschauen.

In kultureller Hinsicht jedoch ist unsere Zeit nicht gut gerüstet für neue Technologien. Wir sind für die Revolution nicht besser gerüstet als die Sowjetunion vor einem Jahrzehnt für ihre. Wie die Sowjets sind wir von einer Revolution überrascht worden. Aber anders als sie haben wir etwas zu verlieren.

ANHANG

Im siebten Kapitel habe ich dargelegt, worin sich die vier Regulierungsinstanzen – Recht, Markt, Normen und Architektur – voneinander unterscheiden. Hier möchte ich genauer aufzeigen, wie sie bei ihrer Regulierungstätigkeit miteinander interagieren. Dieses Wissen ist nützlich, aber für das Verständnis dieses Buches nicht unbedingt erforderlich. Darum behandle ich es in einem Anhang, für alle, die sich dafür interessieren und zu viel Zeit haben. Anderswo habe ich diesen Ansatz auch als »Neue Chicago-Schule« bezeichnet.[1]

Das *Recht* stützt seine Befehlsgewalt auf die Androhung von Strafen. Es befiehlt Ihnen, keinen Mord zu begehen, und droht Ihnen eine schwere Strafe an, falls Sie es dennoch tun. Oder es befiehlt Ihnen, nicht mit Kokain zu handeln, und droht mit barbarischen Strafen, falls Sie sich nicht an dieses Verbot halten. In beiden Fällen ist das Bild des Rechts ganz einfach; es sagt: Tu das nicht, sonst ...

Natürlich ist das Recht mehr als eine Ansammlung von Befehlen und Strafdrohungen.[2] Das Recht befiehlt nicht nur, sondern bringt auch Werte zum Ausdruck (etwa wenn es den Geburtstag von Martin Luther King jr. zu einem nationalen Feiertag erhebt[3]), es schafft und reguliert die Strukturen des Staates (etwa wenn die amerikanische Verfassung in Artikel I neben dem Senat auch ein Repräsentantenhaus vorsieht) und formuliert Rechte, die der Einzelne gegen den Staat geltend machen kann (Bill of Rights). All das sind Beispiele für Recht. Wenn ich mich hier auf eine Form von Recht konzentriere, will ich damit die Bedeutung der übrigen Formen keineswegs leugnen. Aber diese Form von Recht erlegt dem Einzelnen bestimmte Zwänge und Beschränkungen innerhalb der Jurisdiktion des jeweiligen Gesetzgebers oder Souveräns auf. Und objektiv stützen sich die Zwänge auf die Androhung von Strafen.

Soziale *Normen* stellen andere Zwänge dar. Unter sozialen Normen verstehe ich normative Zwänge, die sich nicht auf organisiertes oder zentralisiertes staatliches Handeln stützen, sondern auf die vielen kleinen und manchmal harten Sanktionen, die sich die Mitglieder einer Gemeinschaft wechselseitig auferlegen. Ich spreche hier nicht von Verhaltensmustern; die meisten Menschen mögen zwischen 7 und 8 Uhr morgens zur Arbeit fahren, aber das ist keine Norm. Normen bestimmen sozial erwünschtes Verhalten – wer davon abweicht, ist sozial anomal.[4]

Das Leben ist voller Normen und wird von ihnen bestimmt. Manche sind wertvoll, viele aber auch nicht. Es ist eine (gute) Norm, sich bei anderen zu bedanken, wenn sie einem einen Dienst erwiesen haben. Wer sich nicht bedankt, ist »unhöflich«, und Unhöflichkeit führt zu einer Reihe sozialer Sanktionen, von der Ächtung bis hin zu Kritik. Es ist eine Norm, beim Gespräch mit seinem Sitznachbarn im Flugzeug Zurückhaltung zu üben oder sich möglichst weit rechts zu halten, wenn man langsam fährt. Normen bestimmen, welche Kleidung wir bei der Arbeit tragen sollten, und sie raten uns, regelmäßig zu baden. Das alltägliche Leben ist voller Gebote dieser Art, die uns sagen, wie wir uns verhalten sollen. Für einen in üblicher Weise sozialisierten Menschen bilden diese Gebote einen wesentlichen Teil der seinem Verhalten auferlegten Zwänge und Beschränkungen.

Vom Recht unterscheiden sich Normen durch die Sanktionsmechanismen: Nicht der Staat setzt die sozialen Normen, sondern die Gemeinschaft. Sie ähneln dem Recht zumindest objektiv insofern, als Verstöße geahndet werden.

Der *Markt* hat wiederum ganz andere Zwänge. Der Markt zwingt über den Preis. Der Preis markiert den Punkt, an dem eine Ressource von einem auf den anderen übertragen werden kann. Wenn Sie eine Tasse Kaffee wollen, müssen Sie dem Kellner zwei Dollar geben. Der Zwang (die zwei Dollar) entsteht zeitgleich mit Ihrem Gewinn (dem Kaffee). Natürlich können Sie darüber verhandeln, ob Sie den Kaffee nicht später bezahlen können, aber die Zahlungsverpflichtung entsteht zeitgleich mit der Überlassung der Ware. Soweit Sie im Markt bleiben, bleibt auch diese Gleichzeitigkeit erhalten. Anders als beim

Recht und bei sozialen Normen folgen die Zwänge beim Markt also nicht erst später, sondern sogleich.

Das heißt nicht, dass Markttransaktionen nicht in Rechts- oder Normentransaktionen übersetzt werden könnten. Tatsächlich existieren Markttransaktionen nur im Rahmen von Recht und Normen. Sie müssen den Kaffee bezahlen, sonst verfolgt Sie das Recht als Dieb. Nichts im Markt zwingt Sie, dem Kellner ein Trinkgeld zu geben, aber wenn Sie es nicht tun, werden soziale Normen dafür sorgen, dass Ihr Geiz bestraft wird. Marktzwänge gibt es wegen eines komplexen Hintergrunds aus Recht und Normen, die bestimmen, was gekauft und verkauft werden kann, und wegen eines Eigentumsrechts, das festlegt, auf welche Weise Dinge gekauft und verkauft werden können. Doch die Art der vom Markt ausgeübten Zwänge ist anders als beim Recht und bei den sozialen Normen.

Die Zwänge unserer letzten Instanz, der *Architektur*, sind weder so zufällig noch insgesamt so abhängig. Mit »Architektur« meine ich, wie die Welt ist oder wie bestimmte Aspekte der Welt sind. Architekten sprechen von einer *gebauten Umwelt*; für Menschen, die keine Namen vergeben, ist es einfach das, was sie als ihre Umgebung wahrnehmen.

Einige der von der Architektur ausgeübten Zwänge sind von uns geschaffen (Architektur im eigentlichen Sinne des Wortes), andere nicht. Eine Tür verschließt einen Raum. Ist die Tür abgeschlossen, hindert sie uns, den Raum zu betreten. Der Zwang funktioniert hier anders als beim Recht oder bei den sozialen Normen; Sie können diesen Zwang nicht einfach ignorieren und dann die Folgen tragen. Auch wenn Sie den Zwang, den die Tür ausübt, überwinden können – indem Sie die Tür eintreten oder das Schloss aufbrechen –, übt die Tür immer noch einen Zwang aus, nur eben keinen absoluten.

Manche architektonischen Zwänge sind dagegen absolut. Trotz Star Trek können wir uns nicht mit Warpgeschwindigkeit fortbewegen. Wir können uns sehr schnell fortbewegen, und die Technologie hat uns immer größere Geschwindigkeiten ermöglicht. Dennoch haben wir (oder zumindest Physiker) gute Gründe zu der Annahme, dass wir eine bestimmte Geschwindigkeit nicht überschreiten können. Wie ich einmal auf einem T-Shirt gelesen habe: »300 000 km pro Sekunde. Keine bloße Idee, sondern ein Gesetz.«

Doch ob nun absolut oder nicht, ob vom Menschen gemacht oder nicht, wir können diese Zwänge zu einer Klasse zusammenfassen: den Zwängen der Architektur oder des Codes im realen Raum. Das gemeinsame Merkmal dieser Klasse liegt im Urheber der Zwänge: Nicht Einzelne oder Gruppen erlegen diese Zwänge auf, zumindest nicht direkt. Für viele dieser Zwänge sind zwar letztlich Menschen verantwortlich, aber in der aktuellen Durchsetzung sorgen die Zwänge gleichsam für sich selbst. Gesetze sind auf Polizei, Staatsanwaltschaft und Gerichte angewiesen, ein Schloss nicht. Bei Normen müssen Menschen auf Abweichungen reagieren – bei der Schwerkraft ist das nicht erforderlich. Die Zwänge der Architektur sorgen selbst für ihre Durchsetzung, und zwar auf eine Weise, die wir beim Recht, bei sozialen Normen und beim Markt nicht erleben.

Diese Eigenschaft der Architektur ist äußerst wichtig, wenn wir verstehen wollen, auf welche Weise sie Verhalten reguliert. Und besonders wichtig, wenn es um eine ungehörige oder ungerechte Regulierung geht. Wenn wir die Regulierung den automatischen Zwängen des Codes im realen Raum überlassen können, brauchen wir uns nicht auf den ständigen Eingriff, die Loyalität und das Verantwortungsgefühl von Menschen zu verlassen. Wenn wir diese Aufgabe Maschinen überlassen, können wir einigermaßen sicher sein, dass auch Ungehöriges durchgesetzt wird.

Ein gutes Beispiel dafür ist der Abschuss einer Atomrakete. Ursprünglich sollten diese Raketen von Bedienungsmannschaften in den einzelnen Silos gestartet werden. Diese Männer hätten den Befehl erhalten, die Rakete abzuschießen, und man erwartete, dass sie den Befehl auch ausführten. Dahinter standen natürlich auch Gesetze – eine Befehlsverweigerung hätte die Mannschaft vors Kriegsgericht gebracht.[5]

Bei Tests zeigte sich jedoch, dass dieses System nicht so zuverlässig funktionierte, wie die Army es sich wünschte. Stets musste die Abschussentscheidung von einem einzelnen Menschen geprüft werden, und stets musste dieser Mensch entscheiden, ob er dem Befehl gehorchte oder nicht. Solch ein System ist eindeutig unzuverlässiger als eines, bei dem alle Raketen auf direktem Wege über einen Knopf auf dem Schreibtisch des Präsidenten gestartet würden. Wir dürfen aber auch annehmen, dass die zwischengeschaltete Instanz, die Prüfung durch den Soldaten, der den Start auslöst, ihr Gutes hat.[6]

Hier haben wir eine wichtige Konsequenz des automatischen Charakters architektonischer Zwänge. Recht, Normen und Markt sind dem Urteil von Menschen unterworfen. Ihre Zwänge kommen nur zum Zuge, wenn einzelne Menschen oder Gruppen dies so wollen. Architektonische Zwänge entfalten ihre Wirkung dagegen, bis jemand ihnen Einhalt gebietet.

Die Urheberschaft ist daher ein wichtiges Unterscheidungsmerkmal der vier Instanzen. Die Zeitdimension, also die Frage, *wann* ein Zwang zur Wirkung kommt, ist ein zweites Merkmal.

Hier sollten wir zwei Perspektiven unterscheiden: die Sicht eines Beobachters, der zusieht, wie die Zwänge sich entfalten (die objektive Sicht), und die Perspektive der Person, die den Zwang erlebt (die subjektive Sicht). Bisher habe ich die vier Instanzen aus der objektiven Perspektive beschrieben. Nach dieser Sicht unterscheiden sie sich deutlich. Doch nach der subjektiven Perspektive unterscheiden sie sich überhaupt nicht.

Aus objektiver Sicht besteht ein Unterschied zwischen Zwängen, bei denen man gleich zahlen muss, und solchen, bei denen man erst später zahlt. Bei den Zwängen der Architektur und des Marktes muss man gleich zahlen, bei Gesetzen und Normen erst später. Denken Sie zum Beispiel an die Zwänge, die Ihnen den Zugang zum klimatisierten Haus Ihres Nachbarn verwehren, solange der in Urlaub ist. Das Recht hindert Sie, weil Ihr Eindringen zumindest eine Besitzstörung wäre. Die sozialen Normen hindern Sie gleichfalls, denn es gehört sich nicht, in das Haus eines anderen einzubrechen. Beide Zwänge würden aber erst im Nachhinein Folgen haben, also erst dann, wenn Sie in das Haus eingebrochen sind. Diese Folgen wären der Preis, den Sie dann später zu zahlen hätten.[7] Der architektonische Zwang ist das Schloss an der Haustür; es hindert Sie, während Sie in das Haus einzudringen versuchen. Der Markt schließlich beschränkt Ihre Möglichkeiten, eine eigene Klimaanlage zu besitzen, wie der Nachbar sie hat; er verlangt, dass Sie vorher zahlen. Aus objektiver Sicht unterscheiden diese beiden Gruppen sich in der Zeitdimension, hinsichtlich der Frage nämlich, wann die Sanktion wirksam wird.

In der subjektiven Perspektive verschwinden diese Unterschiede. Subjektiv können Sie die Zwänge einer Norm erleben, lange bevor Sie dagegen verstoßen. Sie erleben das Verbot, in das Haus Ihres Nachbarn einzubrechen, wenn Sie nur daran denken. Ganz unabhängig davon, wie sich die Zeitdimension in objektiver Sicht darstellt, erleben Sie den Zwang anders. Ein Zwang, der objektiv im Nachhinein wirksam wird, wird subjektiv als vorgängiger Zwang erlebt.

Dieser Sachverhalt ist nicht nur auf Normen beschränkt. Denken Sie an Kinder und Feuer. Feuer hat etwas von einem im realen Raum wirksamen Code – die Folgen werden spürbar, sobald gegen die entsprechende Beschränkung verstoßen wird. Beim ersten Mal lernen Kinder das, wenn sie mit der Hand in die Nähe des Feuers kommen. Danach weiß das Kind, dass es mit der Hand nicht ins Feuer kommen darf: Der Zwang ist internalisiert worden. Wenn es sich einmal verbrannt hat, weiß es, was ihm droht.[8]

Diese am kindlichen Verhalten beobachtete Entwicklung des subjektiven Zwangs lässt sich auch auf andere Zwänge übertragen. Denken Sie an den Aktienmarkt. Für Menschen, die nur selten einkaufen, mögen die Zwänge des Marktes sich tatsächlich auf die objektiven Zwänge der für eine Ware verlangten Preise beschränken. Für jemanden, der häufiger auf Märkten agiert – der gewissermaßen ein Gespür für den Markt hat –, stellen sich die Zwänge des Marktes ganz anders dar. Sie sind ihm zu einer zweiten Natur geworden, die sein Handeln leitet und bestimmt. Denken Sie an einen Börsenmakler. Wer auf dem Parkett Erfolg haben will, muss den Markt »wie seine Westentasche« kennen; seine Zwänge müssen ihm zur zweiten Natur geworden sein. Für einen erfolgreichen Börsenmakler ist der Markt subjektiv zu einem Teil seiner selbst geworden.

Jeder Zwang hat also eine objektive und eine subjektive Seite. Objektiv werden Gesetze im Nachhinein wirksam, aber für die meisten von uns wirken sie schon im Voraus als subjektive Zwänge, weil sie unser Verhalten in einer bestimmten Weise beeinflussen. (Nicht die objektive Androhung einer Gefängnisstrafe hindert, Steuern zu hinterziehen; vielmehr habe ich die Zwänge der Steuergesetze zu subjektiven Faktoren gemacht, die mein Verhalten lenken.) Als subjektiver Zwang setzt er unserem Verhalten Grenzen, bevor wir handeln.

Für vollständig ausgereifte oder vollständig integrierte Persönlichkeiten sind alle objektiven Zwänge zu subjektiven Zwängen geworden, die ihr Verhalten im Vorhinein lenken. Sie fühlen die Zwänge der Architektur, des Rechts, der sozialen Normen und des Marktes, bevor sie handeln. Bei noch sehr unreifen oder vollständig entfremdeten Menschen sind dagegen nur wenige objektive Zwecke internalisiert worden. Sie treten in den Matsch und lernen erst dann, was das bedeutet; sie stehlen ein Brot und bemerken erst danach, dass sie dafür bestraft werden; sie erscheinen auf einer Hochzeit in kurzen Hosen und stellen erst jetzt fest, dass ihre Freunde ihnen das übel nehmen; sie geben all ihr Geld für Süßigkeiten aus und lernen erst dann, was Knappheit ist. Diese beiden Typen bezeichnen die Extreme; die meisten von uns liegen irgendwo dazwischen.

Je subjektiver ein Zwang ist, desto effizienter vermag er Verhalten zu regulieren. Es kostet Arbeit, einen Zwang subjektiv werden zu lassen. Der Mensch muss ihn zu einem Teil seiner selbst machen. In dem Maße, wie eine Norm subjektiv wird, entfaltet sie ihre Wirkung zeitgleich mit dem davon regulierten Verhalten.

Das führt uns zu einer Unterscheidung zwischen Gesetzen und Normen auf der einen und dem Code des realen Raums auf der anderen Seite. Gesetze und Normen sind umso wirksamer, je subjektiver sie sind, aber sie benötigen ein Mindestmaß an Subjektivität, um überhaupt wirksam zu werden. Die Menschen müssen die davon ausgehenden Zwänge kennen. Ein Geheimgesetz, das ein bestimmtes Verhalten bestraft, könnte dieses Verhalten nicht regulieren.[9]

Das gilt jedoch nicht für die Architektur. Sie übt auch ganz ohne subjektives Moment Zwänge aus. Ein Schloss behinderte einen Dieb auch dann, wenn er gar nicht wüsste, was ein Schloss ist. Die Entfernung zwischen zwei Orten behinderte den Verkehr zwischen ihnen auch dann, wenn niemand diese Zwänge verstünde. Wie Architektur nicht darauf angewiesen ist, dass ein Mensch oder eine Gruppe die jeweiligen Zwänge vermittelt, so ist sie auch nicht darauf angewiesen, dass irgendjemand sie versteht.

Architektonische Zwänge entfalten also ihre Wirkung unabhängig davon, ob man darüber Bescheid weiß oder nicht, während Gesetze und Normen nur dann eine Wirkung entfalten, wenn wir etwas von ihnen wissen. Haben wir sie erst einmal internalisiert, entfalten sie ihre Wirkung unabhängig davon, ob die erwarteten Kosten ihrer Befolgung den Nutzen einer Nichtbeachtung übersteigen. Gesetze und Normen können dem Code ähnlicher werden, wenn man sie internalisiert. Aber Internalisierung ist mühsam.

Obwohl ich von Architektur spreche, benutze ich dennoch nicht die Sprache der Architekten. Ich habe sie nur gestohlen und abgewandelt. Ich kenne mich mit Architektur nicht aus, aber ich habe aus diesem Fachgebiet die Einsicht in die Beziehung zwischen der gebauten Umwelt und der von dieser Umwelt geschaffenen Praxis übernommen.[10] Ebenso wenig wie die Architekten behaupte ich, diese Beziehung determiniere das Verhalten. Ein Bau X determiniert kein Verhalten Y. Es handelt sich lediglich um Einflüsse, die sich verändern können, und wenn sie sich verändern, dann verändern sie auch das beeinflusste Verhalten.

Mit Michael Sorkin glaube ich, dass »Formen Bedeutung tragen und die Umgebung das soziale Leben erleichtern kann«. Sein Buch *Local Code: The Constitution of a City at 42°N Latitude* führt alle Aspekte des von mir beschriebenen Modells vor, auch die Unschärfe zwischen Recht, Architektur (Baugesetze) und den von ihnen ermöglichten Umwelten. Woher der Inhalt dieser Gesetze auch stammen mag, schreibt er, »ihre Konsequenzen werden gebaut«.[11] Darauf kommt es an.

Wenn wir die verschiedenen regulierenden Instanzen relativieren – wenn wir verstehen, wie die verschiedenen Instanzen regulieren und in welcher Weise sie dem Recht unterworfen sind –, werden wir erkennen, dass Freiheit nicht einfach dadurch geschaffen wird, dass wir dem Recht Grenzen setzen. Freiheit schaffen wir vielmehr durch Strukturen, die dem Einzelnen einen Spielraum für seine Entscheidung belassen, so eng dieser Spielraum auch sein mag.

Wir werden in Zukunft mit den regulierenden Strukturen so viel falsch machen können wie noch niemals zuvor. Darum ist es ganz entscheidend, dass wir wissen, was wir mit unseren Möglichkeiten anstellen wollen. Und noch wichtiger, was wir nicht damit anstellen sollten.

DANKSAGUNG

Ich habe viel von Lehrern und Kritikern gelernt, die mir geholfen haben, dieses Buch zu schreiben. Hal Abelson, Bruce Ackerman, James Boyle, Jack Goldsmith und Richard Posner gaben ausgezeichnete Ratschläge zu früheren Fassungen. Ich bin ihnen dankbar für ihre Geduld. Larry Vale und Sarah Whiting leiteten meine Lektüre auf dem Gebiet der Netzwerkarchitektur an; allerdings bezweifle ich, dass ich ein so geduldiger Schüler gewesen bin, wie ich es eigentlich hätte sein sollen. Sonya Mead half mir, Dinge anschaulich und knapp darzustellen, für die ein Anwalt tausend Worte benötigt hätte.

Eine ganze Armee von Studenten schlug sich mit früheren Fassungen dieses Buches herum. Carolyn Bane, Rachel Barber, Enoch Chang, Ben Edelman, Timothy Ehrlich, Dawn Farber, Melanie Glickson, Bethany Glover, Nerlyn Gonzalez, Shannon Johnson, Karen King, Alex Macgillivray, Marcus Maher, David Melaugh, Teresa Ou, Laura Pirri und Wendy Seltzer bedachten es mit ausgedehnter, wenn auch respektvoller Kritik. Und meine Assistenten Lee Hopkins und Catherine Cho taten ihr Bestes, diese Armee auf Linie (und bei der Stange) zu halten. Vor allem drei Studenten haben meine Argumentation beeinflusst, auch wenn es nicht ganz angemessen ist, sie als Studenten zu bezeichnen. Harold Reeves übernahm die Führung im achten Kapitel. Tim Wu zwang mich, den ersten Teil weitgehend zu überdenken. Und Andrew Shapiro zeigte mir die Hoffnungsstreifen in einer Zukunft, die ich in allzu düsteren Farben gemalt hatte.

Besonderen Dank schulde ich Catherine Marguerite Manley, deren außergewöhnliches Talent als Autorin und als Forscherin mir half, das Buch sehr viel früher abzuschließen, als es ohne sie möglich gewesen wäre. Ich danke auch Tawen Chang und James Stahir für ihre sorgfältige Durchsicht der Anmerkungen.

Auf diesem Gebiet lernt man nicht durch den Aufenthalt in Bibliotheken. Alles, was ich weiß, stammt aus Gesprächen mit und innerhalb einer Gemeinschaft von Wissenschaftlern und Aktivisten, die in den letzten fünf Jahren herauszufinden versucht haben, was der Cyberspace ist und wie er sich verbessern lässt. Zu dieser Gemeinschaft gehören die Wissenschaftler und Autoren, von denen im Text die Rede ist, vor allem die Juristen Yochai Benkler, James Boyle, Mark Lemley, David Post und Pam Samuelson. Sehr nützlich waren auch Gespräche mit Nichtjuristen, vor allem Hal Abelson, John Perry Barlow, Joseph Reagle, Paul Resnick und Danny Weitzner. Ganz besonders profitiert habe ich jedoch von Gesprächen mit Aktivisten vom Center for Democracy and Technology, der Electronic Frontier Foundation und der American Civil Liberties Union. Sie haben dafür gesorgt, dass die Probleme real wurden, und sie treten zumindest für einen Teil der Werte ein, die ich für wichtig halte.

Das Buch wäre gar nicht geschrieben worden ohne eine Geschichte von Julian Dibbell, eine von Henry J. Perritt organisierte Konferenz und viele Debatten mit David Johnson. Ich bin allen dreien sehr dankbar für das, was sie mich gelehrt haben.

Ich begann dieses Projekt als Fellow des Harvard Program on Ethics and the Professions. Ich danke Dennis Thompson für die skeptische Ermutigung, die er mir in diesem Jahr hat zukommen lassen. Das Berkman Center for Internet and Society an der Harvard Law School hat einen Großteil der Arbeit ermöglicht. Ich danke vor allem Lillian und Myles Berman für ihre Unterstützung und dem stellvertretenden Direktor des Zentrums, meinen gelegentlichen Mitlehrer Jonathan Zittrain, für seine Hilfe und mehr noch für seine Freundschaft. Ich widme dieses Buch dem Direktor des Berkman Center, Charlie Nesson, der mir den nötigen Raum für diese Arbeit gegeben hat und die Anregung, ihr eine andere Richtung zu geben.

Bedeutsamer als all diese Unterstützung war jedoch die Geduld und Liebe der Frau, der ich mein Leben gewidmet habe – Bettina Neuefeld. Ihre Liebe wird mir sehr viel länger als ein Jahr verrückt und wunderbar erscheinen.

ANMERKUNGEN

Hinweis: Alle in dieser Übersetzung angegebenen Internet-Adressen wurden zuletzt im Mai 2001 überprüft.

Einleitung

1. Siehe http://mit.edu/cfp6 oder http://www.swiss.ai.mit.edu/projects/mac/cfp96/.

1. Der Code ist Gesetz

1. Paulina Borsook, »How Anarchy Works«, *Wired* 110 (Oktober 1995), 3.10; auch zugänglich unter http://www.wired.com/wired/archive/3.10/ietf.html; es handelt sich um ein Zitat des Netzpioniers David Clark.
2. James Boyle, Vortrag auf der Telecommunication Policy Research Conference (TPRC) am 28. September 1997 in Washington, D. C. – David Shenk diskutiert das Freiheitsdenken im Zusammenhang mit dem Cyberspace in einem brillanten Kulturratgeber, der neben dem freiheitlichen Denken auch die Technologie nicht vergisst; siehe David Shenk, *Data Smog: Surviving the Information Glut*, San Francisco 1997, insb. S. 174–177. Das Buch behandelt auch den Technorealismus, eine Bewegung, die sich um ein ausgeglicheneres Bild des Verhältnisses zwischen Technik und Freiheit bemüht.
3. Siehe Kevin Kelley, *Out of Control: The New Biology of Machines, Social Systems, and the Economic World*, Reading, Mass., 1994, S. 119.
4. Wie Stephen Holmes einmal gesagt hat: »Rechte basieren auf der kompetenten Ausübung … legitimer öffentlicher Macht … Die größte und zuverlässigste Menschenrechtsorganisation ist der liberale Staat … Individuelle Freiheit und eine zivile Gesellschaft sind nur in einer politisch wohlgeordneten Gesellschaft möglich.« Stephen Holmes, »What Russia Teaches Us Now: How Weak States Threaten Freedom«, *American Prospect* 33 (1997), S. 30, 33.
5. Das ist zugegebenermaßen ein düsteres Bild, und es unterscheidet sich deutlich von dem Bild, das Andrew Shapiro in seinem Buch *The Control Revolution*, New York 1999, von den Kontrollmöglichkeiten zeichnet. Wie ich später ausführen werde, beruht der Unterschied zwischen unseren beiden Auffassungen auf der Einschätzung des Ausmaßes, in dem Architekturen eine von oben nach unten gerichtete Regulierung ermöglichen. In meinen Augen ermöglicht eine hoch wahr-

scheinliche Architektur eine sehr viel größere Regulierung, als Shapiro sie erwarten würde.

6. Siehe »We Know Where You Will Live«, Computers, Freedom, and Privacy Conference, 30. März 1996; Audio-Links unter http://www.swiss.ai.mit.edu/projects/mac/cfp96.
7. Siehe William J. Mitchell, *City of Bits: Space, Place, and the Infobahn*, Cambridge, Mass., 1995, S. 111. In weiten Teilen dieses Buches arbeite ich Mitchells Gedanken aus; die Metapher findet sich allerdings auch bei anderen. Ethan Katsh diskutiert dieses Verständnis der Software-Welten in: »Software Worlds and the First Amendment: Virtual Doorkeepers in Cyberspace«, *University of Chicago Legal Forum* (1996), S. 335, 338. Joel Reidenberg behandelt den verwandten Gedanken einer *lex informatica* in: »Lex Informatica: The Formulation of Information Policy Rules Through Technology«, *Texas Law Review* 76 (1998), S. 553. Besonders beeindruckt hat mich James Boyles Arbeit auf diesem Gebiet. Ich erörtere sein Buch im 9. Kapitel; siehe jedoch auch: »Foucault in Cyberspace: Surveillance, Sovereignty, and Hardwired Censors«, *University of Cincinnati Law Review* 66 (1997), S. 177. Umfangreichen Gebrauch von diesem Gedanken macht Andrew Shapiro in seinem Buch *The Control Revolution*, a. a. O. Mitch Kapor hat den Gedanken ohne die Begrifflichkeit des Cyberspace formuliert: »Architektur ist Politik«; dafür bin ich ihm dankbar.
8. Mark Stefik, »Epilogue: Choices and Dreams«, in: ders. (Hg.), *Internet Dreams: Archetypes, Myths, and Metaphors*, Cambridge, Mass., 1996, S. 390.
9. *Missouri v Holland*, 252 US 416, 433 (1920).
10. Richard Stallman etwa organisierte den Widerstand gegen die Einführung von Passwörtern am MIT. Passwörter bilden eine Architektur, die Kontrolle erleichtert, indem sie »nicht offiziell zugelassene« Nutzer ausschließt. Siehe Steven Levy, *Hackers*, Garden City, N. Y., 1984, S. 416–417.

2. *Vier Rätsel aus dem Cyberspace*

1. Siehe zum Beispiel Stanley Fish, *Doing What Comes Naturally*, Durham, N. C., 1989, Kap. 17.
2. Es handelt sich um einen hypothetischen Fall. Ich habe diese Geschichte im Blick auf Möglichkeiten erfunden, die mancherorts Wirklichkeit werden. Ich bin Juraprofessor und lebe von hypothetischen Fällen.
3. Es gibt Ratgeber, die einen guten Eindruck von den Möglichkeiten dieses Raums bieten. Mein Lieblingsbuch ist hier: Bruce Damer, *Avatars!*, Berkeley, Calif., 1998. Das Spektrum der von Damer aufgezeigten Erfahrungen und Möglichkeiten ist zwar nicht deckungsgleich mit dem hypothetischen Bereich, auf dem dieser Abschnitt fußt, aber Unterschiede sind allenfalls eine Frage der Codierung.
4. »MUD« hat mehrere Bedeutungen, aber die ursprüngliche lautet »Multi-User-

Dungeon« oder auch »Multi-User-Domain«. Ein MOO ist ein »MUD, object-orientied«, ein objektorientiertes MUD. Sherry Turkles Analyse des Lebens in einem MUD oder MOO, *Life on the Screen: Identity in the Age of Internet*, New York 1995, ist immer noch ein Klassiker. Siehe auch Elizabeth Reid, »Hierarchy and Power: Social Control in Cyberspace«, in: Marc A. Smith und Peter Kollock (Hg.), *Communities in Cyberspace*, New York 1999, S. 107. Der Vater – oder Gott – eines MOO namens LamdaMOO ist Pavel Curtis. Siehe seinen Bericht in »Mudding: Social Phenomena in Text-Based Virtual Realities«, in: Stefik, *Internet Dreams*, a. a. O., S. 265–292. Zwei wunderbare Websites mit Links zur Geschichte der MUDs bieten »The MUDline« von Lauren P. Burka unter http://www.apocalypse.org/pub/u/lpb/muddex/mudline.html sowie »The MUDex« unter http://www.apocalypse.org/pub/u/lpb/muddex.

5. In der Spieltheorie wird ein Zug als Pareto-überlegen bezeichnet, wenn wenigstens ein Spieler dadurch einen Vorteil erhält, aber kein Spieler schlechter gestellt wird. Siehe Robert Cooter und Thomas Ulen, *Law and Economics*, 2. Aufl. Reading, Mass., 1997, S. 12, 41–42.
6. Jake Baker hieß ursprünglich Abraham Jacob Alkhabaz, doch nach der Scheidung seiner Eltern nahm er den neuen Namen an. Siehe Peter H. Lewis, »Writer Arrested After Sending Violent Fiction Over Internet«, *New York Times*, 11. Februar 1995, S. 10.
7. Die sieben Hauptkategorien heißen comp, misc, news, rec, sci, soc und talk.
8. Ich stütze mich hier auf die lebendige Darstellung von Jonathan Wallace und Mark Mangan in: *Sex, Laws, and Cyberspace*, New York 1996, auch wenn interessantere Versionen dieser Geschichte im Netz zirkulieren (ich bleibe lieber auf der sicheren Seite).
9. Siehe *United States v Baker*, 890 FSupp 1375, 1390 (EDMich 1995); siehe auch Wallace und Mangan, *Sex, Laws, and Cyberspace*, a. a. O., S. 69–77.
10. Siehe Mike Godwin, *CyberRights: Defending Free Speech in the Digital Age*, New York 1998, S. 117–132.
11. Natürlich würde der Wurm mit dem Computer interagieren, zumindest mit dem Betriebssystem.
12. Mein Beispiel stammt aus: Michael Adler, »Cyberspace, General Searches, and Digital Contraband: The Fourth Amendment and the Net-Wide Search«, *Yale Law Journal* 105 (1996), S. 1093; vgl. Laura B. Riley, »Concealed Weapon Detectors and the Fourth Amendment: The Constitutionality of Remote Sense Enhanced Searches«, *UCLA Law Review* 45 (1997), S. 281, 325–327. Adlers Beispiel bietet eine schöne Parallele zu Arnold H. Loewy, »The Fourth Amendment as a Device for Protecting the Innocent«, *Michigan Law Review* 81 (1983), S. 1229 bis 1244 – wenngleich beide zu gegenteiligen Schlussfolgerungen gelangen.
13. Siehe William J. Stuntz, »The Substantive Origins of Criminal Procedure«, *Yale Law Journal* 105 (1995), S. 393, 406–407.

14. Siehe zum Beispiel Thomas A. Clancy, »The Role of Individualized Suspicion in Assessing the Reasonableness of Searches and Seizures«, *University of Memphis Law Review* 25 (1995), S. 483, 632. »Der individualisierte Verdacht ... dient als Bollwerk gegen ungerechtfertigte und willkürliche Polizeiaktionen.«
15. Siehe *United States v Place*, 462 US 696, 707 (1983).
16. James Boyle, *Shamans, Software, and Spleens: Law and the Construction of the Information Society*, Cambridge, Mass., 1996, S. 4.
17. Siehe Susan Freiwald, »Uncertain Privacy: Communication Attributes After the Digital Telephony Act«, *Southern California Law Review* 69 (1996), S. 949, 951, 954.
18. Vgl. John Rogers, »Bombs, Borders, and Boarding: Combatting International Terrorism at United States Airports and the Fourth Amendment«, *Suffolk Transnational Law Review* 20 (1997), S. 502, Anm. 201.
19. Siehe Mitchell Kapor, »The Software Design Manifesto«, http://www.kei.com/homepages/mkapor/Software_Design_Manifesto.html; »Zitate« unter http://www.cs.yorku.ca/~peter/4361/quotes.html. Siehe auch Pamela Samuelson u. a., »A Manifesto Concerning the Legal Protection of Computer Programs«, *Columbia Law Review* 94 (1994), S. 2308. Ähnlich argumentiert Steven Johnson: »Architektur setzt stets ein Weltbild voraus, das heißt, Architektur ist in einem tieferen Sinne politisch«, siehe ders., *Interface Culture: How New Technology Transforms the Way We Create and Communicate*, San Francisco 1997, S. 44. Die ursprünglich von Mitch Kapor und John Perry Barlow gegründete Electronic Frontier Foundation hat Kapors Spruch von »Architecture is politics« in »Architecture is policy« umgewandelt; mir gefällt die ursprüngliche Fassung besser [der Ausdruck *policy* im Sinne von »Methode« oder »Verfahren« ist allgemeiner als der Ausdruck *politics*, der stärker auf die staatliche Sphäre zugeschnitten ist; d. Ü.].
20. Siehe Steve Silberman, »We're Teen, We're Queer, and We've Got E-Mail«, *Wired* (November 1994), S. 76, 78, 80; wieder abgedruckt in: Richard Holeton (Hg.), *Composing Cyberspace: Identity, Community, and Knowledge in the Electronic Age*, S. 116.
21. Vgl. *United States v Lamb*, 945 FSupp 441 (NDNY 1996).
22. Jed Rubenfeld hat eine umfangreiche Auslegungstheorie entwickelt, für die Bedeutung in einer auf Beispielsfällen basierenden, mit der Zeit veränderten Lektüre gründet; siehe »Reading the Constitution as Spoken«, *Yale Law Journal* 104 (1995), S. 1119, 1122; und »On Fidelity in Constitutional Law«, *Fordham Law Review* 65 (1997), S. 1469.
23. Siehe *Minnesota v Dickerson*, 508 US 366, 380 (1993), (Richter Antonin Scalia bekundet: »Ich bezweifle entschieden ..., dass die stolzen Männer, denen wir den vierten Verfassungszusatz verdanken, bereit gewesen wären, sich auf den bloßen Verdacht hin, sie könnten bewaffnet und gefährlich sein, einer so unwürdigen Behandlung zu unterwerfen ...«)

3. Sein und Sollen

1. Ich verwende den Ausdruck »Architektur« ein wenig idiosynkratisch, aber nicht vollkommen. Ich orientiere mich an Charles Morris und Charles Ferguson, »How Architecture Wins Technology Wars«, *Harvard Business Review* (März–April 1993), S. 86. Ich verwende den Ausdruck nicht ganz so wie die Computerwissenschaftler, aber doch im Sinne der »Struktur eines Systems«; siehe die Definition in: Pete Loshin, *TCP/IP Clearly Explained*, 2. Aufl., Boston 1997.
2. J. C. Herz, *Surfing on the Internet: A Nethead's Adventures Online*, Boston 1995, S. 2–3.
3. Diese Darstellung des Netzes an der University of Chicago könnte veraltet sein; für die Richtigkeit kann ich mich nur bis 1996 verbürgen.
4. Da die University of Chicago eine private Einrichtung ist, bräuchte sie sich nicht an die Beschränkungen des ersten Verfassungszusatzes zu halten. Anders ist die Situation an staatlichen Universitäten wie der University of California.
5. Siehe Helen Nissenbaum, »Values in the Design of Computer Systems«, *Computers and Society* (März 1998), S. 38.
6. Eine äußerst lesbare Beschreibung findet sich in: Loshin, *TCP/IP Clearly Explained*, a. a. O., S. 15–23; siehe auch Craig Hunt, *TCP/IP Network Administration*, 2. Aufl., Sebastopol, Calif., 1998, S. 8–22; sowie Fred B. Schneider (Hg.), *Trust in Cyberspace*, Washington, D. C., 1999, S. 29–36.
7. Peter Steiner, Karikatur in: *New Yorker*, 5. Juli 1993, S. 61.
8. Siehe Nicholas Negroponte, *Being Digital*, New York 1995, S. 18, 179–180.
9. Auf diese Möglichkeit hoffte nach Ansicht der Richterin Sandra Day O'Connor der Communications Decency Act von 1996. Siehe *Reno v American Civil Liberties Union*, 117 SCt 2329, 2351–2357 (1997). (Richterin Sandra Day O'Connor gab der Klage in Teilen statt und wies sie in Teilen ab.) Das Gesetz verfolgte in ihren Augen das Ziel, den Einsatz von Technologien zu erzwingen, die in der Lage sind, Kinder aus solchen Teilen des Internets fernzuhalten, in denen Pornografie zu finden ist. Sie hielt das Gesetz zwar für verfassungswidrig, meinte aber, ein anderes, enger geschnittenes Gesetz könne eine verfassungsrechtliche Prüfung bestehen; siehe Lawrence Lessig, »Reading the Constitution in Cyberspace«, *Emory Law Journal* 45 (1996), S. 869, 883–895; ders., »The Zones of Cyberspace«, *Stanford Law Review* 48 (1996), S. 1403.
10. In manchen Zusammenhängen bezeichnen wir solch eine Netzarchitektur, die einige dieser »Mängel« durch den Einbau von Kontrollelementen behebt, als Intranet. Die Intranets bilden heute den am schnellsten wachsenden Teil des Internets. Es handelt sich um eine seltsame Mischung zweier Traditionen. Dabei wird das auf TCP/IP basierende offene System des Internets um die Kontrollmöglichkeiten herkömmlicher privater Netze erweitert. Ein Intranet mischt Werte aus beiden Systemen zu einem Netz, das zwar mit dem Internet kompatibel ist, in dem aber

der Zugang in einem Maße kontrolliert werden kann, wie dies im Internet ganz unmöglich wäre. Meine These lautet, unser Internet befinde sich auf dem Weg zu einem kontrollierbaren »Internet«. Der Reporter Steven Lohr schrieb: »Netscape-Manager verwiesen auf Studien, die davon ausgehen, dass der Intranetmarkt bis 2000 einen Umfang von 10 Milliarden Dollar erreichen wird« (»Netscape Taking on Lotus with New Corporate System«, *New York Times*, 16. Oktober 1996, D2). Lohr berichtete außerdem, »die amerikanischen Investitionen in Intranet-Software für Server, die leistungsfähigen Computer, auf denen man die Netzdaten speichert, werden von 400 Millionen Dollar in diesem Jahr auf 6,1 Milliarden Dollar im Jahr 2000 steigen. Die Investitionen in Software für Internetserver werden im selben Zeitraum dagegen voraussichtlich nur von 550 Millionen Dollar auf 2,2 Milliarden Dollar anwachsen« (»Internet Future at IBM Looks Oddly familiar«, *New York Times*, 2. September 1996, S. 37).

4. Kontrollarchitekturen

1. Dagegen glaube ich sehr wohl, dass die Architektur des Internethandels unvermeidlich Auswirkungen auf grundlegende Werte hat. Darin stimme ich mit David Chaum überein, der schon früh die Ansicht geäußert hat, dass die Zahlungssysteme eine wesentliche Bedeutung für den Schutz der »elektronischen Privatsphäre« haben werden; siehe zum Beispiel »Achieving Electronic Privacy«, *Science* (August 1992), S. 96–97, einzusehen unter http://ganges.cs.tcd.ie/mepeirce/Project/Chaum/sciam.html. Zahlungssysteme sind in der Tat höchst bedeutsam, und sie können bedeutende Unterschiede aufweisen.
2. Wie im Fall *United States v O'Brian*, 391 US 367 (1968), in dem das Gericht sich auf ein Gesetz berief, das die Verbrennung von Einberufungsbescheiden unter Strafe stellt. Das Interesse des Staates liegt dabei in der Sicherung eines brauchbaren Ausweises.
3. Siehe Ed Krol, *The Whole Internet: User's Guided Catalogue*, Sebastopol, Calif., 1992, S. 23–25: Loshin, *TCP/IP Clearly Explained*, a. a. O., S. 3–83; Hunt, *TCP/IP*, a. a. O., S. 1–22; siehe auch Ben M. Segal, »A Short History of Internet Protocols at CERN«, http://wwwinfo.cern.ch/pdp/ns/ben/TCPHIST.html.
4. Siehe Jerome H. Saltzer u. a., »End-to-End Arguments in System Design«, in: Amit Bhargava (Hg.), *Integrated Broadband Networks*, New York 1991, S. 30.
5. Wenn ich von »Aufpfropfen« oder »Überlagern« spreche, will ich damit nicht sagen, die zu Grunde liegenden TCP/IP-Protokolle würden verändert. Die hier beschriebenen Veränderungen erfolgen vielmehr im »Anwendungsraum« – und nicht auf der »Anwendungsebene« – der Internetanwendungen. Den Ausdruck »Anwendungsraum« definiere ich im achten Kapitel.
6. Ein Problem bildet auch der Schutz des Passworts, vor allem wenn es unverschlüsselt übermittelt wird. Ich stelle diese Dinge hier sehr vereinfacht dar.

7. Zur Frage der Bedrohung der Privatsphäre durch Cookies (»ein Schutz ist definitiv nicht vorhanden«) siehe U. S. Department of Energy, »Computer Incident Advisory Capability«, *Information Bulletin, I-034: Internet Cookies*, auch unter http://www.ciac.org/ciac/bulletins/i-034.shtml; siehe auch Carl W. Chamberlin, »To the Millennium: Emerging Issues for the Year 2000 and Cyberspace«, *Notre Dame Journal of Law, Ethics, and Public Policy* 13 (1999), S. 131, 173; ders., »Developments in the Law – The Law of Cyberspace: IV. Internet Regulation Through Architectural Modification: The Property Rule Structure of Code Solutions«, *Harvard Law Review* 112 (1999), S. 1634, 1644, Anm. 57; Neil Randall, »How Cookies Work«, *PC Magazine Online*, http://www.zdnet.com/pcmag/features/cookie/cks1.htm.
8. Die Gefahren gehen nicht unmittelbar von den Cookies aus (da es sich um passive Daten handelt), sondern von Applets (kleinen Anwendungen), die Missbrauch mit den gesammelten Daten treiben können. Zu den Gefahren von Cookies siehe David Wille, »Personal Jurisdiction and the Internet: Proposed Limits on State Jurisdiction over Data Communications in Tort Cases«, *Kentucky Law Journal* 87 (1999), S. 95, 198–199. Siehe auch die Darstellung möglicher Risiken des Einsatzes von Cookies bei Jerry Kang, »Information Privacy in Cyberspace Transactions«, *Stanford Law Review* 50 (1998), S. 1193, 1227–1229.
9. Stewart A. Baker und Paul R. Hurst, *The Limits of Trust: Cryptography, Governments, and Electronic Commerce*, Boston 1998, S. xv.
10. Ebenda.
11. Siehe Hal Abelson u. a., »The Risks of Key Recovery, Key Escrow, and Trusted Third-Party Encryption«, *World Wide Web Journal* 2 (1997), S. 241, 245: »Während Kryptographie traditionell mit Geheimhaltung verbunden war, können andere Verschlüsselungsmechanismen wie Authentisierungscodes oder digitale Unterschriften sicherstellen, dass Nachrichten nicht verändert oder gefälscht werden.«
12. Whitfield Diffie und Martin E. Hellman, »New Directions in Cryptography«, *IEEE Transactions on Information Theory* IT-22 (November 1976), S. 644–654. Auf diesen Gedanken war offenbar schon vorher James Ellis vom British Government Communication Headquarters gekommen, aber er hatte ihn nicht veröffentlicht; siehe Baker und Hurst, *The Limits of Trust*, a. a. O., S. xvii.
13. Ein symmetrischer Schlüsselalgorithmus ist eine Verschlüsselungsroutine, die bei der Verschlüsselung und der Entschlüsselung einer Nachricht denselben Schlüssel erfordert. Bei einem asymmetrischen Schlüsselalgorithmus verwendet man verschiedene Schlüssel für Chiffrierung und Dechiffrierung.
14. Zu weiteren Aspekten siehe Bruce Schneier, *Applied Cryptography: Protocols, Algorithms, and Source Code in C*, 2. Aufl., New York 1996, S. 4–5; Tagung: »The Development and Practice of Law in the Age of the Internet«, *American University Law Review* 46 (1996), S. 327.

15. Eine kurzgefasste Analyse der rechtlichen Fragen im Zusammenhang mit der PKI findet sich in: »Public Key Infrastructure Symposium«, *Jurimetrics Journal* 38 (1998), S. 241.
16. »Digital ID Center«, http://www.verisign.com/products/individual/index.html.
17. Wie Baker und Hurst ausführen, sind Zertifikate, die das SET-Protokoll unterstützen, keine Identitätszertifikate: *The Limits of Trust*, a. a. O., S. 252–253.
18. Siehe A. Michael Froomkin, »Flood Control on the Information Ocean: Living with Anonymity, Digital Cash, and Distributed Databases«, *Journal of Law and Communication* 15 (1996), S. 395, 505.
19. Siehe Gail L. Grant, *Understanding Digital Signatures: Establishing Trust Over the Internet and Other Networks*, New York 1998, S. 5.
20. Jane Kaufman Winn, »Open Systems, Free Markets, and Regulation of Internet Commerce«, *Tulane Law Review* 72 (1998), S. 1177, 1238.
21. Auch diese Idee ist natürlich nicht neu. Seit es das Telefon gibt, werden Verkäufe per Telefon abgewickelt; auch das Telefonnetz ist offen und unsicher. Dasselbe galt für das ältere Telegrafennetz; siehe Tom Standage, *The Victorian Internet*, New York 1998.
22. Siehe Mark A. Lemley und David McGowan, »Legal Implications of Network Economic Effects«, *California Law Review* 86 (1998), S. 479, 484, 552–553.
23. Siehe Richard E. Smith, *Internet Cryptography*, Reading, Mass., 1997, S. 218–228.
24. Winn (»Open Systems«, a. a. O., S. 1210) berichtet, das von Visa und MasterCard entwickelte SET-Protokoll werde »gegenwärtig als sichere Internetanwendung für alle Banken und alle Kreditkartensysteme vermarktet«. Siehe auch die Einführung zum Konzept eines »sicheren elektronischen Handels« auf der Website von Visa – http://www.visa.com/cgi-bin/vee/nt/ecomm/main.html.
25. Siehe Winn, »Open Systems«, a. a. O., S. 1210–1211.
26. Siehe C. Bradford Biddle, »Legislating Market Winners: Digital Signature Laws and the Electronic Commerce Marketplace«, *San Diego Law Review* 34 (1997), S. 1225, 1242, Anm. 37.
27. Siehe Grant, *Understanding Digital Signatures*, a. a. O., S. 14; siehe auch Smith, *Internet Cryptography*, a. a. O., S. 295–319.
28. Siehe Richard L. Field, »1996: Survey of the Year's Developments in Electronic Cash Law and the Laws Affecting Electronic Banking in the United States«, *American University Law Review* 46 (1997), S. 967, 988 (Diskussion über einen PKI-Lenkungsausschuss, der »die Bemühungen staatlicher Stellen um die Einführung digitaler Unterschriften auf der Basis der *public-key*-Technologie koordinieren« sollte); siehe auch Baker und Hurst, *The Limits of Trust*, a. a. O., S. 275–283.
29. Siehe Donna N. Lampert u. a., »Overview of Internet Legal and Regulatory Issues«, *Practicing Law Institute/Patents, Copyrights, Trademarks, and Literary Property* 544 (1998), S. 179, 220; siehe auch Grant, *Understanding Digital Signatures*, a. a. O., S. 66–93.

30. In den Vereinigten Staaten sind staatliche Ausweise sehr selten. Erst Ende der fünfziger Jahre wurde bestimmt, dass US-Bürger, die aus dem Ausland zurückkehren, einen Pass vorlegen müssen; siehe David Brin, *The Transparent Society: Will Technology Force Us to Choose Between Privacy and Freedom?*, Cambridge, Mass., 1998, S. 68.

31. Es gibt zahlreiche Anbieter digitaler Zertifikate, die als Zertifizierungsagenturen dienen. Zu den bekannteren gehören VeriSign (www.verisign.com), Thawte (www.thawte.com), CyberTrust von GTE (www.cybertrust.gte.com), Entrust (www.entrust.com), Frontier Technologies (www.frontiertech.com) und Xcert (www.xcert.com). Manche sind auf bestimmte Branchen zugeschnitten, zum Beispiel TradeWave (www.tradewave.com), andere verstehen sich als regionale Anbieter, etwa Key-Witness (www.keywitness.com) in Kanada oder BelSign International (www.belsign.be) in Europa. Network Solutions hat sich mit VeriSign zusammengetan, so dass jeder, der einen Domain-Namen registrieren lässt, die Möglichkeit hat, ein digitales Server-Zertifikat von VeriSign zu erhalten; siehe »Our Partners«, http://www.networksolutions.com/en_US/partners. Eine umfangreichere Liste von Zertifizierungsagenturen findet sich auf der Website der deutschen DFN CERT GmbH, http://www.cert.dfn.de/.

5. *Die Regulierung des Codes*

1. Allgemein siehe dazu Fred B. Schneider (Hg.), *Trust in Cyberspace*, Washington, D. C., 1999, S. 27–29.

2. Siehe Katie Hafner und Matthew Lyon, *Where Wizards Stay Up Late: The Origins of the Internet*, New York 1996, S. 62–63.

3. Communications Assistance for Law Enforcement Act, Public Law 103–414, 108 Stat 4279, 47 USC § 1001 ff. und in verstreuten Teilen von 18 USC [es handelt sich um ein amerikanisches Gesetz zur Erleichterung der Strafverfolgung im Bereich der Kommunikationstechnologie, d. Ü.].

4. Siehe Richard A. Posner, »The Cost of Rights: Implications for Central and Eastern Europe – and for the United States«, *Tulsa Law Journal* 32 (1996), S. 1, 7–9; vgl. William J. Stuntz, »The Uneasy Relationship Between Criminal Procedure and Criminal Justice«, *Yale Law Journal* 107 (1997), S. 1, 4.

5. »Ohne solch eine Beschränkung wäre es das natürliche Bestreben des Staates, die Grenze zwischen Zivil- und Strafprozessordnung durch Veränderung der inhaltlichen Grenze zwischen beiden zu umgehen oder auszunutzen.« Die schon früher gemachte Äußerung von Stuntz bezieht sich nicht auf eine Strafverschärfung, sondern auf eine übertriebene Kriminalisierung; siehe William J. Stuntz, »Substance, Process, and the Civil-Criminal-Line«, *Journal of Contemporary Legal Issues* 7 (1996), S. 1.

6. Aus ökonomischer Sicht ist eine derartige Regulierung sinnvoll, wenn sie das bil-

ligste Mittel zum Erreichen sozialer Ziele darstellt. Wenn der Staat diese Veränderung der Architektur einfach verordnet hätte, wäre sie natürlich sehr billig für ihn gewesen. Interessant an diesem Gesetz ist die Tatsache, dass der Staat die Kosten für die Veränderung der Architektur selbst übernimmt. Der Staat internalisiert also die Kosten der Veränderung, und wir könnten annehmen, dass dies ein nützliches Verfahren ist, um sicherzustellen, dass dem Gemeinwohl durch solche Regulierungstechniken tatsächlich gedient ist. Anders gesagt, der Staat »übernimmt« die Regulierungsmacht des im Telefonnetz angelegten Codes, und wie bei allen »Übernahmen« könnte es sinnvoll sein, vom Staat zu verlangen, dass er diese Übernahme finanziert.

7. Gegenwärtig werden die Vorschläge noch geprüft; siehe John Hanchette, »›Big Brother‹ Going Too Far: Privacy Rights Eroding, Critics Say«, *Florida Today*, 15. Februar 1999, 10A.
8. Siehe Center for Democracy and Technology, »FBI Seeks to Impose Surveillance Mandates on Telephone System; Balanced Objectives of 1994 Law Frustrated: Status Report«, 4. März 1999, unter: http://www.cdt.org/digi_tele/status.html.
9. Für eine gute Darstellung des Audio Home Recording Act von 1992 siehe Christine C. Carlisle, »Recent Development: The Audio Home Recording Act of 1992«, *Journal of Intellectual Property Law 1* (1994), S. 335, 336–338. Für eine Analyse des Gesetzes und seiner Auswirkungen auf das Urheberrecht siehe Joel L. McKuin, »Home Audio Taping of Copyrighted Works and the Audio Home Recording Act of 1992: A Critical Analysis«, *Hastings Communications and Entertainment Law Journal* 16 (1994), S. 311.
10. Siehe Audio Home Recording Act, 17 USC § 1002 (1994) (mit den Vorschriften über das Mehrfachkopien-Verwaltungssystem); siehe auch U. S. Department of Commerce, *Intellectual Property and the National Information Infrastructure: Report of the Working Group on Intellectual Property Rights*, Washington, D. C.: Information Infrastructure Task Force, 1995, S. 179, 189–190.
11. Siehe 47 CFR § 15.120; siehe auch Telecommunications Act of 1996 Pub. L. 104–104, § 551, 110 Stat. 56, 139–142 (1996), 47 USC § 303 (1998) (mit der Verpflichtung zu Entwicklung und Einbau von Videosperren und Einstufungssystemen).
12. Für einen Überblick über die herangezogenen wissenschaftlichen Ergebnisse siehe U. S. Senate Committee on Commerce, Subcommittee on Communications, *Hearings on Violence on Television*, 93d Cong., 2d sess. (1974); U. S. Senate Committee on Commerce, Subcommittee on Communications, *Hearings in Review of Policy Matters of Federal Communications Commission and Inquiry into Crime and Violence on Television and a Proposed Study Thereof by the Surgeon General*, 91st Cong., 1st sess., pt. 2 (1969); siehe auch Surgeon General's Scientific Advisory Committee on Television and Social Behavior, *Television and Growing Up: The Impact of Televised Violence: Report to the Surgeon General*, Washington, D. C., 1972; Matthew L. Spitzer, *Seven Dirty*

Words and Six Other Stories, New Haven, Conn., 1985, S. 95–118; George Comstock und Eli A. Rubinstein (Hg.), *Television and Social Behavior: Media Content and Control*, 1972; George Comstock, »Television and American Social Institutions«, in: John C. Wright und Aletha C. Huston, *Children and Television*, 3. Aufl. 1983, S. 27; George Comstock, »Violence in Television Content: An Overview«, in: *National Institute of Mental Health: Television and Behavior: Scientific Progress and Implications for the Eighties: Technical Reviews* 2 (1982), S. 110; Harry T. Edwards und Mitchell N. Berman, »Regulating Violence on Television«, *Northwestern University Law Review* 89 (1995), S. 1487, 1535; E. Barrett Prettyman jr. und Lisa A. Hook, »The Control of Media-Related Imitative Violence«, *Federal Communications Law Journal* 38 (1987), S. 317.

13. Siehe *Red Lion Broadcasting Company v Federal Communications Commission*, 395 US 367 (1969) (mit dem Urteil, wonach die Verpflichtung der Sender, bei persönlichen Angriffen Sendezeit für eine Gegendarstellung zu gewähren, nicht gegen den ersten Verfassungszusatz verstößt); siehe auch *Turner Broadcasting System, Inc., v Federal Communications Commission*, 512 US 622, 637–638 (1994). Siehe jedoch auch *Denver Area Educational Telecommunications Consortium, Inc., v Federal Communications Commission*, 518 US 727 (1996) (mit dem Urteil, wonach Vorkehrungen, die es dem Kabelbetreiber gestatten, die übermittelten Inhalte bei gemieteten Kabelanschlüssen zu filtern, mit dem ersten Verfassungszusatz vereinbar sind, nicht jedoch bei frei ausgestrahlten Programmen).

14. Zunehmend setzt sich die Meinung durch, dass die Begründung für das Urteil im Fall *Red Lion* (das enge Spektrum rechtfertige eine gewisse Regulierung) nicht mehr haltbar ist; siehe Roxana Wizorek, »Children's Television: The FCC's Attempt to Educate America's Children May Force the Supreme Court to Reconsider the *Red Lion* Rationale«, *Catholic University Law Review* 47 (1997), S. 153, 182–186; siehe jedoch auch Laurence H. Winer, »The Red Lion of Cabel, and Beyond? – *Turner Broadcasting v FCC*«, *Cardozo Arts and Entertainment Law Journal* 15 (1997), S. 1, 21–25 (mit der These, der Fall *Turner* könne den Türsteher-Aspekt des Falls *Red Lion* wiederbeleben).

15. Wenn alle Fernsehgeräte über solche Sperrvorrichtungen verfügten, entfiele die übliche Begründung für die Regulierung der ausgestrahlten Inhalte. Wenn der Zuschauer selbst die Filterung vornehmen kann, braucht die Federal Communications Commission es nicht für ihn zu tun; siehe Peter Huber, *Law and Disorder in Cyberspace: Abolish the FCC and Let Common Law Rule the Telecosm*, New York 1997, S. 172–173.

16. Für eine gute Erörterung der Kontroverse um den Clipper-Chip siehe Laura J. Gurak, *Persuasion and Privacy in Cyberspace: The Online Protests over Lotus Marketplace and the Clipper Chip*, New Haven, Conn., 1997, S. 32–43. Ein Überblick über verschiedene Meinungen dazu findet sich bei Kirsten Scheurer, »The Clipper Chip: Cryptography Technology and the Constitution«, *Rutgers Computer and Technology*

Law Journal 21 (1995), S. 263; vgl. Howard S. Dakoff, »The Clipper Chip Proposal: Deciphering the Unfounded Fears That Are Wrongfully Derailing Its Implementation«, *John Marshall Law Review* 29 (1996), S. 475. Der Clipper-Chip wurde 1994 zum Bundesstandard für die Datenverarbeitung im Bereich der Sprachübertragung erklärt; siehe Gurak, *Persuasion and Privacy in Cyberspace*, a. a. O., S. 125.

17 Siehe Electronic Frontier Foundation (EFF), *Cracking DES: Secrets of Encryption Research, Wiretap Politics, and Chip Design*, Sebastopol, Calif., 1998, 1. Kap.

18. Eine gute Zusammenfassung zur Funktionsweise des Clipper-Chips findet sich bei Baker und Hurst, *The Limits of Trust*, a. a. O., S. 15–18; A. Michael Froomkin, »The Metaphor Is the Key: Cryptography, the Clipper Chip, and the Constitution«, *University of Pennsylvania Law Review* 143 (1995), S. 709, 752–759. Für eine eher technische Diskussion siehe Bruce Schneier, *Applied Cryptography: Protocols, Algorithms, and Source Code in C*, 2. Aufl. New York 1996, S. 591–593.

19. Siehe Field, »1996: Survey of the Year's Developments in Electronic Cash Law ...«, a. a. O., S. 967, 993, Anm. 192.

20. Siehe A. Michael Froomkin, »It Came from Planet Clipper: The Battle over Cryptographic Key ›Escrow‹«, *University of Chicago Legal Forum* 1996 (1996), S. 15, 32.

21. Dies war das Ziel der vorgeschlagenen Oxley-Manton-Zusätze zum Security and Freedom Through Encryption (SAFE) Act von 1997, NR 695, 105th Cong., 1st sess. Baker und Hurst (*The Limits of Trust*, a. a. O., S. 21–22) meinen dazu: »1997 kam es zu bemerkenswerten Veränderungen in der Verschlüsselungsdebatte. Zu Beginn der Legislaturperiode drängte die Industrie auf eine Liberalisierung der Exportvorschriften, am Ende der Legislaturperiode musste sie sich gegen eine Kontrolle im eigenen Land wehren.« 1996 wurde den Firmen gestattet, Verschlüsselungstechnologien nach dem staatlichen DES-Standard (*digital encryption standard*) zu exportieren, sofern eine Möglichkeit zur Gewinnung des Schlüssels eingebaut war; siehe Electronic Frontier Foundation, *Cracking DES*, 1-4-1-5. Wie die »Cracking-DES-Projekte« der EFF deutlich machten, ist DES jedoch ein unzuverlässiger Verschlüsselungsstandard. Eine gewisse Hoffnung für die Verschlüsselungspolitik der Regierung kam 1996 nach der Veröffentlichung des Berichts des National Research Council auf, in dem eine vom NRC bestellte Kommission die nationale Verschlüsselungspolitik untersuchte. Der Kommission unter Vorsitz des Juraprofessors Kenneth Dam von der University of Chicago gehörten führende Persönlichkeiten aus Forschung und Industrie an. Die Schlussfolgerungen des Berichts waren eindeutig – und vernichtend für die Anti-Verschlüsselungspolitik der Regierung. Er setzte sich entschieden für eine Liberalisierung der Verschlüsselungsvorschriften ein; siehe Kenneth W. Dam und Herbert S. Lin (Hg.), *Cryptography's Role in Securing the Information Society*, Washington, D. C., 1996. Manche glaubten, der Bericht werde weit reichende Folgen haben, aber schon früh wurden

auch Zweifel laut. Wie Froomkin schreibt, ist die Schlacht noch längst nicht vorüber (»It Came from Planet Clipper«, a. a. O., S. 69).

22. Das ist eine Lesart des Urteils im Fall *Bernstein v U. S. Department of Justice*, 176 F3d 1132 (19th Cir 1999). Hinsichtlich der Rechte der Programmierer gab es abweichende Meinungen (Richter Thomas Nelson: »Ich gelange immer noch unausweichlich zu dem Schluss, dass der Verschlüsselungsquellcode eher Verhalten als Sprache ist«). Siehe auch Laura M. Pilkington, »First and Fifth Amendment Challenges to Export Controls on Encryption: Bernstein and Karn«, *Santa Clara Law Review* 37 (1996), S. 159, 210; Thinh Nguyen, »Cryptography, Export Controls, and the First Amendment in *Bernstein v U. S. Department of Justice*«, *Harvard Journal of Law and Technology* 10 (1997), S. 667, 677–678; »Cryptic Controversy: U. S. Government Restrictions on Cryptography Exports and the Plight of Philip Zimmermann«, *Georgia State University Law Review* 13 (1997), S. 581, 603. Ronald J. Stay meint, das Recht, verschlüsselt zu sprechen, sei ebenso eindeutig gegeben wie das Recht, Navajo zu sprechen.

23. Diese Idee wurde im *White Paper* 1995 der Clinton-Administration vorgetragen; siehe Pamela Samuelson, »Regulation of Technologies to Protect Copyrighted Works«, *Communications of the ACM {Association for Computing Machinery}* 39 (1996), S. 17.

24. Digital Millennium Copyright Act, Public Law 105–304, 112 Stat 2860 (1998).

25. Der ehemalige Generalstaatsanwalt Richard Thornburgh etwa bezeichnete einen nationalen Personalausweis als einen »Angriff auf die Rechte amerikanischer Bürger«; siehe Ann Devroy, »Thornburgh Rules Out Two Gun Control Options; Attorney General Objects to Registration Card for Gun Owners, National Identification Card«, *Washington Post*, 29. Juni 1989, A41. Der Immigration Reform and Control Act von 1986 (Public Law 99-603, 100 Stat 3359 [1986], 8 USC § 1324a[c] [1988]) schließt solche Ausweise aus: »Nichts in diesem Abschnitt darf dazu verwendet werden, direkt oder indirekt die Ausgabe oder Verwendung nationaler Personalausweise zu rechtfertigen.« Angesichts der Möglichkeiten des Netzes, Daten miteinander zu verknüpfen, dürfte dieser Schutz allerdings nicht sonderlich weit reichen.

26. Damit wären dann die Schutzvorschriften umgangen, auf die der Oberste Gerichtshof im Fall *Reno v American Civil Liberties Union*, 117 SCt 2329 (1997) verwiesen hat. Es gibt viele »Aktivitäten« im Netz, die der Kongress leicht regulieren könnte (wie das Glücksspiel). Zur Regulierung dieser Aktivitäten könnte man digitale Kennungen verlangen. Und wenn Regulierungen dieser Art zunehmen, wird man auch andere sprachbezogene Zugangsbedingungen leichter rechtfertigen können.

27. Arthur Cordell und T. Ran Ide haben eine Bit-Steuer vorgeschlagen; siehe Arthur J. Cordell u. a., *The New Wealth of Nations: Taxing Cyberspace*, Toronto 1997. Im Hinblick auf soziale Gerechtigkeit und Ökonomie sind ihre Argumente überzeu-

gend, aber sie denken nicht an die Architektur, die für die Erhebung solcher Steuern erforderlich wäre. Eine Netzarchitektur für die Berechnung einer Bit-Steuer könnte so gut wie alles messen.

28. In Ländern wie Argentinien, Australien, Belgien, Griechenland, Italien und der Schweiz ist dies bereits Wirklichkeit; siehe Richard L. Hasen, »Law, Economics, and Norms: Voting Without Law?«, *University of Pennsylvania Law Review* 144 (1996), S. 2135.
29. Siehe Baker und Hurst, *The Limits of Trust*, a. a. O., S. 255–273.
30. Siehe die Beschreibung in: Scott Bradner, »The Internet Engineering Task Force«, in: Chris DiBona u. a. (Hg.), *Open Sources: Voices from the Open Source Revolution*, Sebastopol, Calif., 1999.
31. Michael Froomkin (»It Came from Clipper Planet«, a. a. O., S. 19) argumentiert ganz ähnlich: »Exportkontrollen haben erheblichen Einfluss auf den heimischen Markt für Produkte, bei denen die Verschlüsselung eine Rolle spielt, zum Beispiel E-Mail, Betriebssysteme oder Sprachprozessoren. Vor allem wegen des Exportverbots für leistungsfähige Verschlüsselungssysteme gibt es auf dem amerikanischen Massenmarkt kein Standardverschlüsselungsprogramm, obwohl die mathematischen und technischen Voraussetzungen dafür gegeben sind.«
32. Siehe »Network Associates and Key Recovery«, unter: http://www.nai.com/products/keyserver/default.asp.
33. Cisco hat Produkte entwickelt, die mit Verschlüsselungen auf Netzwerkebene und dem IP-Security-Protokoll (IPSec) arbeiten. Siehe die Darstellung dazu auf der Homepage der Firma Cisco (http://www.cisco.com). Siehe auch Dawn Bushaus, »Encryption Can Help ISPs Deliver Safe Services«, *Tele.Com.*, 1. März 1997; Beth Davis und Monua Janah, »Cisco Goes End-to-End«, *Information Week*, 24. Februar 1997, S. 22.
34. Wenig, aber nicht gar keine. Durch Förderungsmaßnahmen konnte der Staat die Teilnehmerzahlen im Netz erfolgreich erhöhen, und auch beim Widerstand gegen die Entwicklung von Verschlüsselungstechnologien hatte er Erfolg; siehe Whitfield Diffie und Susan Eva Landau, *Privacy on the Line: The Politics of Wiretapping and Encryption*, Cambridge, Mass., 1998. Steven Levy berichtet von einem direkteren Eingriff. Als Richard Stallman sich weigerte, den KI-Computer (künstliche Intelligenz) des MIT mit einem Passwortschutz zu versehen, drohte das Verteidigungsministerium, den Computer vom Netz zu nehmen, falls der Zugang nicht kontrolliert würde. Für Stallman war das eine Grundsatzfrage, für das Verteidigungsministerium dagegen die übliche Praxis; siehe Steven Levy, *Hackers: Heroes of the Computer Revolution*, Garden City, N. Y., 1984, S. 417–418.
35. Siehe Minnesota Statute §§ 609.75, subd. 2–3, 609.755(1) (1994). Danach ist es ein Vergehen, Glücksspiele zu veranstalten, die nicht unter die staatliche Ausnahmegenehmigung für Wohltätigkeitstombolas oder die staatliche Lotterie fallen; Glücksspiele im Internet sind von dieser Vorschrift nicht ausgenommen.

36. Siehe Scott M. Montpas, »Gambling Online: For a Hundred Dollars, I Bet You Government Regulation Will Not Stop the Newest Form of Gambling«, *University of Dayton Law Review* 22 (1996), S. 163.
37. Zumindest könnte es so funktionieren. Je nach Design könnte auch sehr viel mehr in Erfahrung gebracht werden.
38. Siehe 18 USC § 1955 (danach ist Glücksspiel dann illegal, wenn es an einem Standort erfolgt, an dem es illegal ist).
39. Siehe Anil Jain, Ruud Bolle und Sharath Pankanti (Hg.), *Biometrics: Personal Identification in Network Society*, Boston 1999; siehe auch Amanda Lang, »Mytec Braced for Lucent's Challenge«, *Financial Post* (Toronto), 15. Mai 1997, S. 6. Auf einer Tagung berichtete ein Teilnehmer von einer Frage, die er dem Hersteller einer Technik zur Identifizierung von Menschen mittels der Hand gestellt hatte: »Muss es eine lebende Hand sein?« Der Vertreter der Firma sei bleich im Gesicht geworden. »Nein«, habe die Antwort gelautet.
40. Zu virtuellen Privatnetzen siehe Smith, *Internet Cryptography*, a. a. O., Kap. 6 und 7; zu biometrischen Sicherheitstechnologien siehe Fred B. Schneider (Hg.), *Trust in Cyberspace*, Washington, D. C., 1999, S. 123–124, 133–134.
41. Roberto Mangabeira Unger, *Social Theory: Its Situation and Its Task*, New York 1987.
42. Das wichtigste analytische Instrument in Bruce Ackermans *Social Justice in the Liberal State*, New Haven 1980, ist der Dialog; jeder apodiktischen Behauptung folgt die Frage nach der Rechtfertigung.
43. Mitchell, *City of Bits*, a. a. O., S. 112.
44. Brin, *The Transparent Society*, a. a. O., S. 324.

6. *Cyberräume*

1. Mike Goodwin, *CyberRights: Defending Free Speech in the Digital Age*, New York 1998, S. 15. Siehe auch Esther Dyson, *Release 2.0: A Design for Living in the Digital Age*, New York 1997; dt.: *Release 2.0. Die Internet-Gesellschaft*, München 1997. Dort heißt es: »Richtig eingesetzt, kann das Internet zu einer mächtigen positiven Technologie werden, die neue Gemeinschaften entstehen lässt, weil sie genau das fördert, was Gemeinschaft konstituiert: soziale Interaktion« (S. 32); siehe auch Stephen Doheny-Farina, *The Wired Neighborhood*, New Haven, Conn., 1996, S. 121 bis 137. Eine umfangreiche neuere Sammlung zu den Gemeinschaften im Cyberspace bieten Marc A. Smith und Peter Kollock, *Communities in Cyberspace*, New York 1999. Die Sammlung erstreckt sich über sämtliche sozialen Aspekte von Gemeinschaft; behandelt werden Themen wie »soziale Ordnung und soziale Kontrolle«, »kollektives Handeln«, »Struktur und Dynamik der Gemeinschaft« und »Identität«. Das in diesem Kapitel zu Grunde gelegte Verhältnis zwischen Archi-

tektur und Normen leitet auch die Analyse in Smiths und Kollocks Sammlung über weite Strecken.

2. Das neueste Mitglied der »Netzgemeinschaft« dürfte das Business sein. In einer Reihe einflussreicher Bücher wird behauptet, der Schlüssel zum erfolgreichen Online-Business liege in der Entwicklung »virtueller Gemeinschaften«; siehe zum Beispiel Larry Downes und Chunka Mui, *Unleashing the Killer App: Digital Strategies for Market Dominance*, Boston 1998, S. 101–109; John Hagel und Arthur G. Armstrong, *Net Gain: Expanding Markets Through Virtual Communities*, Boston 1997.
3. Für eine genauere Untersuchung der demographischen Verhältnisse im Internet siehe Matrix Information and Directory Services, »Internet Demographics: The Third MIDS Internet Demographic Survey« (MIDS ids3, Oktober 1995), unter http://www.mids.org/ids3/index.html.
4. Einen guten Eindruck davon, wie es früher einmal war, vermitteln die Beiträge von Rheingold, Barlow, Bruckman und Ramo im vierten Teil des Buches von Richard Holeton, *Composing Cyberspace: Identity, Community, and Knowledge in the Electronic Age*, Boston 1998. Howard Rheingolds Buch (dessen erstes Kapitel bei Holeton abgedruckt ist) kann als früher Klassiker gelten; siehe *The Virtual Community: Homesteading on the Electronic Frontier*, Reading, Mass., 1993. Stacy Horns Buch ist eine brillante Darstellung, die sich unmittelbarer auf den Online-Austausch bezieht; siehe *Cyberville: Clicks, Culture, and the Creation of an Online Town*, New York 1998.
5. Eine ausgezeichnete Darstellung findet sich bei Jonathan Zittrain, »The Rise and Fall of Sysopdom«, *Harvard Journal of Law and Technology* 10 (1997), S. 495.
6. Steven Johnson schreibt dazu: »In der Theorie sind das Beispiele für Architektur und Stadtplanung, aber in der Praxis hängen sie mit weiterreichenden Fragen zusammen: Jede Designentscheidung spiegelt und verstärkt eine Reihe von Werten, eine Annahme hinsichtlich der Gesellschaft, die sie umgibt«; *Interface Culture: How New Technology Transforms the Way We Create and Communicate*, San Francisco 1997, S. 44. Siehe auch Nelson Goodman, »How Buildings Mean«, in: ders. und Catherine Z. Elgin (Hg.), *Reconceptions in Philosophy and Other Arts and Sciences*, London 1988, S. 31–48.
7. Vgl. Godwin, *CyberRights*, a. a. O., S. 42: »Wenn Sie jemandem gegenüber stehen, bemerken Sie zahlreiche Dinge, über die der andere keine bewusste Kontrolle hat, die Haarfarbe zum Beispiel oder den Gesichtsausdruck. Aber wenn Sie eine ASCII-Nachricht lesen, *sehen Sie ausschließlich das Ergebnis der Denkarbeit Ihres Kommunikationspartners*« (Hervorhebungen im Original); siehe auch ebenda, S. 44.
8. Siehe Martha Minow, *Making All the Difference: Inclusion, Exclusion, and American Law*, Ithaca, N. Y., 1990, S. 74–97.
9. Siehe Gurak, *Persuasion and Privacy in Cyberspace*, a. a. O., S. 4–15. Gurak schreibt: »Teilnehmer können statt ihres Namens ein Pseudonym benutzen; dahinter steckt

oft der Wunsch, nur der Text und nicht der Charakter des Sprechenden solle überzeugen.« Vgl. Lori Kendall, »MUDder? I Hardly Know 'Er!: Adventures of a Feminist MUDder«, in: Lynn Cherny und Elizabeth Reba Weise (Hg.), *Wired Women: Gender and the New Realities in Cyberspace*, Seattle 1996, S. 207. Godwin (*CyberRights*, a. a. O., S. 45) beschreibt eine weitere Möglichkeit angesichts der Schließung des ASCII-Kanals im Netz: »Dann wird die Welt der ASCII-Kommunikation vielleicht nur noch dem Austausch zwischen wenigen Textbesessenen wie mir vorbehalten sein.«

10. Wirtschaftswissenschaftler sprechen hier von einem »separierenden Gleichgewicht«: »Spieler unterschiedlichen Typs verwenden verschiedene *Strategien*. Aus den Zügen eines Spielers kann ein uninformierter Spieler daher erschließen, welchem Typ der betreffende Spieler angehört«; Douglas G. Baird, Robert H. Gertner und Randal C. Picker, *Game Theory and the Law*, Cambridge, Mass., 1994, S. 314. William Mitchell (*City of Bits*, a. a. O., S. 5–16) meint, die Rückkehr zu synchroner Kommunikation sei nicht unbedingt ein Vorteil: »Seit sehr viel effizientere asynchrone Kommunikationssysteme weite Verbreitung gefunden haben, wissen wir, dass eine strikte Synchronie nicht immer wünschenswert ist. Eine kontrolliert asynchrone Kommunikation kann durchaus ihre Vorteile haben.«
11. Zu den Bemühungen, das Web zugänglich zu machen, siehe Judy Brewer und Daniel Dardailler, »Web Accessibility Initiative (WAI)«, unter http://www.w3.org/WAI; vgl. »Note: Facial Discrimination: Extending Handicap Law to Employment Discrimination on the Basis of Physical Appearance«, *Harvard Law Review* 100 (1987), S. 2035.
12. Siehe AOL, »About the Company: Profile«, unter http://aol.com/corp/profile; zu AOL Deutschland siehe http://aol.de/ueberaol/index.html.
13. Siehe Kara Swisher, *Aol.com: How Steve Case Beat Bill Gates, Nailed the Netheads, and Made Millions in the War for the Web*, New York 1998, S. 65.
14. In den Nutzungsbedingungen von AOL heißt es: »Wir erwarten, dass Sie sich als AOL-Mitglied überall im Internet an unsere Nutzungsbedingungen halten.« Zu den Nutzungsbedingungen gehören u. a. folgende Regeln: »Sprache: Maßvolle Schimpfwörter und nichtsexuelle anatomische Bezüge sind gestattet, vulgäre Ausdrücke, grobe oder explizite sexuelle Bezüge, hasserfüllte Sprache usw. dagegen nicht. Falls Sie darauf stoßen, melden Sie es bitte unter Keyword: Notify AOL. Nacktheit: Fotos teilweise unbekleideter Menschen in wissenschaftlichen oder künstlerischen Zusammenhängen sind an manchen Orten (aber nicht überall) zugelassen, teilweise oder vollständige Nacktheit in Frontaldarstellung dagegen nicht. Falls Sie darauf stoßen, melden Sie es unter Keyword: Notify AOL. Sex/Sinnlichkeit: Es gibt einen Unterschied zwischen Gefühl und vulgärem Verhalten. Ebenso gibt es einen Unterschied zwischen der Erörterung gesundheitlicher oder emotionaler Aspekte der Sexualität in angemessener Sprache und eher geschmacklosen Unterhaltungen über Sex. Ersteres ist akzeptabel, Letzteres nicht.

In einer Diskussion über Krebs wären zum Beispiel die Ausdrücke *Brust* oder *Hoden* akzeptabel, Vulgärausdrücke für diese Körperteile wären dagegen nirgendwo tolerierbar. Gewalt und Drogenmissbrauch: Bilder getöteter Menschen wären in bestimmten Bereichen mit dokumentarischem Charakter zulässig, aber Darstellungen von Blut und Gewalt um der bloßen Gewalt willen usw. sind nicht zulässig. Diskussionen über die Bekämpfung des Drogenmissbrauchs sind zulässig in Bereichen, die sich mit Gesundheitsfragen befassen, nicht dagegen Diskussionen und bildliche Darstellungen, die den Eindruck erwecken, Drogenmissbrauch sei akzeptabel.« [Ähnliche Regelungen finden sich auch auf den Seiten »Nutzungsbedingungen« und »Verkehrsregeln« bei AOL Deutschland, d. Ü.]

15. Siehe Amy Harmon, »Worries About Big Brother at America Online«, *New York Times*, 31. Januar 1999, S. 1.
16. Swisher, *Aol.com*, a. a. O., S. 314–315.
17. Ebenda, S. 96–97.
18. Siehe Robert C. Post, *Constitutional Domains: Democracy, Community, Management*, Cambridge, Mass., 1995, S. 199–267.
19. Siehe *CyberPromotions, Inc v America Online, Inc*, 948 FSupp 436 (EDPa 1996) (darin wird festgestellt, dass weder die amerikanische Verfassung noch die Verfassungen von Pennsylvania oder Virginia einer Firma auf Grund der verfassungsrechtlich geschützten Meinungsfreiheit das Recht gibt, über das Internet unangeforderte E-Mails an die Kunden eines Konkurrenten zu schicken).
20. Siehe Elizabeth Reid, »Hierarchy and Power: Social Control in Cyberspace«, in: Marc A. Smith und Peter Kollock (Hg.), *Communities in Cyberspace*, a. a. O., S. 109.
21. Siehe Josh Quittner, »Johnny Manhattan Meets the Furry Muckers«, *Wired* (März 1994), S. 92, auch unter http://www.wired.com/wired/archive/2.03/muds.html.
22. Siehe Julian Dibbell, »A Rape in Cyberspace«, *Village Voice*, 23. Dezember 1993, S. 36, 37, auch unter http://www.levity.com/julian/bungle_vv.html.
23. Ebenda.
24. Siehe insbesondere Dibbells außergewöhnliches Buch *My Tiny Life: Crime and Passion in a Virtual World*, London 1998.
25. Ebenda, S. 13–14.
26. Wenn überhaupt, so lade Sexualität in diesen Räumen Erwachsene zu erwachsenen Reaktionen ein; siehe Scott Bukatman, *Terminal Identity: The Virtual Subject in Postmodern Science Fiction*, Durham, N. C., 1993, S. 326. Zu MOOs siehe insbesondere Dibbel, *My Tiny Life*, a. a. O. Die Herausforderung für die Gemeinschaft bestand in der Schaffung von Regeln, die solche Handlungen verhindern konnten, ohne den besonderen Charakter des Raums zu zerstören.
27. Dibbell, *My Tiny Life*, a. a. O., S. 24–25.
28. Siehe Haakon (Pavel Curtis), »Petition System Implemented and in Force«, Nachricht 773 in der Gruppe »Social Issues« (#7233), LambdaMOO Bulletin Board,

1. Mai 1993, unter http://vesta.physics.ucla.edu/smolin/lamda/laws_and_history/ballothistory.

29. Siehe Haakon (Pavel Curtis), »How to Make a Vote Binding on the Wizards«, (erster Entwurf), Nachricht 511 in der Gruppe »Social Issues« (#7233), LamdaMOO Bulletin Board, 8. April 1993, unter http://vesta.physics.ucla.edu/smolin/lamda/laws_and_history/ballothistory.

30. Zu einer umfassenden Darstellung der Demokratie, ihrer Funktionsweise und ihren Folgen für die Selbstregulierung in einem MUD siehe Jennifer Mnookin, »Virtual(ly) Law: The Emergence of Law on LamdaMOO«, *Journal of Computer-Mediated Communication* 2 (1996), S. 1.

31. Hafner und Lyon, *Where Wizrads Stay Up Late*, a. a. O., S. 216.

32. Mnookin, »Virtual(ly) Law«, a. a. O., S. 14.

33. Einer meiner Studenten untersuchte dieses Verhalten genauer und gelangte zu dem Schluss, dass die Unterschiede signifikant seien. Die Aussagekraft der Studie leidet natürlich unter der geringen Zahl der Teilnehmer. In der allgemeineren Frage, ob der Cyberspace Ungleichgewichte zwischen den Geschlechtern aufhebt, gelangt Gurak allerdings zum gegenteiligen Schluss; siehe *Persuasion and Privacy in Cyberspace*, a. a. O., S. 104–113.

34. Mike Godwin (*CyberRights*, a. a. O., S. 41) äußert eine ähnliche Ansicht zur Konstruktion virtueller Gemeinschaften: »Ich denke, die meisten von uns wünschen sich für die Zukunft einen Ort, an dem man uns auf der Basis des ›Inhalts unseres Charakters‹ kennt und akzeptiert, wie Martin Luther King jr. gesagt hat. Aber ohne Planung, ohne eine bewusste Vision hinsichtlich der Architektur virtueller Gemeinschaften – und vor allem ohne wirkliche Rede- und Meinungsfreiheit – werden die Massen, die in den Cyberspace strömen, weiterhin entfremdet, isoliert und ohne jedes Zugehörigkeitsgefühl sein, also virtuell heimatlos.«

7. *Regulierungsinstrumente*

1. Oder genauer, gegen eine bestimmte Form staatlicher Regulierung. Stärkere libertäre Argumente gegen eine Regulierung im Cyberspace finden sich zum Beispiel bei Peter Huber, *Law and Disorder in Cyberspace: Abolish the FCC and Let Common Law Rule the Telecosm*, a. a. O. Huber spricht sich gegen die Regulierung durch eine Agentur und für eine Regulierung durch das Privatrecht aus. Siehe auch Thomas Hazlett, »The Rationality of U. S. Regulation of the Broadcast Spectrum«, *Journal of Law and Economics* 33 (1990), S. 133–139. Ein Jurist vermag nicht ganz zu verstehen, was mit Privatrecht genau gemeint ist. Das Privatrecht enthält zahlreiche Regeln, und die Inhalte haben sich verändert. Es gibt einen Zivilprozess, der von Juristen gern mythologisiert wird und in dem Richter für einen kleinen Bereich vor dem Hintergrund von Präzedenzfällen Entscheidungen treffen. Vielleicht hat Huber das im Sinn, und dieses System hat durchaus seine Vorzüge.

Aber wie er selbst sehr genau weiß, ist auch dies eine *Regulierung*, wenn auch auf anderer Grundlage.

2. Die wichtigsten Beispiele sind die Verurteilungen auf Grund des Espionage Act von 1917, zum Beispiel *Schenck v United States*, 249 US 47 (1919) (mit der Bestätigung einer Verurteilung wegen des Verteilens eines Flugblatts gegen die Einberufungen während des Ersten Weltkriegs), *Frohwerk v United States*, 249 US 204 (1919) (Bestätigung einer Verurteilung wegen des Aufrufs zu illoyalem Verhalten in einem Zeitungsartikel) sowie *Debs v United States*, 249 US 211 (1919) (Bestätigung einer Verurteilung wegen des Aufrufs zur Insubordination und zu illoyalem Verhalten in einer politischen Rede).
3. Siehe zum Beispiel die Arbeiten von John R. Commons, *Legal Foundations of Capitalism* (1924), S. 296–298, erörtert bei Herbert Hovenkamp, *Enterprise and American Law, 1836–1937*, Cambridge, Mass., 1991, S. 235; siehe auch John R. Commons, *Institutional Economics: Its Place in Political Economy* (1934).
4. Ganz allgemein besagt der Gedanke, dass kleinste räumliche Korrekturen disziplinierende Wirkung haben und dass diese erzwungene Disziplin eine wichtige Regulierung darstellt. Solche Vorstellungen sind ein winziger Teil im Denken Michel Foucaults; siehe *Überwachen und Strafen. Die Geburt des Gefängnisses*, Frankfurt am Main 1976, S. 173–181; allerdings zieht sich dieser Gedanke durch sein gesamtes Werk. Davon spricht auch Oscar Grandy in seinem Buch *The Panoptic Sort: A Political Economy of Personal Information*, Boulder, Colo., 1993, S. 23. In allgemeiner Form findet sich die These, dass die Gefahren für die Freiheit sich nicht auf die Bedrohung durch den Staat beschränken, auch bei David Brin, *The Transparent Society*, a. a. O., S. 110.
5. Siehe zum Beispiel Tom J. Bartuska und Gerald L. Young (Hg.), *The Built Environment: A Creative Inquiry into Design and Planning*, Menlo Park, Calif., 1994; Mark Schuster u. a. (Hg.), *Preserving the Built Heritage: Tools for Implementation*, Hanover, N. H., 1997. In der Theorie des Designs entspricht der hier beschriebene Gedanke der Tradition von Andres Duany und Elizabeth Plater-Zyberk; siehe zum Beispiel William Lennertz, »Town-Making Fundamentals«, in: Andres Duany und Elizabeth Plater-Zyberk (Hg.), *Towns and Town-Making Prinicples*, New York 1991, S. 21: »Das Werk von … Duany und Plater-Zyverk beginnt mit der Erkenntnis, dass Design Verhalten beeinflusst. In ihren Augen besteht eine wechselseitige Abhängigkeit zwischen Struktur und Funktion von Gemeinschaften. Deshalb glauben sie, dass Designentscheidungen das Leben der Bewohner nicht nur visuell, sondern sehr viel tiefer durchdringen. Sie glauben, das Design strukturiert funktionale Beziehungen in quantitativer und in qualitativer Hinsicht und stellt ein vielseitiges Instrument dar, das sich keineswegs nur auf kosmetische Eingriffe beschränkt.«
6. Anderswo habe ich in diesem Zusammenhang von einer »Neuen Chicago-Schule« gesprochen; siehe Lawrence Lessig, »The New Chicago School«, *Journal of Legal*

Studies 27 (1998), S. 661. Diese Vorstellung bewegt sich im Rahmen eines Ansatzes, der staatliches Handeln aus der Sicht der eingesetzten Instrumente untersucht (siehe John de Monchaux und J. Mark Schuster, »Five Things to Do«, in: Schuster, *Preserving the Built Heritage*, a. a. O., S. 3), aber während Schuster fünf Instrumente beschreibt, begnüge ich mich mit vieren. Näheres dazu im Anhang zu diesem Buch.

7. Siehe allgemein Robert L. Rabin und Stephen D. Sugarman (Hg.), *Smoking Policy: Law, Politics, and Culture*, New York 1993; Lawrence Lessig, »The Regulation of Social Meaning«, *University of Chicago Law Review* 62 (1995), S. 943, 1025–1034; Cass R. Sunstein, »Social Norms and Social Roles«, *Columbia Law Review* 96 (1996), S. 903.
8. Natürlich werden diese Technologien ihrerseits vom Markt beeinflusst. Offensichtlich sind diese Zwänge nicht unabhängig voneinander, sondern beeinflussen sich wechselseitig in beträchtlichem Maße.
9. Die American Civil Liberties Union (ACLU) nennt zwölf Bundesstaaten, in denen von 1995 bis 1997 gesetzliche Regelungen für das Internet erlassen wurden; siehe http://www.aclu.org/issues/cyber/censor/stbills.html#bills.
10. Siehe zum Beispiel die Politik des Generalstaatsanwalts des Bundesstaates Minnesota zur Ausdehnung der Jurisdiktion auf Menschen außerhalb Minnesotas, die Bürgern von Minnesota Glücksspiele zugänglich machen; http://ag.state.mn.us/home/consumer/consumernews/OnlineScams/memo.html.
11. Siehe zum Beispiel *Playboy Enterprises v Chuckleberry Publishing, Inc.*, 939 FSupp 1032 (SDNY 1996); *United States v Thomas*, 74 F3d 1153 (6th Cir 1996); *United States v Miller*, 166 F3d 1153 (11th Cir 1999); *United States v Lorge*, 166 F3d 516 (2d Cir 1999); *United States v Whiting*, 165 F3d 631 (8th Cir 1999); *United States v Hibbler*, 159 F3d 233 (6th Cir 1998); *United States v Fellows*, 157 F3d 1197 (9th Cir 1998); *United States v Simpson*, 152 F3d 1241 (10th Cir 1998); *United States v Hall*, 142 F3d 988 (7th Cir 1998); *United States v Hockings*, 129 F3d 1069 (9th Cir 1997); *United States v Lacy*, 119 F3d 742 (9th Cir 1997); *United States v Smith*, 47 Mj 588 (CrimApp 1997); *United States v Ownby*, 926 FSupp 558 (WDVa 1996).
12. Siehe Julian Dibbell, »A Rape in Cyberspace«, a. a. O., S. 36.
13. Siehe zum Beispiel »AOL Still Suffering but Stock Price Rises«, *Network Briefing*, 31. Januar 1997; David S. Hilzenrath, »›Free‹ Enterprise, Online Style; AOL, CompuServe, and Prodigy Settle FTC Complaints«, *Washington Post*, 2. Mai 1997, S. G1; »America Online Plans Better Information About Price Changes«, *Wall Street Journal*, 29. Mai 1998, S. B2; siehe auch Swisher, *Aol.com*, a. a. O., S. 206 bis 208.
14. Im USENET können Beiträge anonym erfolgen; siehe Henry Spencer und David Lawrence, *Managing USENET*, Sebastopol, Calif., 1998, S. 366–367.
15. Über Webbrowser erhält man Zugang zu diesen Informationen, und zwar sowohl

in Echtzeit als auch über ein Cookie-Archiv; siehe http://www.cookiecentral.com/faq.html. Der Nutzer kann diese Möglichkeit aber auch abschalten.

16. PGP ist ein Verschlüsselungsprogramm, das es sowohl in einer kommerziellen als auch in einer kostenlosen Version gibt.
17. In manchen internationalen Zusammenhängen ist Verschlüsselung illegal; siehe Baker und Hurst, *The Limits of Trust*, a. a. O., S. 130–136.
18. Mitchell, *City of Bits*, a. a. O., S. 159.
19. Siehe Katsh, »Software Worlds and the First Amendment«, a. a. O., S. 335, 340. »Falls ein Vergleich mit der materiellen Welt gewünscht wird, könnte man sagen, der Softwaredesigner ist Architekt, Bauherr, Bauunternehmer und Innenarchitekt in einem.«
20. Siehe *Rummel v Estelle*, 445 US 263, 274 n.11 (1980).
21. Interessanterweise gilt das nicht für Architekten (ein weiterer Grund für die Annahme, dass die Zukunft des Regulierungsgedankens anderswo liegt). Ein Beispiel ist das Werk von John de Monchaux und J. Mark Schuster. In ihrem Aufsatz »Five Things to Do«, mit dem sie ihre Sammlung *Preserving the Built Heritage*, a. a. O., einleiten, nennen sie »fünf und nur fünf Dinge, die der Staat tun kann – fünf Instrumente, die er einsetzen kann« (S. 4–5), um seine Politik durchzusetzen: selbst als Besitzer und Bauherr fungieren, Regelungen (für Einzelne oder Institutionen) erlassen, Anreize schaffen, an Eigentumsrechten ansetzen und informieren. Diese fünf Instrumente decken sich in komplexer Weise mit der von mir beschriebenen Struktur, aber offensichtlich teilen wir die Auffassung, wonach Regulierung auf einem ständigen Kompromiss zwischen diesen Instrumenten basiert.
22. Siehe zum Beispiel James C. Carter, *The Provinces of the Written and the Unwritten Law*, New York 1889; dort heißt es, das Privatrecht lasse sich nicht ändern (S. 38–41).
23. Siehe zum Beispiel die Ausführungen über die Lohnfondstheorie in: Hovenkamp, *Enterprise and American Law*, a. a. O., S. 193–196.
24. Zur These, wonach der Gedanke, die Umwelt lasse sich beliebig für produktive Zwecke umgestalten, inzwischen als veraltet gelten muss, siehe die faszinierende Darstellung bei John M. Barry, *Rising Tide: The Great Mississippi Flood of 1927 and How It Changed America*, New York 1997.
25. Roberto Unger (*Social Theory*, a. a. O., S. 1) schreibt dazu: »Die moderne Auffassung von Gesellschaft basiert auf dem Gedanken, dass die Gesellschaft ein Produkt des Menschen und nicht Ausdruck einer natürlichen Ordnung sei.«
26. Der »freie Markt« war die obsessive Idee der Realisten, vor allem Robert Hales; siehe Barbara Fried, *The Progressive Assault on Laissez-Faire: Robert Hale and the First Law and Economics Movement*, Cambridge, Mass., 1998, S. 2–3: »Das Wirtschaftsleben basierte wie Clarks Moralmarkt auf einem bestimmten Eigentums- und Vertragsrecht, das weder spontan entstanden war noch sich selbst geschaffen hatte, sondern eine positive Schöpfung des Staates darstellte.« Für eine moderne Dar-

stellung siehe Cass R. Sunstein, *The Partial Constitution*, Cambridge, Mass., 1993, S. 51–53.

27. Americans with Disabilities Act (ADA) of 1990, 42 USC §§ 12101 et seq. (1994).
28. Siehe Alain Plessis, *The Rise and Fall of the Second Empire, 1852–1871*, New York 1985, S. 121; Artikel »Haussmann, Georges-Eugène Baron« in *Encyclopedia Britannica*, 5. Aufl., Bd. 5, 1992. Steven Johnson kritisiert andere Aspekte der Veränderung in *Interface Culture*, a. a. O., S. 63–64.
29. Siehe Robert A. Caro, *The Power Broker: Robert Moses and the Fall of New York*, New York 1974, S. 318.
30. Brin, *The Transparent Society*, a. a. O., S. 293.
31. Man denke an die Bürgerrechte in den amerikanischen Südstaaten. Während der Anhörungen zum Civil Rights Act von 1964 ließen Befürworter des Gesetzes weiße Unternehmer und Geschäftsinhaber aus dem Süden, gegen deren Diskriminierung schwarzer Mitbürger das Gesetz sich in erster Linie richtete, vor den Ausschuss laden. Einige dieser Unternehmer unterstützten das Gesetz, weil es der Wirtschaft nütze; das Arbeitskräftepotenzial wachse, die Löhne sänken und die Nachfrage stiege – solange die Weißen ihre Gewohnheiten nicht änderten. Um diesen letzten Punkt ging es den Befürwortern des Bürgerrechtsgesetzes unter den Unternehmern. Sie fürchteten, die Weißen könnten sich rächen, wenn sie sich freiwillig um eine Integration bemühten. Das Bürgerrechtsgesetz veränderte den Kontext und machte die Diskriminierung der Schwarzen illegal. Danach konnten die weißen Unternehmer und Geschäftsleute entweder aus Überzeugung oder aus Achtung vor dem Gesetz Schwarze einstellen und an Schwarze verkaufen, ohne die Rache der Weißen fürchten zu müssen. Durch die Schaffung dieser Mehrdeutigkeit reduzierte das Gesetz die symbolischen Kosten der Einstellung von Schwarzen. Dieses Beispiel zeigt, dass Gesetze Normen auch dann verändern können, wenn der Staat keinen direkten Einfluss auf die Normen hat. In diesem Falle veränderte man die Norm der Achtung vor den Schwarzen, indem man ihr eine zweite Bedeutung hinzufügte – die Norm des bloßen Respekts vor dem Gesetz; siehe Lessig, »The Regulation of Social Meaning«, a. a. O., S. 965–967.
32. Thurgood Marshall, Esq., mündlicher Vortrag, *Cooper v Aaron*, 358 US 1 (1958) (no. 1), in: Philip B. Kurland und Gerhard Casper (Hg.), *Fifty-four Landmark Briefs and Arguments of the Supreme Court of the United States: Constitutional Law*, Washington, D. C., 1975, S. 533, 713.
33. Siehe zum Beispiel Dyson, *Release 2.0*, a. a. O., S. 43: »Der Staat kann Gemeinschaften zersetzen. Je mehr Aufgaben der Staat übernimmt, desto weniger tragen oft die Mitglieder der Gemeinschaft bei.« Auch Eric A. Posner meint, staatliche Hilfe für eine Gemeinschaft könne dieser schaden; siehe »The Regulation of Groups: The Influence of Legal and Nonlegal Sanctions on Collective Action«, *University of Chicago Law Review* 63 (1996), S. 133.
34. Cass Sunstein sieht im Gurtgesetz ein Beispiel für eine »staatliche Regulierung,

die es den Menschen ermöglicht, Präferenzen zu äußern und dabei das Gesetz als Schutzschild gegen die Gefahr zu benutzen, dass private Akteure den Ausdruck dieser Präferenzen [durch normative Zensur] stören«; »Legal Interference with Private Preferences«, *University of Chicago Law Review* 53 (1986), S. 1129, 1145. Andererseits hat man mit den Erfahrungen aus Gurtgesetzen auch die These begründet, dass die Stützung von Normen unwirksam und kein Ersatz für direkte gesetzliche Eingriffe sei; siehe Robert S. Alder und R. David Pittle, »Cajolery or Command: Are Education Campaigns an Adequate Substitute for Regulation?«, *Yale Journal on Regulation* 1 (1984), S. 159, 171–178. Diese Interpretation der Erfahrungen mag jedoch verfrüht gewesen sein. Mit Blick auf die normative Bedeutung des Fernsehens meint John C. Wright: »Wir haben den Kampf um die Sicherheitsgurte gewonnen, weil ein paar Leute zusammengekommen sind und gesagt haben: ›Es ist männlich, den Sicherheitsgurt anzulegen. Es ist männlich und vernünftig, und es ist weiblich und vernünftig und klug und attraktiv, den Sicherheitsgurt anzulegen‹.« Charles W. Gusewelle u. a., »Round Table Discussion: Violence in the Media«, *Kansas Journal of Law and Public Policy* 4 (1995), S. 39, 47.

35. Diese Analyse ist zum Teil angeregt worden von Minow, *Making All the Difference: Inclusion, Exclusion and American Law*, 1990.
36. Siehe Tracey L. Meares, »Social Organization and Drug Law Enforcement«, *American Criminal Law Review* 35 (1998), S. 191.
37. Eric Posner (»The Regulation of Groups«, a. a. O.) verweist auf Zusammenhänge, in denen staatliches Handeln diese Wirkung haben könnte.
38. Siehe Tracey L. Meares, »Charting Race and Class Differences in Attitudes Toward Drug Legalization and Law Enforcement: Lessons for Federal Criminal Law«, *Buffalo Criminal Law Review* 1 (1997), S. 137.
39. Mitte der siebziger Jahre förderte die amerikanische Regierung eine Aktion, bei der Marihuanafelder in Mexiko mit dem Pflanzenschutzmittel Paraquat gespritzt wurden, das beim Menschen Lungenschäden hervorruft. Das führte zu heftigen öffentlichen Protesten, die den Kongress 1978 veranlassten, die Finanzierung auszusetzen. Auf Grund eines Zusatzgesetzes von 1981 wurde die Aktion jedoch in den achtziger Jahren auf amerikanischen Marihuanafeldern fortgesetzt. Allgemein nimmt man an, dass die öffentliche Aufmerksamkeit für die Aktion in Mexiko dem amerikanischen Marihuanaanbau einen Boom bescherte und in den achtziger Jahren auch den Kokainkonsum förderte. Siehe allgemein Michael Isikoff, »DEA Finds Herbicides in Marijuana Samples«, *Washington Post*, 26. Juli 1989, S. 17. Einen Überblick über die Geschichte dieser Gesetze zum Einsatz des Pflanzenschutzmittels gibt Sandi R. Murphy, »Drug Diplomacy and the Supply-Side Strategy: A Survey of United States Practice«, *Vanderbilt Law Review* 43 (1990), S. 1259, 1275, Anm. 99; siehe auch »A Cure Worse Than the Desease?«, *Time*, 29. August 1983, S. 20.

40. *Roe v Wade*, 410 US 113 (1973).
41. *Rust v. Sullivan*, 500 US 173 (1991).
42. *Maher v Roe*, 432 US 464 (1977).
43. *Hodgson v Minnesota*, 497 US 417 (1990).
44. Die Unterscheidung zwischen »direkter« und »indirekter« Regulierung kann natürlich auf eine lange, problembeladene Geschichte in Philosophie und Rechtstheorie zurückblicken. Judith J. Thomson beschreibt diese Unterscheidung anhand des Unterschieds zwischen dem Straßenbahnfahrer, der einen Menschen überfahren muss, um fünf zu retten, und dem Chirurgen, der einem gesunden Menschen nicht die Organe entnehmen darf, mit denen er fünf Sterbende retten könnte; siehe »The Trolley Problem«, *Yale Law Journal* 94 (1985), S. 1395–1396. Man bezeichnet diesen Gedankengang auch als »Lehre vom Doppeleffekt«; siehe Philippa Foot, »The Problem of Abortion and the Doctrine of the Double Effect«, in: dies., *Virtues and Vices and Other Essays in Moral Philosophy*, Berkeley 1978, S. 19. Siehe auch Thomas J. Bole III, »The Doctrine of Double Effect: Its Philosophical Viability«, *Southwest Philosophical Review* (1991), S. 91; Frances M. Kamm, »The Doctrine of Double Effect: Reflections on Theoretical and Practical Issues«, *Journal of Medicine and Philosophy* 16 (1991), S. 571; Warren Quinn, »Actions, Intentions, and Consequences: The Doctrine of the Double Effect«, *Philosophy and Public Affairs* 18 (1989), S. 334. Das Problem entsteht in diesen Fällen dann, wenn eine Grenze gezogen werden muss, aber ich brauche hier keine Grenze zu ziehen.
45. Richard Craswell nennt weitere Beispiele: Der Staat könnte (a) Produktqualität und Sicherheit direkt regulieren oder (b) Informationen über Qualität und Sicherheit der verschiedenen Produkte veröffentlichen, so dass die Hersteller einen Anreiz hätten, in einen Wettbewerb hinsichtlich dieser Faktoren zu treten. Der Staat könnte (a) ein bestehendes Monopol dulden und die Preise des Monopolisten direkt regulieren oder (b) das Monopol zerschlagen und hoffen, dass der Wettbewerb für die gewünschte Preisstruktur sorgt. Er könnte (a) von Unternehmen direkt verlangen, bestimmte Dinge zu tun, die im öffentlichen Interesse liegen, oder (b) verordnen, dass in den Aufsichtsräten eine bestimmte Zahl »unabhängiger« Persönlichkeiten sitzen muss, in der Hoffnung, die Unternehmen würden ihr Handeln dann selbst stärker an öffentlichen Interessen ausrichten.
46. Siehe *New York v United States*, 505 US 144 (1992).
47. Aida Torres, »The Effects of Federal Funding Cuts on Family Planning Services, 1980–1983«, *Family Planning Perspectives* 16 (1984), S. 134–136.
48. *Rust v Sullivan*, USNY (1990) WL 505726, reply brief, *7: »Der Arzt darf der Patientin nichts über die medizinische Sicherheit, die rechtliche Zulässigkeit oder die medizinische Indiziertheit im Blick auf die Gesundheit der Patientin sagen.«
49. Siehe *Madsen v Women's Health Center, Inc.*, 512 US 753, 785 (1994) (Richter An-

tonin Scalia schloss sich in Teilen der Mehrheitsmeinung an und äußerte in Teilen eine abweichende Meinung: »Die heutige Entscheidung ... macht auf schmerzliche Weise deutlich, dass keine rechtliche Regel oder Lehre vor der augenblicklichen Aufhebung durch dieses Gericht sicher ist, falls sie in einem Fall Anwendung finden soll, bei dem es um die staatliche Regulierung der Abtreibung geht«; zitiert nach *Thornburgh v American College of Obstetricians and Gynecologists*, 476 US 747, 814 (1986) (mit der abweichenden Meinung der Richterin Sandra Day O'Connor).

50. *Shelley v Kraemer*, 334 US 1 (1948).

51. Siehe Herman H. Long und Charles S. Johnson, *People Versus Property: Race-Restrictive Covenants in Housing*, Nashville 1947, S. 32–33. Douglas S. Massey und Nancy A. Denton verweisen auf einen 1924 in den Ehrenkodex der National Association of Real Estate Brokers aufgenommenen Passus, wonach »ein Grundstücksmakler niemals behilflich sein darf ..., Angehörige einer Rasse oder einer Nationalität in ein Gebiet zu holen ..., die den Wert der Grundstücke in diesem Gebiet beeinträchtigen«; zitiert nach Rose Helper, *Racial Policies and Practices of Real Estate Brokers*, 1969, S. 201. Wie sie berichten, trat die Fair Housing Authority noch bis 1950 für Klauseln ein, die den Verkauf von Liegenschaften auf Mitglieder bestimmter Rassen einschränkten; Verweis auf Kenneth T. Jackson, *Crabgrass Frontier: the Suburbanization of the United States*, 1985, S. 208, in: Douglas S. Massey und Nancy A Denton, *American Apartheid: Segregation and the Making of the Under Class*, Cambridge, Mass., 1993, S. 37, 54.

52. Siehe Massey und Denton, *American Apartheid*, a. a. O.

53. Michael Froomkin nennt als weiteres Beispiel die Regulierungen im Zusammenhang mit dem Clipper-Chip. Da die Bundesregierung die Standards für staatliche Einkäufe bestimmt, konnte sie versuchen, ohne den Administrative Prodedure Act einen Verschlüsselungsstandard durchzusetzen: »Der Clipper-Strategie lag ein bürokratischer Geniestreich zu Grunde. Der Kongress hatte der Exekutive nicht das Recht gegeben, die private Verwendung von Verschlüsselungsprogrammen zu kontrollieren, und er hat es bis heute nicht getan. Der Kongress hat der Exekutive nicht einmal das Recht zugestanden, ein System zur Ermittlung von Schlüsseln aufzubauen. Da der Staat keine rechtliche Möglichkeit besaß, die Verwendung solcher Verschlüsselungsprogramme zur Pflicht zu machen, kamen die Befürworter der Clipper-Technologie auf den Gedanken, die Stellung des Staates als größter Nachfrager von Verschlüsselungssoftware zu nutzen, um den Markt zu beeinflussen. Wenn der Staat die Privaten schon nicht zwingen konnte, auf unerwünschte Produkte zu verzichten, konnte er immer noch versuchen, einen Standard durchzusetzen, indem er nur Produkte kaufte und einsetzte, die mit einer Möglichkeit zur Ermittlung des Schlüssels versehen waren«; »It Came From Planet Clipper«, a. a. O., S. 15, 24, 1–33.

54. Siehe http://www.thestandard.com/article/0,1902,4165,00.html.

55. Siehe »Legal Eagle« (Briefe an die Redaktion), *The Industry Standard*, 26. April 1999 (Hervorhebungen von mir) unter http://www.thestandard.com/article/0,1902,4306,00.html.

8. Grenzen des offenen Codes

1. Ich möchte mich gerne aus einer heftigen Diskussion um die Frage heraushalten, ob man von einer Bewegung für freie oder eher für offene Software oder für etwas ganz anderes sprechen sollte. Die Realität ist wichtiger als die Bezeichnung. Die Aktivisten werden herausarbeiten, wie man diese Tradition am besten benennt. Für mich ist wichtig, die Folgen dieses Kampfes zu verstehen.
2. Unter einem »geschlossenen« Code verstehe ich nichts Konspiratives, sondern lediglich einen Code, dessen Quelle nicht offen gelegt wird. Der Hersteller eines Programms mag viele Gründe haben, warum er den Quellcode verbirgt – ökonomische Gründe, Sicherheitserwägungen, Verlegenheit. Entscheidend an meiner Argumentation ist der Umstand, dass ein (aus welchen Gründen auch immer) geschlossener Code nicht so leicht verändert werden kann wie ein offener.
3. Hunt, *TCP/IP: Network Administration*, a. a. O., S. 1–22, 6, 8; Loshin, *TCP/IP: Clearly Explained*, a. a. O., S. 13–17.
4. Es gibt kein Standardreferenzmodell für die TCP/IP-Schichten. Hunt bezeichnet die vier Schichten als »Netzzugangsschicht«, »Internetschicht«, »Host-zu-Host-Transportschicht« und »Anwendungsschicht«; *TCP/IP: Network Administration*, a. a. O., S. 9. Loshin benutzt die Terminologie, der ich auch im Text folge; *TCP/IP: Clearly Explained*, a. a. O, S. 13–17. Trotz unterschiedlicher Bezeichnungen sind die Funktionen in den verschiedenen Schichten dieselben. Wie bei jedem Protokollstapelmodell werden die Daten »im Stapel nach unten gereicht, wenn sie in das Netz eingegeben werden, und im Stapel nach oben gereicht, wenn sie dem Netz entnommen werden«. Jede Schicht »besitzt ihre eigenen Datenstrukturen«, wobei jede einzelne Schicht »nicht weiß, welche Datenstrukturen die anderen Schichten verwenden«; siehe Hunt, *TCP/IP: Network Administration*, a. a. O., S. 9.
5. Loshin, *TCP/IP: Clearly Explained*, a. a. O., S. 18.
6. Hafner und Lyon schreiben dazu: »Nach allgemeiner Auffassung war jedes Protokoll ein potenzieller Baustein, so dass der beste Ansatz darin bestand, einfache Protokolle mit begrenzter Reichweite zu definieren, in der Hoffnung, dass sie eines Tages auf bislang nicht vorauszusehende Weise zusammengefügt oder verändert würden. Die von der NWG [Network Working Group] verwendeten Grundsätze des Protokolldesigns bereiteten den Weg für den später weithin akzeptierten Schichtenansatz«; *Where Wizards Stay Up Late*, a. a. O., S. 147.
7. Die Auseinandersetzungen um die Verschlüsselung in der Bitübertragungsschicht sind Auseinandersetzungen um TCP/IP-Protokolle. Einige Vertreter der Netzwerkindustrie haben vorgeschlagen, die Verschlüsselung an den Gateways vorzu-

nehmen, mit einer Möglichkeit, offenen Text dort zu lagern, falls man gesetzlich dazu gezwungen wird – gleichsam eine »private Türklingel« zur Lösung des Verschlüsselungsstreits. Dagegen wandte sich das Internet Architectural Board (IAB), weil diese Lösung nicht mit der Endpunkt-zu-Endpunkt-Architektur des Netzes vereinbar sei.

8. Siehe John C. Morley und Stan S. Gelber, *The Emerging Digital Future: An Overview of Broadband and Multimedia Networks*, Danvers, Mass., 1996; Jerome H. Saltzer u. a., »End-to-End Arguments in System Design«, in: Amit Bhargava (Hg.), *Integrated Broadband Networks*, New York 1991, S. 30.
9. Siehe Timothy Wu, »*Internet v Application*: An Introduction to Application-Centered Internet Analysis«, *Virginia Law Review* 86 (1999).
10. Siehe Hafner und Lyon, *Where Wizards Stay Up Late*, a. a. O., S. 174.
11. Ein HTML-Handbuch aus dem Jahr 1994 nennt 29 verschiedene Browser; siehe Larry Aronson, *HTML Manual of Style*, Emeryville, Calif., 1994, S. 124–126.
12. Siehe ebenda, S. 4.
13. Natürlich nicht immer. Als man anfing, Computer auf kommerzieller Basis zu bauen, war die Software oft eine kostenlose Zugabe. Ihre kommerzielle Nutzung als Eigentum kam erst später; siehe Ira V. Heffan, »Copyleft: Licensing Collaborative Works in the Digital Age«, *Stanford Law Review* 49 (1997), S. 1487, 1492 bis 1493.
14. Der Communicator von Netscape ist eine Ausnahme. 1998 übergab Netscape den Quellcode (bis auf einige Verschlüsselungsmodule) an Mozilla, das das Programm im Rahmen der Open-Source-Bewegung weiterentwickeln sollte. Siehe dazu die Diskussion bei Robert W. Gomulkiewicz, »The License Is the Product: Comments on the Promise of Article 2B for Software and Information Licensing«, *Berkeley Technology Law Journal* 13 (1998), S. 891, 924.
15. Siehe Amy Harmon, »The Rebel Code«, *New York Times Magazine*, 21. Februar 1999, S. 34.
16. Als Linux entwickelt wurde, lehnte man in der Computerwissenschaft hauptsächlich monolithische Betriebssysteme mit einem einzigen Kern ab und befürwortete Systeme, die auf einem »Mikrokern« basierten. Das Mikrokernsystem MINIX war damals der wichtigste Wettbewerber. Torvalds verwarf dieses »moderne« Denken ganz bewusst und entschied sich bei Linux für ein traditionelles Modell; siehe »The Tannenbaum-Torvalds Debate«, in: Chris DiBona (Hg.), *Open Sources: Voices from the Open Source Revolution*, Sebastopol, Calif., 1999, S. 221–252.
17. Technisch gesehen, befindet sich der Code nicht im Gemeineigentum. Der Code der Open-Source-Projekte ist lizensiert. GNU/Linux zum Beispiel ist nach GNU GPL lizensiert. Das beschränkt den Gebrauch, den man von Linux machen kann; insbesondere darf man den öffentlichen Teil nicht schließen und auch nicht in einen geschlossenen Teil integrieren; siehe Bruce Perens, »The Open Source Definition«, in: DiBona (Hg.), *Open Sources*, a. a. O., S. 181–182. Für die zukünftige

Entwicklung offener Software ist der Code jedoch Gemeineigentum. Zur Idee und zu den Werten des Gemeineigentums siehe zum Beispiel Michael A. Heller, »The Tragedy of the Anticommons: Property in the Transition from Marx to Markets«, *Harvard Law Review* 111 (1998), S. 621; Stephen M. McJohn, »Fair Use and Privatization in Copyright«, *San Diego Law Review* 35 (1998), S. 61; Mark A. Lemley, »The Economics of Improvement in Intellectual Property Law«, *Texas Law Review* 75 (1997), S. 989; ders., »Romantic Authorship and the Rhetoric of Property«, *Texas Law Review* 75 (1997), S. 873; Jessica Litman, »The Public Domain«, *Emory Law Journal* 39 (1990), S. 965; Carol M. Rose, »The Several Futures of Property: Of Cyberspace and Folk Tales, Emission Trades and Ecosystems«, *Minnesota Law Review* 83 (1998), S. 129.

18. Siehe zum Beispiel Stephen Shankland, »Big Blue Gives Green Light to Linux«, *CNET News.com*, 16. Februar 1999, unter http://www.news.com/News/Item/0,4,32563,00.html; Stephen Shankland, »Big Blue Latches onto Linux«, *CNET News.com*, 18. Februar 1999, unter http://www.news.com/News/Item/0,4,32563,00.html.
19. Peter Harter, »The Legal and Policy Framework for Global Electronic Commerce«, Kommentar während der Berkeley Center for Law and Technology Conference am 5.–6. März 1999.
20. Wie ich im sechzehnten Kapitel noch näher darlege, leistete ein transparenter modularer Code das Gleiche wie ein offener Code. Also könnte man auch mit einem geschlossenen Code die Zielsetzungen eines offenen Codes verwirklichen.

9. Übersetzung

1. Richter Holmes nannte das Abhören von Telefonen ein »schmutziges Geschäft«; *Olmstead v United States*, 277 US 438, 470 (1928) (abweichende Meinung von Richter Oliver Wendell Holmes jr.).
2. Ebenda, 457 (Vorsitzender Richter William H. Taft: Die durch Anzapfen der Telefonleitungen erfolgte Beschaffung der Beweismittel war nicht mit einer Besitzstörung verbunden und verstieß daher nicht gegen den vierten Verfassungszusatz).
3. Ebenda, 471 (abweichende Meinung von Richter Brandeis; die Richter Holmes, Stone und Butler formulierten gleichfalls abweichende Meinungen).
4. Es gibt eine umfangreiche Debatte über den ursprünglichen Sinn des vierten Verfassungszusatzes und seine moderne Auslegung. Zu den beiden Lagern siehe Akhil Reed Amar, »Fourth Amendment First Principles«, *Harvard Law Review* 107 (1994), S. 757; Tracey Maclin, »The Complexity of the Fourth Amendment: A Historical Review«, *Boston University Law Review* 77 (1997), S. 925 (eine Kritik an Amars Argumentation).

5. Siehe *California v Acevedo*, 500 US 565, 582 (1991) (Richter Antonin Scalia erklärt, das Erfordernis eines Durchsuchungsbefehls sei von zahlreichen Ausnahmen durchlöchert).
6. Siehe Bradford P. Wilson, »The Fourth Amendment as More Than a Form of Words: The View from the Founding«, in: Eugene W. Hickok jr. (Hg), *The Bill of Rights: Original Meaning and Current Understanding*, Charlottesville 1991, S. 151, 156–157. Es ist schon häufig darauf hingewiesen worden, dass es damals keine »Polizei« in unserem heutigen Sinne gab. Die moderne Polizei ist eine Schöpfung des neunzehnten Jahrhunderts; siehe Carol S. Steiker, »Second Thoughts About First Principles«, *Harvard Law Review* 107 (1994), S. 820, 830–834; Stuntz, »The Substantive Origins of Criminal Procedure«, a. a. O.
7. Siehe Amar, »Fourth Amendment First Principles«, a. a. O., S. 767; Stuntz, »The Substantive Origin of Criminal Procedure«, a. a. O., S. 400.
8. Wie Professor William Stuntz überzeugend darlegt, besteht bei Durchsuchungsbefehlen die Gefahr, dass die Richter lax werden und die Produkte ihrer Arbeit (die Durchsuchungsbefehle) in nachfolgenden Verfahren große Bedeutung erlangen; »Warrants and Fourth Amendment Remedies«, *Virginia Law Review* 77 (1991), S. 881, 893.
9. Siehe Stuntz, »The Substantive Origins of Criminal Procedure«, a. a. O., S. 396 bis 406.
10. Siehe *United States v Virginia*, 518 US 515, 566–567 (1996) (mit der abweichenden Meinung von Richter Antonin Scalia: »Sie waren engstirnig ... wie jede Zeit ... im Blick auf Dinge, die sie nicht sehen kann, weil sie sie einfach nicht für debattierbar hält«).
11. Siehe Lawrence Lessig, »Fidelity in Translation«, *Texas Law Review* 71 (1993), S. 1165, 1230.
12. *Olmstead v United States*, 277 US 438, 470 (1928), S. 464–465.
13. Ebenda, Zusammenfassung für die Pacific Telephone & Telegraph Company (Nr. 493, 532, 533).
14. Ebenda, 473 (abweichende Meinung von Richter Louis Brandeis).
15. Brandeis verwendet zwar nicht den Ausdruck »Übersetzung«, aber die Gerichte verwenden ihn. Am besten kommt der Gedanke bei Richter Robert H. Jackson im Fall *West Virginia State Board of Education v Barnette*, 319 US 624, 639–640 (1943) zum Ausdruck: »Unsere Pflicht, die Bill of Rights auf die Ausübung staatlicher Autorität anzuwenden, hängt nicht davon ab, dass wir eine besondere Kompetenz auf dem Gebiet besäßen, auf dem der Eingriff in die Rechte erfolgt. Gewiss mag man verzagen angesichts der Aufgabe, die majestätische Allgemeinheit der Bill of Rights als Teil des liberalen Staates des achtzehnten Jahrhunderts in konkrete Beschränkungen zu übersetzen, die dem Staat beim Umgang mit den Problemen des zwanzigsten Jahrhunderts gesetzt sind. Diese Grundsätze wuchsen auf demselben Boden wie die Philosophie, wonach das Individuum im Mittelpunkt

der Gesellschaft stehe, seine Freiheit durch die bloße Abwesenheit staatlicher Zwänge erreichbar sei und der Staat nur eine geringe Kontrolle und das Recht auf die denkbar mildeste Aufsicht über die Angelegenheiten der Menschen erhalten solle. Wir müssen diese Rechte in einen Boden verpflanzen, in dem das Konzept des *Laissez-faire* und das Prinzip der Nichteinmischung zumindest für den Bereich der Ökonomie kaum noch Geltung haben und sozialer Fortschritt zunehmend durch eine engere Verbindung mit der Gesellschaft und verstärkte staatliche Kontrolle angestrebt wird. Durch diese veränderten Bedingungen verlieren Präzedenzfälle an Verlässlichkeit, und wir sind immer häufiger gezwungen, nach unserem eigenen Urteil zu entscheiden. Doch wir handeln auf diesem Gebiet nicht auf Grund unserer Kompetenz, sondern auf Grund unseres Auftrags. Wir können nicht unter Hinweis auf unsere bescheidene Kompetenz auf speziellen Gebieten wie dem Erziehungswesen das Urteil versagen, das die Geschichte diesem Gerichtshof zur Aufgabe gemacht hat, wenn die Freiheit bedroht ist.«

16. Siehe Robert Post, *Constitutional Domains: Democracy, Community, Management*, Cambridge, Mass., 1995, S. 60–64.
17. Siehe Lessig, »Fidelity in Translation«, a. a. O., S. 1214–1268; ders., »Translating Federalism: *United States v Lopez*«, *Supreme Court Review* 1995 (1995), S. 125, 146. Eine genauere Analyse des Einflusses veränderter Technologien im Bereich der Telekommunikation auf Legislative und Judikative findet sich bei Monroe E. Price und John E. Duffy, »Technological Change and Doctrinal Persistence: Telecommunications Reform in Congress and the Court«, *Columbia Law Review* 97 (1997), S. 976.
18. So sind die Übersetzungen zur Stützung des Föderalismus Übersetzungen auf Seiten der Rechten, während die Übersetzungen zur Stützung des Strafrechts Übersetzungen auf Seiten der Linken sind.
19. *Katz v United States*, 389 US 347, 353 (1967).
20. Laurence H. Tribe, »The Constitution in Cyberspace: Law and Liberty Beyond the Electronic Frontier«, Vortrag auf der First Conference on Computers, Freedom, and Privacy, am 26. März 1991; abgedruckt in *The Humanist* (September–Oktober 1991), S. 15, 20–21.
21. *Katz v United States*, 389 US 347, 351 (1967).
22. Wie die Geschichte des im vierten Verfassungszusatz garantierten Schutzes der Privatsphäre nach *Katz* zeigt, ist die von Stewart verwendete Technik letztlich sehr ineffektiv. In der Bindung an den Eigentumsbegriff war die Reichweite des Verfassungszusatzes ohne Zweifel sehr begrenzt, aber immerhin reichte sein Einfluss so weit wie das Eigentum. Da das Eigentum gegenüber Fragen der Privatsphäre ein eigenständiges Rechtskorpus darstellt, war es flexibel gegenüber dem Druck, den der Schutz der Privatsphäre auf es ausübte. Doch als der Supreme Court den Test des »vernünftigerweise erwartbaren Schutzes der Privatsphäre« eingeführt hatte, konnte das Gericht diese »vernünftigen Erwartungen« später auf

den Kontext des vierten Verfassungszusatzes beschränken. Die Folge war ein immer schwächerer Schutz der Privatsphäre.

23. Siehe Lessig, »Translating Federalism«, a. a. O., S. 206–211.
24. Tribe, »The Constitution in Cyberspace«, a. a. O., S. 15.
25. Siehe Lawrence Lessig, »Reading the Constitution in Cyberspace«, *Emory Law Journal* 45 (1996), S. 869, 872.
26. Das Beispiel stammt aus *Maryland v Craig*, 497 US 836 (1990).
27. Siehe Tribe, »The Constitution in Cyberspace«, a. a. O., S. 15.
28. »Eine latente Mehrdeutigkeit entsteht aus fremden oder nebenständigen Tatsachen, die den Sinn eines schriftlichen Instruments ungewiss machen, obwohl die Sprache klar und eindeutig ist. Am häufigsten treten latente Mehrdeutigkeiten auf, wenn der Text sich auf eine bestimmte Person oder Sache bezieht und von daher ganz klar erscheint, während bei der Anwendung auf ein äußeres Objekt deutlich wird, dass er zu zwei oder mehreren Objekten passt«; Walter H. E. Jaeger (Hg.), *Williston on Contracts*, 3. Aufl., Mount Kisco, N. Y., 1957, § 627, 898.
29. Siehe *United States v Virginia*, 518 US 515, 566–567 (1996) (abweichende Meinung von Richter Antonin Scalia).
30. Siehe Bernard Williams, »The Realtions of Philosophy to the Professions and Public Life«, unveröffentlichtes Manuskript.

10. *Geistiges Eigentum*

1. Harold Smith Reeves, »Property in Cyberspace«, *University of Chicago Law Review* 63 (1996), S. 761.
2. Letztlich lautete sein Schluss nicht so. Vielmehr sagte Reeves nicht, dass Grenzen im Cyberspace nicht geschützt werden sollten, aber der unkonventionelle Charakter des Cyberspace verlange, dass Grenzen entlang nichttraditioneller kontextspezifischer Linien gezogen würden. Dieser Schluss verlange wiederum, so Reeves, dass das Recht sowohl die Umwelt des Cyberspace als auch die Interessen der in diesem Raum Agierenden verstehen müsse; siehe ebenda, S. 799.
3. Vgl. Yochai Benkler, »Free as the Air to Common Use: First Amendment Constraints on Enclosure of the Public Domain«, *New York University Law Review* 74 (1999), S. 354.
4. Maureen O'Rourke hat die Idee der technischen Zäune im Cyberspace weiterentwickelt und beschreibt Techniken, die Websites einsetzen können, um unerwünschte Links zu anderen Sites zu kontrollieren oder zu verhindern; siehe »Fencing Cyberspace: Drawing Borders in a Virtual World«, *Minnesota Law Review* 82 (1998), S. 610, 645–547.
5. Siehe zum Beispiel Stephen Breyer, »The Uneasy Case for Copyright: A Study of Copyright in Books, Photocopies, and Computer Programs«, *Harvard Law Review* 84 (1970), S. 281.

6. Das Urheberrecht verleiht auch andere Rechte, etwa die alleinige Bestimmung über Veränderungen der Sache. Zur Einführung in das amerikanische Copyright siehe William F. Patry, *Latman's The Copyright Law*, 6. Ausg., Washington, D. C., 1986. Sehr gut ist auch James Boyle, »Intellectual Property Policy Online: A Young Person's Guide«, *Harvard Journal of Law and Technology* 10 (1996), S. 47.
7. Siehe Richard A. Posner, *Law and Literature*, 2. Aufl., Cambridge, Mass., 1998, S. 389–392 (über Anreize und Motive, auch ohne Urheberrecht zu schreiben).
8. Die eigentliche Beschränkung der Veröffentlichung bestand anfangs nicht im Druck, sondern im Papier. Vor der Erfindung des Holzpapiers wurde Papier aus Lumpen hergestellt, und die waren extrem teuer. Nach einem hartnäckigen Mythos stammten solche Lumpen unter anderem von ägyptischen Mumien; siehe Scott D. N. Cook, »Technological Revolutions and the Gutenberg Myth«, in: Mark Stefik (Hg.), *Internet Dreams: Archetypes, Myths, and Metaphors*, 1996, S. 75; für diese Behauptung gibt es aber keinerlei Belege. Siehe Joseph A. Dane, »The Curse of the Mummy Paper«, *Printing History* 17 (1996), S. 18. Der Papiermangel ist dagegen eine gesicherte Tatsache (ebenda, S. 18–19). Ich danke Consuele Dutschke für ihre Hilfe bei diesen historischen Erkundungen.
9. Für eine vollständige und lesbare Darstellung dieser technologischen Veränderungen und der rechtlichen Reaktionen darauf siehe Paul Goldstein, *Copyright's Highway: The Law and Lore of Copyright from Gutenberg to the Celestial Jukebox*, New York 1994.
10. Siehe *Sony Corporation of America v Universal City Studios, Inc.*, 464 US 417, 421 (1984); dort wird »zeitverzögertes Sehen« definiert als Aufzeichnung einer Sendung zu einem Zeitpunkt, zu dem man sie sich nicht ansehen kann, um sie sich zu einem späteren Zeitpunkt ein Mal anzuschauen. Diese Praxis wird als fairer Gebrauch eines urheberrechtlich geschützten Werkes eingestuft, für den der Inhaber des Urheberrechts keinen Ausgleich verlangen könne.
11. Siehe Jonathan Evan Goldberg, »Now That the Future Has Arrived, Maybe the Law Should Take a Look: Multimedia Technology and Its Interaction with the Fair Use Doctrine«, *American University Law Review* 44 (1995), S. 919; Mary L. Mills, »New Technology and the Limitations of Copyright Law: An Argument for Finding Alternatives to Copyright Legislation in an Era of Rapid Technological Change«, *Chicago-Kent Law Review* 65 (1989), S. 307; Kenneth P. Weinberg, »Cryptography: ›Key Recovery‹ Shaping Cypberspace (Pragmatism and Theory)«, *Journal of Intellectual Property Law* 5 (1998), S. 667.
12. Richter Posner trifft eine nützliche Unterscheidung zwischen Veränderungen, die dem einzelnen Autor, und solchen, die den Autoren insgesamt helfen. Ein verringerter Schutz für die Gesamtheit der Autoren könne von Nutzen für die Gesamtheit der Autoren sein, da das Urheberrecht den Autoren auch Kosten auferlegt (das Schreiben der anderen Autoren ist ein Input für das eigene zukünftige Schreiben); siehe Posner, *Law and Literature*, a. a. O., S. 389–405.

13. Siehe Michelle Skatoff-Gee, »Changing Technologies and the Expectation of Privacy: A Modern Dilemma«, *Loyola University of Chicago Law Journal* 28 (1996), S. 189, 201–204. Sie diskutiert dort den Electronic Communications Privacy Act, den der Kongress 1986 verabschiedete, um das Recht auf den neuesten Stand zu bringen, damit es mit dem technologischen Wandel Schritt hielt. Siehe aber auch Sandra Byrd Petersen, »Your Life as an Open Book: Has Technology Rendered Personal Privacy Virtually Obsolete?«, *Federal Communications Law Review* 49 (1995), S. 163; dort heißt es, die Gesetze zum Schutz der Privatsphäre hätten in Amerika nicht mit der technologischen Entwicklung Schritt gehalten.
14. Esther Dyson, »Intellectual Value«, *Wired* (Juli 1995), S. 137, diskutiert die Auswirkungen der neuen Internetökonomie auf das Urheberrecht. John Perry Barlow, »The Economy of Ideas«, *Wired* (März 1994), S. 85, schreibt: »Das Copyright- und Patentrecht war ursprünglich gar nicht für so luftige Dinge gedacht, wie es sie heute zu tragen hat.«
15. Nicholas Negroponte schreibt: »Die meisten Menschen denken beim Copyright an die technischen Möglichkeiten, Kopien herzustellen. In der digitalen Welt ist das nicht nur leicht, die digitale Kopie ist sogar ebenso gut wie das Original und bei entsprechender Bearbeitung sogar besser. Wie Bitfolgen auf Fehler durchsucht und korrigiert werden können, so lässt sich auch eine Kopie reinigen, verstärken und von Rauschen befreien. Die Kopie ist perfekt«, *Being Digital*, a. a. O., S. 58.
16. U. S. Department of Commerce, Task Force – Working Group on Intellectual Property Rights, »Intellectual Property and the National Information Infrastructure: The Report of the Working Group on Intellectual Property Rights«, unter http://www.uspto.gov/web/offices/com/doc/ipnii (im Weiteren als White Paper zitiert). Siehe auch Boyle, »Intellectual Property Policy Online«, a. a. O., S. 66.
17. George Smirnoff III, »Copyright on the Internet: A Critique of the White Paper's Recommendation for Updating the Copyright Act and How the Courts Are Already Filling in Its Most Important Shortcoming, Online Service Provider Liability«, *Cleveland State Law Review* 44 (1996), S. 197, kritisiert am Weißbuch, es sei nicht vollständig, es sei widersprüchlich, und man habe offenbar nicht ausreichend nachgedacht. Siehe auch Pamela Samuelson, »The Copyright Grab«, *Wired* (Januar 1996), S. 134, 136. Gary W. Glisson, »A Practioner's Defense of the White Paper«, *Oregon Law Review* 75 (1996), S. 277, meint dagegen, das Weißbuch sei weder eine irreführende Zusammenfassung des Urheberrechts noch ein Vorschlag für eine dramatische Veränderung. Zu einer umfangreichen Analyse der durch den Cyberspace aufgeworfenen Urheberrechtsfragen siehe Trotter Hardy, »Project Looking Forward: Sketching the Future of Copyright in a Networked World«, U. S. Copyright Office final report (1998), unter http://lcweb.loc.gov/copyright/reports.
18. Eine Zusammenfassung der im Weißbuch aufgeführten Veränderungen findet sich in Bruce Lehmans Vortrag auf der Inaugural Engelberg Conference on Cul-

ture and Economics of Participation in an International Intellectual Property Regime, abgedruckt in *New York University Journal of International Law and Politics* 29 (1996–1997), S. 211, 213–215; White Paper, a. a. O., S. 17.

19. Die jüngsten Regelungen dieser Art sind die gegen Umgehungsprogramme gerichteten Vorschriften im Digital Millennium Copyright Act, der es (mit zahlreichen komplizierten Ausnahmen) unter Strafe stellt, Programme zur Umgehung von Copyrightschutzmechanismen herzustellen, auch wenn die Nutzung des betreffenden Materials selbst unter die Kategorie des fairen Gebrauchs fallen sollte; siehe Pub. L. 105–304, 112 Stat 2877 (1998) (mit dem Verbot der Herstellung, des Imports oder des Verkaufs von »Vorrichtungen, Produkten, Komponenten«, die »technologische Verfahren zur Verhinderung unautorisierter Nutzung außer Betrieb setzen«).
20. Siehe Barlow, »The Economy of Ideas«, a. a. O., S. 129; siehe auch John Perry Barlow, »Papers and Comments of a Symposium on Fundamental Rights on the Information Superhighway«, *Annual Survey of American Law* 1994 (1994), S. 355, 358. Barlow schreibt, es sei »nicht leicht, etwas zu besitzen, dem [anders als den herkömmlichen Eigentumsformen] jede materielle Dimension fehlt«. »Wir haben geglaubt«, schreibt er weiter, »es sei physikalisch schwierig, geistiges Eigentum zu transportieren, ohne ihm vorher eine materielle Form zu geben. Aber das ist heute nicht mehr notwendig.«
21. Siehe Mark Stefik, »Shifting the Possible: How Trusted Systems and Digital Property Rights Challenge Us to Rethink Digital Publishing«, *Berkeley Technology Law Journal* 12 (1997), S. 137; ders., »Trusted Systems«, *Scientific American* (März 1997), S. 78; ders., »Letting Loose the Light: Igniting Commerce in Electronic Publication«, in: ders., *Internet Dreams*, a. a. O., S. 220–222, 226–228.
22. Siehe Joel R. Reidenberg, »Governing Networks and Rule-Making in Cyberspace«, *Emory Law Journal* 45 (1996), S. 911.
23. In »Shifting the Possible«, a. a. O., S. 142–144, beschreibt Stefik Drucker, die als »trusted systems« ausgelegt sind; sie enthalten vier Elemente zur Überwachung und Kontrolle der ausgedruckten Kopien: Abdruckrechte, verschlüsselte Onlinedistribution, automatische Abrechnung für Kopien und digitale Wasserzeichen.
24. Ebenda.
25. David Hackett Fischer, *Albion's Seed: Four British Folkways in America*, New York 1989, S. 765.
26. Siehe William W. Fisher III u. a. (Hg.), *American Legal Realism*, New York 1993, S. 98–129; John Henry Schlegel, *American Legal Realism and Empirical Social Science*, Chapel Hill 1995. Ein schönes modernes Beispiel mit Analyse findet sich bei Keith Aoki, »(Intellectual) Property and Sovereignty: Notes Toward a Cultural Geography of Autorship«, *Stanford Law Review* 48 (1996), S. 1293.
27. Siehe Fried, *The Progressive Assault on Laissez-Faire*, a. a. O., S. 1–28; siehe auch Joel P. Trachtman, »The International Economic Law Revolution«, *University of*

Pennsylvania Journal of International Economic Law 17 (1996), S. 33, 34; Trachtman merkt an, viele Realisten und kritische Rechtstheoretiker hätten bereits darauf hingewiesen, dass der Ausdruck »Privatrecht« ein Oxymoron sei.

28. Auch Richter haben so argumentiert; siehe *Lochner v New York*, 198 US 45, 74 (1905) (mit der abweichenden Meinung des Richters Oliver Wedell Holmes jr.).
29. Diese epistemologische Beschränkung diskutiert Friedrich A. von Hajek häufig in seinen Werken; siehe zum Beispiel *Law, Legislation, and Liberty*, Bd. 2, Chicago 1978; dt.: *Recht, Gesetzgebung und Freiheit*, München 1980.
30. Boyle, *Shamans, Software, and Spleens*, a. a. O., S. 174.
31. In dieser vereinfachten utilitaristischen Darstellung verbirgt sich eine ganze Menge Philosophie; für eine überzeugende wirtschaftswissenschaftliche Begründung siehe Harold Demsetz, »Toward a Theory of Property Rights«, *American Economics Review* 57 (1967), S. 347.
32. Eine wunderbar klare Einführung zu diesem Punkt und eine vollständige Analyse des Gesetzes findet sich bei Robert P. Merges u. a., *Intellectual Property in the New Technological Age*, New York 1997, Kap. 1.
33. Thomas Jefferson, Brief an Isaac McPherson vom 13. August 1813, abgedruckt in H. A. Washington (Hg.), *Writings of Thomas Jefferson, 1790–1826*, Bd. 6, 1854, S. 188–181; zit. in *Graham v John Deere Company*, 383 US 1, 8–9, Anm. 2 (1966).
34. Zur klassischen Diskussion siehe Kenneth J. Arrow, »Economic Welfare and the Allocation of Resources for Invention«, in: ders., *The Rate and Direction of Inventive Activity: Economic and Social Factors*, Princeton, N. J., 1962, S. 609, 616–617.
35. Eine sehr überzeugende Problematisierung der ökonomischen Sicht in diesem Kontext findet sich bei Boyle, »Intellectual Property Policy Online«, a. a. O., S. 35–46. Boyle meint, die Wirtschaftswissenschaften sollten zugeben, dass sie nicht sagen können, ob eine Stärkung des Eigentumsrechts an Wissen auch die Produktion von Wissen fördern wird.
36. Manche werden darauf bestehen, dies als »Eigentum« zu bezeichnen; siehe Frank H. Easterbrook, »Intellectual Property Is Still Property«, *Harvard Journal of Law and Public Policy* 13 (1990), S. 108.
37. Das ist die Botschaft der urheberrechtlichen Arbeiten von Richter Stephen Breyer, zum Beispiel »The Uneasy Case for Copyright«.
38. Eine umfangreiche, ausgewogene Analyse findet sich bei William M. Landes und Richard A. Posner, »An Economic Analysis of Copyright Law«, *Journal of Legal Studies* 18 (1989), S. 325–327, 344–346. Die Autoren führen aus: Da Ideen Gemeingut sind – das heißt, da beliebig viele Menschen sie gebrauchen können, ohne sie zu verbrauchen –, können sie leicht von anderen Menschen angeeignet werden. Der Urheberrechtsschutz versucht daher, einen wirkungsvollen Ausgleich zwischen den Vorteilen der Schöpfung eines Werkes und den Nachteilen eines begrenzten Zugangs sowie den Kosten des Schutzes herzustellen. Der Urheberrechtsschutz versucht das Gemeinwohl zu fördern, indem er den Fortschritt des

Wissens und der Bildung durch Anreizsysteme fördert. Die auf den Märkten erzielbaren Einnahmen werden den Urhebern angeboten, um so die Produktion und Verbreitung weiterer Werke zu fördern (S. 326). Siehe auch Posner, *Law and Literature*, a. a. O., S. 389–405.

39. Die Beschränkungen resultieren aus den im Copyrightgesetz sehr klar formulierten Grenzen und aus dem ersten Verfassungszusatz; siehe zum Beispiel *Feist Publications, Inc. v Rural Telephone Service Co.*, 499 US 340, 346 (1991).

40. Die Lehre des »Erstverkaufs« wurde ursprünglich in § 27 des früheren Copyright Act (17 USC [1970]) entwickelt und dann in § 109(a) des gegenwärtigen Copyrightgesetzes übernommen; siehe *United States v Goss*, 803 F2d 638 (11th Cir 1989) (mit einer Erörterung beider Fassungen des Copyrightgesetzes).

41. Die Europäer sagen gerne, »moralische Rechte« seien von Anfang an Bestandteil ihrer Systeme gewesen, doch Professor Jane C. Ginsburg hat für Frankreich gezeigt, dass es sich um eine Schöpfung des neunzehnten Jahrhunderts handelt; siehe »A Tale of Two Copyrights: Literary Property in Revolutionary France and America«, *Tulane Law Review* 64 (1990), S. 991.

42. So ähnlich lautet die Argumentation im Fall *Eldred v Reno* (DDC filed January 4, 1999).

43. Es lohnt sich, den Schutz des Urheberrechts mit dem gesetzlichen Schutz von Geschäftsgeheimnissen zu vergleichen. Der gesamte Schutz der Geschäftsgeheimnisse basiert letztlich auf den oben beschriebenen architektonischen Beschränkungen. Man hat immer das Recht, etwa bei Nachentwicklungen Geschäftsgeheimnisse zu lüften; siehe *Kewanee Oil Company v Bicron Corporation*, 416 US 470, 476 (1974): »Ein Gesetz über Geschäftsgeheimnisse ... bietet keinen Schutz vor Entdeckungen, die mit fairen, ehrbaren Mitteln erzielt werden, etwa durch unabhängige Erfindung, zufällige Entdeckung oder ... Nachentwicklung.«

44. 86 F3d 1447 (7th Cir 1996); siehe auch Easterbrook, »Intellectual Property Is Still Property«, a. a. O., S. 113–114. Eine ausgezeichnete Darstellung der Debatte findet sich bei Charles R. McManis, »The Privatization (or ›Shrink-Wrapping‹) of American Copyright Law«, *California Law Review* 87 (1999), S. 173, 183.

45. Dies ist ein Hinweis auf den Kampf um den Entwurf des ursprünglich so genannten Uniform Commercial Code 2B, der heute als Uniform Computer Information Transaction Act (UCITA) bezeichnet wird. Durch die weitgehende Zulassung der Click-Wrap-Übereinkunft würde dieses Gesetz den massenhaften Abschluss von Kaufverträgen für »Online-Information« erleichtern. Diese Entwicklung ist weithin auf Kritik gestoßen; siehe »Symposium: Intellectual Property and Contract Law for the Information Age: The Impact of Article 2B of the Uniform Commercial Code on the Future of Information and Commerce«, *California Law Review* 87 (1999), S. 1; Lawrence Lessig, »Pain in the OS«, *The Industry Standard*, 5. Februar 1999. Ich kritisiere an diesen Plänen, dass die Begründung zwar auf die »Vertragsfreiheit« verweist, aber nichts dafür getan wird, dass die Vertragsbedingun-

gen auch für beide Vertragsparteien verständlich werden. Schon in ökonomischer, geschweige denn in rechtlicher Hinsicht ist es nicht gerade billig, Konsumenten über Vertragsbedingungen aufzuklären. Hier dagegen soll einfach der Vertrag ratifiziert werden, den der Verkäufer vorschlägt. Von »Vertragsfreiheit« kann da keine Rede sein – der Vertrag soll vielmehr nach den Bedingungen des Verkäufers abgeschlossen werden. Siehe dazu auch Walter A. Effross, »The Legal Architecture of Virtual Stores: World Wide Web Sites and the Uniform Commercial Code«, *San Diego Law Review* 34 (1997), S. 1263, 1328–1359.

46. Siehe William W. Fisher III, »Compulsory Terms in Internet-Related Contracts«, *Chicago-Kent Law Review* 73 (1998). Fisher nennt eine Reihe öffentlicher Beschränkungen der Vertragsfreiheit, die er als »ubiquitär« bezeichnet.

47. Es ist ein heftiger Streit um die Frage entbrannt, ob diese Veränderung des Ersatzcopyrightgesetzes zugelassen werden soll. Mark A. Lemley listet die Vorkehrungen des Copyrightgesetzes auf, die möglicherweise durch das Vertragsverhalten in Gefahr geraten; siehe »Beyond Preemption: The Law and Policy of Intellectual Property Licensing«, *California Law Review* 87 (1999), S. 111; siehe auch A. Michael Froomkin, »Article 2B as Legal Software for Electronic Contracting – Operating System or Trojan Horse?«, *Berkeley Technology Law Journal* 13 (1998), S. 1023; Michael J. Madison, »Legal-War: Contract and Copyright in the Digital Age«, *Fordham Law Review* 67 (1998), S. 1025; David Nimmer u. a., »The Metamorphosis of Contract into Expand«, *California Law Review* 87 (1999), S. 17; Pamela Samuelson, »Intellectual Property and Contract Law for the Information Age: Foreword«, *California Law Journal* 87 (1999), S. 1. Die von Lemley angesprochenen Fragen lassen sich jedoch nur schwer aufwerfen, wenn die Interessen der Urheberrechtsinhaber durch den Code geschützt werden; Maureen A. O'Rourke, »Copyright Preemption After the ProCD Case: A Market-Based Approach«, *Berkeley Technology Law Journal* 12 (1997), S. 53.

48. Siehe Tom W. Bell, »Fair Use vs Fared Use: The Impact of Automated Rights Management on Copyright's Fair Use Doctrine«, *North Carolina Law Review* 76 (1998), S. 557, 581–584. Bell meint, die Technologie werde effizienter als der faire Gebrauch für einen Ausgleich des Marktversagens sorgen, das sich einstellt, wenn die Transaktionskosten eine ansonsten wertmaximierende Nutzung urheberrechtlich geschützter Werke verhindern; siehe auch die Feststellung im »White Paper«, a. a. O., S. 74: »Der Einsatz technologischer Mittel zur Überwachung und Lizenzierung von Transaktionen führt möglicherweise zu einer verringerten Bedeutung der Lehre des fairen Gebrauchs.«

49. Siehe Bell, »Fair Use vs Fared Use«, a. a. O., S. 582–584; U. S. Department of Commerce, Task-Force – Working Group on Intellectual Property Rights, »Intellectual Property and the National Information Infrastructure«, a. a. O., S. 66, Anm. 228, verweist auf die Schwierigkeit, die Grenzen der Lehre des fairen Gebrauchs zu bestimmen.

50. Zu einer grundlegenden modernen Arbeit über den fairen Gebrauch siehe Wendy J. Gordon, »Fair Use as Market Failure: A Structural and Economic Analysis of the Betamax Case and Its Predecessors«, *Columbia Law Review* 82 (1982), S. 1600. Eine neuere Arbeit von William Fisher, »Reconstructing the Fair Use Doctrine«, *Harvard Law Review* 101 (1988), S. 1659, 1661–1695, behandelt sowohl die Effizienz als auch die utopischen Ziele des Copyrightgesetzes.
51. Siehe *Gibbons v Ogden*, 22 US 1 (1824) (mit der Aufhebung des vom Staat New York gewährten Monopols auf die Dampfschifffahrt auf dem Hudson wegen der Unvereinbarkeit mit dem Coasting Act des Bundes von 1793); *McCulloch v Maryland*, 17 US 316 (1819) (wonach der Kongress die Macht hat, alles »Notwendige und Angemessene« zu tun, um ein legitimes Ziel wie die Regulierung des Handels zwischen den Bundesstaaten zu erreichen).
52. Siehe Bernard C. Gavit, *The Commerce Clause of the United States Constitution*, Bloomington, Ind., 1932, S. 84.
53. Siehe *Pensacola Telegraph Company v Western Union Telegraph Company*, 96 US 1, 9 (1877).
54. Ein Kommentator schrieb um die Jahrhundertwende: »Wenn die Macht des Kongresses 1918 weiter reicht als 1789, so nur, weil die Produktion heute stärker als damals von den Märkten außerhalb des jeweiligen Bundesstaates abhängt. Kein Bundesstaat lebt mehr so stark für sich wie vor einem Jahrhundert. Verändert hat sich nicht unser staatliches System, sondern die ökonomische Organisation«; Thomas Reed Powell, »The Child Labor Law, the Tenth Amendment, and the Commerce Clause«, *Southern Law Quarterly* 3 (1918), S. 175, 200–201.
55. Siehe Alexis de Tocqueville, *Über die Demokratie in Amerika*, Stuttgart 1985, S. 49–78, zu dem Gedanken, wonach die Verfassungsväter den Bundesstaaten weite Bereiche der Gesetzgebung überließen, um sie lebendig zu erhalten.
56. Siehe *Maryland v Wirtz*, 392 US 183, 201 (1968) (mit der abweichenden Meinung von Richter William O. Douglas: Dass die Mehrheit die Beschäftigten der Staatsunternehmen in den Geltungsbereich der Handelsklausel brachten, war »ein ernster Übergriff auf die im zehnten Verfassungszusatz garantierte Souveränität der Bundesstaaten, der sich … nicht mit den föderalen Grundsätzen unserer Verfassung vereinbaren lässt«); *State Board of Insurance v Tood Shipyards Corporation*, 370 US 451, 456 (1962) (danach ist »die Macht des Kongresses, den Handel zwischen den Bundesstaaten vor staatlicher Regulierung oder Besteuerung zu schützen oder solchen Schutz zu versagen, so umfassend, dass seine politischen Vorstellungen Vorrang haben«) (Zitate weggelassen).
57. Siehe Michael G. Frey, »Unfairly Applying the Fair Use Doctrine: *Princeton University Press v Michigan Document Services*, 99 F3d 1381 (6th Cir 1996)«, *University of Cincinnati Law Review* 66 (1998), S. 959, 1001; Frey meint: »Der Schutz des Urheberrechts dient in erster Linie dem Gemeinwohl und nicht dem Wohl einzelner Autoren. Das Copyrightgesetz räumt den Autoren beträchtliche Vorteile in

Gestalt eines Monopolrechts auf die Kontrolle ihrer Werke ein, aber dieses Recht soll lediglich die Schaffung neuer Werke fördern. Die Lehre des fairen Gebrauchs ist ein wichtiges Sicherheitsventil, welches sicherstellen soll, dass der Nutzen einzelner Autoren keinen Vorrang vor dem Gemeinwohl genießt«; Marlin H. Smith, »The Limits of Copyright: Property, Parody, and the Public Domain«, *Duke Law Journal* 42 (1993), S. 1233, 1272, schreibt: »Das Copyrightgesetz wird am besten als Türsteher verstanden, der den Zugang zu urheberrechtlich geschützten Werken kontrolliert, aber über den fairen Gebrauch eine gewisse Zugänglichkeit für die Öffentlichkeit sicherstellt.«

58. Siehe Mark Gimbel, »Some Thoughts on the Implications of Trusted Systems for Intellectual Property Law«, *Stanford Law Review* 50 (1998), S. 1671, 1686; Gimbel schreibt, der faire Gebrauch lasse sich »als Methode zum Ausgleich eines Marktversagens erklären, zu dem es kommt, wenn hohe Transaktionskosten eine ansonsten ökonomisch effiziente Nutzung urheberrechtlich geschützten Materials verhindern ... Weil Technologien wie ›trusted systems‹ die Kosten für die Lizenzierung urheberrechtlich geschützter Werke zu senken versprechen – so dass dieses Marktversagen beseitigt würde –, meinen manche, die Lehre des fairen Gebrauchs werde in weiten Teilen überflüssig, so dass auch Technologien, die verhindern, dass dieser Grundsatz untergraben wird, gar nicht mehr erforderlich seien«; Lydia Pallas Loren, »Redefining the Market Failure Approach to Fair Use in an Era of Copyright Permission Systems«, *Journal of Intellectual Property Law* 5 (1997), S. 1, schreibt: »Bei einer auf Marktversagen verengten Sicht des fairen Gebrauchs kann man sagen, wenn ein Copyrightinhaber ein effizientes Gebührensystem für bestimmte Nutzungsweisen einrichten kann, wird er Ansprüche auf fairen Gebrauch abwehren können.«
59. Stefik, »Letting Loose the Light«, a. a. O., S. 244.
60. Gemeint ist hier eine kostengünstige Form der Überwachung und eine effiziente Möglichkeit, differenzierte Nutzungsgebühren zu erheben; William W. Fisher III, »Property and Contract on the Internet«, *Chicago-Kent Law Review* 74 (1998).
61. Julie E. Cohen, »A Right to Read Anonymously: A Closer Look to ›Copyright Management‹ in Cyberspace«, *Connecticut Law Review* 28 (1996), S. 981, 982: Anonym zu lesen ist »so eng mit Rede- und Gedankenfreiheit verbunden, dass der erste Verfassungszusatz als Garantie dieses Rechts verstanden werden muss«.
62. »Die Freiheit, anonym zu lesen, ist ebenso Teil unserer Tradition und die Auswahl des Lesestoffs ebenso Ausdruck der Persönlichkeit wie die Entscheidung, den eigenen Namen zu nennen oder nicht zu nennen«; ebenda, S. 1012.
63. Siehe Lessig, »Translating Federalism«, a. a. O., S. 125.
64. Siehe *Olmstead v United States* 277 US 438, 474 (1928) (mit der abweichenden Meinung von Richter Louis Brandeis: »Kann es sein, dass die Verfassung keinen Schutz vor solchen Übergriffen auf die persönliche Sicherheit verlangt?«).
65. Peter Huber verweist in seiner Widerlegung von Orwells *1984* ausdrücklich auf

die hohen Kosten einer Kontrolle; siehe *Orwell's Revenge: The 1984 Palimpset*, New York 1994. Diese Kosten bilden allerdings keine sichere Grundlage für die Freiheit, da vor allem die Kosten der Kontrolle im Netz sinken. Frances Cairncross, *The Death of Distance: How the Communications Revolution Will Change Our Lives*, Boston 1997, S. 194–195, stellt diesen Gedanken gleichfalls in Frage.

66. Washington (Hg.), *Writings of Thomas Jefferson*, a. a. O., Bd. 6, S. 180–181.

67. Eine grundlegende Arbeit ist David Lange, »Recognizing the Public Domain«, *Law and Contemporary Problems* 44 (1981), S. 147. Jedoch sind hier auch zahlreiche andere Arbeiten zu nennen. Siehe zum Beispiel Benjamin Kaplan, *An Unhurried View of Copyright*, New York 1967. Gordon, »Fair Use as Market Failure«, a. a. O., meint, die Gerichte sollten unter Hinweis auf den fairen Gebrauch unbezahlte Transfers zulassen, die der Markt nicht auszuführen vermag; siehe auch Wendy J. Gordon, »On Owning Information: Intellectual Property and Restitutionary Impulse«, *Virginia Law Review* 78 (1992), S. 149. In »Reality as Artifact: From Feist to Fair Use«, *Law and Contemporary Problems* 55 5PG (1992), S. 93, 96, bemerkt Gordon, auf Fantasie basierende Werke seien zwar schöpferisch, könnten aber auch Tatsachen enthalten, die einer breiten Öffentlichkeit zugänglich sein sollten. In: dies., »Toward a Jurisprudence of Benefits: The Norms of Copyright and the Problem of Private Censorship«, *University of Chicago Law Review* 57 (1990), S. 1009, behandelt sie die Möglichkeit von Urheberrechtsinhabern, Kritikern und anderen den Zugang zu verwehren; siehe auch dies., »An Inquiry into the Merits of Copyright: The Challenges of Consistency, Consent, and Encouragement Theory«, *Stanford Law Review* 41 (1989), S. 1343.

68. Ich habe viel von Boyle gelernt, aber neben ihm auch von Keith Aoki, Yochai Benkler, Julie Cohen, Niva Elkin-Koren, Peter Jaszi, Mark Lemley, Jessica Litman, Neil Netanel, Margaret Radin und Pamela Samuelson, und ganz gewiss habe ich nicht genug gelesen. Siehe zum Beispiel Keith Aoki, »Foreword to Innovation and the Information Environment: Interrogating the Entrepreneur«, *Oregon Law Review* 75 (1996), S. 1; in »(Intellectual) Property and Sovereignty«, a. a. O., erörtert Aoki die Herausforderungen, vor die das Wachstum der digitalen Informationstechnologien das traditionelle Eigentumskonzept stellt; in »Authors, Inventors, and Trademark Owners: Private Intellectual Property and the Public Domain«, *Columbia-VLA Journal of Law and the Arts* 18 (1993), S. 1, zeigt er auf, dass sich im Urheberrecht die Grenzen zwischen »privatem« und »öffentlichem« Informationsbereich verschoben haben. Die Zunahme exklusiver Urheberrechte verwandelte den öffentlichen Bereich in privates geistiges Eigentum und beschränkte andere Formen gesellschaftlich wertvoller Nutzung urheberrechtlich geschützter Werke in einer Weise, die mit dem »Urhebermodell«, das der amerikanischen Tradition zu Grunde liegt, nicht vereinbar sei. Außerdem habe die jüngste Erweiterung des Warenzeichen- und Markenrechts den Inhabern von Warenzeichen die Möglichkeit eröffnet, Eigentumsrechte an ihren Warenzeichen in

einem Umfang zu erwerben, der nicht mehr den Zielen des Lanham Act, nämlich eine Täuschung der Konsumenten zu verhindern, dienlich sei. Benkler, »Free as Air to Common Use«, a. a. O.; Yochai Benkler, »Overcoming Agoraphobia: Building the Commons of the Digitally Networked Environment«, *Harvard Journal of Law and Technology* 11 (1998), S. 287; Julie E. Cohen, »Copyright and the Jurisprudence of Self-Help«, *Berkeley Technology Law Journal* 13 (1998), S. 1089; dies., »Lochner in Cyberspace: The New Economic Orthodoxy of ›Rights Management‹«, *Michigan Law Review* 97 (1998), S. 462; dies., »Some Reflections on Copyright Management Systems and Laws Designed to Protect Them«, *Berkeley Technology Law Journal* 12 (1997), S. 161, 181–182; dies., »Reverse-Engineering and the Rise of Electronic Vigilantism: Intellectual Property Implications of ›Lock-Out‹-Programs«, *Southern California Law Review* 68 (1995), S. 1091. Niva Elkin-Koren, »Contracts in Cyberspace: Rights Without Laws«, *Chicago-Kent Law Review* 73 (1998); dies., »Copyright Policy and the Limits of Freedom of Contract«, *Berkeley Technology Law Journal* 12 (1997), S. 93, 107–110 (mit einer Kritik am ProCD-Urteil); dies., »Cyberlaw and Social Change: A Democratic Approach to Copyright Law in Cyberspace«, *Cardozo Arts and Entertainment Law Journal* 14 (1996), S. 215; in »Copyright Law and Social Dialogue on the Information Superhighway: The Case Against Copyright Liability of Bulletin Board Operators«, *Cardozo Arts and Entertainment Law Journal* 13 (1995), S. 345, 390–399, analysiert Elkin-Koren die Probleme, die sich aus der Anwendung des Copyrightgesetzes in digitalisierten Welten ergeben. Peter A. Jaszi, »Goodbye to All That – A Reluctant (and Perhaps Premature) Adieu to a Constitutionally Grounded Discourse of Public Interest in Copyright Law«, *Vanderbilt Journal of Transnational Law* 29 (1996), S. 595, setzt sich für die Entwicklung neuer politisch und verfassungsrechtlich begründeter Argumentationen ein, um der wachsenden Bereitschaft in Legislative und Judikative entgegenzutreten, den Zugang der Allgemeinheit zum geistigen Gemeineigentum einzuschränken; siehe auch ders., »On the Author Effect: Contemporary Copyright and Collective Creativity«, *Cardozo Arts and Entertainment Law Journal* 10 (1992), S. 293, 319–320; ders., »Toward a Theory of Copyright: The Metamorphoses of ›Authorship‹«, *Duke Law Journal* 1991 (1991), S. 455. Zum Missbrauch des Urheberrechts siehe Lemley, »Beyond Preemption«, a. a. O.; Mark A. Lemley, »The Economics of Improvement in Intellectual Property Law«, *Texas Law Review* 75 (1997), S. 989, 1048–1068; in »Intellectual Property and Shrink-wrap Licenses«, *Southern California Law Review* 68 (1995), S. 1239, schreibt Lemley: »Softwareverkäufer versuchen massenhaft, das Urheberrecht auszuhebeln, indem sie von den Käufern verlangen, Bedingungen zuzustimmen, die weit hinter dem Copyrightgesetz zurückbleiben.« Jessica Litman, »The Tales That Article 2B Tells«, *Berkeley Technology Law Journal* 13 (1998), S. 931, 938, bezeichnet die Vorstellung als »zweifelhaft«, wonach das gegenwärtige Recht den Verlagen die Möglichkeit biete, Transaktionen in Lizenzen zu verwandeln, indem sie sie als solche bezeichnen. Nach ihrer Auffassung ist Artikel 2B »wirr und verwirrend« hinsichtlich des Urheberrechts und seines Verhältnisses zum Copyrightgesetz und schaffe neues Recht. Sie glaubt, unabhängig davon, wie der Streit über die Sinnfälligkeit des Urheberrechts in einer digitalen Welt am Ende ausgehen mag, »ist die Copyright-Doktrin für viele wichtige Interessen unserer Politik im Bereich der Information schlecht gerüstet. Der erste Verfassungszusatz, der Schutz der Privatsphäre und Distributionsfragen, mit denen das Urheberrecht sich nur nebenher befasst, sind von zentraler Bedeutung für diesen Politikbereich«; siehe auch dies., »Revising Copyright Law for the Information Age«, *Oregon Law Review* 75 (1996), S. 19; und dies., »The Exclusive Right to Read«, *Cardozo Arts and Entertainment Law Journal* 13 (1994), S. 29, 48; dort stellt Litman fest, im Internet gehe man vielfach »von der falschen Annahme aus, alles Material dort sei copyrightfrei, sofern nicht anders vermerkt«. In »Copyright as Myth«, *University of Pittsburgh Law Review* 53 (1991), S. 235–237, gibt Litman einen allgemeinen Überblick über Fragen der Urheberschaft und des Urheberrechts und verweist auf die fortlaufende Debatte über die Definition der »Urheberschaft« (als Urheber im Sinne des Copyrightgesetzes definiert sie jede Person, die ein urheberrechtlich schützbares Werk hervorbringt, ganz gleich, ob es sich dabei um ein Buch, ein Lied, eine Skulptur, ein Gebäude, ein Computerprogramm, ein Gemälde oder einen Film handelt; S. 236, Anm. 5); außerdem erörtert sie, warum das Urheberrechtsgesetz keinerlei Anschaulichkeit für den Schaffensprozess besitzt. Siehe auch dies., »The Public Domain«, *Emory Law Journal* 39 (1990), S. 965, 969, wo Litman eine weite Definition des öffentlichen Bereichs empfiehlt (»Originalität ist ein zentrales Element des Copyrightgesetzes«, S. 974). Neil Weinstock Netanel, »Asserting Copyright's Democratic Principles in the Global Area«, *Vanderbilt Law Review* 51 (1998), S. 217, 232, Anm. 48, S. 299, Anm. 322; ders., »Alienability Restrictions and the Enhancement of Author Autonomy in United States and Continental Copyright Law«, *Cardozo Arts and Entertainment Law Journal* 12 (1994), S. 1, 42–43; in »[C]opyright and a Democratic Civil Society«, *Yale Law Journal* 106 (1996), S. 283, 288, 324–336, analysiert Netanel das Copyrightgesetz und die zugehörige Politik im Hinblick auf ihre demokratiestärkende Funktion: »Das Urheberrecht ist im Wesentlichen eine staatliche Maßnahme, die Institutionen des Marktes zur Stärkung des demokratischen Charakters der Gesellschaft einsetzt.« Margaret Jane Radin und Polk Wagner, »The Myth of Private Ordering: Rediscovering Legal Realism in Cyberspace«, *Chicago-Kent Law Review* 73 (1998); Margaret Jane Radin, *Reinterpreting Property*, Chicago 1993, S. 56–63. Pam Samuelson, »Encoding the Law into Digital Libraries«, *Communications of the ACM* 41 (1999), S. 13–14; dies., Vorwort zu »Symposium: Intellectual Property and Contract Law for the Information Age«, *California Law Review* 87 (1998), S. 1; in »Embedding Technical Self-Help in Licensed Software« *Communications of the ACM* 40 (1997), S. 13, 16, bemerkt Pamela Samuelson: »Lizenzgeber im Bereich der Software oder anderer Informationen ... verweisen generell auf die Selbsthilfe«. Siehe auch die Kritik an der europäischen Datenbankrichtlinie in: J. H. Reichman und Pamela Samuelson, »Intellectual Property Rights in Data?«, *Vanderbilt Law Review* 50 (1997), S. 51, 84–95; Samuelson, »The Copyright Grab«, a. a. O., S. 134; dies., »Fair Use for Computer Programs and Other Copyrightable Works in Digital Form: The Implications of Sony, Galoop and Sega«, *Journal of Intellectual Property Law* 1 (1993), S. 49.

69. Für eine neuere überzeugende Darstellung des allgemeinen Trends zur Privatisierung von Informationen siehe Debora J. Halbert, *Intellectual Property in the Information Age: The Politics of Expanding Ownership Rights*, Westport, Conn., 1999. Seth Shulmans *Owning the Future*, Boston 1999, stellt die Dinge mit der gehörigen Dramatik dar.

70. »Wir sind dafür, Urheberrechtsfragen nicht so sehr aus der Sicht des Urhebers zu betrachten, sondern erstens im Hinblick auf die Anerkennung einer begrenzten Zahl neuer Schutzbestimmungen für das kulturelle Erbe, folkloristische Erzeugnisse und biologisches Wissen; zweitens und generell im Hinblick auf eine verstärkte Anerkennung und einen verbesserten Schutz des öffentlichen Bereichs durch eine Erweiterung der Bestimmungen zum fairen Gebrauch, durch obligatorische Lizenzierung und eine engere Fassung des Eigentumsbegriffs«; Boyle, *Shamans, Software, and Spleens*, a. a. O., S. 169.

71. James Boyle, »A Politics of Intellectual Property: Environmentalism for the Net?«, *Duke Law Journal* 47 (1997), S. 87.

11. Privatsphäre

1. Eine kurze Darstellung der amerikanischen Bestimmungen zum Schutz der Privatsphäre und ein Vergleich mit den europäischen Bestimmungen findet sich bei Peter P. Swire und Robert E. Litan, *None of Your Business: World Data Flows, Electronic Commerce, and the European Privacy Directive*, Washington, D. C., 1998. Ich stütze mich auch auf Phil Agres historischen Überblick in »Beyond the Mirror World: Privacy and the Representational Practices of Computing«, in: Philip E. Agre und Marc Rotenberg (Hg.), *Technology and Privacy: The New Landscape*, Cambridge, Mass., 1997, S. 29.
2. MIT-Professor Hal Abelson in einem Gespräch, das der Autor am 29. Mai 1999 in Newton, Mass., mit ihm führte.
3. Swisher, *Aol.com*, a. a. O., S. 226, zitiert Schätzungen, wonach AOL im Frühjahr 1996 monatlich Millionen Dollar mit Sex-Chats verdiente.
4. Siehe M. Ethan Katsh, *Law in a Digital World*, New York 1995, S. 228.
5. Offensichtlich ist diese Sorge nicht neu. Alan Westins grundlegende Arbeit aus den frühen siebziger Jahren trug bereits wesentlich dazu bei, dass ein Bewusstsein

für das Verhältnis zwischen Computer und Privatsphäre entstand; siehe Alan F. Westin und Michael A. Baker, *Databanks in a Free Society*, New York 1972.

6. Siehe *Olmstead v United States*, 277 US 438 (1928).
7. Für eine kurzgefasste Darstellung der durch solche Überwachungsmaßnahmen aufgeworfenen Rechtsfragen siehe Christopher Slobogin, »Technologically Assisted Physical Surveillance: The American Bar Association's Tentative Draft Standards«, *Harvard Journal of Law and Technology* 10 (1997), S. 383.
8. Kommunikationsmerkmale lassen sich definieren als »alle Zusatzinformationen, die sich zu einer Kommunikation ermitteln lassen, etwa Zeit und Ort, die Beteiligten und die Dauer«; Susan Freiwald, »Uncertain Privacy: Communication Attributes After the Digital Telephony Act«, *Southern California Law Review* 69 (1996), S. 949, 951. Nach Freiwald hat sich die Zahl der aufzeichnungsfähigen Kommunikationsmerkmale durch technologische Veränderungen deutlich erhöht, so dass diese Daten hoch informativ sind und eine starke Gefährdung der Privatsphäre darstellen (S. 951–952).
9. So berichtete *USA Today* in einem Artikel »The Hunt for bin Laden« vom 21. August 1998, S. A1: »Die supergeheime National Agency in Fort Meade, Md., benutzt Computer zum Scannen abgehörter internationaler Telefongespräche«. Siehe auch »Cash-and-Carry Diplomacy«, *Time*, 24. Februar 1997, S. 22 ff.; darin heißt es, die National Security Agency überwache internationale Telefongespräche und E-Mails.
10. Lew Platt, Ansprache auf der Spring Internet World '98 am 11. März 1998. David Brin berichtet, Kodak komme mit 50 Bytes aus; *The Transparent Society*, a. a. O., S. 241.
11. Michael Kemp, »Centurion to Fight Crooks; ›Thinking‹ Spy Camera Could Put an End to Car Crimes«, *Daily Mail* (London), 20. Mai 1995, S. 49; »Centurion« ist ein »in Echtzeit arbeitendes System zur Erkennung und Identifizierung von Nummernschildern«, das »einen Abgleich mit anderen Datenbeständen gestattet«.
12. Siehe zum Beispiel die Berichte in: George Cole, »Smart Building Looks Sharp«, *Financial Times* (London), 2. November 1995, S. 14, über eine japanische Firma, die einen Videoscanner für Nummernschilder benutzt, um den Zugang zu ihrer Garage zu kontrollieren, und in der Kantine an der Kasse eine Bildverarbeitungstechnologie einsetzt. In Houston verwendet man ein neues Programm, um besonders starke Umweltverschmutzer unter den Kraftfahrzeugen mit Hilfe von Lasertechnologie und Videokameras aufzuspüren; siehe Bill Dawson, »Polluters Beware: Laser to Pick Out Foulest Tailpipes; Thousands of Commuters' Cars Will Be Checked As They Pass By«, *Houston Chronicle*, 6. Oktober 1998, S. A1. Die kanadischen Grenzbehörden testen ein neues System zur Überprüfung von Personen und Automobilen, das mit Stimmerkennung, Fingerabdrücken, Augenscannern, Echtzeit-Videokameras und Nummernschildscannern arbeitet; siehe Tom God-

frey, »Canada Customs to Border on Hi-Tech«, *Toronto Sun*, 20. Juli 1997, S. 16. Und in Honolulu hat man auf einer Hauptdurchgangsstraße an wichtigen Punkten Videokameras installiert, um Kleinkriminalität und Prostitution zu verhindern; siehe Alex Salkever, »Too Many Unseen Cameras?«, *Christian Science Monitor*, 5. Juni 1998, S. 1.

13. Siehe Center for Democracy and Technology, »Filing Before the FCC in the Matter of the Communications Assistance for Law Enforcement Act, CC docket no. 97–213«, 14. Dezember 1998, unter http://www.cdt.org//digi_tele/filing121498.html.
14. Siehe *Minnesota v Dickerson*, 508 US 366, 381 (1993) (mit einer abweichenden Urteilsbegründung von Richter Antonin Scalia).
15. Siehe zum Beispiel William J. Stuntz, »Privacy's Problem and the Law of Criminal Procedure«, *Michigan Law Review* 93 (1995), S. 1016, 1026; in »The Substantive Origins of Criminal Procedure«, a. a. O., diskutiert Stuntz die Ursprünge des vierten Verfassungszusatzes.
16. Stuntz, »Privacy's Problem and the Law of Criminal Procedure«, a. a. O., S. 1026.
17. Alien and Sedition Acts of 1798, Act of June 18, 1798, ch. 59, 1 Stat. 566 (aufgehoben 1802), Act of June 25, 1798, ch. 63, 1 Stat. 570 (ausgelaufen); Act of July 6, 1798, ch. 70, 1 Stat. 577 (ausgelaufen), Act of July 14, 1798, ch. 77, 1 Stat. 596 (Ermächtigung des Präsidenten, jeden zu deportieren, der eine Gefahr für Frieden und Sicherheit des Landes darstellt) (ausgelaufen). Die Alien and Sedition Acts wurden im Fall *New York Times Co. v Sullivan*, 376 US 254, 276 (1964) für verfassungswidrig erklärt, obwohl sie zu dieser Zeit natürlich bereits ausgelaufen waren. Zur Aufhebung siehe Neal Devins, *Constitutional Values*, Baltimore 1996, S. 13; zur Geschichte und Wirkung dieser Gesetze siehe James Morton Smith, *Freedom's Fetters: The Alien and Sedition Laws and American Civil Liberties*, Ithaca, N. Y., 1956.
18. Stuntz, »Substantive Origins«, a. a. O., S. 395.
19. Siehe Cass R. Sunstein, »Incompletely Theorized Agreements«, *Harvard Law Review* 108 (1995), S. 1733, 1735–1736. Dort heißt es: »Die Teilnehmer einer rechtswissenschaftlichen Auseinandersetzung brauchen in den Grundprinzipien nicht übereinzustimmen ... Wenn sie sich hinsichtlich eines abstrakten Sachverhalts nicht einig sind, können sie auf eine konkretere Ebene wechseln. Das Besondere an dieser Darstellung liegt darin, dass sie gegenüber der Einigung hinsichtlich (relativ) abstrakter Sachverhalte die Einigung hinsichtlich (relativ) konkreter Sachverhalte betont.«
20. In der Literatur finden sich immer häufiger Versuche, die Implikationen dieser Wahlentscheidung herauszuarbeiten. Zu den überzeugendsten gehört David Brins *The Transparent Society*, a. a. O.; er spricht sich für einen grundlegenden Wandel unserer Einstellung zum Schutz der Privatsphäre aus (siehe meine Diskussion seiner Position im zehnten Kapitel). Amitai Etzioni, *The Limits of Privacy*, New York

1999, bleibt da eher am Boden und untersucht das Gleichgewicht, das Entscheidungen über den Schutz der Privatsphäre erfordern. Obwohl ich mit Einzelheiten seiner Darstellung Probleme habe, ist seine Methode richtig, und einige Schlussfolgerungen (insbesondere hinsichtlich der Nutzung von Daten durch Privatunternehmen) sind äußerst gut begründet. Die größte Stärke des Buches liegt jedoch in der Tatsache, dass es diese Wertfragen aus heutiger Sicht behandelt. Für die kommunistischen Aspekte seiner Darstellung habe ich wenig übrig, aber das Buch ist vor allem deshalb wertvoll, weil es die Entwicklung starker Argumente ermöglicht.

21. Das Recht sieht darin eine Frage des »Datenschutzes«. Die Verfassung hat nur wenig Zeit für diesen Gedanken übrig; siehe Albert W. Alschuler, »Interpersonal Privacy and the Fourth Amendment«, *Northern Illinois University Law Review* 4 (1983), S. 1; siehe auch Priscilla M. Regan, *Legislating Privacy: Technology, Social Values, and Public Policy*, Chapel Hill 1995, S. 69–108; Paul M. Schwartz, »Privacy and Participation: Personal Information and Public Sector Regulation in the United States«, *Iowa Law Review* 80 (1995), S. 553.

22. Und sie resultieren nicht aus dem von Janna Malamud Smith so genannten »perspektivischen Fehler«, den David Brin, *The Transparent Society*, a. a. O., S. 68–70, diskutiert. Ich sage nicht, die Privatsphäre sei in der Vergangenheit besser geschützt gewesen, sondern der Schutz sei anders gewesen, und die Schaffung durchsuchbarer Datenbanken stelle eine neue Art von Bedrohung dar. Den Gemeinschaften der Vergangenheit könnten wir durch eine Politik des Vergessens wieder etwas näher kommen, wie Brin (S. 247–248) meint. Das Löschen von Daten ist möglicherweise der Schlüssel für eine gewisse Freiheit.

23. Siehe Gandy, *The Panoptic Sort*, a. a. O., S. 66–68. Zur Stützung der These, wonach die Sammler freiwillig bereitgestellter Daten mit diesen Daten nach Belieben verfahren dürften, haben manche behauptet, die entscheidende Verfassungsfrage betreffe nicht den Schutz der Privatsphäre, sondern die Rede- und Meinungsfreiheit; wenn Daten erst einmal freigesetzt sind, seien alle Beschränkungen hinsichtlich der bei Unternehmen anfallenden Daten, zum Beispiel Kundenlisten, abzulehnen (S. 107).

24. Ebenda, S. 87–90. Ein System, das Wohngegenden nach 34 Kriterien beschrieb, die 87 Prozent der sozialen und ökonomischen Varianz abdeckten, war zum Beispiel sehr erfolgreich bei Kunden wie *Newsweek* und Colgate-Palmolive (S. 88).

25. Peter H. Lewis, »Forget Big Brother«, *New York Times*, 19. März 1998, S. G1.

26. Brin, *The Transparent Society*, a. a. O., S. 8–15.

27. Für eine gute Geschichte, die den Stand der Werbung im Netz sehr schön zusammenfasst, für eine Diskussion der Arbeitsweise von DoubleClick und eine Fallstudie über den Absatz von Projektoren der Firma 3M auf Grund solcher Werbemaßnahmen siehe Zina Moukheiber, »DoubleClick Is Watching You«, *Forbes*, 4. November 1996, S. 342; siehe auch unter http://www.alexa.com, und http://

www.spinner.com. Spinner bittet einen, Musik zu bewerten, die man sich anhört (nach Art von Firefly), Alexa ist wie DoubleClick, hat aber nicht denselben Aufruhr wegen des Datenschutzes ausgelöst. Wenn der Nutzer Alexa herunterlädt, registriert das Programm jede besuchte Site (und nicht nur solche mit einer bestimmten Werbung).

28. Siehe Federal Trade Commission, »Privacy Online: A Report to Congress«, Juni 1998, Anm. 107, unter http://www.ftc.gov/reports/privacy3/toc.htm.
29. Siehe Gandy, *The Panoptic Sort*, a. a. O., S. 1–3.
30. Johnson, *Interface Culture*, a. a. O., S. 192–205. Andrew Shapiro nennt dies einen »Rückkopplungseffekt«, meint aber, dass er die Wahlmöglichkeiten einschränkt; *The Control Revolution*, a. a. O., S. 113.
31. Siehe zum Beispiel *McIntyre v Ohio Elections Commission*, 514 US 334, 341–343 (1995).
32. Siehe Janai S. Nelson, »Residential Zoning Regulations and the Perpetuation of Apartheid«, *UCLA Law Review* 43 (1996), S. 1689, 1693–1704.
33. Beispiele für Gesetze, die auf solch eine Trennung nach sozialen und ökonomischen Kriterien zielen, sind: Bestimmungen über Mindestgrößen für Baugrundstücke, Bestimmungen über die Bebauung mit Einfamilienhäusern, die »nichttraditionelle« Familien aus bestimmten Gebieten fernhalten, das Verbot des Baus von Mietshäusern in bestimmten Gebieten. All diese Regelungen erhöhen die Wohnkosten für die unteren Einkommensschichten ganz beträchtlich; siehe ebenda, S. 1699–1700.
34. 1926 erklärte der Oberste Gerichtshof, Bebauungspläne seien ein rechtmäßiger Ausdruck der kommunalen Gewalt. Siehe *Village of Euclid v Ambler Realty Company*, 272 US 365 (1926) (danach hat der Staat das Recht, unvereinbare Nutzungsweisen voneinander zu trennen). Erst im zwanzigsten Jahrhundert erhielten die Kommunen das Recht, weitreichende gesetzliche Regelungen nach Art der Bebauungspläne zu treffen; siehe Richard Briffault, »Our Localism: Part I – The Structure of Local Government Law«, *Columbia Law Review* 90 (1990), S. 1, 8–11, 19.
35. 1917 untersagte der Oberste Gerichtshof eine rassisch bedingte Trennung der Wohngebiete als Verstoß gegen den vierzehnten Verfassungszusatz; siehe *Buchanan v Warley*, 245 US 60 (1917). Man hielt die Trennung jedoch durch »nichtausschließende« Regelungen aufrecht; nach außen hin neutral und allein auf ökonomischen Faktoren basierend (angeblich, um eine Entwertung der Grundstücke zu verhindern), führten diverse Gesetze und Bestimmungen *de facto* zu einer weiteren Trennung; siehe Briffault, »Our Localism«, a. a. O., S. 103–104; Meredith Lee Bryant, »Combating School Resegregation Through Housing: A Need for a Reconceptualization of American Democracy and the Rights It Protects«, *Harvard BlackLetter Journal* 13 (1997), S. 127, 131–132.
36. Siehe Joel Kosman, »Toward an Inclusionary Jurisprudence: A Reconceptuali-

zation of Zoning«, *Catholic University Law Review* 43 (1993), S. 59, 77–86, 101–103.

37. Siehe Gordon S. Wood, *The Radicalism of the American Revolution*, New York 1992, S. 5–8, 271–286.
38. Siehe Lynne G. Zucker, »Production of Trust: Institutional Sources of Economic Structure, 1840–1920«, *Research in Organizational Behavior* 8 (1986), S. 53.
39. Preisdifferenzierung ist die Fähigkeit, für dasselbe Gut verschiedene Preise zu nehmen. Flugtickets sind das beste Beispiel dafür; derselbe Sitz kann mehrere hundert Dollar teurer sein, wenn der Fluggast noch am selben Tag zurückfliegen will. Siehe zum Beispiel Joseph Gregory Sidak, »Debunking Predatory Innovation«, *Columbia Law Review* 83 (1983), S. 1121, 1132–1135; siehe auch Easterbrook, »Intellectual Property Is Still Property«, a. a. O.; Fisher, »Reconstructing the Fair Use Doctrine«, a. a. O., S. 1659; aber siehe auch Janusz A. Ordover u. a., »Predatory Systems Rivalry: A Reply«, *Columbia Law Review* 83 (1983), S. 1150, 1158–1164.
40. Viviana A. Zelizer, *The Social Meaning of Money*, 2. Aufl., Princeton, N. J., 1994, S. 94–95 (Fußnote weggelassen).
41. Der von der amerikanischen Regierung verlangte Verschlüsselungsstandard (DES) ist zweifellos unzuverlässig. Das hat die Electronic Frontier Foundation (EFF) verdienstvoll aufgezeigt. In *Cracking DES: Secrets of Encryption Research, Wiretap Politics, and Chip Design*, a. a. O., liefert die Stiftung Code und Baupläne für eine Maschine, die einen DES-Schlüssel knacken kann. Whitfield Diffie, einer der Erfinder der Public-Key-Verschlüsselung, schreibt dazu: »Mit dem Erscheinen dieses Buchs und der darin dargestellten Maschine hat die Lage sich grundlegend verändert. Es ist nun nicht mehr die Frage, ob DES-Schlüssel durch ausdauernde Suche gefunden werden können, sondern wie kostengünstig und zu welchem Zweck sie extrahiert werden« (S. xi). Immer mehr Standards kommen hinzu, und wenn die Bewegung zur Liberalisierung der Verschlüsselungspolitik Erfolg hat, werden bald starke Verschlüsselungstechnologien zur Verfügung stehen (und zwar sowohl in den USA als auch im Ausland); siehe Kenneth W. Dam und Herbert S. Lin (Hg.), *Cryptography's Role in Securing the Information Society*, Washington, D. C., 1996. Zu Computertechnologien, die diese »sichereren« Verschlüsselungstechnologien wieder unsicher machen könnten (darunter DNA- und Quantencomputer), siehe Brin, *The Transparent Society*, a. a. O., S. 280–282.
42. Für eine Diskussion des Gesetzes über die Offenlegung von Schlüsseln und Klartext siehe Phillip R. Reitinger, »Compelled Production of Plaintext and Keys«, *University of Chicago Legal Forum* 1996 (1996), S. 171.
43. Siehe Michael Adler, »Cyberspace, General Searches, and Digital Contraband: The Fourth Amendment and the Net-Wide Search«, *Yale Law Journal* 105 (1996), S. 1093, 1109–1110, 1113.
44. Vgl. ebenda, S. 1100; siehe auch Brin, *The Transparent Society*, a. a. O., S. 158–161 (zur Frage der wechselseitigen Überwachung).

45. Vgl. Froomkin, »The Metaphor Is the Key«, a. a. O.
46. Siehe Joel R. Reidenberg, »Privacy in the Information Economy: A Fortress or Frontier for Individual Rights?«, *Federal Communications Law Journal* 44 (1992), S. 195, 237–238. Die »Datenschutzaspekte hinsichtlich des Sammelns von Daten (Information, Zustimmung, Notwendigkeit und Genauigkeit), hinsichtlich der Nutzung (einschließlich anderer Nutzungen) und hinsichtlich der Dauer der Speicherung erfordern sorgfältiges Überlegen« (S. 238, Fußnote weggelassen).
47. So war die Verabschiedung des Video Privacy Protection Act, 18 USC, § 2701 (1988), eine Reaktion auf die missbräuchliche Beschaffung einer Liste von Filmen, die Richter Robert Bork vor seiner (letztlich gescheiterten) Nominierung zum Richter am Supreme Court in einer Videothek ausgeliehen hatte.
48. Ein System, für das viel Werbung gemacht wird, ist TRUSTe. Wenn eine Website von TRUSTe lizenziert ist, hat sie sich verpflichtet, ihre Praxis im Bereich des Sammelns und Verbreitens von Daten offen zu legen (durch Klicken auf die so genannte »trustmark« lässt sich das nachvollziehen); außerdem wird die Offenlegung durch eine dritte Partei bestätigt; siehe TRUSTe, »Building a Site You Can Believe In«, unter http://www.etrust.org.
49. Siehe Joseph M. Reagle und Lorrie Faith Cranor, »The Platform for Privacy Preferences«, *Communications of the ACM* (Februar 1999), S. 48.
50. Siehe ebenda.
51. Joseph M. Reagle jr., »P3P and Privacy on the Web FAQ, Version 2.0.1«, unter http://www.w3.org./P3P/P3FAQ.html.
52. In seiner gegenwärtigen Form ist das Protokoll noch recht unausgereift. Es fehlt auch eine Verschlüsselung, so dass Benutzerdaten abgefangen werden können; siehe Kenneth Lee und Gabriel Speyer, »Platform for Privacy Preferences Project and Citibank« (1998), zugänglich über Citibank Advanced Development Group, »White Paper: Platform for Privacy Preferences Project (P3P) and Citibank« (22. Oktober 1998), unter http://www13.w3.org/P3P/Lee_Speyer.html. Die größte Herausforderung wird jedoch in der Implementierung liegen. Wenn P3P so in Anwendungen integriert wird, dass eine einfache Kontrolle durch den Nutzer möglich ist, könnte der Versuch erfolgreich sein. Eine gute, ausgeglichene Darstellung standardisierter Datenmodelle findet sich bei Agre und Rotenberg, *Technology and Privacy*, a. a. O.
53. Siehe Guido Calabresi und A. Douglas Melamed, »Property Rules, Liability Rules, and Inalienability: One View of the Cathedral«, *Harvard Law Review* 85 (1972), S. 1089, 1105–1106. Bei Eigentumsregeln muss gemeinschaftlich entschieden werden, wer einen Eigentumstitel erhält, nicht aber, welchen Wert dieser Titel hat … Bei Haftungsregeln ist eine weitere Phase staatlicher Intervention erforderlich; es müssen nicht nur Titel geschützt werden, auch ihre Übertragung oder Aufhebung muss auf der Basis einer Bewertung möglich sein, die nicht von den Parteien selbst, sondern von einem staatlichen Organ vorgenommen wird« (eben-

da, S. 1092). Andrew Shapiro diskutiert einen ähnlichen Gedanken in *The Control Revolution*, a. a. O., S. 158–165.

54. Vgl. Margaret Jane Radin, *Contested Commodities*, Cambridge, Mass., 1996; Martha Nussbaum, »Aristotelian Social Democracy«, in: R. Bruce Douglass u. a. (Hg.), *Liberalism and the Good*, New York 1990, S. 232.
55. Vgl. Margaret Jane Radin, »Property Evolving in Cyberspace«, *Journal of Law and Communications* 15 (1996), S. 509, 524–526.
56. Siehe Marc Rotenberg, »Data Protection in the United States: A Rising Tide?«, Vortrag auf der Nineteenth International Conference of Privacy Data Protection Commissioners, Brüssel, 17.–19. September 1997, unter http://www.privacy.fgov.be/conference/pt1_3.html.
57. Vgl. Breyer, »The Uneasy Case for Copyright«, a. a. O.
58. John Perry Barlow, »The Economy of Ideas«, *Wired* (März 1994), unter http://www.wired.com/wired/archive/2.03/economy.ideas.html.

12. Freie Rede

1. Zwei ausgezeichnete Beispiele sind Owen M. Fiss, *The Irony of Free Speech*, Cambridge, Mass., 1996; und Cass R. Sunstein, *Democracy and the Problem of Free Speech*, New York 1993.
2. Siehe 47 CFR § 73.658(e) (1998); siehe auch Herbert J. Rotfeld u. a., »Television Station Standards for Acceptable Advertising«, *Journal of Consumer Affairs* 24 (1990), S. 392.
3. Siehe §§ 130–131 StGB (Strafgesetzbuch).
4. Entwickelt von der Industrie, aber vor allem von Cyberpunks – von Programmierern, denen der Schutz der Privatsphäre im Cyberspace am Herzen liegt. Eric Hughes schreibt in »A Cyberpunk's Manifesto«, in: Bruce Schneier, *Applied Cryptography*, 2. Aufl., New York 1996, S. 609: »Wir Cyberpunks bemühen uns, anonyme Systeme zu entwickeln. Wir verteidigen unsere Privatsphäre durch Kryptographie, anonyme E-Mail-Systeme, digitale Unterschriften und elektronisches Geld. Cyberpunks schreiben Programme. Wir wissen, dass jemand die Programme zum Schutz der Privatsphäre schreiben muss, und da wir die Privatsphäre nur schützen können, wenn wir alle es tun, schreiben wir diese Programme. Wir veröffentlichen sie, damit andere Cyberpunks sie benutzen und damit spielen können. Unser Code steht allen kostenlos zur Verfügung, weltweit.«
5. John Perry Barlow hat den Spruch in Umlauf gebracht: »Im Cyberspace ist der erste Verfassungszusatz nur ein lokaler Erlass«; »Leaving the Physical World«, unter http://www.eff.org/pub/Publications/John_Perry_Barlow/leaving_the_physical_world.article.
6. Siehe David Rudenstine, *The Day the Presses Stopped: A History of the Pentagon Papers Case*, Berkeley 1996, S. 101, 139.
7. Ebenda, S. 100.

8. Siehe ebenda, S. 2.
9. Siehe ebenda, S. 2, 42.
10. Ebenda, S. 47–63.
11. Sanford J. Ungar, *The Papers and the Papers: An Account of the Legal and Political Battle over the Pentagon Papers*, New York 1989, S. 120; zit. nach Rudenstine, *The Day the Presses Stopped*, a. a. O., S. 92.
12. Siehe ebenda, S. 105.
13. *Near v Minnesota*, 283 US 697, 716 (1931); vgl. *United States v Noriega*, 917 F2d 1543 (11th Cir 1990) (mit der Bestätigung des Urteils, wonach Mitschnitte der Gespräche des Angeklagten mit seinem Anwalt nicht verwendet werden durften, weil dies möglicherweise sein Recht auf einen fairen Prozess beeinträchtigen konnte), cert. denied 498 US 976 (1990) (mit der abweichenden Meinung von Richter Thurgood Marshall).
14. Siehe zum Beispiel *Organization for a Better Austin v Keefe*, 402 US 415, 418–419 (1971); *Bantam Books, Inc., v Sullivan*, 372 US 58, 70 (1963); *Near v Minnesota*, 283 US 697, 713–714.
15. Die Standardargumente sind gut zusammengefasst bei Kathleen M. Sullivan und Gerald Gunther, *First Amendment Law*, New York 1999, S. 339–340: »(1) Es ist leichter für einen Beamten, Meinungsfreiheit durch einen ›Federstrich‹ zu beschränken als durch eine beschwerliche nachträgliche Verfolgung … (2) Zensoren neigen von Berufs wegen zur Zensur und daher zu einer systematischen Überbewertung staatlicher Interessen und einer Unterbewertung der Meinungsfreiheit. (3) Zensoren handeln weniger formal als Richter, so dass Sprecher hier einen geringeren verfahrensrechtlichen Schutz genießen. (4) Im Voraus unterdrückte Gedanken erreichen niemals den Marktplatz der Ideen. (5) Wenn Äußerungen im Voraus unterdrückt werden, gibt es keine empirische Möglichkeit mehr, ihre angebliche Schädlichkeit zu prüfen«; der Text zitiert Thomas Emerson, »The Doctrine of Prior Restraint«, *Law and Contemporary Problems* 20 (1955), S. 648. Eine gute Zusammenfassung dieser verbreiteten Theorie bietet Frederick Schauer, »Fear, Risk, and the First Amendment: Unraveling the ›Chilling Effect‹«, *Boston University Law Review* 58 (1978), S. 685, 725–730.
16. In einem sehr aufschlussreichen Wortwechsel fragte Richter Stewart Professor Bickel nach einem hypothetischen Fall, bei dem die Enthüllung »dazu führt, dass hundert junge Männer zum Tode verurteilt wären, deren einzige Schuld darin besteht, neunzehn Jahre alt zu sein und niedrige Einberufungsnummern zu haben. Was sollten wir tun?« Bickel antwortete: »In solch einem Fall gäbe ich meinen menschlichen Gefühlen den Vorzug gegenüber den eher abstrakten Erwägungen zum ersten Verfassungszusatz«; Peter Irons und Stephanie Guitton (Hg.), *May It Please the Court: The Most Significant Oral Arguments Made Before the Supreme Court Since 1955*, New York 1993, S. 173.
17. Richter Potter Stewart schrieb in der Urteilsbegründung, ein vorsorgliches Verbot

komme nicht in Frage, da er nicht sagen könne, die Veröffentlichung der Pentagon-Papier werde »unserem Land oder unserem Volk mit Sicherheit einen direkten, unmittelbaren und irreparablen Schaden zufügen«; *New York Times Company v United States*, 403 US 713, 730 (1971) (*per curiam*). Nach Ansicht vieler spiegelt diese Äußerung die Haltung des Supreme Court wider; siehe Laurence H. Tribe, *American Constitutional Law*, Meneola, N. Y., 1978, S. 731; Morton H. Halperin und Daniel N. Hoffman, *Top Secret: National Security and the Right to Know*, Washington, D. C., 1977, S. 147, Anm. 22; siehe auch *Alderman v Philadelphia Housing Authority*, 496 F2d, 164, 170 (3d Cir 1974), cert. denied, 419 US 844 (1974) (ein vorläufiges Verbot bedarf eines »zwingenden Beweises«, dass solch ein Verbot »wesentlich für lebenswichtige Interessen des Staates« ist).

18. Siehe *United States v Progressive, Inc.*, 467 FSupp 990 (WDWis 1979); siehe auch L. A. Powe jr., »The H-Bomb Injunction«, *University of Colorado Law Review* 61 (1990), S. 55, 56.
19. Der *Milwaukee Sentinal* und das *Fusion Magazine* hatten Artikel veröffentlicht, die ähnliche Konzepte behandelten; siehe A. DeVolpi u. a., *Born Secret: The H-Bomb, The Progressive Case, and National Security*, New York 1981, S. 102, 106; siehe auch Howard Morland, *The Secret That Exploded*, New York 1981, S. 223, 225–226.
20. Siehe Floyd Abrams, »First Amendment Postcards from the Edge of Cyberspace«, *St. John's Journal of Legal Commentary* 11 (1996), S. 693, 699.
21. Der Leiter des NTSB, Jim Hall, erklärte später, die Untersuchung habe ergeben, dass die Explosion eines Treibstofftanks den Absturz verursacht hätte; siehe »Statement of Jim Hall, Chairman, National Transportation Safety Board«, unter http://www.ntsb.gov/pressrel/980716.htm.
22. Siehe Robert E. Kessler, »TWA Probe: Submarines off Long Island/Sources: But No Link to Crash of Jetliner«, *Newsday*, 22. März 1997, S. A8.
23. Siehe zum Beispiel James Sanders, *The Downing of TWA Flight 800*, New York 1997, S. 131–137; Accuracy in Media u. a., »TWA 800 – Missile Website Roadmap«, unter http://www.angelfire.com/hi/TWA800; Mark K. Anderson, »Friendly Ire«, unter http://www.valleyadvocate.com/articles/twa3.html.
24. Siehe Sanders, *The Downing of TWA Flight 800*, a. a. O., S. 29–30, 75, 70–79, 171–173.
25. Wir können natürlich sagen, das ist falsch wie in dem Satz: »Die Katze lebt und lebt nicht.«
26. Andrew Shapiro untersucht eine besonders kluge Spinnerei; siehe *The Control Revolution*, a. a. O., S. 133–141.
27. Shapiro schreibt: »Wir brauchen vertrauenswürdige Mittler, Menschen, denen wir bestimmte Aufgaben anvertrauen, weil wir ihre Sichtweise und ihr Fachwissen schätzen und wissen, dass sie sich die nötige Zeit nehmen und unabhängig sind«; ebenda, S. 188.
28. Siehe Zucker, »Production of Trust«, a. a. O., S. 63–65.

29. Das amerikanische Recht unterscheidet zwischen *obscenity* und *pornography*; »obszönes« Material steht nicht unter dem Schutz der Verfassung, und sein Transport ist durch Bundesgesetz verboten; siehe 18 USCA § 1462 (1984), ergänzt durch 18 USCA § 1462 (Supp 1999). Im Fall *Miller v California* erläutert der Supreme Court die Kriterien für *obscenity*: »(a) ob ein durchschnittlicher Mensch unter Anwendung der heute in der Gemeinschaft gültigen Maßstäbe zu der Auffassung gelangt, das Material diene sexuell aufreizenden Zwecken; (b) ob das Werk in anstößiger Weise sexuelles Verhalten abbildet oder beschreibt, wie es durch jeweiliges Landesgesetz definiert ist; (c) ob das Werk insgesamt keinen ernsthaften literarischen, künstlerischen, politischen oder wissenschaftlichen Wert besitzt«; *Miller v California*, 413 US 15, 24 (1973) (5-4 decision) rehearing denied, 414 US 881 (1973). *Pornography* steht dagegen unter dem Schutz des ersten Verfassungszusatzes, unterliegt aber der Regulierung durch die Bundesstaaten, soweit es darum geht, Kinder vor schädlichem Material zu schützen, und sofern die Regulierung das Mittel darstellt, das mit dem geringsten Eingriff verbunden ist; siehe *Ginsberg v New York*, 390 US 629, 637–640 (1968). Kinderpornografie kann dagegen auch dann verboten werden, wenn es nicht den Kriterien des Falles Miller entspricht, weil der Staat ein starkes Interesse daran hat, die Ausbeutung von Kindern zu verhindern; siehe *New York v Ferber*, 458 US 747, 764 (1982). Kinderpornografie steht nicht unter dem Schutz der Verfassung; sein Transport ist durch Bundesgesetz verboten; siehe 18 USCA § 2252 (1984), ergänzt durch 18 USCA § 2252 (Supp 1999).
30. Richterin Sandra Day O'Connor nennt mehr als vierzig Bundesstaaten mit solchen Gesetzen in ihrer Urteilsbegründung in *Reno v ACLU*, 521 US 844, 887 n.2.
31. *Ginsberg v New York*, 390 US 629 (1968).
32. Siehe Godwin, *CyberRights*, a. a. O., S. 206–259.
33. Siehe Blake T. Bilstad, »Obscenity and Indecency in a Digital Age: The Legal and Political Implications of Cybersmut, Virtual Pornography, and the Communications Decency Act of 1996«, *Santa Clara Computer and High Technology Law Journal* 13 (1997), S. 321, 336–337.
34. Marty Rimm, »Marketing Pornography on the Information Superhighway: A Survey of 917,410 Images, Descriptions, Short Stories, and Animations Downloaded 8,5 Million Times by Consumers in over 2,000 Cities in Fourty Countries, Provinces, and Territories«, *Georgetown University Law Journal* 83 (1995), S. 1849. Godwin, *CyberRights*, a. a. O., S. 206–259, stellt die Geschichte des Rimm-Artikels dar und beschreibt die wichtigsten Probleme und Folgen der »irreführenden« und »falschen« Behauptungen sowie deren Zurücknahme; siehe auch Jonathan Wallace und Mark Mangan, *Sex, Laws, and Cyberspace*, New York 1996, Kap. 6.
35. Siehe Philip Elmer-DeWitt, »On a Screen Near You: Cyberporn – It's Popular, Pervasive, and Surprisingly Perverse, According to the First Survey of Online Erotica – And There's No Easy Way to Stamp It Out«, *Time*, 3. Juli 1995.

36. 47 USCA § 223(e)(5)(A) (Supp 1999).
37. Das Gesetz wurde (zumindest teilweise) in 521 US 844 (1997) aufgehoben; siehe Eugene Volokh, »Freedom of Speech, Shielding Children, and Transcending Balancing«, *Supreme Court Review* 1997 (1997), S. 141.
38. Siehe *Federal Communications Commission v Pacifica Foundation*, 438 US 726, 748–750 (1978) (Mehrheitsmeinung). Obwohl das Urteil im Fall *Pacifica* heftig kritisiert wurde (siehe Steven H. Shiffrin, *The First Amendment, Democracy, and Romance*, Cambridge, Mass., 1990, S. 80), hatte es auch weiterhin im Bereich des Rundfunks erhebliche Bedeutung; siehe Jonathan Weinberg, »Cable TV, Indecency, and the Court«, *Columbia-VLA Journal of Law and the Arts* 21 (1997), S. 95.
39. Siehe *Gentile v State Bar of Nevada*, 501 US 1030, 1048–1051 (1991) (vage Regulierungen der Meinungsfreiheit sind unzulässig wegen der Gefahr, dass sie von Meinungsäußerungen abschrecken); *Dombrowski v Pfister*, 380 US 479, 494 (1965) (Abschreckung von Meinungsäußerungen).
40. Eine umfangreichere Diskussion dieses Systems findet sich bei Lawrence Lessig und Paul Resnik, »The Architectures of Mandated Access Controls«, *Michigan Law Review* (1999).
41. 47 USC § 230 (Supp 1999). Charles Nesson und David Marglin meinen, die Verfassungsmäßigkeit beider Gesetze werde sich mit der Zeit ändern. Wenn sie anfangs nicht verfassungsgemäß gewesen sein sollten, werde die technologische Entwicklung schon bald für ihre Verfassungsmäßigkeit sorgen; siehe Charles Nesson und David Marglin, »The Day the Internet Met the First Amendment: Time and the Communications Decency Act«, *Harvard Journal of Law and Technology* 10 (1996), S. 113.
42. Siehe World Wide Web Consortium, »Platform for Internet Content Selection (PICS)«, unter http://www.w3.org/PICS.
43. Siehe Diane Roberts, »On the Plurality of Ratings«, *Cardozo Arts and Entertainment Law Journal* 15 (1997), S. 105, 113–115.
44. Paul Resnick, »PICS-Interest@w3.org, Moving On«, 20. Januar 1999, unter http://www.w3.org/Archives/Public/pics-interest/1999Jan/0000.html: ders., »Filtering Information on the Internet«, *Scientific American* 106 (März 1997), auch unter http://www.sciam.com/0397issue/0397resnick.html; ders., »PICS and Intellectual Freedom FAQ«, unter http://www.w3.org/PICS/PICS-FAQ-980126.html; ders. und Jim Miller, »PICS: Internet Access Controls Without Censorship«, *Communications of the ACM* 39 (1996), S. 87, auch unter http://www.w3.org/PICS/iacwcv2.htm; Jim Miller, Paul Resnick u. a., »PICS 1.1 Rating Services and Rating Systems – and Their Machine-Readable Descriptions«, 31. Oktober 1996, unter http://www.w3.org/TR/REC-PICS-services; Tim Krauskopf, Paul Resnick u. a., »PICS 1.1 Label Distribution – Label Syntax and Communication Protocols«, 31. Oktober 1996, unter http://www.w3.org/TR/REC-PICS-labels; Christopher Evans, Paul Resnick u. a., »W3C Recommendation: PICS Rules 1.1, REC-

PICS, Rules-971229«, 29. Dezember 1997, unter http://www.w3.org/TR/REC-PICSRules.

45. Siehe Jonathan Weinberg, »Rating the Net«, *Hastings Communications and Entertainment Law Journal* 19 (1997), S. 453, 478, Anm. 108.

46. Siehe zum Beispiel die Empfehlung des Center for Democracy and Technology für Systeme, die es den Eltern ermöglichen, ihre Kinder durch Bewertungssysteme und Sperrsoftware zu schützen, im Gegensatz zu den Vorschlägen der Regierung im »Internet Family Empowerment White Paper«, 16. Juli 1997, unter http://www.cdt.org/speech/970716empower.html.

47. Diese These ist natürlich zu stark. Die Site könnte beim Sperren auch täuschen, so dass der Nutzer meint, Zugang zu erhalten, aber nicht zu den Dingen Zugang erhält, die er eigentlich sucht.

48. Richard Thompson Ford, »The Boundaries of Race: Political Geography in Legal Analysis«, *Harvard Law Review* 107 (1994), S. 1841, 1844, schreibt, die Grenzen der Jurisdiktionen zementierten Rassentrennung und Ungleichheit; Gerald E. Frug, »Universities and Cities«, *Connecticut Law Review* 30 (1998), S. 1199, 1200, beschreibt, wie sich die Universitäten gegen die Armut in ihrer Umgebung abschotten, und meint, sie sollten solche Grenzen kritisieren; Lani Guinier, »More Democracy«, *University of Chicago Legal Forum* 1995 (1995), S. 1, 3, tritt für eine die Rassenschranken überschreitende, auf Partizipation ausgerichtete Demokratie ein, die erfordert, dass alle sich für die Anschauungen anderer interessieren und vertraut mit ihnen sind.

49. Siehe *Regents of the University of California v Bakke*, 438 US 265, 312 (1978) (Richter Lewis F. Powell, Zitat aus *Keyishian v Board of Regents*, 385 US 589, 603 [1967]: »Die Zukunft des Landes hängt davon ab, dass seine Führer in ihrer Ausbildung jenem robusten Gedankenaustausch ausgesetzt sind, der die Wahrheit eher in der ›Vielzahl der Stimmen‹ findet als in einer autoritativen Auswahl«).

50. Siehe Fiss, *The Irony of Free Speech*, a. a. O., S. 3, 37–38; Sunstein, *Democracy and the Problem of Free Speech*, a. a. O., S. xvi–xx. Andrew Shapiros starke Analyse der Sunsteinschen Position passt eher zu den Realitäten des Netzes; siehe *The Control Revolution*, a. a. O., S. 107–112.

51. Ithiel de Sola Pool, *Technologies Without Boundaries: On Telecommunications in a Global Age*, hg. von Eli M. Noam, Cambridge, Mass., 1990, S. 15.

52. Siehe Geoffrey R. Stone, »Imagining a Free Press«, *Michigan Law Review* 90 (1992), S. 1246, 1264.

53. Siehe jedoch Thomas G. Krattenmaker und L. A. Powe jr., »Converging First Amendment Principles for Converging Communications Media«, *Yale Law Journal* 104 (1995), S. 1719, 1735. Sie meinen, nach den Grundsätzen des ersten Verfassungszusatzes dürfe nur der Verbraucher und nicht der Staat die konsumierten Inhalte im Bereich der neuen Medien kontrollieren; Sunstein, »The First Amendment in Cyberspace«, *Yale Law Journal* 104 (1995), S. 1757, 1765, ist gleichfalls

der Ansicht, mit den neuen Medien entstünden neue Bereiche, in denen die Prinzipien des ersten Verfassungszusatzes nach dem Verständnis Madisons anzuwenden seien.

54. Eine frühe und außergewöhnliche Arbeit, die sich mit der komplexen Frage nach dem Besitz von Information befasst, ist Anne Wells Branscomb, *Who Owns Information?: From Privacy to Public Access*, New York 1994. Ich gelange zu anderen Schlüssen als sie, aber ich stimme ihr zu, dass »Besitz« in verschiedenen Bereichen der Information auch verschieden zu bewerten ist. Ein ähnliches Thema behandelt James Boyle in *Shamans, Software, and Spleens*, a. a. O.
55. Siehe 47 CFR § 73.277 (1998).
56. 47 USCA §§ 81–119 (1927) (durch den Communications Act von 1934 aufgehoben).
57. Siehe *Red Lion Broadcasting Company v Federal Communications Commission*, 395 US 367, 375–377 (1969); *National Broadcasting Company v United States*, 319 US 190, 212–213 (1943). Thomas Hazlett kritisiert überzeugend Frankfurters Geschichte der Entstehung und Rechtfertigung der Rundfunkregulierung durch die FCC; siehe *Physical Scarcity*, a. a. O.
58. Siehe *Turner Broadcasting System, Inc. v Federal Communications Commission*, 512 US 622, 637–638 (1997); siehe auch Huber, *Law and Disorder in Cyberspace*, a. a. O.
59. Siehe *National Broadcasting Company, Inc. v Columbia Broadcasting System*, a. a. O., 213.
60. Siehe Huber, *Law and Disorder in Cyberspace*, a. a. O., S. 28–34. Die dominierende Stimme in dieser Debatte ist Thomas W. Hazlett, der sich entschieden gegen die Lizenzvergabe und für eine Versteigerung ausgesprochen hat. Besonders gut sind seine Arbeiten zur Geschichte des Radio Act; siehe zum Beispiel »Assigning Property Rights to Radio Spectrum Users: Why Did FCC License Auctions Take Sixty-seven Years?«, *Journal of Law and Economics* 41 (1998), S. 529; ders., »Oak Leaves and the Origins of the 1927 Radio Act: Comment«, *Public Choice* 95 (1998), S. 277; ders., »Physical Scarcity, Rent Seeking, and the First Amendment«, *Columbia Law Review* 97 (1997), S. 905; ders., »The Rationality of U. S. Regulation of the Broadcast Spectrum«, *Journal of Law and Economics* 33 (1990), S. 133; ders. und David Sosa, »Was the Fairness Doctrine a ›Chilling Effect‹?: Evidence from the Postderegulation Radio Market«, *Journal of Legal Studies* 26 (1997), S. 279. Eine andere geschichtliche Darstellung bieten Morton I. Hamburg und Stuart N. Brotman, *Communications Law and Practice*, Bd. 1, New York 1995, S. 5–8. Ithiel de Sola Pool trat schon früh für eine ähnliche Position ein wie Hazlett; siehe *Technologies Without Boundaries*, a. a. O., S. 108–188.
61. Siehe Ronald H. Coase, »The Federal Communications Commission«, *Journal of Law and Economics* 2 (1959), S. 1.
62. Siehe Patrick M. Garry, *Scrambling for Protection: The New Media and the First Amendment*, Pittsburgh 1994, S. 97–106.

63. Es gibt eine Argumentation für eine andere Behandlung der »Presse« nach dem ersten Verfassungszusatz, auch wenn der Supreme Court diese abweichende Rechtsprechung noch nicht entwickelt hat. Richter Potter Stewart hat die Möglichkeiten dieser Argumentation in »Or of the Press«, *Hastings Law Journal* 26 (1975), S. 631, skizziert, und im Internet erhält sie eine ganz neue Bedeutung. Eine überzeugende Darstellung findet sich bei Garry, *Scrambling for Protection*, a. a. O., S. 107–121.
64. Siehe Hazlett, »Physical Scarcity«, a. a. O., S. 911–912; Anna Couey, »The Birth of Spread Spectrum«, unter http://www.sirius.be/lamarr.htm. Ein wichtiger Grund für die Knappheit der Frequenzen ist ihre schlechte Ausnutzung; siehe de Sola Pool, »Technologies Without Boundaries«, a. a. O., S. 42–45.
65. Die (für Juristen) umfangreichste Diskussion dieser Technologie bietet Yochai Benkler, »Overcoming Agoraphobia«, a. a. O., S. 287. Er beschreibt die technologische Veränderung; sie »basiert auf verschiedenen Techniken wie Bandspreizung, Code Division Multiple Access, Time Division Multiple Access, Frequency Hopping und Paketvermittlung, die es mehreren Nutzern gestatten, gleichzeitig auf derselben Frequenz zu kommunizieren. Einige dieser Technologien ergänzen einander, andere konkurrieren miteinander. Wichtig an diesen Technologien ist die Tatsache, dass sie dem Lizenzsystem und der Privatisierung den Boden entziehen. Bei diesen Technologien ist es nicht mehr notwendig, einzelnen Personen das Recht auf ein Frequenzband zu überlassen, damit eine störungsfreie Kommunikation überhaupt möglich ist« (S. 324, Fußnote weggelassen). Im Anhang zu diesem Aufsatz werden die betreffenden Technologien dargestellt: Bandspreizung (S. 395), Time Division Multiple Access (TDMA) (S. 397), und Frequency Hopping (S. 399). Eine Darstellung des Code Division Multiple Access und des Frequency Division Multiple Access findet sich bei Ted Stevens, »Regulation and Licensing of Low-Earth-Orbit-Satellites«, *Santa Clara Computer and High Technology Law Journal* 10 (1994), S. 401.
66. Das Ethernet funktioniert genau so. Die Daten des Ethernet-Netzes werden in alle Computer geleitet; die Computer sichten die Daten und suchen die heraus, die für sie bestimmt sind. Darin liegt natürlich auch eine Sicherheitslücke – man kann die Sichtung ausweiten und Pakete öffnen, die für andere Computer bestimmt sind; siehe Loshin, *TCP/IP Clearly Explained*, a. a. O., S. 44–46.
67. Siehe Yochai Benkler und Lawrence Lessig, »Net Gains«, *New Republic*, 14. Dezember 1998.
68. Dieses Argument dürfte auf Eli Noam zurückgehen; siehe »Spectrum Auctions: Yesterday's Heresy, Today's Orthodoxy, Tomorrow's Anachronism – Taking the Next Step to Open Spectrum Access«, *Journal of Law and Economics* 41 (1998), S. 765. Benkler hat es ein wenig aufgepeppt (kritisch, wie ich meine), indem er das Gemeineigentum ins Spiel bringt. Einen außerordentlich kraftvollen Anstoß zu einem ähnlichen politischen (wenn nicht technologischen) Ziel gibt Eben

Moglen, »The Invisible Barbecue«, *Columbia Law Review* 97 (1997), S. 945. Moglen verweist auf die mangelnde Debatte über die sozialen und politischen Folgen der Aufteilung von Telekommunikationsrechten beim »Großen Barbecue« und zieht Parallelen zur Verteilung der Gewinnchancen und Privilegien in der großen Zeit des Eisenbahnbaus.

14. Souveränität

1. Siehe Stephen Holmes, »What Russia Teaches Us Now; How Weak States Threaten Freedom«, *American Prospect*, Juli–August 1997, S. 30.
2. Siehe *Restatement (Third) Of Foreign Relations Law* (1986), § 402(2) und Kommentar (e).
3. Child Sexual Abuse Prevention Act, 18 USC § 2423(b) (1994). Siehe Margaret A. Healy, »Prosecuting Child Sex Tourists at Home: Do Laws in Sweden, Australia, and the United States Safeguard the Rights of Children as Mandated by International Law?«, *Fordham International Law Journal* 18 (1995), S. 1852, 1902–1912.
4. Siehe Bill Grantham, »America the Menace: France's Feud With Hollywood«, *World Policy Journal* 15, Nr. 2 (Sommer 1998), S. 58; Chip Walker, »Can TV Save the Planet?«, *American Demographics* (Mai 1996), S. 42.
5. Zwei TV-Serien, die zu den meistgesehenen der Welt gehören; siehe Henry Goldblatt, »The Universal Appeal of Schlock«, *Fortune*, 12. Mai 1997, S. 32.
6. Akhil Reed Amar, »Of Sovereignty and Federalism«, *Yale Law Journal* 96 (1987), S. 1425, 1430–1431.
7. U. S. Constitution, art VI, cl.2.
8. Siehe zum Beispiel David R. Johnson und David Post, »Law and Borders: The Rise of Law in Cyberspace«, *Stanford Law Review* 48 (1996), S. 1367, 1369–1376.
9. Ebenda, S. 1379–1380.
10. Siehe Jack Goldsmith, »Against Cyberanarchy«, *University of Chicago Law Review* 65 (1998), S. 1199; ders., »The Internet and the Abiding Significance of Territorial Sovereignty«, *Indiana Journal of Global Legal Studies* 5 (1998), S. 475; siehe auch David Johnston, Sunny Handa und Charles Morgan, *Cyberlaw: What You Need to Know About Doing Business Online*, Toronto 1997, Kap. 10. Allen R. Stein, »The Unexceptional Problem of Jurisdiction in Cyberspace«, *The International Lawyer* 32 (1998), S. 1167, schreibt, die Jurisdiktionsprobleme im Cyberspace seien dieselben, wie man sie im internationalen Recht des realen Raums findet.
11. Siehe Litman, »Revising Copyright Law for the Information Age«, a. a. O., S. 38–39.
12. Ebenda.
13. Katie Hafner und Matthew Lyon, *Where Wizards Stay Up Late*, a. a. O., S. 190, schreiben: »Die besten Hacker waren Profis. Zudringliche oder gar böswillige Nutzer gab es anfangs offenbar nicht, und später sprach man allgemein von

bloßen ›Randerscheinungen‹. Es dauerte fast ein Jahrzehnt, bis die Bezeichnung ›Hacker‹ mit einem negativen Vorzeichen versehen wurde.«

14. Vgl. Bruce Sterling, *The Hacker Crackdown: Law and Disorder on the Electronic Frontier*, New York 1992, S. 55–57.
15. Siehe Kaare Christian und Susan Richter, *The UNIX Operating System*, 3. Aufl., New York 1994, S. 5–8.
16. Siehe zum Beispiel Allen H. Lipis u. a., *Electronic Banking*, New York 1985, S. 159–187.
17. So brach einmal der deutsche Hacker Peter Carl in das Rechnersystem des amerikanischen Verteidigungsministeriums ein, und später folgte ein autorisierter Einbruchsversuch, der die Verletzlichkeit des Systems demonstrieren sollte; siehe Katie Hafner und John Markoff, *Cyberpunk: Outlaws and Hackers on the Computer Frontier*, New York 1991, S. 173–179, 266.
18. Sein Vater Robert Morris sen. war damals Experte der NSA für Datensicherheit; siehe ebenda, S. 253–341.
19. Es gibt auch eine kommerzielle Version, für die natürlich ständig Updates geliefert werden.
20. Siehe Computer Fraud and Abuse Act, 18 USC § 1030(a)(5)(A) (1988); gegenwärtig gültige Fassung 18 USC § 1030(a)(5)(A) (1994), ergänzt durch 18 USC 1030(a)(5)(A) (Supp II 1996).
21. *United States v Morris*, 928 F2d 504, 506 (2d Cir 1991).
22. Julian Dibbell, »The Prisoner: Phiber Optik Goes Directly to Jail«, *Village Voice*, 12. Januar 1994, unter http://www.levity.com/julian/phiber.html.
23. Siehe *United States v LaMaccia*, 871 FSupp 535 (DMass 1994); siehe auch Mitchell Zuckoff, »Software Piracy Charges Dismissed Against Student«, *Boston Globe*, 30. Dezember 1994, S. 1; *United States v LaMaccia*, memorandum of decision and order on defendant's motion to dismiss, 28. Dezember 1994, unter http://photo.net/dldf/dismiss-order.html.
24. Siehe *Steve Jackson Games, Inc. v U. S. Secret Service*, 36 F3d 457 (5th Cir 1994); siehe auch Joe Abernathy, »Trial Set This Week in Computer Case; Publisher Sues Secret Service«, *Houston Chronicle*, 18. Januar 1993, S. 13.
25. Dennoch gibt es inzwischen eine gewisse Renaissance der Hacker – im Unterschied zu den »Crackers« –, zumindest unter Hackern, die von sich behaupten, politische oder soziale Ziele zu verfolgen; siehe zum Beispiel Jim Kerstetter, »A Reprieve for ›Ethical Hacking‹«, *PC Week Online*, 20. Juli 1998, unter http://www.zdnet.com/zdnn/stories/zdnn_display/0,3440,337644,00.html; Alex Wellen, »›Cracker‹ Term Gains Acceptance by Media«, ZDTV, 19. Mai 1998, unter http://www.zdnet.com/zdnn/content/zdtv/0519/317307.html.
26. Siehe Alan Schwartz, »The Default Rule Paradigm and the Limits of Contract Law«, *Southern California Interdisciplinary Law Journal* 3 (1993), S. 389.
27. Siehe Goldsmith, »Against Cyberanarchy«, a. a. O., S. 1205–1212.

28. *ProCD, Inc. v Zeidenberg*, 86 F3d 1447, 1453–1455 (7th Cir 1996).
29. »Das Ausschlussrecht des Grundstücksbesitzers ›gehört zu den wichtigsten Momenten in dem Bündel von Rechten, die das Eigentum gemeinhin charakterisieren‹«; *Loretto v Teleprompter Manhattan CATV Corporation*, 458 US 419, 433 (1982) (Zitat aus *Kaiser Aetna v United States*, 444 US 164, 176 [1979]); siehe auch *Cape Cod Nursing Home Council v Rambling Rose Rest Home*, 667 F2d 238 (1st Cir 1981) (Organisationen, die Zugang zu Heimen suchen, um die Bewohner über ihre Dienstleistungen zu informieren, können abgewiesen werden); *Asociacion Trabajadores Agricolas de Puerto Rico v Green Giant Company*, 518 F2d 130 (3d Cir 1975) (Gewerkschaftsvertreter können aus firmeneigenem Wohnheim für Wanderarbeiter ferngehalten werden); vgl. *Kaiser Aetna v United States*, 444 US 164 (1979) (öffentlichen Zugang zu einem Privatstrand zu verlangen ist ein unerlaubter Eingriff).
30. Siehe zum Beispiel *Laguna Publishing Company v Golden Rain Foundation*, 131 CAL App3d 816, 845, 182 Calif Rptr 813 839 (1982) (die Konkurrenten einer Lokalzeitung können Werbeexemplare nur per Post versenden); *Guttenberg Taxpayers and Rentpayers Association v Galaxy Towers Condominium Association*, 297 NJSuper 404, 410–411, 688 A2d 156, 159 (NJSupCtChDiv) aff'd 297 NJSuper 309, 688 A2d 108 (NJ-SupCtAppDiv 1996) (wonach die Verteilung politischer Werbung an die Bewohner eines Mietkomplexes nur per Post erfolgen kann).
31. Der Leser mag sich fragen, ob diese Art von Cyberspacebeziehung mehr ist als »Telefonsex«. Ja. Die Intensität solcher Beziehungen geht weit über das Keuchen des Telefonliebhabers hinaus; siehe Julian Dibbell, »Keys to the Kingdom: Cryptography, the Black Art of Spies and Diplomats, Moves Center Stage on the Net«, *Time*, 11. November 1996, S. TD38 ff. »Das beweist aber auch, dass manche Formen von Arithmetik an jedem Punkt im Spektrum menschlichen Erlebens tief in unser Leben hineinreichen können – in unseren politischen Wettbewerb, in unsere Geschäfte und, wie jeder weiß, der einer Geliebten einmal eine E-Mail geschickt hat, in die intimsten Winkel unseres Gefühlslebens.«
32. Timothy S. Wu zeichnet ein ausgeglicheneres Bild der Bedingungen, unter denen Souveränität existiert; siehe »Cyberspace Sovereignty: The Internet«, *Harvard Journal of Law and Technology* 10 (1997), S. 647.
33. David R. Johnson und David Post sprechen sich zwar nicht grundsätzlich gegen den Staat aus, bevorzugen aber dezentrale Normen, die sich einer von oben nach unten gerichteten Kontrolle entziehen; siehe zum Beispiel »And How Shall the Net Be Governed?: A Meditation on the Relative Virtues of Decentralized, Emergent Law«, in: Brian Kahin und James H. Keller (Hg.), *Coordinating the Internet*, Cambridge, Mass., 1997, S. 62. Ich habe mich mit den Mitteln des Regierens im Cyberspace nicht befasst, soweit diese Mittel nicht in der Architektur und im Code enthalten sind. Meine Aufmerksamkeit gilt vor allem den Werten.
34. Siehe Judith N. Shklar, *American Citizenship: The Quest for Inclusion*, Cambridge, Mass., 1991, S. 25–62; James A. Gardner, »Liberty, Community, and the Consti-

tutional Structure of Political Influence: A Reconsideration of the Right to Vote«, *University of Pennsylvania Law Review* 145 1997), S. 893; Chandler Davidson und Bernard Grofman (Hg.), *Quiet Revolution in the South*, Princeton, N. J., 1994, S. 21–36.

35. Siehe Lani Guinier, *The Tyranny of the Majority: Fundamental Fairness in Representative Democracy*, New York 1994; Richard Thompson Ford, »Beyond Borders: A Partial Response to Richard Briffault«, *Stanford Law Review* 48 (1996), S. 1173; ders., »Geography and Sovereignty: Jurisdictional Formation and Racial Segregation«, *Stanford Law Review* 49 (1997), S. 1365; Jerry Frug, »Decentering Decentralization«, *University of Chicago Law Review* 60 (1993), S. 253; ders., »The Geography of Community«, *Stanford Law Review* 48 (1996), S. 1047.

36. Siehe Michael Walzer, *Spheres of Justice: A Defense of Pluralism and Equality*, New York 1983.

37. Siehe Charles M. Tiebout, »A Pure Theory of Local Expenditures«, *Journal of Political Economy* 64 (1956), S. 416; siehe auch Clayton P. Gillette, *Local Government Law: Cases and Materials*, Boston 1994, S. 382; Vicki Been, »›Exit‹ as a Constraint on Land Use Exactions: Rethinking the Unconstitutional Conditions Doctrine«, *Columbia Law Review* 91 (1991), S. 473, 514–528.

38. Siehe David G. Post, »Governing Cyberspace«, *Wayne Law Review* 43 (1996), S. 155; ders., »The New Electronic Federalism«, *American Lawyer* (Oktober 1996), S. 93; ders., »The ›Unsettled Paradox‹: The Internet, the State, and the Consent of the Governed«, *Indiana Journal of Global Legal Studies* 5 (1998), S. 521, 539; David R. Johnson und Kevin A. Marks, »Mapping Electronic Data Communications onto Existing Legal Metaphors: Should We Let Our Conscience (and Our Contracts) Be Our Guide?«, *Villanova Law Review* 38 (1993), S. 487; Johnson und Post, »Law and Borders«, a. a. O.; David G. Post, »Anarchy, State, and the Internet: An Essay on Law-Making in Cyberspace«, *Journal of Online Law* (1995).

39. Siehe Phillip E. Areeda u. a., *Antitrust Law*, Bd. 2A, Boston 1995, S. 85–87.

40. Siehe Post, »Anarchy, State, and the Internet«, a. a. O., S. 29–30.

41. In der Vergangenheit traf das auf die MUDs nicht ganz zu. Bei kleineren Gemeinschaften gab es Portals, die es gestatteten, Figuren von einem MUD zum anderen mitzunehmen. Bekannte MUD-Figuren erlangten so in mehreren Gemeinschaften Berühmtheit, und es galt als unanständig, die Namen bekannter MUD-Figuren zu nehmen, selbst wenn sie einem anderen MUD angehörten. Mit wachsender Größe der MUD-Welt hat das Mitnehmen von Figuren jedoch an Bedeutung verloren. Bei den Gemeinschaften handelt es sich heute um bloße Assoziationen, und Assoziationen transferieren nicht.

42. Ich behaupte nicht, die Situation könne nicht anders sein. Wir könnten uns durchaus Bereiche im Cyberspace vorstellen, in denen man problemlos zwischen Gemeinschaften wechseln kann. Ich spreche hier nur über den heutigen Cyberspace.

43. Siehe Post, »Anarchy, State, and the Internet«, a. a. O., S. 82–83, 100.

44. Ebenda, S. 100.

45. Siehe zum Beispiel George A. Bermann, »Taking Subsidiarity Seriously: Federalism in the European Community and the United States«, *Columbia Law Review* 94 (1994), S. 331; Albert Breton u. a., »Decentralization and Subsidiarity: Toward a Theoretical Reconciliation«, *University of Pennsylvania Journal of International Economic Law* 19 (1998), S. 21; Clayton P. Gillette, »The Exercise of Trumps by Decentralized Governments«, *Virginia Law Review* 83 (1997), S. 1347.

46. Siehe zum Beispiel George A. Bermann, »Subsidiarity and the European Community«, *Hastings International and Comparative Law Review* 17 (1993), S. 97, 103, 105; ders., »Taking Subsidiarity Seriously«, a. a. O., S. 452–453.

47. Oder zumindest drei von vier Regionen der frühen Vereinigten Staaten hatten diese Geschichte gemeinsam; siehe Fisher, *Albion's Seed*, a. a. O., S. 827–828.

48. In Artikel V der amerikanischen Verfassung heißt es (ein wenig dunkel), es dürfe »vor dem Jahr eintausendachthundertacht kein Verfassungszusatz verabschiedet werden, der in irgendeiner Weise die erste und vierte Klausel im neunten Abschnitt des ersten Artikels betrifft«. In diesen Klauseln heißt es: »(1) Die Wanderung oder der Import von Personen, die einer der existierenden Staaten zuzulassen für richtig hält, darf vor dem Jahr eintausendachthundertacht nicht vom Kongress verboten werden; er darf jedoch eine Steuer oder Abgabe auf solche Importe erheben, die zehn Dollar pro Person nicht überschreitet«; und »(4) Eine Kopfsteuer oder eine andere direkte Steuer darf nur nach Maßgabe der wie vorstehend durchzuführenden Volkszählung erhoben werden.«

49. Siehe John F. Kennedy, *Profiles in Courage*, New York 1956; dt.: *Zivilcourage*, Wien 1960, Kap. III.

50. So verpflichtete sich das World Wide Web Consortium, bei der Entwicklung von PICS sowohl hinsichtlich der Werte als auch hinsichtlich der Anbieter Neutralität zu wahren; siehe »Platform for Internet Content Selection (PICS)«, unter http://www.w3.org/PICS.

51. Siehe World Intellectual Property Organization, »Final Report of the WIPO Internet Domain Name Process«, 30. April 1999, unter http://wipo2.wipo.int/process/eng/final_report.html.

52. Zit. nach Brin, *The Transparent Society*, a. a. O., S. 218. Eine ausgezeichnete Darstellung der allgemeineren Frage findet sich bei A. Michael Froomkin, »The Internet as a Source of Regulatory Arbitrage«, in: Brian Kahin und Charles Nesson (Hg.), *Borders in Cyberspace: Information Policy and the Global Information Infrastructure*, Cambridge, Mass., 1997, S. 129. Froomkin betrachtet sowohl die technologischen Voraussetzungen als auch die zu erwartenden Grenzen der Entscheidungsfreiheit im Netz.

53. Einen ähnlichen Gedanken äußert auch Ethan Katsh in »Software Worlds and the First Amendment«, a. a. O., wenn er sagt, die Gesetzgeber würden bald die Flexibilität und die Regulierungsmöglichkeiten des Codes erkennen. Ebenso argumen-

tiert Tim Wu in »Cyberspace and the International System«, a. a. O. Eine einfallsreiche Darstellung der föderalen Struktur, die sich im Cyberspace entwickeln könnte, findet sich bei Dan L. Burk, »Federalism in Cyberspace«, *Connecticut Law Review* 28 (1996), S. 1095. Burks Analyse orientiert sich am amerikanischen Modell, lässt sich aber auch auf den internationalen Bereich übertragen.

54. Manche sehen in den Grundwerten der Verfassung Einschränkungen der Effizienz; siehe Brin, *The Transparent Society*, a. a. O., S. 223, der Godwin zitiert: »Die Staaten müssen einen Teil der Effizienz opfern, um diese Rechte zu bewahren.«

15. Das Problem, vor dem wir stehen

1. *Missouri v Holland*, 252 US 416, 433 (1920).
2. Siehe zum Beispiel Jack N. Rakove, *Original Meanings: Politics and Ideas in the Making of the Constitution*, New York 1996, S. 289–290; für ein anderes Verständnis der Bill of Rights siehe Akhil Reed Amar, »The Bill of Rights as a Constitution«, *Yale Law Journal* 100 (1991), S. 1131.
3. Das heißt nicht, dass nicht manche Aspekte des Gleichheitsgedankens in den nach dem Bürgerkrieg hinzugekommenen Verfassungszusätzen an frühere Vorstellungen anknüpften. So beriefen die Gegner der Sklaverei sich gerne auf die in der Unabhängigkeitserklärung behauptete Gleichheit aller Menschen; siehe Trisha Olson, »The Natural Foundation of the Privileges or Immunities Clause of the Fourteenth Amendment«, *Arkansas Law Review* 48 (1995), S. 347, 364. Ein Verfassungszusatz kann aber auch dann transformativ sein, wenn er lediglich an die Vergangenheit anknüpft und sie wiederherstellt – wie Deutschland es etwa nach dem Zweiten Weltkrieg getan hat.
4. Siehe *Plessy v Ferguson*, 163 US 537 (1896).
5. Siehe A. Leon Higginbotham jr., »Racism in American and South African Courts: Similarities and Differences«, *New York University Law Review* 65 (1990), S. 479, 495–496.
6. Diese Gesetze ließen Zwangsarbeit zur Tilgung von Schulden zu; siehe *Bailey v Alabama*, 219 US 219 (1911) (mit der Aufhebung der Peonage-Gesetze unter Hinweis auf den dreizehnten Verfassungszusatz).
7. *Brown v Board of Education*, 347 US 483 (1954).
8. Siehe zum Beispiel *Dennis v United States*, 341 US 494 (1951) (mit der Bestätigung von Verurteilungen auf Grund des Smith Act, der bestimmte Aktivitäten der Kommunistischen Partei untersagte).
9. Siehe *Korematsu v United States*, 323 US 214 (1944).
10. Siehe zum Beispiel John Hart Ely, *Democracy and Distrust: A Theory of Judicial Review*, Cambridge, Mass., 1980.
11. Ich habe die Sicherheit amerikanischer Gerichte etwas übertrieben. Ein Vorfall mit dem Richter am District Court Harold Baer legt die Annahme nahe, dass

auch weiterhin eine gewisse Unsicherheit besteht, vor allem im Zusammenhang mit dem Krieg gegen die Drogen. Baer ließ einen Angeklagten frei, nachdem er eine Hausdurchsuchung für illegal erklärt hatte, bei der 80 Pfund Rauschmittel gefunden worden waren; Don Van Natta jr., »Judge's Drug Ruling Likely to Stand«, *New York Times*, 28. Januar 1996, S. 27. Präsidentschaftskandidat Robert Dole griff diese Entscheidung an und forderte Baers Absetzung; Katharine Q. Seelye, »A Get Tough Message at California's Death Row«, *New York Times*, 24. März 1996, S. 29. Präsident Clinton schaltetet sich ein und erklärte, er werde Baer zum Rücktritt auffordern, falls er seine Entscheidung nicht revidiere; Allison Mitchell, »Clinton Pressing Judge to Relent«, *New York Times*, 22. März 1996, S. 1. Daraufhin revidierte Baer seine Entscheidung; Don Van Natta jr., »Under Pressure, Federal Judge Reverses Decision in Drug Case«, *New York Times*, 2. April 1996, S. 1. Der erste Vorsitzende des Second Circuit Court of Appeals Jon Newman kritisierte zusammen mit anderen Richtern Doles Kritik an Baer und erklärte, Dole sei »zu weit« gegangen; Don Van Natta jr., »Judges Defend a Colleague from Attacks«, *New York Times*, 29. März 1996, S. B1. Bürger der Sowjetunion dürften das Muster wiedererkennen.

12. Das Selbstverständnis des Gerichts beschreibe ich genauer in: Lessig, »Translating Federalism«, a. a. O.
13. Robert H. Bork, *The Antitrust Paradox: A Policy at War with Itself*, New York 1978, S. 83.
14. Siehe zum Beispiel Felix Frankfurter, *The Commerce Clause Under Marshall, Taney, and Waite*, Chapel Hill 1937, S. 82.
15. Der Unterschied zwischen einer angezweifelten Rechtsgrundlage und einem politischen Urteil ist in Wirklichkeit etwas komplizierter. Ich beschreibe ihn genauer in: Lawrence Lessig, »Fidelity and Constraint«, *Fordham Law Review* 65 (1997), S. 1365.
16. *ACLU v Reno*, 929 FSupp 824 (EDPa 1996); *Shea v Reno*, 930 FSupp 916 (SDNY 1996).
17. Siehe dazu Lessig, »Fidelity and Constraint«, a. a. O.
18. Man könnte durchaus argumentieren, während der Weltwirtschaftskrise sei der Supreme Court gut beraten gewesen, wenn er sich dem Kongress beugte; siehe zum Beispiel Sunstein, *Democracy and the Problem of Free Speech*, a. a. O., S. 39.
19. Fischer (*Albion's Seeds*) zeigt, dass die Stadtplanung in den Vereinigten Staaten europäischen Vorbildern folgte.
20. David P. Currie, *The Constitution of the Federal Republic of Germany*, Chicago 1994, S. 182–187.
21. Dieses System verbindet einen Internetnamen (z. B. »cyber.law.harvard.edu«) mit einer Internetprotokoll-Adresse (z. B. 128.12.12.01). Domain-Namen werden heute meist bei der Firma Network Solutions registriert. Ist der Name noch frei, wird er einem bestimmten Server zugeordnet.

22. *Payne v Tennessee*, 501 US 808, 844 (1991) (mit der abweichenden Meinung von Richter Thurgood Marshall).
23. 1999 entdeckte man, dass Word-Dokumente bei einer bestimmten Version von Microsoft Word mit einer eindeutigen Identifizierung versehen wurden. Microsoft lieferte daraufhin ein Upgrade, mit dem man diese Identifizierungsdaten entfernen konnte.

16. Antworten

1. Deborah Hellman, »The Importance of Appearing Principled«, *Arizona Law Review* 37 (1995), S. 1107, beschreibt die Legitimationskosten, die ein Gericht tragen muss, wenn es sich aus scheinbar politischen Gründen über Präzedenzfälle hinwegsetzt.
2. Guido Calabresi, *A Common Law for the Age of Statutes*, Cambridge, Mass., 1982, S. 16–32; ders., »The Supreme Court, 1990 Term – Foreword: Antidiscrimination and Constitutional Accountability (What the Bork-Brennan Debate Ignores)«, *Harvard Law Review* 105 (1991), S. 80, 83, 103–107, 119–120.
3. Oder kommen doch in die Nähe solch eines Verhaltens; siehe Richard A. Posner, *The Problems of Jurisprudence*, Cambridge, Mass., 1990, S. 300–301.
4. Ich danke Viktor Mayer-Schönberger, der mich auf diesen Punkt hingewiesen hat. Hal Abelson zeigt, dass die Komponenten wenigstens überprüfbar sein müssen, falls sie nicht offen sind. Anderenfalls können sie als trojanische Pferde eingesetzt werden – also vorgeben, etwas zu sein, das sie in Wirklichkeit gar nicht sind.
5. Mark A. Lemley und David W. O'Brian, »Encouraging Software Reuse«, *Stanford Law Review* 49 (1997), S. 255.
6. Eine ausgezeichnete Darstellung der Schädlichkeit unserer Urheberrechtsgesetze für die Software-Entwicklung findet sich bei Mark Haynes, »Black Holes of Innovation in the Software Arts«, *Berkeley Technology Law Journal* 14 (1999), S. 503.
7. John F. Kennedy, *Profiles in Courage*, New York 1955; dt.: *Zivilcourage*, Wien 1960, S. 92.
8. Negroponte, *Being Digital*, a. a. O., S. 238.
9. Siehe *Buckley v Valeo*, 424 US 1 (1976) (mit der Aufhebung der Wahlkampffinanzierungsreform unter Hinweis auf den ersten Verfassungszusatz).
10. Siehe zum Beispiel James S. Fishkin, *The Voice of the People*, New Haven, Conn., 1995.
11. Dean Henry H. Perritt jr. beschreibt ausführlich, was »Selbstregulierung« im Internet auf der Grundlage zentraler demokratischer Werte sein könnte; siehe »Cyberspace Self-government: Town Hall Democracy or Rediscoverd Royalism?«, *Berkeley Technology Law Journal* 12 (1997), S. 413. Die Möglichkeit einer Selbstverwaltung hängt danach weitgehend von architektonischen Eigenschaften des Netzes ab – die sich keineswegs alle in eine der Demokratie förderliche Richtung entwickeln; siehe auch Shapiros Diskussion einer »Politik auf Knopfdruck« und

anderer demokratischer Instrumente in: *The Control Revolution*, a. a. O., S. 150 bis 157, 217–230

12. Alexis de Tocqueville, a. a. O., S. 178.

17. Was Declan nicht erreichen wird

1. In ihrem Aufsatz »Accountability in a Computerized Society«, *Science and Engineering Ethics* 2 (1996), S. 25, diskutiert Helen Nissenbaum die Erosion der Zurechenbarkeit – auch die der Zurechenbarkeit des Codes selbst – in computerisierten Gesellschaften.
2. Andrew L. Shapiro, »The Disappearance of Cyberspace and the Rise of the Code«, *Seton Hall Constitutional Law Journal* 8 (1998), S. 703, 721.

Anhang

1. Lessig, »The New Chicago School«, a. a. O., S. 661.
2. Siehe L. A. Hart, *The Concept of Law*, 2. Aufl., New York 1994, S. 6–13, 27–33; dt.: *Der Begriff des Rechts*, Frankfurt am Main 1973.
3. So in Illinois: »Der dritte Montag im Januar jeden Jahres ist ein Feiertag, der im ganzen Staat beachtet und als Geburtstag von Dr. Martin Luther King jr., bezeichnet werden soll. 10 Tage vor dem Geburtstag von Dr. Martin Luther King jr., soll der Gouverneur in jedem Jahr eine Erklärung herausgeben, in der er auf den Feiertag und die zum Gedenken an Dr. Martin Luther King jr., und seine Leistung für unser Land geplanten offiziellen Veranstaltungen hinweisen soll«, 5 *Illinois Comprehensive Statutes Annotated* 490/65 (West 1998).
4. Siehe Robert Cooter, »Expressive Law and Economics«, *Journal of Legal Studies* 27 (1998), S. 585.
5. Vgl. Paul N. Bracken, *The Command and Control of Nuclear Forces*, New Haven, Conn., 1983, S. 179–237; Christopher Chant und Ian Hogg, *The Nuclear War File*, London 1983, S. 68–115.
6. Andererseits baute die Army technische Bremsen in das System ein, um die Entscheidung über einen Abschuss nicht zu leicht zu machen; siehe auch Daniel Ford, *The Button: The Nuclear Trigger – Does It Work?*, London 1985, S. 118–121.
7. »Die Erscheinungen der sozialen Bedeutung und der Inkommensurabilität beschränken die rationale Wahl (individuell und kollektiv). Allgemein gesagt, ist es irrational, Waren als vergleichbar zu behandeln, wenn durch das Anlegen eines quantitativen Maßes eine soziale Bedeutung eliminiert wird, die für die eigenen Ziele oder Zwecke bedeutsam ist. So wäre es irrational, wenn jemand einem Kollegen innerhalb der akademischen Gemeinschaft Geld statt einschlägiger Kommentare zu seiner Arbeit anböte. Vor dem Hintergrund sozialer Normen lässt sich der im Kommentar enthaltene Respekt nicht durch Geld ersetzen; schon der Ver-

such würde verdeutlichen, dass man den Kollegen nicht in der für diese Beziehung üblichen Weise schätzt«; Dan M. Kahan, »Punishment Incommensurability«, *Buffalo Criminal Law Review* 1 (1998), S. 691, 695.

8. Viele Wissenschaftler, darunter an vorderster Stelle auch Robert Cooter, behaupten, Normen stellten eine Besonderheit dar, weil sie auf eine Weise »internalisiert« würden, die man bei anderen Zwängen nicht findet; siehe Robert D. Cooter, »Decentralized Law for a Complex Economy: The Structural Approach to Adjudicating the New Law Merchant«, *University of Pennsylvania Law Review* 144 (1996), S. 1643, 1662; ders., »The Theory of Market Modernization of Law«, *International Review of Law and Economics* 16 (1996), S. 141, 153. Mit Internalisierung meint Cooter dieselbe Subjektivierung, die das Kind im Umgang mit dem Feuer vollzieht – aus dem objektiven, im Nachhinein wirkenden Zwang wird ein subjektiver, vorgängig wirksamer Zwang. Die Norm wird Teil der Person, so dass sie vor dem Handeln einen Widerstand verspürt, und dieser Widerstand kontrolliert ihr Handeln, bevor es geschieht. Wenn Normen erst einmal internalisiert sind, brauchen sie nicht mehr durchgesetzt zu werden; ihre Kraft ist in die Person hineingewandert und entfaltet dort ihre Wirkung. Meines Erachtens funktionieren alle Zwänge auf dieselbe Weise: Wir nehmen sie subjektiv durch einen Prozess der Internalisierung zur Kenntnis. Natürlich mögen manche Internalisierungsanreize stärker sein als andere. Aber das ist nur ein gradueller Unterschied.
9. Vgl. Dan M. Kahan, »Ignorance of Law Is an Excuse – But Only for the Virtuous«, *Michigan Law Review* 96 (1997), S. 127.
10. Siehe zum Beispiel Schuster u. a., *Preserving the Built Heritage*, a. a. O.; Peter Katz, *The New Urbanism: Toward an Architecture of Community*, New York 1994; Duany und Plater-Zyberk, *Towns and Town-Making Principles*, a. a. O.
11. Michael Sorkin, *Local Code: The Constitution of a City at 42°N Latitude*, New York 1993, S. 11, 127.

REGISTER